谨以此书献给我一直热爱着并正在供职的兴业银行

品读 ISBP 745

International Standard Banking Practice for the Examination of Documents under Documentary Credits subject to UCP600, 2013 Revision, ICC Publication No.745

Subject to UCP600

林建煌 著

厦门大学出版社
国家一级出版社
全国百佳图书出版单位

序言一

人民币国际化是21世纪中国银行业的最重要机遇之一。银行的客户需求、政策环境和市场环境等都将发生剧烈变化。过去四年,我国跨境人民币结算的飞跃发展已经证明了这一点。因此,系统性和前瞻性地研究银行的国际业务显得尤为必要且迫切。

中国有句古语:"无规矩不成方圆。"对银行国际业务来说,国际惯例就是银行国际业务的"规矩",其重要性不言而喻,它是银行在国际业务往来中的重要参照标准,也是国际结算技术发展过程中相对成熟稳定的规则总结。如引言所说,国际结算技术,以信用证技术最为复杂,也最为精巧,其精髓便集中于素有"信用证结算的圣经"之称的国际商会国际惯例——UCP600和素有"信用证审单的圣经"之称的国际商会最新国际惯例——ISBP745之中。

林建煌同志长期致力于国际结算技术和贸易融资产品研究,笔耕不辍,屡见佳作。他在接受国际商会中国国家委员会委托,参与合作翻译出版《ISBP745中文本》一书的基础上,同步创作了《品读ISBP745》一书,系统解读2013年刚刚发布实施的最新国际惯例——ISBP745的条款的设计背景和实务运用。

有理由相信,这是中国银行业又一部国际结算领域的力作,该书对增进银行国际业务的中国化研究一定有所助益,值得推荐一读。

兴业银行行长
李仁杰
2013年5月4日

品读 **ISBP745**

序言二

2012年,中国已经跃升为全球贸易第一大国,正向贸易强国进发。国际贸易的开展,要求熟悉并运用国际惯例。我国国际贸易的进一步做大做强,更要求业界人士精通国际惯例,从而积极参与乃至有效主导国际惯例的修改和制订。

UCP600,被誉为国际商会制订的目前最为成功的两套国际惯例之一。今年4月国际商会银行委员会里斯本春季年会上最新通过的ISBP745,则是全面描述UCP600下信用证审单实务的又一套准国际惯例,很有解读的必要。

"五一"刚过的一天早晨,接到了一个熟悉的来电。电话那边是2008年初请我为《品读UCP600》一书审稿并作序时第一次认识的一位年青后生——兴业银行的林建煌先生。第一次见面的情形记忆犹新。掂着书稿,格外沉甸,令人难忘。翻开书稿,一股清新之气扑面而来,更令人印象深刻。今天的电话,边问候,边讨论,并提到新书《品读ISBP745》即将出版,我欣然接受再作一个序。

阅读此书,感觉内容全面、观点鲜明,视角宽广、体例独特,又深入浅出、言之有据,紧扣实务、繁简适宜。读过每每令人眼前一亮、耳目一新。

几年来,与林先生见过几次面,交流过多次,谈不上指导,但我看着他在研究的道路上一步一个脚印成长,从国际结算到贸易融资,从国际贸易融资到国内贸易融资,从传统贸易融资产品到创新产品,广为涉猎,勤勉耕耘,累结硕果。

在国际金融危机仍未完全渡过之际,国际贸易秩序不断受到贸易保护主义的冲击。作为国际游戏规则的国际惯例,也正在经历一轮重大的调整。不管是国际惯例,还是贸易金融,都将是未来中国银行业重要的研究课题。

在此,谨祝愿林先生未来的专业道路,越走越宽,越走越远。

是为序。

中国SWIFT用户协会主席
中国银行执行委员会委员
中国银行运营服务委员会副主席、首席运营官
杨士华
2013年5月4日

引 言

　　信用证业务是银行国际业务的缩影，也是银行国际业务的重要组成部分。信用证业务，包括信用证结算和信用证融资两个部分，分别对应于银行国际业务的国际结算和贸易融资两个板块。

　　贸易融资的精彩在于产品，在于产品结构的精巧和灵活，在于产品因市场、因政策、因客户需求而变的无穷组合，在于与贸易相伴随的恒久生命力，在于快速发展中庞大的中国经济为国际国内贸易打开的广阔空间。然而，技术是产品的根基，任何产品的推陈出新都离不开背后的强大技术提供的源源不断的支撑，贸易融资产品的大厦必须深植于国际结算技术的牢固根基之上。国际结算的魅力就在于技术，特别是最为复杂、极其成熟、极其耐人寻味且令人叹为观止的具有百年历史的信用证结算技术。

　　信用证结算，一涉及信用证运作，二涉及信用证审单。如果说国际商会最重要的一部国际惯例——UCP600，是信用证结算的圣经的话，那么，作为 UCP600 的最重要补充的国际商会的另一部准国际惯例——ISBP745，无疑就是当仁不让的信用证审单的圣经。

　　国际商会银行委员会 2013 年里斯本春季年会上最新通过的 ISBP745，全称 International Standard Banking Practice for the Examination of Documents under Documentary Credits Subject to UCP 600 (ISBP), 2013 Revision, ICC Publication No. 745，中文名称译为《UCP600 下信用证审单国际标准银行实务》，2013 年最新修订本，国际商会第 745 号出版物。这是国际商会 ISBP 出版物，继 2002 年的 UCP500 下 ISBP645 和 2007 年的 UCP600 下 ISBP681 之后的第三个版本，也是 UCP600 下的第二个版本。

　　ISBP 到底关注什么？这是一个银行界、贸易界、法律界和学术界想知道，而国际商会一直没有正面回答的问题。笼统地说，ISBP 管审单。这意味着什么呢？

　　信用证审单总是与不符点相伴，不符点是审单的结果，审单的过程就是仔细寻找不符点、审慎认定不符点。关于不符点，实务中有一对概念常常混为一谈：

　　"不符点存在 VS. 不符点成立"

　　二者看似相像，其实不同。不符点存在不存在，是一种客观事实；而不符点成立不成立，是一种主观描述。不符点成立与否以不符点存在与否为前提。然而，客观存在的不符点可能不成立，如不符点提法不足，如审单根本就没发现不符点，或发现了根本就没提不符点，或者提了而事后又接受了不符点,等等。

我们认为,ISBP 管审单意味着,不管是作为最新出版物的ISBP745,还是作为动态实务,ISBP 归根结底关注的是不符点存在与否,而与不符点成立与否无关。

本书将围绕鲜活生动的银行信用证审单实务,在"不符点是否存在"的意义上,本着"信用证服务贸易"的原则,从贸易、结算、运输、保险和法律多个视角,结合整理编排点评的 318 个经典案例,试着对ISBP745 段落按顺序逐一解读,扼要说明修订变化,系统分析段落含义、实务背景和贸易影响,希望抛砖引玉,以为国际结算技术在中国的普及和运用,以及当下信用证业务和银行国际业务在中国土壤上的蓬勃发展贡献一份微不足道的正能量。

本书的内容结构和解读体例如下:

一、目录:涉及正文部分中 ISBP745 各部分名称、各节名称、各段落名称和出版物各部分各段落之外补充解读独立成章的篇章名称。

二、正文:共包括先期问题、总则、汇票、发票、各种运输单据、保险单据、原产地证明等部分。其中,运输单据中的不可转让海运单部分和原产地证明之后的装箱单、重量单、受益人证明和检验证明等 5 个部分为 ISBP745 新增部分。正文部分主要解读信用证审单实务,即不符点存在不存在,不符点如何认定等内容。

三、正文体例:正文各部分、各节、各段落与 ISBP745 的章节和段落顺序一一对应。各部分、各节有导读。各段有引子、段落原文和中文译文、修订变化说明、详细解读和各种案例,包括整理编排点评的 318 个经典案例。

四、附录一:附文:共包括三篇国内法院经典判例的点评文章:第一篇《评日本松本光春不符点提法不足案》、第二篇《评中国新时代不符点止付案》和第三篇《评青岛凯扬不符点付款案》,以帮助读者了解实务中如何辨析不符点存在与不符点成立之不同。

五、附录二:ISBP745 主要变化对照分析表:共包括新旧 16 个部分,141 个主要变化,以及对实务影响的明细对照分析和评论。

六、经典案例:正文部分提供了 319 个经典案例的概要信息,包括:本书案例自然流水号、国际商会案例号、案例标题、国际商会分析和结论要点、作者点评意见,以及引申应用解读等内容,以方便查找、参阅、交涉和引用。

目　录

预先考虑事项 ·· 1
适用范围 ·· 1
第Ⅰ段　本出版物与UCP600 ·· 1
第Ⅱ段　本出版物与信用证 ·· 2
　案例001　信用证要求所有单据注明唛头，提单只显示集装箱号。可以吗？ ············· 4
信用证和修改的申请、信用证及任何相关修改的开立 ······························ 5
第Ⅲ段　信用证条款的独立性 ··· 5
　案例002　形式发票号，可以置之不理吗？ ··· 6
第Ⅳ段　信用证条款的抽象性 ··· 6
　案例003　形式发票号，如何单据化？ ··· 7
"表面相符"原则 ·· 8
　案例004　R390：发票的H.S.代码对应于"不适合人类消费"，可以吗？ ············· 8
　案例005　R217：单据显示了要求的合同号，但没有标明合同号字样，可以吗？ ····· 9
"不得矛盾"原则 ·· 10
　案例006　R740/TA722 rev：同一合同下受益人合同号与申请人合同号不同。
　　　　　　可以吗？ ··· 11
第Ⅴ段　信用证的模糊条款 ·· 13
　案例007　信用证对受益人证明内容的要求中的OUR是谁？ ······················· 14
　案例008　"or"是指白鸽"雌雄成对"或"纯雄"，二选一吗？ ······················· 14
　案例009　DOCDEX No.277：信用证要求的arrival advising report，
　　　　　　只能在船到港后提交吗？ ·· 15
　案例010　什么是shipping advice E-mail copy？ ··································· 16
第Ⅵ段　信用证的特定含义条款 ·· 17
　案例011　从提单转运，到空运单/公路/铁路/内河水路运单转运 ················· 17
第Ⅶ段　信用证的软条款 ··· 18
　案例012　DOCDEX No.209：受益人交单缺了一份由申请人出具的检验证，
　　　　　　可以吗？ ··· 19
　案例013　R601/TA521：信用证规定，余款凭申请人授权支付。可以吗？ ········ 20

总则

缩略语

第 A1 段 缩写 ·· 21
案例 014　R431：货代名称中"S. P. A"打为"S. R. L"，可以吗？ ·············· 23

第 A2 段 斜线"/"与逗号"，" ·· 24
案例 015　信用证上的 ORDER NO. /LINE NO.，指什么？ ··················· 25
案例 016　R586/TA397：2,400 MT Gross/Net，是毛重，还是净重？ ······· 26

括号"()" ·· 26
案例 017　"512 M/T(20,480kgs)"，指什么？ ······································· 26

证明书和证明、申明和声明 ·· 27

第 A3 段 证明书和证明的签署 ··· 27
第 A4 段 证明书和证明的日期 ··· 28
案例 018　R555：受益人证实寄送副本单据，但没有日期。可以吗？ ··········· 29
第 A5 段 非证明类单据的签署和日期 ··· 30

副本运输单据 ·· 31

第 A6 段 副本运输单据 ··· 31
案例 019　TA767 rev：副本空运单注明的日期是出具日期吗？
起运机场可以是一个国家吗？ ································· 34

更正及证实 ·· 36

第 A7 段 单据的更正证实 ·· 36
案例 020　R658/TA664 rev："一切单据更正必须由出具人证实"包括代理人吗？ ······ 38
案例 021　R658/TA664 rev：信用证规定"一切单据更正必须由出具人证实"，
是对 ISBP 的修改吗？ ·· 39
案例 022　公司缩写更正章，可以用于更正证实吗？ ································· 40

单据的"签证" ·· 41
案例 023　要求签署的发票的更正，是否默认需要证实？ ··························· 42
案例 024　TA769rev：什么是"宣誓(swear)"？ ···································· 43

第 A8 段 单据的多处更正及证实 ·· 43
第 A9 段 单据的更正 ·· 44
案例 025　R632/TA657 rev：钢笔填写收货日期须证实吗？ ······················· 45
案例 026　TA755 rev：单据皱折处的文字补勾勒一下，算更正吗？ ············· 45
案例 027　R552：不同的字体，可能意味着更正 ····································· 46

寄送单据、通知等的快递收据、邮政收据或邮寄证明 ······································· 47

第 A10 段 不适用 UCP600 第 25 条的邮寄单据 ·· 47
案例 028　R637/TA654 rev：快递收据默认要取件日期吗？要取件人签字吗？ ······ 48

日期 ·· 49

第 A11 段 单据日期 ·· 49
案例 029　提单上载有装船批注日期，是否可以不显示出具日期呢？ ············· 51
案例 030　R726/TA723 rev：运费发票上如何显示日期？ ······················· 51

| 案例 031 | R339:DA 如何注明日期? | 52 |
| 案例 032 | 何谓"All documents must not indicate date earlier than B/L date"? | 52 |

第 A12 段　单据日期与装运日期 … 53
单据日期与开证日期、交单日期 … 54
　　案例 033　Case 231:提交的发票日期晚于交单日期,可以吗? … 55
单据日期可以推断事件的发生 … 56
　　案例 034　R198:日期可以推断事件的发生吗? … 56
　　案例 035　R46:随货单据日期可以晚于装运日期吗? … 57
检验证明可以提前出具吗? … 57
　　案例 036　R449:检验证明的出具日期早于检测日期,可以吗? … 57
受益人证明可以提前出具吗? … 58
所证明的事件与其他事件互相冲突 … 59
　　案例 037　Case 229:受益人证明的出具日期早于所寄送的发票日期,可以吗? … 59
第 A13 段　单据出具日期与签署 … 60
第 A14 段　常用日期短语 … 61
"在或大概在(on or about)"类似日期短语 … 63
第 A15 段　到期日或交单期中的"from"与"after" … 64
第 A16 段　日期格式 … 65
　　案例 038　提交的发票日期显示年月而少了"日",可以吗? … 66
　　案例 039　TA767 rev:副本空运单注明实际起飞航班号及日期:QR688/17。
　　　　　　　可以吗? … 67
单据中的方框、栏位与空白处填写的必要性 … 67
第 A17 段　空格栏 … 68
UCP600 运输条款不适用的单据 … 69
第 A18 段　与运输有关的非运输单据 … 69
　　案例 040　FCR 上的 SAILING DATE 和 ON BOARD DATE,是否适用于
　　　　　　　信用证规定的最迟装运日和交单期? … 70
　　案例 041　R640/TA641:FCR 需要注明交货地点吗? … 71
UCP600 未作定义的用语 … 73
第 A19 段　未定义用语 … 73
　　案例 042　R746/TA734:如何理解"except"一词与"must"或"must not"联用? … 74
第 A19 段 a 款　何谓"装运单据" … 75
第 A19 段 b 款　何谓"过期单据可接受" … 76
　　案例 043　信用证 48 场规定:一切单据必须在信用证有效期内提交。那么,
　　　　　　　可以在提单日 21 天后提交吗? … 77
第 A19 段 c 款　何谓"第三方单据可接受" … 78
　　案例 044　可转让母证上"第三方单据可接受",有用吗? … 78
第 A19 段 d 款　何谓"第三方单据不可接受" … 79
第 A19 段 e 款　何谓"出口国" … 80
　　案例 045　R377:出口国与原产地一样吗? … 80

第 A19 段 f 款　何谓"船公司" 81
　　案例 046　R161:"shipping company's bill of lading",指的是什么? 81
第 A19 段 g 款　何谓"所交单据可接受" 82
单据出具人 82
单据出具人、签署人和制作人 83
　　案例 047　R633/TA663 rev:检验证明的出具人需要对别人的检验结论
　　　　　　　承担责任吗? 84
第 A20 段　单据出具人的判断 85
　　案例 048　R411:dispatch effected by ABC,这是指出具吗? 86
语言 87
第 A21 段 a 款　规定语言和要求数据 88
　　案例 049　R420:租船提单上的租船合同日期未用英语显示,可以吗? 88
第 A21 段 b 款　没有规定语言 89
　　案例 050　TA755 rev:单据与信用证货描语言不同,可以吗? 90
　　案例 051　货描冻兔"Lapincongeleavecos"与"Frozen rabbit,bone-in"不一样。
　　　　　　　可以拒付吗? 90
　　案例 052　R776/TA692 rev:"OOO Denmark"与"Denmark Ltd"一样吗? 91
　　案例 053　R668/TA594:银行有义务审核公司名称中的中文名称是否对应吗? 92
第 A21 段 c 款　保兑行与指定银行是否限定语言 92
　　案例 054　R771/TA686 rev:中英文双语的标签副本,译文含义相反 94
第 A21 段 d 款　其他语言和填写数据 95
第 A21 段 e 款　其他语言和特定数据 95
　　案例 055　R654/TA647rev:CMR 未用英语预先印制,可以吗? 96
　　案例 056　R564/TA552:提单签署加盖俄文章,可以吗? 96
数学计算 97
第 A22 段　数学计算的判断 97
　　案例 057　R700:银行是否有义务计算信用证货描中规定的"AVG. 17/19KG/PC"? 98
　　案例 058　R391:单据计算的明显错误,银行可以免责吗? 99
　　案例 059　R775/TA754 rev:发票四舍五入显示总金额,可以接受吗? 100
　　案例 060　R308:信用证要求单价但单据不显示单价,可以吗? 101
　　案例 061　R218:四舍五入下数学误差,不影响总量核对 102
拼写或打字错误 102
第 A23 段　拼写错误的定性 103
　　案例 062　R408:受益人证明上信用证未要求的船名打字错误,是不符吗? 104
　　案例 063　R635/TA658 rev-query1:提单上信用证号错误,可以拒付吗? 104
　　案例 064　R209:空运单上收货人姓氏打错,托运人地址打错是不符吗? 105
　　案例 065　提单上收货人 Smith 打成 Smithh 算不符点吗? Sofan 打成 Soran
　　　　　　　又算不符点吗? 106
　　案例 066　受益人名称多了"PTE",可以接受吗? 106
　　案例 067　受益人名称"Industries",打为"Industrial",可以接受吗? 106

案例 068	到货港 CHANGSHU，误打成了 CHANGSHA。这是不符点吗？	107
案例 069	货物描述为 GAS OIL，但单据拼写为 GASOIL。这是不符点吗？	107
案例 070	货物描述为 Raygn，但单据拼写为 Rayon。这是不符点吗？	107

"严格相符"VS"实质相符" 108
| 案例 071 | 品质证明书必须由"专家们（by experts）"出具吗？ | 108 |
| 案例 072 | 信用证要求提单签署人为 Maersk，该如何满足？ | 110 |

多页单据和附件或附文 111

第 A24 段　多页单据的判断 111
| 案例 073 | R724/TA731 rev：保险单据显示的保险条款 enclosed or attached herewith，这是指附页吗？ | 112 |
| 案例 074 | R351：船公司证明是否为提单的一部分？ | 113 |

第 A25 段　多页单据的签字或背书 113

信用证的非单据化条件 114

第 A26 段　非单据化条件 114

单据化条款 VS 非单据化条件 116
案例 075	TA764：信用证要求：Total cost of goods indicated in CMR must be EUR[specified amount]. 指什么？	116
案例 076	R743/TA689：信用证要求：Goods must be shipped in export standard packing. 这是单据化条件吗？	117
案例 077	R321：信用证 47A 中的 Statement of Origin，是单据化条件吗？	117
案例 078	R326：信用证 47A 中的 demurrage for goods shipped prior to L/C issuance are for beneficiary's account，是单据化条件吗？	118

单据化条款中的非单据化文句 119
| 案例 079 | R301：信用证要求"duly"endorsed。如何满足？ | 119 |

"未规定单据" 120
| 案例 080 | R773/TA738 rev：SWIFT 证实电是规定单据吗？ | 120 |

正本和副本 122

正副本的证据效力 122
| 案例 081 | Case 223：受益人认为单据对申请人无用，不必提交正本，便提交了副本。可以吗？ | 123 |

第 A27 段　正本的判断 123
| 案例 082 | 提单的复印件加承运人签署后，是正本吗？ | 125 |

正本的补充判断 126

副本的判断 127
| 案例 083 | 传真机打印的 fax report 是副本吗？ | 127 |
| 案例 084 | R364：Non-negotiable copy 与 photocopy 一样吗？ | 129 |

第 A28 段　正本标注 129
| 案例 085 | R649/TA656：国际货运单的 copy of shipper 是副本吗？ | 131 |

第 A29 段 a/b/c 款　正本份数的要求 131
| 案例 086 | R319：信用证要求 one original copy 是要求一份正本吗？ | 132 |

第A29段 d款　Copy 的含义 ·· 133
　　案例087　信用证规定 Signed invoice in three copies，那么，
　　　　　　　副本发票需要签署吗？ ·· 135
第A30段　要求副本禁止正本 ·· 136
第A31段　正副本签署 ··· 137
唛头 ··· 138
　唛头的作用 ·· 138
　唛头的描述 ·· 139
　　案例088　唛头栏显示"KM（文字，在菱形图案中）"，与"KM（IN DIA）"不同吗？ ········· 139
　　案例089　R409：唛头栏显示 N/M ＆ N/N，与 N/M，N/N 不同吗？ ········· 139
　第A32段　唛头的细节和顺序 ·· 141
　第A33段　唛头的额外信息 ··· 143
　第A34段 a款　集装箱运输的唛头 ·· 144
　集装箱号与铅封号 ··· 144
　　案例090　R757/TA708 rev：有些单据显示完整的铅封号，有些少了 LOGO 字母。
　　　　　　　可以吗？ ··· 145
　第A34段 b款　单据间唛头不一致 ·· 146
　　案例091　R444：提单唛头少了货描"PVC RESIN"，可以吗？ ··················· 146
签署与签字 ·· 147
　签署的证实作用 ·· 147
　　案例092　R197：单据上的签字模糊不清，可以接受吗？ ······················ 148
　第A35段 a款和b款　签字 ·· 149
　　案例093　信用证要求 COPY OF FAX SIGNED BY APPLICANT CONFIRMING
　　　　　　　×××.这是对申请人签字的要求吗？ ··································· 151
　公司印章 ··· 152
　　案例094　R718/TA691 rev：发票签署和提单背书仅有盖章，可以吗？ ········ 152
　第A35段 c款和d款　电子证实方式 ·· 155
　　案例095　R745/TA737 rev：经彩色扫描签章的原产地证明，是正本吗？ ······· 156
　第A36段 a款　函头纸上的签字 ··· 156
　单据上的签署人 ··· 157
　　案例096　CASE 72：分析证明签署只有签署人名称无身份。可以吗？ ········· 159
　　案例097　R541/TA545：信用证要求检验证明由信用证规定特定人签署，
　　　　　　　实际由其代理人签署，可以吗？ ······································ 161
　单据上的代理签署人 ·· 161
　　案例098　R412：发票由 S 先生签署，是代理 T 公司，还是代理 G 公司呢？ ····· 162
　　案例099　R403：代理签署身份如何显示？ ···································· 163
　　案例100　R657/TA670：船公司证明不直接显示签署人身份，可以吗？ ······· 164
　第A36段 b款　分支机构的签字 ··· 164
　　案例101　R757/TA708 rev：ABC LTD，INTERNATIONAL BUSINESS 与
　　　　　　　ABC LTD，一样吗？ ·· 164

| 案例 102 | R407：检验证出具人身份，显示于独立说明函？ | 165 |

第 A37 段　签字栏 ... 166
　　案例 103　R637/TA654 rev：快递收据默认要签署吗？ ... 166
第 A38 段　副签栏 ... 167
单据名称与联合单据 ... 168
第 A39 段　单据的名称、内容与功能 ... 168
　　案例 104　船舶吃水报告（A draft survey report）只显示了货物载重量。可以吗？ ... 169
第 A40 段　联合单据 ... 171
　　案例 105　R696/TA583 rev：信用证同一段中要求受益人声明和快递收据，这指的是什么？ ... 172
第 A41 段　联合单据和分开单据 ... 172

汇票 ... 174
汇票的内容 ... 174
基本要求 ... 176
汇票的功能 ... 176
第 B1 段　汇票付款人与性质 ... 177
信用证规定的"一切单据"包括汇票吗？ ... 179
　　案例 106　R698/TA590 rev：信用证要求"一切单据显示合同号"。汇票没有合同号，可以吗？ ... 179
　　案例 107　R730/TA703 rev：信用证要求"一切单据用英语出具"。汇票栏位名称用西班牙语，可以吗？ ... 179
　　案例 108　MT700 中要求的汇票，还是金融工具吗？ ... 180
汇票补交过交单期、有效期，可以吗？ ... 181
　　案例 109　信用证要求远期汇票，提交了即期汇票。可以吗？ ... 181
　　案例 110　信用证要求 85% 支款，汇票显示 100% 支款。可以吗？ ... 181
如此的汇票定性会影响申请人赎单吗？ ... 182
信用证下汇票，都会进入相符交单的审核范围吗？ ... 183
　　案例 111　第三方偿付信用证下的开证行，可能没有审核作为金融工具的汇票。 ... 184
拒付，还是抗辩？ ... 184
备用信用证和见索即付保函下的汇票 ... 186
付款期限 ... 186
第 B2 段 a 款　汇票的付款期限必须与信用证一致 ... 187
　　案例 112　R313：汇票付款期限为议付日后 120 天，是否足以确定付款到期日？ ... 187
第 B2 段 b 款　汇票的付款期限必须确定 ... 188
第 B2 段 c 款　汇票的付款期限中的提单日确定 ... 189
第 B2 段 d 款　汇票的付款期限中的"from"and"after" ... 189
第 B2 段 e 款　汇票的付款期限涉及多批注和多提单 ... 190
　　案例 113　R777/TA694 rev：一个面函多套单据的付款到期日，如何计算？ ... 193

第 B3 段　也适用于其他运输单据 ··· 193
付款到期日 ·· 194
第 B4 段　到期日 ·· 194
第 B5 段　见票后定期付款的到期日 ·· 195
　　案例 114　R722/TA690 rev4：延期付款信用证下指定银行收到
　　　　　　　开证行承兑电后对受益人的融资受 UCP600 保护吗？············ 197
　　案例 115　R270：不符点交单下保兑行拒付承兑汇票，见票日从什么时候开始？······ 198
汇票的承兑 ·· 199
　　案例 116　R256：信用证下汇票是否必须进行有形承兑？························ 200
第 B6 段　也适用于无汇票的情形 ··· 200
银行工作日、宽限期和汇划延迟 ··· 201
第 B7 段　到期日付款及付款宽限期 ·· 201
　　案例 117　中国大陆的进口信用证，必须在美国国庆节 7 月 4 日到期付款吗？······ 202
出票 ·· 202
第 B8 段　出票人及出票日期 ·· 203
　　案例 118　DOCDEX No.260：汇票缺日期可以吗？································· 203
第 B9 段　付款行的 SWIFT 代码 ·· 204
汇票付款行 ·· 204
汇票付款的追索权 ··· 205
　　案例 119　R8：受益人汇票标明"without recourse"，议付行可以行使追索权吗？······ 206
第 B10 段　议付信用证下的付款行 ··· 206
　　案例 120　R400：信用证规定指定银行议付的同时，仍然规定汇票付款行为
　　　　　　　指定银行。 ··· 207
第 B11 段　承兑信用证下决定承兑的付款行 ··· 207
第 B12 段　承兑信用证下决定不承兑的付款行 ·· 208
　　案例 121　R628：信用证规定指定银行为汇票付款行，但指定银行不愿意履行付款。
　　　　　　　怎么办？ ·· 209
　　案例 122　R528/TA480 rev：信用证要求汇票作成指定银行，结果作成了开证行。
　　　　　　　可以吗？ ·· 210
金额 ·· 211
第 B13 段　支款金额 ·· 211
　　案例 123　信用证规定汇票金额为 90% of the invoice value，可以吗？ ····· 212
第 B14 段　金额大小写及币种 ·· 213
背书 ·· 213
汇票收款人 ·· 214
第 B15 段　汇票背书 ·· 214
　　案例 124　信用证规定汇票由议付行背书，结果没有议付也没有背书。可以吗？······ 215
更正及证实 ··· 216
第 B16 段　更正证实 ·· 216
第 B17 段　不得更正 ·· 217

以开证申请人为付款人的汇票 ·················· 217
　第B18段a款　禁止兑用 ·················· 218
　第B18段b款　要求提交以申请人为付款人的汇票 ·················· 219

发票 ·················· 220
发票的功能 ·················· 220
发票名称 ·················· 221
第C1段　发票要求与提交 ·················· 222
　案例125　发票上显示tax invoice No.是商业发票吗？ ·················· 223
　案例126　R652/TA653：信用证转让下CCVO是商业发票吗？ ·················· 223
形式发票和临时发票 ·················· 224
　案例127　形式发票如何审核？ ·················· 224
正式发票的种类 ·················· 225
发票收件人和出具人 ·················· 226
发票收件人 ·················· 226
　案例128　发票上的抬头与提单收货人一样，可以吗？ ·················· 227
第C2段　发票出具人 ·················· 228
　案例129　R291：发票上的函头与签署人不一样，可以吗？ ·················· 229
申请人和受益人的地址 ·················· 229
　案例130　R748/TA716 rev2：发票显示申请人和受益人名称无地址（包括国别），
　　　　　　能否接受？ ·················· 230
　案例131　受益人的部门，是其名称的一部分，还是地址一部分？ ·················· 231
货物描述及其他一般性事项 ·················· 232
发票货描 ·················· 232
　案例132　R381/R471：信用证货描中规定原产地，是货物描述吗？ ·················· 233
　案例133　Case264：信用证货描中规定的货物包装描述和其他标记信息，
　　　　　　算货物描述吗？ ·················· 234
其他单据货描 ·················· 234
货描全称与统称 ·················· 236
第C3段　发票货描必须符合信用证的规定 ·················· 237
　案例134　R208：信用证规定了货描全称和统称。发票上只显示全称，可以吗？ ·················· 237
　案例135　信用证规定了货描名称和细项。发票上只显示细项，可以吗？ ·················· 238
第C4段　发票货描必须反映实际装运情况 ·················· 239
　案例136　R637/TA654 rev：发票货物描述中的形式发票号码。 ·················· 239
　案例137　R472：发票数量需要显示信用证规定的"plus or minus 5pct"吗？ ·················· 241
　案例138　信用证并没有规定具体的货描，发票是否可以不显示货描呢？ ·················· 241
第C5段　发票货描不得改变性质、等级和类别 ·················· 242
　案例139　R456：发票货描中添加了额外的品牌名称和包装情况，可以接受吗？ ·················· 243
　案例140　Case 263：发票货描多显示了：WARP：24，WEFT：24.可以接受吗？ ·················· 244

案例 141　TA756：发票货描显示未规定的"二手"字样。可以接受吗？ …………… 245
第 C6 段　发票金额及规定扣减 ……………………………………………………… 245
案例 142　发票总金额符合规定，但显示了未规定的折扣和附加的包装材料费。
　　　　　可以接受吗？ ……………………………………………………………… 247
案例 143　发票金额大写显示 EURO dollars，是不符点吗？ ……………………… 249
发票金额与超支 ………………………………………………………………………… 249
案例 144　信用证下交单超支接受后，如何计算信用证允许金额？ ……………… 250
第 C7 段　发票上的未规定扣减 ……………………………………………………… 251
第 C8 段　贸易术语 …………………………………………………………………… 252
案例 145　信用证规定 CNF Shanghai port，提交的发票显示 CFR Shanghai port。
　　　　　可以吗？ ………………………………………………………………………… 253
案例 146　R362：发票上的贸易术语少了"USA port"字样。可以吗？ …………… 254
贸易术语与 INCOTERMS 规则 ………………………………………………………… 254
什么是贸易术语解释通则？ …………………………………………………………… 255
案例 147　CFR 下装船吊装时钢板滑落砸坏舱面货物，也摔坏了钢板。
　　　　　谁承担责任？ …………………………………………………………………… 256
贸易术语三要素及变形 ………………………………………………………………… 257
案例 148　R236：发票上贸易术语显示了一个港口地理范围，可以接受吗？ …… 257
案例 149　R432：信用证规定 CFR，内陆城市 Chicago。可以接受吗？ ………… 258
案例 150　TA765：空运下要求 FOB，发票显示为 FCA，可以吗？ ……………… 258
第 C9 段　发票上的额外费用和成本 ………………………………………………… 259
案例 151　发票显示了 FOB 天津，还单独显示了从北京到天津的卡车运费。
　　　　　可以接受吗？ …………………………………………………………………… 260
案例 152　多批装运下，第一次交单中发票显示了规定的全部的 freight USD5 000，
　　　　　可以接受吗？ …………………………………………………………………… 261
第 C10 段　发票的签署和日期 ………………………………………………………… 262
第 C11 段　货物数量、重量和尺寸 …………………………………………………… 262
案例 153　R198：货物数量"件数(No. of pieces)"与"(boxes)"，不一样吗？ … 263
案例 154　提单没有以 45A 场规定的 meter 反映数量，仅显示为 rolls，可以吗？ … 263
案例 155　发票上的货物数量与提单上的货物数量不一样。可以吗？ …………… 264
货物数量 ………………………………………………………………………………… 264
案例 156　R218：装箱单与提单仅有数字，未注明重量单位(公斤)。可以吗？ … 264
第 C12 段　超装和未要求货物等 ……………………………………………………… 265
案例 157　信用证没有规定数量时，显示的货物免费可以接受吗？ ……………… 266
金额、单价和数量浮动幅度 …………………………………………………………… 267
案例 158　R255：信用证规定的两种货物数量之间的比例：50/50 approximately，
　　　　　指的是什么？ …………………………………………………………………… 268
案例 159　R366：信用证规定的货物数量：about 180 bales or about 90388.60 lbs，
　　　　　指的是什么？ …………………………………………………………………… 268
案例 160　R238：信用证规定金额及数量允许增减 5%，这意味着什么？ ……… 269

金额、单价和数量浮动关联 ··· 269
    案例 161   发票显示的货物数量浮动,货物价值自动随之浮动吗? ················ 269
    案例 162   信用证规定的货物数量比例,可以随数量伸缩而伸缩吗? ············· 270
第 C13 段   溢短装幅度 ·· 271
    案例 163   提交的单据显示装运 62.5 bales,可以接受吗? ························ 272
第 C14 段   溢短支幅度 ·· 272
默认 5% 短支 ·· 275
    案例 164   R689/TA618:信用证 39A 规定金额浮动幅度:0/0。这到底指什么? ··· 275
    案例 165   厦门铁矿石进口,短支了吗? ·· 276

分期支款/装运 ·· 277
支款、装运及批次 ··· 277
第 C15 段 a 款   分期时间表支款/装运 ·· 278
    案例 166   R479:信用证规定了一个分期装运表,同时显示不同期次的不同收货人,
                  还是分期装运吗? ·· 279
    案例 167   分期装运表下,如果货物晚装运,却早交单,这是否构成了
                  未按时间表装运的不符点呢? ·· 280
    案例 168   R196:分期装运下,一期未发,开证行接受下一期的单据,
                  信用证可以继续使用吗? ·· 281
第 C15 段 b 款   其他时间表支款/装运 ·· 282
    案例 169   R538/TA530:一次交单下三次支款。保兑行前两次付款后
                  最后一次还需要付款吗? ·· 284
    案例 170   R477:信用证允许部分装运下,规定货物数量是否必须全部装运? ···· 285
    案例 171   R650/TA671:限制装运次数的信用证,最后一批必须发完吗? ······· 286
    案例 172   R313:信用证规定的装运表只显示一些最迟装运日期,算分期装运吗? ··· 288

多式运输单据 ·· 289

运输单据的功能 ··· 289
    案例 173   信用证要求提单(B/L),提交货物收据(Cargo Receipt),可以吗? ········· 291
运输单据的分类 ··· 291
现代"一体化运输"的趋势 ·· 292
货运代理人与货运代理制 ·· 294
多式运输单据的货权性与可转让性 ··· 295
多式运输单据与海运 ··· 296
UCP600 第 19 条的适用 ··· 297
第 D1 段   多式运输单据的特征 ·· 298
    案例 174   R751/TA735 Rev:信用证 44 场对应的是多式运输路线,
                  而 46 场要求的是提单,如何满足? ··· 300
    案例 175   R749/TA705 rev:捷克无港口,如何出运? ·································· 301
运输全程 ··· 301

真假多式运输单据 ·· 302
   案例 176　R638/TA629：信用证要求多式运输单据但只规定装卸港？············· 303
  第 D2 段　多式运输单据的名称 ··· 304
多式运输单据与直达提单 ·· 305
出具、承运人及签署 ··· 306
  第 D3/D4 段　货代多式运输单据 ·· 307
  第 D5 段　签署 ··· 307
装船批注、装运日期、收货、发送或接管地、
装货港或出发地机场 ·· 309
  第 D6 段　收货及装运日期 ·· 310
   案例 177　多式运输单据上既有收货地收货日期，也有装货港装船日期时，
           应以何者作为装运日期呢？·· 311
  第 D7 段　装船批注 ·· 312
   案例 178　R641/TA650 rev：多式运输单据需要装船批注吗？················· 312
  第 D8 段　装货港与收货地栏位 ··· 313
  第 D9 段　收货地与国别 ·· 314
   案例 179　多式运输单据显示收货地的同时，还显示了一个装货港。可以吗？····· 315
   案例 180　多式运输单据显示"预期"卸货港，可以吗？·························· 316
  第 D10 段　收货地与地理范围 ·· 317
  第 D11 段　装船字样 ·· 317
最终目的地、卸货港或目的地机场 ·· 318
  第 D12 段　最终目的地栏位与卸货港 ·· 318
  第 D13 段　最终目的地与国别 ··· 319
  第 D14 段　最终目的地与地理范围 ··· 319
正本多式运输单据 ·· 320
  第 D15 段　出具及正本 ··· 320
收货人、指示方、托运人和背书、被通知人 ·· 320
  第 D16/17 段　抬头和背书 ·· 321
  第 D18 段　被通知人 ·· 321
  第 D19 段　申请人与开证行名称 ·· 322
  第 D20 段　申请人地址及联络细节 ··· 322
转运、部分装运及多套多式运输单据 ··· 323
  第 D21 段　转运 ··· 323
  第 D22 段　部分装运 ·· 324
  第 D23 段　多套多式运输单据 ··· 325
清洁多式运输单据 ·· 325
  第 D24 段　不清洁条款 ··· 326
  第 D25 段　"清洁"字样 ··· 326
货物描述 ·· 327
  第 D26 段　货物描述的统称 ·· 327

| 目的地交货代理人 | 327 |

第 D27 段　目的地交货代理的地址 ······· 327

| 更正 | 328 |

第 D28 段　正本与更正证实 ······· 328
第 D29 段　副本与更正证实 ······· 328

| 运费和额外费用 | 329 |

第 D30 段　运费 ······· 329
第 D31 段　额外费用 ······· 329

| 凭多套多式运输单据放货 | 330 |

第 D32 段　多套多式运输单据对应同一货物 ······· 330

提单 ······· 332

提单的货权性 ······· 332
案例 181　R758/TA675 rev:海运提单上的无单放货条款 ······· 333

提单危机和1/3提单 ······· 334

提货担保和电放提单 ······· 336
案例 182　ICC Case 93：提单上显示"未经发货人电放通知，货物不得释放"的条款，可以接受吗？ ······· 337

UCP600 第 20 条的适用 ······· 338
第 E1 段　提单的特征 ······· 338
第 E2 段　提单的名称 ······· 340

出具、承运人及签署 ······· 341

出具及承运人 ······· 341

承运责任 ······· 342

承运条款和条件 ······· 345
案例 183　R576:提单正面的承运条款和条件是否需要审核呢？ ······· 346
第 E3 段 a 款　出具人 ······· 347
案例 184　如何判断借签提单的出具人？ ······· 348
第 E3 段 b 款　"货代提单可接受" ······· 349
案例 185　R639/TA651 rev:信用证规定"货代提单可接受"，如何掌握？ ······· 350

货代及货代提单 ······· 351
第 E4 段　"货代提单不可接受" ······· 353
案例 186　R734/TA727rev:信用证规定"货代提单不可接受"，如何掌握？ ······· 354
第 E5 段 a 款　签署与承运人 ······· 355

签署的连续性与层次感 ······· 357
案例 187　签署代理指向的 GIFI Diffusion 与 GIFI ASIA LTD,一样吗？ ······· 357
案例 188　R760/TA678rev:提单代理签署必须合理连续前后衔接吗？ ······· 358
案例 189　R770/TA684:提单代理签署的不同层次文字，效力相同吗？ ······· 358
案例 190　提单签署表明三重文字，效力还相同吗？ ······· 359

案例 191　提单签署表明三重文字,其中一重涉及几个部分又如何解读呢? …………… 359
第 E5 段 b 款　签署——承运人的分支机构 ………………………………… 361
　案例 192　R752/TA748:提单的签署人显示为 CARRIER 的分支机构,可以吗? …… 361
第 E5 段 c 款　签署——承运人代理人 …………………………………………… 362
　案例 193　提单上显示两个签署人,可以吗? ………………………………………… 363
　案例 194　R354:提单签署到底是代理承运人,还是代理船长? …………………… 364
　案例 195　R674/TA625:承运人代理自己签署可以吗? …………………………… 364
第 E5 段 d 款　签署——船长 ……………………………………………………… 367
　案例 196　DOCDEX No.216:船长亲自签署时,显示 for master,可以吗? ……… 368
第 E5 段 e 款　签署——船长代理人 ……………………………………………… 369
装船批注、装运日期、前程运输、收货地及装货港 ……………………………………… 370
装船 ………………………………………………………………………………………… 370
　案例 197　R474:发票只显示船名,无航次。可以吗? ……………………………… 371
　案例 198　R349:提单显示"替代船"条款。可以吗? ……………………………… 372
　案例 199　R220:提单上装船批注,是否需要考虑转船? …………………………… 373
装船批注 …………………………………………………………………………………… 373
　案例 200　R756/TA743rev:装船批注的文字效力优于印就文字吗? ……………… 374
　案例 201　R675/TA596:已装船批注,是否必须标明日期? ……………………… 374
　案例 202　提单上的装船批注需要单独签署吗? …………………………………… 376
倒签提单与预借提单 ……………………………………………………………………… 376
　案例 203　伊朗航运公司倒签提单损害赔偿纠纷一案 ……………………………… 377
第 E6 段 a 款　已装船提单 ………………………………………………………… 379
　案例 204　R349:提单上的带有日期的 shipped on board 栏位,是装船批注吗? … 380
第 E6 段 b 款　无前程运输工具 …………………………………………………… 381
第 E6 段 c 款　前程运输工具 ……………………………………………………… 382
　案例 205　R350/R352:提单显示了与装货港不同的收货地,且显示了前程船和远洋船,
　　　　　　 批注可以为支线船和收货地吗? ………………………………………… 383
　案例 206　R756/TA743rev:提单显示了与装货港相同的收货地,且显示了
　　　　　　 前程船和远洋船,批注可以为前程船和收货地吗? ……………………… 383
　案例 207　R453:提单显示只显示装货港而无收货地,且显示了前程船和远洋船,
　　　　　　 应该如何作"已装船"批注? ……………………………………………… 384
第 E6 段 d 款　装运上前程运输工具 ……………………………………………… 385
第 E6 段 e 款　装货港与收货地栏位 ……………………………………………… 386
　案例 208　R458:两只船对应于一个装货港,应该如何作"已装船"批注? ………… 387
第 E6 段 f 款　装货港及国别 ……………………………………………………… 387
　案例 209　R757/TA708rev:运输单据上的港口和地点,没有显示国别。可以吗? … 388
第 E6 段 g 款　装货港及地理范围 ………………………………………………… 390
　案例 210　TA770 rev2:香港是中国港口吗? ……………………………………… 390
　案例 211　R261:开证行有权调查港口的真实性吗? ……………………………… 391
　案例 212　提单上的港口一定是海港吗? …………………………………………… 392

| 案例 213 | 天津港与天津新港，一样吗？ | 394 |

案例 214　R594/TA549rev：亚历山大港（保税区）——Alexandria (free zone)，与亚历山大港——Alexandria。一样吗？　394

第 E6 段 h 款　多个装货港　395

案例 215　提单显示 port of loading：SYDNEY/MELBOURNE，这意味着如何装船呢？　396

案例 216　R723/TA726 rev：租船提单装货港显示两个港口，装船批注无港口可以吗？　396

第 E7 段　装船字样　397

案例 217　R678/TA622：提单显示 Loaded，算已装船吗？　397

案例 218　TA758rev：shipping date 与 shipped on board date，一样吗？　397

卸货港　398

第 E8 段　卸货港与最终目的地栏位　398

案例 219　TA541 rev：信用证要求的卸货港显示在最终目的地栏位中：Port Z。需要加批注吗？　399

案例 220　R460：卸货港必须显示在装船批注中吗？　399

第 E9 段　卸货港及国别　400

第 E10 段　卸货港及地理范围　400

案例 221　R201：提单显示实际卸货港为 Incheon port，而产地证显示目的地为 Busan，Incheon。可以吗？　401

正本提单　401

第 E11 段　出具及正本　401

案例 222　R351：提单正本出具份数在船公司证明中证实。可以接受吗？　403

收货人、托运人和背书、被通知人　404

托运人与发货人　404

收货人　405

背书　407

第 E12 段　记名抬头　408

第 E13 段　指示抬头及背书　409

案例 223　R470：提单托运人背书时，没有显示托运人名称或身份。可以吗？　410

案例 224　R470：只背书 2/3 正本提单，可以吗？　410

案例 225　R491：托运人为"A 公司代表 B 公司"，需由谁背书？　410

案例 226　2/3 提单与 1/3 提单的背书由不同的银行分支机构背书。可以吗？　411

案例 227　R593/TA554：提单托运人为申请人，需要背书吗？　411

案例 228　R744/TA744 rev：开证行指示抬头提单，拒付退单下如何算"原样"退回？　412

案例 229　Case 241：信用证要求提单 endorsed in favour of issuing bank，指的是什么？　413

第 E14 段　被通知人　413

案例 230　R243：提单通知人中名称开头多了"THE"字样，可以吗？　414

案例 231　R277：信用证未要求提单被通知人，提单上的被通知人如何显示？ ………… 415
案例 232　R732/TA696：提单被通知人地址中多了 newtown，可以吗？ ………… 415
第 E15 段　申请人与开证行名称 …………………………………………………… 416
第 E16 段　申请人地址及联络细节 ………………………………………………… 417
案例 233　R733/TA702 rev：公司部门、分公司及公司总部为同一家，
　　　　　　且地址相同吗？ ……………………………………………………… 418
案例 234　R444：受益人证明上显示的未要求的传真号错误，可以拒付吗？ …… 419

转运、部分装运及多套提单 ………………………………………………………… 419
第 E17 段　转运 …………………………………………………………………… 420
案例 235　R220：提单上显示"via"，是否意味着转船？ ……………………… 420
案例 236　R767/TA614：提单上显示转船，需要显示二程船名吗？ …………… 421
转运的可接受性 ……………………………………………………………………… 421
第 E18 段　部分装运 ……………………………………………………………… 423
第 E19 段　多套提单与部分装运 ………………………………………………… 424
案例 237　R255：多套提单下部分装运，交单期如何起算？ …………………… 427

清洁提单 ……………………………………………………………………………… 428
第 E20 段　"不清洁"条款 ………………………………………………………… 428
"货装舱面"条款 …………………………………………………………………… 430
第 E21 段　"清洁"字样 …………………………………………………………… 431

货物描述 ……………………………………………………………………………… 432
第 E22 段　货物描述的统称 ……………………………………………………… 432
案例 238　R729/TA681 rev：提单可以没有货描吗？ …………………………… 432
案例 239　TA763：信用证要求提单，没有提交提单。可以吗？ ……………… 433
"内容不知"条款 …………………………………………………………………… 434
案例 240　R677/TA617 rev：租船提单上的不知条款不构成不符点。 ………… 434
案例 241　R579/TA539：提单上承运人不知条款包括"运费支付"和"装船批注"。
　　　　　　可以接受吗？ ………………………………………………………… 435

卸货港交货代理人 …………………………………………………………………… 436
第 E23 段　卸货港交货代理的地址 ……………………………………………… 436

更正 …………………………………………………………………………………… 438
第 E24 段　正本与更正证实 ……………………………………………………… 438
第 E25 段　副本与更正证实 ……………………………………………………… 439

运费和额外费用 ……………………………………………………………………… 439
运费 VS. 额外费用 ………………………………………………………………… 439
第 E26 段　运费 …………………………………………………………………… 441
案例 242　R476：信用证规定的运费金额，可以一次性支完吗？ ……………… 442
案例 243　R691/TA604 rev：提单显示 freight prepaid，同时显示 freight payable at
　　　　　　port of loading. 可以吗？ ……………………………………………… 443
案例 244　R646/TA642 rev：提单印就显示"运费预付"，并标注"对于运费预付的提单，
　　　　　　只有支票变现才可交付货物"，矛盾吗？ …………………………… 443

第E27段　额外费用	444
案例245　末程运输费用,属额外费用吗?	445

凭多套提单放单 446
　集装箱及集装箱运输 446
　实务中,集装箱规格有多种: 447
　　第E28段　多套提单对应同一货物 449

不可转让海运单 451

不可转让海运单 VS. 提单 451
UCP600 第21条的适用 453
　第F1段　不可转让海运单的特征 453
不可转让海运单的出具、承运人、
承运人身份的识别及签署 454
　第F2段　出具人及"货代不可转让海运单可接受" 454
　第F3段　"货代不可转让海运单不可接受" 454
　第F4段　签署 455
装船批注、装运日期、前程运输、收货地及装货港 456
　第F5段　装船 456
　第F6段　装船字样 459
卸货港 459
　第F7段　卸货港与最终目的地栏位 459
　第F8段　卸货港国别 460
　第F9段　卸货港的地理范围 460
正本不可转让海运单 460
　第F10段　出具及正本 460
收货人、指示方、托运人和背书、被通知人 461
　第F11段　收货人 461
　第F12段　被通知人 462
　第F13段　申请人与开证行名称 462
　第F14段　申请人地址及联络细节 463
转运、部分装运及多套不可转让海运单 463
　第F15段　转运 463
　第F16段　部分装运 464
　第F17段　多套不可转让海运单 464
清洁不可转让海运单 465
　第F18段　"不清洁"条款 465
　第F19段　"清洁"字样 465
货物描述 466
　第F20段　货物描述的统称 466

卸货港交货代理人 ·· 466
第F21段　卸货港交货代理的地址 ·· 466
更正 ·· 467
第F22段　正本与更正证实 ··· 467
第F23段　副本与更正证实 ··· 467
运费和额外费用 ·· 468
第F24段　运费 ··· 468
第F25段　额外费用 ·· 468

租船提单 ·· 470
租船运输与班轮运输 ·· 470
UCP600第22条的适用 ·· 472
第G1段　租船提单的适用 ··· 472
第G2段　租船提单的特征 ··· 473
　案例246　R661/TA608：删除了并入条款的租船提单，还是租船提单吗？ ············· 474
　案例247　运输单据显示"the vessel is chartered"，这是租船提单吗？ ··················· 475
　案例248　R647/TA662 rev：常见的租船提单有哪几种形式？ ································ 475
并入条款 ··· 476
第G3段　租船提单的辨析 ··· 477
　案例249　R648/TA635 rev：运输单据名称为"Congenbill"，这一定是租船提单吗？ ······· 478
　案例250　R578/TA567 rev：运输单据名称为"Tanker Bill of Lading"，
　　　　　　这一定是租船提单吗？ ·· 478
签署 ·· 479
第G4段　签署 ··· 479
　案例251　租船提单下提货担保函的抬头，应该作成谁？是承运人吗？还是船长？
　　　　　　还是谁？ ·· 480
装船批注、装运日期、前程运输、收货地及装货港 ·· 481
第G5段　已装船、装运日期与装货港 ·· 481
第G6段　装船字样 ·· 484
卸货港 ·· 484
第G7段　卸货港与最终目的地栏位 ·· 485
第G8段　卸货港及国别 ··· 485
第G9段　卸货港及地理范围 ·· 485
正本租船提单 ··· 486
第G10段　出具及正本 ··· 486
收货人、指示方、托运人和背书、被通知人 ··· 487
第G11段　记名抬头 ·· 487
第G12段　指示抬头 ·· 487
第G13段　被通知人 ·· 488

| 第 G14 段　申请人与开证行名称 | 488 |
| 第 G15 段　申请人地址及联络细节 | 489 |

部分装运及多套租船提单

转运

案例 252　R761/TA751 rev：多套租船提单对应于转运，可以吗？……489
| 第 G16 段　部分装运 | 490 |
| 第 G17 段　多套租船提单 | 491 |

案例 253　R368：多套租船提单多个卸货港，构成部分装运吗？……492

清洁租船提单

| 第 G18 段　不清洁条款 | 493 |
| 第 G19 段　"清洁"字样 | 493 |

货物描述

| 第 G20 段　货物描述的统称 | 494 |
| 第 G21 段　混合货物 | 494 |

更正

| 第 G22 段　正本与更正证实 | 495 |
| 第 G23 段　副本与更正证实 | 495 |

运费和额外费用

| 第 G24 段　运费 | 496 |
| 第 G25 段　额外费用 | 496 |

货物由多套租船提单涵盖

| 第 G26 段　多套租船提单对应同一货物 | 497 |

租船合同

| 第 G27 段　租船合同的审核 | 498 |

案例 254　R762/TA683 rev：租船提单上的信息与信用证要求的租船合同不匹配。可以拒付吗？……499

案例 255　R577/TA560 rev：实务中，有长式租船提单吗？……499

空运单据……500

空运单据的功能……500

UCP600 第 23 条的适用……501

| 第 H1 段　空运单据的特征 | 501 |
| 第 H2 段　空运单据的名称 | 502 |

出具、承运人及签署……502

| 第 H3/H4 段　货代空运单据 | 503 |

案例 256　R221：空运单上注明 MAWB No. 或 HAWB No. 可以接受吗？……504

| 第 H5 段　承运人 | 504 |

案例 257　R660/TA636 rev：空运单上只显示承运人——航空公司的 IATA 代码，可以吗？……506

| 第 H6 段　签署 | 506 |

案例 258　R200：空运单上承运人代理签字显示在"signature of shipper or his agent"栏位中，可以吗？ …… 507

接受待运、装运日期和实际起飞日期 …… 507

| 第 H7 段　接受待运 | 507 |

案例 259　TA765：空运单上需添加已装载批注吗？ …… 508

| 第 H8 段　装运日期 | 509 |

出发地机场和目的地机场 …… 510

第 H9 段　机场及国别	510
第 H10 段　机场代码	510
第 H11 段　机场及地理范围	511

正本空运单据 …… 511

| 第 H12 段　发货人或托运人正本 | 511 |

收货人、指示方和被通知人 …… 512

第 H13 段　收货人	513
第 H14 段　被通知人	514
第 H15 段　申请人与开证行名称	515
第 H16 段　申请人地址及联络细节	515

转运、部分装运及多套空运单据 …… 515

第 H17 段　转运	516
第 H18 段　部分装运	517
第 H19 段　多套空运单据	517

清洁空运单据 …… 518

| 第 H20 段　不清洁条款 | 518 |
| 第 H21 段　"清洁"字样 | 518 |

货物描述 …… 519

| 第 H22 段　货物描述的统称 | 519 |

更正 …… 519

| 第 H23 段　正本的更正证实 | 519 |
| 第 H24 段　副本与更正证实 | 520 |

运费和额外费用 …… 520

| 第 H25 段　运费 | 520 |
| 第 H26 段　运费栏位 | 521 |

案例 260　空运单上可以怎样显示运费情况？ …… 521

| 第 H27 段　额外费用 | 522 |

公路、铁路和内陆水路运输单据 …… 523

UCP600 第 24 条的适用 …… 524

| 第 J1 段　公路、铁路或内陆水路运输单据的特征 | 524 |

出具、承运人及签署 …………………………………………………………………… 524
第 J2 段　签署与承运人 ………………………………………………………………… 525
　案例 261　R632/TA657 rev：CMR 上两个具名承运人，可以接受吗？ ………… 525
　案例 262　R760/TA581 rev：受益人可以作为承运人出具提单吗？ …………… 526
第 J3/J4 段　签署与收货签字、印戳或批注 …………………………………………… 526
装运地和目的地 ………………………………………………………………………… 528
第 J5 段　地点及国别 ………………………………………………………………… 528
第 J6 段　地点及地理范围 …………………………………………………………… 528
正本联和第二联 ………………………………………………………………………… 529
第 J7 段　正本联和第二联 …………………………………………………………… 529
　案例 263　R649/TA656：国际货运单的 copy of shipper 是副本吗？ …………… 530
　案例 264　R775/TA754 rev：expeditor 与 sender，consignor 一样吗？ ………… 531
收货人、指示方和被通知人 …………………………………………………………… 532
第 J8 段　收货人 ……………………………………………………………………… 532
第 J9 段　被通知人 …………………………………………………………………… 533
第 J10 段　申请人与开证行名称 ……………………………………………………… 533
第 J11 段　申请人地址及联络细节 …………………………………………………… 534
转运、部分装运及多套运输单据 ……………………………………………………… 534
第 J12 段　转运 ………………………………………………………………………… 534
第 J13 段　部分装运 …………………………………………………………………… 535
　案例 265　R240：两套公路运单显示货物由两辆卡车经同一行程同一天运输，
　　　　　　算全部装运吗？ ……………………………………………………… 536
第 J14 段　多套运输单据 ……………………………………………………………… 537
清洁运输单据 …………………………………………………………………………… 538
第 J15 段　不清洁条款 ………………………………………………………………… 538
第 J16 段　"清洁"字样 ………………………………………………………………… 538
货物描述 ………………………………………………………………………………… 539
第 J17 段　货物描述的统称 …………………………………………………………… 539
更正 ……………………………………………………………………………………… 539
第 J18 段　正本的更正证实 …………………………………………………………… 539
第 J19 段　副本与更正证实 …………………………………………………………… 540
运费和额外费用 ………………………………………………………………………… 540
第 J20 段　运费 ………………………………………………………………………… 540
　案例 266　R467：铁路运单上"运费预付"显示为法语，可以吗？ ……………… 541

保险单据 …………………………………………………………………………… 542

保险单据的功能 ………………………………………………………………………… 543
UCP600 第 28 条的适用 ………………………………………………………………… 545
第 K1 段　保险单据的种类 ……………………………………………………………… 546

保险证明和保险声明 547
暂保单 548

出具、签署及正本 549

第K2段　保险公司、承保人和保险人 549

英国劳合社的承保人 551

索赔代理和查勘代理 552

　　案例267　R772/TA746 rev:索赔代理和查勘代理,一样吗? 552

第K3段　保险经纪人 553

　　案例268　R765/TA673 rev:保险经纪人签字的保险单据。可以吗? 554

第K4段　保险代理人和代表 555

　　案例269　R697/TA645 rev:保险单据代理人签署,没有显示agent身份,
　　　　　　没有显示具名承保人和保险公司。可以吗? 556

第K5段　副签 557

第K6段　保险公司商号 558

第K7段　共同保险人 559

　　案例270　R278:保险单据代理人代所有共同保险人签署,可以吗? 560

　　案例271　TA759:保险单据只有其中一家保险公司签署可以吗?只有一家牵头
　　　　　　保险人签署可以吗? 560

第K8段　全套正本 561

　　案例272　保险单据必须提交信用证要求的两份,还是其显示的全套三份? 562

日期 563

保险期间与运输全程 563

　　案例273　R774/TA699 rev:保险单据显示收货地:Czech,可以吗? 563

　　案例274　R679/TA610:保险单据如何表明覆盖多式运输全程? 564

第K9段　索赔有效期 565

　　案例275　R234:保险单据显示了一个晚于船只实际到达时间的有效期。可以吗? 566

第K10段　保险日期 566

　　案例276　R290:保险单据显示了sailing date,是否意味着保险自该日期生效呢? 567

　　案例277　R766/TA709 rev:仓至仓条款下保险单据的出具日期一定要早于
　　　　　　装运日期吗? 568

第K11段　副签日期 569

　　案例278　R767/TA732 rev:保险单据只有副签日期,可以吗? 569

保险金额 570

第K12段　保险金额的币种和比例 570

第K13段　保险金额的小数位 572

　　案例279　R768/TA687 rev:保险金额小数点,必须适用四舍五入吗? 572

第K14段　免赔率或免赔额 573

第K15段　保险金额的计算基础 574

　　案例280　R769/TA720 rev:保险金额为形式发票金额的110%,意味着什么? 575

第K16段　共同保险下多套保险单据 576

| 案例 281 | 共同保险下两套保险单据显示互为赔付条件,可以吗? | 577 |

承保险别 … 578
风险、损失及费用 … 578
协会货物条款(ICC) … 579
中国保险条款(CIC) … 580
第K17段　险别及除外责任 … 582
| 案例 282 | R724/TA731:保险单据显示保险范围,但其他保险单据覆盖的风险除外。可以吗? | 583 |
第K18段　一切险 … 584

被保险人和背书 … 585
第K19段　背书 … 585
| 案例 283 | R778/TA688 rev:不同抬头的保险单据,如何背书? | 586 |
第K20段　规定被保险人 … 587
第K21段　未规定被保险人 … 588
| 案例 284 | R417:议付行议付了单据,是否有必要对保险单据进行背书? | 589 |
| 案例 285 | 保险单据下的投保人与被保险人一样吗? | 589 |

保险条款 … 590
第K22段　保险单据的一般条款和条件 … 590
| 案例 286 | R724/TA731:保险单据载明了保险单据生效的条件,是否可以接受? | 590 |

保费 … 591
第K23段　保费支付与保险生效 … 592
| 案例 287 | R764/TA730:保险单据上保费及额外费用支付条款需要审核吗? | 592 |

原产地证明 … 594

基本要求 … 594
| 案例 288 | R320:货物显示"Sudan Raw Cotton",这是在表明原产地吗? | 595 |
| 案例 289 | TA772:货物原产地显示"Produced by Company ABC,Switzerland",可以吗? | 595 |
第L1段　原产地证明的特征 … 597
第L2段　原产地证明的格式 … 597
| 案例 290 | 原产地证明以Form B格式出具,盖Form A章。可以吗? | 598 |

出具人 … 599
第L3段　出具人 … 599
| 案例 291 | R405:信用证要求由商会签署的原产地证明由贸易会签署,可以接受吗? | 601 |
| 案例 292 | R448:原产地证由CCPIT出具与由CCPIT签署证实一样吗? | 601 |

内容 … 602
第L4段　货物描述 … 602
| 案例 293 | R727/TA747 rev:产地证没有货描,可以吗? | 603 |
| 案例 294 | 产地证未显示发票上显示的免费附件,可以吗? | 604 |

第L5段　收货人 ··· 605
　　案例295　产地证收货人显示为提单上的被通知人，可以吗？ ······················ 606
第L6段　发货人或出口商 ·· 606
第L7段　货物原产地 ··· 607
第L8段　发票号码及日期、运输路线 ·· 607
　　案例296　R705/TA585 rev：原产地证明上发票号码不同，可以拒付吗？ ········ 608

装箱单 ··· 610

基本要求 ··· 610
什么是货物包装？ ··· 610
第M1段　装箱单的特征 ·· 611
　　案例297　装箱单的货物描述是大理石，还包括安装费吗？ ····················· 611
出具人 ·· 612
第M2/M3段　出具人 ·· 612
内容 ·· 613
第M4段　包装要求 ·· 613
　　案例298　R743/TA689：信用证47A的export standard packing，
　　　　　　必须显示在装箱单上吗？ ··· 613
　　案例299　信用证要求箱单必须显示特定的包装条件，如何满足呢？ ············ 614
第M5段　发票号码及日期、运输路线 ·· 614
第M6段　货物数量 ·· 615
　　案例300　银行需要确认装箱单上的总箱数与分箱情况是否匹配吗？ ············ 615

重量单 ··· 617

基本要求 ··· 617
第N1段　重量单的特征 ·· 618
出具人 ·· 619
第N2/N3段　出具人 ·· 619
内容 ·· 619
第M4段　重量信息 ·· 619
第N5段　发票号码及日期、运输路线 ·· 620
第N6段　货物数量 ·· 620

受益人证明 ·· 621

基本要求 ··· 621
第P1段　受益人证明的特征 ··· 621
　　案例301　TA668/TA594：受益人证明 vs. 受益人证实的传真副本，装船确认书 vs.

| | | 装船同意书 ·· | 622 |

签署 ·· 623
第 P2 段　受益人签署 ··· 623

内容 ·· 624
第 P3 段　数据 ·· 624
第 P4 段　货描、数据、证明文句 ··· 624
    案例 302　R592/TA531：受益人证明内容，可以照抄信用证要求吗？ ········· 625
    案例 303　受益人没有提交要求的信用证修改接受声明，可以吗？ ············ 626
    案例 304　R404：备用证下的受益人违约声明显示"all terms had been complied with"，
                可以吗？ ··· 627
    案例 305　受益人证明与其他单据没有"关联"，可以吗？ ························· 628

检验证明 ··· 629
基本要求 ··· 629
检验证明的功能 ·· 630
第 Q1 段　检验证明的特征 ·· 631
植物检疫证明 ·· 632
第 Q2 段　装船前检验 ··· 633
    案例 306　TA766：检验证名称显示 certificate of quality (SHANGHAI Port)，
                这是指出具地点吗？ ··· 634

出具人 ··· 634
第 Q3/Q4 段　出具人 ··· 635
    案例 307　检验证明的检验内容必须由谁完成？ ··· 635
    案例 308　R450：检验证出具人对检验内容免责。可以吗？ ························ 635
第 Q5 段　独立出具人 ··· 636
    案例 309　R626/TA652rev：要求原产地证由本地商会出具？ ···················· 637

内容 ·· 638
第 Q6 段　检验对象 ·· 638
    案例 310　检验证上显示的货物数量，是否必须与发票等同一样？ ············· 639
植物证的货物描述 ··· 639
    案例 311　R728/TA685 rev：健康证明没有显示货物描述中的规格和等级。
                可以吗？ ··· 639
    案例 312　检验证上的货物描述内容 complements JUG kettle，
                多了"complements"字样。可以吗？ ··· 639
    案例 313　植检证的货描，是货物本身，还是包装物？ ······························· 640
第 Q7 段　检验要求 ·· 641
第 Q8 段　检验结果 ·· 641
货物缺陷 ·· 642
    案例 314　TA756：检验结果显示"二手货"。可以吗？ ····························· 643

案例 315　DOCDEX No.254：检验证显示 Material was atmospherically rusty, wet before shipment。可以接受吗? ………………………… 644

检验结论 ……………………………………………………………………… 645
　　案例 316　相符证明带有可能不相符的结论,可以吗? ……………………… 645

检验数据 ……………………………………………………………………… 646
　　案例 317　R583/TA200：检验结果低于最低规定可以接受吗? ……………… 646
　　案例 318　青岛铁矿石规格低于 BASIS。可以拒付吗? …………………… 647
　　案例 319　R769/TA720 Rev：信用证规定货物规格"38PCT BASIS,36PCT MIN REJECTION BELOW 36PCT"。这意味着什么? …………… 648

第 Q9 段　收货人 …………………………………………………………… 649
第 Q10 段　发货人或出口方 ………………………………………………… 649
第 Q11 段　发票号码及日期、运输路线 …………………………………… 650

附录一:附文 ……………………………………………………………… 651
　　第一篇　评日本松本光春不符点提法不足案 ……………………………… 652
　　第二篇　评中国新时代不符点止付案 ……………………………………… 663
　　第三篇　评青岛凯扬不符点付款案 ………………………………………… 666

附录二:ISBP745 主要变化对照分析表 ………………………………… 672

后　记 ……………………………………………………………………… 700

预先考虑事项
Preliminary Considerations

【导读】

　　信用证审单，基于单据与信用证的对照审核。信用证交易服务于贸易，有了贸易和贸易合同，才有信用证和单据，才谈得上审单和不符点。

　　不管是本出版物的适用范围，还是UCP600条款的含义，不管是信用证的申请和开立，还是来证审核和单据制作，更或是买卖双方的贸易合同条款磋商，都必须预见性地审慎考虑对审单的可能影响，未雨绸缪，力争主动。

适用范围
Scope of the publication

【导读】

　　本出版物的适用范围，既与UCP600有关，也与信用证有关。本出版物的目的仅在于解释UCP600或信用证规定的实务，而无意于改变本已存在的实务，也无意于创造本不存在的实务。

第 I 段

本出版物与UCP600

本出版物是UCP600的补充，是对UCP600所反映的信用证审单实务的最佳解释。

Para I：
This publication is to be read in conjunction with UCP600 and not in isolation.
本出版物应结合UCP600进行解读，不应孤立使用。

【修订】

　　本规定属新增规定，确认了本出版物与UCP600的关系。

品读 ISBP745

【解读】

没有UCP600，就没有本出版物。所以，本出版物必须结合UCP600进行解读。换言之，本出版物所描述的实务，可能够详尽了，也可能并不详尽，但无论如何其基本原则都在UCP600中。未详尽的部分，如果没有结合UCP600进行解读，可能会产生歧义，这需要引起注意。

比如：新版ISBP规定了模糊不清或互相矛盾的信用证条款和开证申请书指示的责任承担。那么，实务中如果出现信用证条款模糊不清或互相矛盾，是开证行的责任，还是开证申请人的责任呢？

ISBP745 第 V 段：

The applicant bears the risk of any ambiguity in its instructions to issue or amend a credit. An issuing bank may, unless the applicant expressly instructs to the contrary, supplement or develop those instructions in a manner necessary or desirable to permit the use of the credit or any amendment thereto. An issuing bank should ensure that any credit or amendment it issues is not ambiguous or conflicting in its terms and conditions.

申请人承担其开立或修改信用证的指示模糊不清所带来的风险。开证行可以必要或合适的方式补充或细化那些指示，以便信用证或有关的任何修改书得以使用，除非申请人就此明确作出相反指示。开证行应确保其所开立的任何信用证或修改书的条款与条件没有模糊不清或互相矛盾。

以上规定包括三句话：
——开证申请人承担开证申请书的指示模糊不清的风险；
——如果出现开证申请书的指示模糊不清，开证行可以补充或细化；
——开证行应该确保信用证条款没有模糊不清，也没有互相矛盾。

按照第三句话的规定，应该是开证行的责任。而按照第一句话的规定，则应该是申请人的责任。让人困惑的是，到底是谁的责任呢？显然，在ISBP中找不到直接的答案。此时，必须结合UCP600进行解读。

UCP600 第37条a款：

为了执行申请人的指示，银行利用其他银行的服务，其费用和风险由申请人承担。

信用证条款的模糊不清绝大多数来源于开证申请书的指示。如此，很清楚地，开证申请人作为最终指示方必须承担最后的责任。至于开证申请人如何承担责任呢？这要遵循一定的程序，即开证行基于其为信用证下的第一责任人，首先必须对互相矛盾或模糊不清条款承担直接责任，该责任将根据开证申请书的约定最终转移给开证申请人承担。

第Ⅱ段

本出版物与信用证

本出版物所解释的UCP600下信用证审单实务，可能与信用证规定一致，也可能被信用证规定修改或排除。

Para Ⅱ:
　　The practices described in this publication highlight how the articles of UCP600 are to be interpreted and applied, to the extent that the terms and conditions of the credit, or any amendment thereto, do not expressly modify or exclude an applicable article in UCP600.
　　本出版物所描述的实务强调,在信用证或其有关的任何修改书的条款和条件没有明确修改或排除UCP600适用条款的范围内,UCP600的各项条款应如何解释和应用。

【修订】

　　本规定属新增规定,确认了本出版物与信用证规定的关系。

【解读】

　　第一,这里的内容只是在解释UCP600所涉及的信用证审单实务,并不改变实务,也不创造实务。
　　信用证审单实务处于动态的变化过程中,本出版物只是描述了目前最常用的一部分。
　　UCP600作为一套规则,洋洋洒洒39条,一半涉及信用证运作,一半涉及信用证审单。信用证运作部分告诉我们,审单为了什么,如何判断不符点成立不成立;信用证审单部分,则分门别类地勾勒了主要的审单实务,单据如何满足信用证要求,如何判断不符点存在不存在。本出版物所描述的信用证审单实务,只是强调了UCP600条款如何解释和适用,或者说,是对UCP600条款反映的信用证审单实务的补充和细化。
　　ISBP出版物并不改变实务。在对比新旧版本的ISBP出版物时,会发现许多地方变化重大。然而,请注意,这只是实务本身在变化,在发展,而ISBP出版物内容的变化只是反映了实务的变化和发展。比如:新旧版的ISBP对斜线的含义规定有比较大的变化。

ISBP681第7段:
　　Virgules (slash marks"/") may have different meanings, and unless apparent in the context used, should not be used as a substitute for a word.
　　斜线("/")可能有不同的含义,不应用来替代词语,除非在上下文中可以明了其含义。

ISBP745第A2段a款:
　　Virgules (i.e., slash marks"/") may result in different meanings and should not be used as a substitute for a word. If nevertheless, a virgule is used and no context is apparent, this will allow the use of one or more of the options. For example, a condition in a credit stating "Red/Black/Blue" with no further clarification will mean only Red or only Black or only Blue or any combination of them.
　　斜线("/")可能导致不同的含义,不应用来替代词语。尽管如此,如果仍然使用了斜线,且上下文含义不明,那么将允许使用其中的一个或多个选项。例如,信用证规定"红色/黑色/蓝色(Red/Black/Blue)",且未做进一步澄清,这意味着颜色可以是仅红色或仅黑色或仅蓝色,或是它们的任意组合。
　　请注意,新版所增加的内容只是对实务中"斜线"含义的重新描述,并不改变实务本身。

品读 ISBP745

ISBP 出版物并不创造实务。在对比新旧版本的 ISBP 出版物时,会发现许多地方是新增的。然而,请注意,这只是已经客观存在的实务在原来的旧版 ISBP 中没有反映出来,而如今新版 ISBP 觉得比较重要而增加了内容和段落加以反映而已。在对比新旧版本的 ISBP 出版物时,也会发现许多实务业内希望有所反映,但仍然没有反映的内容。比如:ISBP 并不给出记名提单上显示"无单放货"条款的可接受性。2008 年 10 月,国际商会的秘书长明确了:"就关于包含放货条款的运输单据的开立问题不必给出任何意见。"所以,新版 ISBP 并没有直接反映,但仔细琢磨运输单据部分提及的收货人及背书,其实有间接反映。

正因为实务客观存在,而新版 ISBP 出版物只是解释了 UCP600 下的信用证审单实务,其本身并不改变实务,也不创造实务,所以,其性质非常类似于国际商会在历年年会上通过的意见,一旦通过立即实施。在这个意义上,新版 ISBP 出版物与其说是一套准规则或准国际惯例,不如说是汇编的国际商会意见,只是经过集中梳理而已。

第二,这里的内容与信用证规定相抵触时,优先适用信用证规定。

这一点与 UCP600 第 1 条的规定相吻合——"《跟单信用证统一惯例》(简称 UCP),2007 年修订本,国际商会第 600 号出版物,乃一套规则,适用于所有在其文本中明确表明受本惯例约束的跟单信用证(下称信用证)(在其可适用的范围内,包括备用信用证)。除非信用证明确修改或排除,本惯例各条文对信用证所有当事人均具有约束力。"毕竟,如前所述,ISBP 是 UCP 下信用证审单实务的充实和发挥。比如:

[案例 001] 信用证要求所有单据注明唛头,提单只显示集装箱号。可以吗?
案中,信用证要求集装箱运输,同时规定:一切单据必须注明唛头。
受益人提交的发票、箱单等显示唛头:"◇"。
提交的提单在"唛头"栏中显示了集装箱号码,而没有显示唛头"◇",可以吗?
分析:
根据本段,信用证的规定优于 ISBP 的规定。信用证既然要求所有单据注明唛头,包括提单在内的所有单据便必须满足。
结论:
这样的单据理应不可接受,因为运输单据上的集装箱号毕竟不是唛头本身。
点评:
旧版中无类似规定,实务中的理解就很混乱,有人认为可以接受,有人认为不可接受。

可以接受的理由是:

ISBP681 第 36 段:
Transport documents covering containerized goods will sometimes only show a container number under the heading "Shipping marks". Other documents that show a detailed marking will not be considered to be in conflict for that reason.
集装箱货物的运输单据有时在"唛头"栏中仅仅显示集装箱号,其他单据则显示详细唛头,如此并不视为矛盾。

这一规定在新版中也有对应的段落,精神一样。
尽管这种理解不无道理,但还是有失偏颇,新版 ISBP 第Ⅱ段规定就是对这一类误解的澄清。

信用证和修改的申请、信用证及任何相关修改的开立

The credit and amendment application, the issuance of the credit and any amendment thereto

【导读】

银行审单首先必须关注信用证条款的独立性和抽象性。这类似于票据的无因性，即当事人只管票据本身而无须理会票据的交易背景和票据以外的东西。独立性和抽象性，是UCP600框架内信用证运作的两块基石。信用证的申请和开立之时，当事各方必须充分理解这两个特性，因为它们最终将体现在信用证条款中，直接影响信用证审单和不符点认定。

银行审单还须关注信用证的模糊不清条款、特定含义条款和软条款等，关注其风险特征，关注其责任承担。

为了更好地理解ISBP描述的信用证审单实务，这里简要介绍两个审单原则——"表面相符"原则和"不得矛盾"原则。前者为主，后者为辅，后者是对前者的补充。这两个审单原则来源于信用证条款的独立抽象性，特别是抽象性。这两个审单原则类似于票据的文义性，即当事人只依据票据表面的文字记载及没有瑕疵，确定票据权利和责任。

第Ⅲ段

信用证条款的独立性

信用证条款的独立性，来源于信用证运作的独立性，即信用证交易的运作独立于基础交易，不受其影响。

Para Ⅲ:

The terms and conditions of a credit and any amendment thereto are independent of the underlying sale or other contract even if the credit or amendment expressly refers to that sale or other contract. When agreeing the terms of the sale or other contract, the parties thereto should be aware of the ensuing implications for the completion of the credit or amendment application.

信用证和有关的任何修改书的条款与条件独立于基础销售合同或其他合同，即便信用证或修改书明确提及该销售合同或其他合同。在商定销售合同或其他合同条款时，有关各方应明白其对随后完成信用证或修改申请的影响。

【修订】

本段对应于ISBP681的第1段第一句和第5段，并对应于UCP600第4条规定的信用证独立性。内容无实质变化。

品读 ISBP745

【解读】

信用证条款独立于基础交易。然而,信用证终归来源于基础交易,因此实务中信用证条款常常会直接援引作为基础交易的书面形式——订单,乃至形式发票等,这仍然不影响其独立性。相应地,买卖双方在基础交易谈判时便须注意信用证条款的独立性对开证申请书和信用证,以及信用证审单的可能影响,从而未雨绸缪。比如:

[案例002] 形式发票号,可以置之不理吗?

信用证45A中规定:details as per proforma invoice No. 123456. 提交的单据,应该如何满足呢?

分析及结论:

国际商会在ICC459 Case133、ICC489 Case266/Case268作出了回答:

"只要形式发票未构成信用证的一部分,银行便与此发票中所包含的细节无关。"

"如果形式发票跟随信用证(根据UCP600,这种做法应劝阻,但无法避免)且构成了信用证的一部分,那么审核单据时应确保与其相符。"

"如果信用证仅仅规定货物描述必须as per proforma invoice No. ×××,银行只需确保发票的货物描述也有as per proforma invoice No. ×××即可,没有其他义务,至于形式发票中的细节是否得到了遵守对银行没有意义。(Banks have no other duty but to see that the description of the goods in the invoice also states that the goods are 'as per proforma invoice No. ×××'. Whether or not details contained in the proforma invoice have been observed is of no significance for banks.)"

点评:

强调一下,此时如果提交的发票上仅显示该合同号或形式发票号是不够的。根据UCP600第18条C款的规定,发票的货物描述必须与信用证要求一致,包括作为货物描述一部分的"as per proforma invoice No. ×××"。

当然,如果受益人执意还提交了形式发票,银行则仍将视提交的形式发票为未规定单据,而不予审核。

从上述案例可以看出,当事各方应当事先对基础交易中凭订单或形式发票成交的条件必须有所了解。如果需要在开证申请书和信用证中形成对受益人的强约束,则必须把形式发票规定为开证申请书和信用证不可分割的一部分。只是如此一来,开证申请书和信用证的细节将显得过于繁杂,从而容易引发新的问题,历来为国际商会所反对。但如果没有这么做,银行便无须审核形式发票,即便开证申请书和信用证条款中援引了形式发票。

第Ⅳ段

信用证条款的抽象性

信用证条款的抽象性,来源于信用证运作的抽象性,即信用证交易下银行只处理单据,而不处理与单据对应的货物、服务或履约行为。由抽象性可以直接引申出信用证审单的两个原则——"表面相符"原则和"不得矛盾"原则。

Para Ⅳ:
> Many of the problems that arise at the document examination stage could be avoided or resolved by the respective parties through careful attention to detail in the credit or amendment application and issuance of credit or any amendment thereto. The applicant and beneficiary should carefully consider the documents required for presentation, by whom they are to be issued, their data content and the time frame in which they are to be presented.
>
> 如果有关各方对信用证或修改申请、以及信用证或有关的任何修改书的开立的细节予以谨慎关注,那么,审单阶段出现的许多问题将能够得以避免或解决。申请人和受益人应审慎考虑所要求提交的单据、单据由谁出具、单据的数据内容和提交单据的期限。

【修订】
本段对应于 ISBP681 的第 1 段第二句和第 5 段,并对应于 UCP600 第 5 条规定的信用证抽象性,也是 UCP600 第 14 条 h 款的引申。内容无实质变化。

【解读】
这里并没有直接提到信用证条款的抽象性,但每一句话字里行间都指向了抽象性。申请人、受益人和银行,在基础交易、开证申请、信用证开立或修改之时,要保持警惕,对其中的细节多加注意,对审单中的问题要有预见性,从而防患于未然。其中,最关键的一点,即不管是开证申请书的指示,还是信用证条款,都必须严格单据化。因为银行只管单据,银行审单只依据信用证中的单据化条款对单据进行审核,不管非单据化条件。单据化条款,包括要求提交何种单据、单据由谁出具、数据内容和提交单据的期限等。比如:

[案例 003] 形式发票号,如何单据化?
我们知道,信用证常常会援引形式发票号。但是,援引的位置可能不同:
1. 有些信用证在 45A 中规定:Details as per proforma invoice;
2. 有些信用证却在 46A 中规定:Details as per proforma invoice。
信用证条款中这两个不同位置的相同规定,单据化的效果一样吗?
分析及结论:
显然,第一种情况下的文句:Details as per proforma invoice,不是货描本身,但理应参照货描掌握,发票须相应显示。依据如下:

UCP600 第 18 条 c 款:
The description of the goods, services or performance in a commercial invoice must correspond with that appearing in the credit.
商业发票上的货物、服务或履约行为的描述应该与信用证中的描述一致。

第二种情况下,如果信用证没有要求提交形式发票,理应认定上述文句为未单据化条件,而不予理会。

品读 ISBP745

UCP600 第 14 条 h 款:

If a credit contains a condition without stipulating the document to indicate compliance with the condition, banks will deem such condition as not stated and will disregard it.

如果信用证中含有一项条件,但未规定用以表明该条件得到满足的单据,银行将视为未作规定并不予理会。

此时,准确地说,该文句是单据化条款中的非单据化文句。

点评:

总之,信用证中的同样一个要求——Details as per proforma invoice,显示在 45A 场与 46A 场,将有完全不同的效果。

从上述案例可以看出,即便是同样一个对形式发票的要求,也需要考虑其位置,不同的位置可能有完全不同的单据化效果。

与此相似,信用证下运费以外的装卸费用默认可以显示由收货人承担、默认不接受未规定货物即便免费、银行不负责审核租船合同、不负责审核承运条款和保险条款、银行不负责单据本身显示的数学计算等,都需要事先注意,做到心中有数。如果相关事项影响甚大,完全可以根据交易需要,在基础合同、开证申请书和信用证条款中加以明确约定。

"表面相符"原则

何谓"表面相符"原则?

UCP600 第 14 条 a 款:

A nominated bank acting on its nomination, a confirming bank, if any, and the issuing bank must examine a presentation to determine, on the basis of the documents alone, whether or not the documents appear on their face to constitute a complying presentation.

按指定行事的指定银行、保兑行(如果有的话)及开证行须审核交单,并仅基于单据本身确定其是否在表面上构成相符交单。

简言之,银行审单只须确定单据表面记载的文字本身,即"文义"是否与信用证的要求,乃至 UCP600 或国际标准银行实务相符。为什么呢?因为如果越过了单据表面或文义,银行便不擅长,没有效率,也没有优势,银行不乐意使用信用证,从而不利于信用证的推广。国际商会表示:"国际标准银行实务要求审核单据是否在表面上相符,不能寄希望也不能要求审单人员成为运输或保险行业的专家。"

这一点,与银行无须审核运输单据承运条款,也无须审核保险单据的承保条款的规定相吻合,也与 UCP600 第 34 条赋予的银行对单据有效性免责规定相呼应。

但是,单据的表面文义是相对的,有时难以定论。比如:

[案例 004] R390:发票的 H. S. 代码对应于"不适合人类消费",可以吗?

案中,进口肉制品。信用证只要求发票显示 item No.,但未具体规定是什么号。提交的发票上批注了 item No. 020071400。提交品质证明上,批注"不适合人类消费(The goods are not fit for human consumption)"。

申请人拒付,理由为:"发票上显示的 H. S. 代码对应的是'适合人类消费',与品质证明显示的'不适合人类消费'矛盾。(In the invoice it is mentioned "item No. 020071400", which according to International Harmonized System corresponds to goods for human consumption.)"

分析及结论：

国际商会说，不可以拒付。理由为："银行只负责表面审核，无须根据包括 H. S. 代码在内的复杂标准，来判断单据相符。(A bank is not required to be conversant with any specific code or item numbers that are specific to various standards including the International Harmonized System.)"

点评：

显然，银行的表面审核，仅局限于对单据文义的表面直观判断。银行可能并不了解，也无法全面了解，从而也没有必要全面了解货物 H. S. 代码的复杂规定。

引申：

信用证要求 FAX ADVICE 显示 IMO NO.，但是 FAX ADVICE 显示 IMO NO. 为 NO.，即没有承运船只的 IMO 号码。银行可能无法完全了解船只 IMO 号码在国际海事组织中的规范，但是既然信用证如此要求，言外之意，即承运船只必须有 IMO 号码，且必须显示在装船通知上。提交的装船通知没有这个号码，我们认为，这显然没有满足要求。

[案例 005]　R217：单据显示了要求的合同号，但没有标明合同号字样，可以吗？

案中，信用证要求一切单据必须显示合同号。实际提交的单据显示了合同号，但并没有以文字说明"contract No."

开证行拒付，理由为单据没有显示合同号。

议付行反驳：所有单据的确都显示了合同号。

国际商会在结论中说：案中的情况是不符点。

点评：

单据显示了一个合同号本身，但不带"contract No."字样，外人怎么会知道那是合同号。换言之，银行审单时没有义务去猜测那到底是不是合同号。

引申：

信用证并无要求 FAX CONFIRMATION 必须显示 STYLE NO.，受益人提交的 FAX CONFIRMATION 中显示了一个孤立的"MABTSKC20003GST"字样，并无表示其代表的确切含义。开证行认为其为 STYLE NO.，并指出其与其他单据上所显示的 STYLE NO. 不同，拒付电文说：FAX CONFIRMATIONS OMIT 'GST' IN STYLE NUMBER.

显然，这不是不符点，因为 FAX CONFIRMATION 并没有显示"MABTSKC20003GST"字样即为 STYLE NO.

再引申：

信用证中要求申请人确认 counter samples，所提交的申请人的确认书中确认的为 production samples，这与信用证不相符吗？

什么是 production samples？生产样品，没有确切的含义，可能是卖方生产的过程中抽取的产品作为样品。什么是 counter samples？回样，即卖方根据买方的样品做出的另一份样品给买方确认，其实就是把买方样品变成了卖方样品。既然案中的 production samples 已经经过申请人确认，自然就是 counter samples 了。如此，则单据没有不符点。

然而，银行的人有义务对样品知识了解到这个份上吗？如果没有义务，则表面看过去就会形成一种错觉，counter samples 与 production samples 毕竟不同。如此，则单据构成不符点。

我们无法确切地知道，国际商会会持什么态度。

请注意，所谓的"单据表面（the face）"，不能仅仅理解为单据的"正面（the front）"，它还应包括单据的"背面（the back）"或"反面（the reverse）"。任何一个单据总是包括"正面"与"背面"或"反面"，而单据的内容不是显示在"正面"，就是显示在"背面"，UCP 本身没有任何限制。比如：对于运输单据和保险单据而言，行业习惯的做法是把基本信息，如货物描述、运输路线、保险险别、承运人或保险人签字等要素显示在正面。即便正面容纳不下，往往也是增加附页而不是显示在背面。而其背书，则往往显示在背面或反面。换句话说，实务中单据的反面或背面应当和正面一样审核，只是反面的内容往往是空白或比较单一，一般没有必要审查，但如果单据反面有内容，且内容足以影响到判断相符交单，则仍然需要关照。

"不得矛盾"原则

何谓"不得矛盾"原则？

UCP600 第 14 条 d 款：

Data in a document, when read in context with the credit, the document itself and international standard banking practice, need not be identical to, but must not conflict with, data in that document, any other stipulated document or the credit.

单据中数据，在与信用证、单据本身以及国际标准银行实务参照解读时，无须与单据本身的数据、其他要求的单据或信用证中的数据等同一样，但不得矛盾。

简言之，银行审单涉及的数据"不得矛盾"，即"文义"不得与其他数据矛盾。银行审单在确保单据"表面相符"时，既要与信用证要求相符，也要与 UCP600 要求相符，还要与国际标准银行实务相符。信用证和 UCP600 的要求，最终必定转化为单据上的数据来满足，而单据上还常常会有要求以外的数据。显然，这些数据不能互相矛盾，也不能与其他要求的单据或信用证中的数据互相矛盾。否则，将意味着这些数据明显关联于不同的交易，单据不可接受。

因为国际标准银行实务默认单据上的数据必须关联于同一笔交易。国际商会在 R11 中说："所有单据必须明显地与同一笔交易有关，亦即每一单据从表面上与其他单据有一种联系，且各单据之间不得有矛盾。（The whole of the documents must obviously relate to the same transaction, that is to say, that each should bear a relation(link) with the others on its face, and the documents should not be inconsistent with one another.）"如果单据中数据之间"矛盾"，则意味着不同的数据，分属于不同的交易，从而不可接受。

第一，单据上的数据不限于单据上的数值或数字。

那么，什么是数据（data）呢？数据与信息相对而言。信息的特性是"效用"性。信息在未按照特定目的加工之前，就是数据。《辞海》说："数据（data）是对客观事物的符号表示，是用于表示客观事物的未经加工的原始素材，如图形符号、数字、字母等。或者说，数据是通过物理观察得来的事实和概念，是关于现实世界中的地方、事件、其他对象或概念的描述。……"单据上的数据，也是这个含义，且常与信息混用，不加区分。就审单实务而言，通俗意义上，数据即是单据上任何可以用于分析的原始数字、字母、文字或符号等。

显然,数据不限于单据上的数字或数值。比如:单据上的唛头符号、斜线"/"、逗号",""、标记、印戳、文字所在的位置如函头等。

信用证审单涉及的每一张单据,通常都包括以下几个部分:

——函头部分的名称;

——抬头部分的收件人;

——主体部分的内容;

——落款部分的出具人及出具日期、签署等。

这些部分,都算单据上的数据。

第二,何谓"矛盾"? 何谓"不得矛盾"?

《美国传统辞典(双解)》:"conflict,To be in or come into opposition;differ.矛盾,对立或形成对立;不同。""对立",即冲突,即足以导致银行误认为单据上的数据系明显地对应于不同的交易,这就算数据之间之"不同"了,而"不得矛盾"便是要求单据上数据之间不得出现此类"对立"和此类"不同"。

显然,"不得矛盾"所指的数据项,必须是共同的数据项,最终体现为单据上的共同数据项对应的数值关系。

比较容易判断的是这样一种情况,当两个共同数据项的数值交叉,既有共同的数值,也各有不同的数值,这是矛盾,不可接受。因为两个共同数据项各有不同的数值部分,已经足以构成冲突,即为矛盾,从而不可接受。比如:提单货物描述中显示 details as per P/I No. 001 and P/I No. 002。如果提交的装箱单显示 details as per P/I No. 002 and P/I No. 003,则不可接受。P/I No. 为发票和装箱单的共同数据项,二者之间数值有交叉的部分——P/I No. 002,也各有不同的部分,发票独有——P/I No. 001,装箱单独有——P/I No. 003。这不同的数值部分,已经足以让银行判断为从属于两个不同 P/I No. 下的交易了,所以,不能接受。这种情况下,矛盾之处一目了然。

然而,当两个共同数据项的数值有从属关系时,则常常比较复杂。此时,一个数据项的数值比另一个项更宽或更严,是否矛盾呢?实务中往往需要考虑其实际的背景,具体情况具体分析,如为矛盾则不可接受,否则可以接受,而不可一概而论。信用证货物描述中显示 details as per P/I No. 001 and P/I No. 002,如果提交的装箱单只显示 details as per P/I No. 002,则可以接受,只要部分装运是允许的。还比如:信用证货物描述中显示 details as per P/I No. 002,如果提交的装箱单只显示 details as per P/I No. 001 and P/I No. 002,则不可以接受,这相当于多装运了未规定货物。

第三,单据中的数据并非孤立存在,必须与信用证、单据本身或国际标准银行实务参照解读。

单据中的数据,与生活中不计其数的数据一样,总是存在于特定的上下文之中。单据中的数据在不同的上下文中,可能有不同的含义。所以,单据中的数据必须参照解读。比如:

[案例006] R740/TA722 rev:同一合同下受益人合同号与申请人合同号不同。可以吗?

案中,信用证要求发票显示 contract No. 09ICDINTL0804A,提交的发票显示了该合同号。发票还和其他如装箱单、原产地证明、受益人证明等受益人出具的单据一起显示了"our ref.746293-SEG"或"746293-SEG"。但是,提交的 beneficiary's certified copy of the fax,显示了"contract No.746293-SEG"。

受益人说:contract No.09ICDINTL0804A,这是申请人的合同号。而 ref.746293-SEG 是受益人的合同号。两者对应于同一合同。

可以接受吗?

分析及结论:

国际商会说:这是不符点,不可接受。银行没有义务去核实两个不同的合同号,是否对应于同一合同。

点评:

对提交的单据如果能从表面上区分出来属于同一合同的不同合同号,如一个是 contract No.,而另一个是 order No.或 INDENT No.,则显然可以接受。

引申:

FORM A 中第九栏位"GROSS WEIGHT OR OTHER QUANTITY"中显示了"11250KGS",实为净重,却未标明为净重,而 P/L 上显示 G.W 为 12150KGS。

开证行拒付,不符点为:GSP FORM A:GROSS WEIGHT NOT IN COMPLIANCE.

从 FORM A 第九栏位的名称"GROSS WEIGHT OR OTHER QUANTITY"可以看出,所显示的数据内容可为任何有关于数量的数据,并不仅仅限于毛重。通过核实 P/L,可以看出"11250KGS"其实为净重,算一种数量,虽非毛重,没有矛盾,所以,并不存在不符。

第四,单据中的数据在参照解读时,无须等同一样,但不得矛盾。

比如:ICC Case 262 中,信用证规定货物描述为:garments from sheep finished leather (leather jacket)。提交的发票在显示了信用证规定的货物描述外,还在底部显示了一证明语句:more than 90 percent of the visible outer surface area is of leather. 国际商会认为构成不符。显然,发票上的证明语句,足以让人怀疑它不是完全的皮夹克,与其货物描述矛盾。

请注意,在 UCP500 时期,单据中的数据审核时,只要不是不一致(not inconsistent)即可。而到 UCP600 时期对单据中的数据审核,则要求不得矛盾(not conflict)即可。二者文字不同,其实含义也有细微差别,不得矛盾比不得不一致更为宽泛。比如:信用证 47 场规定:6404.1000.000 for Peke shoes,提交的原产地证显示 Peke shoes item No. 6404,可以吗? 在 UCP500 下,这似乎是不一致,有人认为不可接受。在 UCP600 下,这又不是矛盾,二者只是货物大类和小类之分,没有冲突,从而可以接受。

那么,为什么会有这种变化呢? UCP600 起草小组曾评论:引入"不得矛盾"的概念,而放弃旧惯例中的"不得不一致",以避免对单据审核采取"镜像标准"。(We have introduced the concept of contradiction of data as opposed to inconsistency to move away from a view of mirror image of the data.)更深入一点说,这里的规定旨在避免基于日期、标点等的微小差异便拒付的情况,目的是使信用证回归到付款工具的本质,从而避免国际贸易结算大量放弃使用信用证,而转用赊销。

第五,单据上如何显示关联呢? 无须额外的显示,单据中的数据不矛盾即可。

UCP600 之前,国际商会在 R251 中说:"银行要求提交的单据之间,单据与信用证之间必须看来有某种联系。货物描述是一种联系方式。货物型号、商业发票号码、货物数量都可以起到在单据之间联系的作用。(However, a bank requires to see some form of 'linkage' between the documents presented and/or the letter of credit terms. A goods description, in full or general terms, would be one means of achieving this.)"

然而,这一观点已经被废弃。国际商会 UCP600 起草组成员在多个场合多次解释,单据在信用证下提交且满足信用证所要求的"功能",就是一种最直接的关联方式,无须另外证明。按照业内比较公认的说法,这已经改变了传统的理解。

第 V 段

信用证的模糊条款

实务中,申请人通过申请书向开证行发出的指示可能是模糊不清的。相应地,如果开证行把这一模糊不清的指示照搬到信用证的条款中,也将是模糊不清的。那么,模糊不清的指示将如何执行?模糊不清的信用证条款又将如何执行?谁将对模糊不清的指示负责?谁又将对模糊不清的信用证条款负责呢?

Para Ⅴ:
The applicant bears the risk of any ambiguity in its instructions to issue or amend a credit. An issuing bank may, unless the applicant expressly instructs to the contrary, supplement or develop those instructions in a manner necessary or desirable to permit the use of the credit or any amendment thereto. An issuing bank should ensure that any credit or amendment it issues is not ambiguous or conflicting in its terms and conditions.

申请人承担其开立或修改信用证的指示模糊不清所带来的风险。开证行可以必要或合适的方式补充或细化那些指示,以便信用证或有关的任何修改书得以使用,除非申请人就此明确作出相反指示。开证行应确保其所开立的任何信用证或修改书的条款与条件没有模糊不清或互相矛盾。

【修订】

本段的规定包括三句话:

与旧版相比,第一句话没有本质的变化;

第二句话,模糊指示下开证行可以在信用证条款中补充或细化以便使用,但以开证申请人无相反意见为前提;

第三句话是新增的条款,规定了开证行有责任确认信用证条款没有模糊不清,也没有互相矛盾。

后两句是对第一句的补充,即回答在开证申请人的指示模糊不清的情况下,开证行如何行事。

【解读】

第一,如何判断模糊指示和模糊条款?

品读 ISBP745

何谓模糊不清？《百度词典》说："ambiguity：1. 可作两种（或多种）解释；意义不明确；2. 模棱两可的话；含糊话。"简单地说，模糊，就是不明确。对受益人来说，它要使用信用证，便必须以交单的形式满足信用证的条款。当受益人在一个信用证条款如何满足上，无可无不可，从而无所适从，那么，这个信用证条款就是模糊条款，对应的指示就是模糊指示。反之，则不是。比如：

[案例 007] 信用证对受益人证明内容的要求中的 OUR 是谁？

Fortis Bank S. A. /N. V. vs. Indian Overseas Bank 案①中，信用证规定：Beneficiary's consolidated certificate certifying as follows：We hereby certify the following… D) that the negotiating bank has been advised to despatch of original shipping documents only by air courier service to the LC opening bank "AT OUR COST"。

提交的受益人证明中把信用证规定中的"at our cost"理解为"at[issuing bank's]cost"，认为信用证由开证行开立，所以，此处的 our 理应为开证行。所以，完整显示如下：We hereby certify the following… D) that the negotiating bank has been advised to despatch of original shipping documents only by air courier service to the LC opening bank "at[issuing bank's]cost"。

这个不符点成立吗？

分析及结论：

法院在上诉判决中说道："The letter of credit on its ordinary reading required the beneficiary's consolidated certificate to certify that the negotiating bank had been advised to despatch the shipping documents by air courier to the opening bank at Stemcor's cost. The word "our" referred back to "we". "We" was plainly the beneficiary—Stemcor. The certificate was plainly discrepant as it certified that the cost was not Stemcor's but that of the issuing bank. It was argued, however, by Stemcor and Fortis that there was a sufficient ambiguity in the language of the letter of credit which would excuse the discrepancy; it is not necessary to consider the extent of any ambiguity or the consequences of any such ambiguity as, in my view there was none. I cannot see how "our" can be read as referring to the issuing bank."

法官认为不符点成立。

点评：

如果没有上下文，的确无法确认"at our cost"到底指的是谁的费用。

但结合上下文，法官并不认为，案中信用证条款中对受益人证明内容的要求"at our cost"是模糊不清的，从而可以理解为"at[issuing bank's]cost"。因为此条款在上下文中只能理解为"at[Beneficiary's]cost"，这是明确的。

[案例 008] "or"是指白鸽"雌雄成对"或"纯雄"，二选一吗？

案中，信用证要求：frozen pigeon, assorted in one male and one female or males only.（白鸽，雌雄成对或纯雄。）

提交的单据显示：白鸽，雌雄成对，12.5MTS；纯雄，12.5MTS.

开证行拒付，理由为：信用证对白鸽规格的要求，要么是"雌雄成对"，要么是"纯雄"，非此即彼，二者取一，不可兼装。

---

① [2011]EWCA Civ58

分析及结论：

实务中，对"or"的理解，有两种含义：

——二者皆可；

——二者取其一，不可兼用。

到底信用证所要求的 assorted in one male and one female or males only 指的是前一种含义，还是后一种含义，不得而知。这种情况下，开证行和申请人承担最终的提示不明确的风险，不符点不成立。

点评：

"or"的含义，似乎与作为缩略语符号的斜杠"/"、逗号","相似。

第二，开证申请人承担指示模糊不清的风险。如此规定的一个很重要目的，是为了劝诫申请人明确开立或修改信用证的指示，避免在信用证中带有模糊条款，这是源头。

如何承担风险呢？既然信用证带有模糊条款，受益人出单的选择便两可，而总有一个方案是对申请人相对有利的，而另一个方案是相对不利的。如果受益人出单选择了对申请人相对不利的方案，那么，首先开证行不得凭此拒付，而必须先承担风险，继而转嫁到开证申请人头上，开证申请人必须赎单付款。比如：

[案例009] DOCDEX No.277：信用证要求的 arrival advising report，只能在船到港后提交吗？

案中，信用证限定在开证行兑用。同时，47 场规定：Payment will be effected against documents with no discrepancies and the arrival advising report from shipping company which expiry date is as same as that of this L/C.（款项将凭无不符点单据及自船公司收到的"到港通知报告"支付，报告的收到截止日期，与信用证有效期相同。）

受益人交单时，包括了一份船公司签发的"到港通知报告"。

开证行在收到单据后拒付，称："到港通知报告"只能在船只到达后签发，不可能交单之时获得。

分析及结论：

DOCDEX 专家组在结论中认为："提交的单据没有不符，开证行无权拒收单据。"

DOCDEX 专家组在分析中认为："开证行宣称'到港通知报告'必须在目的港签发以反映船只到达的实际日期，该要求在信用证中并不明确。受益人提交了'到港通知报告'，并由签发提单的同一个公司签署。根据国际标准银行实务，指示不明应由开证行负责。开证申请人和开证行必须承担正确开证的责任，不能将该责任转嫁给其他人。因此，开证行的问题是，该条款本应由开证行自己去解释。但如果一份信用证含有模糊条款时，受益人有权根据国际标准银行实务作出合理的解释。如果开证行意图在于船只到达目的港后签发'到港通知报告'，其应该在信用证中表明，但开证行没有这么做。"

点评：

"到港通知报告（arrival advising report）"，表面上看，既可能是预先通知到港的一份报告，也可能是实际到港后发出的通知到港的一份报告。

案中的受益人选择了前者，这是最好控制，也是对其自身最有利的一种解释并执行，相应地，这也是对申请人最不利的一种解释，风险由开证行承担，最终将转嫁给开证申请人。

显然,这么一来可能改变申请人的初衷,从而伤害申请人,无意中为将来可能形成的贸易纠纷埋下祸根。即使实际交单时构成相符交单,也难免争执,付款或者拖延时日,或者对簿公堂提起国际诉讼,而胜败未定。所以,受益人为稳妥起见应选择提请申请人修改信用证,澄清意见。当然,有可能因此延误出货的时机。

第三,开证行可以在申请人无相反意见下补充或细化指示,以方便信用证使用,但无论如何,必须确保开出的信用证条款没有模糊不清,也没有互相矛盾。

这一规定对开证行责任的强调,无疑将大量减少信用证条款的模糊不清或互相矛盾。

旧版默认授权开证行以必要或适当的方式补充或细化信用证的条款,以方便信用证使用。只是实务中,开证行的补充或细化可能偏离申请人的本意。对于开证行来说,还是以征得申请人同意为好。于是就有了这一规定,即必须事先征询申请人的意见,在申请人不反对的情况下,开证行方可补充或细化后对外开证。然而,如何确认经征询而申请人没有反对意见呢?这涉及一家银行操作上的具体设计,如"限定回复时间,不回复即视为无反对意见"等。显然,新版的操作性比旧版要强。

银行单证人员毕竟是专业人员,有能力去辨别信用证条款是否模糊不清,是否互相矛盾。这里的规定赋予了银行对外开证的责任。而信用证条款直接来源于开证申请书,大多数情况下是直接照抄开证申请书的内容。换言之,开证申请书的指示存在模糊不清或互相矛盾,银行可能发现,也可能没有发现。如果银行发现了并通知申请人,在申请人没有表示相反意见的前提下补充或细化后对外开证,模糊条款将会因此消失。如果银行发现了但没有通知申请人,或者根本就没有发现,此时对外开证自然也会带模糊条款或互相矛盾的条款,责任最终会归属到谁的头上呢?显然,开证行首先难辞其咎,因为开证行是信用证下代表申请人行事的第一责任人。至于开证行的风险是否会转嫁给申请人呢?这取决于其是否发现指示的模糊不清或互相矛盾,发现后是否正确行事。如果发现了,且正确行事,风险理应会转移到指示方,即开证申请人头上。这也是本段规定的应有之义。如果开证行由于失误,没有发现,风险是否会转嫁呢?根据先期事项部分第Ⅰ段的规定和解读,我们认为,按理还是会转移,因为这毕竟是申请人指示的结果,可以解释的范围内被指示方免责,天经地义,无可厚非。

请注意,信用证条款的互相矛盾与模糊不清其实不同。信用证条款互相矛盾下应该是清楚的,只是互相矛盾,无法直接执行。比如:R749/TA705 rev 案中,信用证要求提单从捷克装船。然而,捷克无港口,如何出运呢?这是互相矛盾,不是模糊不清。当然,处理互相矛盾的条款,我们认为,仍可参照模糊不清处理,遵循法律上的 The contra proferentem rule——"有疑义应为表意者不利益之解释"原则。这一看法与国际商会在分析及结论中的看法不同。

实务往往是复杂的,有时判断信用证到底要求的是什么单据可能比较困难,这需要慎重把握。比如:

[案例 010] 什么是 shipping advice E-mail copy?

案中,信用证要求 SHIPPING ADVICE E-MAIL COPY INFORMING:VESSEL NAME,CONTAINER NUMBER,SHIPPING DATE AND INVOICE AMOUNT。

那么,这是要求普通的装船通知的 E-mail,还是显示装船细节的 E-mail 本身?

分析及结论:

理应二者是一回事,因为 shipping advice 对应的是功能,E-mail copy 对应的是形式。

但是,二者可能还是有差别的,即前者可能是作为 E-mail 附件的形式出现,从而与普通的装船通知的传真底本可能根本就没有区别,而后者理应带有 E-mail 格式,如带有收件人邮箱等。

点评:

国际商会对此未发表过意见。

我们认为,理应二者均可接受。申请人可能认为这不是其本意,但也只能怪信用证条款指示不清,申请人风险自担。

第Ⅵ段

信用证的特定含义条款

银行审单是一项专业的技术。实务中,信用证条款和单据数据内容,以及单据与信用证如何相符,在 UCP 规则中往往有特定的含义,不同于通常的字面理解,从而可能出乎预料。

Para Ⅵ:

The applicant and issuing bank should be fully aware of the content of UCP600 and recognize that articles such as 3,14,19,20,21,23,24,28(i),30 and 31 define terms in a manner that may produce unexpected results. For example, a credit requiring presentation of a bill of lading and containing a prohibition against transshipment will, in most cases, have to exclude UCP600 sub-article 20(c) to make the prohibition against transshipment effective.

申请人和开证行应充分了解 UCP600 的内容,并认识到其中的条款,诸如第 3 条、第 14 条、第 19 条、第 20 条、第 21 条、第 23 条、第 24 条、第 28 条 i 款、第 30 条和第 31 条对术语的界定方式可能产生预料之外的结果。例如,在多数情况下,信用证要求提交提单且禁止转运时必须排除 UCP600 第 20 条 c 款,才能使禁止转运发生效力。

【解读】

这里提醒申请人和开证行对 UCP 条款的特定含义,须事先多加关注,充分熟悉,做到心中有数。以信用证上的转运条款为例:

[案例 011] 从提单转运,到空运单/公路/铁路/内河水路运单转运

问题 1:信用证要求提单,禁止转运。提交的提单显示转运,散装。可接受吗?

答:不可接受。按照通俗理解即可。

问题 2:信用证要求提单,禁止转运。提交的提单显示转运,集装箱运输。可接受吗?

答:可以接受。依据 UCP600 第 20 条 c 款,集装箱运输已经改变了通俗理解。

问题 3:信用证要求提单,禁止转运,排除适用 UCP600 第 20 条 c 款。提交的提单显示转运,集装箱运输。可接受吗?

答:不可接受。UCP600 第 20 条 c 款已经被排除适用。

问题 4:信用证要求空运单,禁止转运。提交的空运单显示转运,散装。还可以接受吗?

答:可以接受。根据 UCP600 第 23 条 c 款,凡为空运便改变了通俗理解。

问题5：信用证要求公路或铁路运单，禁止转运。提交的公路或铁路运单显示转运，散装。还可以接受吗？

答：可以接受。根据UCP600第24条e款，凡为公路或铁路运输便改变了通俗理解。

点评：

显然，信用证条款中规定的"转运"，在不同的运输方式不同的运输形式下，UCP600对其作出的专业界定并不相同，且常常不同于字面理解。为什么呢？归根结底，是充分考虑集装箱运输、空运、公路、铁路运输的行业特点，尽可能尊重运输行业习惯，从而便利信用证交易。

此外，信用证下"货代提单不可接受"、"第三方单据不可接受"、"提交单据可接受"、"默认21天交单期"、"分期装运表"等条款或用语，都有其不同于字面理解的特定含义，都需要多加注意。

第Ⅶ段

信用证的软条款

信用证中，有时还会出现软条款。

UCP600第3条：

A credit is irrevocable even if there is no indication to that effect.

信用证是不可撤销的，即使未如此表明。

尽管UCP600第3条默认跟单信用证均为不可撤销，其一经开出，即构成了开证行承付相符交单的确定承诺。然而，如果申请人在信用证安排中设计了一些条款或条件，足以使该确定承诺变得不再"确定"，使开证行的"硬"承诺变成"软"承诺，那么不可撤销信用证就将因此变得可以随时随地依申请人的意思"撤销"了。实务中，这样一些足以使"硬"承诺变"软"的条款，便称为信用证的"软条款"。

那么，信用证下软条款的责任，将由谁来承担呢？

Para Ⅶ：

A credit or any amendment thereto should not require presentation of a document that is to be issued, signed or countersigned by the applicant. If, nevertheless, a credit or amendment is issued including such a requirement, the beneficiary should consider the appropriateness of such a requirement and determine its ability to comply with it, or seek a suitable amendment.

信用证或有关的任何修改书不应要求提交由申请人出具、签署或副签的单据。尽管如此，如果开立的信用证或修改书仍含有此类要求，那么受益人应考虑其是否合理，并判断满足该要求的能力，或者寻求适当的修改。

【解读】

受益人接受带有"软条款"的信用证，风险自担。

俗话说："魔鬼藏在细节之中。""软条款"的存在，实际上为不可撤销信用证暗中留了一个可撤销的方便之门,申请人可据以控制整笔信用证交易。然而,实务中信用证安排中出现"软条款",有时则是一些货物交易的行业习惯,不得已为之。比如:设备贸易,尾款支付常常规定凭申请人代表签署的合格证书。此时,按交易习惯仍应满足。

典型的"软条款",包括:

第一种,信用证要求提交开证申请人出具、签署或副签的检验证书,或其他单据。

买方如不想履行合同,往往会想办法不出具检验证书或出具不合格的检验证书,导致受益人将无法正点交单。比如:

[案例012]　DOCDEX No.209:受益人交单缺了一份由申请人出具的检验证,可以吗?

咨询者问:信用证规定一种单据,即检验证由申请人出具并由其直接提交给开证行。在受益人提交了其他单据之后,开证行以申请人未提交检验证为由拒付。可以吗?

分析及结论:

就此,国际商会 DOCDEX 专家组裁决的多数意见如下:"开证行无责任付款。开证行的付款责任,仅基于全部单据已经提交,且构成相符交单的情况。(Based on the facts as presented, the issuing bank is not liable to pay under its credit. UCP and international standard banking practice require the presentation of all documents as stipulated in the credit and that the terms and conditions of the credit are complied with before the issuing bank's obligation under the credit comes into effect.)"

"国际商会一直反对,在信用证中加入一些受益人无法控制的单据,因为这会削弱信用证担保付款的价值。(ICC has consistently been against the practice of issuing credits which include a requirement for presentation of documents which are not under the control of the beneficiary, as it weakens the value of the documentary credit as a guarantee for payment.)"

值得一提的是,这个意见是二比一多数意见通过,其中有一个专家持反对意见,说明如下:

"案中涉及的是两个交单人的两次交单,不在现有 UCP 框架之内。(As one of the experts has found that the terms and conditions of the documentary credit were not within the scope and intent of the UCP, it is this expert's opinion that a Decision under the DOCDEX Rules should not be rendered. The main objection to the credit from this expert is that it stipulates two presentations by two presenters, whereas the UCP Articles 2, 13, 14 and 10 foresee presentation by one party only.)"

点评:

显然,在国际商会眼里,信用证上规定单据由申请人出具并直接提交的此类条款,是软条款的一种。

软条款,前提是属于信用证上的条款。至于满足软条款的单据如何提交,这里没有涉及。所以,此类单据仍必须按通常做法提交,除非信用证特别授权由第三人或申请人直接提交。实务中,即便信用证特别授权由第三人或申请人直接提交,如果实际未交,风险仍由受益人承担。

至于案中的交单,我们更倾向于认为,这不是两次交单,而是一次交单由两个交单人完成。即便是两次交单,我们认为答案应该也是清楚的,即软条款下受益人风险自担。

品读 ISBP745

第二种，信用证规定付款只有在货物清关或由主管当局批准进口后才支付，或者规定允许进口商先借单提货，待检验合格后，由进口商向银行提交该种检验证书付款。

前者是一国外贸管制的结果。这种条款对受益人来说风险很大，因货已装运到目的港，如果不获进口国海关批准清关，只有将货运回或转售他国，出口商可能的损失将会很大。后者，如果进口商提货后不检验，或不出具检验合格证，卖方就会钱货两空。比如：

[案例013] R601/TA521：信用证规定，余款凭申请人授权支付。可以吗？

案中，信用证规定二次支款：90%的货款凭规定的单据支付。10%的余款凭申请人授权支付。（The remaining 10 per cent to be paid at the express authorization of the applicant, to be communicated to the confirming bank in Country I through the issuing bank.）

结果，受益人第二次支款时，保兑行一直没有收到通过开证行转递的申请人授权。

分析及结论：

国际商会在结论中说：这是单据化条款，支款时必须予以满足。开证行没有转递申请人授权，并不构成保兑行的付款责任。（A condition of the credit, in relation to the payment of the final 10 per cent, was that an instruction would be issued through the issuing bank authorizing the payment of this amount. In fact, this instruction (letter, telex or SWIFT message) would constitute the "stipulated documents" to be reviewed under the credit and be the means for effecting the settlement of this final payment. The document, or instruction, not being sent by the issuing bank does not obligate the confirming bank to honour based upon defences of the status of the previous drawing or of the goods themselves.）

点评：

准确地说，这是另一种软条款，受益人风险自担。

毫无疑问，信用证软条款意味着受益人的风险。然而，没有软条款并不意味着受益人没有风险。

金融危机以来，国内银行同业多次收到俄罗斯转开的各种各样的来证，没有任何软条款，但申请人和开证行就是皮包公司，受益人发货后杳无音讯，事后发觉是诈骗。之后，也发生多起受益人起诉通知行或议付行的情况，狗急乱咬，有说通知行在通知面函上提示"开证行：×××"经查实为非银行开证人，有说寄单行寄单属无追索权议付必须到期付款，等等，什么花样都有。显然，症结是受益人选择了与骗子打交道。受益人收到信用证之后，为什么不查一下开证行或开证人的资信呢？

再次提醒受益人：信用证运作服从于独立抽象性，信用证交易以信用证真实性和单据有效性为前提，否则，一切免谈。

总　则
General Principles

【导读】

　　信用证审单实务生动且富有变化，日常除了会涉及一类单据的个性实务从而可以单列考虑外，还会涉及多种单据的大量共性实务，这需要统一考虑。

　　请注意，总则部分涉及的个别共性实务，在单列单据部分中还会针对性地进行不同的细化描述，可以互相参照解读。

缩略语
Abbreviations

【导读】

　　什么是缩略语（abbreviations）？

　　简言之，即用于替代全称的词语的缩写形式或符号。前者即为通常意义上的缩略语，简称"缩写"；后者则为缩略符号，如斜线"/"、逗号","和括号"（）"等。

第 A1 段

缩　写

　　缩写是一种典型的缩略语。

Para A1:

　　Generally accepted abbreviations, such as, but not limited to, "Int'l" instead of "International", "Co." instead of "Company", "kgs" or "kos." instead of "kilograms" or "kilos", "Ind." instead of "Industry", "Ltd" instead of "Limited", "mfr" instead of "manufacturer" or "mt" instead of "metric tons" may be used in documents in substitution for a word or vice versa. A credit that includes an abbreviation in its text allows a document to show the same abbreviation or any other abbreviation that has the same meaning, or to show the complete spelling of the word or vice versa.

品读 ISBP745

> 普遍接受的缩略语可以在单据上替代其全称，诸如但不限于，使用"Int'l"代替"International（国际）"，"Co."代替"Company（公司）"，"kgs"或"kos."代替"kilograms（千克）"或"kilos（千克）"，"Ind"代替"Industry（工业）"，"Ltd."代替"Limited（有限）"，"mfr"代替"manufacturer（制造商）"，"mt"代替"metric tons（公吨）"，反之亦然。当信用证文本中含有缩略语时，即允许单据上显示同样的缩略语或具有相同含义的其他缩略语，或显示其全称，反之亦然。

【修订】

本段共两句话：
第一句话没有本质的变化，针对普遍承认的缩略语。
第二句话为新增内容，针对信用证文本中使用的非普遍承认的缩略语。

【解读】

第一，单据中可以使用普遍承认的缩略语代替全称，反之亦然。

缩略语，有普遍承认的，有非普遍承认的。怎样算普遍承认呢？理应以国际标准银行实务来衡量，即必须是国际上、银行间、标准的实务中承认的缩略语。换句话说，一个缩略语对于一个银行工作人员来说，放在一个特定的语境中，一眼就可以明了它的确切含义，便算普遍承认的缩略语。本段第一句话说，单据中可以使用普遍承认的缩略语代替全称，反之亦然。

实务中，单据上偶尔会出现不是普遍承认的缩略语。

比如：提单上的 on-board date：20080219 缩写为 OBD：20080219。可以接受吗？由于不是普通承认的缩略语，第一眼看过去可能没人知道 OBD 的含义。显然，如此出单有风险。

比如：国内进口信用证规定申请人 GUANGDONG GUANGZHOU ABC CO., LTD. 受益人出单时，用 GD 来代替 GUANGDONG，GZ 来代替 GUANGZHOU，从而显示为 GD GZ ABC CO., LTD。可以接受吗？这个貌似不是普遍承认的简写，可能是中国人的习惯做法，如果给外国人看，GD GZ 估计人家以为公司名称是 GDGZ 呢。如此一来，单据是否可以接受，就颇有变数。

还比如：信用证要求 inspection certificate from SGS China，提交的检验证显示 SGS 函头，并显示 inspection Center：Branch：SH（填写），那么，这是指上海吗？从中国人的角度应该也能猜出来，但如果是外国人，十有八九将被拒付。显然，SH 作为上海的缩写并不是普遍承认的。这一点与美国的州名的缩写不同，如 CA 是加州的缩写，由于发达经济体发展较早，国际承认的范围显然是比较广的，容易取得共识。

第二，信用证文本中使用的普遍承认的缩略语，单据中仍可以照用，也可以使用其他相同含义的缩略语，也可以使用全称，反之亦然。

换言之，信用证文本中使用普遍承认的缩略语，并不意味着单据上也必须使用该缩略语。

实务中，同一个词语还可能有不同的缩略语。比如：信用证规定提单收货人地址信息"♯02－03"，提交的提单显示收货人地址"HEX02－03"。显然，由于 SWIFT 系统不能正常传输"♯"符号，的确存在以"HEX"代替的做法。这两个缩略语，可以互相替换。

然而，实务中，有些词语或缩略语含义相近，但还是不同，则不可互相替换。

比如："company"与"limited"不可互相替换。

比如：信用证规定检验证由 ABC Co. 出具，提交的单据显示检验证出具人为 ABC corporation 可以接受吗？经查，"corporation"缩写为"Corp."意为"[律]社团、法人、公司、企业、〈美〉有限公司、(市、镇)自治机关……"而"company"缩写为"Co."意为"公司"。所以，显然是不可接受的。因为，普遍承认的 corporation 的缩写是 Corp. 而不是 Co.，尽管二者的含义没有本质的不同。

还比如：

[案例 014]   R431：货代名称中"S. P. A"打为"S. R. L"，可以吗？

案中，信用证中规定的 freight forwarder 名字中的"S. P. A"打为"S. R. L"，可以接受吗？

分析及结论：

国际商会说："这是不符点。二者虽然效果相近，但内涵可能不同。(The freight forwarder's name was that stated in the credit. The difference being that this was followed by the inclusion of the letters 'S. R. L' whereas the credit specified 'S. P. A'. These abbreviations, whilst having the same effect as 'company' and 'limited', etc. can have a different connotation as to the standing of the issuer and the acceptability under a letter of credit. An FCR issued by ××× S. R. L. would be considered discrepant in respect of a credit requiring it be issued by ××× S. P. A.)"

点评：

请注意，这一点与 R776/TA692 rev 中"OOO Denmark"与"Denmark Ltd"由于语言不同而出现的缩略语不同，从而可以互相替代不同。

第三，非普遍承认的缩略语如何使用？

信用证上的缩略语，如果不是普遍承认的，则可能影响到信用证上下文语义的解读。此时，可能会被认定为模糊用语，将由申请人和开证行承担其无法执行或无法正常执行的后果。

比如：信用证规定货描：PPA resin。PPA 是一个多义词，可能指"多聚磷酸(polyphosphoric acid)"，也可能指"吡哌酸(pipemidic acid)"，也可能指"苯丙醇胺(phenylpropanolamine)"，还可能指"聚邻苯二甲酰胺(polyphthalamide)"。但是，PPA resin 仅指"聚邻苯二甲酰胺(Polyphthalamide)树脂"。那么，提交的发票应该如何显示货描呢？按照本段的规定，原文照抄信用证的货描"PPA resin"，或者显示"Polyphthalamide resin"，理应都可以接受。麻烦的是，银行的人在对单据作表面审核时可能并不完全知道这些，也不需要完全知道这些，所以，PPA 就很难说是一个普遍承认的缩略语。

还比如：国内出口来证规定受益人 GD GZ ABC CO LTD。受益人出单时，用 GUANGDONG 来代替 GD，GUANGZHOU 来代替 GZ，从而显示为 GUANGDONG GUANGZHOU ABC CO., LTD. 可以接受吗？显然，受益人出单用的是全称，我们无法确切知道是否可以接受。据了解，国内受益人给国外申请人的开证信息是 GUANGDONG GUANGZHOU，结果申请人用错了资料又不愿意修改。在申请人不改的情况下，如果受益人担心开证行日后找碴，来回电文折腾麻烦，倒是建议在单据上显示的受益人名称的全称后注上信用证规定的缩写，那应该是万全的了吧？

第 A2 段

斜线"/"与逗号","

斜线"/"和逗号","也是常用的缩略语符号。

Para A2:
　　a. Virgules (i.e., slash marks "/") may result in different meanings and should not be used as a substitute for a word. If nevertheless, a virgule is used and no context is apparent, this will allow the use of one or more of the options. For example, a condition in a credit stating "Red/Black/Blue" with no further clarification will mean only Red or only Black or only Blue or any combination of them.

　　斜线("/")可能导致不同的含义,不应用来替代词语。尽管如此,如果仍然使用了斜线,且上下文含义不明,那么将允许使用其中的一个或多个选项。例如,信用证规定"红色/黑色/蓝色(Red/Black/Blue)",且未做进一步澄清,这意味着颜色可以是仅红色或仅黑色或仅蓝色,或是它们的任意组合。

　　b. The use of a comma when indicating a range of data in a credit such as ports of loading or discharge or countries of origin, may result in different meanings and should not be used as a substitute for a word. If, nevertheless, a comma is used and no context is apparent, this will allow the use of one or more of the options. For example, when a credit allows partial shipment and indicates the port of loading information as "Hamburg, Rotterdam, Antwerp" with no further clarification, this will mean only Hamburg or only Rotterdam or only Antwerp or any combination of them.

　　当逗号用以表明信用证中的数据范围,如装货港或卸货港或原产地所在国时,可能导致不同的含义,不应用来替代词语。尽管如此,如果仍然使用了逗号,且上下文含义不明,那么将允许使用其中的一个或多个选项。例如,当信用证允许部分装运,并表明装货港信息为"汉堡、鹿特丹、安特卫普(Hamburg, Rotterdam, Antwerp)",且未做进一步澄清时,这表示装货港可以是仅汉堡或仅鹿特丹或仅安特卫普,或是它们的任意组合。

【修订】

本段修订较大,包括 a/b 两款,结构相似,分别涉及斜线和逗号,各包括三句话:
第一句提了一个建议,斜线或逗号不应用来替代词语,含义没有实质变化。
第二句又提了一个建议,即既然使用斜线或逗号,那么,最好表面有文字说明。如果没有文字说明,则将默认按这里的标准含义解释。这是新增。
第三句是对斜线或逗号的标准含义进行举例说明。这也是新增。

【解读】

斜线("/")和逗号(",")作为缩略语符号本身,有多种不同的含义,会引发歧义。所以,不建议使用。

但是,如果执意使用了斜线或逗号,通过上下文必须足以明了其含义。

比如:提单上的装船批注显示日期:shipped on board EX SYDNEY 23/02/2013。显然,23/02/2013 表示 2013 年 2 月 23 日,这一含义是确切的,可以接受。

还比如:

[案例 015] 信用证上的 ORDER NO./LINE NO.,指什么?

案中,信用证要求提供发票、提单、装箱单与检验证,同时规定货物描述如下:

ORDER NO./LINE NO.	DESCRIPTION	QTY	PRICE	TOTAL
509447/1	HITACHI...	550	18.00	9 900.00
509448/3	MATSUI...	2 056	10.45	21 485.20

提交的单据中,检验证货描只显示斜杠左侧的"Order No."而没有斜线右侧的"Line No."可以吗?开证行拒付,理由为不符点:"Insp. Cert. Only showing 'order No.' i/o 'order No./line No.' inconsistent with other docs."

分析:

《国际贸易英汉词典》说:"Line No.,电话号码、行数、行号、航班号等。"根据信用证货物描述的上下文语境来看,显然,Line No. 在此应作"行号"解释,而"order No./line No."意即"在该订单的第×行"。这一含义仍然是确切的。

所以,不符点不成立。

结论:

实务中会不会出现同一订单号下不同行的货物描述不同呢?完全有这种可能。如此,该订单号下的行号显然是重要的,需参照货物描述。

所以,我们认为,检验证上的这一不符点不成立。

引申:

如果发票如此显示,则显然构成不符。

如果执意使用了斜线或逗号,而上下文含义不明,则适用于按照标准含义来解读,即斜线或逗号前后是任意组合的选择关系。

比如:信用证规定了"红/黑/蓝"或"红,黑,蓝",这将意味着只是红或只是黑或只是蓝或它们的任何一种组合。

比如:信用证要求 Packing list/weight list 或者 packing/weight list,则可以只提交装箱单,也可以只提交重量单,也可以既提交装箱单又提交重量单。但是,如果提交的单据显示 Packing list/weight list,则按理表明了其为装箱单和重量单的联合形式,而不应解读为只是装箱单或只是重量单或二者的联合形式的自由选择。

比如:提交的发票显示货物 computer card/computer desk 的数量 1080PCS,那么,无论如何,从表面上都无法确认到底是装运了仅仅 computer card 的数量 1080PCS,还是仅仅 computer desk 的数量 1080PCS,还是 computer card and computer desk 的数量 1080PCS。如此,则没有满足发票必须反映实际装运的货物描述的要求。

还比如:

品读 ISBP745

[案例 016] R586/TA397:2,400 MT Gross/Net,是毛重,还是净重?

案中,信用证货描要求:2,400 MT Gross/Net of Kidney Beans at USD 185/MT.

提交的发票显示:Invoice had shown shipment of 2520.28 MTs Gross Weight,2486.929 MTs Net Weight of the goods,but the price was charged as USD 185/MT gross for net. The amount of the claim under the L/C was USD 466,251.80(i.e.,USD185×2520.28MT)

开证行拒付:Invoice showing unit price at USD185/MT Gross for Net instead of USD185/MT.

分析及结论:

国际商会说:"The description of goods shows '2,400MT Gross/Net of Kidney Beans at USD185/MT'. The wording implies that the unit price may be applied against either the gross, gross for net or net weight. An invoice that specifies the price gross for net would be acceptable."

点评:

案中,国际商会对信用证规定的 2,400 MT Gross/Net 给出了更宽泛的解释,既可能指毛重,也可能是净重,还可能指毛作净。含义模糊不清,风险由申请人承担。

当然,使用了斜线或逗号,有时候上下文含义是明确的,则不适用本段的规定。比如:信用证要求装船通知显示:port of loading,shipment date,invoice value etc. 在上下文中,其含义是明确无误的,即装船通知必须显示包括装货港、装运日期、发票金额等信息。

请注意,本款新增的"逗号"的默认含义,与上述 a 款中规定的"斜线"的默认含义相同,但使用范围不同:

一、"逗号"默认含义仅限于信用证文本中使用,不适用于单据中使用。"斜线"默认含义信用证文本中和单据中均可使用;

二、"逗号"默认含义仅限于表示数据范围,而斜线无此限制。

括号"()"

括号"()",也算一种常用的缩略语符号。

百度百科说:"括号,表示文章中的注释部分。"换言之,括号的内容,是对括号前的内容起解释和说明的作用。

比如:信用证 45A 规定货物描述 EEL(注:烤鳗),提交的发票显示货物描述 EEL(YOKOHAMA)〔注:烤鳗(横滨)〕。发票上多出来的 YOKOHAMA 字样,只是表明了烤鳗的出口区域或产地区域,并不否认货物即为烤鳗本身,没有矛盾。所以,该发票可以接受。

又比如:

[案例 017] "512 M/T(20,480kgs)",指什么?

案中,信用证下交单,开证行拒付,不符点为:"certificate of quality and origin showing '512 M/T(20,480kgs)' different from '(20,480 bags:512MT)' shown in B/L."

分析及结论:

我们发现,品质证、产地证中显示的 512M/T(20,480kgs)括号内外的数据自相矛盾,显然是不可接受的。而至于说,品质证、产地证中显示"512 M/T(20,480kgs)"与提单显示的"20,480

bags:512MT",按理不应该作为拒付的理由,因为二者的不同之处集中体现为 20,480kgs 与 20,480 bags 的差异。数量的单位不同,数值相同,整体来看,应该不构成矛盾。

点评:

这么一说,开证行的不符点实际上提歪了吧? 的确如此!

证明书和证明、申明和声明

Certificates, Certifications, Declarations and Statements

【导读】

实务中,证明书(certificate)、申明(declaration)和声明书(statement),由于性质相近,可以归为一类,统称"证明书"。证明(certification)、申明(declaration)和声明(statement),由于性质相近,也可以归为一类,统称"证明"。

通俗意义上,证明书(certificate)指证实一个事项的独立单据。而证明指证明书或非证明类单据上的证明文句——certification,有时也指单据上类似合法化或签证的证实动作——certify。这里指前者,译为"证明",后者则译为"证实"。

第 A3 段

证明书和证明的签署

证明书需要签署,这有疑问吗? 没有。

Para A3:

When a certificate, certification, declaration or statement is required by a credit, it is to be signed.

当信用证要求证明书(certificate)、证明(certification)、申明(declaration)或声明(statement)时,该单据应签署。

【修订】

本段由旧版中的单据签署单列出来,并增加了 declaration or statement(申明和声明),含义没有实质的变化。

【解读】

证明书和证明必须签署,按照 ISBP681 的相关规定说法,这是其性质决定的。实务中,单据的性质往往外化为单据的功能。有谁见过证明书没有签署? 有谁见过证明没签署?

事实上没有。换言之，一个证明书，一个带有证明文句的单据，如果没有签署，便不成其为证明书或证明。

当然，该签署默认由出具人完成，不可代理，这是对签署人资质的一种认可。比如：信用证要求经证实的商业发票，则必须由受益人签署。

请注意，这里增加了 declaration or statement——申明和声明。为什么呢？ICC535 CASE 3 提到一个信用证，该证要求一个声明以证实申请人违约。国际商会回答说："即使信用证未要求该声明必须签字，无论如何它还是必须签字的，因为信用证需要该声明证实违约事由。（Even though the credit does not require the statement to be signed, it nevertheless must be signed, since the credit requires the statement to certify the event of default.）"

也请注意，信用证对证明书的要求和对证明的要求可能不同。前者是当然的单据化要求，必须予以满足；后者可能是单据化要求，也可能是非单据化要求。比如：信用证在 47A 中规定：Beneficiary certified that the crop is 2012，属非单据化条件。而信用证在 46 场中规定：Beneficiary's invoice certified that the crop is 2012，则属单据化条款，意即发票必须证实："the crop is 2012."

实务的困难是，有时不好判断信用证中的哪些措辞属于对证明书或证明的要求，哪些又不是。比如：货物收据（cargo receipt）类似证明书或证明，理应签署。何谓"收据（receipt）"？《美国传统辞典（双解）》："receipt, written acknowledgment that a specified article, sum of money, or shipment of merchandise has been received. 收据，表明证实某具体物件、钱款或商业货物已收到的书面证据。"证实是作为收据的功能性要求，它默认收到货物和单据、样品等物件。所以，笔者认为货物收据按理必须签署，否则便不成其为收据。本出版物第 A10 中和 UCP600 第 25 段中的快邮收据（courier receipt），都具有证实效果，从而都必须签署，就是一个印证。

比如：确认书或确认（confirmation），理应签署。R773/TA738 rev 中，备用信用证，适用于 UCP600，特殊条款要求："Documents a and b bear the confirmation of the beneficiary's bankers that signatories thereon are authorised to sign.（单据 A 和 B 必须显示受益人银行的证实，证实单据由有权人进行签署。）"这是一种证明要求吗？国际商会分析道：MT734 报文所述的单据没有 countersigned，不能认为是违背了信用证附加条款的意思，countersign 和 confirmation 从备用证的上下文看，其含义是可以相互代替的。

还比如：测试报告（test report），其本身可能仍意味着证实，所以需要签署。何谓"报告（report）"？《美国传统辞典（双解）》："report, An account presented usually in detail. 详细的报告，一种通常详细描述的陈述。"何谓"陈述（account）"？《美国传统辞典（双解）》："account, A narrative or record of events. 记述，报告—叙述事件或事件的记录。"对事件的记录，意味着记录者必须对事件的真实性承担法律上的责任。

第 A4 段

证明书和证明的日期

证明书和证明需要加注日期，这有疑问吗？有。

Para A4:

Whether a certificate, certification, declaration or statement needs to be dated will depend on the type of certificate, certification, declaration or statement that has been requested, its required wording and the wording that appears within the document.

证明书(certificate)、证明(certification)、申明(declaration)或声明(statement)是否需要注明日期,取决于所要求的证明书(certificate)、证明(certification)、申明(declaration)或声明(statement)的类型、其所要求的措辞和单据上所显示的措辞。

For example, when a credit requires the presentation of a certificate issued by the carrier or its agent stating that the vessel is no more than 25 years old, the certificate may evidence compliance by indicating:

例如,当信用证要求提交由承运人或其代理人出具的证明书以证实船龄不超过25年时,该证明书可以如下内容表明相符:

a. the date or year the vessel was built, and such date or year is no more than 25 years prior to the date of shipment or the year in which shipment was effected, in which case a date of issuance is not necessary, or

船舶建造日期或年份,且该日期或年份在装运日期或装运所发生年份之前不超过25年,此时没有必要显示出具日期;或者

b. the wording as stated in the credit, in which case a date of issuance is required, thereby certifying that as of that date the vessel was not more than 25 years old. 信用证规定的措辞,此时要求显示出具日期,以证实至证明书出具之日船龄不超过25年。

【解读】

实务中,证明书或声明书通常都会注明日期,然而这并不是必需的。相应地,旧版中对证明书加注日期也只是建议。新版中干脆都不建议了。证明书是否需要加注日期,取决于要求证明或声明的类型、要求的措辞和单据上显示的措辞。

比如:信用证要求船公司证明显示船龄不超过25年。此时,一般情况下必须注明出具日期,否则将无法判断船龄是否已经超过25年。这是案例中第b款的情形。当然,此时船公司证明上注明的出具日期是否可以接受,还必须结合上下文——"it required wording and the wording that appears within the document"而定。如2013年交单的船公司证明显示出具日期为2010年,则属于明显不合适,从而不可接受。但是,如果船公司证明中显示船只建造年份为1990年,只要交单之时没有过2015年都算满足要求。这是案例中第Ⅰ项的情形。然而,当信用证要求船公司证明显示船只建造年份且不得早于1990年时,则只能照抄显示一个具体的建造年份,而无须另外显示出具日期。

比如:

[案例018] R555:受益人证实寄送副本单据,但没有日期。可以吗?

案中,信用证要求Beneficiary's certificate stating that one complete set of non-negotiable documents was sent by courier to the applicant within 10 days from shipment date. 结果提交的受益人证明照抄上述文句,但没有显示日期。

分析及结论：

国际商会说：这没有不符点。(None of the requirements in the credit, for any of the certificates, makes dating of the certificate crucial to the establishment of compliance with any of the statements therein.)

点评：

为什么呢？我们认为，受益人证明照抄信用证要求的证明文句，即已经满足了信用证的要求，显示出具日期或没有显示出具日期不重要。当然，如果受益人证明还显示了出具日期，其可接受性，还值得一番分析。

又比如：R637/TA654 rev 中，信用证要求提交受益人证明及相关快递收据，以证明一套副本单据已经在装运日后3个工作日内寄往申请人。结果，提交的快递公司收据没有显示取件日期。国际商会分析说："能够证明符合信用证要求的证据是显示在快递收据上的取件日期。信用证要求提交一份快递收据（正本、副本或者影印件）。"最终结论道："快递收据没有显示取件日期是不符点。"请注意，这里要求的是取件日期（date of pick-up），而不是寄送日期（sending date），这里也不管正副本。

值得一提的是，原产地证明在新版 ISBP 规则第 L1 段的规定中是不需要显示日期的。这一点与旧版 ISBP681 第 181 段的规定不同。

第 A5 段

非证明类单据的签署和日期

实务中，证明文句不一定都在独立的证明书上，还常常显示在非证明类单据上。

Para A5：

When a certification, declaration or statement is to appear in a document which is to be signed and dated, it does not require a separate signature or date when the certification, declaration or statement appears to have been given by the same entity that issued and signed the document.

当载有证明（certification）、申明（declaration）或声明（statement）的单据已经签署并注明日期时，只要该证明（certification）、申明（declaration）或声明（statement）看似由出具并签署单据的同一实体作出，其无需单独的签字或日期。

【解读】

如果非证明类单据上的证明文句，看似由出具及签署人作出，那么，该证明文句默认可以不予单独签署，如果需要日期，也可以不予加注单独的出具日期。

为什么呢？因为既然看似同一人作出，那么，该证明文句便默认由出具人签署，该证明文句便默认在单据出具日期同一天作出。比如：信用证 47A 中要求：Commercial invoice must contain shipper's signed certification that all goods delivered is strictly as per proforma invoice. 那么，如果提交的提单显示 shipper 即为受益人，提交的由受益人签署的 commercial invoice 显示了证明文句——All goods delivered is strictly as per proforma invoice, 是否还需要

对该证明文句加签呢？根据本段的规定，则可以省略。是否还需要显示签署人的身份——shipper 呢？根据国际商会在 TA670 中的意见，由于提单已经显示了托运人和受益人为同一人，则理应也可以省略。

换言之，如果单据本身没有签署；或者，单据本身的出具人和签署人不是同一人；或者，尽管单据的出具人和签署人为同一人，但与证明文句作出人不是同一人；或者，尽管单据的出具及签署人与证明文句作出人为同一人，但表面上无法看出时，则仍需单独签署，需要的话，也仍要单独加注日期。

比如：信用证 47A 中要求：Commercial invoice must contain shipper's signed certification that all goods delivered is strictly as per proforma invoice. 但是，提交的发票本身没有签署，证明，该证明文句必须单独签署。如果提交的发票仅仅显示由商会（Chamber of Commerce）证明，不同于作为出具人的受益人，那么，该证明文句必须单独由受益人签署。如果提交的发票显示受益人签署，但提单显示由托运人（shipper）为受益人以外的一方，那么，该证明文句仍必须单独由托运人签署。如果提交发票显示受益人签署，而在显示所有内容都为打印文字的同时，却显示了证明文句"All goods delivered is strictly as per proforma invoice"为手写的，此时，笔者认为按理必须由受益人另加单独证实，因为手写的证明文句极为突兀，这将改变发票整体内容的上下文解读，难以认定为其看似由受益人同时作出。请注意，有人认为这仍然不需要受益人另行加以签署证实。只是未见国际商会发表针对性意见。

副本运输单据

Copies transport documents covered by UCP600 Article 19－25

【导读】

实务中，大部分信用证在要求正本运输单据的同时，还常常要求副本运输单据。偶尔的情况下，信用证只要求正本运输单据的副本，或者允许提交且实际只提交副本运输单据。

第 A6 段

副本运输单据

如何审核副本运输单据？运输单据副本与提单正本要求一同提交时，如何审核？运输单据副本单独要求提交时，又如何审核？

Para A6:

a. When a credit requires the presentation of a copy of a transport document covered by UCP600 articles 19－25, the relevant article is not applicable, as these articles only apply to original transport documents. A copy of a transport document is to be examined only to the extent expressly stated in the credit, otherwise according to UCP600 sub-article 14(f).

品读 ISBP745

当信用证要求提交 UCP600 第 19 条至第 25 条所涵盖的运输单据的副本时,相关条款并不适用,因为这些条款仅适用于正本运输单据。运输单据的副本将仅在信用证明确规定的范围内审核,其他方面将按照 UCP600 第 14 条 f 款的规定予以审核。

b. Any data shown on a copy of a transport document, when read in context with the credit, the document itself and international standard banking practice, need not be identical to, but must not conflict with, data in that document, any other stipulated document or the credit.

运输单据的副本上显示的任何数据,在与信用证、单据本身以及国际标准银行实务对照解读时,无需与该单据上的其他数据、任何其他规定单据上的数据或信用证中的数据等同一致,但不得矛盾。

c. Copies of transport documents covered by UCP600 articles 19—25 are not subject to the default presentation period of 21 calendar days stated in UCP600 sub-article 14(c) or any presentation period stated in the credit, unless the credit explicitly states the basis for determining such presentation period. Otherwise, a presentation may be made at any time, but in any event no later than the expiry date of the credit.

除非信用证明确规定确定交单期限的依据,UCP600 第 19 条至第 25 条涵盖的运输单据的副本,不适用于 UCP600 第 14 条 c 款规定的 21 个日历日的默认交单期限,或者信用证规定的任何交单期限。相反地,交单可以在任何时候作出,但是在任何情况下都不得晚于信用证的到期日。

【解读】

第一,信用证要求的副本运输单据,不是 UCP 意义上的运输单据,但其内容必须"满足功能",其数据必须"不得矛盾"。

如何算"满足功能"呢?实务的困难在于确认,什么是副本运输单据的功能,什么又是对副本运输单据的功能性要求。比如:信用证要求提单副本,不能提交 cargo receipt,也不能提交 sea waybill。前者根本就不是运输单据,标志为没有承运条款。签署人不承担承运责任。后者是运输单据,却分属于不同类型的运输单据。如果提交的是多式运输提单副本,只要其他条件满足要求,则可接受,因为功能相近。

如何算"不得矛盾"呢?比如:提单副本不必显示"已装船"批注,显示时可以不包括日期,可以不显示承运人名称,也可以不显示承运条款等。而显示以不矛盾为原则。

然而,有时候情况会比较复杂。如信用证要求正本运输单据的同时,还要求了副本运输单据。国际商会在 R337 的结论中说:"副本提单必须与提单正本保持'镜像一样',包括更正。只是提单正本必须签署或小签时,提单副本没有必要。(A non-negotiable bill of lading should "mirror" an original bill of lading to the extent of content-including an alterations thereon. Only the original bill of lading is required to be signed and/or initialed by the carrier or his agent. Any alternations made to the non-negotiable copy(ies)need not be signed or initialed.)"请注意,这里的前提是信用证既要求正本,还要求副本的情况。此时,提单正本上显示的数据,原则上提单副本都应该有,还不得矛盾。这里的例外,包括本段所提到的提单本身的签字、更正证实中的签字或小签和日期等。

比如：信用证上要求3/3正本和1份non-negotiable copy提单，其中3/3正本显示毛重85.162MT，1份non-negotiable copy显示为88.162MT。这一情况不可接受。如果副本提单未显示毛重，也不可以接受。

又比如：正本提单显示收货人：to order，副本提单显示收货人：to ABC co., ltd。这是矛盾，不可接受。如果副本提单收货人为空，也不可以接受。

第二，信用证的交单期限，默认仅适用于信用证规定且提交正本运输单据时，不适用于副本运输单据。

默认的交单期限，以信用证规定正本运输单据为前提。换言之，如果信用证没有规定正本运输单据，则默认无交单期限的说法。

比如：备用信用证未特别规定交单期限，要求以下单据：

——违约证明，声明受益人已于2月2日装运规定货物，自装船日起120天申请人未付应付货款；

——一份运输单据副本注明装运日期。

受益人按规定发货，在发货后120天申请人尚未付款。第121天，受益人缮制并提交了备用信用证要求的单据。开证行以晚交单拒付，理由为：根据UCP500第43A款，单据不得晚于装运日后21天提交。装运日期为1994年2月2日，而单据直到1994年6月3日才提交。实际上，这与备用信用证的担保性质密切相关，如果正常收汇，备用信用证将一直处于备用状态，只有在正常情况下无法收款，受益人才会使用备用信用证，此时的交单，基本上不可能是在装运日后21天之内。

鉴于这一实务情况，ICC511说："本条不适用于可能要求提交一份运输单据的副本以证实违约声明项下货物已出运的备用信用证。"

显然，如果信用证的本意在于使以装运日期确定的交单期也适用于副本运输单据、非运输单据或其他单据，则需特别规定。比如："单据必须于提单副本显示的装船批注日期后10天内提交，该装船批注日期视同UCP600第20条a款ii项规定的装运日期。"如果无此类规定，则根据本段，"该交单可以在任何时候提交，只要不得晚于信用证的有效期。"

当然，如果信用证规定的交单期的计算基础，本就与装运日期无关，比如，"Documents should be presented within 15 days after the issuing date of invoice"，那么，交单理应适用信用证规定的发票日后15天交单期。

第三，如果愿意，我们一定会问：为什么信用证规定的或UCP600默认的交单期限，仅适用于正本运输单据，而不适用于副本运输单据？这得从交单期限的计算起点——装运日期的确定说起。

实务中，交单期限在信用证中的规定，往往以装运日期为计算起点。在UCP意义上，只有正本运输单据上的已接管、收货、装船日期才被定义为货物装运日（date of shipment）。在UCP600时期，这一点在运输单据中有具体的规定。而在UCP500时期，除了在运输单据中提到装运日的确定外，还辟有专门的章节给出概括性的解释。

UCP500第46条a款：

Unless otherwise stipulated in the Credit, the expression "shipment" used in stipulating an earliest and/or a latest date for shipment will be understood to include expressions such as,"loading on board","dispatch","accepted for carriage","date of post receipt","date of pick-up",and the like,and in the case of a credit calling for a bill of lading the expression "taking in charge."

除非信用证另有规定,凡用于规定最早及/或最迟装运日期的"装运"一词,其意义应理解为包括诸如"装船"、"装运"、"接收备运"、"邮政收据日期"、"取件日期"和类似表述,如信用证要求多式运输单据时,还包括"接受监管"这一含义。

国际商会在 TA557、TA582 中也说:"The establishment of what is a transport document,and therefore identification there from of the date of shipment,is clearly linked in the UCP to an original transport document being presented."

当然,还可以再问,国际商会为什么会把装运日期(shipment date)限定在正本运输单据上呢? 我们觉得,应该与副本运输单据的功能有关。副本运输单据上显示的 On-board date 对承运人没有直接的约束力,而 FCR 等类似单据本身就不是运输单据,其上显示的 On-board date 或 sailing date 对承运人根本就没有约束力。换言之,信用证实务中提及的 shipment date,默认对应于正本运输单据上对承运人具有约束力的装运日期。

然而,尽管副本运输单据和 FCR 上显示的 on-board date 或 sailing date 对承运人根本就没有约束力,实务中常常产生问题:即是否需要判断与信用证规定的最迟装运日期的关系。比如:信用证规定最迟装运日期为 2013 年 3 月 15 日,提交的 FCR 上显示货物装船的 on-board date 或船只起运的 sailing date 为 3 月 16 日。可以接受吗? 我们认为,date of shipment 是 UCP600 特别定义而来的一个日期,与 on-board date 和 sailing date 没有必然的联系。所以,无须判断这两个日期与 date of shipment 的先后关系,从而可以接受。

第四,信用证如有明确规定,必须首先在明确规定的范围内审核。这是本出版物第Ⅱ段"本出版物与信用证"的关系中的应有之义。这一规定在实务中,则见仁见智。比如:

[案例 019]   TA767 rev:副本空运单注明的日期是出具日期吗? 起运机场可以是一个国家吗?

案中,信用证 46A 单据要求:

——Clean air waybill in 2 non-negotiable photocopies consigned to the applicant marked freight prepaid,showing flight number and flight date,number of this credit and notify the applicant.

——Insurance policy in assignable form and endorsed in blank for 110% invoice value (DDU value)covering all risks showing claim payable in country V in invoice currency,in 1 copy.

47A 其他条件要求:

——Port of loading/airport of departure:any airport and/or port in Sweden and/or European countries and/or China.

——In case of shipment by air,AWB date deemed to be the date of shipment.

提交的副本空运单显示:

——Airport of Departure:SWEDEN
——ACTUAL FLIGHT NO. AND DATE:QR688/17
——签署栏处显示出具日期:2011/06/13
提交的保险单据显示:
——AWB dated 2011-06-17
——Place and date of issue Stockholm 2011-06-17
结果,开证行拒付,不符点如下:
1. AWB NOT SHOWING ACTUAL AIRPORT OF DEPARTURE
2. INSURANCE POLICY SHOWING INCORRECT AWB DATE

分析及结论:

国际商会认为,这两个都是不符点。它分析道:

就第1个不符点,信用证47A特别要求了实际起运机场,则必须满足。ISBP681第142段——对应于本出版物第H9段——对正本空运单下必须显示实际起运机场的规定,可以参照适用。(In this case, the credit includes an explicit requirement, in field 47A, for the airport of departure to be any airport in Sweden and/or European countries and/or China, and the photocopy air waybill should have evidenced the name of a specific airport of departure located in Sweden. In response to the specific question in the query, ISBP Publication 681, paragraph 142 would apply in this case, owing to the specific requirement in field 47A of the credit.)

就第2个不符点,信用证47A特别规定了AWB DATE视为装运日期,这对应于实际起飞日期,所以,与保险单据日期矛盾。(The extract from the photocopy of the air waybill indicates that the original air waybill appears to have been signed by the agent of the carrier on 2011/06/13 and, due to the wording in field 47A this date would represent the date of shipment. UCP600 sub-article 28(e) requires that "The date of the insurance document must be no later than the date of shipment, unless it appears from the insurance document that the cover is effective from a date not later than the date of shipment". The insurance document was dated on 2011-06-17 and indicated "AWB dated 2011-06-17", which was the actual flight date, whereas the credit specifically stated that the date of issuance of the air waybill will be considered to be the date of shipment. This was despite the separate requirement for the air waybill to indicate the flight number and date. The insurance policy is dated later than the date of shipment as defined by the terms and conditions of the credit.)

点评:

就第2个不符点而言,实际上47A场的规定对AWB DATE的指向作了约束,只能指向shipment date,这对应于空运单上的actual flight date。这好理解。

就第1个不符点而言,按理如果类似要求显示在信用证的44E场中,也有相同的效果。如此,国际商会的解释将大大出乎银行人员的意料。这是否意味着,44场中的要求——Sweden(地理区域)或any airport in Sweden(机场范围),在副本空运单上都必须显示,如果44场中要求类似措辞——any airport in Sweden(机场范围)则还须为实际机场?这是副本空运单据的功能性要求。这是否还可以推广到其他运输单据的副本,或FCR等与运输单据相关的其他单据呢,还有发票、原产地证明?未见国际商会发表过直接的意见。几乎可以毫无疑问地说,如果推广到发票上,这已经背离了日常的实务。

我们认为,与其如此,不如说这是副本运输单据的功能性要求,可以参照正本运输单据把握,逻辑过程便直截了当。

更正及证实

Correction and alteration("correction")

【导读】

实务中,对单据上的数据进行更正和更改,统称"更正",这是常有的事。对单据上的数据更正进行证实,也是常有的事。

第 A7 段

单据的更正证实

单据的更正为什么要证实呢?信用证下单据的提交,以确保真实性为前提。UCP600 第 34 条规定银行对单据有效性免责,便是基于这一前提。言外之意,银行对单据有效性免责,但是当事人不能免责,包括更正。法律上,当事人对更正不能免责的最直观的线索,便是单据上的更正证实了。

那么,哪些单据的更正需要证实?谁有权证实?又该如何证实呢?

Para A7:

a. i . Any correction of data in a document issued by the beneficiary, with the exception of drafts (see paragraph B16), need not be authenticated.

除汇票(见第 B16 段)外,受益人出具的单据上数据的任何更正均无需证实。

ii . When a document issued by the beneficiary has been legalized, visaed, certified etc., any correction of data is to be authenticated by at least one of the entities that legalized, visaed or certified etc., the document. Such authentication is to indicate the name of the entity authenticating the correction either by use of a stamp incorporating its name, or by the addition of the name of the authenticating entity accompanied by its signature or initials.

当受益人出具的单据已经法律认可、签证或证明等时,数据的任何更正应由实施法律认可、签证或证明等的至少一个实体进行证实。该更正证实应以含有更正证实人名称的印戳,或以额外加注更正证实人名称的方式表明进行更正证实的实体,并包括其签字或小签。

b. i . Any correction of data in a document, other than in a document issued by the beneficiary, is to appear to have been authenticated by the issuer or an entity acting as agent, proxy or for [or on behalf of] the issuer. Such authentication is to indicate the name of the entity authenticating the correction either by use of a stamp incorporating its name, or by the addition of the name of the authenticating entity accompanied by its signature or initials. In the case of authentication by an agent or proxy, the capacity of acting as agent or proxy for [or on behalf of]the issuer is to be stated.

除受益人出具的单据外,单据上数据的任何更正应看似由单据出具人或作为其代理人或代表(as agent,proxy or for [or on behalf of]])的实体进行证实。该更正证实应以含有更正证实人名称的印戳,或以额外加注更正证实人名称的方式表明进行更正证实的实体,并包括其签字或小签。当代理人或代表(an agent or proxy)进行更正证实时,应注明其作为出具人的代理人或代表(as agent or proxy for [or on behalf of])行事的身份。

ⅱ. When a document other than one issued by the beneficiary has been legalized, visaed, certified, etc., any correction of data is, in addition to the requirements of paragraph A7(b)(ⅰ), to be authenticated by at least one of the entities that legalized, visaed or certified etc., the document. Such authentication is to indicate the name of the entity authenticating the correction either by use of a stamp incorporating its name, or by the addition of the name of the authenticating entity accompanied by its signature or initials.

除受益人出具的单据外,当单据已经法律认可、签证或证明等时,数据的任何更正还应在满足第 A7 段 b 款 ⅰ 项的要求之上,由实施法律认可、签证或证明等的至少一个实体额外进行更正证实。该更正证实应以含有更正证实人名称的印戳,或以额外加注更正证实人名称的方式表明进行更正证实的实体,并包括其签字或小签。

c. Any correction of data in a copy document need not be authenticated.

副本单据上数据的任何更正无需证实。

【解读】

第一,本段 a 款 ⅰ 项规定了受益人出具的单据的更正,原则上无须签署证实。

因为默认的受益人诚信和信用证业务的流程控制能够保证其出具并提交的单据,以及其内容更正与生俱来的真实性。

国际商会在 R199 问题 1 的结论中说:"Without seeing what the additions and deletions were on the invoice, it is difficult to determine if there was a basis for rejection. ... The invoice is issued by the beneficiary, and presented by him. Who should be able to make non-authorized changes?"咨询者在 R533/TA103 中的评论是一个印证:"Documents issued by the beneficiary (These documents, as far as we remember from the discussion of the Group of Experts on query GE 63, which then has been rejected, do not necessarily need to be authenticated when corrected, because it is the beneficiary himself who presents his own corrected documents, and he is not supposed to forge his own documents.)"

换言之,受益人提交的单据及内容更正,默认无须签署证实,并不意味着其真实性不重要,也并不意味着无须确认其真实性。只是签署证实,相对来说是一种比较简洁、实用、惯常的办法。

一个例外情况是,根据新版 ISBP 第 B16 段的规定,受益人出具的汇票内容的更正必须经过签署证实。要问其中原因,估计与 B8 段规定的"汇票本身需要签署"有直接的关系。这一点,与"要求签署的发票上的数据更正,需要证实"同理,只是实务中多数朋友并不同意这种理解。

第二，本段 b 款 i 项规定了第三方出具的单据的更正，必须由第三方出具人签署证实。

然而，在许多情况下，单据上的更正仅仅由受益人的诚信和信用证交易的流程控制来证实是不够的，包括通过受益人转递的第三方单据。

这里规定，第三方出具的单据的内容更正，必须由出具人证实，当然也包括由出具人的授权人证实。这里的授权人，不一定是 agent 或者 proxy，而只需表面上看来经过授权即可，比如：authorized by，for 或 on behalf of 表明授权关系均可。比如：

[案例 020] R658/TA664 rev："一切单据更正必须由出具人证实"包括代理人吗？

案中，信用证 47A 中要求：All corrections must be authenticated by the issuer of the respective document. 那么，由代理人签署的提单更正由代理人证实，可以吗？保单呢？

分析及结论：

国际商会在结论中说：提单更正由签署代理人更正证实，也算满足信用证的特别要求。Bill of lading-the special condition would allow for the correction or alteration to be completed by the named carrier or the entity that completed and signed the bill of lading on behalf of the carrier, i. e., their agent. 保单下结论与此类似。

为什么？

国际商会在分析中说："信用证明确要求所涉及的单据的出具人，可以理解为函头公司的名字，也可以理解为代理具名实体完成和签署单据的一方，包括提单上的承运人代理或保单上的保险人代理。(The context in which "All corrections must be authenticated by the issuer of the respective document" is written, should be understood to apply to the entity that issued, or completed and signed the document. It therefore follows that the "issuer" (as referred to in the special condition) may or may not be the entity that is named on the heading of the document. It could be the company or person that is completing and signing the document on behalf of the named entity… For bills of lading and insurance documents, it is common practice that they be completed and signed by the agent of the carrier or agent of the insurance company.)"

点评：

第 E3 段的解读中将提到，运输单据的出具人终归是承运人，而保险单据的出具人终归是保险公司或承保人。而不管运输单据，还是保险单据，都可以由代理人出具并签署。

国际商会已经对信用证 47A 的特别要求——"All corrections must be authenticated by the issuer of the respective document"中所涉及的"出具人"，做了扩展性解读，这符合实务。因为提单可以由代理人出具并签署证实，没有理由其更正不允许代理人证实。

第三，本段 a 款和 b 款 ii 项，均规定了经签证或证明等的单据的更正，还必须由签证或证明人签署证实。这是对以往国际商会意见的澄清。

请注意，此时的更正证实只能由签证或证明人作出，信用证或 UCP 没有允许时理应不得代理。这一点国际商会没有发表过相关意见。我们认为，签证或证明人对更正的证实，必须涵盖参加签证或证明等的所有实体，这里的"至少一个实体"证实并不合理，因为更正的证实责任承担涉及每一个实体。

有人问:经签证或证明等的第三方出具的单据的内容更正,如何证实?这涵盖了两种情况:

——a 款第 ii 项下,单据由受益人出具,其数据更正无须签署证实,所以,直言由签署或证明人"证实"即可。

——b 款第 ii 项下,单据由第三方出具,其数据更正就须由第三方签署证实,所以,明确还须由签署或证明人"额外""证实"。

显然,措辞的微妙差别,已经反映了国际商会的态度。比如:

[案例 021] R658/TA664 rev:信用证规定"一切单据更正必须由出具人证实",是对 ISBP 的修改吗?

案中,信用证 47A 中要求:"All corrections must be authenticated by the issuer of the respective document."

那么,经商会签证的发票的更正已经商会证实后,还需要受益人证实吗?

分析及结论:

国际商会说:"发票更正需要受益人和商会的双重证实。这是对 ISBP681 第 9 段——对应于本出版物第 A7 段——的修改。(Invoice—the special condition would require the beneficiary and the Chamber of Commerce to authenticate any correction or alteration. This is in addition to the requirements expressed in ISBP paragraph 9.)"

点评:

言外之意,发票已经由商会认证,相应地,其更正便须由商会证实,而发票因为是受益人出具的,本来便无须受益人证实。如今,由于信用证又特别要求"一切单据更正须由出具人证实",便意味着这一要求已经修改了 ISBP 关于受益人出具的发票无须受益人证实的规定,即发票的更正还须由作为出具人的受益人证实。

当然,本段的规定以允许更正为前提。

实务中,有时信用证会规定不允许单据更正。比如:R715/TA677 rev 案中,I 国的一些银行开立包含以下条款的信用证:首次交单必须相符,不允许单据更正。如何执行呢?国际商会在结论中说:"除非随后修改去除了该条款,信用证显示单据不能存在任何更正是受益人必须遵守的,存在更正的单据将被指定银行根据要求拒绝。(A condition in a credit that documents may not bear any corrections is one that the beneficiary would have to abide by, unless the credit was subsequently amended to remove the condition, and a nominated bank would be required to refuse documents that contained any corrections.)"

实务中,还会规定允许单据更正,但不允许个别特定内容更正。比如:有些国家带有更正的汇票无效,即使有受益人的证实。中国票据法下默认不允许更正收款人、金额和日期事项。此类国家的开证行应在信用证中声明汇票中不得出现更正。

第四,值得一提的是,在 UCP 意义上,更正的签署证实形式,仅局限于签字和小签。

实务中常常困惑于什么是小签(initials)。《现代英汉综合大辞典》:"initial[pl.]姓名(或组织名称)开头字母(如:John Smith 中的 J.S.)。"《美国传统辞典(双解)》:"initial, to mark or

品读 ISBP745

sign with initials,especially for purposes of authorization or approval. 用姓名的首字母签名，标出或用首字母签名，尤指用于表示授权或同意。"显然，小签同时也表明了证实人的名称或身份。需要注意的是，小签仅适用于修正或变更的证实，而且与单据的签署相比必须足以辨别其系对应的小签。

我们为什么不说小签本身也是签字？可以说，小签本身是一种特殊的签字形式。在这个意义上，本段规定的本意在于确认，如果单据上已有完整的签字，那么可以识别更正证实处是首字母缩写的小签，便也可以接受，无须理会说小签人的姓名与完整签字中的不完全一样。比如：

[案例 022] 公司缩写更正章，可以用于更正证实吗？

咨询者问：China Ocean Shipping co.，Ltd. 作为 carrier 签署的提单上更正处加盖带有"COSCO"字样的印章，无手写签字，算证实吗？

分析：

在中国法下公司盖章，天然地构成签署证实。比如：R598 中，检疫证明通过更正增加了原先遗漏的"铝"字。农业部作为出具人仅在更正的右手边加盖了一枚印章。国际商会在分析及结论中认为，可以接受。

本案所涉及的是一个更正章"COSCO"，是承运人 China Ocean Shipping co.，Ltd 的缩写，不是全称，理应也可以接受。因为在东方文化中，更正章和骑缝章制度，本身就是法律认可的事。实务中，更正章或骑缝章，通常刻就的是公司的简称，如问题中的 China Ocean Shipping co.，Ltd 的简称"COSCO"。这是一种简易的签字证实制度。

结论：

所以答案很清楚，更正章"COSCO"用于证实，可以接受。

点评：

与此不同的是，西方文化盛行小签制度，这是其独有的简易签字证实制度，专门适用于单据更正和多页骑缝等。

实务中常常有人问，小签不就是手签吗？是这样的吗？此案从侧面说明了，小签可以是手写的，也可以是盖戳。准确地说，如前解读中提到的，小签终归是个人的首字母简签。

异议：

遗憾的是，国际商会的意见，常常是局限于西方文化的小签制度，用来看待东方文化下的更正章或骑缝章制度，难免令人费解。请看以下案例：

R552 的问题 2 中问道：保险单据更正证实，以下两种情况是否可以接受？

——保险公司小圆章中刻有保险公司名称和工作人小签，但没有另外的工作人员手写小签。(The insurance company's small round chop bearing its name with an initial of the purported officer of the insurance company embossed in the chop itself so that no additional signature/initial was placed manually by the chop's side.)

——保险公司小圆章中刻有"3 ABC"字样，但没有另外的工作人员手写小签。"ABC"可能代表的是保险公司简称，"3"可能代表的是保险公司部门序列号。(A small round chop with a number"3 ABC"embossed in the chop. ABC might stand for the short name and 3 the division number of the insurance company. Again, no additional signature/initial was placed manually by the chop's side.)

国际商会在分析及结论中说:"Clearly, an insurance company's chop, which includes the company's name, with an initial of the purported officer of the insurance company embossed in the chop itself, complies with international standard banking practice, as indeed would a chop with the company name and a separate chop or signature/initial of the person making the alteration.

However, a chop with a number '3 ABC' embossed therein does not on its face evidence the name and capacity of the person making the alteration. It is not for the bank to make assumptions, and therefore this version would be discrepant."

再点评:

显然,国际商会在 R552 案中的意见可能不足以让所有东方人信服。其逻辑也与 R718/TA691 Rev 不同,分析相反,结论也南辕北辙。或许是后者取代了前者,我们认为,理应如此。

引申:

请注意,单纯的中性更正章"correct"既不表明更正人,也没有签字效果,从而不构成有效的更正证实。国际商会在 R174 的意见中说:"It appears that many firms feel that any corrections, alterations, etc. on transport documents, i. e., B/Ls, AWBs, etc., do not require the indication by whom they were approved, only the stamp 'correction approved'. In our opinion, this stamp should clearly indicate either the name of the shipping company or their agents and be duly visaed or signed by them."

此外,本段 c 款规定了副本单据上的数据更正无须证实。为什么呢?归根结底,因为副本单据本身无须签署证实。

如果一定要求其数据更正必加以证实,便没有意义。换言之,对于要求签署的副本单据,其数据更正仍然必须加以证实,因为如果没有更正证实,副本单据上的签署将同样失去意义。

单据的"签证"

信用证除了要求单据需要签字外,有时还可能要求单据经某一机关、部门或组织或个人履行法定手续(legalized)、签证(visaed)、证明(certified),统称"签证"等,以向进口国证实单据所载事项的真实性或证实输往其国家的产品符合相关法律或规定,或要求受益人出具的某一单据须经某一检验机构确认,以证明货物质量。

什么是单据须履行法定手续、签证、证明等类似要求?

履行法定手续(legalize),指一国之内产生的一份单据,由法定有权机关审查并加以签字等表示认可,以用于在另一国使用。国际商会在 R627/TA640 的分析及结论中说:"Legalization of documents entails a process whereby documents issued in one country ('Source Country') need to be used in another country ('Destination Country') and must be 'authenticated' or 'legalized' before they can be recognized as valid in the destination country. Legalization generally occurs on the strength of certification by a chamber of commerce and usually extends to the verification of the signature of the chamber of commerce. Again, legalization may be evidenced by a signature, mark, stamp or label that appears to satisfy the requirement in the credit of legalization by the named embassy or consulate."

签证(visa)一词在辞典里通常指的是,人员出入境签证、船舶进出港签证等,该词来源于

品读 ISBP745

拉丁文，原意是"看过了"。结合信用证实务，单据的签证大意是"单据内容已经看过"，并以签字等表示认可。

证明（certify）的含义及运用则宽泛许多。《美国传统辞典（双解）》：certify，"To confirm formally as true, accurate, or genuine. 确认正式确认为真实、准确或真正的"，或者是"To guarantee as meeting a standard, 证明……合格"。这是两个基本的含义，结合信用证实务，无非是证明单据上内容的真实、准确、合格而已。比如：信用证要求 certified commercial invoice，如果信用证没有特别要求，提交的发票默认必须由作为出具人的受益人加以证实即可。

相应地，经签署的发票上的更正便必须证实。比如：

[案例 023] 要求签署的发票的更正，是否默认需要证实？

案中，信用证规定：signed commercial invoices in 3 copies，其上三种货物描述，有一种经过涂改更正，但未经证实。这样的发票可以接受吗？

分析及结论：

根据第 A7 段的规定，不管是受益人制作的单据，还是其他人制作的单据，只要经过履行法定手续、签证、证明或采取类似手续，就必须由签证或证明人证实。

根据 UCP600 第 3 条的解释，签字是证明的一种方式，经签署的发票就是经证明的发票。显然，经签署的发票的更正是需要证实的。

点评：

通俗地说，单据的内容是一个整体，如果信用证要求经签署的发票，便意味着信用证要求的是以签署来确认其真实性的发票。如果对该发票的更正部分没有加以签署证实，岂不意味着发票整体内容的真实性将因此大打折扣。所以，笔者认为，为了保证单据整体的真实性，必须对更正部分加以签署证实。

请注意，多数朋友认为这仍然不需要受益人对更正内容另加签署证实，未见国际商会发表过针对性的意见。

除此以外，类似的要求理应包括公证（notarization）、见证（witness）、签署（sign）等行为。其中，公证理应只能由公证机构作出。见证呢？《现代英汉词典》："witness【律】：连署人、证人。"如此，见证人应该是另一个人，因为连署必须是第三方，而自己给自己作证没有意义。至于签署则比较宽泛了。

那么，信用证上的此类"签署"等的要求，该如何满足呢？

UCP600 第 3 条：

A requirement for a document to be legalized, visaed, certified or similar will be satisfied by any signature, mark, stamp or label on the document which appears to satisfy that requirement.

诸如单据须履行法定手续、签证、证明等类似要求，可由单据上任何看似满足该要求的签字、标记、印戳或标签来满足。

显然，如何认证并不抽象，签字及/或盖章等证实方式即是具体动作。比如：R275 案中，信用证要求 original certificate of origin duly legalized by the embassy/consulate，证明该货物系由某国生产。提交的原产地证经由规定大使馆/领事馆加盖官方印章及签字。开证行认为原产地证经过了证明，而未由大使馆使之合法化（original certificate of origin certified, not legalized by embassy)。国际商会的结论是：该单据上的盖章及签字，已经满足了 UCP500 第 20 条 d 款的所称的"合法化"要求。

实务往往比较丰富，偶尔还会见到标记(mark)、印戳(stamp)和标签(label)的，而标记/印戳/标签的内容，通常是"OK"、"PASS"等等，更重要的是，标记/印戳/标签本身必须含有签字以示对其的证实确认。一般来说，签署或证明等的要求须为信用证本身的要求。

当然，信用证或单据的性质未要求，却自动履行法定手续、签证、证明等的单据，按理须视情况另行而定。

请注意，宣誓(swear)可能与这里的所谓"证实"不完全相同。比如：

[案例 024] TA769rev：什么是"宣誓(swear)"？

案中，信用证要求：COMMERCIAL INVOICE SIGNED, SWORN AND DETAILED，但没有表明如何 SWORN。提交的发票只有受益人签署，没有"SWORN"的相关文句，可以吗？

国际商会在分析及结论中说：这是不符点，即便"SWORN"一词没有定义。(The expression "Sworn" is not defined in UCP or ISBP. When such expressions are used, the credit should provide further detail on how it is to be understood and applied. In this case, the credit did not provide such further detail. The credit required the invoice to be signed, sworn and detailed. From the text of the discrepancy it can be assumed that the invoice was signed and detailed, but not sworn (although the credit did not specify the wording for such requirement). Even though the credit did not indicate the manner in which the invoice was to be sworn, the absence of such an indication is a valid reason for refusal.)

点评：

《美国传统词典（双解）》："Swear, to make a solemn declaration, invoking a deity or a sacred person or thing, in confirmation of and witness to the honesty or truth of such a declaration. 宣誓：作庄严的声明，以唤起神灵、神圣的人或事来证实该声明的诚实或真实。"

细琢磨，国际商会应该在强调"宣誓(swear)"，必须基于一种声明或证明行为，所以不能仅仅适用于 UCP600 第 3 条规定。比如，实务中，此类要求按理必须在相关单据上显示："WE SWEAR/CERTIFY THAT… IS TRUTH"的类似宣誓或声明或证明文句并加签署。

第 A8 段

单据的多处更正及证实

单据的更正证实应与更正数据，或者有物理的联系，或者有逻辑的联系，以示对更正数据负责。具体包括：

——物理联系，指证实与更正内容紧密相邻，以不至于引起歧义即可。

——逻辑联系，可以是同一单据上的一段文字描述，比如：the concerned correction (or alternation) on the notify party is created by us. 并加证实；也可以是同一单据上以直线或曲线的形式将证实与内容联系在一起。

需要提请注意的是，一份单据上的更正按理不可以在另一份单据上证实，即使二者之间存在逻辑的联系。如果另一份单据为信用证未要求的单据,则该单据将不被审核。而如果另一份单据为信用证要求的单据呢?没有看到国际商会发表过相关意见,按理可参照另一份单据上的签署不予接受,实务中这种情况极为少见。而一份单据上的数据更正在其附页或附文上证实,则可以接受。

对于一份单据上的一处更正,以上方式的证实即满足要求。而对于一份单据上的多处更正,又该如何证实呢?

Para A8:

When a document other than one issued by the beneficiary contains more than one correction, either each correction is to be authenticated separately, or one authentication is to indicate that it applies to all the corrections. For example, when a document issued by ×××shows three corrections numbered 1, 2 and 3, one statement such as "Correction numbers 1, 2 and 3 authenticated by ×××"or similar, together with the signature or initials of ×××, will satisfy the requirement for authentication.

除受益人出具的单据外,当单据包含一处以上的更正时,每一处更正都应分别进行证实,或者作出一项证实并注明其适用于所有的更正。例如,当由×××出具的单据显示编号为1、2、3的三处更正时,一个载有"编号为1、2、3的更正已经由×××证实(Correction numbers 1, 2 and 3 authenticated by ×××)"或类似措辞的声明,并伴有×××的签字或小签,即满足证实要求。

【解读】

同一单据上多处更正,可以多处分别证实。比如:一处显示证实人名称,其他无证实人名称,或都无证实人名称,只看类似的其他处的签样或者签署中的签样。这可以接受吗?我们认为,按理这仍然可以接受。因为签样一样,理应足以认定为同一个证实人作出,只要在单据上显示了证实人名称即可接受。

同一单据上多处更正,也可以接受一处集中证实。比如:信用证要求由 ABC Chamber of Commerce 出具的原产地证明。商会出具原产地证明时,打印机故障,导致打印出来的所有英文字母"M"都比较模糊,商会相应地在该字母处重新手写誊清,并在空白处批注:"All corrections of letter 'M' by handwriting are authorized by the document issuer ABC Chamber of Commerce."这是可以接受的。只是根据国际商会在 TA755 rev 中的意见,这可以不算数据更正,从而无所谓证实。

第 A9 段

单据的更正

怎样算单据的数据更正呢?

实务中,单据的修正(correction)和变更(alteration)不易分辨,常常合称为"更正"。修正,是因为错误而经修改为正确。比如打字错误、拼写错误,常常需要修正。变更,是因为情况变化而更新。比如贸易合同修订,单据上需要变更贸易合同的版本号。更正从物理形式上看往往有迹可循,即单据上往往既有被更正之前的内容,又有更正之后的内容,还有删除线、擦拭、涂改的痕迹等标记。

Para A9:

> The use of multiple type styles, font sizes or handwriting within the same document does not, by itself, signify a correction.
>
> 同一单据中使用多种字体、字号或手写,其本身并不表示更正。

【解读】

单据上的不同字体、字号或手写,可能意味着更正,也可能不是,需要具体情况具体分析、判断。

实务中,单据的制作常常使用预先印就的标准格式,在生成一笔特定交易下的单据时,则在该标准格式内的空白栏位填写补充具体的内容。因而,空白栏位将可能使用手写,这种情况下将不被认为是更正。比如:

[案例025]　R632/TA657 rev:钢笔填写收货日期须证实吗?

案中问题2,提交的CMR的第4栏(货物接管地和日期)显示有印刷体的"France… 11－2007",第21栏(出具地点和出具日期)显示有印刷体的"Breda… 11－2007",上述两栏都用蓝色钢笔在"…"处填写数字"28"。

那么,这是更正吗?

分析及结论:

国际商会说:"CMR上预先印就年月,并用钢笔另行添加收妥待运的实际日期,出具日期情况类似。由于第4栏(收货地和日期)已注明了日期,故21栏(出具地点和出具日期)将不再被用于确定收货日期。……考虑到第4栏和第21栏中,用钢笔添加日'28',同时注意到单据在制作时就为后填入实际日期而留有空格,参照ISBP(ISBP681)第11段,一份单据内使用多种字体、字号或手写,其本身并不意味着是更正。"所以,"7不符点不存在"。

点评:

换言之,如果CMR本身预先印就栏位无空白,用钢笔添加的日"28"是强行插入,那么,理应认定为更正,相应便需更正证实。

[案例026]　TA755 rev:单据皱折处的文字补勾勒一下,算更正吗?

案中开证行凭以拒付的第3个不符点,提交的CMR的下方引用的发票号"100301"中的第2位"0",由于纸张皱折的原因重新勾勒一下,如下:

这算更正吗?

分析及结论：

国际商会在分析中说：这不算。(Discrepancy 3-Not authenticated correction on CMR was made(specifically:in field 5 one figure constituting invoice number has been reconstructed).

The CMR shows:"FAKTURA100301"in field 5 which is designed for mentioning attached documents,if any. The CMR has been completed in the same handwriting. It seems that the issuer made the first"0"in the invoice number in a bolder manner,which does not in itself create any correction or alteration which would require authentication.)

点评：

公路运单上的皱褶导致发票号码变形,重新勾勒并没有改变其原来的号码,却可以避免误会。或许,也可以换个角度理解,勾勒之前是"0",勾勒之后还是"0",证实与不证实无关紧要。

然而,实务往往比较复杂,并不绝对。比如：

[案例027] R552：不同的字体,可能意味着更正

案中咨询者问：当提单或保险单据使用自动的或电脑系统打印出来时,如果在其上用手写方式注明一些条款或货物描述,是否能够符合ISBP第11段(指ISBP645第11段,对应于本出版物第A9段)呢? 换言之,对于手写加入的内容是否需要证实呢?

分析及结论：

国际商会的结论为："ISBP第11段并未明确规定使用不同的字体、字号或手写完成的单据将被自动接受。该段措辞非常明确地指出,发生这种情况并不意味着是修改或变更。如此出具的单据是否能接受将视增加内容的种类及方式而定。比如,在受益人出具的单据中发生这种情况不应成为拒付或要求证实的理由。然而,银行应对在提单上增加的内容(比如装货港、船名、货物描述等)予以关注,并且,要求对这些内容加以证实是合理的。"

国际商会最后说："Unfortunately,there is no definitive answer to your question. The answer lies in the context of and type of document presented."

此外,运输单据上的批注(notation),可能与更正不同。国际商会在R533/TA103的分析及结论中说："The adding of a freight paid stamp or an annotation of an on board date are not considered to be additions."从物理形式上看,批注之前的内容与批注的内容会并行存在。而从逻辑上看,批注的效力是否会优于批注之前内容的效力,视情况而定。

运输单据批注无需证实。要问深层原因,理应是运输单据上批注的效力优于批注之前内容,从而与更正不同,所以,按理无须另行证实。

其他单据上的批注,有时称notation,平时称addition(附注)、insertion(插注)等,通常将会被视为更正,从而需要更正证实。

保险单据的批单(notation)、汇票上的粘单(allonge),这些也不是更正,而是单据的附页。

寄送单据、通知等的快递收据、邮政收据或邮寄证明
Courier receipt, post receipt and certificate of posting in respect of the sending of documents, notices and the like

【导读】

快递收据、邮政收据或邮寄证明，可以用于寄送信用证规定的货物，也可以寄递样品、副本单据等。实务中，前者不多见，更常见的是后者。

第 A10 段

不适用 UCP600 第 25 条的邮寄单据

如何审核快递收据等呢？

Para A10:
When a credit requires the presentation of a document as evidence of sending documents, notices and the like to a named or described entity, in the form of a courier receipt, post receipt or certificate of posting, such document is to be examined only to the extent expressly stated in the credit, otherwise according to UCP600 sub-article 14(f) and not under UCP600 article 25.

当信用证要求提交快递收据、邮政收据或邮寄证明，以证实寄送单据、通知等给具名或规定的实体时，该单据将仅在信用证明确规定的范围内审核，其他方面将按照 UCP600 第 14 条 f 款的规定予以审核，而不适用于 UCP600 第 25 条。

【修订】

本段属于新增，澄清了实务中的两种快递收据。

【解读】

寄送信用证规定货物的快递收据等，属于运输单据，相应地，适用 UCP600 第 25 条审核。

然而，寄送样品、装船通知、副本单据等的快递收据等，则不算运输单据，适用其他单据审核，既要满足信用证规定，又要遵循 UCP600 第 14 条 f 款的"满足功能"原则和第 14 条 d 款的"不得矛盾"原则。具体而言：

第一，快递收据需要如何显示"货物描述"？

R198 中，国际商会分析道：The credit calls for an evidence that "a full set of non-negotiable documents" has been sent to the applicant by a courier. The courier service receipt, in order to be acceptable, must therefore either state that "a full set of non-negotiable documents" has been received, or enumerate all documents received. Provided they form "a full set of non-negotiable documents".

这表明，快递收据必须显示寄送标的的描述，即通俗意义上的"货物描述"。比如：信用证要求："Beneficiary must sent shipping advice indicating… to applicant… and courier receipt required."那么，提交的快递收据必须显示"货物描述"为：shipping advice 或 document 等即满足要求。

第二，快递收据需要显示取件日期吗？是否需要显示取件人签字？比如：

［案例 028］ R637/TA654 rev：快递收据默认要取件日期吗？要取件人签字吗？

案中，信用证要求："提交受益人证明及相关快递收据，以证明一套副本单据已经在装运日后3个工作日内寄往申请人。（Beneficiary's certificate along with relevant courier receipt certifying that one set of non-negotiable documents have been sent to the applicant within 3 working days after shipment date.）"

交单后，开证行提出不符点：快递公司收据没有显示取件日期和取件人签字。

分析及结论：

国际商会说："能够证明符合信用证要求的证据是显示在快递收据上的取件日期。信用证要求提交一份快递收据（证本、副本或者影印件）。"最终结论道："快递收据没有显示取单日期是不符点。"

又说："如果快递收据上包含有快递公司签字的栏位，那么快递收据需要被签署。如果要求或者允许提交副本快递收据，那么不需要签署。快递收据的格式不是受 UCP 管辖的，是快递公司决定的，没有签字栏表示快递公司认为收据没有必要被签署，ICC 不能强求。"最终结论道："如果正本快递收据有签字的栏位，那么需要签署；如果正本没有签字栏位或者提交的是副本，那么不需要签署。"

点评：

虽然受益人证明是不需要日期的，但快递收据需要显示取件日期，不管正本、副本。这是功能性要求。

我们认为，快递收据显示取件日期，这是其功能性要求，而与信用证是否带有"documents have been sent to the applicant within 3 working days after shipment date"类似要求无关。

引申：

如果信用证要求提交受益人证明及相关快递收据，或相关 email copy 件，或相关传真报告等，以证明一套副本单据已经在装运日后3个工作日内寄往申请人，提交的相关快递收据，或相关 email copy 件，或相关传真报告，理应与此相似，需要显示日期。这仍是功能性要求。

日　　期
Dates

【导读】

信用证审单涉及的日期多种多样,包括开证日期、单据日期、交单日期、寄单日期、交单期、有效期、承兑日期、付款日期等。而信用证审单涉及的单据日期,包括单据出具日期和单据显示的检验事件发生日期、寄送日期、装运日期、保险生效日期等,其涉及的日期格式也常常五花八门。

这些日期,总是相对于一个特定事件的发生而言。

实务中,一个特定事件发生的日期,往往需要书面文据来证明,包括单据、面函、报文等。

第 A11 段

单据日期

实务中,有些单据要加注日期,有些可以不要。那么,如何加注日期呢?

Para A11:

　　a. Even when a credit does not expressly so require

即使信用证没有明确要求:

　　ⅰ. drafts are to indicate a date of issuance;

汇票也应注明出具日期;

　　ⅱ. insurance documents are to indicate a date of issuance or effectiveness of the insurance coverage as reflected in paragraph K10(b) and K11; and

保险单据也应注明出具日期或第 K10 段 b 款和第 K11 段中所反映的保险生效日期;以及

　　ⅲ. original transport documents, subject to examination under UCP600 articles 19—25, are to indicate a date of issuance, a dated on board notation, a date of shipment, a date of receipt for shipment, a date of dispatch or carriage, a date of taking in charge or a date of pick up or receipt, as applicable.

按照 UCP600 第 19 条至第 25 条审核的正本运输单据,也应相应地显示出具日期、注明日期的装船批注、装运日期、收妥待运日期、发送或运送日期、接管日期、取件日期或收件日期。

　　b. A requirement that a document, other than a draft, insurance document or original transport document, be dated will be satisfied by the indication of a date of issuance or by reference in the document to the date of another document forming part of the same presentation (for example, by the wording "date as per bill of lading number ×××" appearing on a certificate issued by a carrier or its agent) or a date appearing on a stipulated document indicating

品读 **ISBP745**

> the occurrence of an event (for example, by the date of inspection being indicated on an inspection certificate that otherwise does not contain a date of issuance.)
>
> 当信用证要求汇票、保险单据和正本运输单据以外的单据注明日期时,通过在该单据上注明出具日期,或在单据上援引同一交单下其他单据的日期(例如,在承运人或其代理人出具的证明中显示"日期参见×××号提单(date as per bill of lading number ×××)"),或在规定的单据上显示一个事件发生的日期(例如,检验证明显示检验日期,但没有包含出具日期),均可满足。

【修订】

本段的规定包括两款:

——a 款涉及汇票、正本运输单据和保险单据的日期要求,比旧版明确,特别是明确了注明日期指的是注明什么日期。如提单注明装船日期,则无须显示出具日期。

——b 款涉及其他单据的日期要求,删除了措辞——"是否要求注明日期,取决于信用证的要求、单据的内容和性质"。含义略有变化。如检验证明注明检验日期,则也无须显示出具日期。

【解读】

第一,本段 a 款要求汇票、运输单据、保险单据必须注明日期,即便信用证没有要求。

汇票之所以必须注明日期,且必须是出具日期,或称出票日期,其原因在于它是一种法定要式单据。或者说,出票日期是汇票的法定要素,这是各国票据法和票据公约的基本规定。出票日期,将决定票据法变更前后版本适用和诉讼期限计算等。实务中,汇票的出票日期有时称为 issuing date of draft,有时称为 draft date。

正本提单和其他正本运输单据、保险单据必须注明日期的原因,与此相似。

我国最新的《海商法》[①]:

第七十三条 提单内容,包括下列各项:

(六)装货港和在装货港接收货物的日期;

(九)提单的签发日期、地点和份数;

第二百一十七条 海上保险合同的内容,主要包括下列各项:

(七)保险期间;……

略有不同的是,正本运输单据必须注明的日期,可以是货物装运日期,也可以是出具日期。保险单据,无论是否为正本,均必须注明日期,该日期可以是保险生效日期,也可以是出具日期。比如:

---

① 《中华人民共和国海商法》已由中华人民共和国第七届全国人民代表大会常务委员会第二十八次会议于 1992 年 11 月 7 日通过,自 1993 年 7 月 1 日起施行。

[案例 029] 提单上载有装船批注日期,是否可以不显示出具日期呢?

实务中,这一问题问的人很多。

分析及结论：

从上述第 A11 段的规定来看,回答是否定的。

点评：

请注意,国际商会的这一意见已经改变了过去的看法。国际商会在 R285 的结论中说："在收妥待运提单下,总有两个日期,而已装船日期(on board date),将被视为装运日期(date of shipment)。(In a received for shipment situation, you will always have two dates on the document, and the on board date would be considered the date of shipment.)" 显然,这要求提单必须注明出具日期。

第二,本段 b 款下,汇票、运输单据、保险单据以外的单据在信用证要求注明日期时,可以注明出具日期,也可以仅仅援引其他单据日期,还可以注明对应事件发生的日期。

如信用证无特别要求,汇票、运输单据、保险单据以外的单据可以注明日期,也可以不注明日期。请注意,这里的注明日期,不限于出具日期。至于如果要注明日期,其形式比较自由,包括：

可以直接注明出具日期。比如：

[案例 030] R726/TA723 rev:运费发票上如何显示日期?

案中,信用证要求运费发票注明日期"Freight invoice dated."提交的运费发票右上角显示了以下信息：

```
the name of the vessel:×××
port of loading:×××
port of discharge:×××
date:×××
B/L No.:×××
```

开证行拒付说,运费发票没有注明日期。

分析及结论：

国际商会说："运费发票右上角与提单号码紧密相邻处显示的'日期',本来应该理解为'提单日期',但是,单据本身没有说。考虑到信用证并没有特别要求在运费发票上显示'提单日期',且运费发票上显示的该'日期',没有表明为'提单日期',也没有表明为'发票日期',那么,该'日期'可以视为运费发票的日期。从而满足要求。

(It should be noted that whilst the reference to 'date' could be construed as being the date of the bill of lading, the document does not state this. The credit did not require the 5 items of data to appear on the document. It would also not be unusual for a freight invoice and bill of lading to bear the same date.

Given that the credit did not specify a requirement for the date of the bill of lading to appear on the document, and the document bears reference to 'date' without indicating that it is in respect of the bill of lading date or the date of the invoice, the date may be considered to be that of the document.)"

引申：

显然，如果信用证要求运费发票注明日期，而提交的运费发票仅仅显示"date of shipment"或"date of bill of lading"，则不算注明了日期。因为这两个日期，都不是运费发票的功能性事件对应的日期。

也可以在单据中援引同一次交单的其他单据日期，比如，要求提交的船公司证明上可显示"日期同×××号提单(date as per bill of lading number ×××)"。这种情况极少发生。

还可以在单据中显示对应事件的发生日期。这个对应，指的是单据功能所对应的一个事件。实际上，这一规定和本段 a 款中所提到的运输单据上的装船日期、保险单据上的保险生效日期的效果相似。

比如，信用证要求检验证明必须注明日期，提交的检验证明可以只显示检验日期，而无出具日期。请注意，提交的检验证明如果只显示装船日期，则未满足要求，因为装船事件不是检验证明的功能对应的一个事件。

又比如：

[案例 031]　R339:DA 如何注明日期？

案中，信用证要求："The DA must be signed and dated by the aforementioned parties." 结果，提交的 DA 显示："The signatures on the DA were not dated and the only date that exists was inscribed in the text, which confirmed the date of unloading of the goods but not the date of signature of the document."

分析及结论：

国际商会说：这是不符点。(The text of the credit required that the signatures be applied with the date on which the signature was made. The only date within the document relates to an event, which was not linked to the signing of the document.)

点评：

我们猜测，DA 作为一种单据，它的全称理应是 delivery acceptance。显然，卸货事件不是 DA 的功能性要求。所以，DA 上显示的 unloading date 不可以接受。

第三，信用证要求注明日期时，则必须注明日期。

实务中，有时不好判断信用证的确是在要求单据注明日期。比如：

[案例 032]　何谓"All documents must not indicate date earlier than B/L date"?

咨询者问：信用证规定："All documents must not indicate date earlier than B/L date."这是对单据必须注明日期的要求吗？

分析：

从语义上看，这一句话的反面是：All documents must indicate date on or later than B/L date. 即：一切单据必须显示出具日期，而且等同或晚于提单日。换句话说，如果任何单据未显示出具日期,就为不符点;而任何单据显示日期早于提单日,也是不符点。

从反面的语义反观信用证自身规定的本意,这一句似乎可以这样理解:任何在信用证自身规定的本意中判断为不符点,均不应在反面语义中判断为不符点;反之,任何在反面语义中的不符点,均不应在信用证规定的自身本意中判断为不符点。

结论:

所以,准确地说,信用证规定的本意理应为:任何单据可以显示日期,也可以不显示日期;如果显示日期,则必须不迟于提单日期。

印证:

上述推理为国际商会在 R746/TA734 中的意见所证实。案中回答了如何理解"EXCEPT"在信用证规定"ALL DOCUMENTS EXCEPT BILL OF LADING MUST INDICATE THIS CREDIT NUMBER AND P. O. NO."中的含义,即这意味着提单可显示信用证号和订单号,也可以不显示,而其他单据则必须显示。

第 A12 段

单据日期与装运日期

实务中,大家常常关心单据日期与装运日期的关系。

Para A12:

a. A document, such as, but not limited to, a certificate of analysis, inspection certificate or fumigation certificate, may indicate a date of issuance later than the date of shipment.

单据,诸如但不限于分析证明、检验证明或熏蒸证明,注明的出具日期可以晚于装运日期。

b. When a credit requires a document to evidence a pre-shipment event (for example, "pre-shipment inspection certificate"), the document, either by its title, content or date of issuance, is to indicate that the event (for example, inspection) took place on or prior to the date of shipment.

当信用证要求单据证实装运前发生的事件(例如,"装运前检验证明")时,该单据应通过其名称或内容或出具日期表明该事件(例如,检验)发生在装运日之前或当天。

c. When a credit requires a document such as, but not limit to, an "inspection certificate" this does not constitute a requirement that the document is to evidence a pre-shipment event, and it need not be dated prior to the date of shipment.

当信用证要求单据,诸如但不限于"检验证明"时,并不被视为要求该单据应证实装运前发生的事件,其注明的日期无需早于装运日期。

【修订】

本段的规定与旧版相比只有一个小小的变化,即:b 款涉及的装船前检验证明,可以以单据名称和单据内容两种方式显示装船前事件外,还可以有第三种方式——以显示的单据出具日期间接推断。

品读 ISBP745

【解读】

第一，本段 a 款和 c 款下，任何单据日期，包括出具日期和表明的事件发生日期，可以晚于装运日期。

因为单据的缮制与货物的装运可以并行不悖。有些单据往往在装运前出具，如发票、装箱单、装船前通知等。有些单据，则往往在装运后出具，比如已装船通知和传真报告、已传真全套副本单据的受益人证明、已寄送全套副本单据的快递收据等。

这里的任何单据，包括提单。提单出具日期，可以早于装运日期，也可以晚于装运日期。

这里的任何单据，也包括检验证明。换言之，信用证要求检验证明，并不意味着必须证明一个装运前的事件。其注明日期可以早于装运日期，也可以晚于装运日期。

第二，本段 b 款下，信用证要求一份单据证明装运前发生的事件，可以用单据名称、内容或出具日期来满足。

检验证明的功能，即用来证明一个检验事件，但检验事件未必发生于装运前。如果一份检验证明需要证明一个装运前发生的事件——装运前检验（pre-shipment inspection），则只是与检验证明上的数据有关，而与检验证明是否注明日期，以及注明日期的早晚没有直接的关系。

那么，检验证明的数据如何满足这一要求呢？具体而言，包括：

——第一种方式，在检验证明的名称中表明。比如：提交的检验证明显示名称为 pre-shipment inspection certificate.

——第二种方式，在检验证明的内容中表明。比如：提交的检验证明显示内容为：We have inspected the goods prior to the shipment that… 值得一提的是，如果显示了检验日期与装运日期为同一天，根据本段的规定也可视之为装运前检验。

——第三种方式，检验证明显示出具日期，并以此间接推断。比如：检验证明日期早于装运日期，那么这已经间接表明了检验这一行为必然发生于装运之前。因为检验证明一经出具，即默认检验事件已经发生。换言之，检验日期默认早于检验证明出具日期——检验证明日期，而检验证明日期已经早于装运日期了。

单据日期与开证日期、交单日期

实务中，大家还常常关心单据日期与开证日期、交单日期的关系。

UCP600 第 14 条 i 款：

A document may be dated prior to the issuance date of the credit, but must not be dated later than its date of presentation.

单据日期可以早于信用证的开立日期，但不得晚于交单日期。

从本款可以看出：

第一，单据日期可以早于开证日期。

实务中，并非所有业务都是按进口商先开立信用证，之后出口方制作单据、装运货物的顺序进行的。有时为了抓住稍纵即逝的商业机会，如成品油交易价格随时都在变化，可能会出现先制单发货，一旦成交便要求开立信用证的情况。有时也有因情况发生变化，为防范风险，对电汇、托收结算下装运的货物要求改为信用证结算,从而补开信用证的情况。鉴于单据日期并不必然要晚于开证日期的实务,国际商会做了本款的规定。

然而,有时候单据日期早于开证日期,却不可接受。国际商会在 Case 230 中说:"接受早于信用证开立日期的单据的规定只是一般而论,有时要取决于单据的种类和特殊情况,比如,提交一个几个月前出具的健康证明将是不可以接受的。(This article is of general application and it will depend on the kind of document and any additional circumstances. A health certificate issued several months ago would not be acceptable.)"

具体而言,鲜活产品容易腐烂,一旦过期则影响销售和消费。此时,进口方申请开证,便需要在信用证中明确规定不接受出具日期早于信用证开立日期的卫生证明,以确保产品鲜活程度。

第二,单据日期不得晚于交单日期。

单据的提交以单据的出具为前提。换句话说,单据必定先出具后提交。体现在单据上,便是单据出具日期必定会早于实际交单日期,最迟也会与实际交单日期为同一天。其实,出单行为本身所对应的日期是客观的,并不会因为单据上未标明出具日期而消失,也不会因为单据上标明了出具日期而改变,特别是标明出具的日期并不与出单行为的日期一致时。尽管如此,一般来说,单据上标明了的日期,从形式上便默认单据的出具即为在这一天完成,该日期便为出具日期。所以,本段规定单据出具日期不得晚于交单日期。

然而,这并不绝对。事件的发生,有时可以用于反推单据的出具日期。如果出现单据出具日期晚于交单日期的情况,这只能说明提交的单据出具日期不实。比如:

[案例033]　Case 231:提交的发票日期晚于交单日期,可以吗?

案中,信用证效期为10月2日。9月28日保兑行将单据寄往开证行。开证行拒受单据,理由为:发票的出具日期为10月22日,晚于信用证效期。保兑行解释说,发票的10月22日明显是一个打印错误,并不会从实质上对单据产生影响,不足以成为拒受单据的理由。

国际商会回答说,单据可以接受。虽然统一惯例没有条款允许银行接受迟于信用证效期开立且在信用证失效日或在失效前提交的单据。然而,就所描述的案例来看,单据为9月28日邮寄的,发票上的10月22日明显是一个(不影响上下文的)打印错误。

点评:

至于背后的原因到底是什么? 我们认为,提交的发票"出具"日期晚于交单日期。这是不可能发生的。因为单据的提交必然基于单据的出具,既然单据已经提交了,其作成和出具的日期必定在交单日期之前。所以,只能认定发票显示的日期是打字错误。在发票显示的日期是打字错误的前提下,只要该打字错误不影响上下文的判断,便不构成不符点,可以接受。

这一结论,建议慎重使用。因为打字错误会不会影响上下文的判断,常常雌雄难辨。

总之,证明书的出具过程是先作成再签署并发出,证明书的日期可能是作成日期,也可能是发出日期,但如无异常信息则默认发出日期即为出具日期,并自此时起对外产生法律效力;而有异常信息下则可理解为作成日期,并未对外产生法律效力。换言之,证明书的作成日期,可以早于证明事件的发生日期,也可以晚于证明事件的发生日期。但是,证明书的发出日期和

品读 ISBP745

出具日期,必定不早于证明事件的发生日期。单据上的证明文句,可参照适用。其他单据在证明了一个收单事件、寄单事件或传真事件时,其日期不得与所收、所寄或所传真的单据日期冲突,因为收单事件、寄单事件或传真事件本身意味着所收、所寄或所传真的单据已经对外发生了法律效力,所以,默认所收、所寄或所传真的单据日期即为出具日期。但交单时如果单据日期晚于交单期,则可视为打字错误,因为一个单据日期默认所代表的出具日期不可能晚于交单期,国际商会倾向于认为,这必定是个打字错误,且通常不影响上下文的含义。当然,如果此打字错误会影响到上下文的含义,则将构成不符点,可以拒付。

值得注意的是,这里所提及的交单日期,指实际交单日期,与 UCP600 第 29 条 a 款规定的信用证有效期和交单期的顺延无关。换言之,当适用顺延时,提交的单据日期可能晚于信用证规定的未顺延之前的有效期或交单期,仍可接受。这一点,国际商会在 R46 中称:"除装船单据外的其他单据的出具日期可以直到且包括展延的到期日。"

单据日期可以推断事件的发生

信用证下单据的日期多种多样,常涉及的包括出具日期、检验日期、装运日期等。那么,能否根据检验证明的出具日期,来推断检验事件的发生日期,以及与装运日期之间的先后关系呢?这理应是肯定的。比如:

ISBP745 第 A12 段 b 款:

When a credit requires a document to evidence a pre-shipment event (for example, "pre-shipment inspection certificate"), the document, either by its title, content or date of issuance, is to indicate that the event (for example, inspection) took place on or prior to the date of shipment.

当信用证要求单据证实装运前发生的事件(例如,"装运前检验证明")时,该单据应通过其名称或内容或出具日期表明该事件(例如,检验)发生在装运日之前或当天。

与旧版 ISBP681 相比,新版所涉及的装船前检验证明如何表明"装船前"检验这一事件,可以以单据名称和单据内容两种方式显示装船前事件外,还增加了第三种方式——以显示的单据出具日期间接推断,即:当信用证如此要求时,提交的检验证明显示出具日期早于装船日期,这便算是间接表明了检验日期早于装船日期。其背后逻辑理应是:默认检验证明显示的检验事件的发生日期早于其出具日期,而如果出具日期又早于装船日期,那么,检验日期必定早于装船日期,从而可据以判断"装船前"检验事件的发生。比如:

[案例 034] R198:日期可以推断事件的发生吗?

案中,问题 3 的 C 部分,信用证要求提供"申请人发货前发出的电报通知",告知可以发货了。该通知因无日期成了是否相符的焦点。但它载有收报人(受益人)所在地电报公司的电报发送日期章,该日期远在发货日期之前。如果受益人所在地于装运前收到了电报通知,那么该通知一定是在收到日以前发出的。

国际商会在分析及结论中说:在此情况下,单据是可以接受的。

点评:

顺便提一下,此案的重心或许无需确认该电报通知是在"发货前发出的",因为这完全可以理解为信用证所要求的"单据化条款中非单据化文句",根据 UCP600 第 14 条 h 款的规定,从而不予理会。

引申：

与此相似，实务中还常见信用证要求受益人证明一套副本装运单据已于装船后3个日历日寄送给申请人。提交的提单显示装运日20080226，提交的受益人证明内容少了——"于装船后3个日历日寄送（within 3 calendar days after shipment）"，却注有一个日期20080228，可以接受吗？我们认为，由于受益人证明已经表明了在其出具之日副本单据已经寄送，而其出具日期仍在装运日后的3个日历日之内，显然，这已经满足了信用证的要求，可以接受。

既然单据日期可以推断事件的发生，那么，如果两种单据的出具日期所反映的两个事实互相冲突，则不可接受。比如：

[案例035]　R46：随货单据日期可以晚于装运日期吗？

案中，信用证要求了一部分单据副本随装运的货物，并要求该单据正本。结果，提交的随货单据日期晚于装运日期，可以吗？

国际商会认为："专家组看不出，一份单据如果表面上看来是迟于装运日出具的，如何能够随同所装运的货物。"所以，不可接受。

点评：

与此相似，如果信用证要求"副本装运单据必须于装船后寄送申请人"，并要求提交对应的快递收据。结果提交的快递收据显示取件日期晚于提单出具日期。可以吗？显然，根据国际商会的上述意见类推，提单出具日期晚于快递收据取件日期，怎么可能已经寄出呢？所以，这是不可以的。类似的情况，还适用于提交规定的传真报告。

相似：

R217中，信用证要求单据：Declaration and Certificate to accompany shipment of skins, hides and wool. 而提交的 Declaration and Certificate 显示的出具日期迟于装运日期。国际商会作出了几乎相同的分析及结论说："专家组看不出，一份单据如果表面上看来是迟于装运日出具的，如何能够随同所装运的货物。（The answer is 'No', this is not permissible. The Grout of Experts cannot see how a document can accompany shipments if the document, as it appears on its face, is issued later than the date of shipment.）"

检验证明可以提前出具吗？

的确，默认单据日期可以推断事件的发生，但这并不绝对，在证明书或带有证明的单据上就是一个例子。证明行为和被证明的事件之间的先后关系，理应保持一种什么样的逻辑，一直让人困惑：事件发生了才可以证明，并出具证明书或相关单据，还是证明单据可以提前作成，只要发出之时被证明的事实已经发生即可？比如：

[案例036]　R449：检验证明的出具日期早于检测日期，可以吗？

案中，信用证要求质量/数量/重量证明。货物于1998年1月17日装船，提交的证明注明日期1998年1月17日，并说明"取样于1月16日（sampled 16 January 1998）"和"分析或报告日期为1月23日（Report/Analysis date January 23）"，最后表明"兹证明上述产品已经完成质量检测。(We hereby certify that the above product is tested for its quality)"。事后,检验机构解释了几个日期的关系:1月16日是货物取样日期;1月17日是装船日期,也是确定货物已装船数量的日期;1月23日是完成产品检测,并出具分析报告的日期。

分析及结论:

国际商会说:银行没有义务审核检验证明上的出具日期与检测日期的关系,单据无不符点,只要其在检验日期1998年1月23日当天或之后提交即可。(There is no comment that the data content was in any way inconsistent with that stated on any other document. The issue is one of the dates included within the document. There was no stipulation within the documentary requirement specified in the credit to check the dates of various occurrences and/or other information. There is no discrepancy provided the document was presented on or after 23 January 1998.)

点评:

显然,国际商会强调的是检验证明所证实的事件在交单之时已经发生,从法律上检验证明的出具人需要对该事件承担对应的责任,而至于检验证明显示出具日期是早是晚,则不太重要。

至于为什么呢?我们认为,与其说案中的检验证明出具于1月17日,不如说,该证明制作于1月17日,而发出并生效于1月23日。因为该检验证明制作之时检测分析没有完成,因此其所证明的事件还没有发生,从而其不可能立即生效。换言之,单据的出具本就是一个过程,而该检验证明只能在所证明的事件已经发生后,才算发出并生效,从而完成整个出具过程。所以,准确地说,检验证明上注明的日期不是出具日期,或者说,案中的检验证明实际上并没有显示出具日期,而实际出具日期理应以检测分析完成、检验证明对外提交为准。

顺便提一下,从案中提供的资料看,没有看到检验证明上的检验结果,根据新版ISBP745检验证明部分第Q1段"检验证明的特征"的规定,这是不可接受的。或许,这是咨询者引述信息不全所致。

当然,国际商会关于检验证明可以提交出具的意见只能作为个案分析,可能并不代表实务界会普遍认可。所以,建议慎重运用,运用时也多关注案例背景的差异。

受益人证明可以提前出具吗?

实务中,提前制作单据是可能的,但不被国际商会原则性接受。比如:URGD758第15条D款规定:"Neither the demand nor the supporting statement may be dated before the date when the beneficiary is entitled to present a demand. Any other document may be dated before that date. Neither the demand, nor the supporting statement, nor any other document may be dated later than the date of its presentation. 索赔书或支持声明的日期不能早于受益人有权提交索赔的日期。其他单据注明的日期可以早于该日期。索赔书或支持声明或其他单据注明的日期均不得迟于其提交日期。"实务中,索赔书常常提前制作并显示制作日期,视同出具日期,只要其不早于信用证规定的有权提交索赔的日期,也不晚于提交日期即可。

与此相似,受益人证明理应也可以提前出具,当然,默认不早于证明事件的发生日期。

但是,如果受益人提前制作,并注明日期早于事件发生日期,而待证明事件发生之后再发出并生效。可以接受吗?

比如：信用证要求"副本装运单据必须于装船后寄送申请人"，并要求提交对应的受益人证明。结果提交的受益人证明显示出具日期早于提单出具日期。这可以吗？受益人证明的日期早于提单，意味着受益人证明作成于提单之前。这似乎说明受益人证明作成之时提单并没有随其他副本装运单据寄送申请人。但是，受益人证明的内容更关键，其证明了"信用证要求的副本装运单据已经于装船后寄送申请人"，这意味着受益人需要为其所证明内容承担法律责任，即便事后证明受益人根本就没有寄送此套副本单据，包括副本提单。这可以反推，受益人证明上所注明的日期，只是作成日期，而不是交出和出具完成日期。

所以，我们认为，根据国际商会在 R449 中的意见，只要单据提交日期在提单出具日期之后，便可以接受。请注意，这会引发争议，宜慎重把握。

与此同理，如果信用证要求商业发票显示："货物已严格按照 6 月 15 日的合同装运。(The goods have been shipped in strict compliance with contract No. 101 dated June 15, 2010.)"提交的发票日期为 20100731，提单装运日期为 20100810。可以接受吗？显然，发票日期早于装运日期，而发票证明货物已经出运，但这不要紧，只要单据提交日期在提单出具日期之后，便仍然可以接受。请注意，这会引发争议，宜慎重把握。

实务中还会并存两个单据分别证明同一个事件的情况。比如：信用证同样要求"副本装运单据必须于装船后寄送申请人"，同时要求受益人证明和快递收据或传真报告。此时，如果根据国际商会在 R449 中的意见推理，可以接受受益人证明日期早于提单出具日期。然而，其所依据的受益人证明日期视为提前出具的事实，已经为同时提交的快递收据或传真报告所否定。根据国际商会在 R46 中的意见，这又是不可接受的。那么，到底是前者优于后者呢，还是后者优于前者？我们倾向于认为，前者和后者矛盾，理应以后者为准，因为快递收据和传真报告是由于快递和传真的事件的发生而取得的文件，其证据效力理应比一个单纯的为证明而证明的受益人证明更客观，从而也就更强；而即便不存在谁优谁劣的判断，由于前者与后者的冲突，这本就是不可接受的。未见国际商会就此发表过直接意见。

请注意，受益人证明提前出具的可接受性，常常引来争议。所以实务中应尽量避免。

所证明的事件与其他事件互相冲突

除此之外，实务中还会见到同一单据中所证明的事件，与其他事件互相冲突。比如：

[案例 037]　Case 229：受益人证明的出具日期早于所寄送的发票日期，可以吗？

案中，信用证类似要求"副本装运单据必须于装船后寄送申请人"，并要求提交对应的受益人证明。结果，开证行拒付，其中有一个不符点：受益人证明显示副本单据于 2 月 4 日寄出，而副本单据中的发票日期却为 2 月 10 日。(Beneficiary certificate showing 4 February as date of dispatch of non-negotiable sets of documents to credit applicant whereas invoice dated 10 February.)显然，此时与受益人证明的出具日期无关，而直接涉及的是受益人证明表明了一个事件——副本单据于 2 月 4 日寄送，而发票显示于 2 月 10 日出具。

国际商会认定说：在严格相符标准下，这还是算（不影响上下文的）拼写错误。但这并不排除在某些情况下会构成不符点。两种情况，都有可能获得法院支持。(In principle the doctrine of strict compliance governing credit transactions also refers to typographical errors. This does not exclude that, in some cases, it might appear exaggerated to reject documents only on such grounds. With regard to the date of issuance of a document, however, a very material point is at issue. Nevertheless, it should be noted that there have been court rulings which would support the issuing bank's view, and there have been court rulings which would have favored the view of the negotiating bank.)

点评：

这里的意见，前一部分讲的是 UCP 框架内对不符点的认定，后一部分是法律和法院上的事。既然法院可能会接受国际商会所谓的"不影响上下文的拼写错误"的看法，也可能不会接受该看法，那么，为什么国际商会就片面认定为这是"不影响上下文的拼写错误"呢？言外之意，即这不是不符点。我们更倾向于认为，这就是不符点，因为银行无法确切地知道"所谓"的这一拼写错误"会不会影响上下文"的含义，或许，这可能根本就不是"所谓"的拼写错误，而是真真切切的事实，即受益人证明所表明已经寄送的副本装运单据中根本就没有发票。

显然，这是两个事件的冲突，一个是受益人证明所指向的事件，另一个是发票日期所指向的事件。值得注意的是，这种冲突不同于前面提到的证明书的出具日期所对应的证明书作成、交出、生效、完成出具与所指向事件之冲突。

证明书的出具过程是先作成再签署并发出，证明书的日期可能是作成日期，也可能是发出日期，但如无异常信息则默认为发出日期，即为出具日期，并自此时起对外产生法律效力；而有异常信息下则可理解为作成日期，并未对外产生法律效力。换言之，证明书的作成日期，可以早于证明事件的发生日期，也可以晚于证明事件的发生日期。实务中的困难是，怎样算补充的异常信息，会引发争议，所以，建议慎重把握。国际商会的意见常针对个案分析，使用时请关注具体案例背景的差异。2013, May 14, 2013, May 15, 2013, May 16, 2013 则均可接受，只要不早于装运日 May 14, 2013，又不晚于 May 16, 2013 即可。无论如何，证明书的发出日期和出具日期，必定不晚于证明事件的发生日期。单据上的证明文句，可参照适用。其他单据在证明了一个收单事件、寄单事件或传真事件时，其日期不得与所收、所寄或所传真的单据日期冲突，因为收单事件、寄单事件或传真事件本身意味着所收、所寄或所传真的单据已经对外发生了法律效力，所以，默认所收、所寄或所传真的单据日期即为出具日期。但交单时如果单据日期晚于交单期，则可视为打字错误，因为一个单据日期默认所代表的出具日期不可能晚于交单期，国际商会倾向于认为，这必定是个打字错误，且通常不影响上下文的含义。

第 A13 段

单据出具日期与签署

实务中，单据出具后常常由出具人加签署，单据出具之时会注明出具日期，而签署之时也会注明签署日期。

那么，该单据到底算出具之日出具，还是签署之日出具呢？

Para A13:

A document indicating a date of issuance and a later date of signing is deemed to have been issued on the date of signing.

注明出具日期和较晚的签署日期的单据，应当被视为在签署之日出具。

【解读】

如果单据出具本身是一个过程,先有准备并带准备日期,后有签署也带签署日期,那么,将以签署日期为单据出具日期。因为当单据的出具包括准备和签署这两个环节时,只有单据经过签署才意味着出具手续完成。

实务中,单据准备结束,常常就会在单据上直接显示出具日期。而单据签署结束,只会显示签署日期,这才表明单据出具的完成。换言之,单据上显示的出具日期,并不真实反映实际出具的完成,实际出具完成对应的是签署日期,且两个日期常常不同。这一点印证了前述的单据显示了"出具日期",虽然默认证明事件于出具日期完成,但仍有可能出现例外的情况,如提前完成但并未发出单据的情况。

于是,就有了本段措辞的修改。这一修改虽然符合实务,但旧版 ISBP681 第 15 段的措辞可能更好理解——"A document indicating 'a date of preparation' and a later date of signing is deemed to be issued on the date of signing. 显示有单据制作日期和随后的签署日期的单据应视为在签署之日出具。"

与此相似的,还有以下两种情况:

比如:寄单面函打印于 3 月 1 日从而显示日期 3 月 1 日,而于 3 月 5 日对外寄单。此时,寄单面函注明的日期 3 月 1 日,却无法与寄单日期 3 月 5 日等同。

又比如:开证报文发送于 3 月 5 日从而显示报文发送日期 3 月 5 日,而于报文中显示 31C date of issuance: Mar 1. 此时,开证报文显示的发送日期便不能与真实的开证日期等同。

第 A14 段

常用日期短语

信用证实务中,还常常使用一些日期短语。

Para A14:

a. When a credit uses phrases to signify time on either side of a date or an event, the following shall apply:

当信用证使用短语来表示某个日期或事件的前后时间时,适用如下规则:

ⅰ. "not later than 2 days after (date or event)" means a latest date. If an advice or document is not to be dated prior to a specific date or event, the credit should so state.

"不晚于(日期或事件)之后 2 天[not later than 2 days after (date or event)]",指最迟日期。如果要求通知或单据注明的日期不应早于某个特定日期或事件,那么信用证应如此规定。

ⅱ. "at least 2 days before (date or event)" means that an act or event is to take place not later than 2 days before that date or event. There is no limit as to how early it may take place.

"至少在(日期或事件)之前 2 天[at least 2 days before (date or event)]",指某个行为或事件不应晚于该日期或事件前 2 天发生。至于该行为或事件最早何时发生,则没有限制。

b. ⅰ. For the purpose of calculation of a period of time, the term "within" when used in connection with a date or event excludes that date or the event date in the calculation of the period.

For example, "within 2 days of (date or event)" means a period of 5 days commencing 2 days prior to the date or event until 2 days after that date or event.

就计算一段期间而言,"在……之内(within)"一词与某个日期或事件关联使用时将排除该日期或该事件日期。例如,"在(日期或事件)的2天之内[within 2 days of (date or event)]",指5天期间,开始于某个日期或事件发生前的2天,直至该日期或事件发生后的2天。

ii. The term "within" when followed by a date or a reference to a determinable date or event includes that date or event date. For example, "presentation to be made within 14 May" or "presentation is to be made within credit validity (or credit expiry)" where the expiry date of the credit is 14 May, means 14 May is the last day upon which presentation is allowed, provided that 14 May is a banking day.

"在……之内(within)"一词之后跟随某个日期,或跟随援引的某个确定日期或事件时,将包括该日期或援引的该确定日期或该事件日期。例如,"在5月14日之内交单(presentation is to be made within 14 May)",或"在信用证有效期之内交单[presentation is to be made within credit validity (or credit expiry)]"且信用证到期日为5月14日,这表示5月14日是允许交单的最后一天,只要5月14日是银行工作日。

【修订】

本段规定是旧版的细化,含义明确多了。此外还有两个重大变化:

一是本段b款第ii项的"within(在……之内)",这里是包含该日期,而旧版中是排除该日期。

二是本段删除了旧版中对"within 2 days after(在……后的2天内)",或者"within 2 days from(从……起的2天内)"的界定。

【解读】

常用日期短语的计算基准,可以是一个特定日期,也可以是一个特定事件。请注意,这里的特定事件默认指特定事件发生的日期。实务中,有时对天数的要求不用2天(two days),而用48小时(48 hours)或者2个工作日(2 working days),前者可以参照2天解读,后者完全属于条款模糊不清,二者均请慎重使用。

常用日期短语,具体包括以下几种情况:

——本段a款第i项:"not later than 2 days... after(不迟于……之后2天)":这是一个开放的日期期间,只限最晚日期(含),天数不限。比如:信用证46A规定Beneficiary's certified copy of fax... not later than 2 days after date of shipment. …提交的提单显示date of shipment为May 14,2013。而提交的fax report显示fax date为May 14,2013,May 15,2013,May 16,2013则均可接受,只要不早于装运日May 14,2013,又不晚于May 16,2013即可。

——本段a款第ii项:"at least 2 days... before(至少在……之前2天)":这也是一个开放的日期期间,只限最晚日期,天数不限。比如:信用证46A规定Beneficiary's certified copy of fax... at least 2 days before date of shipment. …提交的提单显示date of shipment为May 14,2013。而提交的fax report显示fax date为… May 10,2013,May 11,2013,May 12,2013则均可接受,只要不晚于May 12,2013。

——本段b款第i项:"within 2 days of(在……的2天内)":这也是一个封闭的日期期

间,限定了最早日期,也限定了最晚日期,前后 5 天。比如:信用证 46A 规定 Beneficiary's certified copy of fax... within 2 days of date of shipment. ... 提交的提单显示 date of shipment 为 May 14,2013. 而提交的 fax report 显示 fax date 为 May 12,2013,May 13,2013,May 14,2013,May 15,2013,May 16,2013,这 5 天中的任何一天均可接受。

——本段 b 款 ii 项:"within(在……之内)":这是一个开放的日期期间,限定了最晚日期,天数不限。比如:信用证 46A 规定 Beneficiary's certified copy of fax... within the date of shipment. ... 提交的提单显示 date of shipment 为 May 14,2013. 而提交的 fax report 显示 fax date 为... May 12,2013,May 13,2013,May 14,2013 均可接受,最晚日期为 May 14,2013。

——当信用证规定:"within 2 days after(在……后的 2 天内)",或者"within 2 days from(从……起的 2 天内)"时,这是一个开放的日期期间,还是一个封闭的日期期间呢?这里没说。我们认为,仍然是旧版 ISBP681 第 16 段下"指从事件之日起至事件后 2 天的期间",属一个封闭的日期期间,前后共 3 天,实务没有变化。

遗憾的是,旧版规定已经被删除。而如果根据新版本段 b 款 ii 项的规定,则该用语将表明一个开放的日期期间,只是最晚日期由 2 days after/from... 计算后确定。比如:信用证 46A 规定 Beneficiary's certified copy of fax advising shipping details which must be dispatched to applicant within 2 days after/from date of shipment. And fax report to this effect must be presented. 提交的提单显示 date of shipment 为 May 14,2013. 而提交的 fax report 显示 fax date 为... May 14,2013,May 15,2013,May 16,2013,只要不晚于 May 16,2013 即可。这一点,是新版 ISBP 没有周全之处。

当然,fax report 上显示的常常不仅是 fax date,还有 fax time,具体则包括日期和时分秒,实务中日期以后的时分秒往往忽略不计。

"在或大概在(on or about)"类似日期短语

信用证实务中还使用日期短语:"on or about"和"on or after"等。实务中,前者在保险单据的装运日期栏中比较常见,后者在原产地证明的运输路线栏中比较常见。

UCP600 第 3 条:

The expression "on or about" or similar will be interpreted as a stipulation that an event is to occur during a period of five calendar days before until five calendar days after the specified date, both start and end dates included.

"在或大概在(on or about)"或类似用语将被视为规定事件发生在指定日期的前后五个日历日之间,起讫日期计算在内。

本段表明,这是一个封闭的日期期间,限定了最早日期,也限定了最晚日期,前后 11 天。比如:保险单据显示 date of shipment:on or about May 14,2013. 提交的提单显示 date of shipment 为 May 9,2013,May 10,2013... May 14,2011... May 19,2013,这前后共 11 天中的任何一天,均可接受。

需要注意,on or about 这三个单词是一个整体,并非将 on 和 about 分开使用。如果信用证 46A 规定 Beneficiary's certified copy of fax... on the date of shipment. ... 提交的提单显示 date of shipment 为 May 1,2013,则提交的 fax report 的 fax date 只能显示为 May 1,2013 才算满足要求。而如果信用证 46A 规定 Beneficiary's certified copy of fax... about the date of shipment.……所涉及的 about the date of shipment 则是一个没有定义的用语,谁也不知道它是何意。正确理解这一点,有助于申请人申请时或开证行开证时准确措辞,避免词不达意。

实务中,在原产地证明装运日期栏中还常用日期短语——"在或之后(on or after)",理应可以参照解读。比如:原产地证明 means of transport and route 栏位显示:on or after May 14,2013 from Shanghai to Rotterdam. 提交的提单可以显示 date of shipment 为 May 14,2013 或 May 15,2013 或 May 16,2013……这是一个开放的日期期间。限定最早日期 May 14,2013,之后的任何一天均可接受。

另外,还有一些不常用的月份短语如下:

UCP600 第 3 条:

The terms "first half" and "second half" of a month shall be construed respectively as the 1st to the 15th and the 16th to the last day of the month, all dates inclusive.

"前半月"及"后半月"分别指一个月的第一日到第十五日及第十六日到该月的最后一日,起讫日期计算在内。

The terms "beginning", "middle" and "end" of a month shall be construed respectively as the 1st to the 10th, the 11th to the 20th and the 21st to the last day of the month, all dates inclusive.

一个月的"上旬(beginning)"、"中旬(middle)"和"下旬(end)"分别指第一到第十日、第十一日到第二十日及第二十一日到该月的最后一日,起讫日期计算在内。

以上有关月份的两种日期短语,在目前的实务中已经很少使用了。

第 A15 段

到期日或交单期中的"from"与"after"

信用证对各种到期日或交单期的规定,常常使用"from"与"after"等词语。这二者可以混用吗?

Para A15:

The words "from" and "after", when used to determine a maturity date or period for presentation following the date of shipment, the date of an event or the date of a document, exclude that date in the calculation of the period. For example, 10 days after the date of shipment or 10 days from the date of shipment, where the date of shipment was 4 May, will be 14 May.

"从……起(from)"和"在……之后(after)"这两个词语,当用于确定装运日期、事件日期或单据日期之后的到期日或交单期时,将不包括该日期。例如,当装运日期是 5 月 4 日时,装运日之后 10 天或从装运日起 10 天,均指 5 月 14 日。

【修订】

本段规定属新增,反映了一种与以往不同的实务,实际上进一步明确了 UCP600 第 3 条的规定。

【解读】

在到期日或交单期的计算中,使用"from"与"after"两词语时没有区别,即都不包括计算起点的日期。比如:信用证规定 Documents must be presented within 10 days after/from date of shipment. 提交的提单显示 date of shipment 为 May 14,2013. 那么,"10 days after/from date of shipment",便都指 May 24,2013。相应地,根据第 A14 段 b 款 ii 项的规定和解读,"within 10 days after/from date of shipment",便是指开始于 May 14,2013,结束于 May 24,2013 的一个封闭日期期间,前后共 11 天。交单在这 11 天中的任何一天均可接受。

请注意,从字面上看,以上规定既适用于信用证规定的交单期,也适用于到期日,包括本出版物汇票部分涉及的付款到期日的计算。

还提请特别注意,这一规定应该是对以下关于装运日期的计算规则的补充。

UCP600 第 3 条:

The words "to", "until", "till", "from" and "between" when used to determine a period of shipment include the date or dates mentioned, and the words "before" and "after" exclude the date mentioned. "至(to)"、"直至(until, till)"、"从……开始(from)"及"在……之间(between)"等词用于确定装运日期时包含提及的日期。使用"在……之前(before)"及"在……之后(after)"时则不包含提及的日期。

这里的规定表明:

——"to"、"until"、"till"、"from"和"between",包含提及的日期;
——"before"和"after",不包含提及的日期。

有时在信用证中会看到,latest date of shipment:before 20070710. 如果提交的运输单据显示装运日为 20070710,可以接受吗? 这是一种不规范的措辞,完全可能被解读为最迟装运日不得晚于 20070709,因为 before 不包括提及的日期。当然也有可能被解读为开证行措辞不明,latest 一词修饰的装运日中怎么会同时夹杂一个 before 字样呢? 如果开证行意在规定最迟装运日为 20070709,则建议直接规定为 latest date of shipment:20070709,以避免不必要的麻烦。

第 A16 段

日期格式

信用证大量运用于国际结算,而申请人、受益人和不同角色的银行,常常处于不同的国度不同的地区,文化习惯相差甚远,单据上日期可能被表达成不同的格式。

那么,单据上的同一日期或不同日期,使用不同格式表示,可以接受吗?

品读 ISBP745

> **Para A16:**
> Provided that the date intended can be determined from the document or from other documents included in the presentation, dates may be expressed in any formats. For example, the 14th of May 2013 could be expressed as 14 May 13, 14.05.2013, 14.05.13, 2013.05.14, 05.14.13, 130514, etc. To avoid any risk of ambiguity, it is recommended that the month be stated in words.
>
> 只要从单据或同一交单中的其他单据上能够确定该单据上试图表明的日期,该日期就可以用任何格式表示。例如,2013 年 5 月 14 日可以表示为 14 May 13,14.05.2013,14.05.13,2013.05.14,05.14.13,130514 等。为避免模糊不清带来的风险,建议使用大写表示月份。

【解读】

第一,单据上的日期可以不同的格式表示,只要试图表明的日期能够从该单据或提交的其他单据中确定其确切的含义即可。

日期的格式,例如,2013 年 5 月 14 日可以表示为 14 May 13,14.05.2013,14.05.13,2013.05.14,05.14.13,130514 等。

日期表达有美国格式 MM/DD/YY 和欧洲格式 DD/MM/YY,而我国的习惯格式和 SWIFT 标准格式则为 YY/MM/DD。不同格式的日期混用,未必会带来问题。国际商会在 R210 中分析说:"如果有误解的可能性,银行有责任取得证实。(If there is room for misinterpretation, the banks have a duty to obtain substantiation.)"换言之,即使银行无法确定其确切含义时,也须慎之又慎,不得盲目拒付。

请注意,这里的日期仅指单据上日期,信用证上的日期显示可以参考。比如:信用证上的日期也可以以不同的格式表示,而该日期只要能够从信用证本身确定其含义即可。当然如果无法确定信用证上的日期含义,便意味着模糊不清的条款,其后果将由开证行,最终转嫁由申请人承担。

无论如何,任何一个日期都必须有日。比如:

[案例038] 提交的发票日期显示年月而少了"日",可以吗?

案中,信用证要求一切单据注明日期。提交的发票显示日期为:Mar 2014. 可以吗?显然,发票上的显示少了日,只有年月。

分析及结论:

什么是日期?《美国传统词典(双解)》:"date 日期:Time stated in terms of the day, month, and year(以日、月、年记载的时间)。或 A specified day of a month(月份中特定的一天)。"换言之,既然为日期,那么必有日,如此才足以确定"特定的一天"。

我们认为,发票如此显示日期理应不可接受。

引申:

偶尔会看到提到的提单装运日期只显示月和日而无"年"的情况。这可以吗?这一情况没有前面的案例严重。至于是否可以接受,得参照解读。比如:提单出具日期有年份,应该不至于产生误解,从而可以接受。如果没有可以参照解读的年份,则很可能会构成不符点。

第二，建议使用月份的名称而不要使用数字。原因是月份使用英文名称后，年月日便容易分辨，从而确定其确切的含义。

但也不一定，有时候，使用月份的英文名称，也不容易分辨。比如：日期 12. Nov. 11，可能指的是 2012 年 11 月 11 日，也可能指的是 2011 年 11 月 12 日。当然这种理解相差一年，通常情况下，参照单据的上下文是可以分辨出来的，但并不绝对。

有时候还会出现无月份和年份的情况。比如：

[案例 039] TA767 rev：副本空运单注明实际起飞航班号及日期：QR688/17。可以吗？

案中，信用证 46A 单据要求副本空运单上注明 flight number and flight date. 提交的副本空运单显示：

——Airport of Departure：SWEDEN
——ACTUAL FLIGHT NO. AND DATE：QR688/17
——签署栏处显示出具日期：2011/06/13

如此显示实际起飞日期可以吗？

分析及结论：

国际商会分析道：这可以接受。因为通过上下文可以判断具体的年份和月份。(The insurance policy indicated "AWB dated 2011-06-17" and "Place and date of issue Stockholm 2011-06-17". Whilst it is common practice in the transport industry to indicate flight dates by reference to a day only, rather than showing the day and the month of dispatch, a document examiner would look for data on the photocopy of an air waybill that would provide an indication of the applicable month. In this respect, it would be reasonable for a document examiner to read the flight date "QR688/17" in conjunction with other date information indicated on the insurance policy (e. g., AWB dated 2011-06-17) and determine the month as June.)

点评：

显然，如果通过上下文无法判定其年份和月份，则不可接受。

为了避免混淆，我们强烈建议月份使用名称，年份使用四位数，如此则一目了然，天衣无缝，可以最大限度规避风险。

单据中的方框、栏位与空白处填写的必要性

Documents and the need for completion of box, field or space

【导读】

实务中，单据为方便缮制和阅读常常印就格式。不同格式下，常常会设置不同的方框、栏位或空格，统称"空格栏"。

第 A17 段

空格栏

单据上的空格栏，一定要填写吗？可以不填吗？

Para A17:
The fact that a document has a box, field or space for data to be inserted does not necessarily mean that such box, field or space is to be completed. For example, data are not required in the box titled "Accounting information" or "Handling information" commonly found on an air waybill. Also see paragraph A37 in respect of the requirements for a signature to appear in any box, field or space.

单据上留有填写数据的方框、栏位或空白处的事实，并不表示该方框、栏位或空白处中应填写内容。例如，在空运单上常见的标明名称为"账户信息（Accounting information）"或"处理信息（Handling information）"的方框，这并不要求在该处填写数据。同时参见第 A37 段关于方框、栏位或空白处中要求显示签字的规定。

【修订】
本段是新增规定。

【解读】
单据上有空格栏本身并不意味着必须填写。换言之，可以填写，也可以不填写。填写与否并不因为空格的存在而成为必须。

比如：R578/TA567 rev 中，咨询者问，租船提单上的租船合同地点等栏位没有填写。可以吗？国际商会在分析及结论中说：这不构成拒付的理由。The fact that the charter party bill of lading may have specific field(s) for the insertion of place of charter party and charterer and these are not completed, are not grounds for refusal.

又比如：R389 中，信用证要求的原产地证，包含了一个栏位"transport details"。而提交的原产地证没有相关运输路线等细节。开证行拒付。国际商会在结论中说：原产地证尽管包含了运输细节栏位，仍无须显示运输细节。

当然了，单据上空格栏填写与否，最终取决于单据格式的规范和单据本身的措辞。需要特别提醒的是，与单据上的签字栏相似，有时该栏位的设置会影响到不符点的判断。

比如：官方格式的纺织品原产地证明或海关发票等单据的功能性要求中，栏位间的勾稽关系决定了哪些栏位必须填写，哪些栏位不得填写，哪些栏位又可写可不写。此时不可泛泛而谈，需慎重把握。

又比如：INTERIM FOOTWEAR INVOICE 干脆在表头便规定了栏位间的勾稽关系，具体引用如下：

INTERNATIONAL FOOTWEAR ASSOCIATION
FOOTWEAR RETAILERS OF AMERICA
INTERIM FOOTWEAR INVOICE

SAIPO # AF2EF 1

Instruction complete part A(question 1 through 9)for all entries. The answer to questions 3 and 4 determine which of the remaining parts B through E must be completed. If the answers to questions 3 and 4 are rubber and/or plastics, complete Part B only. If the answer to question 3 is textile materials and the answer to question 4 is not other materials, only completed Part C. If the answer to question 3 is leather and the answer to question 4 is other materials, only complete Part D. if the answer to questions 3 or 4 is other material, only completed Part E.

UCP600 运输条款不适用的单据

Documents for which the UCP600 transport articles do not apply

【导读】

实务中，信用证除了会要求正副本运输单据外，偶尔还会要求其他与运输有关的单据，如小提单、货物收据、货代收据等。这些单据没有承运条款，不是运输合同的证明，不是运输单据。所以，统称"与运输有关的非运输单据"。

这些单据可以与正副本运输单据一并提交的，也可以单独提交，大多是单独提交。

第 A18 段

与运输有关的非运输单据

如何审核与运输有关的非运输单据？与副本运输单据的审核一样吗？

Para A18：

a. Documents commonly used in relation to the transportation of goods, such as but not limited to, Delivery Note, Delivery Order, Cargo receipt, Forwarder's Certificate of Receipt, Forwarder's Certificate of Shipment, Forwarder's Certificate of Transport, Forwarder's Cargo Receipt and Mate's Receipt are not transport documents as defined in UCP600 articles 19—25. These documents are to be examined only to the extent expressly stated in the credit, otherwise according to UCP600 sub-article 14(f).

与货物运输有关的一些常用单据，诸如但不限于提货通知(Delivery Note)、提货单(Delivery Order)、货物收据(Cargo receipt)、运输行收货证明(Forwarder's Certificate of Receipt)、运输行装

运证明(Forwarder's Certificate of Shipment)、运输行运输证明(Forwarder's Certificate of Transport)、运输行货物收据(Forwarder's Cargo Receipt)和大副收据(Mate's Receipt),都不是 UCP600 第 19 条至第 25 条所规定的运输单据。这些单据将仅在信用证明确规定的范围内审核,其他方面将按照 UCP600 第 14 条 f 款的规定予以审核。

b. i. For documents referred to in paragraph A18(a), a condition of a credit that presentation is to occur within a certain number of days after the date of shipment will be disregarded, and the presentation may be made at any time, but in any event no later than the expiry date of the credit.

就第 A18 段 a 款中提到的单据而言,信用证中有关单据应在装运日之后的若干天内提交的规定,将不予理会,该交单可以在任何时候作出,但是在任何情况下都不得晚于信用证的到期日。

ii. The default presentation period of 21 calendar days stated in UCP600 sub-article 14(c) only apply a presentation including one or more original transport documents covered by UCP600 articles 19—25.

UCP600 第 14 条 c 款规定的 21 个日历日的默认交单期,仅适用于交单中包含 UCP600 第 19 条至第 25 条所涵盖的一份或多份正本运输单据的情形。

c. For a presentation period to apply to a document referred to in paragraph A18(a), the credit should specify that presentation is to be made within a certain number of days after the issuance date of respective document, or a day that is to be mentioned in the document (for example, when a credit requires the presentation of a document titled cargo receipt, "documents to be presented no later than 10 days after the date of the cargo receipt").

就第 A18 段 a 款中提到的单据的交单期限而言,信用证应明确该单据应在相关单据的出具日期,或相关单据上应提及的日期之后的若干天内提交(例如,当信用证要求提交名称为货物收据的单据时,可规定"单据应不晚于货物收据日期后 10 天提交(documents to be presented no later than 10 days after the date of the cargo receipt)")。

【解读】

本段规定与第 A6 段副本运输单据非常相似,可以参照解读。

比如:信用证的本意在于,如以装运日期确定的交单期也适用于副本运输单据、非运输单据或其他单据,则需特别规定。如本段 c 款中所规定的:当信用证要求提交名称为货物收据的单据,"单据应不迟于货物收据日期后 10 天提交"。如无此类规定,则根据本段,"该交单可以在任何时候提交,只要不晚于信用证的有效期"。

又比如:

[案例 040] FCR 上的 SAILING DATE 和 ON BOARD DATE,是否适用于信用证规定的最迟装运日和交单期?

实务中,FCR 的出具过程有两种:

一种是,交货人将货物拖到场站后,货运代理人凭场站收据出具 FCR,这种 FCR 上面一般没有 ON BOARD DATE 等内容。

另一种是,货运代理人在货物装船后出具,这种 FCR 上面会有 SAILING DATE 或者 ON

BOARD DATE 等内容。所以，FCR 上的 ON BOARD DATE 或者 SAILING DATE 事实上反映了实际的货物运输的日期。

分析：

然而，FCR 的性质仅为货物收据，其本身不是运输合同的证明，因此，载明的 ON BOARD DATE 或者 SAILING DATE 不会对实际运输和承运人产生约束力，理应仅作为参考使用。换言之，案中，FCR 上 ON BOARD DATE 和 SAILING DATE 不是 UCP 意义上的 SHIPMENT DATE。

结论：

所以，FCR 上的 ON BOARD DATE 或者 SAILING DATE，不足以判断 UCP600 默认的 21 天交单期或信用证规定的交单期。

引申：

尽管如此，如果买方本意是让 FCR 上的 ON BOARD DATE 或者 SAILING DATE 适用于信用证的交单期，则可以通过进一步明确规定的方式来实现。

本段规定与第 A6 段副本运输单据，唯一的差别可能是功能。因为副本运输单据虽然不是 UCP600 意义上的运输单据，但毕竟是运输单据的副本，会明显地带有类似正本运输单据的基本特征。而与运输有关的非运输单据，则大都没有这些基本特征。比如：

[案例 041]　R640/TA641：FCR 需要注明交货地点吗？

案中，信用证要求全套的货运单(consignment note)或全套提单或一份正本的货代的货物收据，并规定：

44A 收货地：格丁尼亚、格但斯克或者 S 地点；

44B 交货地：俄罗斯。

受益人提交了一份由"C 公司"出具并签署的"货物收据"，显示内容如下：

> 我们"C 公司"，作为位于格丁尼亚港的货代，兹证明收到以下货物：
> [符合信用证规定的货物描述]
> 详细说明参见随附的包装说明。
> 货物的所有者"A 公司"指示我们保管货物并且听从 D 公司的处置安排(信用证的申请人)。

开证行拒付，提出不符点："货物收据没有证实货物是运送到俄国的。"

那么，不符点成立吗？

分析及结论：

国际商会在结论中说："不符点不成立。货代的货物收据不是 UCP600 第 19 条至第 25 条内容所规定的运输单据。它的标题已经暗示这种单据是一份收到货物的收据而不是用来证明运输在两个地点、港口或者机场的单据。（There is no discrepancy. It should be noted that the credit, in allowing for different forms of delivery, should have provided for the individual requirements where consignment notes, bills of lading or a goods receipt were to be presented.）"

国际商会在分析中说："提交的单据证明了货代已经在格丁尼亚收到了信用证所规定的货物供信用证申请人处置。在货代的货物收据的内容之中，只需证明收妥货物而已，不需要证明交货地。注明交货地（或者卸货港）的要求仅仅是对应出具货运单(consignment note)和提单的时候。（A forwarding agents 'goods receipt' is not a transport document covered by the content of UCP600 articles 19—25. As implied by its title, such a document is a receipt for goods and is not a document intended to evidence shipment having occurred between two places, ports or airports. The presented document evidenced that the forwarding agent had received the goods, as described in the credit, at the port of Gdynia at the disposal of the applicant. In the context of a forwarding agents goods receipt, there is no requirement for the document to evidence a place of delivery merely the receipt of goods. The inclusion of a place of delivery (or port of discharge) is only relevant in the context of the issuance of consignment notes or bills of lading.)"

点评：

换言之，FCR的功能性要求，并不包括证明交货地。所以，可以显示44场的要求，也可以不显示44场的要求。如果显示，以不矛盾即可。

这一点，与副本运输单据不同。

就案中的情况，如果提交的是货运单和提单，这是运输单据，必须满足44场的要求。如果允许提交副本货运单和提单，那么，根据国际商会在TA767 rev中的意见，也必须参照正本运输单据予以满足，而且如为空运，目的地机场还必须是俄罗斯的一个实际机场，而不可以是一个国家俄罗斯；如果为海运，卸货港还必须是一个俄罗斯的一个实际港口。因为这些是正副本运输单据的功能性要求。

运输单据必须具备两个基本功能：一是运输"合同证明"，二是运输"货物收据"。而提货通知、提货单、货物收据、货代收货证明、货代装运证明、货代运输证明、货代货物收据和大副收据等之所以属于非运输单据，因为其不具备运输"合同证明"功能。这一点在旧版ISBP第19条的规定中有明确提及——"与货物运输有关的一些常见单据，例如小提单、货代收据、货代装运证明、货代运输证明、货代货物收据和大副收据均不反映运输合同，并非UCP600第19条到第25条所规定的运输单据。"遗憾的是，新版中已经删除，含义没变。

——提货单(delivery note/order)：只反映提货细节，并不反映运输过程。

百度百科说：提货单(DELIVERY ORDER，英文缩写：D/O)，又称小提单，指收货人凭正本提单或副本提单随同有效的担保向承运人或其代理人换取的，可向港口装卸部门提取货物的凭证。发放小提单时应做到：

(1)正本提单为合法持有人所持有；
(2)提单上的非清洁批注应转上小提单；
(3)当发生溢短残情况时，收货人有权向承运人或其代理获得相应的签证；
(4)运费未付的，应在收货人付清运费及有关费用后，方可放小提单。

——货物收据(cargo receipt)：只是证明收妥货物，并未证明运输合同。

——货代收货证明(Forwarder's Certificate of Receipt)、货代装运证明(Forwarder's Certificate of Shipment)、货代运输证明(Forwarder's Certificate of Transport)、货代货物收据(Forwarder's Cargo Receipt)：只反映运输行与托运人之间的收货、装运细节，与承运人没有直接关系。

这里特别说明一下货代货物收据。货代货物收据(Forwarder's Cargo Receipt)，简称货代收据(FCR)，通常格式与提单一模一样。但还是有差别，不同在于：提单有承运条款，货代收据没有。所以，前者是运输单据，后者不是运输单据。

国际货运代理协会联合会(FIATA)于1955年制定货代收据并推荐给其组织内部的国际

货运代理人使用。其内容包括：单证编号、收货日期、托运人、收货人、通知方、船名和航次、开航日期、收货地、装运港、卸货港、交货地、货物唛头和编号、包装件数和类型、货物品名、毛重和尺码、签发日期等。同时，其正背面记载的条款内容包括：

(1) 本单证不作为物权凭证；
(2) 本单证在提示相应码头收据后签发；
(3) 货运代理人从托运人处收到表面状况良好的货物；
(4) 货物将在交货地交付给收货人，收货人在提取货物时不需要提交正本单证；
(5) 一旦货运代理人收到托运人的货物，收货人即对货物享有不可撤销的处分权；
(6) 货运代理人仅作为代理人行事；
(7) 货物将根据承运人签发的运输单证记载的条款和条件进行运输。

——大副收据(Mate's Receipt)：只反映作为承运人的收货细节，它是指在海运中，货物装船后，由船长或大副出具的收货单，或者说是船公司出具给托运人的表明货物已装船的临时收据，并没有证明运输合同。

总之，与运输有关的非运输单据，如 FCR，终归不是运输单据，也不具备有正副本运输单据的一些基本特征。

UCP600 未作定义的用语

Expressions not defined in UCP600

【导读】

信用证中，常常出现一些 UCP600 没有界定的用语。UCP600 没有界定关系不大，信用证本身同步界定也行。UCP600 和信用证都没有界定关系可能也不大，ISBP 针对部分常用语也会给出界定。

只是更多的用语，ISBP 没有针对性界定，UCP600 也没有界定，信用证如果也没有界定，这可能会引发纠纷。此时，开证行和申请人必须为此承担最后的责任。

第 A19 段

未定义用语

信用证中常常出现的"装运单据"、"过期单据可接受"、"第三方单据可接受"、"第三方单据不可接受"、"出口国"、"船公司"及"提交单据可接受"等用语，在 UCP600 中没有定义。

那么，在国际标准银行实务，它们将作何解释呢？

Para A19:

The expressions "shipping documents", "stale documents acceptable", "third party documents acceptable", "third party documents not acceptable", "exporting country", "shipping company" and "documents acceptable as presented" should not be used in a credit, as they are not defined in UCP600. If, nevertheless, they are used, and their meaning is not defined in the credit, they shall have the following meaning under international standard banking practice:

"装运单据（shipping documents）"、"过期单据可接受（stale documents acceptable）"、"第三方单据可接受（third party documents acceptable）"、"第三方单据不可接受（third party documents not acceptable）"、"出口国（exporting country）"、"船公司（shipping company）"及"所交单据可接受（documents acceptable as presented）"这些用语，因其在 UCP600 中未加定义，不应在信用证中使用。尽管如此，如果信用证中仍然使用了这些用语且没有规定其含义，那么在国际标准银行实务中，这些用语含义如下：……

【修订】

本段涉及的未定义用语，包括 7 个：

——"装运单据"：涵盖的范围有修改，排除了旧版的汇票，还进一步排除了快递收据和传真报告等；

——"过期单据可接受"：内容更明确到位，含义无实质变化；

——"第三方单据可接受"：内容更明确到位，含义也更明确；

——"第三方单据不可接受"：新增，无任何含义，改变了传统理解；

——"出口国"：没有变化；

——"船公司"：新增，不限于承运人，与传统理解略有不同；

——"所交单据可接受"：新增，比较明了。

【解读】

ISBP 不鼓励信用证使用 UCP600 未定义的用语。如果一定要使用，建议信用证同时对其作出定义。如果使用了，且信用证未作出定义，其含义将按照本段的规定解读。

本段具体解读，将分散在 a～f 款中。

请注意，实务中未定义的用语，决不限于本段规定的 7 个。这里举一个例子，比如："EXCEPT"一词，常常令人费解。

[案例 042]　R746/TA734：如何理解"except"一词与"must"或"must not"联用？

案中，信用证规定 1：ALL DOCUMENTS EXCEPT BILL OF LADING MUST INDICATE THIS CREDIT NUMBER AND P. O. NO.

咨询者说：问题在于如何解释这个"EXCEPT"，以及它在此条款中的作用是什么。按照我们的观点，这个单词意味着被排除的单据不需要遵循其后的指示。而只有其他剩下的单据才必须遵循。在这个案例中，只要除提单外的所有单据引用了信用证号及订单号，这个条款就得到了满足。事实上由于提单属于条款中的除外单据，使得提单是否引用信用证号及订单号成为一件无关紧要的事。但遇到的一些银行认为此条款意味着提单不能引用信用证号及订单号。

信用证规定 2：ALL DOCUMENTS EXCEPT INVOICE AND DRAFTS MUST NOT SHOW INVOICE NUMBER, INVOICE VALUE, INVOICE DATE, UNIT PRICE, CONTRACT NUMBER, NAME OF APPLICANT, TRADE TERM, L/C NO., L/C ISSUING DATE AND NAME OF ISSUING BANK.

咨询者说：在这个例子中，条款所指的审核单据范围不包括发票和汇票，因为它们已经被排除，但对于所有其他单据，则必须保证其未引用任何严禁引用的信息。因此发票和汇票可以显示或不显示这些禁止引用的信息的部分或者全部。但某些银行认为，在这种情况下，发票和汇票必须显示所有这些信息。

国际商会的分析及结论：

针对第 1 种情形：根据规定，除提单外的所有单据必须显示规定显示的信息。然而，这个情况并未禁止提单显示指定的信息。如果开证行的意图是提单不能包含这些信息，则信用证必须特别指出。

针对第 2 种情形：描述的信息不能显示在除发票和汇票的所有单据中。在这种情况下，按照规定，并未要求发票和汇票必须显示指定信息的全部或部分。如果要求指定信息显示在发票上，则必须在信用证中予以特别规定。但必须注意的是，根据 UCP600 第 18 条，有些规定信息必须在发票中予以显示。ISBP 中的相关章节也对发票和汇票必须包含的信息予以规定。

点评：

是否可以把问题转化为："除了小明，所有人都必须放学回家。那么，小明是可以回家，还是不可以回家？"或者"除了小明，所有人都不得放学回家。那么，小明是可以回家，还是不可以回家？"

显然，不管是哪一种情况，都没有约束小明。

引申：

EXCEPT 和限制性表述或非限制性表述联用时，语句的理解需要当心。

比如，信用证规定 SHIPMENT TO BE MADE DURING MAY/AUGUST IN FOUR EQUAL MONTHLY LOTS, 同时规定 EXCEPT AUGUST SHIPMENT PARTIAL SHIPMENTS ARE ALLOWED(非限制性表述)；或同时规定 EXCEPT AUGUST SHIPMENT PARTIAL SHIPMENTS ARE PROHIBITED(限制性表述)。

可以看出，对于前者，8月份是不允许部分装运的；而对于后者，8月份可以部分装运，也可以不部分装运。

第 A19 段 a 款

何谓"装运单据"

什么是"装运单据"？

品读 ISBP745

> **Para A19**:
> a. "shipping documents"——all documents required by the credit, except drafts, teletransmission reports, and courier receipts, postal receipts or certificates of posting evidencing the sending of documents.
> "装运单据(shipping documents)"是指信用证要求的所有单据,但不包括汇票、电讯传送报告、证实单据寄送的快递收据、邮政收据或邮寄证明。

【解读】

所谓"装运单据",包括除汇票、电讯传送报告和证实寄送单据的快递收据外的所有单据。比如:信用证要求:Documents evidencing shipment must not be dated earlier than the date of openning of the credit. 而提交的单据 IWTO combined cert 显示出具日期早于开证日期。可以接受吗?按理不能接受。因为 Documents evidencing shipment 理应等同于"装运单据(shipping documents)",而 IWTO combined cert 即属于"装运单据"。

那么,为什么"装运单据"排除了汇票呢?因为"装运单据",通俗地说,即指用于证明"装运"信用证规定货物的交付情况的相关单据。而汇票终归是金融工具或支款工具,并没有证明货物"装运"情况。所以,汇票被排除于"装运单据"之外。当然,实务中可能会存在以申请人为付款人的"汇票",此时,它已经不是金融工具,至于它是不是"装运单据"吗,仍然可能得打个问号。只是未见国际商会对此发表意见。

至于为什么还排除了电讯传送报告和寄单快递收据呢?这得追溯一段历史。旧版 ISBP 时期,受益人常常困惑于以下的问题:信用证规定 Beneficiary certificate certifying that one set of shipping documents must be fax to the applicant within 5 days after date of shipment, and the fax report to this effect must also be presented. 那么,传真报告本身是不是也在传真之列?有时在受益人证明上会完整罗列出传真的装运单据清单,该清单是否必须包括传真报告?如果没有此传真报告是否会构成不符点?显然,新版 ISBP 下这些问题已经不成为问题,因为传真报告本身作为电讯传送报告,已经确认被排除在"装运单据"范围之外。寄单快递收据与此同理。

请注意,这里所涉及的快递收据只限于"证实寄送单据或样品"等。换言之,如果信用证下要求的用于"证实寄送货物"的快递收据,仍算"装运单据"。

第 A19 段 b 款

何谓"过期单据可接受"

什么是"过期单据可接受"?

Para A19：

b. "stale documents acceptable" ——documents may be presented later than 21 calendar days after the date of shipment as long as they are presented no later than the expiry date of the credit. This will also apply when the credit specifies a period for presentation together with the conditions "stale documents acceptable".

"过期单据可接受（stale documents acceptable）"是指单据可以晚于装运日后 21 个日历日提交，只要其不晚于信用证的到期日。这也适用于信用证在明确规定交单期限的同时，还规定"过期单据可接受（stale documents acceptable）"的情形。

【解读】

所谓"过期单据可接受"，针对的是信用证规定或默认的 21 天交单期，而与信用证有效期无关。本款的第一句话，针对的是默认的交单期，第二句话针对的是规定的交单期。与旧版 ISBP681 相比，新版增加了第二句话，如此则更全面。

比如：信用证规定："stale documents acceptable."同时要求 full set of bill of lading，但 48 场没有规定交单期，那么，根据 UCP600 第 14 条 c 款，默认适用 21 天交单期。这意味着单据可以在提单日后 21 天内提交，也可以在 21 天后提交，只要不过有效期即可。

还比如：信用证规定："stale documents acceptable."同时要求 full set of bill of lading，而 48 场规定交单期：10 days。这意味着单据可以在提单日后 10 天内提交，也可以在 10 天后提交，仍然只要不过有效期即可。

简言之，信用证如此规定时，则无论如何单据必须在信用证有效期内提交，而无须理会信用证交单期，即不管单据是在交单期之内提交，还是在交单期之后提交，均可接受。

这一效果与下述用语相似。比如：

[案例 043] 信用证 48 场规定：一切单据必须在信用证有效期内提交。那么，可以在提单日 21 天后提交吗？

案中，信用证要求 full set of bill of lading，同时 48 场规定：all documents must be presented within the validity of the Credit.

那么，单据可以在提单日 21 天后提交吗？

分析：

SWIFT 手册对 MT700 field 48 的定义："This field specifies the period of time after the date of shipment within which the documents must be presented for payment, acceptance or negotiation."

显然，只要在该场显示了内容，即算对默认交单期的覆盖，不管它显示的是什么内容。如此，在该场仅显示 all documents must be presented within the validity of the Credit，虽然内容中未明确包括交单期的描述，但场的名称和定义已经表明了它就是一种特定的交单期——单据只要在有效期限内提交即可。

结论：

单据必须在有效期内交单，无须考虑 UCP600 第 14 条 c 款默认的 21 天交单期。

第 A19 段 c 款

何谓"第三方单据可接受"

什么是"第三方单据可接受"？

Para A19:

c. "third party documents acceptable"——all documents for which the credit or UCP600 do not indicate an issuer, except drafts, may be issued by a named person or entity other than the beneficiary.

"第三方单据可接受（third party documents acceptable）"是指信用证或 UCP600 未规定出具人的所有单据，除汇票外，都可以由受益人以外的具名个人或实体出具。

【解读】

信用证"第三方单据可接受"的规定，指的是第三方，即受益人以外的一个实体作为出具人出具的单据可接受。当然，这以信用证或 UCP600 没有另外规定其出具人为前提，这一点为新版 ISBP 新增内容。具体而言：

——当信用证明文规定了单据出具人，提交的单据必须显示由信用证规定出具人出具。不管 UCP600 如何规定，也不管信用证的"第三方单据可接受"条款；

——当信用证未规定，而 UCP 明文规定了单据出具人，提交的单据必须显示由 UCP600 规定出具人出具，不管信用证的"第三方单据可接受"条款；

——当信用证和 UCP600 都没有规定的情况下，方可适用信用证的"第三方单据可接受"条款，即提交的单据可以由第三方作为出具人出具。

比如：

[案例 044] 可转让母证上"第三方单据可接受"，有用吗？

实务中，信用证常常要求受益人证明，用于证明寄送副本单据、寄送样品等等。

实务中，信用证转让时都会变更条款，起码要产生一个第二受益人。

如果用心观察，我们会注意到，可转让母证常常会加上一个条款，即"第三方单据可接受"。理由是：信用证中要求了受益人证明，开证行在证下从第二受益人处收到单据时也会包括该受益人证明，且往往由第二受益人出具，而"第二受益人又不是受益人本身"，如此会构成受益人证明由第三方出具的不符点。信用证中加了"第三方单据可接受"条款，便可自动避免此不符点。这是旧版 ISBP 下的一种非常普遍的误解。

分析：

我们认为，第二受益人虽然不同于第一受益人，但确实是"受益人"，从而由其出具受益人证明并不会构成不符点。试问：如果第二受益人不是受益人的话，白马是马吗？

退一步说，假如第二受益人不是"受益人"，信用证载明"第三方单据可接受"条款下便可接受第三方出具的"受益人"证明了吗？其实没用。因为信用证已经规定了受益人证明，自然也规定了证明的出具人——受益人。根据本款的规定，信用证载明的"第三方单据可接受"条款在信用证另有规定的情况下，说了等于白说。

结论：

笔者认为，换言之，可转让母证上"第三方单据可接受"，实际上没有起作用。

点评：

请注意，这里所认为的"第二受益人"是"受益人"的说法与 Gary 先生的看法不一样。所以，相关结论，请慎重使用。

实务中，这里所涉及的"具体规定优于笼统规定"的原则可以类推。比如：信用证 47 场规定：ALL DOCS ARE TO BE IN THE NAME OF SLOTZ LIMITED，同时 46 场规定：B/L CONSIGNED TO DUNURE LTD，那么，提交的提单抬头作成：TO DUNURE LTD，可以吗？我们认为，这显然可以的，因为优先适用 46 场的规定，虽然两个条款的规定看似互相矛盾。

请注意，这里只涉及第三方作为单据出具人的情况，并不涉及第三方作为托运人或发货人的运输单据——third party as shipper/consignor not acceptable.

第 A19 段 d 款

何谓"第三方单据不可接受"

什么是"第三方单据不可接受"？

Para A19：

d. "third party documents not acceptable"——has no meaning and is to be disregarded.

"第三方单据不可接受（third party documents not acceptable）"——没有任何含义，将不予理会。

【解读】

信用证"第三方单据可接受"的规定，如前所述，指的是第三方，即受益人以外的一个实体作为出具人出具的单据可接受。按理，信用证"第三方单据'不'可接受"的规定，理应便指只能接受受益人作为出具人出具的单据。但是，请注意，本款的规定告诉我们，不是这样的，即"第三方单据不可接受"没有任何含义。

从本段的开场句可以看到，国际商会劝阻使用"第三方单据可以接受"之类的表述。因此，本段 c 款定义"第三方单据可以接受"实际是一种无奈，而本段 d 款的规定却似乎显得必要，因为人们可能会用对本段 c 款反向思维的方式来理解"第三方单据不可接受"。然而，实务中信用证下交单几乎不可能所有单据都由受益人出具，或许因为如此，本段 d 款明确了"第三方单据不可接受"的规定没有意义，可以不予置理。

国际商会也无意于定义"什么是第三方单据"和"什么不是第三方单据"，进而定义"第三方单据可接受"与"第三方单据不可接受"的内涵。虽然这不直截了当，非常拗口，且与日常生活习惯有很大不同。

如此界定，显然是参照了第 E3 段"货代提单可接受"和第 E4 段"货代提单不可接受"的规定。只是本段着眼于单据的出具人，而第 E3、E4 段着眼于运输单据的签署人。

第 A19 段 e 款

何谓"出口国"

什么是"出口国"？

Para A19：

e. "exporting country"-one of the following: the country where the beneficiary is domiciled, the country of origin of the goods, the country of receipt by the carrier or the country from which shipment or dispatch is made.

"出口国(exporting country)"是指以下的一个国家：受益人居住地所在国、货物原产地所在国、承运人货物接收地所在国、货物装运地或货物发送地所在国。

【解读】

信用证实务中的"出口国"，可以是受益人所在国，还可以是货物原产地所在国，或者是承运人接收货物地、货物装运地、发送地所在国等。当然，这里的所在国，也同样适用于所在地区。比如：

[案例 045] R377：出口国与原产地一样吗？

案中，信用证要求："由出口国商会出具的产地证(certificate of origin issued by chamber of commerce in exporting country)"。货物产自G国，从B国发货。B国的商会出具产地证，证明货物原产地为G国。

可以拒付吗？

国际商会回答：单据满足信用证要求。

点评：

深究其中原因，案中涉及的"出口国"可以是发货地所在国。

至于出口国是不是原产地所在国，这是另一件事。当然，同样根据以上规定，出口国可以显示为货物原产地国，也可以不是货物原产地国。反之，原产地所在国，可以是出口国，也可能不是。比如，国内进口欧洲货物通过香港转口，此时货物原产地应为欧洲一国家，这适用于原产地规则，而出口地却为香港。

引申：

如果信用证要求 description of goods：IC，origin is China. 提交的发票显示 description of goods：IC，exporting country：China. 显然，这一发票也是不可接受的。因为作为原产地的中国，与作为出口地的中国，可能根本就不是一回事。

显然，出口国的含义是比较宽泛的。实务中，为了控制其范围，完全可以在信用证中进一步加以限定，如规定：certificate of origin issued by chamber of commerce in beneficiary country. 因为受益人所在国比出口国具体多了。

实务中，出口国的含义太宽泛，应该尽可能避免使用。在进出口贸易中，人们应该更关注货物原产地,以及出具产地证的机构是否资质可信。

第 A19 段 f 款

何谓"船公司"

什么是"船公司"?

Para A19:

f. "shipping company" when used in the context of the issuer of a certificate, certification or declaration relating to a transport document-any one of the following: carrier, master or, when a charter party bill of lading is presented, the master, owner or charterer, or any entity identified as an agent of any one of the aforementioned, regardless of whether it issued or signed the presented transport document.

"船公司(shipping company)",作为与运输单据有关的证明书或证明、申明或声明的出具人时 是指以下任何一方:承运人,船长,或租船提单下的船长、船东或租船人,或表明作为上述任何一方代理人身份的实体,不管其是否出具或签署所提交的运输单据。

【解读】

在提单实务中,所谓"船公司(shipping company)",通俗地说,指的是"船东"或"有船承运人",这是与"无船承运人"的对称。然而,并不绝对,各地的说法可能不同。《百度词典》说:"shipping company,1.船务公司;2.航运公司。"

在信用证实务中,所谓"船公司(shipping company)",采用的是一个宽泛的定义,指承运人,船长,或租船提单下的船长、船东或租船人,或注明作为上述任何一方代理人的实体。比如:

[案例 046] R161:"shipping company's bill of lading",指的是什么?

案中,信用证要求提单:shipping company's bill of lading.

国际商会回答:"由船公司出具单据的要求,应视为系一由承运人或其代理人出具单据的要求。(A request for a document issued by a shipping company shall be deemed to be a request for a document issued by a carrier or his agent.)"

点评:

显然,国际商会认为这是对提单出具人或代理出具人的一种要求。

值得一提的是,本款扩展定义了没有显示承运人的运输单据上的"船公司"的外延界定,即还包括船长、租船人和船东等。

请注意,以上规定适用于信用证在描述与运输相关的证明书或证明、声明书或声明的出具人的有关上下文中使用"船公司"一词,即常见的"船公司证明"。而且,该"船公司"可以不是运输单据的出具人或签署人,当然也可以是。

第 A19 段 g 款

何谓"所交单据可接受"

什么是"所交单据可接受"?

Para A19:

g. "documents acceptable as presented"-a presentation may consist of one or more of the stipulated documents provided they are presented within the expiry date of the credit and the drawing amount is within that which is available under the credit. The documents will not otherwise examined for compliance under the credit or UCP600 including whether they are presented in the required number of originals or copies.

"所交单据可接受(documents acceptable as presented)"是指交单可以包括一种或多种规定的单据,只要其在信用证的到期日之内且支款金额在信用证的可兑用范围之内。单据的其他方面,包括是否提交所要求的正副本份数,将不会根据信用证或UCP600进行审核以确定其是否相符。。

【解读】

信用证实务中为了加快单据处理,偶尔会规定"所交单据可接受"条款。然而,这并不意味着银行可以两眼一抹黑,来者不拒,统统接受。其中有三个限定条件:

——交单起码包括一种规定的单据。否则,不成其为信用证下的交单。比如交一张白纸,显然就很荒唐。

——不超过信用证有效期。这是在控制银行开证信用风险的时间敞口。

——不超过信用证可支款金额。这是在控制银行开证信用风险的金额敞口。

至于其他的可能"不符点",包括单据的正副本份数,将不予理会。

换言之,此时,银行还是要审单的。

如此规定,显然有其理由,猜得没错的话,应该与开证行在信用证下的基本责任有关。换言之,信用证中"所交单据可接受"的规定,只会放宽不符点认定的标准,但不改变开证行的基本责任。比如,提交信用证规定的单据,才谈得上交单。又比如,交单超过信用证有效期,银行不能自动接受,因为一旦过效期,信用证责任便已解除。还比如,交单超过信用证可支款金额,银行也不能自动接受,因为一旦超支,便超过了银行在信用证下的责任金额。否则,无论如何将会改变信用证结算的初衷。

单据出具人

Issuer of documents

【导读】

大凡单据必经制作而生成,但生成的单据只有经出具才对外发生法律效力。所以,凡单据必有出具人。

实务中,什么是单据的出具(issue)? 什么是单据的出具人(issuer)? 这是国际商会在 UCP、ISBP 和年会的正式意见中常常涉及,但一直没有谈清楚,而总是无法回避的问题。

单据出具人、签署人和制作人

单据的出具人(issuer),得名于其出具单据的行为。

英文里,issue 指什么?《美国传统辞典(双解)》说:"To be circulated or published. 发行,出版",或者"To spring or proceed from a source. 由……产生,源自"。简言之,文件的出具,即文件发布、出版。与此相似,单据的出具,即单据作成后发送出去。现在的问题是发送之前,必须先作成,如果需要还得签署。所以,出具的完整含义,指单据制作完成,签署——如果需要,并最终发出。而出具的原始含义,指单据的发出。

中文里,"出"者,比较明了,发出也;"具"者,《高级汉语大词典》说:"写或题",当然,还暗含了必要的签署。合而为一,出具,顾名思义,即单据制作完成、签署——如有必要,并最终发出。这一点,与英文 issue 的完整含义比较接近,但已经超越了原始含义——仅指单据作成之后对外发出。

总之,单据的出具(issue)的完整含义,理应包括制作完成(complete 或 produce 或 make),以及必要的签署(sign),并对外释放发出(release)。相应地,单据的出具人(issuer),常常与制作完成人(producer 或 maker),还有单据的签署人(signor)连在一起。请注意,其原始含义则仅指单据的发出。

实务中,与出具类似的措辞,是"签发"、"出单"、"出票"和"开证"等短语。

何谓"签发"? 很明显,这是个中文用词,分解来看,即签署并发出。虽然此处未提及单据的作成,但没有作成单据,哪来的签署和发出呢? 换言之,制作完成单据,是签发单据的默认前提。所以,在英文中"签发"一词采取意译,即 issue,与"出具"同义。但是,由于单据出具中签署可能并不是必需的,所以,在中文里出具与签发还是略有不同。相应地,issue 还是译为出具为妥。

何谓"出单"? 其全称为出具单据。

何谓"出票"? 如果是用于票据,便是出票了,即出具票据。在票据法中,出票说得更明确。

国内最新的《票据法》[①]

第二十条规定:出票,是指出票人签发票据并将其交付给收款人的票据行为。

何谓"开证"呢? 英文中仍然对应于 issue。

UCP600 第 7 条 b 款:

An issuing bank is irrevocably bound to honour as of the time it issues the credit.

开证行自开立信用证之时起即不可撤销地承担承付责任。

---

① 《中华人民共和国票据法》,1995 年 5 月 10 日第八届全国人民代表大会常务委员会第十三次会议通过,根据 2004 年 8 月 28 日第十届全国人民代表大会常务委员会第十一次会议《关于修改〈中华人民共和国票据法〉的决定》修正。

显然,以上中文短语,均对应于同一个英文单词——"issue",含义几乎相同。

从单据出具的含义可以知道,单据作成后,往往经出具人签署证实,再发出。比如,汇票、提单、保单、证明、声明等,此类单据须经签署证实后方可使用。于是,就形成一个误会,似乎凡有签署,必是出具人所为。其实不然,平时也能常常看到单据出具与签署分离的情况。比如:信用证安排中的商业发票,未经要求可以不加签署,即可使用。此时只有出具,但没有签署。

在法律上,签署(sign)是单据的一种证实方式。单据经签署,将具有法定的直接证据效力。换言之,单据签署人对单据的签署,实际上,就是对单据出具人的出具行为的一种确认证实,即证实单据为 A 而非 B 出具,并愿意对此负责。因此,单据的出具人与签署人承担不同的法律责任。

ICC CHINA 在 ICCCR025 中说:"很多单据上载有'证实人(certified by)'或'确认人(confirmed by)',此种身份的人对单据的责任在某些法律下等同于出具人,而在另一些法律下可能只被要求对单据的表面真实性负责,不同于单据的出具人必须对其出具的内容负责。例如,当信用证要求产地证由商会出具,而实际提交的单据仅由商会证实,此时如单据的内容不真实,而根据适用的法律,证实人不对单据内容真实性负最终责任,开证申请人将得不到其原本因信任商会而要求商会作为出具人出具单据的预期保护,这对申请人是不合理的。"单据的签署,作为一种证实方式,与此同理。比如:

[案例 047]　R633/TA663 rev:检验证明的出具人需要对别人的检验结论承担责任吗?

案中,信用证的单据条款内容要求:"一份由 USDA-FGIS 在装货地点装货时出具的大米检验服务证明的正本,并且注明是 2007 农历年的。(Rice Inspection Services Certificate in one original issued by USDA-FGIS final at the time and place of loading also indicating Crop Year 2007.)"

提交的检验证显示如下内容:"申请人声明货物是 2007 农历年的。(Applicant states that this is from the crop year 2007.)"

开证行指出单据不符,理由是所提及的声明内容必须是出具人完成,也就是说,所有检验证明的内容必须由出具单据的人完成。(The issuing bank treats the document as discrepant for the reason that the statement in question must be that of the issuer, i.e., all issues of certification of findings must come from the party who issues the respective certificate.)

那么,不符点成立吗?

分析及结论:

国际商会说:"如果一份检验证明的其他方面都满足信用证条款和第 14 条(f)款的要求,那么上述的声明是可以接受的。(An inspection certificate that otherwise complies with the terms and conditions of the credit and sub-article 14 (f) would be acceptable bearing the statement indicated above.)"

点评:

我们要问的是,如果国际商会的结论可接受,检验证出具人还须对其证明内容的背景真实性承担最终责任吗?如果不需要承担最终责任,此类检验证的可信度有多大?这就是申请人的期望吗?

如此推理,只能说明,检验证出具人,还是必须对所载明的申请人声明的内容真实性负责,不能据此免责。这一点,与"出具(issue)"一词的原始含义吻合,即:"谁对外发出检验证,谁对其内容负责。"

当然提醒一下,此处的申请人理应是检验或检验证明申请人,而不是信用证申请人。

再点评:

或许,问题出在信用证对检验证显示年历的要求——"also indicating Crop Year 2007"中的"indicating",而不是"certifying"。因为这是两个不同的词,各有不同的含义,前者仅涉及显示的内容,后者则涉及证明的内容。换言之,年历不是信用证要求的检验项目,所以,提交的检验证如此显示年历,不构成不符点。

简言之,单据出具人对单据内容的真实性负责,单据签署人对单据出具人身份的真实性负责。

第 A20 段

单据出具人的判断

单据的出具是一个无形的行为。然而,实务中,常常需要判断单据的出具人。那么,从单据本身和单据表面上看,谁是单据出具人呢?

Para A20:

When a credit requires a document to be issued by a named person or entity, this condition is satisfied when the document appears to be issued by the named person or entity by use of its letterhead, or when there is no letterhead, when the document appears to have been completed or signed by, or for [or on behalf of], the named person or entity.

当信用证要求单据由具名个人或实体出具时,单据看似由该具名个人或实体使用其函头出具,或者当没有函头时,单据看似已由该具名个人或实体或其代表完成或签署,即满足要求。

【解读】

单据通常都会显示出具人,而单据是否需要显示指名的出具人,往往取决于信用证、UCP 或 ISBP 对具名出具人的要求。根据 ISBP 的规定,汇票必须显示出具人——受益人;根据 UCP600,发票必须显示出具人——受益人;而 UCP600 虽然比较拗口,实际上对运输单据和保险单据都要求显示出具人;根据 UCP600 第 14 条 f 款,其他单据,任何人出具均可以,而且可以不显示出具人身份或名称。当然,如果信用证明文要求,则仍然必须显示出具人。

实务中,常常困惑于怎样算对出具人要求?比如,信用证要求 beneficiary certificate,这是要求受益人出具的证明,这不会有疑义。比如,信用证要求 manufacturer certificate,这是要求制造商出具的证明,这通常也不会有疑义。还比如,信用证要求 shipping company certificate,这是要求船公司出具的证明,这通常也不会有疑义。还比如:

品读 ISBP745

[案例 048]　R411:dispatch effected by ABC,这是指出具吗?

案中,信用证规定:"Air Waybill must evidence dispatch effected by (or through) ABC or similar."应该如何满足呢?

分析及结论:

国际商会回答,空运单上显示的以下三种情况均可接受:

——a) is issued on the letterhead of ABC (with a signature as carrier or agent of a named carrier);

——b) is issued on the letterhead of the carrier (which a signature of ABC as agent of a named carrier);

——c) bears evidence that dispatch has been effected through ABC, but where ABC has neither issued nor signed the document.

如果用语为"effected by",以上 a 和 b 可接受。如果用语为"effected through",以上 a、b 或 c 均可接受。

值得一提的是,如果信用证仅仅规定"shipment must be effected by (or through) ABC or similar",而与运输单据本身没有直接的关联,国际商会认为这是 UCP600 第 14 条 h 款下的非单据化要求。

点评:

本案给出的是对运输单据的一种宽泛的要求,可以以显示的出具人来满足,也可以以其他方式来满足。

引申:

信用证有时会要求 a shipping release sent by fax from the applicant,这实际上暗含着对 shipping release 出具人的要求,即出具人必须为 applicant。然而,这不是非单据化条件,必须满足。

至于如何显示单据出具人,本段沿用了旧版中的两种判断方法:

一看"函头":即单据往往带有具名函头(letterhead),该具名人即为单据出具人。为什么呢?单据默认在自己的函头纸上出具,而不应使用别人的函头纸。比如:根据 UCP 和 ISBP,发票默认由受益人 ABC co. ltd 出具。提交的发票,却带有 DEF co. ltd. 的函头。实务中,这是万万不可接受的,即使由受益人在发票上作了签署。

什么是函头(letterhead)?《美国传统辞典(双解)》:"letterhead, The heading at the top of a sheet of letter paper, usually consisting of a name and an address. 信笺函头,一张信纸顶端的标题,通常由名称和地址组成",或者,"Stationery imprinted with such a heading. 印有这种函头的信笺。"比如:学校函头纸,即指最上方印有学校的名字、地址、电话等信息的纸张。

二看"签署":即单据往往由具名人或其代理人制作完成并签署,该具名人即为单据出具人。比如:目前由贸促会或商检局签署的原产地证明,只有单据名称,而函头中没有机构名称。出具时,往往先由出口商填写内容,并作第一声明签署,再交由贸促会或商检局最后签署证实。此时,该原产地证明即看似由出口商代理贸促会或商检局制作完成,经出口商签署声明后,由贸促会或商检局签署对外发出,并生效。此类原产地证明即看似由贸促会或商检局出具。

请注意,这里的看"签署",只是一个笼统的说法,还包括没有签署的情况下,看单据由谁制作完成并对外发出,因为单据签署并不是所有单据出具的必备要件。

实务中,以上两种判断方法有时候可能会导致完全相反的两种结论。此时,以单据实际对外发出并生效为准,即:"谁实际对外发出单据,谁对单据内容承担责任,谁就是单据出具人。"比如:偶尔会出现借签提单或借签保单的情况,此时,判断谁是提单或保单的真正出具人不能直接适用这两种判断方法,而须依法律上谁对外发出单据,谁承担承运责任或保险责任,加以综合判断。换言之,不能简单地认为,提单或保单函头上的具名人即为单据出具人,也不能简单地认为,提单或保单签署中的具名人即为单据出具人。

请注意,这一看法,仅仅代表个人观点。或许,银行不用去管谁在承担实际的承运责任或保险责任,只要看到提单或保单的函头,直接就认定其为出具人即可,当然是"名义上"的出具人了,至于其是否同时也为"实际上"的出具人则无关紧要。因为即便在借签提单或借签保单下,借签人按理总是会与出借人有着某种法律上的协议关系。万一事后需要举证,总是有线索可追查到"实际上"的出具人到底是谁。

实际上,提单的出具人必须是承担提单下承运责任的一方,通常即为承运人,绝不会是承运人的各色代理人或作为货方代理人的货代,虽然UCP600第14条l款泛泛地表明运输单据可以由任何人出具。而保单的出具人必须是承担保单下保险责任的一方,通常即为保险人,包括保险公司或承保人,绝不是保险经纪人或保险代理人或保险代表。

在这个意义上,本段对两种判断方法,非此即彼的表述,显然有失严谨。

实务中,以上两种判断方法,均基于一个前提,即单据本身通过函头、内容或签署直接显示了具名人。换言之,偶尔会出现单据本身没有显示具名人的情况。此时如何判断出具人呢?显然两种判断方法已经无法适用,但是,无论如何,单据的存在必须以单据的出具为前提,从而必定有单据出具人,只是没有直接显示而已。比如:装箱单(packing list)没有显示具名的出具人,此时,理应认定为由受益人出具。比如:有人问,传真报告有出具人吗?看似没有。因为传真报告上通常不会明文写函头,也不会有签署。其实是有。谁掌握着输出传真报告的传真机,可以说谁就是传真报告的出具人。所以,还是那句话,凡有单据必有出具人。

语　　言

Language

【导读】

信用证审单实务中的语言问题包括三个方面:一是信用证条款的语言如何翻译及责任承担,二是单据语言如何翻译及责任承担,三是信用证对单据语言的要求及如何显示。

信用证审单实务中的语言问题包括三个方面:一是信用证条款的语言如何翻译及责任承担,二是单据语言如何翻译及责任承担,三是信用证对单据语言的要求及如何显示。

第一方面和第二方面,由UCP600第35条规范,即银行对信用证业务,包括信用证文本显示的和单据中使用的专业术语的翻译和解释免责。

第三方面,即单据语言的显示和审核,一句话,银行有义务审核单据上任何以"可接受语言"显示的数据,包括"要求数据"和"非要求数据"。

品读 ISBP745

第 A21 段 a 款

规定语言和要求数据

实务中,信用证有时会规定单据语言。开证行的目的在于方便审单,把握自身在信用证下的责任。国际商会在 R451 的分析及结论中说:"The request within a credit for documents to be issued in English is made to enable the issuing bank to be able to determine compliance of the documents, on their face, in a language that it is able to understand." "A requirement for a document to be issued in a specific language does not prohibit other languages or dual languages being used, provided the information requested by the credit is clearly indicated in the requested language."

Para A21:
a. When a credit stipulates the language of the documents to be presented, the data required by the credit or UCP600 is to be in that language.
当信用证规定提交的单据所应使用的语言时,信用证或 UCP600 要求的数据应以该语言显示。

【解读】
单据上的数据,根据信用证或 UCP600 是否要求,分为"要求数据"和"非要求数据"。
信用证规定单据语言的情况下,这仅适用于信用证或 UCP600 要求的数据以该语言显示。换言之,信用证或 UCP600 未要求的数据可以使用规定语言显示,也可不使用规定语言显示。显然,无论如何,银行只审核以"规定语言"——可接受语言显示的数据,包括"要求数据"和"非要求数据",而"非规定语言"显示的数据则不予理会。比如:

[案例 049] R420:租船提单上的租船合同日期未用英语显示,可以吗?
案中,信用证要求"一切单据用英语"。提交的租船提单的左下角标明的租船合约的日期未使用英语:Charter-Party Dated 12. Mrz. 2000。可以吗?
分析及结论:
国际商会说:"租船提单上的租船合同日期并不是信用证要求的信息,不存在不符点。(From the text of the enquiry, the letter of credit did not require the inclusion of the details relating to the date of the charter party to appear on the charter party bill of lading. In this case, a charter party bill of lading including such information would be stating information that was 'in addition' to that required by the terms of the credit. There is no discrepancy.)"
点评:
租船提单上的租船合同日期,属于信用证未要求的额外数据,所以,有没有以信用证规定的语言显示不重要。
引申:
换言之,既然信用证和 UCP600 未要求的数据可以使用规定以外的语言显示,而此类以其他语言显示的数据便可能与其他数据矛盾,那么,该矛盾理应不予理会。这种情况同样存在于要求的数据以其他语言显示的情况。

根据本段 d 款的规定,租船合同日期是"填写数据",却以其他语言显示,银行仍无义务审核。

第 A21 段 b 款

没有规定语言

实务中,大部分信用证都没有规定单据语言。

Para A21:
b. When a credit is silent with respect to the language of the documents to be presented, the documents may be issued in any language.
当信用证对提交的单据所应使用的语言未作规定时,单据可以任何语言出具。

【解读】

开证行当然希望单据使用信用证语言,如此,可最大限度避免分歧。然而,本段规定:如果信用证未规定语言,单据可以以任何语言出具,包括开证行根本就不认识的语言。初听起来,有点夸张,不过的确如此,国际商会的这一精神一直就没有改变。具体而言:

如果是受益人以外的一方出具的单据,特别是官方出具的单据,则有时使用另一种语言,是不可避免的事。比如:中俄贸易常常见到以俄文出具的铁路运单。

受益人出具的单据,常常使用信用证语言,但并不绝对。比如:国内往日本出口石材,来证是英文,提交的装箱单常常显示货物描述和数量为中文或日文,由于翻译的缘故,银行无法判断装箱单显示的货物描述和数量是否满足信用证要求,却不能以"装箱单未使用信用证所使用的语言"或"装箱单未以英文出具"而拒付,尽管该装箱单常常是受益人出具。

旧版本中的措辞略有不同,但含义没变。

ISBP681 第 23 段:

Under international standard banking practice, it is expected that documents issued by the beneficiary will be in the language of the credit…

在国际标准银行实务下,受益人出具的单据建议应使用信用证所使用的语言……

旧版本中,对于受益人出具的单据的语言要求,仅仅是建议,并没有实质的约束力。国际商会在 R774/TA699 rev 的分析中说:"An expectation that beneficiary issued documents will be issued in the language of the credit is not an absolute requirement. If the issuing bank requires the documents to be issued in a specific language, then the credit must so state for that rule to be effective."

换言之,如果单据上的数据显示为与信用证语言不同的一种语言,那么,银行可能无法审核,但必须审核,以确认相符。显然,这将对银行审单带来困扰。比如:

品读 ISBP745

[案例 050] TA755 rev：单据与信用证货描语言不同，可以吗？

案中，信用证规定货描：

> "LADICAR"
> "ORMARIC DONJI"
> "ORMARIC VISECI"
> "VRATA KUPAONICE"
> "VRATA KLIZNA"
> "ORMARIC LADICAR"
> "OGLEDALA MIRROR POLISHED INOX"
> "TAPICIRANI DJELOVI KLUPE I VRATA"
> "ORMAR"
> "KOMODE"
> "PODLOGE POSTELJE 12 KOM，POLICE，ORMARIC（CABIN DECK）"
> "SJENILA-ZALUZIJA KOZA"
> "ROLO SJENILA"
> "TUS KABINE I TUS VRATA"
> "OGLEDALA ZA KUPATILA"

以上翻译成英文，即：blinds，mirror，padded parts of bench and doors，chest of drawers，cabinets，wardrobe，commodes，bed bases and shelves。

提交的公路运单显示货描为：

> SEN ČILA
> TAPICIRANI DELI KLOPI IN VRAT
> OGLEDALA (POLISHED INOX)
> LESENO POHISTVO

以上翻译成英文，即：blinds，padded parts of bench and doors，mirrors，wooden furniture。显然前面的细项与信用证规定相符，而后面的 wooden furniture 是统称。

开证行拒付，理由为：公路运单上的货描与信用证不符。

分析及结论：

国际商会说："这不是不符点。信用证并没有规定单据语言，信用证的货描使用的是开证行当地的语言，公路运单的货描使用的是受益人当地的语言，开证行有义务使用受益人当地的语言审核公路运单上的货描。（Absent any indication of a required language to be used in the documents, the issuing bank must examine the description of goods in the CMR made in the Country S language (the language of the beneficiary) in order to establish whether there is any conflict between the relevant data.）"

[案例 051] 货描冻兔"Lapincongeleavecos"与"Frozen rabbit, bone-in"不一样。可以拒付吗？

案中，H 公司向新加坡 S 公司出口一批冻兔，S 公司是中间商，货物转口到法国。S 公司按合同规定的时间开来信用证。H 公司开始订舱，办理装运前的相关手续。不久，H 公司收到S公司的紧急通知，因其与法国商人交易中出现问题要求暂停发货，待问题解决后再行通知发货事宜。此时，H公司货物已经准备妥当，相关手续也已办好，如果继续发货显然违背买方意愿；如果暂停发货则必须退舱，赔偿船公司空舱损失。经再三权衡，H公司决定按原计划发货装运，理由是信用证开立在前，暂停通知在后，只要按信用证规定办理，仍然可以收回货款。

H公司发货后交单，并发出装船通知。

S公司收到装船通知后，提出："收到你方装船通知后非常惊讶。我方不久前已通知你暂时不能装运，你方既未与我方商洽，也未提出任何异议，为何擅自决定装运。因我方原收货人发生变化，故货物到达法国港口后肯定无人提取，因此引起的一切后果由你方承担，我方不负责任。"

开证行收单后拒付，不符点为：发票和提单的商品名称不一致。发票上商品名称为："Lapincongeleavecos"，而提单上的商品名称为："Frozen rabbit, bone-in"。

背景：

经查，信用证和发票的商品名称"Lapincongeleavecos"，系法语"冻兔"；而提单上商品名称"Frozen rabbit, bone-in"系"冻兔"的英语翻译，这是应船代要求货描显示为英文的情况下特地修改而成。

争议：

H公司和交单行认为，发票货描与提单货描使用的语言不同，含义相同，理应不构成不符点。

开证行认为，ISBP681第62段规定："发票中的货物描述必须与信用证一致。"但没有允许使用另一种语言描述货物。对于发票上的商品名称"Lapincongeleavecos"，是否与"Frozen rabbit, bone-in"含义等同，我们不掌握如此专业的知识。所以，已经构成了不符点。

结局：

H公司通过船公司运回货物，并负责支付一切费用，损失惨重。

点评：

从不符点的角度看，在案中的信用证确实没有规定单据语言的情况下，开证行以不具备专业的翻译知识，而视"Lapincongeleavecos"与"Frozen rabbit, bone-in"的不同为不符点，显然是不合适的。

如果愿意，提单上完全可以同时显示货物描述"冻兔"的两种语言——"Lapincongeleavecos"（法语）与"Frozen rabbit, bone-in"（英语），并加以适当的说明，这样则无可挑剔。

引申：

本案的症结在于，贸易背景出现纠纷，且中间商已经告知出口商。此时，如情况属实，出口商片面相信信用证而单方面决定继续发货装运，显然，有违信用证必须服务贸易的初衷。此时，即便开证行认可不符点实际并不存在，笔者认为，中间商仍有可能在信用证下付款之后，基于基础合同要求出口商分担一定的损失。

[案例052]　R776/TA692 rev："OOO Denmark"与"Denmark Ltd"一样吗？

案中，信用证显示申请人为"OOO Denmark"，并要求单据："Protocol confirming that the bakery equipment (acc. 45A) was successfully installed signed both by the applicant and the beneficiary 1 original."

提交的备忘录显示申请人的名称与信用证一致，为"OOO Denmark"，同时，在签署栏里显

品读 ISBP745

示申请人的名称为"Denmark Ltd"。

可以接受吗?

分析及结论:

国际商会说:没有不符点。在进口国的语言中,这两种表达本来就可以互相通用。("OOO Denmark"and"Denmark Ltd"have the same effect in describing the name of the applicant for the country of import,"OOO"and"Ltd"effectively being interchangeable. The protocol was clearly addressed to the applicant named in the credit and despite the fact that the typed name at the signature line reads"Denmark Ltd"it would appear that we are talking of the same company and that the applicant actually signed the document. There is no discrepancy.)

点评:

在进口国,"OOO Denmark"与"Denmark Ltd"通用,是开证行的一个常识,没有理由拒付。

但如果是不熟悉此语言的国家的银行呢?如果信用证没有限定语言,显然,仍然有义务确认二者是否表达同一个含义。换言之,开证行、保兑行或指定银行完全可以在开立或通知信用证时限定单据的语言,以方便审单。

[案例053] R668/TA594:银行有义务审核公司名称中的中文名称是否对应吗?

案中,信用证用英语开立,但未限定单据语言。提交的单据用英语显示出具人为 A 公司,但又加盖了一枚中文的"日照天林贸易有限公司"章,由 A 公司授权其代理签署。而汉语的意思是另一家公司——B 公司的名称。开证行拒付,理由为:"单据显示了两个出具人"为不符点拒付。议付行称:我们没有义务翻译汉语章,也没有义务对其与英语显示者加以区别。汉语的目的是签署证实,我们只能理解和核验英语出具人是 A 公司并由其授权代表签署。

分析及结论:

国际商会说:单据可以接受。The document clearly indicated in English it was issued and signed by "A 公司". As far as its status is concerned, it complies on its face with the L/C terms. The fact the authenticity of the document was indicated by a stamp showing "日照天林贸易有限公司" which is said to be "B 公司" is beyond the scope of review by the negotiating bank and does not detract from the acceptability of the document.

点评:

实务中,名称的翻译,有意译,有直译,不容易确认中英文的对应关系。根据 UCP600 第35条,银行对名称一类的专业术语的翻译免责。

第 A21 段 c 款

保兑行与指定银行是否限定语言

为了避免审单的语言风险,保兑行和指定银行可以限定单据语言。

Para A21：

　　c. ⅰ. When a credit allows two or more acceptable languages, a confirming bank or a nominated bank acting on its nomination may restrict the number of acceptable languages as a condition of its engagement in the credit, and in such a case the data contained in the documents are only to be in the acceptable language or languages.

　　当信用证允许两种或多种可接受语言时，保兑行或按指定行事的指定银行可以限制可接受语言的数量作为其承担信用证下责任的条件。在此情况下，单据上的数据仅应以可接受的一种或多种语言显示。

　　ⅱ. When a credit allows a document to contain data in two or more acceptable languages and a confirming bank or a nominated bank acting on its nomination does not restrict the language or the number of acceptable languages as a condition of its engagement in the credit, it is required to examine the data in all of the acceptable languages appearing in the documents.

　　当信用证允许单据中的数据以两种或多种可接受语言显示，且保兑行或按指定行事的指定银行未限制单据的语言或可接受语言的数量作为其承担信用证下责任的条件时，单据中以所有可接受语言显示的数据都要求审核。

【解读】

　　保兑行和指定银行可以限定使用语言的数量，作为履行指定责任的条件。此时，单据的数据只能以可用的语言显示。当然，这一限定独立于信用证安排之外，只约束受益人与保兑行或指定银行双方。类似地，保兑行或指定银行在承诺履行责任时还可以限定其他条件，只要与信用证规定的不矛盾即可。在哪里限定呢？国际商会在 R730/TA703 rev 的分析中说："保兑行理应在保兑通知书中限定，而不应该在通知的信用证中直接修改。（The confirming bank may add conditions to their advice of confirmation but not to the text of the credit as received from the issuing bank.）"指定银行的情况，可以参照。

　　当然，保兑行和指定银行限定语言数量，只涉及其履行指定责任，而不涉及开证行的责任。换言之，谁限定语言数量，只涉及谁的责任，且相对独立。在保兑限定语言数量的情况下，如果单据产生不符点，可以拒付，但是这并不影响开证行对单据语言的自行判断，也不因此解除开证行对单据语言下的更宽泛的责任。比如：TA776 rev 中，信用证中除申请人名称地址和货描用西班牙语外，其他内容以英语开立并规定：收到相符的正本货运单据即授权保兑行向偿付行索偿。保兑行保兑通知书规定：除信用证规定的货描外，任何单据上显示非英语措辞（wording），保兑即告无效。单交保兑行后被拒付，称唛头上含非英语措辞（wording）。国际商会在分析及结论中说：信用证没有限制单据语言，因此这对信用证来说无不符。保兑行保兑通知书附加了条件，案中唛头含有非英语措辞，保兑无效。然而，尽管保兑行因保兑附加条件没有义务承付或议付，但在信用证下交单相符，保兑行可以同意作为指定银行转递单据给开证行并索偿，待收到款项后和受益人结算，或在可追索基础上和受益人先行结算。说实话，就本案而言，我们认为，由于单据上的唛头信息不是 UCP600 或信用证要求的数据，理应保兑行无需审核，从而也就无所谓矛盾。或者，这是对本款 ⅰ 项规定的一种诠释："在此情况下，单据上的数据只能以可接受的语言显示。"其中提到了"只能"二字。但如此一为，则会引发新的问题，即保兑行和指定银行对单据数据的审核范围是所有可接受语言显示的所有数据，而开证行对单据数据

品读 ISBP745

的审核范围则仅限于所有可接受语言显示的信用证或 UCP600 要求的数据。这需要国际商会进一步澄清。

如果没有限定语言，保兑行和指定银行便有责任审核单据上以所有可接受语言显示的数据，即便可能对某些语言并不熟悉，甚至极其生僻。这一点开证行理应也参照适用。

如上所述，单据上要求的数据必须以规定语言显示，然而，规定语言不限于一种，可能是多种。信用证没有规定语言，单据数据可以任何语言显示。相应地，同一数据可能同时显示多种语言。这么一来，就涉及语言的翻译问题，按理不适用本段的规定。那么，银行只须审核其中一种规定语言显示的数据呢，还是必须审核所有规定语言显示的数据？换言之，如果翻译有误，怎么办？比如：

[案例054] R771/TA686 rev：中英文双语的标签副本，译文含义相反

案中，信用证用英语开立，要求提交单据——"中英文双语的标签副本"。

结果，提交中英文双语标签副本，英文显示："每件2公斤以下"，同时显示了其中文译文。单据本身和信用证显示的英文信息与其他单据显示的内容一致。但是指定银行不懂中文。

单据提交到开证行后被拒付，理由为："提交的副本标签上关于大小的翻译有误。"在咨询了一个说中文的人后，被告知中文内容的含义为："每件2公斤以上。"

分析及结论：

国际商会说：单据没有不符点。信用证以英语开立而提交"中英文双语的标签副本"。英语是开证行和指定银行都接受的语言。中文是开证行接受和理解的语言，而不是指定银行得以判定单据相符与否的可接受和理解的语言。要求用双语出具标签的副本，指定银行和开证行审核所依据的基本语言应该是英语——信用证的语言。只要该单据被提交了，那么指定银行就有权接受该中文译文而不需要关注其是否被正确地翻译。当一份信用证被用一种以上的语言出具时，指定银行应当通知开证行用于确定单证一致的语种。（The letter of credit was issued in English and required as one of the stipulated documents "copy of label printed both in English and Chinese". English was the acceptable language to both the issuing bank and the nominated bank. Chinese, whilst an acceptable and understood language of the issuer, would not be a language that was acceptable or understood by the nominated bank if required to be adopted in the determination of compliance of a document. By requiring the copy of the label to be in both languages, the principal language for the examination of documents by the nominated bank and issuing bank would be English, in line with the language of the credit. The nominated bank would be entitled to accept the Chinese version on an "as presented" basis without regard to its proper and consistent translation. Where a credit requires a document to be issued in more than one language, the nominated bank would be advised to inform the issuing bank of the language that can be examined for compliance.）

点评：

仔细琢磨将发现，国际商会的上述意见与本款第Ⅱ项的规定不完全一样。按理，既然信用证要求"中英文双语的标签副本"，那么，中英文都是可接受的语言，标签显示的数据以中英文同时显示，银行便有责任审核二者的一致性。

换言之，我们认为，国际商会的上述意见理应已经不适用了。未见国际商会在ISBP745之后，就此发表过针对性意见。

第 A21 段 d 款

其他语言和填写数据

实务中,信用证规定了单据语言,但是,这无法阻止单据上的数据以其他语言显示。

> **Para A21**:
> d. Banks do not examine data that have been inserted in a language that is additional to that required or allowed in the credit.
> 银行不审核以信用证要求或允许以外的语言填写(inserted)的数据。

【修订】
  本款属新增内容,确认了银行无须审核单据以其他语言填写的数据。
  本款的其他语言,理应即为本段 a 款的"非规定语言"。

【解读】
  单据上的数据,根据呈现形式,分为"填写数据"和"非填写数据"。
  本段 d 款规定了,单据上以信用证要求或允许以外的其他语言填写的数据,银行默认无须审核。因为这些语言不是可接受语言。比如:R420 中,案中,信用证要求"一切单据用英语"。提交的租船提单的左下角标明的租船合约的日期未使用英语:Charter-Party Dated 12. Mrz. 2000。可以吗?其实租船合约日期,是填写的数据,又以"其他语言"显示,显然,银行无义务审核,从而就谈不上不符点。

第 A21 段 e 款

其他语言和特定数据

信用证实务中,常常要求"一切单据用英语"。值得注意的是,这并不意味着"一切单据"上的所有数据都必须使用英语,也不意味着提交的单据在使用英语的同时,就不能同时出现另一种语言,这还不意味着单据盖章等也必须使用英语。

> **Para A21**:
> e. Notwithstanding paragraph A 21(a) and (d), the name of a person or entity, any stamps, legalization, endorsements or similar, and the pre-printed text shown on a document, such as, but not limited to, field headings, may be in a language other than that required in the credit.
> 尽管第 A21 段 a 款和 d 款有所规定,个人或实体的名称、任何印戳、法律认可、背书或类似数据,以及单据上预先印就的文字,诸如但不限于栏位名称,仍然可以信用证要求以外的语言显示。

品读 ISBP745

【修订】

本款属新增内容,确认了单据上的"特定数据"也可以以其他语言显示。

【解读】

本段 e 款规定了,个人或实体的名字、印章、合法化、背书或类似文字,单据上预先印就的文字、栏位名称等属于例外,即尽管信用证限制了单据语言,这些文字仍可以其他语言显示。显然,此"特定数据"仍需审核。因为这些语言仍是可接受语言。比如:

[案例 055]　R654/TA647rev:CMR 未用英语预先印制,可以吗?

案中,信用证要求了一份 CMR,并规定:"一切单据用英语出具。"开证行拒付,理由为不符点:"CMR 未用英语预先印制"。

咨询者认为:提交的 CMR 符合信用证要求,所有的数据内容都是用英语体现在一份适用于《国际公路货物联合运输公约》(CMR)的标准格式的国际货物托运单(International Consignment Note)上面。在提交的 CMR 的正面各个栏目的描述使用克罗地亚语和法语,在背面各个栏目的描述使用德语、意大利语和英语。

分析及结论:

国际商会说:"该 CMR 使用多种语言预先印刷包括法语。虽然本例中其他语种是克罗地亚语,单据在背面也用英语描述了各个栏目。在该 CMR 单据的相关栏位的数据内容是用英语,所以没有不符点。"

补充:

国际商会还说道:"以前 ICC 的 R564 号意见也是关于同样的问题,例如,条件是'所有单据必须用英语出具',尽管相关的信用证是适用于 UCP500,其推理同样适用于 UCP600。该意见的结论是:信用证'所有单据必须用英语出具'的要求与单据上表明与信用证条款及 UCP 的相关规定一致的内容相关。"

点评:

本段 e 款确认了,单据中的印就栏位名称可以使用"非规定语言"显示,此时,该语言仍是可接受语言,从而必须审核以该语言显示的印就栏位名称。其实,不审核是无法确认相符的。

[案例 056]　R564/TA552:提单签署加盖俄文章,可以吗?

案中,信用证要求正本提单,同时要求"一切单据用英语"。提交的提单由俄罗斯船运公司以英文出具,公司签署(signed)并加盖俄文公司章。

分析及结论:

国际商会说:"Given that a Russian shipping line issued the bill of lading, it would not be unreasonable to expect that the evidence of the name of the company, by stamp, would be in Russian. Provided the document otherwise complied with the terms of the credit and (UCP500)Article 23 in the completion of the bill of lading, there would be no discrepancy."

点评:

试想,如果信用证要求了"一切单据用英语"的同时,规定了出具人名称。结果,提交的提单未以英文显示出具人名称,出具人名称只显示在俄文章上,还可以吗?我们认为,理应视该提单为未完全以英文出具,但由于非英文的部分只涉及公章,所以没有不符点。银行有义务去判断提单上该出具人的俄文名字即为信用证规定的出具人。

引申：

比如：信用证要求所有产地证为工商会出具，但来单中的产地证由德国 industie und handelskammer zu duesseldorf——德语中的德国工商会出具，并要求：All documents must be issued in English. 显然，这是可以接受的。因为作为实体名称而言，可以以信用证规定的其他语言显示，且该语言是可接受语言，而实体名称中所涉及的商会性质又属于信用证要求的数据，从而必须予以审核。既然德语中该实体即为德国工商会，那么，原产地是可以接受的。

补充：

比如：R441 中，信用证并未规定语言，同时要求发票由匈牙利海关——"Hungarian Customs Office"盖章，结果提交的发票盖章显示"Vamhivatal 363"，可以吗？国际商会说这是可以的，因为"Vamhivatal 363"在匈牙利当地语言中，就是匈牙利海关的意思。

数学计算

Mathematical calculations

【导读】

什么是 Mathematical calculations？《美国传统辞典（双解）》："Calculation：The act, process, or result of calculating. 计算的行为、操作或结果。"

实务中，数学计算可能指计算过程，也可能指计算结果。

第 A22 段

数学计算的判断

数学计算，既涉及信用证的规定，也涉及单据本身的显示。

Para A22：

When the presented documents indicate mathematical calculations, banks only determine that the stated total in respect of criteria such as amount, quantity, weight or number of packages, does not conflict with the credit and any other stipulated document.

当提交的单据显示数学计算时，银行仅确定所显示的如金额、数量、重量或包装件数的总量，与信用证及其他规定的单据不相矛盾即可。

【修订】

本段规定措辞变化较大，但从合理谨慎的角度看含义理应没有实质变化。

旧版本中银行不负责详细的数学计算。

品读 ISBP745

新版本中银行在信用证要求时必须审核数学计算过程,而在信用证没有要求时不对单据显示的数学计算过程负责,无论如何,银行必须审核作为数学计算结果的总量。这里没有明说,银行仍须关注数学计算过程的明显错误。

【解读】

第一,银行无须审核单据上显示的数学计算过程。当然,如果信用证要求,银行则还是必须予以审核。

为什么呢?国际商会一直反对 UCP500 第 5 条中明文提及的信用证载明"冗长细节(excessive detail)",包括单据标注"冗长细节"和单据显示的数学计算过程。比如:原木贸易中,装箱单常常带有繁杂的体积计算,可能长达十几页。这些冗长的商业细节会无谓地牵扯进银行太多的精力,也容易引发混乱和误解,最终阻碍信用证的运用和接受。值得一提的是,旧版 ISBP681 中提及的数学计算的"细节"二字总让人摸不着头脑,现在已经去除。新版的措辞虽然与旧版不同,但我们认为,含义没有本质的改变。

那么,怎样算信用证要求的数学计算呢?我们认为,简言之,指如果没有审核其计算过程便无法确认满足信用证要求的此类数学计算。

比如:信用证下规定 90%支款,那么必须审核支款金额的数学计算过程。否则,便无法判断是否满足 90%的要求。比如:信用证虽然没有提及,但 UCP 默认按 110%货物金额保险,那么也必须数学计算。否则,便无法判断是否满足 110%的默认要求。比如:信用证规定或 UCP 默认允许金额、数量 5%上下浮动,那么也必须数学计算。否则,便无法判断溢短装、溢短支。比如:信用证下规定了铁矿石的价格调整规则和金额调整规则,那么是否必须数学计算实际价格和金额呢?没有计算,便无法判断是否满足调整规则。

又比如:

[案例 057]　R700:银行是否有义务计算信用证货描中规定的"AVG. 17/19KG/PC"?

案中,信用证货描中要求:1×20FT FULL CONTAINER LOAD WITH ABT. 20.000 KGS OF WET SALTED CHILEAN KIP SKINS, HEADLESS, SHORT SHANKS, RANGE 14/22KG, AVG. 17/19 KG/PC, SELECTION OF 90/10 PERCENT I, II NO HUMPS, NO BRANDS, NO GRUBS, AT THE PRICE OF USD 1,665 PER KG. , SALTED WEIGHT, FLAT CIF ROTTERDAM (AS PER INCOTERMS 2000).

提交的发票显示:1×20FT FULL CONTAINER LOAD WITH 1.168 PIECES WITH 18.895 KGS OF WET SALTED CHILEAN KIPSKINS, HEADLESS, SHORT SHANKS, RANGE 14/22KG, AVG. 17/19KG/PC, SELECTION OF 90/10 PERCENT I, II NO HUMPS, NO BRANDS, NO GRUBS, SALTED WEIGHT, FLAT CIF ROTTERDAM (AS PER INCOTERMS 2000), AT THE PRICE OF USD 1,665/KG.

开证行拒付,不符点为:平均重量与信用证规定不符(18.895/1.168= 16.18)。两个总量相除,不算 ISBP681 第 27 段中所谓的详细数学计算。AVERAGE WEIGHT (18.895/1.168 MAKES 16.18) NOT AS PER L/C. (THE INVOICE CONTAINS INCONSISTENT DATA WITH RESPECT TO THE AVERAGE SHIPPING WEIGHT AS REQUIRED PER THE CREDIT TERMS.)WE DO NOT CONSIDER A SIMPLE DIVISION OF TWO TOTAL VALUES A

DETAILED CALCULATION AS INTENDED UNDER PARAGRAPH 27 OF ISBP (681).

分析及结论：

国际商会说："At the time of issuance of the credit, the number of individual kip skins was not known, merely the required weight of the goods, i. e., 20,000kgs plus or minus 10% and the range and average weight per piece."

接着说："When the invoice shows the actual number of individual items that have been shipped, in addition to the description of goods that is stated in the credit, the negotiating bank and the issuing bank would be required to ensure that the requirement of 'AVG 17/19 KG/PC' is met. The content of ISBP (681) paragraph 27 would not be applicable in this case and the discrepancy is valid."

点评：

信用证规定的任何一个数字指标或公式，按照国际商会的上述意见，理应都算明文规定，从而必须审核计算过程，即便单据还显示了计算结果。

引申：

请注意，国际商会在见索即付保函下对引用公式所涉及的数学计算过程，有特别的规定。URDG758 第 19 条 e 款："担保人无需对受益人根据保函中列明或引用的公式进行的计算进行重新计算。"

显然，这是例外。

第二，如果信用证没有要求，那么，银行无须审核单据上显示的数学计算过程，但对于明显的数学计算错误，仍必须关照。

在合理谨慎的意义上，银行必须注意数学计算过程的明显错误。国际商会在 R40/R102 中说过：银行在审核单据时必须合理谨慎，但不必核对数学计算的细节，除非单据表面有明显错误。

比如：1+1=3，如果银行这一个错误都没看出来，恐怕难辞其咎。

又比如：

[案例 058] R391：单据计算的明显错误，银行可以免责吗？

案中，咨询者作为信用证的申请人问："If the beneficiary shows 100pcs of products @ USD100 each, but the invoice total shows USD100,000, our bank will then debit USD100,000 from our account overdrawn USD90,000 and still it will assume no liability nor responsibility for its wrongdoing under the protection of (UCP500) Article 15."

分析及结论：

国际商会说："UCP500 第 5 条 a 款不鼓励银行在信用证中包括冗长细节。"

"货物分项的单价、费用等，便算此类冗长细节，银行不负责计算，并对因计算错误导致的金额扣划错误免责。银行只负责总金额核对，以及信用证规定的分项 FOB 成本价、运费、保费的计算。(To include a number of individual items together with unit prices and/or other costings could be classified as excessive detail. It is not the role of the banks to police the pricing of goods and the manner in which the charges or costings are levied. Where a credit incorporates such excessive detail, the negotiating bank or the issuing bank is under no obligation to carry out detailed mathematical calculations to establish compliance. The total amounts that are shown or the totals of individual breakdowns, i. e. the FOB, freight and insurance costs-where they are quoted separately in the credit—is the degree to which banks must or must not operate.)"

"咨询中只有一行货描的情况下,开证行有义务识别计算错误。(Clearly, where a credit has a one-line goods description such as that quoted in your query, it would not be unreasonable to expect the negotiating bank or issuing bank to identify an error in the calculation.)"

点评:

虽然银行不负责数学计算,并因此免责,但得严守合理谨慎的底线。

我们认为,UCP600 第 14 条 a 款的规定中已经删除了"合理谨慎(reasonable care)"字样,但这并不意味着银行审单便可以不合理谨慎,因为这是法律的基本要求,写着得遵守,不写也得遵守。

第三,无论如何,银行必须审核作为数学计算结果的总量,如金额、数量、重量或包装件数等。

什么是总量(total values)呢? 通俗而言,就是无须经过计算过程的直观量,是数学计算的结果。

比如:信用证要求一套副本单据的传真报告。副本单据 10 页,而提交的传真报告显示传真页数为 9 页。可以接受吗? 我们认为不能接受。这是作为总量的页数不符。

又比如:

[案例 059]   R775/TA754 rev:发票四舍五入显示总金额,可以接受吗?

案中,信用证 45A 规定货描为:ABC SPRAY 100ML, TOTAL EUR 51003.00. TOLERANCE 2/2.

受益人提交发票显示货描为:

```
ABC SPRAY 100ML
QTY 27,181PCS
UNIT PRICE EUR1.874
TOTAL VALUE EUR50937
```

显然,发票在显示总金额时,经过了四舍五入的处理。这可以接受吗?

分析及结论:

国际商会说:根据 ISBP681 paragraph 24 规定,银行不检查单据中的数学计算细节,而只负责将总量与信用证及其他要求的单据相核对。所以上述发票是可以接受的。(As indicated above, banks are only obliged to check total values against the credit and any other required documents. It should also be noted that multiplying the quantity by the unit price is not the only means of concluding a mathematical calculation to ensure that the data is correct. In this particular case, dividing the total amount by the quantity would give you a unit price that can be checked against that stated in the credit. The result of this is 1.87399286 which when rounded up would be 1.874-the unit price stated in the invoice.)

点评：

本案强调了总金额 TOTAL VALUE EUR50937，是如何从单价乘以数量而来，包括如何四舍五入，这个数学计算过程，银行无须理会。

本案并不否认，总金额 TOTAL VALUE EUR50937 需要经过数学计算，以确认是否在信用证规定金额 TOTAL VALUE EUR50937 的"TOLERANCE 2/2"的浮动范围之内。

请注意，银行对总量的审核，必须基于一个前提，即单据上必须有作为数学计算结果的总量。比如：

[案例 060] R308：信用证要求单价但单据不显示单价，可以吗？

案中，信用证要求一份经签证的海关发票复印件，并规定："海关发票上的单价，必须与信用证规定的一致。（The unit price set forth on the visaed document must agree with the unit price set forth on the letter of credit and any superseding amendments.）"然而提交的海关发票上未显示单价，只有货物的总价值与总数量。

咨询者认为：已经知道了货物的总价值和总数量，单价是可以算出来再比对。

分析及结论：

国际商会说："信用证要求单价一致，受益人交单必须满足。银行无须在海关发票上显示的货物总价值与总数量之间做除法，以计算单价。（Where a document, as specified above, is required to evidence the unit price as part of the content, the beneficiary must comply. It is not the duty of the issuing or nominated banks to carry out a calculation as described to determine acceptability or otherwise. It does not necessarily follow that the total value divided by the total quantity would give a unit price that is required in the context of the credit.）"

"单据没有显示单价构成不符，即便单据显示了总金额和总数量。（The document, as described, would be discrepant without the inclusion of the unit price, even if the document showed the total quantity and total value.）"

引申：

案中，信用证要求单价，结果提交的单据没有显示单价，将构成不符。

接着，如果信用证要求金额，结果提交的单据没有显示金额，显然，也将构成不符。

再接着，如果信用证要求金额，结果提交的发票显示了金额，但只是分项金额，没有汇总金额，会构成不符吗？我们认为，这理应会。因为如果没有汇总金额，发票本身从功能上就是不完整的。

同样，如果信用证要求货物总数量为 1 000PCS，而提交的装箱单对应为 1/2 显示分数量 200PCS、2/2 显示分数量 800PCS，但是并没有最后加总的数量。这还会构成不符吗？实务中，应该不会。因为这属于一个箱单中的两个页，而两页之间相对独立，银行有义务汇总相关的数量，并与信用证规定的货物总数量核对。

点评：

换言之，我们认为，在一张相对独立的单据内部如果无法直接核对总量时，银行无义务加总。而在多张相对独立的同类单据之间如果无法直接核对总量时，则仍然需要做必要的加总，这是银行不言自明的义务，前提是不加总就无法判断相符。

当然,实务总是复杂的。比如:信用证规定货物数量 80MTs,提交的发票上显示 80 000Kgs。此时,银行理应也有义务核对,虽然两者的单位不同,但是这种换算关系是一目了然的。还比如:

[案例 061]　R218:四舍五入下数学误差,不影响总量核对

案中,提单毛重:44 595,其他单据显示 44 595.2。

开证行拒付,理由为存在不符点:"提单上毛重与其他单据不同"。

国际商会回答说:"本案中毛重因为四舍五入的原因舍去尾数不能作为单据之间有抵触。(Rounding-off the gross weight in this case cannot be considered as an inconsistency amongst the documents.)"

这种四舍五入现象在保险单据中更为常见。

点评:

实务中,单据上的数值之间常常会因为四舍五入等原因而形成差异。银行负责总量核对,必须考虑四舍五入的计算规则。这还可以扩展到全入或全舍的计算规则。

引申:

实务中,四舍五入原则如何应用,颇有文章。

比如:装箱单毛重 1 000.1KGS,提单显示毛重 1 000KGS,可以吗?当然可以接受,很明显这是四舍五入处理的结果。

比如:装箱单毛重 1.1KGS,提单显示毛重 1KGS,可以吗?未必可以接受,这虽然是四舍五入的处理的结果,但影响幅度太大,特别是对于一些敏感货物,如芯片等,需要谨慎处理。

比如:装箱单毛重 1 000.1KGS,提单显示毛重 1 000.0KGS,可以吗?未必可以接受,这不是四舍五入处理的结果,也不知道一个确切的计算规则,很可能会被视为拼写错误。如果影响上下文的判断,则构成不符点;而如果不影响上下文的判断,则可以接受。

拼写或打字错误

Misspellings or typing errors

【导读】

单据制作难免出现拼写或打字错误。国际商会在 R114 说:"打印错误常常发生在技术表达中,银行职员判断这种不符的重要性是不可能的,即便看起来是一个小错误。根据我们的经验,最好进行修改,以避免单据被拒的风险。"

单据上数据的打字错误(typing error)、拼写错误(spelling error),统称为"拼写错误"。

实务中,"拼写错误"的争议,常常引发信用证审单标准的讨论,这涉及两个所谓的审单原则——"严格相符"原则和"实质一致"原则。

第 A23 段

拼写错误的定性

实务中,拼写错误的性质有轻有重,是否足以构成不符点,不同的当事人往往公说公有理,婆说婆有理。

> **Para A23:**
> A misspelling or typing error that does not affect the meaning of a word or the sentence in which it occurs, does not make a document discrepant. For example, a description of goods shown as "mashine" instead of "machine", "fountan pen" instead of "fountain pen" or "modle" instead of "model" would not be regarded as a conflict of data under UCP600 sub-article 14(d). However, a description shown as, for example, "model 123" instead of "model 321" will be regarded as a conflict of data under that sub-article.
>
> 如果拼写或打字错误并不影响单词或其所在句子的含义,则不构成单据不符。例如,在货物描述中的"machine(机器)"显示为"mashine","fountain pen(钢笔)"显示为"fountan pen",或"model(型号)"显示为"modle",在 UCP600 第 14 条 d 款下,均不被视为数据矛盾。但是,货物描述,例如"model 321(型号 321)"显示为"model 123(型号 123)",将被视为该条款下的数据矛盾。

【修订】

本段规定没有本质的变化。

本段规定把拼写错误与 UCP600 第 14 条 d 款"不得矛盾"的规定直接挂钩,措辞显得更严谨。

【解读】

本段确立了一个判断标准:单据上的拼写错误,是否影响了单词或其所在句子的含义。换言之,如果未影响所在句子的含义,属于比较轻微的,则不构成不符点,可以接受。如果影响了所在句子的含义,属于比较严重的,则构成不符点,从而不可以接受。

什么是影响?怎样算对所在句子含义的影响呢?

对比前后的含义没有发生变化,就是没有影响;而发生了变化,就是有影响。这种影响,指的是对单据使用上的实质性影响。这种影响必须放在一个句子中来看,而一个句子必然处于一个单据的上下文之中,还可以结合其他单据。比如:提单显示毛重 1 000 吨,而净重 1 010 吨,显然这是毛净重颠倒,如果没有其他相关信息的话,则不会有实质性影响,可以接受,因为事实上毛重不可能小于净重。

实务中,如何判断是否影响上下文,具体包括以下几种情况:

——同一单据信用证要求的信息与非信用证要求的信息的重要性不同,拼写错误的影响大小有别。比如:

品读 ISBP745

[案例 062]　R408:受益人证明上信用证未要求的船名打字错误,是不符吗?

案中,提单显示船名:"SEA-LAND Endurance 180E",一份证实一套单据直接寄给申请人的受益人证明上显示船名为:"SEL-LAND Endurance 180E",打字错误,由于信用证未特别要求,也不影响证实内容的含义,不视为不符点。

分析及结论:

国际商会说:这不是不符点。The beneficiary's certificate acts proof that it had carried out the necessary instructions conveyed in the letter of credit, in this case, confirmation that one complete set of documents including one original bill of lading had been sent to the applicant. The requirements for the completion of this document would have been to repeat the terms of the statement appearing in the credit. Information such as the name of the vessel would have been additional information over and above that required by the credit. The misspelling of vessel 'SEL-LAND Endurance 180E' instead of 'SEA-LAND Endurance 180E' is an obvious typing error and would not constitute valid grounds for refusal.

佐证:

国际商会在 R431 中说:"The naming of the vessel on documents such as an invoice, packing list and beneficiary declaration would not normally be part of a letter of credit requirement. The name of the vessel being spelled differently by one letter would not constitute grounds for refusal."

点评:

如果是信用证明确要求显示船名时,同样的受益人证明上的船名拼写错误,理应构成不符。

引申:

如果信用证要求的不是受益人证明,而是装船通知。虽然信用证没有明确要求装船通知上显示船名,提交的装船通知上仍显示船名打字错误,仍应构成不符点。因为装船通知上的船名可能是用于叙做保险、跟踪船情、预报关等,其重要性高于受益人证明。

——单据上的信用证号码打字错误,通常不会造成实质性影响,从而不构成不符点。但并不绝对。比如:

[案例 063]　R635/TA658 rev-query1:提单上信用证号错误,可以拒付吗?

案中,开证行拒付,不符点为:"提单标注信用证号码 7××××1/0165/AN 而非 7×××
×1/0165/4A(正确的信用证号码是 7××××1/0165/4N)。"

提单上的信用证号码错打印为 AN,但是在拒付通知中,开证行也将 4N 误打为 4A,可见开证行在打印长的信用证号码时也非常容易打错。其他单据上载明的信用证号码都是正确的。

不符点正确吗?

分析及结论:

国际商会说:"在提单上错误地引用信用证号码不构成拒付的理由。国际商会第 R289 号意见提及的在单据中显示信用证号码的要求只是为了如果单据被误寄时可以便于查询。本案所述情况将被视作是枝节问题而不构成拒付的基础,因为开证行收到单据后,已将所提交的提单匹配到正确的信用证号下。但是开证行错误援引信用证号码的事实并没有改变他们强调不符点的用意。(A requirement for the insertion of a credit number on a document is only to assist in tracing documents should they go astray. Since the documents were received by the issuing bank and the issuing bank is applying the presented bill of lading under the correct credit number, it would seem to be an irrelevance and not valid grounds for refusal.)"

点评：

如果提单标注的信用证号 7××××1/0165/AN 对应的信用证确实存在。显然，理应构成不符点。只是这种可能性极小。

引申：

信用证号码的拼写错误，是否也适用于开证日期呢？比如：开证行提了一个不符点：COPY OF PRODUCTION INSPECTION CERTIFICATE NOT INCOMPLIANCE WITH REQUESTED,SHOWING AN INCORRECT L/C ISSUING DATE.

我们认为，理应可以参照。即单据上显示的信用证号码错误不构成不符点，那么，开证日期错误也不应构成不符点。因为效果相似。

印证：

韩国外换银行案①中，信用证要求的 the non-timber packing material certificate 显示信用证号码：8021011070036，而正确的信用证号码为：8021011070037。山东省高级人民法院判决：单据构成不符，开证行可以拒付。

我们猜测，这很可能与号码 8021011070036 对应的信用证真实存在有关。换言之，此时，这一拼写错误已经影响了上下文的判断，从而也影响到非木质包装证明可接受性的判断。当然，这也说明了此类不符点的定性，常常处于灰色地带，见仁见智。

——同一单据不同栏位对使用方的重要性不同，拼写错误影响大小有别。但仍然并不绝对。比如：

[案例 064] R209：空运单上收货人姓氏打错，托运人地址打错是不符吗？

案中，空运单上收货的"Attention Party"中姓"CHAN"误打为"CHAI"，被视为不符点；托运人地址中"industrial park"误为"industrial parl"，却不视为不符点。

为什么呢？

分析及结论：

国际商会说："A surname, with the understanding that Indeed there might be someone else with exactly this name ('CHAI') even at the same address, can be deemed a reason for rejection of the AWB." 很明显，收货人名称错误会涉及收货的安全，存在运输部门通知 CHAI 而货物被冒领的可能。

接着又说："As there is no danger of an address actually reading 'Industrial Parl', this obvious typing error should not be a treated as a discrepancy and be a reason for rejection of the AWB." 这也是为了货物发送的实质性影响的角度考虑的，因为在一个特定的地方"industrial parl"并不存在，不存在误通知的可能。而如果此地，还有一个"industrial parl"的地名，则

---

① 韩国外换银行株式会社与青岛银行股份有限公司信用证纠纷案判决书,(2009)鲁民四终字第 37 号。

该单据显然不可接受。

点评：

其实，空运单据收货人栏位信息的拼写错误和托运人栏位信息的拼写错误，严重程度明显不同。空运单据收货联系人姓氏的拼写错误和托运人地址的拼写错误，严重程度也并不一样。

这种不一样，是从空运单据的使用方——承运人放货的角度来看。

[案例065] 提单上收货人Smith打成Smithh算不符点吗？Sofan打成Soran又算不符点吗？

在Beyene vs. Irving Trust Co.案中，提单收货人Sofan误拼为Soran。

美国法院判决："如果将信用证规定的航空运单的收货人SOFAN误拼为SORAN，由于现实中确实存在着某人名为SORAN的可能性，这一拼写错误将有可能使SORAN提取货物，而使本来的买方SOFAN钱货两空。（Nor have appellants claimed that in the Middle East 'Soran' would obviously be recognized as an inadvertent misspelling of the surname 'Sofan'.）"

接着，法院举例说："提单上收货人Smith打成Smithh不算不符点。这不会带来问题，因为常识告诉人们，不会有人叫做SMITHH，唯一的判断它是SMITH的误拼。"

点评：

提单收货人栏位的确是重要栏位，但其打字错误还是应该就事论事，结合语言环境，区别对待。

——更多的时候，则见仁见智。比如：

[案例066] 受益人名称多了"PTE"，可以接受吗？

在United Bank Ltd vs. Banque Nationale de Paris案中，信用证受益人：Pan Associated Ltd.提交的单据受益人作成了：Pan Associated Pte Ltd.

可以接受吗？

新加坡高等法院判决：这是不符点，可以拒付。尽管在新加坡法律下这不可能对应于两家不同的公司，而明显是一个"商业习惯（commercially insignificant）"。

点评：

新加坡高等法院难以自圆其说。当然，这也反映了打字错误的定性之难。

引申：

比如：TA778 rev中，信用证规定申请人名称为HIJ。而提交的无辐射证明上买方显示为HIJ Co. Ltd. 国际商会认为：UCP不求数据相同但求不冲突。提交证明中显示的申请人名称附加了Co. Ltd.以说明买方身份，如此和其他单据并不冲突。所以，不符点不成立。

[案例067] 受益人名称"Industries"，打为"Industrial"，可以接受吗？

在In Hing Hip Hong Fat Co Ltd vs. Daiwa Bank Ltd案中，信用证显示的申请人名称为：Cheergoal Industries Limited.而单据上显示的申请人名称为：Cheergoal Industrial Limited. 可以接受吗？

法官认为，这是明显的打字错误，且不会引发混淆，不构成不符点。

点评：

如此的拼写错误会不会引发混淆，须放在特定的环境中才能确定。法官认为不会引发混渚,才作出如此判断。但这未必会取得业界的认同。

[案例 068] 到货港 CHANGSHU,误打成了 CHANGSHA。这是不符点吗?
案中,信用证规定的到货港为 CHANGSHU,JIANGSU,CHINA,提单显示的到货港为 CHANGSHA,JIANGSU,CHINA,这是 TYPING ERROR 吗?
交单行认为提单上显示的 CHANGSHA 只是拼写错误,原因是江苏省并无 CHANGSHA,而只有 CHANGSHU。

分析:
根据第 A23 段的规定,如果拼写错误并不影响单词或所在句子的含义,则不导致单据不符。该案例中,如果 CHANGSHA 不是中国地名,可以判断是 CHANGSHU 的打字错误,不影响上下文的判断。但 CHANGSHA 确系中国真实存在的城市,尽管它并不位于 JIANGSU,但仍不排除货物运送到 CHANGSHA 的可能性,这已不是拼写错误层面上的问题,这就是对单据上下文含义的影响。

结论:
我们认为,这构成了实质不符。然而,这可能未必获得共识,因为江苏省的确只有 CHANGSHU,没有 CHANGSHA。这是"JIANGSU,CHINA"作为补充信息的可能影响。

[案例 069] 货物描述为 GAS OIL,但单据拼写为 GASOIL。这是不符点吗?
案中,韩国信用证货物描述为 GAS OIL,但单据拼写为 GASOIL,开证行拒付。最终法院判决不符点不成立。

点评:
单据显示 GASOIL,有两种可能:一是"GAS OIL"的误拼,这指柴油;二是"GASOIL"的误拼,这指液化气。二者含义完全不同。
所以,我们认为,如此判决可能不合适。

[案例 070] 货物描述为 Raygn,但单据拼写为 Rayon。这是不符点吗?
案中,信用证规定货描 Raygn,正确应为 Rayon。前者没有任何含义,后者指"人造丝"。
提交的单据纠正了信用证中货描的错误,拼写为 Rayon。
可以吗?

分析及结论:
国际商会说:If the credit quoted part of the goods description as "Raygn" (when obviously this should be "Rayon"), the credit should have been amended to reflect the correct spelling. Whilst a bank may choose to waive such a "spelling error", it is under no obligation to do so. This would be grounds for refusal.

点评:
世上怪事多。信用证上的货描是错了,单据上加以纠正,反而变成不符点。换言之,在国际商会的眼里,是不是将错就错,才可以接受。
这一意见可能很难获得业内的认同。

建议:
实务中,碰到这种情况,如果不改证,受益人最明智的做法似乎的确是"将错就错",然后以

品读ISBP745

括号的形式加以注释,表明正确的文字。

其实有些专业名词,如果要求银行审单人员搞清是怎么回事是不可能的,也是非常不合理的。就如这个Rayon还有个词叫Viscose,不是专业的人谁能够说出它们的区别呢?

"严格相符"VS"实质相符"

无论如何,实务是具体的、变化的,也是鲜活的。同一个"表面相符"原则下,由于信用证交易的背景差异,单据种类的繁杂,每一个人的经验不同、阅历各异、地位不一样、价值取向也不一样,对待拼写或打字错误的态度常常千差万别。

传统意义上由此形成了两个不是标准的"标准"——"严格相符"原则和"实质相符"原则。

什么是"严格相符"原则?这个原则下,单据上数据之间必须"等同一样(identical)",即ICC511所说"镜像(mirror image)原则",主张单据与信用证规定之间要像镜子一样逐字逐词地完全相同。

然而实务中,受益人制单时总会存在偶尔的拼写或打印错误。国际商会在ICC511中说:"正如有经验的银行业者所知,单证之间逐单词、逐字母地相符实际上是不可能的。(A word-by-word, letter-by-letter correspondence between the documents and the credit terms is a practical impossibility.)"如果一概地实行严格相符的标准,不仅有碍于国际贸易的正常进行,事实上也是无法操作的。严格一致标准下,将导致大量因轻微差异而拒付的情况,使得信用证这一付款工具变成了拒付工具。比如:

[案例071]　品质证明书必须由"专家们(by experts)"出具吗?

1926年EQUITABLE TRUST CO., OF NEW YORK Vs. DAWSON PARTNERS一案中,开证申请人购买一批凡尼拉豆,指示开证行开立保兑信用证。信用证规定,凭提交包括一份由"专家们(by experts)"出具的品质证明书在内的单据付款。

保兑行凭由"单个专家(by expert)"出具的证明书付了款。但卖方弄虚作假,所装货物大部分是废品,而该专家没有注意到这一欺诈行为。

最高法院判决认为,保兑行无权向开证行请求偿付,因为它违背了信用证的指示,凭只有一个专家而不是至少两个专家出具的品质证明书付款。

SUMMER法官在判决中说:"在像本案的信用证交易中,接受单据的银行只有严格遵循了所授权中规定的各项条件,才能请求获得偿付。就单据而言,并无几乎相同或能起同样作用的余地。(There is no room for documents which are almost the same or which will do just as well.)"

点评:

仔细琢磨,法官的看法更多的是看重一个专家和两个专家出具品质证明书的效果不同,即"by expert"与"by experts"之不同,实际上影响了上下文的判断,从而认定这是不符点。

我们觉得,法官的说法有点吹毛求疵,因为贸易上如果品质证明书由多个专家出具,按理会表达为"by two or more experts"以示强调,而不会仅仅表达为"by experts"了事。换言之,为什么不说信用证中对品质证明书的出具专家人数的要求是不清楚的,从而必须承担其风险呢?当然,此案发生于UCP出现之前,不好事后评判对错。

Randolph Quirk是英国极具盛名的语言学家,他的语法书在英语学习中极具权威。他的A Comprehensive Grammar of the English Language中提及复数名词不使用冠词(Uses of the zero article)时认为 The zero article, in contrast, indicates simply the category of the objects, etc referred to. 即这只是表示一类对象。就如 I've just bought melons 的意思中并没有数量的概念,只是说明了我买的是 melon 而不是买的诸如 grapes 之类的其他水果。同样,I haven't bought books (but I've bought magazines)也只是为了表示买的是"书"而非"杂志"这类的东西。因此,法官对 by experts 的理解一定受当时人们对信用证业务的"严格相符"概念的影响(是否受买方的影响不得而知,但相信他的裁决在当时的情况下是相对公正的)。在现今的贸易条款中,如果确实含"量"或"多种类型"的概念,当事人理应明确说明的。相信,这种因名词单复数而提起的不符点在如今信用证业务中应该很少出现了。

争议:

其实,实务中单词之间多了一个"s"和少了一个"s"有多大的区别,常常难以认定。比如:ICC CASE 42 中,信用证规定货物描述为:Emulsifying agents"fuel oil composition and use"——使用乳化添加剂的燃料油,提交的提单和装箱单中却是:Emulsifying agent"fuel oil composition and use",咨询者问是否可以拒付单据? 国际商会的一种意见认为缺少"s"不应视为不符点,另一种意见认为缺少"s"应视为不符,考虑到燃料油含有一种还是多种添加剂这一重要问题时更是如此。

我们认为,同样地,如果申请人希望燃料油中使用多种添加剂理应表达为:Emulsifying two or more kind of agents"fuel oil composition and use",或者:"fuel oil composition and use"with two or more emulsifying agents. 所以,这不应该是个不符点。因为如果提单和箱单货描表达为:Emulsifying agent"fuel oil composition and use",这也没有否定只使用了一种添加剂,而仍完全可能使用多种添加剂。

实务中,有人认为,UCP600 第 3 条的第一句话已经解决了这一问题:"Where applicable, words in the singular include the plural and in the plural include the singular."另一些人则认为,这只是适用于 UCP 本身条款的叙述方便,而不直接涉及信用证条款的规定和单据内容的满足。总之,见仁见智。

引申:

无论如何,如果单词之间多了一个"s"和少了一个"s",效果上没有区别,仍应接受,而不应视之为不符点。比如:信用证要求 certificate of quality issued by manufacturers. 而实际提交的品质证明书显示只有一个制造商出具。这应该是可以接受的。因为货物的制造商可能只有一个,而这是客观的事实。如果说一味需要多个制造商出具品质证明书,将变得不可能。

什么又是"实质相符"原则? 这个原则下,允许单据有不会对申请人造成伤害的差异。最具代表性的是英国法律专家 Maurice Megrahdd 在其著作 The Law of Bankers Commercial Credits 中的著名观点:"严格相符"并不应用于信用证或单据上的"i"是一点或"t"上一横或明显的打字错误。(The strict compliance does not extend to the dotting of i's and the crossing of i's or to obvious typographial errors either in the credit or the documents.)理由是:由于单据和信用证二者语言的多样性,教条化和一概而论都是不可能的。(Because of the wide vairiation in language to be found in both, it is impossible to be dogmatic or even to generalise.)比如:

品读 ISBP745

[案例072]　信用证要求提单签署人为 Maersk,该如何满足?

实务中,不管是信用证条款,还是在单据内容,常常会显示各种各样的当事人或关系人,包括身份或名称。就名称而言,有两种:一为特定名称,指详细而精确地指向一个具体的实体或个人的名称;二为非特定名称,指一些实体或个人的共同通用名称,它没有,也不可能指向一个具体的实体或个人的名称。

那么,应该如何判断单据上当事人或关系人名称,是否与信用证规定相符呢?

分析及结论:

Maersk 为马士基的非特定名称。它对应于大大小小的马士基公司,包括 Maersk line co., ltd., Maersk line (China) co., ltd., Maersk line co., ltd., Xiamen branch. 而这都是一个个具体的实体,是特定名称。

信用证要求提单签署人为 Maersk,提单显示签署人为 Maersk line (China) co., ltd,便算已经满足了信用证的要求。

但是,如果信用证要求提单签署人为 Maersk line co., ltd 时,提交的提单则不可显示为 Maersk——马士基,这是非特定名称,不是一家具体的马士基公司;也不可显示为 Maersk line (China) co., ltd.——这是另一家公司,与马士基轮船中国是子母公司的关系。

印证:

在 Kredietbank Antwerp v Midland Bank plc 一案中,信用证要求:a draft survey report issued by Griffith Inspectorate. 提交的 a draft surveyor report,由"Daniel C. Griffith (Holland) BV…member of the worldwide inspectorate"出具并签署。可以接受吗? 上诉法院认为,这符合信用证要求。可以接受。

点评:

话说回来,根据本出版物第 A36 段 b 款的规定,如果信用证要求提单签署人为 Maersk line co., ltd 时,提交的提单显示为 Maersk line co., ltd., Xiamen branch. 这是马士基轮船厦门分公司,它与总公司属于同一法人,仍算满足了信用证的要求。

有必要特别说明一下,不管是"严格相符"原则,还是"实质相符"原则,均不是 UCP 意义上的单据审核标准。"严格相符"原则,强调形式上单据中数据之间必须等同一样,如果不等同一样则有可能以讹传讹,曲解申请人或开证行原意。"实质相符"原则,强调单据中数据所反映的内容实质上体现了申请人或开证行在信用证中的要求即可,形式上单据中数据不必等同一样时,只要不造成申请人实质性伤害仍可接受。然而,怎样算不造成申请人伤害呢? 这常常是一个模棱两可的问题,于是银行便不得不考虑信用证以外的安排,以及信用证背后的交易了。

不管怎样,这两个所谓的"标准",仅仅是 UCP 所建立的审单标准——"表面相符"原则在实践中所形成的不同角度的理解。归根结底,它们必须统一到"表面相符"原则下。在具体的审单实务中,倒是有必要考虑同一情形以"严格相符"原则和"实质相符"原则分开判断时,二者含义的不同对处于不同立场的不同当事人可能造成什么样的影响,影响属正面的还是负面的,以及这种影响是否得到了业界的普遍承认,等等。

请记住:信用证审单是一门艺术! It must be recognized that the bank's duty is not engage in a merely mechanical proof-reading exercise but to use its judgment, banking experience and general knowledge to test compliance.

多页单据和附件或附文

Multiple pages and attachments or riders

【导读】

一份单据由于内容比较多,一页无法显示,有时需要分别由多页显示,或者部分在附件中显示。

实务中,多页单据常常被误以为部分是未规定单据,或者附件是未规定单据,从而不被银行理会,如此难免会导致审单的误判。

第 A24 段

多页单据的判断

多页单据何时算一份单据?何时又只能判断为多份单据或部分页为未规定单据呢?附件何时是独立的单据?何时又不是呢?

Para A24:

When a document consists of more than one page, it must be possible to determine that the pages are part of the same document. Unless a document provides otherwise, pages which are physically bound together, sequentially numbered or contain internal cross references, however named or titled, will meet this requirement and are to be examined as one document, even if some of the pages are regarded as an attachment or rider.

当单据包含不止一页时,必须能够确定这些不同页属于同一单据。除非单据本身另有说明,无论其名称或标题如何,多个页被装订在一起、按序编号或含有内部交叉援引即满足要求,并将作为同一单据进行审核,即便有些页被视为附件或附文。

【解读】

本段的规定包括两句话:

第一句话确立了一个判断原则:当一份单据包括不止一页时,应该能够确定这些不同页同属一份单据。显然,这一个原则基于一个前提,即不同页之间必须具有联系。

第二句话确立了几种判断方法:相应地,具体的判断方法,就是同一份单据不同页之间的不同的联系方式了,包括物理联系和逻辑联系。具体如下:

——物理联系。比如:不同页装订在一起,不同页之间盖了骑缝章。请注意,实务中,有些受益人或交单行由于单据种类较多,为了避免散落或遗失,常常会将相近的单据装订在一起,则不应该视之为同一单据。

——逻辑联系。比如：不同页按顺序编号，常常显示为 1/3,2/3…有时也显示为 1,2…有时 B/L 上显示 originals issued：3/3,affix：1,这些均可以接受。还比如：不同页之间交叉援引,常常表达为 other details please see attachment,或者 attachment to B/L No. 等

请注意，单据上表明的"ENCLOSED"或"attached"，可能并不一定是附页。比如：

[案例 073] R724/TA731 rev：保险单据显示的保险条款 enclosed or attached herewith，这是指附页吗？

案中，问题 2 的保险单据上载有以下条款：This policy is prepared according to the material facts disclosed by the proposer as is shown in the proposal form and is subject to the general and special conditions and clauses enclosed or attached herewith and the Company hereby agrees to indemnify the Assured, against payment of the premium due, in case of a marine peril as described above.

该保单包含了一标题条款——[COUNTRY T]GENERAL CONDITION，及一适用条款——ICC(A)，WAR，STRIKES CLAUSES，INSTITUTE CLASSIFICATION CLAUSES 等。

那么，如何理解"ENCLOSED GENERAL AND SPECIAL CONDITIONS AND CLAUSES ENCLOSED OR ATTACHED HEREWITH"？我们是否能够认为保单上所显示的是否足以满足信用证要求的 ICC(A)险，或我们还必须寻求保单另附的 THE GENERAL AND SPECIAL CONDITIONS 呢？

分析及结论：

国际商会说：该保单援引了"ENCLOSED"或"ATTACHED HEREWITH"，单从字面解读，保单试图通过"ATTACHED HEREWITH"字眼引出所需列示的条款；而"ENCLOSED"可以理解为同一保单别处所列示的条款。保单上显示了"[COUNTRY T]GENERAL CONDITION"及其他适用条款，系对"GENERAL AND SPECIFIC CONDITIONS AND CLAUSES"的展开。

点评：

保单上显示的"ENCLOSED"或"ATTACHED HEREWITH"，只是"附随"的意思，可能是"附随"另一页，也可能仅是"附随"一个条款。这需要根据上下文斟酌而定，不可一概而论。案中所指的是"附随"一个条款，所以，可以接受。

——既有物理的联系，又有逻辑的联系。比如：贸促会在商业发票上证实，往往会加贴标签，并注明："所附商业发票号码××××××上的 ABC co.,ltd. 公司的签章是真实有效的。"

请注意，在使用这几种判断方法，不用考虑不同页的名称，但需考虑单据本身的另外说明，包括信用证的另外规定。换言之，一份单据可以有多页，不同页可以有不同的名称，即便有些页被命名为附件或附页。比如：箱单正文标题为 packing list，附页可能会写 rider，attachment. 还比如：保单正文标题为 insurance policy 或 insurance certificate/declaration，附单可能会写 insurance note 等等。

例外的是，有时单据名称虽为某种单据的附页，实为一单独的单据。比如：信用证 46A 在要求 full set of original B/Ls 的同时，还单独规定：a seperate appended declaration to b/ls issued and signed by shipping company. 此时，提单与附页声明为独立的两种单据，须单独提交，单独签署，而不能因为提单上的签署与附页声明人一致，而不另行签署。比如：

[案例074]　R351：船公司证明是否为提单的一部分？

案中，受益人提交了信用证要求的全套3份正本提单，但提单上未注明正本提单的出具份数，还提交了1份船公司证明："正本提单出具一套3份。"

咨询者认为，信用证没有特别要求正本提单出具份数必须显示在提单上，可以接受。

开证行以提单没有注明正本份数为由拒付。

分析及结论：

国际商会同意开证行的观点，在结论中说：该船公司证明必须由承运人出具，且必须是提单的附页，即显示该证明是提单号码×××，日期×××的有机组成部分。如今，提交的船公司证明不是信用证所要求的，因此将不予理会。（The certificate should be from the carrier and should have been issued as an official addendum to the bill of lading, i.e. indicate that the document is an integral part of B/L No. ... dated... As presented, the additional certificate from the shipping company was not required by the credit and therefore would not be examined in accordance with sub-Article 13(a) of UCP500.）

点评：

船公司证明，可以是提单的附页，也可以是独立的一页。

案中的船公司证明不是提单的一部分。当然，如果船公司证明是提单的附页时，或多页提单中的一页时，这是可以接受的。

请注意，实务中常用于表明单据包含多页的"page 1/2"或"page 2/2"字样，可能指的是正背面，而不是多页单据本身。比如：开证行拒付，提了一个不符点为："B/L INDICATE PAGE 2/2 BUT PAGE 1/2 NOT PRESENTED."据查，受益人提交的是YANGMING公司提单正面显示了2/2，经确认背面有显示PAGE 1/2。所以，不符点不成立。

第A25段

多页单据的签字或背书

单页单据，签字在正面，而背书在背面，一目了然。同一份的多页单据则存在多个正背面，又该如何签署和背书呢？

Para A25：

When a signature or endorsement is required to be on a document consisting of more than one page, and the credit or the document itself does not indicate where a signature or endorsement is to appear, the signature or endorsement may appear anywhere on that document.

当要求超过一页的单据载有签字或背书，而信用证或单据自身未规定在何处显示签字或背书时，签字或背书可以出现在该单据的任何地方。

【修订】

本段规定删除了多页单据签署首选首尾页的要求。

【解读】

同一份多页单据如果有签署栏或背书栏,则优先在签署栏内签署或在背书栏里背书。如果没有签署栏或背书栏,则可以在任何一页单据的任何位置签署或背书。与旧版相比,这一规定取消了首选首尾页签署,更贴近实务。因为有时候多页单据,如前半部分 5 页为正文,后半部分 5 页为附件,而按照行文习惯通常签署在前半部分正文的最后一页,这是中间页。

尽管如此,实务中单据的签署或背书的位置和方法,常常还是约定俗成。

比如:单据背书时,按理仍应在单据的背面,尽管哪一页的背面都可接受。因为背书的本意,即在单据的背面书写,而不是正面。《美国传统词典(双解)》:"endorsed, To write one's signature on the back of (a check, for example) as evidence of the legal transfer of its ownership, especially in return for the cash or credit indicated on its face.(支票等的)背书:签名于(支票的)背面以作为合法转让其所有权的证据,尤其是作为对标于其正面的现金或信用卡的交换。"换言之,虽然背书的位置由法律规定,而 UCP 没有说,但背书在单据的正面是有风险的。

还比如:单据签署时,为慎重起见,往往也会在同一单据的多页上分别为之。国际商会在 R279 中说:"如果提单含有不止一页(附件或附录),则每页必须含有其是×××号提单的附件/或不可分割的一部分的说明(或类似措辞)。在这种情况下,第一页签字就足够了。然而为保护船公司及/或代理,使其签发的提单完整,在每页(包括附件)上签字是谨慎的做法。"

一份多页单据在每页签字,往往在主页上是正式签署,而在其他页上只有正式签署人员的小签,或者在各页间盖骑缝公章或骑缝专用章,以示证实。

信用证的非单据化条件

Non-documentary conditions and conflict of data

【导读】

信用证内容由一系列的条款和条件组成。这些条款或条件,往往或体现为交单行为,或显示在单据上。但是,UCP 并不排除信用证安排规定了没有明确对应单据的一些条件。实务中,前者常称为"单据化条款(documentary terms)",后者常称为"非单据化条件(non-documentary conditions)"。

与此相似,实务中提交的单据,也区分为信用证的"规定单据"和"未规定单据"。

第 A26 段

非单据化条件

如何判断非单据化条件?如果信用证规定了非单据化条件,银行又该如何处置呢?

Para A26:
When a credit contains a condition without stipulating a document to indicate compliance therewith ("non-documentary condition"), compliance with such condition need not be evidenced on any stipulated document. However, data contained in a stipulated document are not to be in conflict with the non-documentary condition. For example, when a credit indicates "packing in wooden cases" without indicating that such data is to appear on any stipulated document, a statement in any stipulated document indicating a different type of packing is considered to be a conflict of data.

当信用证包含一项条件但未规定表明该条件得以满足的单据("非单据化条件")时,无需在任何规定单据上证实以满足该条件。然而,规定单据上所含有的数据不应与非单据化条件相矛盾。例如,当信用证规定"以木箱包装(packing in wooden cases)",而没有要求该数据应显示在规定单据上时,任何规定单据上显示不同包装类型将被视为数据矛盾。

【修订】

本段为新增。

本段规定是对 UCP600 第 14 条 h 款的细化——"如果信用证中含有一项条件,但未规定用以表明该条件得到满足的单据,银行将视为未作规定并不予理会。"

【解读】

"非单据化条件",银行将视为未作规定并不予理会。换言之,由于未提供相应的单据或未在单据上表明满足该"非单据化条件",银行也不能将其视为不符点。

这一规定常常招致非议。有人认为,信用证中与单据无关的条件不能被简单地忽略。另一些人则认为,不能根除此类条件,因为每份信用证中都有此类条件。比如:信用证的交单期与有效期就没有任何可依据的单据,但无论如何必须被满足。国际商会在 ICC511 中说,这些争论归根结底,是由误解而产生的。从相符交单的定义即可以看出,信用证的内容包括两大类规定:一为条款(terms),二为条件(conditions)。"条款",指一些必然要发生的事件——events that are certain to take place;而"条件",指一些未来和不确定的事件——future and uncertain events. 信用证"条件"不能与"条款"相混淆。信用证交单期、有效期在实务中一定要发生,因为只要时间继续下去,交单期和有效期必然会到来。信用证的到期日是信用证的"条款",而不是"条件"。

"非单据化条件"不予理会的规定,仅仅提到了信用证交易下的银行。那么,申请人或受益人呢?我们认为,申请人或受益人也不予理会。因为如果信用证下一旦付款,便意味着,同时申请人自动接受了信用证"非单据化条件"未被理会的后果;而如果信用证没有付款,信用证的"非单据化条件"便由于是开证行——准确地说,是申请人——的单方面行为,便不应该约束受益人,其效果与未被理会没有本质的差别。

如此一来,这里的规定可能与申请人的初衷背离,从而造成伤害。ICC515 指出,开证行应当仔细审查申请书,以确定其中没有列入非单据化条件。否则,开证行就有责任提示申请人,将这些条件改成清楚明确的单据要求。跟单信用证,应该总是十分明确地写明受益人必须提示以取得付款的单据。如果不是通过单据得以实现,该跟单信用证就不应该被开立。显然,这

品读 ISBP745

里的申请书带有"非单据化条件"下开证行"有责任提示"的看法,与第Ⅴ段中"模糊指示"下开证行的责任承担几乎一致,尽管 ICC 515 仅仅是代表 UCP500 起草组的意见,而不是国际商会的意见。

但是,单据上的数据无论如何不得与"非单据化条件"矛盾。比如:信用证规定 Packing in wooden cases,但没有装箱单。如果提交的发票显示数量 25 crates,便不能接受,而如果显示 25 cartons,也不能接受。因为 carton 是纸箱,而 crate 是板条箱但未必与 wooden case(木箱)一样。

请注意,本段规定的言外之意是,即便信用证还要求了装箱单,Packing in wooden cases 仍为"非单据化条件",提交的装箱单也可以不予满足。因为第 L1 段对装箱单的功能性要求,可以多种多样,任何货物包装信息均可。

单据化条款 VS 非单据化条件

实务中,困难的是,单据化条款和非单据化条件,常常雌雄难辨。信用证常常规定了一些条件,也规定了一些单据,尽管没有以明示的方式规定该条件与该单据的联系,但如果该联系是暗含的、公认的、不言自明的,该条件还是"非单据化条件"吗?

国际商会曾经在 UCP500 的第 3 号意见书中说:尽管跟单信用证内的某一条件并未要求任何单据予以证实,如果该条件能够"明显"地与信用证中规定的某一单据相联系,这一条件就不能被认为是"非单据化条件"。相应地,该条件就必须在相联系的单据上予以证实。那么,怎样算"明显"呢?实务中,难以确立一个清晰的标准。

为此,UCP600 起草组在序言中放弃了上述意见书的看法,言外之意即:尽管如此,该条件不是单据的功能性要求,而仍是"非单据化条件"。比如:

[案例 075] TA764:信用证要求:Total cost of goods indicated in CMR must be EUR[specified amount]. 指什么?

案中,信用证 47 场规定:Total cost of goods indicated in CMR must be EUR[specified amount]. 那么,这是指如果 CMR 显示 any cost of goods 情况下,必须显示 specified amount in EUR,还是 CMR 必须显示货物成本——EUR[specified amount]?

分析及结论:

国际商会说:显然,信用证并未清楚规定 CMR 必须显示 Total cost of goods。当然,如果显示了 Total cost of goods,必须标明为明示的欧元金额。(It appears that the LC does not explicitly state that the CMR must indicate a total cost of goods. If the total cost of goods is indicated, then it must be stated as a specific amount in EUR.)

点评:

显然,这是一个语法问题。

信用证规定——Total cost of goods indicated in CMR must be EUR[specified amount],从语法上看,其重心在于要求 CMR 上货物成本必须显示为欧元的明示金额,而不在于要求 CMR 上必须显示货物成本。

当然,可能会产生异议,既然信用证都规定了欧元的明示金额,那么必定以默认"要求" CMR 显示该金额为前提。如此,实际上已经改变了语法的解读。

[案例 076]　R743/TA689：信用证要求：Goods must be shipped in export standard packing. 这是单据化条件吗？

案中，信用证 47A 要求：Goods must be shipped in export standard packing and clearly marked country of origin and shipping marks in each and every package/carton/bag/container. 开证行拒付说，47A 这一要求未满足，且生姜是易腐烂品，受益人以干柜装运。(Ginger is perishable goods but beneficiary has shipped the goods by dry container.)

虽然案例中，没有提到信用证同时要求装箱单，但从分析过程中，笔者猜测应该是有这么一份装箱单。

分析及结论：

最终，国际商会说：根据 UCP600 第 14 条 h 款，这一条件属非单据化条件。接着说，单据上的数据与之不矛盾即可接受。(Provided the beneficiary did not insert data on one or more of the stipulated documents that conflicted with this requirement, the documents would be compliant in this respect.)

点评：

显然，国际商会认为，案中信用证 47A 场对包装条件的此类要求，不属于本出版物第 L1 段规定对装箱单的功能性要求。

印证：

类似的情况，国际商会在 TA644 中认为，信用证中没有规定相关单据的装货港、卸货港、最迟装运日等条件，是非单据化条件。当然，信用证如果还规定了运输单据，则此类规定理应属于对运输单据的功能性要求，属于单据化条款，必须予以满足。

比如，R212 中，信用证 47 场要求："shipment to be seafreight vessel sailing to Mombasa Port via Suez." 咨询者问：这需要在提交的提单上特别显示吗？国际商会在分析中引用了 UCP500 下的第 3 号意见书，说："A condition is not deemed to be a non-documentary condition if the condition can be clearly linked to a document stipulated in the credit. Since the credit stipulated a Marine Bill of Lading, there was, in fact, a document called for to which the condition could be clearly linked." 在 UCP600 框架内，与其认为此类要求与运输单据明显关联，从而必须满足，不如说，这是运输单据的功能性要求，属于"单据化条款"。

[案例 077]　R321：信用证 47A 中的 Statement of Origin，是单据化条件吗？

实务中，常见的非单据化条件，隐藏在信用证 47A additonal conditions 里。但是这不意味着在信用证 47A additional conditions 里的条件都是非单据化条件。

比如：信用证在 special condition 部分规定：Statement of Origin issued by exporter should have the content as follows：all goods bear the country of origin on the surface of the goods. 这是在要求一份原产地声明吗？

分析及结论：

国际商会说：这是"单据化条件"，在信用证的特别条件部分规定了一份单据，并不影响该单据必须与其他规定单据一同提交。(The fact that the request for the document was under a heading 'special condition' or similar, does not detract from the fact that it was to be presented with the other stipulated documents.)

国际商会在 R402 的类似案例中，给出了类似的意见。

品读 ISBP745

点评：

问题的关键在于确认，申请人通过信用证到底要求的是什么。是要求一份出口商出具的原产地声明(Statement of Origin issued by exporter)，同时要求反映一个事实——"规定内容必须显示在原产地声明之上"，还是仅仅要求反映一个事实——"规定内容必须显示在原产地声明之上"？如果是前者，属"单据化条款"；如果是后者，则属"非单据化条件"。我们感觉，从纯语法分析的角度看，这两种都有可能。

国际商会认为，从信用证实务看，申请人的原意更倾向于是在要求一份原产地声明。如此，信用证的这一规定，准确地说，相当于：Statement of Origin issued by exporter (which) should have the content as follows: all goods bear the country of origin on the surface of the goods. 而无须理会这一规定是在信用证的"special conditions"或"additional conditions"标题之下。

相似：

比如：信用证 46A 要求：Beneficiary certified copy of shipping advice indicating shipping details sent to applicant by courier receipt 'immediately' after date of shipment. 这仍然在要求一份装船通知。

引申：

试想一下，如果信用证仅仅规定：exporter must issue Statement of Origin... 这还是单据化要求吗？显然不是。

值得强调的是，非单据化条件却不一定都显示在信用证的 47A additonal conditions 栏位中。有些银行开证不规范，比如，在 46A documents required 中规定 beneficiary must fax shipping details to applicant immediately after shipment, 却未要求证明这一事实的 beneficiary's certificate，也没有要求相应的 shipping advice 或者 fax report。此时该条款仍为非单据化条件。

[案例 078] R326：信用证 47A 中的 demurrage for goods shipped prior to L/C issuance are for beneficiary's account，是单据化条件吗？

案中，信用证 47 场要求：demurrage for goods shipped prior to L/C issuance are for beneficiary's account. 付款时，船公司通知扣划滞期费 USD9 511.84，开证行相应扣划后支付给受益人。

结果引发双方争议，焦点是：这是非单据化条件吗？

分析及结论：

国际商会说：这是非单据化条件。因为 it does not specify whether such costs are to be borne from the credit proceeds or whether the beneficiary would have to settle outside of the credit terms.

点评：

换言之，如果信用证明确规定，滞期费将从信用证下的单据金额中直接扣划外支付，则算"单据化条款"。

引申：

实务中，信用证 47 场偶尔会见到迟装罚款条款涉及的是，申请人希望从支款金额中直接扣划的要求，理应参照国际商会的意见加以单据化。

显然，这些费用不算 UCP600 第 37 条 c 款所规定的银行费用——"指示另一银行提供服务的银行有责任负担被指示方因执行指示而发生的任何佣金、手续费、成本或开支("费用")。"

"如果信用证规定费用由受益人负担,而该费用未能收取或从信用证款项中扣除,开证行依然承担支付此费用的责任。"

单据化条款中的非单据化文句

实务中,信用证对一份单据的要求本身,整体来看,就是一个"单据化条款"。但是,"单据化条款"中偶尔仍会包括"非单据化文句"。那么,此类要求要不要满足呢?是参照"单据化条款"的其他内容,必须在单据上予以显示,还是参照"非单据化条件",不予理会呢?

我们认为,"非单据化文句"理应参照"非单据化条件",不予理会。因为这些文句在语法上,根本就无法看出"必须与其相符的单据"就是该单据。换言之,对于银行来说,在 UCP 框架内只须确认"单据化条件"中的可单据化部分已经满足即可,至于"非单据化文句"则不予理会。比如:

[案例 079] R301:信用证要求"duly"endorsed。如何满足?

案中,信用证要求保单,同时规定:the insurance policy"duly"endorsed.

咨询者问:"duly"应如何满足呢?

分析及结论:

国际商会说:这是一个有关保单背书形式的"non-UCP"技术用语。这并不是要求保险单据背书时,必须显示"duly"字样。(The ICC is not aware of any requirement for an insurance document required to be 'duly' endorsed, for such endorsement to requirement the addition of the word 'duly' to such an endorsement. We feel that the word implies merely a passage of time after which it (the document) has reached a condition (e. g. signature by the parties and registration, etc.) whereby it may validly be endorsed by the party in a legal position to do so ('duly').)

点评:

显然,国际商会认为,信用证中的此类要求属于单据化条款中的"非单据化文句",银行不予理会。

又比如:信用证 46A 要求 Beneficiary certified copy of fax advising shipping details to applicant fax No. 1234567890 'immediately' after date of shipment. 此时,必须提交经受益人证明的 copy of fax 或 shipping advice,只须载明装船细节,却没有必要在单据上体现"advising 'immediately' after date of shipment"这一文句。因为不管是信用证要求的通知这一个动作,还是以通知这一动作的进一步要求——"immediately",归根结底,都是"非单据化文句",它无法在该装船通知上体现,而只能用事实证明。实务中,任何一个传真件,按理并不必然载有收件人名称、传真号码,以及传真时间。当然,如果传真件上仍然载明了收件人等信息,不能与信用证规定的"非单据化文句"矛盾。

UCP600 第 3 条:

Unless required to be used in a document, words such as "prompt", "immediately" or "as soon as possible" will be disregarded.

除非要求在单据中使用,否则诸如"迅速地"、"立刻地"、"尽快地"等词语将被不予理会。

正因为信用证对单据的要求本身可能带有"非单据化文句",所以,这里做了上述规定——"迅速地"等类似词语将不予理会,因为其往往是非单据化文句。

但有例外,即当其是单据化条款的一部分之时,则必须体现在单据上。比如:信用证46A要求为:Beneficiary must fax shipping details to applicant fax No. 1234567890 'immediately' after date of shipment, and beneficiary certificate to this effect must be presented. 此时必须提交受益人证明,而证明的内容必须体现:"We, as beneficiary, have faxed shipping details to applicant fax No. 1234567890 'immediately' after date of shipment."这是因为"immediately"已经单据化成为受益人证明内容的一部分了。

"未规定单据"

实务中,信用证的"未规定单据"与信用证的"非单据化条款"非常相似。

银行处理的是单据,且只限于信用证规定的单据。那么,如果受益人提交了信用证未规定的单据,银行该如何处理呢?

UCP600第14条g款:

A document presented but not required by the credit will be disregarded and may be returned to the presenter.

提交的非信用证所要求的单据将被不予理会,并可被退还给交单人。

上述规定表明:

第一,提交"未规定单据"本身,将不被理会。当然,也不因此构成不符点,也不因为该单据显示的数据与其他要求的单据或信用证或UCP规定矛盾而构成不符点。比如:

[案例080] R773/TA738 rev:SWIFT证实电是规定单据吗?

案中,备用信用证适用于UCP600,要求凭以下单据即期付款:

A. 由受益人签署的证明,证明申请人X公司无法对其提供的货物——窗户和门承担付款责任;

B. 由受益人签署的未付款的发票副本;……

同时特殊条款要求:DOCUMENTS A AND B BEAR THE CONFIRMATION OF THE BENEFICIARY'S BANKERS THAT SIGNATORIES THEREON ARE AUTHORISED TO SIGN. 单据A和B必须显示受益人银行的证实,证实单据由有权人进行签署。

之后,受益人交单。寄单行在给开证行的寄单面函上声明:"We hereby confirm that Mr. I. V. and Ms. K. M. have an authority to sign beneficiary's certificate and invoices (documents A and B). (兹证明MR I. V.和MS. K. M.对受益人证明和发票(单据A和B)进行了有权签署。)"同时,寄单行在给开证行的MT799报文中再次表明:"We hereby confirm that signatories of documents A and B (beneficiary's certificate and invoices) are authorised to sign. (单据A和B由有权人进行签署。)"

开证行收单后拒付,理由为不符点:"DOCUMENTS A AND B,BENEFICIARY STATEMENT AND COPY INVOICES HAVE NOT BEEN COUNTERSIGNED BY BENEFICIA-

RY BANK AS PER SBLC REQUIREMENTS.（单据 A 和 B，受益人证明和副本发票没有根据备用证要求经由受益人银行会签。）"

分析及结论：

国际商会认为这是不符点，并分析道：

备用证包含以下特殊条款："DOCUMENTS A AND B BEAR THE CONFIRMATION OF THE BENEFICIARY'S BANKERS THAT SIGNATORIES THEREON ARE AUTHORISED TO SIGN."这说明单据 A 和 B 需要银行的证实（比如，声明和签署），证明有权人签署了这些单据。这个证实需要明确地体现在这些单据上，而不是体现在通知行的交单面函以及来自银行的独立的 SWIFT 报文中。

备用证常常需要银行对单据的有效性和有权人对所交单据的签署进行证实。但是，国际银行标准实务不认为：备用证要求的需要出现在相关单据上的证实文句，可以出现在非备用证要求的 SWIFT 报文中。

ISBP681 第 8 段的内容并没有支持如下观点：证明可以出现在非信用证要求的单据（如 SWIFT 报文）上。（ISBP681 Paragraph 8 does not support the certification appearing in a document that has not been called for in the credit i.e., the SWIFT message.）

点评：

案中信用证对单据证实的要求，国际商会认为属于"单据化条款"，必须在"规定单据"上满足。

征求意见的时候，很多从事备用证、保函的朋友，觉得这是可以的，平时也都这么做。开证行有点过分了。因为证明显示在单据 A 和单据 B 上，与 MT799 上，证实的效果没有本质的区别。

准确地说，实务中信用证对单据须经寄单行证实的要求，可能有差别，有时可能是"非单据化条件"。比如，信用证要求：THE BENEFICIARY'S BANKERS MUST CONFIRM THAT THE SIGNATORIES ON DOCUMENTS A AND B ARE AUTHORISED TO SIGN. 这是"非单据化要求"。此时，只需由寄单行发报证实即可，而不必在单据上证实。

第二，对于银行，接收到未规定单据，可以保留，也可以退还给交单人。UCP600 倾向于退还给交单人。

实务中，信用证下未规定单据上各种数据的存在，可能干扰进出口贸易。比如：提交了信用证未要求的产地证上显示"部分元件来自以色列"，如果进口国为阿拉伯国家，进口清关就可能有问题。但是，如果交单之时便退还给交单人了，便没有这一问题。

但是，有时难以判断实际提交的单据，何者为信用证未规定，何者又为信用证所规定。这种情况下，作为交单人，应主动选择不提交未规定单据。否则，易引起不必要的麻烦，产生负面影响。

比如：受益人为了省却另寄单据的麻烦，将 A 信用证下装货证明误随 B 信用证下单据提交。尽管 B 信用证未要求该证明，但申请人已与受益人达成货物装运后 24 小时由受益人快递装货证明给申请人的协议。而实际提交的 A 信用证项下的证明是装货后 48 小时发出的，晚了 24 小时。申请人收到单据后对此装货证明提出异议。尽管开证行应按照这里的规定对"未规定单据"不予审核，并退回交单人或照转，但对申请人来说却可能因为 A 信用证下装货证明的问题而引发疑虑甚至纠纷，结果影响 B 信用证下收汇。

又比如：信用证只要求一种产地证（certificate of origin）。受益人提交了两种产地证，一种是贸促会签发的一般产地证（certificate of origin issued by the CCPIT），带不符点：it indicates invoice issuing date not as invoice presented，另一种是商检局签发的普惠制产地证（GSP Form A），没有不符点。显然，从表面上看提交的两种单据均为信用证规定的产地证，而没有任何理由指出其中一种为信用证的规定单据，另一种为信用证的未规定单据。此时，银行的选择，将最终决定是否构成相符交单。

毫无疑问，这种情况下信用证承诺的确定性，将受到挑战。我们倾向于认为，当然，银行没有选择权，只要有一个产地证满足要求，另一个产地证即可不予理会。

正本和副本

Originals and copies

【导读】

单据有正本和副本之分，其法律意义上的证据效力也有高低之别。

单据正副本如何判断？单据正副本份数应该如何提交？单据正本一定需要签署吗？副本可以不签署吗？所有这些，都与单据正副本的证据效力息息相关。

正副本的证据效力

在法律意义上，单据是书证的一种。单据的正本（original），相对于副本（copy）而言。前者称为书证的"原件"，后者称为书证的"复制件"。具体而言：

——所谓"原件"，指书证的原始制作者以反映文件制作者的真实意思为目的，而对相关内容进行记载而成的原始文本，又称原本或底本。任何书证都应该有原件，如合同、借条、信函、遗嘱、判决书及公证书等等。《美国传统辞典（双解）》："original，Being the source from which a copy，reproduction，or translation is made. 被复制的：复印、再造或翻译的原本的。"

——所谓"复制件"，应相对于书证原件而言，是书证的复制品，如采用抄录、复印、照相和扫描等手段对书证原件所作的再体现。《美国传统辞典（双解）》："copy，An imitation or reproduction of an original. 复制品，原件的仿造物或翻版。"

单据的正副本，作为书证的原件和复制件，在证据效力方面并不相同。国内最新的《民事诉讼法》[①]第70条规定："书证应当提交原件。物证应当提交原物。提交原件或者原物确有困难的，可以提交复制品、照片、副本、节录本。提交外文书证，必须附有中文译本。"最高人民法院《关于适用民事诉讼证据的若干规定》[②]第69条规定："无法与原物原件核对的复印件、复制品，不能单独作为认定案件事实的证据。"这就是所谓的"最佳证据原则"，即单据正本具有独立

[①] 中华人民共和国民事诉讼法，2012年8月31日第十一届全国人民代表大会常务委员会第二十八次会议修正。

[②] 最高人民法院关于民事诉讼证据的若干规定，2001年12月6日最高人民法院审判委员会第1201次会议通过，法释〔2001〕33号。

的证据效力,而副本没有,当单据的内容发生争议时正本的证据效力优于副本。简言之,单据正本的可信度高于副本。

所以,实务中,当事人必须谨慎使用单据正副本。

UCP600 第 17 条 a 款:

At least one original of each document stipulated in the credit must be presented.

信用证规定的每一种单据须至少提交一份正本。

以上规定,默认了单据必须提交至少一份正本。换言之,当信用证仅要求一种单据,未明确正副本,未要求份数时,只要提交一份正本即可满足。比如:

[案例 081] Case 223:受益人认为单据对申请人无用,不必提交正本,便提交了副本。可以吗?

案中,信用证规定一份单据。受益人称该单据对申请人无用,不必提交正本,便提交了副本。可以吗?

国际商会回答道:"除非信用证另有规定,一份单据必须是正本。一份单据是否有用不重要,这不是必须考虑的问题。(A document must be an original unless the credit says or allows otherwise. It makes no difference whether or not a document is useful. This must not be taken into consideration.)"

点评:

牛溲马渤,在不同的人眼里有不同的用处。

显然,受益人不能以自己的立场,去判断单据对于申请人的价值高低有无。

当然,当信用证或 UCP 要求提交多份正本时,则必须提交相应份数的正本单据。

第 A27 段

正本的判断

到目前为止,关于单据正副本判断的最系统的阐述,体现在 UCP500 时期国际商会银行委员会于 1999 年出台的 The determination of an "Original" document in the context of UCP sub-Article 20(b)(《在 UCP 第 20 条 b 款项下确定"正本"单据的政策声明》,以下简称《正本声明》)中,并相应地被吸收到 UCP600 第 17 条。

《正本声明》确立了单据正副本的以下判断原则:单据的正副本性质,依表面上出单人的意图而定。国际商会说:一份单据之所以为正本,"银行判断取决于,从表面上看,单据出具人的意图在于使之成为一正本,而不是副本。(Banks rely on the apparent intent of the issuer of the document that it be treated as an original rather than a copy.)"换句话说,如果单据出具人意于使单据成为正本,从而具有正本的功能,那么它就是正本;否则,便是副本。

然而,单据出具人的意图是无形的,如此一来单据正副本的判断常常会变得很微妙。

品读 ISBP745

Para A27:
A document bearing an apparently original signature, mark, stamp or label of the issuer will be considered to be an original unless it states that it is a copy. Banks do not determine whether such a signature, mark, stamp or label of the issuer has been applied in a manual or facsimile form and, as such, any document bearing such method of authentication will satisfy the requirements of UCP600 article 17.

一份单据带有出具人的看似原始的签字、标记、印戳或标签将被视为正本,除非其自身声明为副本。银行无需确定出具人相应的签字、标记、印戳或标签是否采用手写方式或摹样方式,因此,显示了该证实方式的任何单据均满足 UCP600 第 17 条的要求。

【修订】

本段规定属新增。

【解读】

本段规定了单据正本判断的一种原始方法——单据带有出具人签字、标记、印戳或标签等四种方式证实,即默认为正本。

从含义上看,本段的规定与 UCP600 第 17 条 b 款规定基本一致——"银行应将任何带有看似出具人的原始签字、标记、印戳或标签的单据视为正本单据,除非单据本身显示其非正本。"

如果单据出具人愿意为单据记载的内容承担证实责任,那么,其意图便转化为有形单据的证实方式了。在法律上,一份经过出具人证实的单据,显然,比未经出具人证实的任何单据,都更能得到法庭的采信,从而也更能凸显其作为书证的证据价值,当然也更有理由认定其为正本了。

本段描述了单据证实的四种方式:签字、标记、印戳或标签。这里强调了银行无需确认该证实是以手写方式作出,还是以摹样方式作出。换言之,手写方式和摹样方式均可以接受。这一点与第 35 段对签字所涉及的证实方式相呼应。

这四种单据证实方式中,最典型的莫过于单据的签字了。《正本声明》第 3 段说:"……经手签的汇票或商业发票将被视为正本,不管单据的内容是否预先印就,还是经过复写、影印、自动、电脑处理等。(A hand signed draft or commercial invoice is treated as an original document, whether or not some or all other constituents of the documents are preprinted, carbon copied, or produced by reprographic, automated, or computerized systems.)"

这一规定,实际上澄清了 UCP500 时期的一个误会,即不盖"Original"章不算正本。比如:在 Glencore International AG v Bank of China 一案中,受益人提交了一份证明,该证明系由原始正本复印而来,并由受益人原始签署,虽然该签署不是信用证所要求的。上诉法庭判决:开证行中国银行有权拒付,理由为证明经复印后没加盖"original"章。(The issuing bank, Bank of China, was entitled to reject the certificate on the ground that it had been produced by reprographic means and under Article 20(b) was unacceptable unless 'marked as original'). 实际上,根据本段规定,单据的复印件是否盖"Original"章不重要,关键是其带有出具人的原始签字,便应算正本。

请注意,此类单据上的证实,仅限于单据出具人证实,出具人以外的人证实不在此列。比如:信用证要求经商会证实的正本发票,此时提交了发票的复印件,仅有商会的认证或标签,没有出单的受益人证实并没有满足本段的要求。

但是,如此规定仍会引出一些是是非非。比如:

[案例082]　提单的复印件加承运人签署后,是正本吗?

咨询者问:按理,正本提单的复印件算副本。如果承运人在复印件上加了签字,那么这算正本提单吗?

自从 UCP600 出台之后,这一问题的争论就没有停过,不管是实务人员,还是专家层面,不管是银行业,还是法学界,都乐此不疲。

分析及结论:

根据 UCP600 第 17 条 b 款的规定,显然,此提单应为正本,只要提单本身没有显示其为非正本。

当然,在信用证下这不是"可接受的正本"。因为其如果算正本,那么出具的正本数将和提单记载的正本数冲突。

点评:

我们认为,这一结论没有任何意义。因为实务中不会也不应该出现这种极端的情况。换言之,这一问题本身就是个"假"命题!

如前所述,提单具有三大功能——合同证明、收货证明和货权凭证。作为提单出具人的承运人,出具并签署提单在于确认收妥货物的同时,也确认了运输合同下的承运责任,同时承诺凭单放货。但是,在实务中,承运人理应不会在正本提单的复印件上签署,从而使之成为正本,赋予其提单正本的三大功能,凭以提货。这对于承运人来说,操作风险难以有效控制。

如果承运人意欲使一份提单的复印件成为正本,完全可以重新出具并签署一份提单原件。

而如果承运人不想使一份提单复印件成为正本,仍然在其上予以签署,通常会批注"与原件相同"字样,这就直接否定了该提单复印件的正本性质,尽管带有承运人原始签字。准确地说,带有承运人签署,并带有"与原件相同"批注字样的提单复印件,只是证实了一个事实——与提供的提单复印件内容相同的正本已经被实际出具并签署。

提单收货人或持有人持有提单正本时,承运人愿意按照提单正本记载的内容承担责任。显然,包括批注"与原件相同"字样并加承运人原始签字的提单复印件,与正本的作用并不相同。

从措辞上看,本段与 UCP600 第 17 条 b 款对例外情况的规定,还是存在细微差别。

前者强调了"除非单据本身'表明其为副本'",而后者强调了"除非单据本身'显示其非正本'"。实质含义理应没有变化。比如:有时仅从单据声明本身难以判断一份特定单据到底是正本,还是副本。包括:

——单据显示"草本(draft)"或"样本(specimen)"。有时会提交草本提单,它只是未生效的草本。未生效提交干什么。

——单据显示"校对稿(proofread)",当然,这也是未生效的。

——单据显示"作废件(abandon)"。有时会在提交废弃的提单上盖有"abandon"字样,这当然不可接受。都作废了,还提交干什么。

实际上，以上四种单据即便加上原始签字，理应仍均无证据的效力，所以，既不是正本，也不是副本。这么一来，一方面，如果适用本段规定，其没有"表明其为副本"，则可能成为所谓"正本"；但另一方面，如果适用UCP600第17条c款的规定，其"显示非正本"，所以不是"正本"。此时，两个结论完全相反。

我们认为，UCP600第17条c款的规定更贴近实务，而本段的规定显得不够严谨。

正本的补充判断

单据没有出具人签字、标记、印戳或标签等四种证实方式证实，就一定是副本吗？其实不然。

UCP600第17条c款：

Unless a document indicates otherwise, a bank will also accept a document as original if it：除非单据本身另有说明，在以下情况下，银行也将其视为正本单据：

ⅰ. appears to be written, typed, perforated or stamped by the document issuer's hand; or 单据看似由出单人手写、打字、穿孔或盖章；或者

ⅱ. appears to be on the document issuer's original stationery; or 单据看似使用出单人的原始信纸出具；或者

ⅲ. states that it is original, unless the statement appears not to apply to the document presented. 单据陈述称其为正本单据，除非该陈述看似不适用于提交的单据。

这里的规定提供了单据正本判断的三种补充方法。包括：

第一种，从单据的制作方法来看，即单据看似由出具人手写、打字、穿孔或盖章，均视为正本。

这里的手写、打字、穿孔、盖章，指的是完成单据内容的方式，而不是对单据内容的证实方式，即由出具人亲手(by the issuer's hand)以上述方式完成单据的内容。

当然，这只是表面的要求。《正本声明》中又说："关于确定单据在事实上是如何制作的，UCP既不要求也不允许在单据表面之外做更多的调查，除非单据是由银行制作的。例如，银行通过传真、电传、电子邮件或其他系统打印出它所得到的信息。(The UCP neither requires nor permits an examination beyond the face of a document to determine how the document was in fact produced, unless the document was produced by the bank, e.g. on a telefax, telex, e-mail, or other system that prints out messages received by the bank.)"

值得注意的是，单据几乎都会显示出具人，偶尔没有显示出具人时却并不等于没有出具人。事实上，对于每一份单据而言，都有特定的出具人，只是根据UCP600第14条f款的规定，在单据内容"满足功能"的情况下，信用证没有特别要求时，可以不显示出具人。其实，一份没有显示出具人的单据正本，从信用证的要求本身、单据的实际制作过程，也能间接推断出实际的出具人。比如：信用证要求受益人给申请人或保险公司装船通知的传真报告，虽然由传真机直接产生，且未显示出具人，但很明显该出具人就是受益人自己了。

第二种，从单据的使用纸张来看，即单据看似使用出单人的原始信纸出具，均视为正本。

什么是信纸(stationery)？

《美国传统辞典(双解)》:"stationery,Writing paper and envelopes.信纸、信封。"结合单据实务,这里指的是前者,即信纸。这里的原始信纸,指带有出具人函头的原始信纸,包括空白原始信纸和印就格式原始信纸。

《正本声明》中说:"A person printing a document on plain paper from a text that that person created and electronically stored presumably intends to produce an original."这也是从单据的制作方法来看,在空白纸上打印一份单据,和手写一样,体现了出单人的意图在于产生一份正本,所以这些单据均为正本。

至于原始信纸的内容以什么方法完成,则没有限制。

第三种,从单据的声明内容来看,即单据陈述称其为正本单据,则均视为正本,除非该声明看似不适用于提交的单据。

值得一提的是,本款所涉及的"state/statement",译为"陈述",理应与第 A3 段中所涉及的"声明"相同。

比如,单据声明:"同一付款期限和日期的另一份单据被使用,本份单据作废。(It is void if another document of the same tenor and date is used.)"《正本声明》第 3 段说:"…Originality is also indicated by a statement in a document that it is void if another document of the same tenor and date is used…"这种声明常见于汇票上,简言之,即"付一不付二"或"付二不付一"。运输单据或保险单据往往也会有类似声明。

还比如,单据声明:"If required by the Carrier one (1) original Bill of Lading must be surrendered duly endorsed in exchange for the Goods delivery order."类似文句在提单上都能见到,否则,就不成其为提单了。

副本的判断

单据副本,和单据正本相对而言。实务中,单据副本由于制作方法的不同,形式往往不同。《正本声明》中说:"A person sending a telefax or making a photocopy on plain paper or pressing through carbon paper presumably intends to produce a copy."从单据的制作方法来看,传真、复印、复写,体现了出单人的意图则在于产生一份副本,所以这些单据均为副本。

单据副本常见的包括:

——复写本(carbon copy)。这种副本由复写纸套写或套打而来,一般来说,第一联即为正本,第二联、第三联等则为复写本。

——传真副本(fax copy)。这种副本,由传真机接收而来,有时与复印机复印而来的复印件几乎无异。《正本声明》第 4 段说:"… appears to be produced on a telefax machine…"传真机上接收并输出的一定是传真副本。但是需要注意的是,在传真机上输入发送的,则不一定是副本,可能是正本。比如:信用证要求 beneficiary's certified copy of fax must be dispatched to the applicant indicating details of shipment. 如果没有特别说明,这理应要求的是正本装船通知。

[案例 083] 传真机打印的 fax report 是副本吗?

咨询者问:信用证要求 copy of shipping advice faxed to the applicant within 3 days after shipment,and fax report required.

受益人提交了装船通知,以及装船通知传真后从传真机打印出来的 fax report。该 fax report 通常带有接收方的 fax No. /time/page/result 等。

这是副本,还是正本?

分析:

无疑地,信用证要求正本 fax report。那么,受益人交单应该提交正本 fax report。

表面上,受益人提交的似乎是副本,因为该 Fax report 是由传真机自动打印出来的。

实际上,传真机自动打印的 fax report,是最为原始,也是最为正宗的用于证明传真情况的 fax report 了。换言之,虽然该 fax report 是从传真机打印出来的,与一般传真副本没什么两样,但对于受益人来说,以这种方式制作的 fax report 确实已经反映了使其成为正本的意图。

结论:

我们认为,由传真机自动打印的 fax report 是正本,满足了信用证的要求,可以接受。

点评:

当然,为慎重起见,受益人完全可以在传真机自动打印的 fax report 上另加签署,使其成为无可争议的正本,再对外提交使用。

如此,fax report 出具人,也同时很规范地同步显示在签署人身份中了。

请注意,fax report 常常没有显示出具人,但这并不意味着没有出具人。准确地说,其出具人就是控制传真机并打印出 fax report 的受益人。

——复印件(photocopy),这种副本由复印机复印而来。《正本声明》第 4 段说:"… appears to be a photocopy of another document which has not otherwise been completed by hand marking the photocopy or by photocopying it on what appears to be original stationery;…"复印机上复印出来的,一般来说就是副本了,除非前面所提到的复印件上另加单据出具人的原始签署、标记等证实,或者使用了单据出具人的原始函头纸复印。

实务中,单据经复印后一般当副本使用。但请注意,经复印的单据采取一定措施后,仍有可能成为正本。《正本声明》第 3 段说:"… if,however,a photocopy appears to have been completed by the document issuer's hand marking the photocopy,then,consistent with sub-paragraph(A)(注:即上述第一种方法)above,the resulting document is treated as an original document unless it indicates otherwise. If a document appears to have been produced by photocopying text onto original stationery rather than onto blank paper,then,consistent with sub-paragraph(B)(注:即上述第二种方法)above,it is treated as an original document unless it indicates otherwise."这里提及的前一种情况是单据的复印件上,似乎为出单人在复印的单据上另加原始标注,可以使之成为正本;后一种情况,则是以复印的方式填写单据内容,前提是使用出单人原始信纸,也可以使之成为正本。

——扫描件(scanned copy)等。

此外,如果单据本身载有副本陈述,也为副本。这种副本,由单据上的陈述直接决定。《正本声明》第 4 段中说:"… states in the document that it is a true copy of another document or that another document is the sole original."单据本身声明其为另一份单据的副本,或者声明了另一份单据为唯一正本。此时该单据一定是副本。

比如：不可转让副本（non-negotiable copy），这指的功能上是不可转让的副本。如提单的不可转让副本，核心词是"副本（copy）"，由于是副本，所以天生"不可转让（non-negotiable）"。实务中，正本也有不可转让的，如记名提单即为不可转让正本（non-negotiable original B/L）。同样，non-negotiable sea waybill，指的是一种特殊的运输单据——不可转让海运单的正本。

还比如：

[案例 084]　R364：Non-negotiable copy 与 photocopy 一样吗？

案中，信用证要求提交提单的 non-negotiable copy，但受益人提交时却是 photocopy。可以接受吗？

国际商会回答："不可转让的副本提单是副本而不是正本。它们既可以是提单的影印件，也可以是清楚地注有不可转让字样的副本。（Non-negotiable copies of the bills of lading are copies which are not originals. These can either be photocopies of the bill of lading or copies which are clearly marked as non-negotiable.）"

点评：

案中确认了，提单的 non-negotiable copy，指的是提单副本在功能上的不可转让性。其实，所有提单副本在这一点上并没有什么两样。而提单的影印件、复写件等，指的是提单副本的不同制作方法。

所以，可以接受。

引申：

如果信用证要求复印件（photocopy），提交了复写本（carbon copy）。可以吗？

国际商会在 Case 68 中回答：原则上，复印件就是副本，但是否可以接受须依具体情况而定。如果信用证要求一份单据的复印件，提交的是复写本，则不可接受。（In principle, a photocopy is a copy but the answer may depend on the circumstance. If the credit call for a photocopy of a document, a carbon copy would be unacceptable.）不知道这一意见是否还适用于最新的实务，未见国际商会的最新意见。

第 A28 段

正本标注

实务中，在单据上加正本标注，也很常见。这其实是 UCP600 第 17 条 c 款第 iii 项对应的单据正本判断的第三种补充方法——单据正本陈述，所以，此类单据默认为正本。通常，复印的单据当正本使用，都会加注正本标注。国际商会在 R216 的结论中说："Only original documents which are produced by reprographic automated or computerized systems or as carbon copies need to be marked as 'original'."

那么，单据的正本标注都有哪些呢？

Para A28：

Documents issued in more than one original may be marked "Original", "Duplicate", "Triplicate", "First Original", "Second Original", etc. None of these markings will disqualify a document as an original.

单据出具一份以上正本时，可以标注为"正本（original）"、"第二联（duplicate）"、"第三联（triplicate）"、"第一正本（first original）"、"第二正本（second original）"等。任何这些标注并不使单据丧失其正本资格。

【解读】

第一，单据正本可以注明"第二正本"、"第二联"等。这是本段的字面含义。

比如：实务中，一式三份的正本提单，第二份常常印就 duplicate 字样的水印，结合提单上的原始签字、原始函头足以判断，这指的是第二份正本，而不是副本。同样的情况，也适用于保险单据，即满足正本保单应该具备的条件，每一份都可以索赔，则都为正本。还比如：复印的发票上，盖有"original"的印戳，已经足以表明其为正本。而如果把盖有"original"印戳的发票拿去复印，此时未采取其他措施，比如另加原始签署，则不能成为正本。

国际商会在 Case 19 中说：每一份提单在给予货物所有权的意义上都是正本。尽管标注有"duplicate"和"triplicate"字样，而没有"original"字样，它们看来还是满足了这一要求。这是一种公认的做法，且被银行及运输业所接受，不能以它们未加注"original"字样而认为其就是副本，拒绝接受。当然，如果信用证要求原产地证明正本，且要求"stamp by fresh chop 'original'"，我们认为按理必须予以特别满足。而如果信用证要求原产地证明正本，且要求"in green copy"，我们认为按理仍必须予以特别满足。未见国际商会发表过直接意见。

与此相似的，还包括单据上注明"third of three"字样。《正本声明》第 3 段说："… a statement in a document that it is a 'duplicate original' or the 'third of three' also indicates that it is original. …"如果有关字样，不是以水印等一目了然的方式显示，则必须显示为"originals：3/3"的类似声明方式。

第二，单据上注明"第二联 Duplicate"等，可能是正本，也可能不是正本。这是本段的言外之意。

如果单据注明了"第二正本（Second Original）"，顾名思义，理应属正本。

而如果单据注明了"第二联（Duplicate）"，还算正本吗？我们认为，这仅仅表明其为第二联。这里的规定并不否认其为正本，也并没有肯定为副本。而该单据到底是正本，还是副本，还须根据其他的信息作出综合判断。比如：在中国人保所出具的保险单据，第二份也标明有 duplicate 字样，属于套打的复写件，且没有必要的签字，不能凭以索赔，它只是副本。

单据的客户联（customer's copy）或托运人联（shipper's copy）可能是正本，也可能是副本，须结合上下文而定。《正本声明》第 3 段说："A statement in a document that it is the 'customer's copy' or 'shipper's copy' neither disclaims nor affirms its originality. "此时的 copy 只是一份之意，并不一定指副本，也可能是正本。Customer's copy 指客户留存联，shipper's copy 指装运人留存联。值得一提的是，这里仅限于"duplicate original"，而不是单独

显示为"duplicate",二者并不等同。比如:

[案例 085] R649/TA656:国际货运单的 copy of shipper 是副本吗?

案中,信用证要求"国际货运单(International Consignment Note—Copy for shipper)",提交的国际货运单需要如此注明吗?

UCP600 第 24 条 b 款 ⅰ 项规定:公路运输单据必须看似为开给发货人或托运人的正本(the original for consignor/shipper)或没有任何标记表明单据开给何人。

分析及结论:

国际商会说:"信用证要求提供国际货运单 Copy for shipper,这种需求预先假定了单据是以开给托运人(Copy for shipper)的一种复写形式的格式出具。当单据没有以这种形式出具时,也就不需要使用印有'Copy for shipper'的格式或者要求承运人或其代理人按这种方式作出注释。"结论中又说:"基于单据没有表明其是供托运人以外的一方使用或者类似功能,该单据没有注明'Copy for shipper'来表示,不构成不符点。"

点评:

短语"Copy for shipper",在这里还是正本,正确应译为"托运人联",而不是"托运人副本",从而适用 UCP600 第 24 条 b 款 ⅰ 项的规定。

第 A29 段 a/b/c 款

正本份数的要求

如前所述,信用证下单据默认提交至少一份正本。但是,信用证有时会对单据正本的提交份数作出特别要求,显然,必须满足。

Para A29:

a. The number of originals to be presented is to be at least the number required by the credit or UCP600.

提交的单据正本数量应至少为信用证或 UCP600 所要求的数量。

b. When a transport document or insurance document indicates how many originals have been issued, the number of originals stated on the document is to be presented, except as stated in paragraphs H12 and J7(c).

除非第 H12 段和第 J7 段 c 款另有规定,当运输单据或保险单据注明已出具的正本数量时,该单据注明的正本数量均应提交。

c. When a credit requires presentation of less than a full set of original transport documents, (for example, "2/3 original bills of lading"), but does not provide any disposal instructions for the remaining original bill of lading, a presentation may include 3/3 original bills of lading.

当信用证要求提交少于全套的正本运输单据,(例如,"2/3 正本提单(2/3 original bills of lading)"),但未规定对剩余份数的正本运输单据的任何处置指示时,交单可以包括 3/3 正本提单。

品读ISBP745

【修订】

本段规定的前三款包括：

——a款，对应于UCP600第17条a款，没有变化，强调了单据必须至少提交一份正本；

——b款，措辞略有变化，把旧版ISBP681中的"当单据自身表明了已出具的正本数量时，至少为该单据表明的数量"所涉及的"单据"，限制于"运输单据或保险单据"；

——c款，属新增，澄清了信用证要求的非全套正本运输单据如何提交。

【解读】

第一，本段a款下，当信用证或UCP要求提交多份正本时，则必须提交相应份数的单据正本。

比如：信用证要求two original of invoices，或invoices in two originals. 此时均应提交正本，不得提交副本。又比如：信用证所要求shipping advice E-mail copy，到底是正本，还是副本？显然，就信用证所要求的措辞本身shipping advice E-mail copy，是分不清到底是要求正本，还是要求副本。但是，如果结合本段a款的规定，信用证要求的单据默认至少提交一份正本。显然，这里还是必须提交一份正本的装船通知的E-mail件。

还比如：

[案例086] R319：信用证要求one original copy是要求一份正本吗？

案中，信用证在47场"additional conditions"中要求："shipper（beneficiary）have to ship under the applicant of purchase order（S/INSD）and require one original copies."

这是在要求什么？

分析及结论：

国际商会说："尽管文字表达比较费劲，其实这是对订单正本份数的要求。（Whilst not fully clear as to intent, the clause in the credit does refer to a document—purchase order—and a requirement for 'one original copies'.）""必须提交一份正本订单，否则构成不符。（Presentation would therefore have been required of a copy of the relevant purchase order in one original. The absence of this document would be considered as a discrepancy.）"

点评：

案中信用证所要求的"original copy"，准确地说，应该翻译为：正本联。此处的"copy"，不是副本。

第二，本段b款下，运输单据和保险单据显示了正本的出具份数，则必须提交该数量的份数。

单据的出具与单据的提交不尽相同。相应地，单据的出具份数与单据的提交份数也不尽相同。信用证下的单据，不管正副本，往往根据需要出具多份。而提交给银行，可能只是其中的一部分，也可能是全部的份数。信用证中对单据份数的要求，常常是对单据提交份数的要求。但是，有时信用证或UCP则会对单据标注正本出具份数作出要求。

实务中，就单据出具份数作出要求只是针对正本而言。约束副本的出具份数则没有意义，因为即使信用证对单据副本的出具份数作出要求,操作起来也无法控制。比如:信用证要求 3/3 set of bill of lading. 这里的要求应该解读为:海运提单应该出具 3 份正本(对应于分母的 "3"),并且提交 3 份正本(对应于分子的 "3")。此时,提交的提单只能注明正本出具份数为 3 份,如果注明正本出具份数是 2 份或 4 份,均不可接受。此时,在出具 3 份正本的前提下,提交也只能为 3 份正本。

值得注意的是,在信用证要求 3/3 commercial invoice 时,其中的 "3/3" 可能指的是要求提交 3 正 3 副,此时需要根据上下文做进一步的判断。

检验证显示出具 3 份正本,信用证要求检验证 1 份正本。那么,必须提交 3 份正本吗?根据旧版 ISBP681 的规定——"当单据自身表明了已出具的正本数量时,至少为该单据表明的数量"中的"单据",似乎必须提交 3 份正本。如果提交一份正本,则将构成不符。但这可能与实务不符。因为检验证本身并不代表权利,只是证明一种事实,提交全套没有意义。所以,新规定把此类单据限定于"运输单据或保险单据",因为这两种单据代表权利。

第三,本段 c 款下,信用证要求非全套正本运输单据,但没有指示剩余份数的正本运输单据的处置方式时,交单可以包括全套。

为什么呢?这种情况表面上看不出会对申请人造成伤害。比如:信用证要求 2/3 提单,实际提交了 3/3 全套提单,只要表面上看不出会对申请人造成伤害,没什么不可以接受。

换言之,如果表面上可以看出提交全套提单会对申请人造成伤害,则不可接受。比如:信用证指示 1/3 提单必须由受益人径寄申请人时,则不可接受 3/3 全套提单的提交,即便信用证 47 场对 1/3 提单的要求可能只是"非单据化条件"——如 The beneficiary must send 1/3 original bill of lading to the applicant directly,仍不可接受。因为这会改变申请人的预期,并可能影响到申请人对货物接收的一系列安排。

显然,这里的规定与第 A30 段 b 款的规定有异曲同工之妙。

第 A29 段 d 款

Copy 的含义

Copy 是什么?是份数,还是副本?实务中,信用证对单据提交份数的规定,常常很笼统,有时要求并不直接区分正副本,而有时就是要求副本,当然可能是特殊的副本。

Para A29:
d. When a credit requires, for example, presentation of:当信用证要求提交,例如:ⅰ. "Invoice", "One Invoice", "Invoice in 1 copy", or "Invoice -1 copy", it will be understood to be a requirement for an original invoice.

"发票(Invoice)"、"一份发票(One Invoice)"、"发票一份(Invoice in 1 copy)"或"发票一份(Invoice-1 copy)"时,将被理解为要求一份正本发票。

ⅱ. "Invoice in 4 copies" or "Invoice in 4 fold" will be satisfied by the presentation of at least one original invoice and any remaining number as copies.

> "发票四份(Invoice in 4 copies)"、或"发票四份(Invoice in 4 fold)"时,提交至少一份正本发票,其余任何数量为副本即符合要求。iii. "photocopy of invoice" or "copy of invoice" will be satisfied by the presentation of either a photocopy, copy or, when not prohibited, an original invoice.
>
> "发票复印件(photocopy of invoice)"或"发票副本(copy of invoice)"时,提交一份发票复印件或一份副本发票,或在未禁止时,提交一份正本发票即符合要求。
>
> iv. "photocopy of a signed invoice" will be satisfied by the presentation of either a photocopy or copy of the original invoice that was apparently signed or, when not prohibited, a signed original invoice.
>
> "已签署发票的复印件(photocopy of a signed invoice)"时,提交一份看似已签署的正本发票的复印件或副本,或在未禁止时,提交一份已签署的正本发票即符合要求。

【修订】

这里的规定系对旧版规定的细化。

【解读】

本段 d 款第 i 项和第 ii 项的规定,与 UCP600 的以下规定相吻合:

UCP600 第 17 条 a 款:

At least one original of each document stipulated in the credit must be presented.

信用证规定的每一种单据须至少提交一份正本。

UCP600 第 17 条 e 款:

If a credit requires presentation of multiple documents by using terms such as "in duplicate", "in two fold" or "in two copies", this will be satisfied by the presentation of at least one original and the remaining number in copies, except when the document itself indicates otherwise.

如果信用证使用诸如"一式两份(in duplicate)"、"两份(in two fold)"、"两套(in two copies)"等用语要求提交多份单据,则提交至少一份正本,其余使用副本即可满足要求,除非单据本身另有说明。

如前所述,上述 UCP600 第 17 条 a 款的规定,是出于正本单据的证据效力的考虑。而上述第 17 条 e 款的规定,则在于防止所有的单据份数都提交副本。

本段 d 款第 iii 项和第 iv 项的规定与前两项的规定措辞略有不同。前两项规定涉及信用证的措辞——"documents in 2 copies"中的"copy",指的是单据份数。而后两项规定涉及信用证的措辞——"copies of document"中的"copy"其指的是单据副本。位置不同,含义也明显不同。

那么,单据副本如何满足呢?

第一,当信用证要求提交单据副本时,就可以提交副本。

从上下文的措辞可以看出,如果信用证要求提交"发票的复印件",那么,可以提交复印件,也可以提交任何一种副本。而如果信用证要求提交"发票的副本",那么可以提交任何一种副本,包括复印件。理由会是什么呢？我们觉得,可能是不同形式的单据副本,证据效力没有本质的区别。显然,这一规定修正了国际商会在 Case 68 中的意见:"原则上,复印件就是副本,但是否可以接受须依具体情况而定。如果信用证要求一份单据的复印件(photocopy),提交的是复写本(carbon copy),则不可接受。"换言之,信用证要求单据的复印件(photocopy),提交的是复写本(carbon copy),可以接受。反之亦然。

值得一提的是,信用证要求副本单据,并不要求所有副本均以同一种方式制作。国际商会在 R199 的结论中指出:"信用证要求 6 份副本,提交的也是 6 份副本,它们可以用一种方式制作,也可由不同制作方式结合,如复写、复印或静电印刷复制。(The credit called for 6 copies and 6 copies were presented. Those copies could have been reproduced in one format or in a combination or various formats, such as carbon copies, photocopy or xeroxed copy.)"

第二,当信用证要求提交经签署单据的复印件时,必须提交经签署的正本单据的复印件或其他副本。

显然,"经签署发票的复印件",与泛泛的对副本发票的要求,如"发票的复印件"或"发票的副本"不一样。这种不一样,将导致证据效力略有不同。前者由于多了一个复印的签署,证据效力会高,后者则低。正是由于证据效力不同,所以,当信用证特别要求提交签署单据的复印件时,必须提交正本单据的复印件,带有复印签署。

这里的规定表明,也可以提交复写副本,带有复写签署;也可以提交传真副本,带有传真签署;还可以提交扫描副本,带有扫描签署等。比如:

[案例 087] 信用证规定 Signed invoice in three copies,那么,副本发票需要签署吗？

案中,信用证要求 Signed invoice in three copies,提交的发票正本经过签署,其余的副本也需要签署吗？

分析:

这一要求并不明确。

从语法上看,这一要求可以有两种断句法:

第一种,Signed invoice, in three copies. 这相当于 one original of signed invoice, and two copies of signed invoice,即一份签署的正本发票,以及两份经签署的正本发票的副本。前者带原始签字,后者带复印签字或复写签字等。

第二种,Signed, invoice in three copies. 这相当于 one original of invoice, and two copies of invoice, and all invoices should be originally signed,进一步,由于所有发票都经过了签署,便也相当于要求 3 份经签署的发票正本,均带原始签字。

结论:

按理,由于信用证条款规定模糊不清,受益人可以选择对自己最有利的断句法来满足,即提交即一份签署的正本发票和两份经签署的正本发票的副本。

第三,当信用证特别要求提交单据副本时,正本也可接受。

显然,这一点与 UCP600 的以下规定吻合:

UCP600 第 17 条 d 款：
If a credit requires presentation of copies of documents, presentation of either originals or copies is permitted.

如果信用证要求提交单据的副本，提交正本或副本均可。

为什么呢？如前所述，单据正本效力优于副本。要求提交副本，默认可以提交正本来满足。

但是，这会产生一个问题：此时，提交了正本单据，应该按正本审核，还是按副本审核呢？

我们认为，理应按正本审核。比如：信用证要求副本检验证明下，如果提交了副本检验证明，根据本出版物总则部分第 A31 段 b 款的规定，显然是无须签署的。但如果提交了"正本"检验证明替代副本，按理则需要签署，否则，就谈不上是"正本"。还比如：信用证要求副本提单下，如果提交了副本提单，显然也是无须签署的。但如果提交了"正本"提单替代副本，按理则需要签署，否则，就谈不上是提单"正本"。

但这么一来，可能会产生问题，因为正本提单和正本检验证明的审核标准相对严格，不容易满足，如果随便提交可能产生不符点。此时，还不如不交正本，而提交容易满足的副本呢。如此对受益人方显便利。

未见国际商会就此发表过针对性的意见。

第 A30 段

要求副本禁止正本

如前所述，信用证下要求副本单据时，默认可以提交正本单据来满足。然而，偶尔信用证还会在要求副本单据的同时禁止提交正本，或对正本作出了其他处置安排。

Para A30：

a. When a credit prohibits the presentation of an original document by stating, for example, "photocopy of invoice - original document not acceptable in lieu of photocopy" or the like, only a photocopy of an invoice or an invoice marked copy is to be presented.

当信用证禁止提交正本单据，例如，通过规定"发票复印件——正本单据代替复印件不可接受（photocopy of invoice-original document not acceptable in lieu of photocopy）"或类似措辞时，仅应提交发票复印件或标明为副本的发票。

b. When a credit requires the presentation of a copy of a transport document and indicates a disposal instruction for all originals of that document, a presentation is not to include any original of such transport document.

当信用证要求提交一份运输单据的副本，并规定对该单据所有正本的处置指示时，交单不应包括该运输单据的任何正本。

【解读】

本段 a 款下，信用证直接规定禁止提交正本。请注意，这里涉及所有单据。比如：信用证要求"发票的复印件——不接受正本代替副本"。此时只能提交副本。

本段 b 款下，信用证间接规定禁止提交全套正本。请注意，这里只涉及运输单据。比如：信用证要求提交运输单据副本，同时显示了对全套正本的另外安排，提交正本也不可接受。

然而，实务往往比较复杂，可能会对其他单据正本的提交作出禁止性规定。如何满足，不可一概而论，需要仔细斟酌。

比如：信用证要求 certificate of origin Form A，同时还要求 original certificate of origin Form A has been sent directly to applicant，或者要求 beneficiary's certificate certifying that original certificate of origin has been sent directly to applicant. 因为 certificate of origin Form A 的出具是有严格的管理的，只有一份正本，既然正本已经直寄申请人，向银行交单时怎么会有正本呢？所以，信用证的此类要求下，只能提交副本，不能提交正本。但是，如果信用证的另外要求为普通产地证时，则另当别论，因为普通产地证的出具理应没有正本份数限制。

又比如：信用证 46A 要求 confirmation from applicant by fax before shipment.《正本声明》第 3 段说："… A letter of credit that permits presentation by telefax waives any requirement for presentation of an original of any document presented by telefax. …" 此时是对单据副本的要求，而且不可以接受正本。因为按理不可能有正本。

第 A31 段

正副本签署

单据的正副本问题和单据的签署问题，高度关联。在法律上，前者涉及单据的证据效力；后者涉及证实作用，归根结底，仍是单据证据效力。

Para A31：

a. Original documents are to be signed when required by the credit, the document itself (except as stated in paragraph A37) or UCP600. 当信用证、单据自身（除第 A37 段另有规定外）或 UCP600 要求时，正本单据应签署。

b. Copies of documents need not be signed nor dated.
单据副本无需签署，也无需注明日期。

【解读】

第一，本段 a 款规定下，正本单据签署，须按照信用证，或单据自身，或 UCP600 要求。

比如：汇票根据第 B8 段的规定，需要签署。

比如：根据 UCP600 第 18 条 a 款的规定，发票无须签署。然而，如果信用证要求经签署的发票，则提交的发票必须签署。

比如：运输单据和保险单据，根据 UCP 的规定，必须按要求签署等。

比如：证明或声明根据第 A3 段的规定，需要签署。

比如：快递收据、货物收据，根据其单据自身的性质，必须签署。

品读ISBP745

第二,本段b款规定下,单据副本无须签署,也无须注明日期。

一般来说,副本单据一旦签署即成为正本,从而具有法律意义上的独立的证据效力。反之,则可以看出既然信用证要求或允许提交副本单据,不就是意味着其已经对该单据的证据效力不在乎了?

相应地,副本单据的更正,理应无须证实。如运输单据部分的规定,副本运输单据上的更正无须证实。

当然,经签署单据的副本所对应的原始正本如有更正,该正本理应按照正本的要求加以证实。否则,该正本便不是完全意义上的正本了。

至于副本单据无需注明日期,或许与签署行为的证据效力同理。

唛 头

Shipping marks

【导读】

shipping marks(运输标记),简称"marks",音译"唛头"。

唛头的作用

对于"唛头"的作用,旧版ISBP681第34段中曾有一个描述——"The purpose of a shipping mark is to enable identification of a box, bag or package. 使用唛头的目的在于对箱、包或包装提供标识。"百度百科说:简言之,即便于货物在装卸、运输、保管过程中容易被有关人员识别,以防错发错运。具体而言,包括:

1. 对于发货人及制造者来说唛头便于管理、方便统计、合理地计算重量和体积,安排好运输防止出错。

2. 对于监管人比如商检、海关等等也可以一目了然,便于按照批次监管货物,查验放行。

3. 对于承运人从进仓到发货及运输中转、海空联运直至目的港,参照唛头提示清点交货,都方便快捷。尤其散货混装时更为重要。

4. 对于收货人一看外箱就知道内容,不用开箱就可以很快进入流通环节。收货人一般只看侧唛。(侧唛与正唛相对而言。正唛往往反映的是用于识别的整批货共有的信息,实务中常说的唛头通常就是指正唛。侧唛往往反映的包装在运转过程中需要关注的标记以及各个包装的个体信息。)

5. 按《联合国国际货物销售合同公约》[①]规定,在商品特定化以前,风险不转移到买方承担。而商品特定化最常见的有效方式,是在商品外包装上标明"唛头"。

"唛头"的内容繁简不一,由买卖双方根据商品特点和具体要求商定。鉴于运输标志的内容差异较大,有的过于繁杂,不适应货运量增加、运输方式变革和电子计算机在运输与单据流

---

① 《联合国国际货物销售合同公约》,是由联合国国际贸易法委员会主持制定的,1980年在维也纳举行的外交会议上获得通过。公约于1988年1月1日正式生效。

转方面应用的需要,因此,联合国欧洲经济委员会简化国际贸易程序工作组,在国际标准化组织和国际货物装卸协调协会的支持下,制定了一项运输标志向各国推荐使用。该标准化"唛头"包括:

——收货人或买方名称的英文缩写字母或简称;
——参考号,如运单号、订单号或发票号;
——目的地;
——件号。

至于根据某种需要而须在外包装上刷写的其他内容,如许可证号等,则不作为唛头的必要组成部分。

通常,裸装货物的唛头直接打在货物上,如原木、钢材等;而包装货物,唛头则打在外包装上。

唛头的描述

实务中,货物包装外表面的实际唛头,是唯一的,但信用证实务中的描述常常不同。这会构成不符点吗?我们认为,通常不会。因为不管是信用证规定的唛头,还是单据上显示的唛头,仅仅是实际唛头的一种细节描述,而描述的方法允许有不同,只要不会引起误解和误读即可。比如:

[案例088] 唛头栏显示"KM(文字,在菱形图案中)",与"KM(IN DIA)"不同吗?

2002年韩国外换银行诉中国农业银行沈阳分行信用证纠纷案中,提交的发票上所标明的唛头是KM(文字,在菱形图案中),提单上注明的唛头是KM(IN DIA)(仅有文字,没有菱形图案)。

开证行拒付,其中一个不符点为:"发票上的唛头与提单上的唛头不同。"

分析及结论:

沈阳中院判决中说:"由于双方在信用证中未约定'唛头'的具体表述方式,因此只要单据上的描述能表明实际唛头的内容和样式就应当视为相符。"

点评:

两种唛头描述——"菱形图案中的 KM 字样"和"KM(IN DIA)",明显指向的是同一个实际唛头,可以接受。

[案例089] R409:唛头栏显示 N/M & N/N,与 N/M,N/N 不同吗?

案中,提交的提单上显示唛头:N/M & N/N;发票上显示唛头 N/M,N/N。开证行拒付:"shipping marks on the bill of lading differ from that of the invoices, i. e. the difference between '& (and)' and ', (comma)' of the shipping marks."

分析及结论:

国际商会说:"无不符点。裸装化学品下,两个唛头描述指向的是同一实际情况。(The shipment in question involved a bulk cargo of chemicals. For such a shipment there are no marks and numbers to be attributed to the cargo. A statement on the documents of N/M (no marks) N/N (no numbers) whether shown on one document as N/M & N/N and on another as N/M, N/N does not create an inconsistency of data as highlighted in (UCP500) Article 21. There is no discrepancy.)"

品读 ISBP745

点评：
作出这样的结论，显然是由于单据上载有的唛头，仅仅是实际唛头的一种描述的缘故，货物的实际装运情况就是没有唛头。

引申：
如果信用证要求一切单据必须显示唛头，提单显示唛头：N/M。可以吗？

我们认为，应该不可以的。因为"N/M"指没有唛头。换言之，信用证所要求的"一切单据必须显示唛头"，准确地说，应该指"一切单据必须显示唛头信息"。当然了，其潜台词是要求货物外包装上实际标有唛头。

实务中，对于同一实际唛头的描述，有许多约定俗成的方法，包括以下几种情况[①]：

——有的信用证中规定的唛头文字排列过长，如果意思独立的文字之间有斜线"/"，可以在斜线处向下错行；如果中间并无斜线，也可在适当位置将前后意思独立的文字分开，向下错行。

比如：来证要求唛头"IC 10 000 PCS made in CHINA"。提交的单据上可以显示为：

```
IC
10000 PCS
made in CHINA
```

——如果信用证中规定有两个或两个以上的唛头，单据上可以将其组合成一个唛头，这样可以少占位置或简化手续。组合时可以是加斜线、加逗号或错行的办法来完成。

比如：唛头"model No.01"和"model No.02"，可以组合为下列三种形式：
或者"model No.01/02"
或者"model No.01,02"
或者"model No.01"

——如果有两个或两个以上的唛头，并且部分内容相同，可用"do"、"id"等代替。比如：

```
model No.01
—————————
made in CHINA
```

和

```
model No.02
—————————
made in CHINA
```

可以简化为：

```
model No.01
—————————
made in CHINA
```

---

① 引自刘宝宏：《国际贸易单证实务全书》，中国对外经济贸易出版社 1997 年版。

和

```
model No. 02
_____
-do-
```

以上这些唛头描述方法,可以互相替换,并不会导致不符。当然,可能有人会问,银行是否需要知道在唛头描述中使用的"do"、"id"等词语的含义。我们认为,在单据的唛头描述中使用此类词语,通过上下文,理应知道其中的含义,这是"ditto"的缩略语。未见国际商会发表过针对性的意见。

第 A32 段

唛头的细节和顺序

信用证有时会要求显示唛头,或者显示的唛头细节。

Para A32:
When a credit specifies the details of a shipping mark, documents mentioning the shipping mark are to show those details. The data in a shipping mark indicated on a document need not be in the same sequence as those shown in the credit or in any other stipulated document.

当信用证明确规定唛头的细节时,载有唛头的单据应显示该细节。单据唛头中数据的顺序,无需与信用证或其他规定单据上所显示的相同。

【修订】

本段规定包括两句话:
第一句话,单据唛头必须显示信用证规定的唛头细节。内容没有变化。
第二句话,单据唛头中的数据的顺序,可以与信用证、其他单据中不一样。这是新增内容。

【解读】

单据唛头必须显示信用证规定的唛头细节。换言之,信用证规定了唛头细节,那么单据可以不显示唛头,也可以显示唛头。如果显示唛头的话,那么必须包括信用证规定的唛头细节。尽管如此,不同单据上显示的唛头细节的数据顺序,可以各不相同,也不必与信用证规定的相同。因为单据上显示的唛头,仅仅是实际唛头的一种描述。同一唛头会有不同的描述方法,包括唛头信息中的数据顺序不同,但这不影响它们指向同一唛头。具体包括以下要点:

——任何一种单据,都可以不显示唛头,包括提单和装箱单。
比如:信用证47A规定唛头:

```
    Shanghai,China
    _____
    contract No. 20070801001
```

此时,提交的任何一种单据,包括提单和装箱单,都可以不显示唛头,即便单据上载有唛头栏位。

——信用证要求单据显示唛头,则必须显示唛头。

比如:信用证47A中还规定:All documents must indicate shipping mark. 此时,所有信用证规定的单据都必须显示唛头。

还比如:信用证在45A中规定唛头细节,作为货物描述的一部分。此时,根据UCP600第18条c款,发票必须显示完整的货物描述,包括唛头细节。当然,如果信用证在47A中规定唛头细节,则提交的单据仍可以不显示唛头。

——提交的单据如果显示唛头,此时必须包含信用证规定的唛头细节,不可缺漏。

比如:信用证47A规定唛头:

```
    Shanghai,China
    _____
    contract No. 20070801001
```

此时,提交的单据显示唛头,必须完整。
如果显示为:

```
    Shanghai
    _____
    contract No. 20070801001
```

或者显示为:

```
    Shanghai,China
    _____
    contract No.
```

前者漏了"China"字样,后者少了具体的合同号"20070801001",这些都不可接受。

——单据唛头中的数据顺序,可以互不相同,也可以与信用证规定的不同。

比如:信用证47A规定唛头:

```
    Shanghai,China
    _____
    contract No. 20070801001
```

此时,提交的单据显示唛头,可以照抄,也可以是

Shanghai,China/contract No. 20070801001

理应也可以是:

contract No. 20070801001/Shanghai,China

单据唛头中数据的以上几种顺序,均可接受。
以下情况应该也可以接受,比如:

contract No. 20070801001
——————————
Shanghai,China

这里单据唛头中的数据顺序上下位置颠倒了。
但是,如果信用证规定唛头为:"KIA"in diamond,实际显示为:左边为"KIA",右边为一个菱形,则理应不可接受。因为这不只是唛头中的数据顺序不同了。

第 A33 段

唛头的额外信息

实务中,单据显示的唛头细节,可能包含了非常规数据,或者包含了信用证规定以外的数据。

Para A33:
A shipping mark indicated on a document may show data in excess of what would normally be considered a "shipping mark" or which is specified in the credit as a "shipping mark", by the addition of information such as, but not limit to, the type of goods, warnings concerning the handling of fragile goods or net and gross weight of the goods.

单据上唛头显示的数据,包括但不限于货物种类、处理易碎货物的警告或货物毛净重等额外信息,可以超出通常所认为的"唛头"或信用证规定的"唛头"。

【解读】

单据唛头显示了额外信息,可以接受。具体包括以下两种情况:
一是单据唛头显示了超出通常意义上的唛头所包含的数据,可以接受。主要指以下几种:
——货物种类。比如:化学品、纺织品等。
——易碎货物的警告。类似的还有,比如:防潮、防火、防水等。
——货物净重及/或毛重等。
二是单据唛头显示信用证规定以外的数据,只要与信用证的其他条款不矛盾即可接受。比如:提单显示的唛头细节除信用证规定的数据之外,另外显示了"化学品",但信用证关于货物描述就是一种化学品,如 PVC。此时,由于二者矛盾则不可接受。

> 第 A34 段 a 款

集装箱运输的唛头

运输单据上往往有"唛头"栏位。如前所述,"唛头"在货物外包装上,便于运输、装卸和存储过程中识别。然而,在集装箱运输下货物首先是装在集装箱内部,其运输、装卸和存储是以集装箱为单元来操作。这样,集装箱货物的运输单据上是否显示实际的"唛头",便无足轻重。

实务中,常见的是集装箱货物的运输单据上的"唛头"栏位,显示集装箱号,有时还带有铅封号。

> **Para A34:**
> a. Transport documents covering containerized goods often only show a container number, with or without a seal number, under the heading "Shipping mark" or similar. Other documents that show a more detailed marking will not be in conflict for that reason.
>
> 在集装箱运输下,运输单据经常在"唛头"栏或类似栏位中仅仅显示带有或不带有铅封号的集装箱号,而其他单据显示更加详尽的唛头细节,这不构成矛盾。

【解读】

如果集装箱货物的运输单据的唛头栏位显示了集装箱号,是可以接受的,即便其他单据显示了详细的唛头细节。

实务中审核的关键在于,确认运输单据上的唛头栏位显示的信息是集装箱号码。标准的做法是,运输单据上集装箱号前标有 container No. 字样。在没有 container No. 字样的情况下,如果运输单据的其他信息足以认定其所覆盖的是集装箱运输,如运输单据上显示 CY/CFS/FCL/LCL,或显示 total:$1\times40'$ container 字样等,没有表明是 Container No. 的集装箱号也可以接受。

请注意,这里只涉及集装箱号,而无须理会是否带铅封号。换言之,带铅封号可以接受,不带铅封号也可以接受。

集装箱号与铅封号

集装箱运输,必然会涉及集装箱号与铅封号。那么,什么是集装箱?什么是集装箱号?什么又是集装箱的铅封号呢?它们是如何构成的?

百度百科说:集装箱,是指具有一定强度、刚度和规格专供周转使用的大型装货容器。使用集装箱转运货物,可直接在发货人的仓库装货,运到收货人的仓库卸货,中途更换车、船时,无须将货物从箱内取出换装。因此集装箱是一种伟大的发明。集装箱最大的成功在于其产品的标准化以及由此建立的一整套运输体系。能够让一个载重几十吨的庞然大物实现标准化,并且以此为基础逐步实现全球范围内的船舶、港口、航线、公路、中转站、桥梁、隧道、多式联运相配套的物流系统,这的确堪称人类有史以来创造的伟大奇迹之一了。

所谓"集装箱号",指集装箱的标识号。ISO6346(1995)标准下,标准集装箱号由 11 位编码组成,包括三个部分:

——第一部分由 4 位英文字母组成。前 3 位代码（Owner Code)主要说明箱主或经营人，第 4 位代码说明集装箱的类型。比如：CBH 开头的标准集装箱是表明箱主和经营人为中远集运。

——第二部分由 6 位数字组成。这是箱体注册码（Registration Code)，用于一个集装箱箱体的唯一标识。

——第三部分为校验码（Check Digit)，即第 11 位数字。校验码由前 4 位字母和 6 位数字经过校验规则运算得到，用于识别在校验时是否发生错误。

所谓"集装箱铅封号"，指集装箱铅封的标识号，即货物装好之后，给集装箱上的一个"锁"，这每一个"锁"，即铅封。每一个铅封上面都有一个号码，即为集装箱铅封号。铅封主要是防盗，只有破坏才可以打开。

"百度知道"说：集装箱铅封号，往往带有 LOGO 字母和其他字母或数字，号位不固定，有单纯数字的，还有字母加数字的，这一点和集装箱号不一样。还说：每个集装箱都有船公司的铅封，但铅封可不一定只有一个，海关的封、港区的封、铁路的封、检验认证公司的封等。

那么，实务中如何把握集装箱的铅封号呢？比如：

[案例 090]　R757/TA708 rev：有些单据显示完整的铅封号，有些少了 LOGO 字母。可以吗？

案中，发票和箱单上的铅封号，与提单上的不太一样。提单显示铅封号 903236、903233。发票和装箱单显示铅封号为 MSC903236，MSC903233。(In the enclosure "Chassis list for final bill of lading" to the commercial invoices and packing lists seal numbers were indicated as MSC903236, MSC903233.)

显然，发票和装箱单上铅封号上多了 3 位 LOGO 字母。

分析及结论：

国际商会说：这是铅封号中 LOGO 字母对应的船公司的铅封号。提单上的铅封号与发票的装箱单上不一样，但并无矛盾。所以，可以接受。(The seal numbers were those of the shipping company that issued the bill of lading i. e., MSC or APL. (UCP600) Sub-article 14 (d) states "Data in a document, when read in context with the credit, the document itself and international standard banking practice, need not be identical to, but must not conflict with, data in that document, any other stipulated document or the credit." In the context of the documents presented, the data relating to the seal numbers is not identical, but there is no conflict with the number itself. The insertion of MSC or APL in front of the seal number, on the commercial invoices and packing lists, should not be seen as a reason for refusal.)

点评：

国际商会之所以这么认为，显然，与铅封号的结构有关。案中的铅封号，实际上由两部分组成，且各有其明确的代表含义。发票和装箱单上铅封号上多了 3 位字母，实际上是船公司的 LOGO。换言之，有 LOGO 与没 LOGO 的铅封号，并无矛盾，所以可以接受。

如果提单显示的铅封号为 903236、903233，而发票和装箱单显示的铅封号为 1903236、1903233，则理应不可接受。因为发票和装箱单的铅封号中多出的"1"显然是完整铅封号中不可分离的部分。

引申：

集装箱号是全球唯一的编号，通常由 3 位字母的箱主代码加设备识别号"U"，再加上 6 位数字的顺序号和1位数的校验码构成。

提单显示集装箱号为3202732，而发票和装箱单显示为CBHU3202732。或者，提单显示集装箱号为CBHU3202732，而发票和装箱单显示为3202732。可以接受吗？

按理都是可以接受的。因为完整集装箱号的前4位字母有确切的含义，是可以分离的。只是未见国际商会就此发表过意见。

有人问，这些知识是否属于银行人员必须掌握的"运输常识"呢？从国际商会的上述意见来看，显然回答是肯定的。

第 A34 段 b 款

单据间唛头不一致

单据间唛头由于额外信息不一致，构成不符点吗？

Para A34：
b. The fact that some documents show additional information as mentioned in paragraph A33 and A34(a), while others do not, will not be regarded as a conflict of data under UCP600 sub-article 14(d).

一些单据的唛头显示第 A33 段和第 A34 段 a 款中所提及的额外信息而其他单据没有显示，根据 UCP600 第 14 条 d 款，如此不被视为数据矛盾。

【解读】
单据唛头有些显示额外信息，有些不显示，可以接受。比如：

[案例091]　R444：提单唛头少了货描"PVC RESIN"，可以吗？
案中，提单显示唛头：

```
PT. SIAM MASPION
POLYMERS
MADE IN INDONESIA
```

其他单据显示唛头：

```
PVC RESIN
PT. SIAM MASPION
POLYMERS
MADE IN INDONESIA
```

显然，提单唛头少了货物描述。这可以接受吗？
分析及结论：
国际商会说：这应该可以接受。The only omission was "PVC Resin" which is presumably the goods being shipped under the letter of credit. The letter of credit made no requirement as

to the wording of any shipping mark. The inclusion of the words "PVC Resin" on the other documents would not warrant a discrepancy.

点评：

货物描述，应该算第 A33 段中的货物种类，都属于唛头的额外信息。

当然，单据唛头有些显示额外信息中货物种类 A，有些则显示货物种类 B，货物种类理应不得矛盾。否则，将构成不符点。

签署与签字
Signatures

【导读】

单据的签字（signature）和签署（sign）不同。单据的签署是一个动作。单据的签字是签署的结果。

签署的证实作用

在法律上，单据是文书的一种。签署作为文书上的一种证实方式，具有很久远的历史。

那么，什么是证实（authentication）呢？authentication 是 authenticate 这一行为的名词形式。《美国传统辞典（双解）》："Authenticate, to establish the authenticity of; prove genuine: 验证，使具有真实的效力；证明其真实性。"证明真实性，简称"证实"。

在文书和签署未出现之前的西方文明早期，由于语言文字的不普及和文字载体的缺陷，人们的交易重视宗教对人的警示以及见证人代表社会的监督。随着商品经济的发展和纸张的广泛使用，文书成为交易的载体，围绕文书形成了新的证实形式的要求，包括证人见证和主管机关进行登记。随后，在欧洲大陆，由于交易的发展和商人信用的形成，个人的签署对文书的证实具有了脱离其他形式而赋予文书效力的作用，从而具有独立的法律意义。法国、德国先后在16、17 世纪正式承认了文书上的签署。在英国，撒克逊时代强调见证，文书制作应经过当事人签署，并在文书末尾列明众多之见证人；诺曼征服后盖印文书开始在国王和贵族中使用，印章图形一般为王国贵族身着长袍盔甲的肖像；此后，一般的名流绅士也开始使用盾形或条纹图章；到爱德华三世时期，民间也广泛使用图章，印章图案五花八门，如姓氏字母、花卉鸟兽、穗结花边等，不一而足；随着社会进步，当事人的真实意愿超越文书形式取得决定文书效力的地位，英美法对盖印的意义发生根本转变，认为印章的唯一意义在于确证制作文书的当事人，并以此证明它是一个完全的"日后证据"[①]。

从上述的历史可以观察到，文书的签署证实作用到底是什么呢？联合国欧洲经济委员会第四工作组（促进国际贸易程序工作组）提出的《签名以外方式的贸易文件认证》的报告中指出："贸易文件上的签署主要有三项功能：一是表明文件的来源，即签署人；二是表明签署人已经确认文件的内容；三是能构成证明签署人对文件内容的正确性与完整性负责的证据。"概而

---

① 引自李军：《论私文书的签署认证问题》，载《社会科学研究》2005 年第 3 期。

品读 ISBP745

言之,"文书的签字是文书的证实符号,其基本作用在于建立文书与签署人之间的特定联系,以确认文书的真实性及其对签署人的约束。"

在信用证实务中单据签署所具有的作用,与一般的文书在法律上理应也绝无本质的不同。换言之,单据的签署,作为一种证实方式,本意在于确认单据出具行为的真实性,如果为单据出具人签署还表明确认单据出具内容的真实性。

从单据签署的证实作用可以看出,一个合格的签署起码应该包括:

——两个基本要素:签字(signature)和签署人(signer)。

签字是实现签署以证实单据的一种标记。然而仅有签字是不够的,单据上还必须显示明确的签署人,因为单据签署的证实作用,是以确认单据的内容对签署人的约束,追溯签署人的证实责任来实现的。否则,便无法追溯签署人的证实责任,无法追溯对签署人的约束,其证实单据出具和证实单据内容的作用也就无从谈起。

——一个确定联系:即签字和签署人之间的确定联系。

单据上的签署必须保持连续性,即在签字与签署人之间建立确定的联系。这种联系必须是确定的,不能模糊不清,也不能模棱两可。否则,通过签署追溯单据内容的证实责任的链条将被打断,所以不是合格的签署,实际上相当于没有签署。当然,根据法律,不合格的签署可能有另外的解读,这已经超越UCP600了,从而不适用于UCP600下信用证审单。比如:

[案例092] R197:单据上的签字模糊不清,可以接受吗?

案中,信用证要求:Certificate duly signed by captain's vessel stating the cleanness of the tank steamer.

提交的证明有图章签字,似乎是由某个人"代表船长"签字的。因为该单据的纸质不佳,无法核对签字是不是船长亲自签的。

分析及结论:

国际商会说:"如果签字不清楚,那么信用证对签字的要求就不能认为已经履行。(If the appearance of such signature is not clear, then the LC signing requirement would not seem to have been duly fulfilled.)"

点评:

签字的形式可以多种多样。但是,签字必须清晰可辨,因为一个签字模糊不清的单据,便无法确切地追溯签署人,其证实单据内容的可靠性便值得怀疑。

引申:

咨询者问:信用证要求了检验证由申请人的一个工作人员签署:"SIGNED BY MRS. EMILY LIN."提交的检验证中显示了申请人名称PLANITOI IMP. EXP. SA,也确实显示了工作人员签署,但未另外显示工作人员姓名。具体如下:

by: *Emilylin*

FOR AND ON BEHALF OF PLANITOI IMP. EXP. SA

结果,开证行拒付说:检验证未由"MRS. EMILY LIN"签署。原因是什么呢？可能是开证行从工作人员的签字字迹中看不清楚该工作人员的姓名。

至于案中上述签字是否为不符点,见仁见智。

第 A35 段 a 款和 b 款

签　字

实务中的单据签字,可以有哪些呢？效力一样吗？

Para A35:

a. A signature, as referred to in paragraph A31(a), need not be handwritten. Documents may also be signed with a facsimile signatures (for example, a pre-printed or scanned signatures), perforated signatures, stamp, symbol (for example, a chop) or any mechanical or electronic method of authentication.

第 A31 段 a 款提及的签字,无需手写。单据签署也可以使用摹样签字(例如,预先印就或扫描的签字)、穿孔签字、印戳、符号(例如,印章(chop))或任何机械或电子的证实方式。b. A requirement for a document to be "signed and stamped" or a similar requirement is satisfied by a signature in the form described in paragraph A35(a) and the name of the signing entity typed, stamped, handwritten, pre-printed or scanned on the document etc.

当要求单据应"签字并盖章(signed and stamped)"或类似措辞时,单据载有第 A35 段 a 款的签字,并以打字、印戳、手写、预先印就或扫描等方式显示签署实体的名称,即符合要求。

【修订】

本段规定删除了旧版 ISBP681 下的规定:"但是,已签单据的复印件并不视为已签正本单据,通过传真传送的已签单据如果不另外加具原始签字的话,也不视为已签正本。"含义理应没有变化。

【解读】

如前所述,签字是实现签署以证实单据的一种标记。显然,为了起到证实作用,该标记必须具有唯一性,即由签署人所唯一拥有、他人不易仿冒、仿冒属于违法。换言之,只要能够证实单据的内容,签字形式便没有必要拘泥于一种形式,而是可以多种多样。具体而言:

第一,本段 a 款下,手签、摹样签字、印戳和符号等都是有效的签字证实方式:

——手签(handwriting)是最常用的签字证实方式。

在所有签字证实方式中,手签最简便、最具个性,从而也最为常用。在实务中,信用证对手签的要求包括:

——signed by handwriting;

——manually signed.

品读 ISBP745

如果单据由一家实体出具，通常也由有权的自然人手签，该自然人视为该机构的代表，至于是否另外盖章则不予计较。

尽管 UCP 允许的签字可以多种多样，但是实务中由于习惯或法律，可能会特别要求手签。此时，信用证必须作出明确的要求，而提交的单据必须予以满足，不能张冠李戴。比如，有些海关，只接受手签的单据凭以报关。中国驻黎巴嫩使馆曾发布通报："向该国出口的有关单证，如只有图章而无负责人员的亲笔签字，不被视为合法单证，海关将据以对进口商进行罚款。"

——摹样签字（facsimile signature），如预先印就的签字或扫描签字，不同于传真签字或复印签字，它也是一种签字证实方式。

Facsimile 具有双重意思，即"传真"和"摹样"。传真签字不是原始签字，从而也不是 UCP 意义上的签字。而摹样签字，如预先印就的签字或扫描的签字，却是货真价实的原始签字。二者有何区别呢？"facsimile signature，是指用激光印制或其他电脑或机械等复制工具复制的签字。简单来说，就是以电脑扫描设备将签字的式样输入电脑系统中，当电脑系统经过打印机将单据打印时，一并将签字的式样按原来的图像打印出来。不能将其解释为经过传真即通过传真机传送的签字。它必须是经过签样印制方法制作的原始签字，而不是影印机。"

摹样签字，作为一种签字证实方式，在多国法律中有明文规定，如：美国的 Uniform Facsimile Signature of Public Officials Act，明确规定了：官员的摹本签名和手签具有同等法律效应。(Any authorized officer, after filing with the Secretary of State his manual signature certified by him under oath, may execute or cause to be executed with a facsimile signature in lieu of his manual signature：

A. Any public security, provided that at least one signature required or permitted to be placed thereon by statute, charter or the ordinance, resolution or other official action authorizing the public security shall be manually subscribed; and

B. Any instrument of payment. Upon compliance with the Uniform Facsimile Signature of Public Officials Act [6—9—1 to 6—9—6 NMSA 1978] by the authorized office, his facsimile signature has the same legal effect as his manual signature.)

比如：实务中，单据或合同上预先印就的签字，或者，电子回单上银行认可的"回单章"，应算摹样签字的一种。

还比如：R438 中，the bill of lading are distributed by direct printing and subsequently sent by courier to our customers; or, for approved customers, we send them via the Internet. The documents are identical whether they are printed internally or via the Web as the signature is imaged onto the document. 国际商会在分析及结论中确认，提单上的此类签字，算摹样签字，可以接受。

——印戳（stamp）和符号（symbol）也是常见的签字证实方式。

印戳和符号作为签字证实方式，二者不容易区分。笼统而言，它们包括国内流行的盖章（chop）。

比如：实务中，受益人的商业发票、运输单据、保险单据上，常见公司名称与手签签样二位一体章。这是手签，还是印戳或符号？我们认为，这仅仅是印戳或符号，而不是手签。换言之，如果信用证要求手签，单据上只盖一个二位一体章，理应不可以接受。

第二，本段 b 款下，信用证要求 signed and stamped，这是对签字证实方法的特别要求吗？

申请人的本意，可能是要求受益人工作人员手签加公司盖章，如此，则显然是一种对签字证实方法的特别要求。但是请注意，国际商会不认可这种解读，而将被解读为任何签字均可。据说，这是为了符合一些国家或地区并不是总加盖单位名章而是打印或手写单位名称的习惯。显然这是文化差异导致的分歧。

至于签署实体的名称，可以以哪些方式显示呢？本段规定，打字、印戳、手写、预先印就或扫描等方式，均可接受。

当然，可能有人会问，如果仅仅要求 signed by stamp 呢？我们认为，这是对签字方式的一种特别要求，则只能以印戳形式签署以满足，因为印章本身就是签字证实的一种方式。

第三，UCP 意义上的签字必须是原始签字吗？复印或传真签字可以吗？

本段规定删除了旧版 ISBP681 下的规定："但是，已签单据的复印件并不视为已签正本单据，通过传真传送的已签单据如果不另外加具原始签字的话，也不视为已签正本。"含义理应没有变化。因为签字经过复印或传真，由于可随意复制，不具有完全法律意义上的证实作用，所以不是 UCP 意义上的签字。换言之，UCP 意义上的签字，默认必须是原始签字。

尽管如此，这里的规定并不妨碍有签字的单据的复印件，被视为正本单据，只是不能视为"已签署的正本单据"而已。比如，将已签单据的文本复印到原始信笺上，而非空白纸张上，该单据就将被视为正本单据，除非单据上另有表示。

不过有时信用证本身要求的就是传真签字。比如，第 A29 段 d 款第 iv 项规定："当信用证要求提交一份'经签署发票的复印件（photocopy a signed invoice）'时，则须提交一份正本发票的复印件或副本，该复印件或副本对应的正本发票须表面上已经签署，或者，如果没有禁止的话，也可以提交一份经签署的正本发票。"还比如：

[案例 093]　信用证要求 COPY OF FAX SIGNED BY APPLICANT CONFIRMING ×××. 这是对申请人签字的要求吗？

案中，信用证要求 COPY OF FAX SIGNED BY APPLICANT CONFIRMING ×××. 这是对申请人签字的要求吗？还是申请人仅仅在单据上签字后加以传真即可呢？

分析及结论：

这里，信用证要求的是受益人从申请人处传真接收到的一个传真副本（fax copy），而申请人在传真之前已在原件上签字确认（confirm）了一个特定的事实。所以，这里的签字其实要求的是传真签字，而不是本段所提及的原始签字。

点评：

当然如果该传真副本并没有传真签字，却由申请人在该传真副本上另行加原始签字，则是可以接受的。因为原始签字的效力优于传真签字本身。

请注意，实务中的扫描的签字有两种：一种是预设在电脑系统中的摹样签字，这属于原始签字；一种是单据签字后经扫描而形成的签字，这不是原始签字，与传真签字和复印签字相似，不是 UCP 意义上的签字。单据的扫描签字（scanned signature）与单据的扫描件（scanned copy）里的签字（signature）是不一样的。签署的最高目的是证实。前者是一种证实方式。因

品读 ISBP745

为作为原始签字的扫描签字,控制在特定的人手里,所以,具有所有法律认可的证实方式的直接唯一性,从而具有直接证实的效果。而后者没有这么直接,这是扫描副本里的签字。由于谁都可以扫描,所以扫描这个动作无法满足签字的唯一性要求,从而没有直接证实的效果,其唯一性在法律上需要进一步加以佐证。或者说,扫描副本中的签字,只具有副本意义上的间接证实的效果。

公司印章

在信用证实务中,印章,特别是公司印章是否构成签字,这个问题特别重要。一方面全世界的人或多或少都存在印章的使用;另一方面,大量使用印章的东方人的规范和习惯,会直接影响西方人的专业判断,从而影响东方人在信用证下的商业利益。

在中国,有关涉外文件、合同、单据等书面资料上的公司签字,是否也需要公司印章,公司印章是否需要备案,是否还需要载有法定代表人或其他有权人的个人手签或个人名章,没有具体的规定,也无定论。

在中国,信用证实务中,本地公司在单据上的签字有几种形式:

——第一种,只有公司印章:有些是有备案的公司公章、专用章,有些是没有备案的专用章;

——第二种,既有公司印章,又有个人手签或个人名章,包括公司个人二位一体专用章;

——第三种,只有个人手签或个人名章,同时会在单据上用英文表明所代表的公司名称。

显然,以上第三种形式最接近西方国际银行界的惯常做法,也是国际惯例,不会产生异议。第二种,只要能通过公司印章或其他途径识别公司名称即可,这是国际标准银行实务所要求的。按照西方国际银行界的惯例,公司印章更多的是起到识别公司名称的作用,而个人手签或个人名章才担当代表公司签字的作用。虽然理解不同,法律效力不同,但是也不会产生异议。在信用证实务中,最有可能产生争议的是第一种签字形式,即:单纯的公司印章是否构成签字?

迄今为止,就这个问题,国际商会自 UCP500 时期以来的起码 4 个意见中给出两种截然相反的答案。R337 说公司印章构成签字,R598 说是构成签字,而 R599 又说不是。最新的,也是 UCP600 时期唯一的一个意见 R718/TA691 rev,国际商会又说:公司印章当然构成签字。具体如下:

[案例 094] R718/TA691 rev:发票签署和提单背书仅有盖章,可以吗?

案中,咨询者问:信用证要求签署的发票,结果提交的发票签署时只盖了一个受益人的中英章,而无个人手签也未另外显示受益人名称,可以接受吗?提交的空白指示抬头提单,受益人作为托运人背书时,只盖了一个受益人的中英章而无个人手签也未另外显示受益人名称,可以接受吗?

分析及结论:

国际商会说:公司盖章构成签署,不得拒付。(The credit requirement is for a "signed commercial invoice". In terms of article 3, a stamp can act as a form of signature and its use would not in itself be a reason for refusal.)

中英文章既显示了受益人名称,也代表了签字。(For the case in question, both example 1 and 3 show the name of the company in English and Chinese and the stamp is clearly affixed so as to represent a "signature" of the issuer. Example 2 has no company name indicated on the invoice but the stamp fulfills this requirement by evidencing the name of the company together with Chinese characters that can be considered to represent the signature of the named company.）

相似：

R337 中有人问："加盖一个仅显示公司名称的印章，而不含有人名的手签是否构成签署？"国际商会在分析及结论中说："Under UCP500 sub-Article 20(b), a chop constitutes a signature."显然，印章（chop）作为印戳（stamp）的一种，已经满足了签字的要求，是否有个人手签则无关紧要。

R598 案中，信用证要求检疫证明一式三份，由政府部门签发。在该单据上，通过更正增加了原先遗漏的"铝"字。可是，出具者农业部仅在单据的右手边上加盖了一枚橡皮章。国际商会在分析与结论中认为："国际商会银行委员会过去已声明，受益人以外的一方出具的单据如有修改，必须证实这些修改是出单人作出的。这种证实可用签字、小签或出单人的记号的方式作出，并且，必要时注明更正人的身份（即如果由代理人作出更正）。假如农业部的印章就在改动处的附近，该单据可接受。事实上，修改的信息并不是信用证要求的。"

相反：

R599 中咨询者反映说，在我们国家，普遍使用"只有公司名称"的盖戳来进行单据的更正证实。如果将其视为不符点，实务中将无法执行。国际商会在分析及结论中说：签署时仅有一个盖章是不够的。（A chop alone—that only contains a company name—is not sufficient. A chop that also contains some form of signature, initials, whether "wet ink" or embossed within the chop, etc., is acceptable. ICC Opinions R339, R344 and R455 also refer to this issue.）

不同的意见，不同的回答，遗憾的是国际商会至今没有给出之所以如此不同的原因。那么，公司印章到底是否构成签字呢？请特别关注 UCP600 第 3 条关于"签字"以下规定的措辞。

UCP600 第 3 条：

A document may be signed by handwriting, facsimile signature, perforated signature, stamp, symbol or any other mechanical or electronic method of authentication.

单据签署可以用手签、摹样签字、穿孔签字、印戳、符号或任何其他机械或电子的证实方法为之。

显然，公司印章算是印戳。以上规定的关键在于，公司印章，作为印戳的一种，构成签字，首先它必须是一种证实方法。言外之意，如果公司印章是一种证实方法，该公司印章自然便构成签字；而如果公司印章不是一种证实方法，该公司印章便自然不构成签字。

于是，最终问题将归结为，公司印章何时构成一种证实方法？何时又不构成呢？谁来认定？谁有权认定？

这个问题，说来复杂，其实也简单。

我们认为，证实方法的认定，已经越过了 UCP 框架，归根结底，或许这与公司所在地的法律背景有关。比如，美国公司开出的要求签署的发票，仅盖公章，算不算签字？因为发票出票地的美国法律，并不认可公司印章为证实方法或签字。还比如，中国公司开出的要求签署的发票，仅盖公章，无论如何都应该算签字。因为发票出票地的中国法律，本来就认可公司公章为证实方法或签字。概而言之，证实方法的认定，是法律框架内的事。

品读 ISBP745

法律背景之不同,归根结底,是由于文化习惯之不同。或者说,各国文化对公司印章的价值取向不可调和。换言之,第一种方式的公司印章是否构成一种证实方法,与第二种方式蕴含的东西方文化和法律对公司印章所起到的作用的看法不同有关。事实上,在东方人眼里,事情很简单,公司印章,当然是一种签字了。因为我们天天都在与公司印章打交道,而且理所当然地视之为签字。但是,在西方人眼里则不同,他们骨子里并没有视公司印章为签字的文化。

所以,西方人如果坚持按西方的文化习惯来理解东方人的公司印章的含义,认为其只是显示了公司名称,但并不构成签字,结果必然导致曲解人意。试问,在中国,一个公司印章无法识别公司名称,还叫公司印章吗?实际上,在中国,只要是公司印章,必然扮演双重角色,一为签字本身,二为识别公司名称。

总而言之,公司印章是否构成签字,并不能在 UCP 中找到答案,因为这是法律上的事,而各国法律的有关规定又是如此迥然不同。法律上的事,本来就没有必要由国际商会来搅和。UCP 只做原则规定,具体是否可行交由各国法律自行处理,也凸显国际商会安守本分。

有人会继续问:为什么公司印章在 UCP 框架内没有答案,而法律框架内的答案才是答案?

实际上,这已经涉及了信用证运作的双重框架了,即 UCP 框架和法律框架。诚然,独立性和抽象性是信用证运作的两块基石,但并不是绝对的。在实务中,信用证的抽象性具有相对性和有限性。与此相似,信用证运作的独立性具有相对性和单向性。我们认为,归根结底,这与信用证运作的环境和框架密切有关。换言之,如果环境变了,框架变了,信用证运作的机制理应会有所不同。信用证运作的独立性和抽象性基于一个框架——UCP,对应于信用证运作的小环境——信用证安排。那么,这个在 UCP 之外的大的环境、框架又会是什么呢?毫无疑问,就是法律框架了,对应于信用证运作的大环境——信用证安排、开证申请书和贸易合同。信用证运作的抽象性具有相对性和有限性,以及信用证运作的独立性具有相对性和单向性,这些特性是基于法律框架的。

那么,这两个框架有什么样的关系呢?

众所周知,信用证是一项银行产品,而 UCP 是一套国际银行间信用证产品的运作规则。但是,UCP 作为一套国际惯例,本身并没有强制力。它的强制力,来源于哪呢?那就是法律,各国法律,因为法律具有与生俱来的强制力。

《最高人民法院关于审理信用证纠纷案件若干问题的规定》[①]:

第二条 人民法院审理信用证纠纷案件时,当事人约定适用相关国际惯例或者其他规定的,从其约定;当事人没有约定的,适用国际商会《跟单信用证统一惯例》或者其他相关国际惯例。

在中国,最高法院最新司法解释——以一种准法律的形式,确认了信用证作为一种合同,从而在合同法的框架内赋予 UCP 强制力。在全球各个国家和地区也有类似的法律,无一例外。否则,信用证就没法运作了,因为它在原始的意义上是一种国际银行间的产品,它起码需要开证行和受益人两地的法律赋予 UCP 强制力。

所以,请特别注意:UCP 意义上的各项规定,包括国际商会对 UCP 和国际标准银行实务

---

① 《最高人民法院关于审理信用证纠纷案件若干问题的规定》(2005 年 10 月 24 日最高人民法院审判委员会第 1368 次会议通过)法释〔2005〕13 号。

的解释,本身是没有直接强制力的,只具有间接强制力,且必须通过一国法律赋予。换句话说,国际商会的意见,必须被法律兼容,这样才有实际的作用,才有生命力,否则,只是中看不中用的花瓶。在这个意义上,由于东西方的法律规定如此不同,公司印章是否构成证实,是否构成签字,自然只能在法律框架中寻找答案,而 UCP 框架之内是不会有答案的。

事实上,由于信用证产品是在跨国银行间运作,而不同国家的法律又如此不同,所以,需要在不同法律之间架起一座桥梁,至今为止最为成熟的,是国际商会制定并维护的 UCP 规则。在这个意义上,我们知道,UCP 的基本作用,就是架起各国信用证法律的一座桥梁。在这个意义上,我们还知道,UCP 一旦得到法律的认可,便成了该国信用证法律的一部分。相应地,广义的法律包括 UCP,而狭义的法律,实际上与 UCP 各有分工,各司其职。

第 A35 段 c 款和 d 款

电子证实方式

21 世纪以来,电子商务的发展突飞猛进,现在越来越多的单据采用电子证实,即电子签名。这就是本段 a 款所说的以"电子证实方式"完成的签字。

Para A35:
c. A statement on a document such as "This document has been electronically authenticated" or "This document has been produced by electronic means and requires no signature" or words of similar effect does not, by itself, represent an electronic method of authentication in accordance with the signature requirements of UCP600 article 3.

单据上声明诸如"本单据已经电子证实(This document has been electronically authenticated)"或"本单据以电子方式缮制且不要求签字(This document has been produced by electronic means and requires no signature)"或类似措辞,根据 UCP600 第 3 条的签字要求,其本身不表示一种电子证实方式。

d. A statement on a document indicating that authentication may be verified or obtained through a specific reference to a website (URL) constitutes a form of electronic method of authentication in accordance with the signature requirements of UCP600 article 3. Banks will not access such websites to verify or obtain authentication.

单据上声明证实可以通过明确提及的网址(URL)确认或获得,根据 UCP600 第 3 条的签字要求,这将被视为一种电子证实方式。银行将不访问该网址以确认或获得该证实。

【修订】

本段 c 款和 d 款的规定属于新增,解释了什么叫做签字的"电子证实方式"。

【解读】

显然,签字的"电子证实方式",不能仅仅凭单据上的声明其为"电子证实方式",而必须可电子核实。换言之,单据声明其为"电子证实方式"且援引了一个可核实的电子办法,则足以认定其为"电子证实方式",否则,不算 UCP 意义上的"电子证实方式"。请注意,银行并不需要实际核实该"电子证实方式"。比如:

[案例 095] R745/TA737 rev:经彩色扫描签章的原产地证明,是正本吗?

案中,提交的原产地证明显示了商会的盖章和签字,该盖章和签字好像是扫描上去的。此外,原产地证明还标明可以在线核实,并提供了网页和核实 ID 号。(The Certificate of Origin includes the stamp and signature of the Chamber of Commerce-in what appears to be scanned form (Note that the issuer's name (logo)" ＊＊＊＊ Chamber"is printed in two colours-orange and blue-on the document). In addition, the Certificate of Origin can be"verified online" as it includes the wording"For online verification of this Certificate, please visit our website". It further includes the name of the website from where it can be verified as well as a"Verify ID".)

分析及结论:

国际商会说:可以接受,这不是不符点。原产地证明的出具人的本意是产生单据正本。扫描盖章和签字,属摹样签字,可以接受。至于网页的核实信息,将不予理会。(Based on the content of this sub-article, reference on the Certificate of Origin to it being capable of being verified online, and to the website where such verification can be made, must be disregarded by banks for the purposes of determining compliance of the document.

From what is stated, the document does not profess to be a copy of an original or bear any evidence to that effect. The intent of the issuer was seemingly to produce an original document for the purpose of the underlying transaction and the credit. The reference to a scanned signature would appear to indicate a facsimile style signature being appended to the document.)

点评:

本案的关键在于确认,扫描签章属于原始签字,算 UCP600 意义上的摹样签字,或者说算电子证实方式中的摹样签字。

相应地,经彩色扫描签章的原产地证明,也就理应算正本了。

第 A36 段 a 款

函头纸上的签字

实务中,单据的出具常常使用函头纸。

Para A36:

a. A signature on the letterhead paper of a named person or entity is considered to be the signature of that named person or entity unless otherwise stated. The named person or entity need not be repeated next to the signature.

除非另有说明,在具名个人或实体的函头信笺上的签字,将被视为该具名个人或实体的签字。在签字旁无需重复该具名个人或实体的名称。

【修订】

本款规定,适用范围有所扩展,从旧版中的公司,到所有个人或实体,包括如贸促会、商检局等非公司实体。

【解读】

如前所述,单据签署时需要确保签署人与签字之间具有确定联系。表示联系的方式,便包括使用函头纸。

个人或实体函头纸上的签字,默认即为该个人或实体签字。相应地,由于签署人的名称已经显示在函头中,无须重复显示。比如:使用 ABC co.,ltd. 的函头纸出具的质量证明上,任何地方显示的手签,但并无任何文字说明该手签系哪一个公司或个人所为,则默认为函头所显示的 ABC co.,ltd. 所为,即由该公司内部工作人员手签。

当然,这并不绝对。比如:使用 ABC co.,ltd. 的函头纸出具的质量证明上显示有签字,而与签字紧密相邻的地方同时显示一个短语:"signed by the manufacturer."此时的签署不能想当然地认为是 ABC co.,ltd. 所为。因为作为签署人的制造商完全可能不是 ABC co.,ltd.。

实务中,除使用函头纸外,还常见以下表示签字与签署人名称联系的方式:

——签字本身已经载明签署人名称。这意味着,从签字本身即可辨明其签署人是谁,并确认签署人的唯一性。比如:国内出口企业在单据上盖的中英文图章,即可一眼看出盖章的企业名称。

——签字与签署人名称或身份紧密相邻。比如,制造商质量证明上常会看到与签字紧密相邻的地方显示一个短语:"signed by the manufacturer,ABC co.,ltd."

——签字与签署人名称或身份以文字联系。比如:制造商质量证明上常会看到与签字紧密相邻的地方显示一个短语:"signed by the manufacturer."如果在质量证明的名称或内容中能够找到确定的签署人名称:"manufacturer:ABC co.,ltd."这便算表明了签署人的名称。

单据上的签署人

签署必须表明签署人,而且必须是确定的签署人。因为单据上签署的证实作用,是以确认单据的内容对签署人的约束,追溯签署人的证实责任来实现的。否则,便无法追溯签署人的证实责任,无法追溯对签署人的约束,其证实单据内容的作用也就无从谈起。

那么,如何表明确定的签署人?以下规定,比较全面地反映了国际商会的意见,跟单信用证实务中可以参照掌握。

ISP98 4.07"Required Signature on a Document 单据签字":

c. Unless a standby specifies:

除非备用证中规定:

i. the name of a person who must sign a document,any signature or authentication will be regarded as a complying signature.

必须签署的人之名称,否则任何签字或证实都将被认为相符。

ii. the status of a person who must sign,no indication of status is necessary.

必须签署的人之身份,否则不一定注明签署人身份。

d. If a standby specifies that a signature must be made by:

品读 ISBP745

如果在备用证中指明，签署必须由：

ⅰ. a named natural person without requiring that the signer's status be identified, a signature complies that appears to be that of the named person;

一个具名的自然人为之，但不要求指明签署人身份，则一个看起来是具名人的签字即为相符。

ⅱ. a named legal person or government agency without identifying who is to sign on its behalf or its status, any signature complies that appears to have been made on behalf of the named legal person or government agency; or

一个具名的法人或政府机构为之，但没有指明由谁代表其签署或该人身份，则任何看来是代表具名的法人或政府机构的签名都是相符的；或者

ⅲ. a named natural person, legal person, or government agency requiring the status of the signer be indicated, a signature complies which appears to be that of the named natural person, legal person, or government agency and indicates its status.

一位具名的自然人、法人或政府机构为之，并要求注明签署人身份，则一个注明身份并看起来是该具名的自然人、法人或政府机构的签字是相符的。

从这里可以看出：签署人的确定，一般涉及两个特征——名称(name)和身份(status)。

——在签署时，表明签署人名称是最为直接办法。不管是个人，还是实体，其名称在特定的信用证交易中总是唯一的。所以，通过直接表明签署人的名称，即可达到表明确定的签署人之目的。

——在签署时，表明签署人的身份，也是一种办法。但是，单纯的身份往往不具有唯一性，所以，必须与签署人的名称一起使用。否则，通过表明签署人的身份，便无法达到表明确定的签署人之目的。

签署人的确定，还要区分两种类型——个人(individual)和实体(entity)。个人，即这里的自然人(natural person)；实体，这里主要指法人(legal person)和政府机构(government agency)。众所周知，个人的行为可以由自己直接实施。然而，实体是一个虚拟的存在，其行为的实施必须由实体的工作人员实施，包括手签或印戳等。换言之，只要是实体工作人员的职务行为签署，即默认代表了实体的签署。而根据UCP600第34条的规定，银行对"单据有效性免责"，银行可以不理会该签字是否是实体工作人员为之，是否为工作人员的职务行为为之，而只须确认有签字即可。

结合ISP98的规定，以及签署人的两个特征和两种类型，单据上签署人的确定必须注意以下几种情况：

第一，只要求签署单据而未规定签署人时，默认为由出具人签署。

不管是信用证要求，还是UCP或ISBP要求，或单据本身要求签署，如果不规定签署人，则默认为单据出具人签署。由于单据的出具人，总是具体的一个人或一个实体。所以，这相当于默认为具名出具人签署。比如：信用证要求提交signed commercial invoice.这其实是要求提交一份商业发票，并由作为出具人的受益人加签署。试想一下，这种情况下如果有人提交了一份商业发票，却由受益人以外的一个人签署，常识告诉我们理应不能接受。

第二，除非特别要求，信用证要求受益人签署，无须表明其身份为受益人。

因为受益人这一身份与一笔具体的信用证相对应,并由信用证本身定义。比如:信用证要求受益人出具并签署的质量证明。实际上,这一要求可以理解为:质量证明出具并签署时,须表明受益人名称,至于是否表明受益人这一身份则无关紧要。所以,签署时须表明受益人名称并签字,不能只表明受益人身份并签字。实务中,质量证明的使用,将脱离信用证独立使用,在质量证明上仅仅表明其为受益人身份并签字,将无法确定实际签署人。

信用证要求单据由申请人签署,与此相似。

信用证要求卖方或买方出具或签署时,默认情况理应也与此相似。因为信用证下默认的卖方即为受益人,默认的买方即为申请人,起码名义上的买方或卖方可以如此认定,因为笼统而言信用证交易本身就是单据交易。但国际商会并未就此发表过意见。

请注意,信用证要求单据由用户(user)出具或签署时,则必须表明用户的名称和身份。否则,银行无法识别谁是用户,从而构成不符。

第三,同一实体在单据上签署,不必由同一个工作人员为之。

同一签署人在同一单据的不同位置,或在不同单据上签署,并不拘泥于同一个工作人员的签字。比如:同样是商业发票上受益人签署,由业务部门的经办手签,而产地证作为出口商的受益人,则常常由制单部门的制单员手签。这是可以接受的。

国际商会在 R417 中说:"There is no requirement within the UCP or any international banking practice that we know of that requires all documents issued by a beneficiary to be signed by the same person."

第四,要求实体在单据上的签署,由特定身份的工作人员为之,如未要求工作人员姓名可以不显示姓名。

这是因为实体的工作人员,只能在实体事先赋予其的职务范围内代表实体签署。只要单据上有工作人员的手签或印戳,已经足以在一个实体内部追溯到该特定的工作人员。

而在信用证只要求特定身份的工作人员签署时,显然,单据上表明其身份就已经足够了,而是否显示其名称则无关紧要。比如:UCP600下提单上的船长签署,只须表明身份即可,无须另外表明船长名称。

第五,要求签署单据而且规定了签署人的身份,不能只显示签署人身份,而无名称。

因为制造商这一身份在一批货物制造行为发生时就已经客观注定,不可变更。比如:信用证要求制造商出具并签署的质量证明。这一要求,准确地表述应为:质量证出具并签署时,须表明制造商名称,并以制造商这一身份签署。所以,签署时须表明制造商名称并签字,不能只表明制造商身份并签字,也不能只表明制造商名称并签字。这样,单据表面上便满足了要求。又比如:

[案例 096] CASE 72:分析证明签署只有签署人名称无身份。可以吗?

案中,信用证要求:Certificate of analysis issued by manufacturer.

提交的分析证明只表明了一公司名称:"China National Chemicals Import and Export

Corporation",而没显示其为制造商。开证行拒付。

分析及结论：

国际商会最后指出：问题并非是该中国公司是否有权出具分析证明，而是该分析证明是否表面上清楚地表明该中国公司为制造商。提交的单据看来并未如此表明，因此，不符合信用证的具体要求。

点评：

信用证要求单据由出口商签署，理应与此同理。

请注意，进出口商不一定是商务合同的买方和卖方，也不一定是信用证的申请人和受益人。以出口及出口商为例，《美国传统词典（双解）》说："Export, to send or transport abroad merchandise, especially for sale or trade. 出口（某物）：将货物送到或运出国外，尤指为了出售或贸易。"从字面意思来看，这指的是货物的物理转移。而商务合同上的买卖，指的是货物所有权的转移。二者常常重叠，但有时并不一致。未见国际商会就此发表过针对性意见。

第六，信用证规定了实体签署人的特定名称，必须由其直接签署。而如果规定的是概括性名称，可以是由带概括性名称对应关系说明的任何实体签署均可。

比如：信用证要求 ABC co., ltd. 签署质量证。很明显，ABC co., ltd. 是一个特定的公司名称。此时质量证签署时，须表明 ABC co., ltd. 并签字。

又比如：信用证要求 SGS 签署质量证。很明显，SGS 不是一个特定的公司名称。此时质量证签署时，只须表明冠有 SGS 字样的一个公司、分公司、子公司的名称并签字即可。

第七，信用证规定单据由特定的人签署，且该签署必须与一个存底印鉴一致，受益人仍应满足。

比如，信用证要求：cargo receipt signed by the applicant, whose signature must be correspondent with the issuing bank's record.

还比如，信用证要求：CERTIFICATE OF INSPECTION MUST BE SIGNED BY HWANG DONG YEOL IN THE PASSPORT NO. BS2655347，但却未另外要求 passport. 客户交单时提供了 HWANG DONG YEOL 出具的 CERTIFICATE OF INSPECTION，且需显示出具人 PASSPORT NO. BS2655347。银行无义务审核签字是否为护照上的本人签字。那么，如果客户所交的检验证明中没有显示出具人的护照号码，可以吗？似乎是不行的。然而，这一判断会受到挑战，因为信用证中所要求的"IN THE PASSPORT NO. BS2655347"，很可能会被认定为单据化条款中的未单据化文句，可以不予理会。

第八，信用证规定单据由特定的人签署，我们认为，默认由其直接签署，只有在特别授权的情况下才允许由代理人签署。为什么呢？不同的签署人，其公信力不同。

比如：信用证要求提单由承运人签署，提交了由承运人代理签署的提单，可以接受吗？按理可以接受。这是提单实务的惯常做法，也是 UCP600 第 20 条规定的内容。

又比如：如果信用证要求质量证由"Wang Wei"签署，提交的质量证显示由"王伟"签署，能接受吗？我们认为，按理可以接受。因为质量证签署中显示的"王伟"，只要是信用证下的可接受语言,便必须审核,从而足以确认相符。未见国际商会发表过针对性的意见。

[案例097] R541/TA545:信用证要求检验证明由信用证规定特定人签署,实际由其代理人签署,可以吗?

案中,信用证要求:检验证明由申请人的有权人出具并签署。(An inspection certificate issued and signed by authorized person(s) of the applicant.)

分析及结论:

国际商会说:基于出具人和签字样本与 C 银行的存底印鉴相符,检验证明可以由任何公司的任何个人签署。如果签署人不是申请人本身,可以由其代理人签署,并表明签署人与申请人的代理关系。(As no details were provided within the credit, it is difficult to ascertain the correct manner in which the document was to be signed. Subject to the issuer and specimen signature complying with the records maintained by C Bank, Country H an inspection certificate could be signed by any individual on behalf of any company. If the company was not the applicant, it should identify itself as an authorized party of the applicant. The status of this discrepancy is subject to information that is held with the issuing bank.)

点评:

当信用证规定了特定签署人时,默认必须由本人签署。

本案有其特殊性,即签样相同,便允许由代理人签署。因为签样相同的情况下必定意味着是同一人,而信用证规定的特定人可能反而不是签样中的人。

单据上的代理签署人

日常生活中的"代理",早已司空见惯,比如代理总统、代办公务、代写书信、船务代理、货运代理、保险代理、制单代理等。在信用证实务中,也常常会见到代理,比如代理开证、代理通知、代理收单、代理承付、代理偿付、代理交单、单证包入与包出等。这里着重于探讨单据上的代理签署。

那么,什么是代理呢?"在民法中,代理是与自理相对应的概念,是指民事主体通过他人代为办理实施民事法律行为的方式。"[①]

法律上,代理根据其代理关系产生的来源不同,具体分为:以法律的直接规定为根据而发生的法定代理、以国家主管机关或法院的指定为根据而发生的指定代理、以被代理人的委托为根据而发生的委托代理,以及以劳动关系或雇佣关系中的职务为根据而发生的职务代理[②]。在单据上的代理签署主要涉及后两种,即委托代理和职务代理。

第一,职务代理签署:无须特别表明签署个人与实体的关系,并默认为实体签署,它并不是通常说的单据代理签署。

一个实体的工作人员在职务范围内代理实体签署,这便形成职务代理。但是,这取决于一定的条件,即在相对人眼里,此签署人须为实体的工作人员,且在实体的工作场所作出的签署。

---

① 引自盆碧仙:《直接代理与间接代理比较探析》,载《中外法学》1997年第4期(总第52期)。
② 引自尹西明:《职务代理初探》,载《河北法学》1998年第5期。

职务代理签署下，被代理人按理一定是一个实体，而代理人一定是一位个人，或为实体的经办人，或为实体的负责人。在职务代理人代理签署时，经办人或负责人只需签字，无须表明经办人或负责人姓名，也无须表明与公司的代理关系，因为这种代理属职务代理，可由公司的内部文件和制度来管理。至于到底是谁——哪一位经办人员或哪一位负责人——在单据上实施了签署，对于公司以外的人不重要，对于公司内部人员又能很容易从内部文件或制度上进行证实责任追溯。

比如：在质量证显示公司名称为"ABC co.,ltd."其旁边空白处或重叠处有一个手签，或与公司名称"ABC co.,ltd."紧密相邻处的签署栏——往往冠以"signed by:"、"with authorized signature"——有一个手签，即可默认为该公司的签署，而很明显公司是一个实体，它由一个个具体的个人组成，所以这个手签必是有职务代理权限的公司经办人或负责人代理签署。

比如：

[案例098] R412：发票由S先生签署，是代理T公司，还是代理G公司呢？

案中，咨询2中信用证要求发票must be countersigned by Mr. S of applicant，申请人名称为：Company T Ltd. 实际提交的发票副签如下：

```
Company G Ltd.
（signature）
Mr. S
```

其中，签署工作人员Mr. S满足了信用证的要求，但签署公司名称Company G Ltd.与申请人不一样。

国际商会在分析及结论中说：签署人代理指向不对，这是不符点。

点评：

信用证对签署工作人员与签署公司的要求，是一个整体，二者不可分割。如果签署工作人员与要求不一致，会涉及职务授权的问题，而如果签署公司与要求不一样，会涉及签署的法律责任承担的问题。

正如前面解读中提到的，实体是一个虚拟的存在，其签署单据，必须由有职务代理权的实体内工作人员实施，默认即为实体签署。所以，日常实务中的单据代理签署，一般不包括职务签署。

第二，委托代理签署：必须明确表明签署人与委托人的代理关系，这是通常说的单据代理签署。

日常实务中的单据代理签署，一般指这里的委托代理签署。

对于个人、非实体委托另一位个人或另一个实体，或对于一个实体委托职务代理人在非工作场所，或委托非职务代理人签署，这便形成委托代理签署。在相对人眼里，须确认委托人对签署人的授权委托。

在委托代理签署时，自然人、部门、分公司、子公司、其他公司需要表明这种代理联系，通常必须包括四个要素：代理人签字、代理人、代理关系、代理指向的确定的被代理人。这四个要素缺一不可。只有具备了这几个要素，才能在逻辑上建立起签字本身与签署人之间的确定联系。

否则,少了其中任何一个要素,便无法追溯单据上签署的证实责任。

——少了代理人签字:这相当于没有签字;

——少了代理人名称:由于存在代理关系,无代理人名称,事后将无法追溯代理签署的证实责任人;

——少了代理关系:将出现逻辑中断,因为该单据虽然确已签署,而与应该指向却实际没有指向的被代理人无关。比如:

[案例 099]　R403:代理签署身份如何显示?

案中,信用证要求:inspection certificate must be signed by inspector A and/or 'Mr.' Appointed as inspector(s) of Trading Company B (the applicant).

提交的检验证显示由 inspector A 以外的一位自然人签署,未显示该自然人与申请人之间的"appointed"关系。

分析及结论:

国际商会说:在表面审核的意义上,单据是有不符点的。因为检验证签署时并没有显示'签署人是申请人指定'的一方。(Documents are examined on their face. As it does not appear from the information given that the signature on the inspection certificate (other than that of Inspector A) showed that he/she was an appointed inspector of the applicant, the document is discrepant.)

点评:

这里涉及的是签署人与签字间确定联系的连续性的问题,即必须在签署时显示完整的代理身份。

引申:

一个至今未通过的 TA544 rev,信用证要求:Clean cargo receipt issued and signed by Mr. Z. J. P. certifying that he has received the goods in good order and condition. 提交的货物收据为:Cargo receipt was signed by Mr. Z. J. P. with the seal of Trading Company L added over the signature. 可以接受吗?

我们认为,如此签署实际上改变了签署责任人,似乎不可接受。信用证要求的责任人是作为独立的自然人的 Mr. Z. J. P,而提交的货物收据的签署责任人是 Trading Company L,至于 Mr. Z. J. P,仅仅作为 Trading Company L 的职务代理人签署。

当然,实务中,完全可能把信用证的规定 Clean cargo receipt issued and signed by Mr. Z. J. P. 理解为:货物收据由 Mr. Z. J. P. 签署或代理签署,如此,则可以接受。一直未见国际商会发布最终意见。

需要特别提请注意的是,在委托代理签署时,对代理关系的表述有多种,除了极特别 UCP 另有规定的情况外,按理可以互相借用,包括"agent"、"deputy"、"proxy"、"representative"、"as agent for"、"on behalf of"、"for"等等。

——少了被指向的确定的被代理人:如同少了确定的签署人一样,无法追溯证实的责任人。只是具体显示在什么单据的什么地方可以不同。比如:

[案例 100]　R657/TA670：船公司证明不直接显示签署人身份，可以吗？

案中，一份适用于 UCP600 的信用证要求提交：由船公司或其代理出具的船舶证明。(Vessel certificate issued by Shipping Company or their agents.)

那么，由"承运人"或"承运人的代理"出具的"船舶证明"，可以接受吗？即由同一次交单中提交提单显示的一方出具了船舶证明，但是没有特别表明是"船公司"或者"船公司代理"。But not specifically "identified" in the documents as "shipping company" or "agent for the shipping company". 可以接受吗？

分析及结论：

国际商会说："是的。由提单上的承运人或者代表承运人签署提单的代理出具的船舶证明是符合要求的。(Yes. A vessel certificate issued by the carrier indicated on the bill of lading, or an agent signing on their behalf, would comply.)"

点评：

船公司证明上的签署常常会与提单保持一致。船公司证明显示签署人为提单上的承运人，或签署人为同一人时，无须另行显示其身份。其中缘由可能是，这里省略承运人名称并不影响其使用，因为船公司证明通常都与提单并用。

引申：

信用证要求制造商发票，原产地证上已经显示了制造商名称。提交的发票显示了制造商作为出具人的名称，还需要另行显示其制造商身份吗？显然，这是可以省略的。

第 A36 段 b 款

分支机构的签字

实务中，单据的出具和签署常常涉及同一实体的不同分支机构。

Para A36：
b. When a signatory indicates it is signing for [or on behalf of] a branch of the issuer, the signature will be considered to be that of the issuer.
当单据的签署人表明其代表出具人的分支机构签署时，该签字将被视为由出具人作出。

【修订】

本款是新规定。

【解读】

单据出具和签署涉及同一实体的不同分支机构，将视为由同一实体出具或签署。为什么呢？不同分支机构的同一实体，在法律上属于同一法人，法律后果的认定没有区别。比如：

[案例 101]　R757/TA708 rev：ABC LTD, INTERNATIONAL BUSINESS 与 ABC LTD, 一样吗？

案中，信用证要求原产地证明，由受益人，即：ABC LTD, INTERNATIONAL BUSINESS

出具。提交的原产地证明，由 ABC LTD 出具。

可以吗？

分析及结论：

国际商会说："无不符点。国际业务部是受益人的一个部门，不是受益人本身。（The name of the beneficiary is ABC Ltd. International Business is a designation of a division and not necessarily part of the name of the company. The certificate of origin is signed by ABC.）"

点评：

同一实体的一个部门，对外代表的是实体本身。所以，尽管信用证规定的受益人带有部门，实际提交的受益人出具的原产地证明是否显示部门无关紧要。

引申：

这里的结论仅适用于同一个实体的不同分支机构或不同部门的情况。换言之，如果是不同实体，则不可接受。比如：信用证要求检验证由中国出入境检验检疫局（英文名称：China Entry-exit Inspection and Quarantine Bureau，缩写：CIQ）出具，那么，提交的检验证由中国检验认证（集团）有限公司（英文名称：China Certification & Inspection(Group)Co.,Ltd. 英文缩写 CCIC），或中国检验认证集团广东有限公司（英文缩写 CCIC GD），或中国检验公司（香港）（英文名称：China Inspection Company Limited），便不可接受。因为那些实体看似同为中国商检系统，却是完全不同的实体。

[案例 102]　R407：检验证出具人身份，显示于独立说明函？

案中，商业信用证要求一份装船前检验证，该检验证要求：issued by M/s SGS Country B Ltd/ Company L or their accredited representative. 实际提交的检验证显示了由 M/s SGS Country I Ltd 出具，同时附了一份由 SGS Country B Ltd 出具的独立说明函（a separate letter）表明："SGS Country I Ltd is a member of the worldwide SGS Group operating out of SGS Geneva."

分析及结论：

国际商会在分析中认为，这种身份的表述不能在该单据之外，因为该独立函是未规定单据。（The credit required a document issued by one of the three named inspection agencies or their accredited agents. This would mean that in the event of an agent acting for them the pre-shipment inspection certificate that as presented would need to indicate that they were acting as agents for the stated inspection company. The inclusion of a letter that provides such information or their association with SGS Group would not be checked under the letter of credit terms due to the stipulation in sub-Article 13(a).）

国际商会在结论说：The inclusion of a separate letter from the named inspection agency, i.e. SGS Country B would not be acceptable under the credit terms. Evidence of SGS Country I acting as agents for SGS Bangladesh would need to appear on the actual certificate itself.

点评：

《美国传统词典（双解）》说："representative：one that serves as a delegate or an agent for another. 代理人：作为代表他人的代表或代理的人或公司。"

进一步观察可以发现，SGS Country B Ltd 与 SGS Country I Ltd，属于不同的公司。所以，只能认定 SGS Country I Ltd 是 SGS Country B Ltd 的代理，即信用证所规定的 accredited representative。

换言之,如果该表明代理身份的独立说明函,能够作成为装船前检验证的附件或附文的话,那么,该独立说明函就不应该算是未规定单据了,从而必须审核。

第 A37 段

签字栏

单据上的签字栏,一定要签署吗?可以不签署吗?

Para A37:
The fact that a document has a box, field or space for a signature does not in itself mean that such box, field or space is to be completed with a signature. For example, a signature is not required in the space titled "Signature of shipper or their agent" commonly found on an air waybill or "Signature of shipper" on a road transport document. Also see paragraph A17 in respect of the requirement for data to appear in a box, field or space.

单据上留有签字的方框、栏位或空白处的事实,其本身并不表示该方框、栏位或空白处中应载有签字。例如,在空运单上常见的标明名称为"托运人或其代理人签字(Signature of shipper or their agent)"的空白处,在公路运输单据上常见的标明名称为"托运人签字(Signature of shipper)"的空白处,这并不要求该处载有签字。同时参见第 A17 段关于方框、栏位或空白处要求显示数据的规定。

【解读】
单据上的签字栏,并不要求该处一定有签字。换言之,签字栏可以签字,也可以没有签字。
请注意,如果签字栏显示了签字,则必须考虑其实际效果。比如:空运单托运人正本联,通常右下方印就两个栏位:
——Signed by the shipper 托运人签署栏;
——Signed by the carrier 承运人签署栏。
实际上提交的空运单由承运人签署,本来应该盖章在右下方第二栏的"承运人签署栏"中,但由于习惯性疏忽,出现移位。结果,盖章出现在"托运人签署栏"中,这可以吗?当然不行。因为盖在"托运人签署栏"中的承运人印章表面上只能认定为托运人盖章。尽管"托运人签署栏"可以不签字,但是如果显示了签字则必须考虑其实际效果,而不能视而不见。
需要特别提醒的是,有时签字栏的设置本身,就会影响到不符点的判断。比如:

[案例 103]　R637/TA654 rev:快递收据默认要签署吗?
案中,信用证要求:"提交受益人证明及相关快递收据,以证明一套副本单据已经在装运日后 3 个工作日内寄往申请人。(Beneficiary's certificate along with relevant courier receipt certifying that one set of non-negotiable documents have been sent to the applicant within 3 working days after shipment date.)"
交单后,开证行提出的不符点:快递公司收据没有显示快递公司的小签/签字。

分析及结论：

国际商会说："如果快递收据上包含有快递公司签字的栏位，那么快递收据需要被签署。如果要求或者允许提交副本快递收据，那么不需要签署。快递收据的格式不是受 UCP 管辖的，是快递公司决定的，没有签字栏表示快递公司认为收据没有必要被签署，国际商会不能强求。"

"如果正本快递收据有签字的栏位，那么需要签署；如果正本没有签字栏位或者提交的是副本，那么不需要签署。（The credit required the presentation of a courier receipt (original, copy or photocopy). If the courier receipt included a space for signature of the courier company, then this should have been signed. The comments in relation to signing of the courier receipt apply on the basis that the presented receipt was an original and not a copy. If a copy courier receipt is required or allowed, it need not be signed.）"

点评：

用于证明副本单据寄送的快递收据，默认是需要签署的，因为不签署算什么收据呢？难以想象。请注意，国际商会的这一意见基于一个前提，即快递收据本身带有签字栏。而例外是，如果快递收据上没有签字栏，则可以免去签署。

我们不太认同这一看法，因为快递收据必须签署，这是其性质决定的，与签字栏的存在与否无关。

第 A38 段

副签栏

单据上带有签字栏的同时，偶尔显示"单据非经副签无效"类似措辞，那么，还可以不签署吗？

Para A38：

When a document includes wording such as "This document is not valid unless countersigned [or signed] by (name of the person or entity)" or words of similar effect, the applicable box, field or space is to contain a signature and the name of the person or entity that is countersigning the document.

当单据含有诸如"本单据无效，除非由（个人或实体的名称）副签（或签署）[This document is not valid unless countersigned [or signed] by (name of the person or entity)]"或类似措辞时，相应的方框、栏位或空白处，应载有副签单据的该个人或实体的签字和名称。

【解读】

单据显示"单据未经签署则无效"措辞时，该单据的签字栏必须签署。

单据显示"单据未经副签则无效"措辞时，该单据的签字栏必须在签署之外副签。当然，单据有时带有类似文字，但没有副签栏，效果应该一样。为什么呢？信用证下单据，作为书证的一种，其使用默认以生效为前提。

至于如何副签，则可参照签署把握，即既要显示签署人名称，也要显示签署人签字。实务中，保险单据副签时，只有签字，而没有签署人名称或身份，这是不可接受的。

品读 ISBP745

请注意,根据保险部分第 K5 段对保险单据的副签栏的要求,保险单据的情况与此不同。保险单据如果显示要求副签,则必须副签,其默认即以副签为生效要件,而无须与其他单据一样要求特别显示"否则无效"字样。

单据名称与联合单据

Title of documents and combined documents

【导读】

单据是什么?在法律意义上,证据包括三大类:人证、物证、书证。而单据是书证的一种。

单据一经出具总是体现为一定的内容,通常都带有名称,有时还加以签署,最终用于实现一定的功能。

实务中,一种单据可能与另一种单据合并出具。一种单据还可能具备多种功能,可以由多种单一功能的单据分开实现。

第 A39 段

单据的名称、内容与功能

单据的名称、内容与功能之间会是一个什么样的关系呢?

Para A39:
Documents may be titled as called for in the credit, bear a similar title or be untitled. The content of a document must appear to fulfill the function of the required document. For example, a requirement for a "Packing List" will be satisfied by a document containing packing details whether it is titled "Packing List", "Packing Note", "Packing and Weight List", etc., or bear no title.

单据可以表明信用证要求的名称,或相似名称,或没有名称。单据内容必须看似满足所要求单据的功能。例如,信用证要求"装箱单(Packing List)",提交的单据含有包装细节即满足要求,无论其名称是否为"装箱单(Packing List)"、"装箱记录(Packing Note)"、"装箱和重量单(Packing and Weight List)"等,或者没有名称。

【解读】

第一,单据内容必须满足功能。

与信用证安排有关的单据,包括金融票据和商业单据两种。这是从功能上对单据进行分类。

——金融票据,指信用证下要求凭以兑用的汇票,用于执行信用证安排下的支款功能。我们知道,绝大多数情况下,汇票仅仅是信用证下的金融工具,其瑕疵的不符点部分将进入相符交单审核范围,而非不符点部分将不予理会。

——商业单据,指除汇票以外的所有单据,用于证明信用证安排下货物是否如约交付,服务是否如约提供,等等。其中的发票、运输单据、保险单据是基本单据,其他为非基本单据。

UCP600 第 14 条 f 款:

If a credit requires presentation of a document other than a transport document, insurance document or commercial invoice, without stipulating by whom the document is to be issued or its data content, banks will accept the document as presented if its content appears to fulfil the function of the required document and otherwise complies with sub-article 14 (d).

如果信用证要求提交运输单据、保险单据或者商业发票之外的单据,却未规定出单人或其数据内容,则只要提交的单据内容看似满足所要求单据的功能,且其他方面符合第 14 条 d 款,银行将接受该单据。

实务中,信用证要求运输单据、保险单据、商业发票等基本单据时,出具人、数据内容必须满足 UCP600 的规定。话说回来,难道包括运输单据、保险单据和商业发票在内的基本单据,就不需要满足功能了吗?显然是否定的。UCP600 针对基本单据的专门规定,就在于强调满足了规定自然就会满足其固有的功能。换言之,UCP600 的规定实际上体现了对单据的功能性要求。比如:运输单据必有承运条款或其出处的援引,必有收妥货物的标志,这对应于其固有的两大功能——运输合同的证明和收妥货物的证明;保险单据必有承保条款,这对应于其货物运输保险的功能;发票必有货物描述、货物数量和金额,这对应于其带有价目的发货清单的功能。

至于信用证要求其他单据时,如果没有规定数据内容,"满足功能"的任何数据内容均可接受,即提交单据的内容必须满足所要求单据的固有功能。为什么呢?国际商会指出:"如此规定的目的在于避免这样一种情形,即信用证要求装箱单,但提交的单据仅仅标明为装箱单而没有其他内容。(The reason for this was to overcome a situation, for example, if a packing list was called for and what was received was a packing list rather a document that said 'packing list' and nothing else.)"比如:

[案例 104] 船舶吃水报告(A draft survey report)只显示了货物载重量。可以吗?

Kredietbank Antwerp v Midland Bank plc 一案中,信用证要求 A draft survey report,提交的单据名称为:draft survey report,但只显示了:"The weight of the goods loaded as measured by the draft surveyor."

申请人说:船舶吃水报告,应该包含吃水深度的信息。(This report must be a report containing measurements of the drafts of the vessel.)

分析及结论:

法官认为:单据相符。因为对于买方来说,关心的应该是船舶的载重量,而不是吃水深度。(Evans LJ held that the document was conformant, observing in support of his holding that what the buyer was interested in was the weight of the cargo and the draft measurements, (and thus the contents of a "draft survey report") should have been of no concern to him.)

点评:

《美国传统词典(双解)》:"Draft, (Nautical) the depth of a vessel's keel below the water line, especially when loaded.【航海】吃水深度：船的龙骨在吃水线下的深度，尤指载重时的吃水深度。"

我们认为，这有点片面。船舶的载重量应该与吃水深度一一对应，即不同的载重量对应于不同的吃水深度。所以，船舶的吃水报告应该同时包括这两个信息才算满足功能。没有了吃水深度，算什么吃水报告？

第二，单据名称，必须反映其内容和功能。

单据名称具有画龙点睛的作用。一份单据的名称可以有三种显示形式：或者使用信用证规定的名称，或者使用信用证规定的相似名称，或者没有名称。比如，信用证要求"装箱单（packing list）"，提交的单据可以冠名"装箱单（packing list）"，这是信用证规定的名称；也可以冠名"装箱记录（packing note）"或"装箱和重量单（packing and weight list）"，这是相似名称，或者没有名称，均可接受。

使用信用证规定的名称，这是最常见的形式，因为最不容易引起歧义，也最为业界所通用。不使用名称，比较少见。使用信用证规定的相似名称，这也常常见到，却常常引起分歧。

如何算相似（similar）呢？《美国传统辞典（双解）》："similar, Related in appearance or nature; alike though not identical. 相似的，与外表或性质相关的；尽管不完全相同但相像的。"结合审单实务，相似的确切含义，似乎应为相像，但以不引起歧义为限。

比如：当信用证要求"packing and weight list"时，提交的单据仅仅显示"packing list"或"weight list"，这理应不算单据名称的相似，从而不可接受。因为后者的名称与前者之不同，也足以引起歧义，即提交的单据仅仅为装箱单或重量单，而不是信用证要求的装箱和重量单，虽然单据可能既有装箱细节，也有重量细节。

又比如：R197 中，信用证要求：Certificate duly signed by captain's vessel stating the cleanness of the tank steamer. 提交的单据显示名称："Ship's Tanks Inspection Report"，并显示内容：states that "vessel's tanks Nos. … 'TANKS STEAM' … were found to be in a clean condition to load…"，并显示船长签字。可以接受吗？按理可以接受。因为证明的功能已经满足，而 Report 与 certificate 属于相似的名称。

请注意，实务中的单据名称可能是三种主流显示形式以外的名称，但这并不等于一定不可接受，需仔细甄别而定。

比如：信用证要求 fax copy 以便银行核实受益人所传真通知的具体装船细节，从而方便申请人办理保险。提交包含装船细节，名称为 shipment advice 的单据理应可以接受。因为 Fax copy 这一名称反映的是单据的传真用途，而 shipment advice 反映的是单据的实际内容，异曲同工。

又比如：R203 中，信用证要求：Beneficiary's certified copy of fax/telex dispatched to the accountees within 24 hours after shipment advising name of the vessel, date, quantity, weight and value of shipment. 实际提交了一份 beneficiary certificate，证明内容：We hereby certify that we have sent full set of non-negotiable shipping documents directly to (applicant's name) by courier service and fax within 24 hours after shipment. 国际商会说，这构成了不符点，因为提交的单据不是信用证要求的。我们认为，因为其不能满足"银行凭以核实受益人所传真通知的具体装船细节"这一要求。

第 A40 段

联合单据

实务中,绝大部分情况下,不同功能的单据对应的内容应作成独立单据,但有时也会出现不同功能的单据对应的内容集合在一种单据上的情况,即为联合单据。

Para A40:
Documents required by a credit are to be presented as separate documents. However, and as an example, a requirement for an original packing list and an original weight list will also be satisfied by the presentation of two original combined packing and weight list, provided that such documents state both packing and weight details.

信用证要求的单据应分别提交。然而,例如,要求一份正本装箱单和一份正本重量单,那么可提交两份正本装箱与重量联合单据也满足要求,只要其同时表明包装和重量细节。

【修订】

本段规定的措辞有微小的变化,即由旧版的"信用证列明的单据",改为了"信用证要求的单据"。含义理应没变。

【解读】

什么是分开单据? 什么是联合单据?

分开单据和联合单据,理应是从单据的功能、内容和名称综合来看。如果一个单据的功能和名称是单一的,则该单据即为分开单据;如果一个单据的功能和名称是联合的,则该单据即为联合单据。比如:一个装箱单,名称为 packing list,功能为显示 packing,则该单据为装箱单;相应地,一个重量单,名称为 weight list,功能为显示 weight,则该单据为重量单,这是分开单据。又比如:一个单据,名称为 packing list and weight list,或者 packing and weight list,且功能显示了 packing 细节和 weight 细节,则该单据即为包装单和重量单的联合单据。

按理,联合单据一定要有联合的名称。比如:一般商业发票,单据名称 commercial invoice,有时会显示货物产地,但不能因此认为它就是商业发票与原产地证的联合单据。还比如:一般商业发票,单据名称 commercial invoice,往往会显示货物毛净重,但不能因此认为它就是商业发票与重量单的联合单据。还比如:一般装箱单名称为 packing list,同时显示有货物毛净重,也不能因此认为它就是装箱单与重量单的联合单据。

信用证要求的单据,应作为分开单据提交。那么,怎样算信用证要求的单据呢?显然,理应包括信用证 46A 单据要求中每段显示的单据,也包括同一段显示的两种单据。比如:46A 规定:packing list in 3 originals and weight list in 3 originals。这是要求分开提交 3 份装箱单和 3 份重量单。当然,提交 6 份联合的装箱和重量单,也是可以接受的。又比如:

品读 ISBP745

[案例 105] R696/TA583 rev：信用证同一段中要求受益人声明和快递收据，这指的是什么？

案中，信用证要求一寄递单据给申请人的受益人声明及快递收据，并规定所有单据注明信用证号码。提交了受益人声明及快递收据，但快递收据未注明信用证号码。开证行拒付。(We refer to a documentary credit available by negotiation at sight with "any bank" calling for, in addition to other documents, a beneficiary's statement accompanied by the relevant copy of a courier receipt. The beneficiary's statement was required to evidence that one set of documents (commercial invoice, packing list and AWB) had been sent. The credit also contained the additional condition "all documents must indicate the number of this credit.")

不符点成立吗？

分析及结论：

国际商会回答：声明和快递收据构成了同一单据要求的一部分，而这之中有一个注明信用证号码就可以了。就本例而言，提交的单据是可以接受的。(The requirement in the credit was for the beneficiary to send a copy of the invoice, packing list and air waybill to a named entity by courier. In confirmation of this event, the beneficiary was to provide a statement confirming that the documents had been sent, together with a copy of the courier receipt evidencing the sending thereof. In effect, the statement and the courier receipt form part of the same documentary requirement, and either the statement and the courier receipt or the statement alone may indicate the credit number. In the circumstances of this enquiry, the presentation would be acceptable.)

点评：

请注意，信用证对受益人声明和快递收据的要求，实际上是捆绑式的。(A beneficiary's statement accompanied by the relevant copy of a courier receipt.) 所以，才视这两个分开单据为同一单据的两个部分，从而才有此结论。

国际商会在 TA774 中再次确认了这一点，即信用证对受益人声明和快递收据的要求，实际上是捆绑式的，应当视同一种单据。

说实话，感觉国际商会所谓的"捆绑式"的推理，按照新版 ISBP 的规定来看，有点牵强。我们更倾向于认为信用证要求的是两种分开的单据，从而需要分开满足。只是根据国际商会在 TA658 rev-query1 中的分析及结论，单据上显示信用证号本意于确认对应的信用证，按理本不足以构成不符点。

第 A41 段

联合单据和分开单据

与要求分开单据下提交联合单据的情况相反，如果要求的就是联合单据，是否可以提交分开的单据呢？

Para A41:
A document required by a credit that is to cover more than one function may be presented as a single document or separate documents that appear to fulfill each function. For example, a requirement for a Certificate of Quality and Quantity will be satisfied by the presentation of a single document or by a separate Certificate of Quality and Certificate of Quantity provided that each document appears to fulfill its function and is presented in the number of originals and copies as required by the credit.

当信用证要求单据涵盖不止一项功能时,可以提交看似满足每项功能的一种单一单据,或提交看似满足每项功能的各种分开单据。例如,当信用证要求提交质量和数量证明时,单独提交单一单据,或分别提交质量证明和数量证明均可满足要求,只要每种单据看似满足其功能,且提交信用证所要求的正本与副本份数。

【修订】

本段属新增规定。

【解读】

信用证要求联合单据时,允许分别提交每一个功能对应的分开单据。当然,正副本份数得满足对联合单据的要求。

比如:信用证要求:"a Certificate of Quality and Quantity",可以提交 1 份单一的联合质量和数量证,也可以分开提交 1 份质量证和 1 份数量证。

还比如:信用证 46A 单据要求:"packing list and weight list in 3 originals",那么,可以提交 3 份正本的装箱单与重量单的联合单据,也可以分开提交 3 份正本装箱单和 3 份正本重量单。

品读 **ISBP745**

汇　　票
DRAFTS AND CALCULATION OF MATURITY DATE

【导读】

在信用证下"一手交单，一手付款"的单据交易结构中，单据的提交是为了支持付款。而汇票是有形的付款提示，信用证最终的目的就是付款，完整地说，是凭单付款。

本部分规定了 UCP600 下汇票的审核标准。

我们认为，尽管如此，只要汇票定性为"付款手段"和"金融单据"，从而可以事后补交并能得到法院的认可——事实上这一点也已得到了中外法院的广泛认可，那么，汇票瑕疵构成的所谓"不符点"归根结底就谈不上是真的"不符点"。

汇票的内容

什么是汇票？

《英国票据法》规定："汇票是由一人开致另一人的书面的无条件命令，由发出命令的人签署，要求接受命令的人立即，或在固定时间，或在可以确定的将来时间，把一定金额的货币支付给一个特定的人，或他的指定人，或来人。（A bill of exchange is an unconditional order in writing, addressed by one person to another, signed by the person giving it, requiring the person to whom it is addressed to pay on demand or at a fixed or determininable future time a sum certain in money to or to the order of a specified person or to bearer.）"

《日内瓦统一票据公约》第 2 条规定：

A bill of exchange contains：

(1) The term "bill of exchange" inserted in the body of the instrument and expressed in the language employed in drawing up the instrument；

(2) An unconditional order to pay a determinate sum of money；

(3) The name of the person who is to pay (drawee)；

(4) A statement of the time of payment；

(5) A statement of the place where payment is to be made；

(6) The name of the person to whom or to whose order payment is to be made；

(7) A statement of the date and of the place where the bill is issued；

(8) The signature of the person who issues the bill (drawer).

最新的国内《票据法》：

第二十二条　汇票必须记载下列事项：

（一）表明"汇票"的字样；

（二）无条件支付的委托；

（三）确定的金额；

（四）付款人名称；

（五）收款人名称；

（六）出票日期；

（七）出票人签章。

汇票上未记载前款规定事项之一的，汇票无效。

《英国票据法》是英美票据法的经典，《日内瓦统一票据公约》则是大陆票据法的经典。中国票据法主要遵循大陆票据法的传统。

从这里的规定理应可以看出，一张标准的信用证下汇票必须包括三个基本当事人：出票人、收款人和付款人。至于汇票行为在时间和空间上的展开，则包括出票时基于一定的交易背景形成的无条件付款的委托或命令，以及出票后该委托或命令的执行，如付款人承兑、到期付款，收款人提示承兑、提示付款、签收票款等。汇票付款人的付款意味着汇票使命的终结。

业内关心的是，信用证下汇票有什么特殊之处。简言之，信用证下汇票，常常没有必要，也不可能像当地法律或国际公约中规定的那样规范。比如：国际商会在 R256 中针对"汇票是否需要物理承兑？"这一问题，分析道：在 UCP 框架内，信用证下汇票对外以电讯方式承兑即可，至于是否需要在汇票上作有形的物理承兑，则是银行内部惯例、当地和国际票据法律的事情。（The advice of acceptance given by telecommunication to the negotiating bank fulfils the requirement of UCP500 sub-Article 9(a)(ⅲ)(a), in as much as notification as to the acceptance of the draft (and document). It therefore follows that the negotiating bank is entitled to expect payment on the due date. The issue of whether or not the bank physically placed its acceptance on the draft is one of internal banking practices, in conjunction with any local or internationally recognized bills of exchange laws, and is not an issue for the ICC or UCP.)

至于为什么会有这些特殊之处？

最新的国内《票据法》：

第十条　票据的签发、取得和转让，应当遵循诚实信用的原则，具有真实的交易关系和债权债务关系。

票据的取得，必须给付对价，即应当给付票据双方当事人认可的相对应的代价。

我们认为，信用证下汇票之所以与普通汇票不同，实在是因为作为出票依据的交易背景的不同。换言之，此类汇票，系产生于特殊的出票背景，即作为出票人的受益人和作为付款人的开证行或其代理之间因为信用证凭单付款的交易安排而形成的特殊的债权债务关系。

当然，提请注意，在 UCP 框架内信用证汇票审核仍然应该关注以下几个方面：

——汇票付款人、付款期限、到期日、承兑、付款及追索权；

——汇票出票人、金额、出具、签署及日期；

品读 ISBP745

——汇票收款人、持票人、背书、签收等。

基本要求
Basic requirement

【导读】

信用证下的汇票,大家早已司空见惯。自从信用证诞生以来,实务对信用证下汇票的争论从来就没有中断过。

信用证下汇票总是那么另类。它看似单据,又不太像单据,总让人摸不着头脑。汇票是单据吗?汇票的瑕疵是不符点吗?汇票提交过交单期、有效期会构成不符点吗?这些问题长期以来一直困扰着国际国内的银行界、贸易界和法律界。争论中的分歧导致了操作的混乱,也在国际国内引发了多个诉讼案件。

如前所述,所有这一切都与信用证下汇票的特殊的出票背景息息相关,而这一点最终将体现为汇票付款人、汇票功能和汇票性质的与众不同。

汇票的功能

汇票的功能是什么?我们认为,跟单信用证下汇票的本质功能是提示付款的金融单据,俗称"付款手段"或"支款手段",也称"金融单据"或"金融工具"。

众所周知,跟单信用证是国际贸易三大结算方式之一。换言之,跟单信用证,归根结底,就是用于结算国际贸易中的货款。跟单信用证下货款结算须凭单付款。付款前,受益人需要向有效银行,即UCP600第2条"交单"定义中规定的有权接受交单的银行提交单据,并在交单的同时以一定的形式向有效银行提示付款,包括有形的和无形的。其中,有形的付款提示就是跟单信用证要求的汇票了。

所谓"跟单信用证(documentary credit)"之"跟单",本意是以信用证为中心,而作为付款条件而提交的商业单据,则处于"跟随"或"附随"的地位。相应地,如果跟单信用证要求汇票,该汇票就成为跟单汇票了,而汇票才是跟单信用证交易的中心。然而,随着跟单信用证业务的发展,其交易规则已然自成体系,以至于汇票和单据对换了位置,商业单据成为信用证交易的中心,而作为有形付款提示的汇票则显得可有可无了。

至于目前为什么有些信用证安排要求汇票,有些却不要求,主要有两个原因:

一是票据法保护。信用证安排近似于单据交易合同,但信用证的业务处理和习惯做法是遵循自成体系的跟单信用证统一惯例,往往不是法律。全球大多数国家没有信用证成文法,而有信用证成文法的国家相关规定也往往相对简单,此时,如当事人之间发生信用证纠纷提起诉讼,则只能间接援引合同法、贸易法、票据法等当地成熟的法律,特别是有信用证以外的关系人介入融资的情况下,则显得尤为必要。如果在信用证下引入汇票,事情将变得相对简单,当事各方和介入融资的关系人均可直接援引当地成熟的票据法主张权利,确认责任。

二是避免印花税。一些国家规定票据要征收印花税,这些国家的商人和银行为规避印花税,开立信用证时便常常不要求汇票。值得注意的是,没有汇票的跟单信用证,难道就没有付款提示了吗？也不是。在跟单信用证下受益人交单行为本身就是默认的付款提示。因为，如果不是为了提示付款，受益人交单就将失去意义！在这个意义上，汇票仅仅是有形的付款提示。相对而言，在没有要求汇票的信用证下的付款提示，则是无形的付款提示。

具体而言，结合信用证的兑用付款方式，从实务中可以发现以下几点：

——即期付款信用证一般不要求汇票。

——承兑信用证一定要求远期汇票。承兑，必须基于远期汇票之上。

——延期付款信用证不要求远期汇票。从而与承兑信用证相区别。

——议付信用证，不管是即远期一般均要求汇票。

第 B1 段

汇票付款人与性质

那么，信用证下汇票的付款人是谁？汇票的性质又是什么？这二者之间又有什么样的关系呢？

Para B1：
a. A draft, when required, is to be drawn on the bank stated in the credit.
在要求汇票的情况下，汇票付款人应做成信用证中规定的银行。
b. Banks only examine a draft to the extent described in paragraphs B2—B17.
银行仅在第 B2 段至第 B17 段描述的范围内审核汇票。

【修订】

本段是新增条款，确立了汇票默认以银行为付款人，默认是信用证的付款工具。

在新版 ISBP 的修订过程中，国际商会曾经在多个稿中试图明确这一功能定位，并确认汇票上的瑕疵是否构成"不符点"，然而最终还是放弃了这一努力，采取模糊处理，形成如今的版本。

【解读】

新版 ISBP 并没有直接回答汇票是否为单据，而只是提到没有满足信用证下对汇票的要求，部分需要审核，部分不需要审核。相应地，需要审核的部分可能会因此产生"不符点"，不需要审核的部分则不会因此产生"不符点"。换言之，根据 UCP600 第 14 条的规定，信用证下汇票要求涉及"不符点"的部分必须满足，否则会导致不符，而不涉及"不符点"部分则可不予理会。

那么，汇票到底是单据吗？汇票当然是单据。国际商会在 R528/TA480 rev 的分析及结论中说：The statement "The required draft is not a document to be examined according to sub-Article 13(a)(a draft on the applicant should have been regarded as 'an additional document'), sub-Articles 9(a)and (b)(ⅳ)" is not correct. UCP500 does not treat ALL drafts as additional documents when presented under a credit.

准确地说，汇票是金融单据。

品读 ISBP745

URR522 Article 2(b)：

"单据"，包括金融单据和/或商业单据：

Ⅰ."金融单据（Financial documents）"，指汇票、本票、支票或其他类似的可用于取得款项的凭证；

Ⅱ."商业单据（Commercial documents）"，指发票、运输单据、货权凭证或其他任何非金融单据的单据。

汇票是信用证下的单据吗？与托收和备用证相似，汇票当然也是信用证下的单据了。要不然，信用证干嘛在MT700的42场专门规定了汇票呢？

请注意，汇票是信用证下要求的单据，但它不是普通的单据，而是执行着信用证支款这一特殊功能的"支款工具"、"付款工具"、"金融工具"或"金融单据"，即有形的付款提示。

显然，作为金融单据的信用证下汇票，不是申请人在信用证要求的单据，而是开证行或其代理要求的单据。为什么呢？汇票总有付款人，在信用证下，通常就是付款行了。实务中，汇票最终由付款行付款而终结其生命。新版ISBP规定了，信用证下汇票的付款人必须是银行。

本段表明：

第一，信用证下汇票，默认作成信用证规定的银行付款人。

言外之意，信用证要求非银行付款人的汇票，不是这里默认的"特指"的信用证下汇票，而是信用证要求的其他单据，无疑将按其他单据——即商业单据来审核。这一点，是业界的普遍共识，不管是国际还是国内，不管是银行还是法院，没有异议。

请注意，早期UCP400之前的实务中，凭以在信用证下支款的汇票的付款人可以直接做成申请人，但会出现一些难以克服的困难局面。所以，自UCP500起，便直接规定信用证下作为兑用付款工具的汇票，只局限于信用证规定的银行付款人。

第二，信用证下汇票，默认是"付款工具"和"金融单据"。

对于信用证下汇票而言，"付款工具"和"金融单据"的定性与银行付款人的要求，是一个硬币的两面，几乎就是等价的。这一点也是共识，没有异议。

为什么呢？英国法院在2002年审理的法国工商信贷银行诉招商银行案[2002]EWHC 973（Comm）号判决书中的说法算是一语中的："汇票不涉及货物的质量和价值，汇票的存在完全是为了保护议付行的权益。（Since the drafts had nothing to do with the quality or value of the logs, but were for the 'exclusive benefit of the negotiating bank'）."虽然这里"汇票的存在完全是为了保护议付行的权益"的说法，并不完全准确，但足以说明问题。按理，用于证明交货情况的商业单据无不符点，不涉及交货情况的汇票终归是支款的手段，其瑕疵不足以阻止付款。

第三，信用证下汇票瑕疵，部分视为"不符点"，部分视为非"不符点"。

"不符点"部分，限于新版ISBP第B2至B17段规定的期限、金额等内容。非"不符点"部分，包括规定范围以外的数据错漏，当然也包括了规定范围以外但信用证特别要求显示的合同号、唛头信息、语言等。

请注意,本段的规定对汇票的审核仍然进行了模糊处理,其并没有提到据此审核的结果是否会构成不符点。实际上在修订第3稿中有直接将审核结果与不符点相联系,但因各方争议较大,从第4稿起进行模糊化处理,理应是已经放弃了不符点的说法。如此,则与中外法院过去的多个法庭判例的精神间接吻合。所以,这里所提到的"不符点"的说法,不是国际商会的说法,特定加了引号。国际商会只是说,这是需要审核的部分,而其他是不需要审核的部分。这里的讨论姑且认为是国际商会的潜台词。国际商会的这一说法与其在 R730 的分析中的意见基本吻合:"A draft is to be examined to the extent required by the terms and conditions of the credit, the UCP and applicable local law."但还是能看出来 R730 中国际商会的意见比本段的规定要全面,包括涉及了信用证的明文规定和当地法律的可能规定等,而其与本段的共同之处在于都只是说审核范围,并没有明说,这是否可能产生不符点。

显然,这意味着汇票上非"不符点"部分的瑕疵根本无须理会。而汇票存在的"不符点"部分的瑕疵,如期限、金额错误将会构成"不符点",从而可以拒付。简洁明了。

总体来看,这些规定严格约束了信用证下汇票不符点的认定和拒付,也督促避免期限、金额错误、漏交汇票方面的不符点,最终当然便利了信用证的使用和结算,将促进国际贸易的发展。

然而,实务总是复杂而多变,而新版 ISBP 的规定难免会显得捉襟见肘。

信用证规定的"一切单据"包括汇票吗?

无疑地,信用证下单据包含了作为金融工具的汇票。进一步,实务中常常争议的是:信用证 47 场规定的"一切单据",也包括汇票吗?回答是否定的。比如:

[案例 106] R698/TA590 rev:信用证要求"一切单据显示合同号"。汇票没有合同号,可以吗?

案中,信用证要求"一切单据显示合同号"。结果提交的汇票没有显示合同号,可以吗?

如果必须优先遵循信用证明确规定,显然,这是一个不符点。

分析及结论:

然而,国际商会说,这不是不符点,可以接受的。为什么呢?没有分析。或许国际商会在意见初稿中说得明确:"所谓的'一切单据',应该指的是转交给申请人的单据,而不是开证行保留的单据。(Reference to 'all documents' should relate to those documents that will be delivered to the applicant and not to a document that will be retained by the issuing bank.)"遗憾的是,本案例的最终稿的分析和结论中这一句已经删除。

点评:

不过就此案的分析来看,与其说国际商会是在回答汇票是否显示合同号问题,不如说国际商会是在避重就轻,诠释信用证规定中所谓的"一切单据"根本就没有包括过汇票。于是,自然不存在汇票是否需要显示合同号的判断。

[案例 107] R730/TA703 rev:信用证要求"一切单据用英语出具"。汇票栏位名称用西班牙语,可以吗?

案中,信用证要求"一切单据用英语出具"。结果,提交的汇票名称及栏位名称用的是西班牙语,而金额、到期日、信用证号码、付款人名称等用英语。可以吗?

分析及结论:

国际商会说:"此条件仅适用于 46A 或 47A 罗列的单据中。显然,汇票没有罗列其中。

品读 ISBP745

(In the sense that the draft is not listed in field 46A. Any such condition would only apply to those documents appearing in field 46A or... in field 47A.)"

类似：

与 R730/TA703 的情况相同，2002 年法国工商信贷银行诉招商银行案中，开证行开出的信用证要求所有单据使用英文。开证行提出不符点：汇票没有使用英语。英国法院判决中认为：信用证要求的用英文出具的单据是指信用证 46A 场所规定的单据，并不包括汇票。

点评：

其实，退一步说，即便"一切单据"包括汇票，也不足以构成不符点。国际商会在 R564 和 R654 分析和结论中说："一切单据用英语，指的是单据上据以审核是否相符的内容。因此，本案例中就汇票而言没有不符点。"

这一点意见，显然与新版 ISBP 总则部分第 A21 段 e 款的规定吻合——"尽管第 A21 段 a 款和 d 款有所规定，个人或实体的名字、任何印章、合法化、背书或类似数据，以及单据上预先印就的文本，比如但不限于栏位名称，还是可以信用证要求以外的语言显示。"

国际商会在以上三个案例中的意见差不多，但略有不同。

R698/TA590 rev 着眼于汇票的使用方，看什么呢？汇票付款人的规定。如果付款人规定是银行，则是银行使用，不是申请人使用。换言之，无须理会该汇票是在信用证 42 场的规定，还是在 46 场或 47 场中规定。而 R730/TA703 和招行案着眼于汇票规定的位置，是在 46 场或 47 场，还是在 42 场。

相比之下，可能 R698/TA590 原稿中的意见，更接近于新版 ISBP 的精神，更贴近实务。又比如：

[案例 108] MT700 中要求的汇票，还是金融工具吗？

在 SWIFT MT700 开立的信用证中，往往会在 42C 和 42A 规定信用证凭汇票兑用的细节。这种汇票，是信用证下的金融工具，没有疑义。

实务中，此类细节，有时也会规定在 45A description of goods and/or services and/or performances 中，有时也会规定在 46A documents required，有时还会规定在 47A additional instructions 中。

那么，汇票细节规定在 46A 中，还是金融工具吗？

分析及结论：

汇票是否承担信用证下有形付款提示的功能，是否为金融单据，还是看汇票付款人，而与其在信用证中规定的位置无关。换言之，如果汇票细节规定在 46A 中，而汇票的付款人是银行，仍算金融单据。

引申：

实务中，混合付款时，由于内容繁杂，开证行常常需要在 46A 中规定汇票细节，只要其付款人是银行，便算金融工具。

南亚和中东地区的信用证，也常常把作为金融工具的汇票，规定在 46A 中。

换言之，虽然汇票是单据，但是信用证要求规定的"一切单据"，默认只局限于申请人通过信用证要求并需要提供给申请人使用的单据，而不包括开证行或另一家银行在信用证中要求并需要提供给银行使用的单据,尽管后者也是信用证中的单据。

实务中,倒是会出现这样的情况,信用证 47 场明确强调"一切单据包括汇票必须以英语出具。(Drafts and all documents must be issued in English.)"此时,上述结论还适用吗?这又是一个新问题,恐怕在新版 ISBP 中仍然找不到答案。

汇票补交过交单期、有效期,可以吗?

新版 ISBP 的规定,不管是第 B2 至 B17 段的内容,还是第 B2 至 B17 段之外的数据错漏,都不涉及汇票提交或补交过交单期、过有效期是否构成不符点的情况。

那么,过交单期、过有效期怎么办呢?比如:

[案例 109] 信用证要求远期汇票,提交了即期汇票。可以吗?

2005 年韩国中小企业银行诉青岛华天案中,信用证下要求汇票付款期限为见票后 90 天,结果提交的汇票付款期限为即期,开证行以汇票付款期限错误为由据此拒付。之后,受益人补交了合格的汇票,虽然在有效期之内但已过交单期,开证行据此再次拒付。再次拒付成立吗?

分析及结论:

山东高院在(2005)鲁民四终字第 71 号民事判决书中说:"本案信用证 46A 交单条款要求的单据为商业发票、海运提单、装箱单及原产地证书,不包括汇票。UCP500 的'D. 单据'一章所列明单据均为与货物相关的商业单据,也不包括汇票。依据本案信用证的约定和 UCP500 的规定,汇票不是信用证项下所要求的单据,汇票为受益人向银行提示付款的单据,是受益人向付款行收取信用证款项的结算凭证。因此,本案信用证约定的交单日期不约束汇票的提交,华天公司在第一次提交汇票不符合约定的情况下,修改汇票并在信用证有效期内提交符合信用证要求汇票的行为,应是合法有效的行为。"

点评:

本案结论的关键在于:"汇票不是信用证项下所要求的单据,汇票为受益人向银行提示付款的单据,是受益人向付款行收取信用证款项的结算凭证。"

本案意在于表明:第一,信用证要求下却没有提交汇票会构成"不符点";第二,信用证要求下的汇票提交过交单期,不会构成"不符点"。

[案例 110] 信用证要求 85% 支款,汇票显示 100% 支款。可以吗?

2007 年四川川投诉东方汇理案中,信用证下提交的汇票金额显示按 100% 发票金额索偿,而不是按照信用证条款规定的 85% 发票金额。事后在有效期之内补交合格汇票,可以吗?

分析及结论:

上海高院在(2007)沪高民四(商)终字第 41 号民事判决书中说:"根据 UCP500 第 13 条第 1 款第 2 项的规定,银行不审核信用证中未规定的单据。如果银行收到此类单据,将退还交单人,或将其转交,并对此不负责任。本案中,信用证第 46A 条对议付信用证所需提交单据的规定并不包括汇票,开证行萨那分行对受益人川投公司所提交汇票的审查不能作为银行对信用证交易中单证不符点的审查内容。开证行对汇票的审查是其对汇票作为支付手段和文件的审查,其对不符合要求的汇票可以退票,但不得作为信用证审单中单证不符点的理由。对有瑕疵的汇票,受益人亦可采取补救措施,提交符合要求的汇票。信用证条款规定的付款条件是该批次信用证金额的 85% 凭提交的完全符合信用证条款的装运单据支付,而受益人川投公司提交

品读 ISBP745

的该批次汇票提示100%付款,尽管与信用证规定的付款条件不符,但因汇票在本案中不是信用证所要求提交的装运单据,故该项不构成不符点。而且,根据原审法院查明的事实,受益人川投公司在信用证有效期内按照信用证条款的规定提交了该批次货款金额85%即47,628.90美元的汇票以代替原先的汇票,并得到了通知行上海分行的确认。因此,开证行提出的该项不符点并不构成开证行萨那分行拒付信用证款项的理由。"

点评:

本案结论的关键在于:信用证下的汇票,不是规定单据,所以提交的汇票存在瑕疵不构成"不符点"。

这里的措辞,与新版ISBP中信用证下的汇票要求部分涉及"不符点",部分不会涉及"不符点"的规定有异曲同工之妙,但更彻底。换言之,这里的措辞,实际上意味着信用证下的所有汇票要求都可以不予理会,因为汇票不是规定单据。

显然,两个判例的回答几乎完全一致,即补交汇票过交单期不得拒付,只要"在信用证有效期之内"即可。那么是否说过有效期就可以拒付了呢?不得而知。

遗憾的是,新版ISBP既没有肯定或否定上述法院判决允许汇票补交过交单期的看法,也没有回答过有效期的问题。

如此的汇票定性会影响申请人赎单吗?

新版ISBP下汇票如果可以事后随时补交,这种规定,无疑将得到业界的欢迎。因为实务中,大量发生的似是而非的汇票不符点纠纷导致贸易买卖双方之间的紧张,会在汇票事后的随时补交中得到基本的救济。而大量的汇票由银行代制的事实下可能发生的制错、漏寄等的问题导致受益人与银行之间的紧张,也会在汇票事后的随时补交中得到基本的缓解。

但是,这近乎完美的设计还是会引出一个新问题:如果受益人补交汇票不够利索,一拖再拖,申请人想提货赎单,怎么办?换言之,会不会影响申请人的提货赎单呢?

我们认为,这涉及新定性下申请人赎单流程与开证行付款流程的协调。

受益人所交汇票有瑕疵,如果其构成不符点,可以"拒付"。开证行"拒付"后,必然会触发受益人补交汇票。但是,开证行拒付,并不等于申请人拒付。信用证下作为金融工具的汇票,是开证行使用的,而不是申请人使用的,申请人的相符交单审核范围,并不包括汇票,所以,在汇票以外的单据无不符点的情况下,申请人必须在5个工作日之内付款赎单。

特别是在大宗商品贸易下,申请人晚赎单提货还可能会导致滞仓滞港,费用昂贵,往往不得拖延。而对于开证行来说,汇票瑕疵,如金额、期限错误,由于会直接影响到其使用、流通和融资,又不得不拒付。如此在开证行拒付同时为了满足申请人赎单要求,必然导致开证行拒付与申请人赎单的分离。

而请注意,这种分离可能陷入逻辑的困难。开证行"拒付"是否还需要遵循UCP600第16条的规定呢? 如果遵循规定,拒付电文必须显示三要素:

一是表明"拒付"字样;

二是列明凭以拒付的不符点;

三是说明拒付之后的单据处置方式。

那么,如何显示单据处置方式呢?是UCP600第16条c款iii项的四个选项取其一吗?不行。因为开证行拒付之时单据已经释放给申请人,所以,在四个标准选项中没有答案。这是否意味着为了适应新版 ISBP 的出台，UCP600 要增设新的选项呢？不得而知。

即便增设第五选项，如"已经放单"，仍然会有问题。因为按照国际商会在 R482 中的说法："In any case, the documents belong to beneficiary until the presentation is honoured."付款之前单据所有权属于受益人，准确地说是交单人。既然单据所有权属于受益人，此时，如果受益人要求退单，事情就更复杂了，因为已经无单可退。进一步根据 UCP600 第 16 条 f 款——"如果开证行或保兑行未能按照本条行事，将无权宣称交单不符"的规定，银行必须付款不得拒付。

显然，新版 ISBP 给予信用证下汇票作为金融单据——"部分瑕疵构成'不符点'，部分瑕疵不构成'不符点'"的定性，已经遇到了逻辑困难。无论如何，新版 ISBP 和 UCP600 的设计其用意无非是便利信用证的运用和推广，从而必须首先尊重，也是同时尊重信用证交易的实务，包括受益人事后随时补交发票、申请人立即赎单提货和开证行拒绝付款的不同要求。

当然，新版 ISBP 或许不允许过交单期、过有效期的汇票。只是如此一来已经偏离了信用证下汇票作为"金融单据"的法律定性，这必定会抑制信用证的使用。

信用证下汇票，都会进入相符交单的审核范围吗？

实务中，信用证下汇票基于付款行的不同，流程多种多样，有时候根本就没有进入银行确认相符交单的审核范围。

这得从开证行的责任说起。

UCP600 第 7 条 a 款：

Provided that the stipulated documents are presented to the nominated bank or to the issuing bank and that they constitute a complying presentation...

只要规定的单据提交给指定银行或开证行，并且构成相符交单，则开证行必须承付……

本款的规定表明，开证行对受益人的承付责任，严格局限于受益人向指定银行或开证行的相符交单。

显然，如果信用证要求汇票，且付款行是指定银行或第三方偿付行，开证行从指定银行处收到单据时，将根本就没有包括汇票，汇票也根本就没有进入其相符交单的审核范围，虽然汇票是信用证要求的单据。换言之，开证行对受益人的承付责任，要么根本就与受益人提交的汇票无关，要么就是依赖于指定银行对受益人提交汇票的审核。

如果是前者，将意味着汇票提交与否、如何提交、提交时是否有瑕疵，都无关紧要，因为只要商业单据的提交，无不符点，便确立了开证行不可撤销的付款责任。

这一判断，可以从 UCP600 第 38 条 i 款规定得到印证：

UCP600 第 38 条 i 款：

如果第一受益人应提交其自己的发票和汇票（如有），但未能在收到第一次要求时照办；或第一受益人提交的发票导致了第二受益人的交单中本不存在的不符点，而其未能在收到第一次要求时予以修正，转让行有权将其从第二受益人处收到的单据照交开证行，并不再对第一受益人承担责任。

显然，上述规定中所涉及的转让行有权径寄单据给开证行的两种情形的措辞，并不完全相同。在未及时换单下包括发票和可能的汇票，而在不符点换单下仅包括发票。

这是否意味着,交单不符点仅与换发票有关,而与可能的所换汇票无关;换言之,换汇票即使有瑕疵,也不足以构成不符点？国际商会没有明说。

如果是后者,则将意味着开证行对信用证相符交单的审核,没有独立完成,也无法独立完成。或者说,开证行审单之时,默认未见到的汇票无瑕疵,除非使用汇票的指定银行提示了汇票的不符点。或者说,此时的汇票是由指定银行、第三方偿付行代保留、代审核。国际商会持的是代审核汇票的观点,只是在新版ISBP中仍然找不到答案。

这一点,可以从通过第三方银行的清洁偿付中汇票的流转过程得到印证。比如：

［案例111］ 第三方偿付信用证下的开证行,可能没有审核作为金融工具的汇票。

案情如下：

开证行 BANK OF CHINA, SEOUL BRANCH,

议付行 INDUSTRAIAL BANK, SHANGHAI BRANCH,

偿付行 BANK OF CHINA, NEW YORK BRANCH,

信用证要求汇票 DRAWEE：BANK OF CHINA, NEW YORK BRANCH, 禁止电索。

分析及结论：

实务中,如果议付行 INDUSTRAIAL BANK, SHANGHAI BRANCH 确认交单相符,汇票需要寄偿付行 BANK OF CHINA, NEW YORK BRANCH 索偿,同时将商业单据寄送开证行 BANK OF CHINA, SEOUL BRANCH。对于开证行来说,收到单据后需要最终确认交单是否相符,不包括汇票。如果开证行确认交单相符,该偿付行的偿付即意味着信用证付款终结。

如果议付行确认交单不符,汇票则留在议付行处,商业单据寄送开证行,请求授权索偿。当开证行 BANK OF CHINA, SEOUL BRANCH 接受不符点时,则会授权议付行 INDUSTRAIAL BANK, SHANGHAI BRANCH 索偿,该授权就意味着信用证付款终结,尽管开证行还没有实际付款。此时,议付行再寄送汇票到偿付行要求索偿。

点评：

让人惊奇的是,不管是哪一种情况,开证行据以确认相符交单的单据中显然并没有开证时所要求的汇票,因为汇票在偿付行手里或仍保留在议付行手里,并没有与开证行见面。

换言之,第三方偿付信用证规定汇票付款行为偿付行时,开证行进行相符交单审核并不包括汇票,虽然汇票是信用证下要求的单据。

当然,也可以说此时信用证下汇票,实际上,由指定银行代开证行审核。

拒付,还是抗辩？

如前所述,汇票付款人为指定银行或偿付行时,只有指定银行会见票,而开证行无法见票。这么一来,同一套单据下指定银行的审核好像包括了汇票,而开证行不包括汇票。如果汇票上的瑕疵被视为UCP意义上的不符点,势必进入一种很奇怪的悖论：同样一个客观存在的"不符点",开证行由于没有见票不可能就此拒付,而指定银行见票可以就此拒付。须知,国际商会R213中说过："单据不符没有'限度',单据不是相符就是不符。（There is no 'extent' to which a document is discrepant. The document is either in order or discrepant.）"如此,我们为什么不说此"不符点",不是真正的UCP意义上的"不符点",而仅仅是一个法律意义上的瑕疵而已。换言之,为什么不可以说汇票根本就没有进入包括开证行在内的银行相符交单的审核范围呢？

实务中常常把"拒付"与"抗辩"混为一谈。我们认为,这可能与信用证运作的双重框架有关。事实上,每一个信用证,都同时运作于 UCP 框架和法律框架之中,相对独立,也相互影响。

"拒付"是 UCP 框架内的说法。换言之,法律框架之内拒绝付款,就不是 UCP 意义上的"拒付"了。那会是什么呢?是"抗辩",即拒绝或否定对方在法律意义上的请求权,这里指拒绝或否定受益人的付款请求权,这是法律框架内的说法。法律有广义和狭义之分,相应地,广义的法律"抗辩",理应包括拒付;而狭义的法律"抗辩",便与拒付各有分工,各司其职了。

显然,汇票瑕疵只会导致"抗辩",而商业单据的"不符点"才会导致"拒付"。只是相符交单下,汇票瑕疵引发的法律意义上的"抗辩"效力优于 UCP 意义上的付款,所以,开证行可以拒绝付款。而一旦经过重交合格汇票,抗辩理由消失,开证行便须回到 UCP 框架内,履行不可撤销的承付或偿付责任。只是法律意义上的"抗辩"与 UCP 意义上的"拒付"效果相似,实务中汇票有瑕疵时,银行常常对外发"拒付"电,实际上则是法律意义上的"抗辩"电。

其实,相符交单下开证行收到法院止付令而对外发出的拒绝付款电文,也是一种法律意义上的"抗辩",而不是 UCP 意义上的"拒付"。作为法律"抗辩"的止付令,当然可以阻止 UCP 意义上的开证行对相符交单的付款。

我们认为,如果国际商会能明确规定"汇票是金融单据,不进入相符交单的审核范围。汇票瑕疵不是不符点,其是否可接受适用当地法律",那么,就可以很好地解释国际商会的意见和中外法院的判决,文中的问题也将一一迎刃而解。

2002 年法国工商信贷银行诉招商银行案中,英国法院的判决推理非常有说服力,它说:"This approach reflects the function of the drafts. They were not part of the commercial documentation, which, following negotiation, was to be passed on to the applicant Jiangsu. They were simply part of the process whereby CMB's obligations to pay could be put in a form in which they could be readily discounted. Non-acceptance of the draft would not relieve CMB of its obligation to pay at maturity. It merely deprived CIC of the opportunity of going into the market."

如前所述,国际商会关于汇票瑕疵的说法里,根本就没有提到"不符点"。换言之,国际商会只是说,汇票涉及 B2 段至 B17 段的范围内,是需要审核的部分,而其他是不需要审核的部分。我们觉得,国际商会可能根本就无意于认定汇票瑕疵是否会构成不符点。为什么呢?银行实务分歧太大了,国际商会无法统一。法律实务根本就不支持"不符点"的说法,所以,不如不说。

实务中,与汇票的瑕疵性质相似,信用证常常会规定一些开证行要求的事项。

比如:信用证 47 场要求:One extra copy of all documents must be presented for issuing bank file, otherwise, charges USD10.00 will be deducted. 显然,额外提交的一套副本单据也是开证行要求的,而不是申请人要求的。如果没有提交,只会形成"抗辩",仍不得"拒付"。换言之,一旦补交即可。如果该条款出现在信用证 46 场中,效果理应相同。

还比如:信用证 78 场"对付款/承兑/议付行的指示要求":Utilization advice for 1 original and 1 copy. 显然,这是开证行的要求,要求的 Utilization advice,直译即:信用证使用情况的通知,其实就是寄单面函。如果没有提交,仍只会形成"抗辩",不得"拒付"。换言之,一旦补交即可。

备用信用证和见索即付保函下的汇票

不管怎么样,国际商会在新版 ISBP 中的定性,还是让人看到了正视问题的决心和解决问题的希望。

延伸的问题是,新定性是否适用于 UCP600 下的所有信用证,包括备用信用证呢?是否可以引申到 ISP98 下的备用信用证和 URDG758 下的见索即付保函呢?

ISP98 1.09(a):

"单据"——是指以纸质或电子形式提交的,可凭以审核是否与备用证相符的汇票、索赔书、所有权凭证、证券、发票、违约证明或其他代表事实、法律、权利或意见的说明。

URDG758 Article 2:

"单据",指经签署或未经签署的纸质或电子形式的信息记录,只要能够由接收单据的一方以有形的方式复制。在本出版物中,单据包括索赔书和支持声明。

"相符交单",指所提交单据及其内容首先与该保函条款和条件相符,其次与该保函条款和条件一致的本规则有关内容相符,最后在保函及本规则均无相关规定的情况下,与见索即付函国际标准实务相符。

显然,ISP98 下备用信用证和 URDG758 下见索即付保函中的汇票定性——金融单据,道理与此相似。UCP600 下备用信用证中的汇票,也与此相似。

至于汇票"缺出具日期",不管适用哪一套规则,均会构成不符点。这一点,还是与 UCP600 下商业信用证相似。

至于备用证或保函规定的"一切单据",不管适用哪一套规则,都包括汇票。

至于汇票补交均不存在是否满足交单期的判断,但都会受到有效期的约束。

这两点,则与 UCP600 下商业信用证不同。为什么呢?我们认为,应该与备用证和保函的功能有关。备用证和保函终归是在执行单一的担保功能,而商业信用证终归主要是执行结算功能,附带在申请人或指示方无法付款的情况下执行担保结算功能。

功能的不同,将体现为单据的货币价值的不同。备用证或保函下单据本身没有直接的货币价值,商业信用证下单据通常代表货权,具有直接的货币价值。正由于这种不同,备用证和保函下便不会发生商业信用证下汇票的法律定性是否会影响申请人赎单的难题。

这一点与拒付实务吻合,URDG758 见索即付保函的担保人拒付时,无须说明"单据处置方式",而商业信用证下的开证行拒付时,则必须说明"单据处置方式"。而 ISP98 和 UCP600 下备用证拒付时,仍须说明"单据处置方式",显然,是受到 UCP 下商业信用证拒付传统的影响。

付款期限

Tenor

【导读】

汇票的付款期限(payment tenor),最终是为了确定付款到期日(maturity date),从而约束汇票付款行(drawee bank)的付款行为。

第 B2 段 a 款

汇票的付款期限必须与信用证一致

实务中,汇票的付款期限只有四种。而信用证要求汇票时,总会规定付款期限。

Para B2：
a. The tenor stated on a draft is to be in accordance with the terms of the credit.
汇票显示的付款期限应与信用证条款一致。

【解读】

本款的规定表明了汇票付款期限显示的一个原则,即汇票付款期限必须与信用证规定的一致。分解来看包括：

第一种：at sight(见票即付)。此种汇票为即期汇票,参照第 B5 段的解读,其付款时点,在相符交单或不符交单但未拒付下以实际见票为准,不符交单且有拒付下以接受单据为准。

第二种：at ××× days after sight(见票后定期付款)。此种汇票与第三种、第四种,均为远期汇票。第二种汇票到期日的确定,与第一种见票即付下付款到期日的确定相似,均依赖于汇票付款行(paying bank)的见票,从而对于出票人(drawer)来说均无法事先确定。第二种汇票下判断汇票付款行的见票日的方法与见票的付款银行、单据有无不符点、有无拒付等密切相关。详见第 B5 段的解读。第一种汇票下可以参照。

第三种：at ××× days after ×××(固定日后定期付款)。

第四种：×××(固定日付款)。

显然,第三种和第四种汇票的付款期限必须足以事先确定到期日,而到期日的确定又取决于固定日的确定,而固定日必须固定于一个必然要发生的事件。实务中,第三种常见,第四种不常见。比如：

[案例 112]　R313：汇票付款期限为议付日后 120 天,是否足以确定付款到期日？

案中,咨询者问：议付信用证下规定,付款期限为议付日后 120 天,是否足以确定付款到期日？

分析及结论：

国际商会说："This credit was available with the confirming bank by negotiation of drafts drawn 120 days from date of negotiation. The due date must therefore be set by the confirming bank and, in the absence of a request for immediate 'negotiation', be conveyed to the presenter."

点评：

案中涉及的是哪一种付款期限呢？显然是固定日后定期付款。

然而,议付行并不都是保兑行,从而在相符交单下必须议付。即便是保兑行也有不符点拒付议付的时候。换言之,实务中更多的时候议付只是指定银行的一个偶然事件。在指定银行未议付时,信用证对汇票付款期限的规定,便不足以确定到期日,该规定将被视为信用证的模糊规定。

在这个意义上如此规定付款期限,便不太合适。

第 B2 段 b 款

汇票的付款期限必须确定

实务中,基于见票日的汇票付款期限,见票之前总是无法事先确定,而只有在见票时才可以确定。但是,基于固定日的汇票付款期限则不同,其到期日必须在出票之时事先确定。

Para B2:

b. When a credit requires a draft to be drawn at a tenor other than sight or a certain period after sight, it must be possible to establish the maturity date from the data in the draft itself.

当信用证要求汇票的付款期限不是见票即付或见票后定期付款时,必须能够根据汇票自身数据确定付款到期日。

For example, when a credit calls for drafts at a tenor 60 days after the bill of lading date, and when the date of the bill of lading is 14 May 2013, the tenor is to be indicated on the draft in one of the following ways:

例如,当信用证要求汇票的付款期限为提单日期后 60 天,且提单日期为 2013 年 5 月 14 日时,汇票应以下列方式之一显示付款期限:

i. "60 days after bill of lading date 14 May 2013", or "提单日期 2013 年 5 月 14 日后 60 天(60 days after bill of lading date 14 May 2013)";或者,

ii. "60 days after 14 May 2013", or "2013 年 5 月 14 日后 60 天(60 days after 14 May 2013)";或者,

iii. "60 days after bill of lading date" and elsewhere on the face of the draft state "bill of lading date 14 May 2013", or

"提单日期后 60 天(60 days after bill of lading date)",且在汇票表面的其他地方注明"提单日期 2013 年 5 月 14 日(bill of lading date 14 May 2013)";或者,

iv. "60 days date" on a draft dated the same day as the date of the bill of lading, or

"出票日后 60 天(60 days date)",且出票日期与提单日期相同;或者,

v. "13 Jul 2013", i.e., 60 days after the bill of lading date.

"2013 年 7 月 13 日(13 Jul 2013)",即提单日期后 60 天。

【解读】

固定日付款期限的确定依据必须是汇票自身内容,而不能是其他单据,也不能是汇票以外的单据内容,也不能是信用证或寄单面函等。比如:本款所列举的五种方式,可以任选一种。换言之,这五种方式,在表示付款期限时,是等价的,可以互相替换。

为什么呢?因为汇票是自足性票据,如此方可支持单独的流通性。

第 B2 段 c 款

汇票的付款期限中的提单日确定

实务中,汇票的第三种付款期限——"at ××× days after ×××(固定日后定期付款)",计算的起点大部分是提单日(bill of lading date)。

Para B2:
  c. When the tenor refers to, for example, 60 days after the bill of lading date, the on board date is deemed to be the bill of lading date even when the on board date is prior to or later than the date of issuance of the bill of lading.

  当汇票的付款期限涉及,例如,提单日期后 60 天时,装船日期将被视为提单日期,即便装船日期早于或晚于提单出具日期。

【解读】
  如果用 60 days after the bill of lading date(提单日之后 60 天)表示付款期限时,装船日期被视为提单日期。
  为什么呢?因为只有装船日期才真正意味着交货责任的履行,而以装船日期来控制付款到期日有促进早交货的作用,即越早交货便可越早得到信用证下款项。国际商会在 R568/GE64 的分析中说:如此规定是出于公允的考虑。(Under these circumstances, there is justification for saying that in a situation where the bill of lading bears an on board notation, the date of the on board notation is to be considered the "B/L date".)
  与此类似,如果要求 60 days after the air waybill date(空运单日之后 60 天)表示付款期限时,实际起飞日期(actual flight date)也应被视为空运单日期(air waybill date)。

第 B2 段 d 款

汇票的付款期限中的"from"and"after"

  与信用证下交单期的规定相似,汇票的第二种付款期限——"at ××× days after sight(见票后定期付款)"和第三种付款期限——"at ××× days after ×××(固定日后定期付款)",均使用了"after"一词,有时也使用"from"一词。换言之,这两种付款期限均与"之后"的表达有关。
  那么,这两种表达的含义一样吗?

Para B2:

d. The words "from" and "after" when used to determine maturity dates of drafts, signify that the calculation of the maturity date commences the day following the date of the document, shipment or the date of an event stipulated in the credit, for example, 10 days after or from May 4 is May 14.

当使用词语"从……起(from)"和"在……之后(after)"确定汇票的付款到期日时,这表示到期日的计算将从单据日期、装运日期或信用证规定的事件日期的次日起,例如,从 5 月 4 日起 10 天或 5 月 4 日之后 10 天,均为 5 月 14 日。

【修订】

本款的内容含义没变,对应于 UCP600 第 3 条的规定——"'从……开始(from)'及'在……之后(after)'等词用于确定到期日时不包含提及的日期。"

【解读】

本款表明,不管怎么表达,确定到期日时均不包括提及的日期。

需要说明的是,使用"after"表达"之后"这一含义,这是最常见的词语,含义也与日常的使用习惯一样。使用"from",表达"之后"这一含义,这也是常见的词语,含义却与日常使用习惯不同。

曾经因为"from"含义的不明确造成了业界理解和操作上的混乱,ISBP 及 UCP600 正是针对这一情况进行规范,而明确了用于确定付款到期日的"from"含义与"after"相同,从而使得确定付款到期日时的词语含义简单化。之所以如此规范,主要是为了与一些国家的票据法相统一,比如英国、日本等国票据法规定,票据上的付款期限如果使用 from 一词,并不包括所述日期,其含义等同于 after。

除此之外,在表达"之后"这一含义时,也有采取缺省默认的办法。比如:"at ×××days sight"、"at ××× days draft date"、"at ××× days B/L date",或者在汇票上显示"at ××× days date"——即出票日×××天后,这些用语的含义也一目了然,其含义理应与使用"after"、"from"时的含义一样。

第 B2 段 e 款

汇票的付款期限涉及多批注和多提单

实务中,汇票的第三种付款期限——"at ××× days after bill of lading date(提单日后定期付款)",确定其计算的起点——提单日对应的装运日期时,有时会遇到一套提单多批注的情况,有时还会遇到多套提单的情况。

Para B2：

e. ⅰ. When a credit requires a bill of lading and drafts are to be drawn, for example, at 60 days after or from the bill of lading date and a bill of lading is presented evidencing unloading and reloading of the goods from one vessel to another, and showing more than one dated on board notation and indicating that each shipment was effected from a port within a permitted geographical area or range of ports, the earliest of these dates is to be used for the calculation of the maturity date. For example, a credit requires shipment from any European port, and the bill of lading evidences on board vessel "A" from Dublin on 14 May, with transshipment effected on board vessel "B" from Rotterdam on 16 May. The draft should reflect 60 days after the earliest on board date in a European port, i. e., 14 May.

当信用证要求提单且要求汇票付款期限做成,例如,提单日期之后60天或从提单日期起60天,而提交的提单表明货物从一艘船卸下后再装上另一艘船,并显示不止一个注明日期的装船批注,表明每一装运均从信用证允许的地理区域或港口范围内的港口装运时,其中最早的装船日期将被用于计算付款到期日。例如,信用证要求从欧洲任何港口装运,而提单显示货物于5月14日在都柏林装上A船,于5月16日在鹿特丹转运装上B船时,汇票的付款期限应显示为在欧洲港口的最早装船日期后60天,即5月14日后60天。

ⅱ. When a credit requires a bill of lading and drafts are to be drawn, for example, at 60 days after or from the bill of lading date, and a bill of lading is presented evidencing shipment of goods on the same vessel from more than one port within a permitted geographical area or range of ports, and shows more than one dated on board notation, the latest of these dates is to be used for the calculation of the maturity date. For example, a credit requires shipment from any European port, and the bill of lading evidences part of the goods loaded on board vessel "A" from Dublin on 14 May and the remainder on board the same vessel from Rotterdam on 16 May. The draft should reflect 60 days after the latest on board date, i. e., 16 May.

当信用证要求提单且要求汇票付款期限做成,例如,提单日期之后60天或从提单日期起60天,而提交的提单显示货物从信用证允许的地理区域或港口范围内的多个港口装运上同一艘船,并显示不止一个注明日期的装船批注时,其中最迟的装船日期将被用于计算付款到期日。例如,信用证要求从欧洲任何港口装运,而提单显示部分货物于5月14日在都柏林装上A船,其余部分于5月16日在鹿特丹装上同一艘船时,汇票的付款期限应显示为在欧洲港口的最迟装船日期后60天,即5月16日后60天。

ⅲ. When a credit requires a bill of lading and drafts are to be drawn, for example, at 60 days after or from the bill of lading date, and more than one set of bills of lading is presented under one draft, the on board date of the latest bill of lading will be used for the calculation of the maturity date.

当信用证要求提单且要求汇票付款期限做成,例如,提单日后60天或从提单日起60天,而在同一汇票项下提交多套提单时,其中的最迟装船日期将被用于计算付款到期日。

【修订】

本款的内容,含义没变,措辞有变化:

——第 i 项,明确了提单转船下多批注,如何适用到期日的计算;
——第 ii 项,属于新增,规定了提单分装下多批注,如何适用到期日的计算;
——第 iii 项,没有变化。

此规定,特别是前两个分款,解答了实务中多年来提单多批注到期日确定的困惑。

【解读】

第一种情况,本款第 i 项下,货物在区域内转船运输形成的同一提单多批注。此时,将以最早的批注日期用于计算付款到期日。

因为信用证规定的货物,在两个装船批注对应的港口均已装船。换言之,两个独立的批注,可以独立满足信用证对于装船港的要求,其可以独立地用于付款到期日的计算。

比如:信用证要求从欧洲港口装运,提单显示货物于 5 月 14 日在都柏林装上 A 船,于 5 月 16 日在鹿特丹装上 B 船,则汇票到期日应为在欧洲港口的最早装船日,即 5 月 14 日后的 60 天。

这里国际商会对于付款到期日的计算,显然是给了受益人优惠,意在早交货,当然可以早收款了。请注意,优惠的前提是同一提单上两个独立批注已经满足了信用证关于装船港的要求。反之,多个装船批注对应的多个装船港,如果有部分货物装船在规定区域之内,部分在之外,那么,在规定区域之外的装船港对应的批注便不算了。

第二种情况,本款第 ii 项下,货物在区域内多港装船形成的同一提单多批注。此时,将以最晚的批注日期用于计算付款到期日。

比如:信用证要求从欧洲港口装运,提单显示部分货物于 5 月 14 日在都柏林装上 A 船,其余部分于 5 月 16 日在鹿特丹装上同一条船,则汇票到期日应为在欧洲港口的最迟装船日,即 5 月 16 日后的 60 天。

相比之下,这里对付款到期日的计算,并没有给受益人优惠。

为什么呢?因为信用证规定的货物,分别在两个装船批注对应的港口装船,两个批注合而为一,才对应于完整的货物交付。换言之,如果只看单一的批注,受益人的交货责任并没有结束,从而便没有理应据以要求付款到期日计算的优惠。

第三种情况,本款第 iii 项下的多套提单。此时,将以最晚的批注日期用于计算付款到期日。

这里的多套提单,可以是部分装运,也可以是全部装运,与提单部分第 E19 段的规定不一样,未加区分,均以最晚批注日期用于计算付款到期日。

比如:信用证要求从欧洲港口装运,提交了两套提单,其中一套提单显示部分货物于 5 月 14 日在都柏林装上 A 船,另外一套显示其余部分货物于 5 月 16 日在鹿特丹装上同一条船,或装上 B 船。不管是构成全部装运,还是构成部分装运,汇票到期日均应为在欧洲港口的最迟装船日,即 5 月 16 日后的 60 天。

请注意,如果一个面函多套提单对应于多套单据,面函本身规定了各自的付款到期日,则属例外。比如:

[案例 113] R777/TA694 rev：一个面函多套单据的付款到期日，如何计算？

案中，受益人在一个面函下提交了多套 CIM 铁路运单，并在面函上标明了各自对应的发票金额和各自的付款到期日。

开证行认为，根据本段的规定，理应以提交的多套 CIM 铁路运单上载明的最晚装运日期，用于计算付款到期日。显然，这对受益人是不利的。

分析及结论：

国际商会说："ISBP681 第 43 段 f 款不适用。既然面函上已经显示了各自的发票金额及对应的付款到期日，那么，理应分别计算付款到期日分别付款。"

("The schedules showed the respective invoice amounts as an indication of the individual nature of the drawings. Additionally, although more than one complete set of documents was enclosed under the cover of a single schedule, the schedules gave details of each invoice amount and an indication of the due date for that invoice.

For these transactions there were no drafts as the credits were available by deferred payment. The schedules showed the individual invoice amounts and the due dates for payment thereof. Therefore, the content of (ISBP681) paragraph 43 (f) would not apply to these transactions.")

点评：

国际商会的意见隐含着一个前提，即：各套铁路运单对应的单据可以分开。换言之，如果无法分开，则仍应以铁路运单上显示的实际最迟装运日期统一计算付款到期日统一付款。

以上三种情况都涉及信用证规定的最迟装运日期和以提单日为计算起点的交单期。

当然，实务是复杂的。我们还关心，最迟装运日期应该以哪一个日期起算，交单期应该以哪一个日期起算。

第一种情况虽然实务中极为少见，但比较复杂。是否可以最早的装运日用于判断是否满足信用证规定的最迟装运日？是否可以最迟的装运日用于判断是否满足信用证规定的交单期的要求？我们认为参照第 E19 段 b 款和 c 款涉及的多提单下国际商会意见的措辞来看，用于判断最迟装运日、交单期和付款到期日，理应为同一天，但不限于用最早的批注日期，还是用最迟的批注日期。

第二种情况理应可参照第三种情况下的多套提单是否构成部分装运掌握。

第三种情况区分为：如视为全部装运，则根据第 E19 段 b 款的规定，以最晚的一个装运日确定实际装运日和交单期的计算起点；如视为部分装运，则根据第 E19 段 c 款的规定，以最早的一个装运日确定实际装运日和交单期的计算起点。

第 B3 段

也适用于其他运输单据

汇票付款期限和付款到期日的计算规则提及的只是提单日，那么，是否也适用于其他运输单据呢？

Para B3:

While the examples in paragraphs B2(e)(ⅰ-ⅲ) refer to bill of lading dates, the same principles apply to any basis for determining of a maturity date.

尽管第 B2 段 e 款 ⅰ 项至 ⅲ 项的举例涉及的是提单日期,但相同原则适用于在任何情况下对付款到期日的确定。

【解读】

本段表明,其他运输单据下可以类推。准确地说,这也不限于第 B2 段 e 款,还可以类推到其他款的规定。

付款到期日

Maturity date

【导读】

付款到期日,是根据付款期限确定的。

值得注意的是,根据付款期限(payment tenor)确定的付款到期日(maturity date),只是付款行(paying bank)付款的最后期限。实际付款时可能遇到节假日而顺延,也并不阻止付款行的提前付款。

请注意,提前付款后果自负。

最新的国内《票据法》第 58 条:

对定日付款、出票后定期付款或者见票后定期付款的汇票,付款人在到期日前付款的,由付款人自行承担所产生的责任。

这里的提前付款,显然指的是付款人提前付款,包括融资。至于付款银行以融资的方式提前付款,其责任自负,将基于这样一种现实,即在信用证下付款银行的融资,将涉及如果发生欺诈,其善意第三人地位是否得到法律的保护的问题。

第 B4 段

到期日

有时,汇票显示的付款期限可能与信用证要求的不一样。

Para B4:

When a draft states a maturity date by using an actual date, that date is to reflect the terms of the credit.

当汇票使用实际日期表示付款到期日时,该日期应反映信用证条款。

【修订】

本段是新增条款。

【解读】

根据第 B2 段 a 款——"汇票的付款期限必须确定"的解读,只要汇票显示的付款期限反映了信用证的要求即可。

这包括本段所表明的,汇票使用实际日期——即以固定日付款表示到期日,则只要反映信用证的要求即可。

第 B5 段

见票后定期付款的到期日

信用证的四种付款期限中,"at ×××days after sight(见票后定期付款)"将涉及计算起点,即见票。

如前所述,其到期日的确定,依赖于汇票付款行的见票。而付款银行见票日的判断,也与见票的付款银行、单据有无不符点、有无拒付等密切相关。

Para B5:

For drafts drawn, for example, "at 60 days sight", the maturity date is established as follows:

当汇票付款期限做成,例如,"见票后60天"时,付款到期日确定如下:a. in the case of a complying presentation, the maturity date will be 60 days after the date of presentation to the bank on which the draft is drawn, i. e., the issuing bank, confirming bank or a nominated bank that agrees to act on its nomination ("drawee bank"). 在相符交单的情况下,付款到期日为向受票银行,即开证行、保兑行或同意按指定行事的指定银行("付款银行")交单之日后的 60 天。

b. in the case of a non-complying presentation: 在不符交单的情况下:

i. when such drawee bank has not provided a notice of refusal, the maturity date will be 60 days after the date of presentation to it;

当该付款银行未发出拒付通知时,付款到期日为向其交单之日后 60 天;

ii. when the drawee bank is the issuing bank and it has provided a notice of refusal at the latest 60 days after the date the issuing bank accepts the waiver of the applicant;

当该付款银行为开证行且其已发出拒付通知时,付款到期日最迟为开证行接受申请人放弃不符点之日后 60 天;

iii. when the drawee bank is a bank other than the issuing bank and it has provided a notice of refusal, at the latest 60 days after the date of the acceptance advice of the issuing bank. When such drawee bank does not agree to act on the acceptance advice of the issuing bank, the undertaking to honour on the due date is that of the issuing bank.

品读 ISBP745

> 当该付款银行是开证行以外的一家银行且其已发出拒付通知时,付款到期日最迟为开证行的接受通知书日期后 60 天。当该付款银行不同意按照开证行的接受通知书行事时,开证行应承担在到期日承付的责任。
>
> c. The drawee bank is to advise or confirm the maturity date to the presenter.
> 付款银行应向交单人通知或确认付款到期日。

【修订】

本段的内容没有变化,但比旧版明确,特别是针对不符点单据下见票日的确定进行了分门别类的规定。

【解读】

本段的规定尽管只是表明了"见票后定期付款"确定到期日的方法,而没有直接规定见票日,但从其中的逻辑过程可以间接推断见票日的确定方法和适用范围。

本段的规定适用于汇票的付款银行,也是信用证的有效银行,而且受益人向其交单并提示汇票的情况。如此,见单日与见票日将合而为一。

本段的规定区分相符交单和不符点交单。具体如下:

第一,相符交单下,到期日为向汇票的付款银行的交单日后第×××日。

换言之,此时到期日的确定只与付款银行的见票日,同时也是向有效银行交单的日期有关,而与信用证规定的 5 个审单工作日无关。

——信用证规定开证行为汇票的付款银行,而交单也向作为有效银行的开证行作出。此时到期日的计算起点以开证行见票日,即见单日为准。显然,这类信用证可以是开证行直接兑用信用证,无指定银行和保兑行,包括承兑信用证和延期付款信用证;也可以是绕过指定银行或保兑行直接向开证行交单的远期议付信用证。

——信用证规定保兑行为汇票的付款银行,而交单也向作为有效银行的保兑行作出。此时到期日的计算起点以保兑行见票日,即见单日为准。显然,这类信用证可以是经加保的开证行直接兑用信用证,无指定银行,包括承兑信用证和延期付款信用证;也可以是绕过指定银行向保兑行交单的远期议付信用证。

——信用证规定指定银行为汇票付款行。计算起点以指定银行见票日,即见单日为准。显然,这类信用证只限于承兑信用证和延期付款信用证,而不涉及远期议付信用证。

当然,汇票的付款银行与有效银行在多数情况下,合而为一,见票日与见单日等同,所以,不会太复杂。实务中的困难在于,付款银行可能不是指定银行、保兑行或开证行等有效银行,或者,付款银行可能不是向其交单的有效银行,此时交单日的确定与付款银行见票日的确定将分离,到期日的确定必定复杂起来。如何确定到期日呢?

比如:信用证规定汇票付款行为保兑行,但交单绕过保兑行直寄开证行,仍以保兑行见票日为准,且以开证行通知为前提。国际商会在 R378 中说:"信用证要求见票 120 天的汇票以保兑行为付款人,在此种情况下,到期日应确定为单据提交保兑行后 120 天。开证行有在保兑行收到单据后 120 天对其偿付的义务。"

比如:信用证规定汇票付款行为指定银行,且向指定银行交单,但指定银行事先不履行指定,事后也不准备履行指定,则仍以指定银行见票日为准,且以开证行通知为前提。请注意,根据国际商会在 R722/TA690 rev4 中的意见,指定银行事后也可追溯并确认按指定行事,并可提前付款予以融资,只要在到期日付款之前。

又比如:信用证规定汇票付款行为第三方偿付行。由于第三方偿付行只见票未见单,所以上述规则按理不适用。实务中,理应以 UCP600 第 13 条的无单偿付规则或 ICC URR 银行间的无单偿付规则为准,并参照上述国际商会在 R378 中的意见处理。

第二,不符点交单下,分以下情况处理:

——汇票付款行未拒付的。此时,视同相符交单处理,即到期日为向付款银行交单日后第×××日。

——汇票付款行已拒付的,且其是开证行。此时,到期日最迟为开证行同意申请人放弃不符点后的第×××日。换言之,到期日由接受单据的开证行确定。而开证行确定的到期日,可以比这个早,但最迟不得晚于这一天。

这个情况比较简单。

——汇票付款行已拒付的,但其不是开证行。此时,到期日最迟为开证行接受通知书上显示的一个特定日期后的第×××日。

换言之,在开证行接受单据后,该汇票付款行如为指定银行又不愿意以自己的身份履行指定,或如为保兑行又不愿意承担保兑责任时,到期日由接受单据的开证行确定,规则同上。指定银行或保兑行直接将开证行通知书中确定的到期日告知受益人,并由开证行承担在到期日的承付责任。而在开证行接受单据后,汇票付款行愿意以自己的身份履行指定或承担保兑责任时,到期日由指定银行或保兑行自行确定,规则参照以上情形,并告知受益人。至于开证行通知的到期日,直接约束开证行对指定银行或保兑行的偿付责任。比如:

[案例 114]　R722/TA690 rev4:延期付款信用证下指定银行收到开证行承兑电后对受益人的融资受 UCP600 保护吗?

案中,信用证规定由指定银行延期付款,其不是保兑行。指定银行收到相符交单后并没有承付,仅仅转寄单据给开证行。

咨询者问:

A. 在接到开证行承兑通知后,指定银行与受益人同意(express agreement)提前融资预付(即在开证行承兑之后,到期日之前);

B. 在接到开证行承兑通知后,指定银行发送一份承兑电给受益人以自己的名义进行承付。在到期日之前,当受益人要求指定银行进行融资,指定银行对该单据项下的款项进行提前预付。

以上两个例子中,指定银行的融资能否受到 UCP600 的保护?

分析及结论:

国际商会说:在两个案例中,指定银行在收到相符单据的时候并未作出延期付款承诺。

在案例 A 中,指定银行的预付是在收到开证行的承兑电后,而指定银行与受益人间的 EXPRESS AGREEMENT 性质是不清楚的,关键在指定银行是否已经作出延期付款承诺。根据 UCP600 第 12 条 c 款:"非保兑行的指定银行收到或审核并转递单据的行为并不使其承担承付或议付的责任,也不构成其承付或议付的行为。"而指定银行并没有按指定行事,作出延期付款承诺,因此并不构成承付。UCP600 第 7 条 c 款:"指定银行承付或议付相符交单并将单据转给开证行之后，开证行即承担偿付该指定银行的责任。……无论指定银行是否在到期日之前预付或购买了单据。"该条款规定指定银行承付或议付并将单据转给开证行后，开证行才承担偿付该指定银行责任。

另外，UCP600第12条b款："开证行指定一银行承兑汇票或作出延期付款承诺，即为授权该指定银行预付或购买经其已承兑的汇票或已作出的延期付款的承诺。"此条款强调UCP600所保护的指定银行的预付融资，限于本身已经作出的延期付款承诺，而不保护对其他银行作出的延期付款承诺提供的预付融资。

必须指出的是，一个银行同意在UCP600范围外给受益人提供融资，该融资只受双方所签订条款的约束，而不受UCP600保护。

在案例B中，在相符单据提交时候，指定银行并没按指定行事，但随后发承兑电作出远期付款承诺，并在到期日前预付给受益人。

必须指出的是，指定银行可以在到期日之前的任何时候按指定行事和在开证行到期偿付指定银行之前的任何时候，预付给受益人。只要相符单据提交给开证行，开证行有义务在到期日偿付指定银行。本案例中，该指定银行作出由本身作出的延期付款承诺项下的预付是符合UCP600第7条c款和第12条b款的规定。

点评：

国际商会认定案例B中指定银行融资是受UCP600保护，而案例A中主要看EXPRESS AGREEMENT性质，指定银行是否对受益人作出延期付款承诺。

国际商会分析过程中强调，指定银行给受益人融资是否受UCP600的保护主要看两点：第一，相符单据并将单据转给开证行是基本条件；第二，指定银行按指定行事，以自己的名义，作出延期付款承诺（即有份书面通知，比如承兑电，标明在某个确定的日期，将付一定的金额给受益人），事后指定银行预付或购买的必须是自己作出的延期付款承诺。

受UCP600保护的最终用意在于，万一发生受益人欺诈时，指定银行可因其融资享受善意第三人的地位。这个地位之重要，已经在UCP500时期的桑塔德案件的审理中彰显得淋漓尽致。

建议：

指定银行在延期付款信用证项下向受益人提供到期日前预付融资，为获得善意第三人地位，无论是否已经收到开证行承兑电，建议在放款同时出具一份承兑通知书且一律注明：

"我行承诺到期日（某年某月某日）付款（金额）给贵公司，如需融资可自即刻起提前付款，我行到期如未获开证行或保兑行偿付保留向贵公司追索的权利。"

[案例115] R270：不符点交单下保兑行拒付承兑汇票，见票日从什么时候开始？

案中，信用证要求远期汇票，保兑行见票后90天付款。

分析及结论：

国际商会说："It is presumed that the confirming bank refused to accept the drafts due to discrepancies in the documents presented. When forwarding the documents to the issuing bank, the confirming bank should include the due date (date on which payment is due) calculate on the same basis as if the documents had been found in order upon presentation. The confirming bank should set the due date."

但是，以下情况除外，保兑行拒付后受益人重开以开证行为汇票付款行的汇票。

国际商会继续说："The exception to this would be where the confirming bank declined to accept the draft when/if the documents were accepted and requested that a draft be drawn on the issuing bank and this draft then accompanied the documents. In this instance, 90 days would commence from the time the issuing bank accepted the bill."此时，以信用证规定开证行为汇票付款人掌握。

点评：

如此看来，在国际商会眼里，相符交单或虽不相符但开证行没有拒付的单据，仍以信用证规定的付款银行——保兑行或指定银行见票为准。而在受益人更换为以开证行为汇票的付款银行后，则以开证行见票为准。

二者共同的规则，是汇票付款银行是谁，那么便以谁见票为准，计算付款到期日。

第三，无论如何，付款银行必须通知付款到期日。

为什么呢？付款银行一旦通知付款到期日，便意味着其对受益人的付款责任，将从此脱离单据，从而净化信用证下银行与受益人之间的关系。

这包括当事各方同意延展到期日的情况。国际商会在 R721/TA674 rev 的结论中说："Whether a replacement draft or new deferred payment undertaking is required will be determined by local law at the place of acceptance or where the deferred payment undertaking is incurred.

If the issuing bank, confirming bank and any bonafide holder other than the confirming bank, agree to the payment term renegotiations that have been determined by the applicant and the beneficiary and no replacement draft or deferred payment undertaking is necessary:

——the draft must be re-accepted to mature on the new agreed maturity date (where the credit is available by acceptance with the confirming bank); or

——a new or amended deferred payment undertaking must be incurred to reflect the new agreed maturity date (where the credit is available by deferred payment with the confirming bank)."

至于如何通知到期日，形式不限，可以是电讯通知、信函通知，当然也包括退回经承兑的远期汇票作为一种通知形式。

汇票的承兑

如前所述，信用证下汇票是有形的付款提示。但是，汇票毕竟是出票人对付款人的单方面委托或单方面命令，通常来说，对付款人并不具有与生俱来的当然约束力。为了让付款人明确承担汇票下的付款责任，从而促进汇票的流通，于是票据法或票据公约就有了基本相同的设计——汇票的承兑。

那么，什么是汇票的承兑？

最新的国内《票据法》规定：

第三十八条　承兑是指汇票付款人承诺在汇票到期日支付汇票金额的票据行为。

第三十九条　定日付款或者出票后定期付款的汇票，持票人应当在汇票到期日前向付款人提示承兑。

提示承兑是指持票人向付款人出示汇票,并要求付款人承诺付款的行为。

正如前面的解读中提到的,信用证安排下的汇票因为出票背景的不同,有其特殊性。以远期汇票承兑为例,付款行承兑时,按照国内票据法理应把已承兑的汇票退回持票人,但是实务中信用证安排下远期汇票经承兑后,付款前一般均由付款行托管。比如:

[案例 116] R256:信用证下汇票是否必须进行有形承兑?
案中,信用证下要求了一张远期汇票。开证行承兑时,只发了一个承兑电文。可以吗?
分析和结论:
国际商会说:"开证行从议付行收到的单据符合信用证的条款,并以电子通讯方式向议付行发出了承兑通知。就汇票(及单据)的承兑而言,满足了 UCP500 第 4 条,因而议付行有权在到期日得到付款。"
点评:
无形承兑是信用证下汇票实务的惯例。
当然,如果持票人对此作出特别要求,比如要求汇票付款行按票据法要求承兑后退回持票人,此时汇票付款行仍应满足。

第 B6 段

也适用于无汇票的情形

到期日这一节的相关规定均提及汇票。

Para B6:
The method of calculation of tenor and maturity dates, as shown above, also applies to a credit available by deferred payment or, in some cases, negotiation, i.e., when there is no requirement for a draft to be presented by the beneficiary.
付款期限和付款到期日的上述计算方法,也适用于延期付款信用证,或不要求受益人提交汇票的议付信用证。

【解读】
这里的一系列规定,同样适用于未要求汇票的延期付款信用证。当然也同样适用于未要求汇票的远期议付信用证。

尽管如此,实务还是略有区别。因为承兑信用证下可能存在换汇票的问题,可以根据汇票付款行的见票行为来判断付款到期日。而延期付款信用证下不存在汇票,从而也就不存在换票的问题,无法根据见票行为来判断付款到期日。如此,必定存在模糊的空间。这是 ISBP 难以周全的地方。

汇票 ISBP 745

银行工作日、宽限期和汇划延迟
Banking days, grace days, delays in remittance

【导读】

信用证规定付款期限,本意于确定付款到期日,最终为了约束到期的实际付款。然而,实际付款之前往往需要准备时间,到期日可能也不是银行工作日。

第 B7 段

到期日付款及付款宽限期

那么,信用证下到期日如何付款呢?

Para B7:
Payment is to be made in immediately available funds on the due date at the place where the draft or documents are payable, provided that such due date is a banking day in that place. When the due date is a non-banking day, payment is due on the first banking day following the due date. Delays in the remittance of funds, for example, grace days, the time it takes to remit funds, etc., are not to be in addition to the stated or agreed due date as defined by the draft or documents.

款项应于到期日在汇票或单据的付款地以立即能被使用的资金支付,只要该到期日为付款地的银行工作日。当到期日为非银行工作日时,付款将顺延至到期日后的第一个银行工作日。资金汇划中的延迟,如宽限期、汇划所需时间等,不得超过汇票或单据所载明或约定的到期日。

【解读】

信用证下付款时,不管是否有汇票,均必须满足如下要求:
——必须由付款行实施付款。如有汇票,则由汇票付款行实施付款。如没有汇票,则直接由信用证规定的付款行实施付款。即使付款行委托另一家银行代劳,理应也不能免除其责任。
——必须在到期日付款。汇款的延迟,例如宽限期、汇款需要的时间等不能在汇票或单据所规定或同意的到期日之外。换句话说,付款银行准备款项的时间,必须是在到期日之前完成。

如果到期日不是银行工作日,付款可以顺延。开证行有通知付款到期日的义务,实务中,开证行在通知付款到期日时常常直接考虑节假日因素,不直接通知付款到期日,而是通知付款到期日顺延后的日期。根据本段的规定,这是不规范的做法。当然,顺延与否,信用证另有规定则除外。如:有些信用证会规定:"Saturday will not be used to calculate the maturity day of payment, even if our bank is open."此时,如到期日为星期六时,则仍适用顺延,虽然其为工作日。

——必须在汇票或单据的付款地付款。信用证下汇票一般没有特别显示付款地点,所以,常以实际实施付款的汇票付款行所在地为付款地点。没有汇票的情况下,则只能以付款行所在地为付款地点。相应地,到期日的顺延,应以付款行拟实施的付款行为是否处于银行工作日而确定,不以账户行为准,也不以收款行为准。比如:

[案例117] 中国大陆的进口信用证,必须在美国国庆节7月4日到期付款吗?
国内的假期与账户行假期常常不一样。
每年的7月4日是美国国庆节,是美国的美元账户行放假的时间,2012年7月4日是周四却是中国大陆银行的工作日。中国大陆的进口信用证下美元付款日如果恰巧在7月4日,那么,是7月4日付款呢,还是顺延到7月5日付款呢?
分析及结论:
根据本段的规定,显然,还是7月4日付款,即发出付款电文。如果无法在当天起息,则可以顺延至7月5日起息。
点评:
如此规定是有道理的。对于开证行来说,付款之时,其所能控制的是自己的行为。至于账户行的起息,无法实际控制。
而且,许多开证行都有多个账户行,比如在美国有账户行,在香港也有账户行。在美国的国庆节7月4日美国的银行放假,香港可没有放假不也可以照付吗?
这背后可能还会涉及进口商在开证行账户被冻结等问题,如果处理不当,显然开证行有不可推卸的责任。

——必须是以立即能被使用的款项支付。如:付款银行在实施付款时,不能以在账户行头寸不足为由而延迟付款。至于账户行假期则另当别论。
除此之外,在信用证安排付款的实施过程中,按照收款人在面函上载明的索款指示处理,也是对付款行的基本要求。如果付款行未按照交单人的索款指示处理,责任仍应自负。

出　　票

Drawing and signing

【导读】
出票,是汇票产生的起点。
出票动作,广义上包括制作、签署和发出;狭义上只对应于发出。出票时,会产生出票人,也会产生付款人。

汇票

第 B8 段

出票人及出票日期

出票人(drawer),是汇票的又一个基本当事人,也是汇票的第一个当事人,它的身份伴随着其出票行为而确立,从而带有先天性。

> **Para B8:**
> a. A draft is to be drawn and signed by the beneficiary and to indicate a date of issuance.
> 汇票应由受益人出具并签署,且应注明出具日期。
> b. When the beneficiary or second beneficiary has changed its name, and the credit mentions the former name, a draft may be drawn in the name of the new entity provided that it indicates "formerly known as (name of the beneficiary or second beneficiary)" or words of similar effect.
> 当受益人或第二受益人已变更名称,而信用证提到的是原名称时,只要汇票注明该实体"原名称为(受益人或第二受益人的名称)[formerly known as (name of the beneficiary or second beneficiary)]"或类似措辞,其就可以新实体的名称出具。

【修订】

本段 a 款的规定含义没变,措辞则把汇票的出具和签署合而为一,并要求汇票必须注明出票日期。

本段 b 款的规定属于新增,明确了受益人的法定名称变更,须在汇票上相应表明其先后关系,以示连续性。

【解读】

汇票的出票背景,是受益人与开证行之间的信用证交易。在信用证交易中,受益人是债权人,因而,理所当然地成为信用证下汇票的出票人。

出票人只要名称与信用证规定的受益人名称相同即可。至于地址,根据 UCP600 第 14 条 j 款的规定则可出现可不出现,如出现国别与信用证规定相同即可,其余内容可以不同。实务中,汇票常常由寄单银行填写或打印,这仅是代理受益人完成,出票人仍为受益人。

实务中会出现出票人名称的变更,在商务并购中这是常有的事。此时,由作为出票人的新实体出票即可,但须同时注明该实体"旧名称即×××"的类似措辞,以示权利和责任的表面连续性。

出票必须签署,这是各国票据法几乎相同的要求。汇票默认由出票人首先签署。出票人签署不仅是票据法赋予的证实责任,还包括了票据责任。

出票还必须加注出票日期。这是全球票据法几乎一致的要求,其用意理应与票据法的适用有关。因为不同的出票日期,将约束票据的不同效力,以及不同当事人的票据权利和责任。比如:

[案例 118] DOCDEX No.260:汇票缺日期可以吗?

案中,开证行以"Draft not dated(汇票缺出具日期)"为不符点拒付,根据是 ISBP681 第 13

段的规定。

ISBP681 第 13 段：

Drafts, transport documents and insurance documents must be dated even if a credit does not expressly so require.

即使信用证没有明确要求，汇票、运输单据和保险单据也必须注明日期。

分析及结论：

国际商会认为，汇票缺少日期不是不符点。因为汇票仅只是支付命令，"且信用证也没有明确要求汇票必须具有日期"，不影响单证相符下开证行的付款责任，只是作为付款行的资料由其存放，既不是信用证下处理的单据，也不是申请人要求的，与申请人无关，而该汇票的付款期限是即期，"the date of a draft（汇票日期）"仅在其用来确定远期到期日时才是必需的。

点评：

显然，这里的结论——"汇票缺出具日期不是不符点"，在新版 ISBP 中已经改变。因为 ISBP681 第 13 段"汇票必须显示日期"的要求，对应的是新版 ISBP 第 A11 段 a 款 i 项，同时也纳入了汇票部分第 B8 段 a 款的范围，属于单据化要求，必须予以满足。

第 B9 段

付款行的 SWIFT 代码

实务中，信用证规定汇票的付款行，常常只显示 SWIFT 代码。

Para B9：

When a credit indicates the drawee of a draft by only stating the SWIFT address of a bank, the draft may show the drawee with the same details or the full name of the bank.

当信用证仅以银行的 SWIFT 代码表示汇票付款人时，汇票付款人可以显示为相同的 SWIFT 代码或该银行的全名。

【修订】

本段是新增规定。

【解读】

本段确认了，汇票付款行可以显示信用证规定的银行 SWIFT 代码，也可以显示银行全称。

这仍然是信用证汇票的特殊性使然，因为银行间使用全球通行的 SWIFT 代码是约定俗成的习惯，并足以根据该代码找到作为承担付款责任的付款行。

汇票付款行

汇票付款人（payer），是汇票的一个基本当事人。

汇票付款人一般是信用证安排下的基本债务人——开证行，或开证行委托付款的另一家银行，此时均称为汇票付款行（paying bank）。汇票付款行，通常就是汇票收款人（payee）或持票人（holder）提示汇票的相对人，所以，也称为受票人（drawee）/受票行（drawee bank），它是出票人（drawer）为了向其最终提交汇票并要求其付款的人。

最新的国内《票据法》：
第四条第四款　本法所称票据权利，是指持票人向票据债务人请求支付票据金额的权利，包括付款请求权和追索权。

票据法意义上，汇票正常情况都是向汇票付款行提示付款，这是收款人或持票人的付款请求权。但是并不完全这样，特殊情况下，在汇票付款行拒付承兑或付款时，收款人或持票人则可以向出票人、背书人、保证人等提示付款，这便是付款追索权。

票据法意义上，汇票正常情况必须最终向付款行提交汇票请求付款。而因为汇票付款行与信用证安排下的实际承付银行不一定是同一家银行，汇票的提交与信用证安排下单据的提交也可能不是同一家银行。如果二者不同，汇票必须与单据分开寄送，汇票寄汇票付款行，单据寄有效银行。

实务中，汇票付款行往往是开证行，也有指定银行、保兑行或第三方偿付行的。

信用证要求了汇票，必须规定付款行，而提交的汇票上显示的付款行必须与信用证规定的一致。这是第 B1 段的要求。

汇票付款的追索权

信用证实务中，通常说的汇票追索权，包括两种——付款行付款后对持票人及其前手的追索权，以及持票人在遭付款人拒绝承兑或拒绝付款时，对前手的追索权。

最新的国内《票据法》规定：
第六十条　付款人依法足额付款后，全体汇票债务人的责任解除。
第六十一条　汇票到期被拒绝付款的，持票人可以对背书人、出票人以及汇票的其他债务人行使追索权。
汇票到期日前，有下列情形之一的，持票人也可以行使追索权：
（一）汇票被拒绝承兑的；
（二）承兑人或者付款人死亡、逃匿的；
（三）承兑人或者付款人被依法宣告破产的或者因违法被责令终止业务活动的。

从以上的规定可以看出，在票据法意义上，前者无追索权，后者均默认有追索权。

值得一提的是，汇票付款人在付款后对持票人及其前手无追索权并不妨碍信用证安排下开证行或保兑行拒付不符点交单，从而追索已经偿付的款项和利息。以载有清洁偿付条款的信用证为例，汇票付款行为偿付行。偿付行，不管是开证行自身，还是另一银行，一旦在汇票下付款即无追索权。但是，只要构成不符点交单，开证行或保兑行就仍可拒付，拒付后仍可根据 UCP600 第 16 条 g 款的规定追索已经偿付的款项和利息。

UCP600 第 16 条 g 款：
当开证行拒绝承付或保兑行拒绝承付或议付，并且按照本条发出了通知后，有权要求返还已偿付的款项及利息。

有时候情况极为特殊,信用证要求或受益人在汇票上直接标明:"without recourse"字样。比如:

[案例119]　R8:受益人汇票标明"without recourse",议付行可以行使追索权吗?

案中,议付信用证下受益人提交汇票,汇票标明"without recourse"。议付行议付了单据。那么,如果开证行拒付,议付行还可以向受益人追索吗?

分析及结论:

国际商会在R8的决定中指出:这种情况下,尽管银行在"without recourse"汇票下或在适用日内瓦公约时没有追索权,然而,在构成了汇票交易基础的跟单信用证下,议付了如此汇票的银行仍有追索权。(The commission decided that although a bank might have no recourse under a bill of exchange drawn 'without recourse' or under a bill to which the Geneva Rules applied, such bank could have rights of recourse under the documentary credit which formed the underlying contractual basis for the transaction.)

点评:

议付信用证下要求汇票,议付行与受益人之间不仅存在票据交易关系,还存在信用证交易关系,本案算是在强调两种关系并行的情况下,信用证交易关系优于票据交易关系。当然,实务中通常还会介入第三种关系——议付协议关系,此时,议付协议关系优于信用证交易关系。

实务中,带有如此批注的汇票极为少见。

延伸:

国际商会在R66的决定中指出:应劝阻在汇票上批注"不得追索"字样的做法。(The commission decided that the practice of drawing bill of exchange claused 'without recourse' should be discouraged.)

补充:

国际商会在R613的结论中说:在UCP框架内,议付行议付之后总是有追索权的,除非议付行事先加了保兑。(In a credit where the nominated bank has not added its confirmation, any negotiation will normally be subject to some form of recourse to the beneficiary (except where sub-article 10(c) applies). The terms of that negotiation, including the event(s) that may lead to a recourse being exercised, are outside of the UCP and are a matter for agreement between the beneficiary and the nominated bank.)

第 B10 段

议付信用证下的付款行

议付信用证的汇票付款银行是谁呢?

Para B10:

When a credit is available by negotiation with a nominated bank or any bank, the draft is to be drawn on a bank other than the nominated bank.

当信用证适用于指定银行或任何银行议付时,汇票付款人应做成指定银行以外的一家银行。

【修订】

本段是新增规定。这一规定与 UCP600 第 2 条对议付的定义相吻合。

【解读】

议付信用证下汇票付款人必须为指定银行以外的一家银行。

显然,这是议付定义的应有之义。

UCP600 第 2 条:

Negotiation, means the purchase by the nominated bank of drafts (drawn on a bank other than the nominated bank) and/or documents under a complying presentation, by advancing or agreeing to advance funds to the beneficiary on or before the banking day on which reimbursement is due to (to be paid) the nominated bank.

议付,指指定银行在相符交单下,在其应获偿付的银行工作日当天或之前向受益人预付或者同意预付款项,从而购买汇票(其付款人为指定银行以外的其他银行)及/或单据的行为。

至于为什么如此规定呢?我们认为,这与信用证安排下议付的非"终局性"有关。

在汇票的付款人作成指定银行的情况下,如果信用证允许议付,这时会出现一个两难局面:作为汇票付款人的指定银行,在票据法意义上一旦付款,尽管是"预付"或同意"预付"性质,票据权利和责任将一概终结,事后如果出现开证行无法偿付,指定银行将根据与受益人之间的约定向受益人追索。而受益人却可以援引票据法上付款人付款具"终局性"的特点予以抗辩,指定银行将因此陷于被动。

实务中,偶尔会出现议付信用证下汇票付款人规定为指定银行本身。比如:

[案例 120] R400:信用证规定指定银行议付的同时,仍然规定汇票付款行为指定银行。

案中,The credit was stated to be available with Bank N by 'negotiation' of drafts that were to be drawn on it at sight.

国际商会说:该信用证从效果上说,是付款信用证,而不是议付信用证。(In effect, the credit should have been designated as being available by payment due to the drafts being drawn on Bank N. The taking up of documents by Bank N and payment of USD66,000 to the beneficiary constituted settlement under the credit. Any 'negotiation' or negotiation arrangement between Bank A and the beneficiary is outside of the credit and the UCP.)

点评:

国际商会认为该信用证就是付款信用证,即指定银行的付款,将被视为代表开证行对受益人的无追索权终结性付款。

案中所谓的"议付",与信用证安排及 UCP 无关,通俗地说,可以理解为一个特定的信用证安排下特别规定的"议付",而不是 UCP600 第 2 条定义的 UCP 意义上的议付。

第 B11 段

承兑信用证下决定承兑的付款行

承兑信用证的汇票付款行又是谁呢?

Para B11:
　　When a credit is available by acceptance with any bank, the draft is to be drawn on the bank that agrees to accept the draft and is thereby willing to act on its nomination.
　　当信用证适用于任何银行承兑时,汇票付款人应做成同意承兑汇票并愿意按指定行事的银行。

【修订】
　　本段也是新增规定。这一规定与第 B12 段相呼应。

【解读】
　　当信用证规定由任何银行承兑时,汇票付款人必须为同意承兑并按指定行事的银行。其实,当信用证规定一家具体的指定银行承兑时,汇票付款人也必须为同意承兑并按指定行事的银行。
　　国际商会在 R628/TA661 rev 的分析及结论中说:"If a credit is available by acceptance with a named nominated bank, then the draft must be drawn on that nominated bank, if it agrees to act on its nomination. If the credit is available with any bank by acceptance, the credit should state that the draft is to be drawn on 'the nominated bank'. The nominated bank will be the bank that agrees to act upon the nomination, at the request of the beneficiary, and on which the draft is to be drawn and its name is to be specifically stated on the draft as the drawee."
　　为什么呢?如果汇票显示指定银行为付款人,而指定银行不愿意承兑并付款,那么,在票据法意义上其他银行不会对此承兑并付款,对于受益人来说,持有汇票也将没有任何意义,该汇票将没有实际价值。

第 B12 段

承兑信用证下决定不承兑的付款行

　　如果信用证规定由指定银行承兑,但指定银行不愿意,那是否意味着必须要更换汇票呢?比如更换为开证行呢?如果是异地的保兑行、转让行,情况可能更复杂。因为异地更换汇票更加不便了。

Para B12:
　　When a credit is available by acceptance with:
　　当信用证适用于由以下银行承兑:
　　a. a nominated bank or any bank, and the draft is to be drawn on that nominated bank (which is not a confirming bank), and it decides not to act on its nomination, the beneficiary may choose to:
　　由指定银行或任何银行承兑,且规定汇票付款人做成该指定银行(其不是保兑行),但该指定银行决定不按指定行事时,受益人可以选择:
　　i. draw the draft on the confirming bank, if any, or request that the presentation be forwarded to the confirming bank in the form as presented;

如有保兑行,以保兑行为汇票付款人,或者要求将单据按照交单原样转递给保兑行;

ii. present the documents to another bank that agrees to accept a draft drawn on it and thereby act on its nomination (applicable only when the credit is available with any bank); or

将单据交给同意承兑以其为付款人的汇票并按指定行事的另一家银行(仅适用于自由兑用信用证);或者

iii. request that the presentation be forwarded to the issuing bank in the form as presented with or without a draft drawn on the issuing bank.

要求将单据按照交单原样转递给开证行,无论是否随附以开证行为付款人的汇票。

b. a confirming bank, and the draft is to be drawn on that confirming bank and the presentation is non-complying, and it decides not to reinstate its confirmation, the beneficiary may request that the presentation be forwarded to the issuing bank in the form as presented, with or without a draft drawn on the issuing bank.

由保兑行承兑,且规定汇票付款人做成该保兑行,但交单不符且该保兑行决定不恢复保兑时,受益人可以要求将单据按照交单原样转递给开证行,无论是否随附以开证行为付款人的汇票。

【修订】

本段也是新增规定。这一规定与第 B11 段相呼应。

【解读】

信用证下汇票更换与否,无可无不可。如果不更换汇票,此时开证行进行相符交单审核,将不包括汇票。如果更换汇票,手续麻烦了点,汇票必须相应转递开证行纳入相符交单的审核范围,但可以换取开证行作为汇票付款行的信用的直接支持,即开证行承兑。这样,将便利于融资。比如:

[案例121] R628:信用证规定指定银行为汇票付款行,但指定银行不愿意履行付款。怎么办?

案中,咨询者问:

1. 如果信用证规定由任意银行或指定银行兑用,那么提交的汇票付款行应该作成指定银行,还是开证行呢?(If a credit is available by acceptance of beneficiary's draft at 90 days sight with any bank or a particular nominated bank, on whom should the drafts be drawn the nominated bank (or any bank, where the credit is available with any bank) or the issuing bank?)

2. 如果提交的汇票付款行作成开证行,指定银行可以承兑汇票吗?(If a draft is drawn on the issuing bank, can a nominated bank accept the draft?)

分析及结论:

国际商会说:

就问题1,如果信用证规定由指定银行承兑,那么汇票必须作成该指定银行,如果其愿意承兑的话。(If a credit is available by acceptance with a named nominated bank, then the draft must be drawn on that nominated bank, if it agrees to act on its nomination. If the credit is available with any bank by acceptance, the credit should state that the draft is to be drawn on "the nominated bank". The nominated bank will be the bank that agrees to act upon the nomination, at the request of the beneficiary, and on which the draft is to be drawn and its name is to be specifically stated on the draft as the drawee.)

就问题2,如果汇票付款行是开证行,那么这是用于开证行承兑的。(If a draft is drawn on the issuing bank, it is for the issuing bank to accept the draft. If the draft is drawn on the issuing bank, the credit should be available with the nominated bank by negotiation and not by acceptance.)

点评:

本案中,国际商会确立了两条原则:

一是信用证规定谁是汇票承兑行,汇票付款行就可以作成谁。

二是汇票付款行是谁,就由谁承兑。

请注意,这两条原则并不绝对。信用证规定指定银行承兑汇票,汇票付款行可以作成指定银行基于一个前提,即指定银行愿意承兑。

如前所述,如果指定银行不愿意承兑,汇票付款行作成指定银行已经没有实际意义。这并不妨碍开证行在信用证下的承付责任,也不影响保兑行或其他指定银行兑用信用证。

UCP600第7条a款ⅳ项:

Provided that the stipulated documents are presented to the nominated bank or to the issuing bank and that they constitute a complying presentation, the issuing bank must honour if the credit is available by:

只要规定的单据提交给指定银行或开证行,并且构成相符交单,则开证行必须承付,如果信用证为以下情形之一:

ⅳ. acceptance with a nominated bank and that nominated bank does not accept a draft drawn on it or, having accepted a draft drawn on it, does not pay at maturity;

信用证规定由指定银行承兑,但其未承兑以其为付款人的汇票,或虽承兑了汇票,但未在到期日付款;……

所以,本段规定允许指定银行转递单据不带以其为付款人的汇票,也允许更换新汇票,以方便信用证的兑用。比如:

[案例122] R528/TA480 rev:信用证要求汇票作成指定银行,结果作成了开证行。可以吗?

案中,信用证规定了指定银行保兑,并要求汇票作成指定银行抬头。结果,单据提交到了指定银行,其中的汇票作成了开证行抬头。可以接受吗?

分析及结论:

国际商会说:汇票作成保兑行抬头,将由保兑行保留使用。(Where sight drafts are required to be drawn on the confirming bank, the draft is retained by it in their files. In these circumstances, the sight draft is seen as a declaration of the amount to be paid to the beneficiary which could equally be determined by the amount shown on the invoice.)

接着说：虽然案中的汇票付款人与信用证要求不符，但保兑行一旦付款，仍有权获得开证行偿付。(In the circumstances outlined, if the nominated bank pays, is it entitled to reimbursement? As a practical and UCP matter, the answer must be "yes".)

虽然案中的汇票付款人与信用证要求不符，如保兑行没有付款，单据转递开证行，开证行有责任付款。这不是不符点。这是 UCP500 第 9 条的明文规定。(If the documents are not paid by the nominated bank, but are forwarded (with the draft) to the issuer, must the issuer pay? The answer must be "yes", under UCP500 Article 9, which gives the beneficiary the option of enforcing the credit directly against the issuer under a credit that nominates another bank. It would require very clear language in the L/C to permit the issuer to treat a draft on the issuer rather than the nominated bank as non-complying.)

无论如何，案中的汇票没有不符点。在获得申请人偿付方面，开证行持有这一张汇票很重要。(Based on the information provided, and based solely on the circumstances stated herein, it should not be considered a discrepancy. In giving this response, it is recognized that where sight drafts are to be drawn on the issuing bank, the requirement for the presentation of such draft is often crucial for the issuing bank to obtain payment from the applicant.)

点评：

换言之，指定银行或保兑行没有承兑以其为付款人的汇票，该汇票原样照转到开证行处，从而导致汇票付款人与信用证规定不符，这不是不符点。

当然，指定银行或保兑行在原样照转单据时，不包括信用证要求的汇票，也不是不符点。

当然，如果商业单据无不符点，而汇票经过更换，必然会涉及汇票的重新提交，而重新提交可能过交单期、过有效期。还可以接受吗？这是国际商会没有回答的问题。

金　　额

Amounts

【导读】

汇票的金额，是为了确定付款人以货币计算的责任范围，也是为了确定收款人以货币计算的权利范围。

第 B13 段

支款金额

由于汇票是信用证下有形的付款提示，所以，从受益人的角度来看，准确地说，汇票金额应该称"支款金额"。

品读 ISBP745

> **Para B13:**
> A draft is to be drawn for the amount demanded under the presentation.
> 汇票金额应当为交单下要求支款的金额。

【修订】

本段规定措辞变化较大,含义没变。

旧版 ISBP681 第 51 段要求:"金额必须与发票一致,除非出现 UCP600 第 18(b)条规定的情况。"

新版规定,交单支款的金额是多少,那么汇票金额就应该是多少。

【解读】

汇票的支款金额,必须是对应交单下要求支款的金额。换言之,对应交单下要求支款的金额,可能与允许支款的金额是一致的,也可能并不一致。至于说一个交单下的可付款的金额是多少,这需要具体情况具体分析。

汇票金额,通常与发票金额是一致的。但也有以下例外:

——出现 UCP600 第 18 条 b 款的情形。

UCP600 第 18 条 b 款:

A nominated bank acting on its nomination, a confirming bank, if any, or the issuing bank may accept a commercial invoice issued for an amount in excess of the amount permitted by the credit, and its decision will be binding upon all parties, provided the bank in question has not honoured or negotiated for an amount in excess of that permitted by the credit.

按照指定行事的指定银行、保兑行(如有)或开证行可以接受金额大于信用证所允许金额的商业发票,其决定对各有关方均有约束力,只要该银行对超过信用证允许金额的部分未作承付或者议付。

以上规定允许发票金额超过信用证金额。发票金额对应于交单金额,而汇票金额对应于实际支款金额,信用证金额对应于允许支款金额。那么,只要汇票金额在信用证金额之内即可。

——出现信用证特别规定的情形。比如:

[案例 123] 信用证规定汇票金额为 90% of the invoice value,可以吗?

案中,合同规定 10% 预付款证外结算时,信用证规定汇票金额为 90% of the invoice value。

显然,此时汇票的支款金额,将与发票金额不一样。

分析及结论:

请注意,invoice value 并不是一个规范的表达,它到底指的是货物价值,还是发票金额?按理,应该指的是货物价值。相应地,信用证规定汇票金额,准确一点应该表达为:90% of the goods value。而提交的商业发票可以规范显示为:

```
total amount: USD10000.00
down payment: USD1000.00
net amount: USD9000.00
```

提交的汇票金额显示为 USD9 000.00,与发票净额一样。

点评:

不过,这种模糊的表达是由于申请人和开证行引起的,提交的发票金额与汇票金额不等同一致,不足以成为开证行拒付的理由。

第 B14 段

金额大小写及币种

汇票金额,由币种和数值本身组成,且通常同时显示大小写。

Para B14:
The amount in words is to accurately reflect the amount in figures when both are shown, and indicate the currency as stated in the credit. When the amount in words and figures are in conflict, the amount in words is to be examined as the amount demanded.

当汇票同时显示大小写金额时,大写金额应准确反映小写金额,且应注明信用证规定的币别。当大小写金额矛盾时,大写金额将作为支款金额予以审核。

【修订】

本段规定略有变化,强调了汇票上的大小写金额矛盾时,以大写金额为准。

【解读】

汇票金额必须显示信用证规定的币种,即信用证金额对应的币种。至于为什么不能显示其他币种,则与汇率风险有关。

实务中有例外。比如:古巴来证中美元信用证,会特别规定以欧元支付。受益人一旦接受信用证,则汇率风险自担。

汇票上显示的大写金额必须反映小写金额。显示大写金额可以防篡改,显示小写金额则便于识别。汇票上只须显示其中一个便可以。实务中大部分汇票上会同时显示大小写金额,此时,大写金额必须反映小写金额。

这里特别规定了,当大小写金额矛盾时,大写金额将作为汇票金额。言外之意,银行如果以汇票显示的大写金额对外支付而出现差错,因此免责。当然,实务中,为慎重起见,以矛盾不影响上下文判断为前提,如果矛盾可能引起误解,理应请交单人澄清,乃至更换汇票。

背　书

Endorsement

【导读】

什么是汇票的背书? 背书,通俗地说,是由汇票收款人或持票人在汇票背面书写法定事项的行为。

汇票收款人

汇票收款人(payee)，也称汇票抬头，是汇票的又一个基本当事人。

汇票收款人，一般是信用证安排下的基本债权人——受益人，或受让受益人款项的一方。票据流转过程中，汇票最初是由出票人(drawer)出票后交付汇票收款人(payee)，之后通常再由汇票收款人(payee)或持票人(holder)，向汇票付款行(paying bank)提示汇票要求付款。

那么，如何显示汇票收款人呢？

在《英国票据法》下有三种选择：

——记名抬头(to ×××)；

——指示抬头(to the order of ×××)；

——来人抬头(to bearer)。

相应地，结合信用证实务，通常则有以下几种选择：

——收款人为受益人。这种情况比较常见。

——收款人为寄单银行。这一家银行可能是指定银行，也可能不是指定银行，可能叙作了融资，也可能仅仅是代为寄单。

——收款人为来人。这种情况极为少见。

请注意，汇票收款人名称不能为空，因为其不可识别；也不能作成 to the nominated bank。因为在一张特定的汇票下，nominated bank 不是一个确切的人(specified person)，无法识别。

国内银行的信用证实务中，大部分信用证下汇票均以寄单银行为收款人。但是，对于叙作融资的寄单银行来说，这潜藏一定的风险。如果作为出票人的受益人涉嫌信用证欺诈，由于寄单银行作为汇票收款人身份出现，便不是票据法意义上基于票据背书转让而获得票据权利的善意第三人，从而无法在票据法下获得欺诈例外的"例外"原则的保护。

第 B15 段

汇票背书

信用证下汇票需要背书吗？

Para B15：
A draft is to be endorsed, if necessary.
如果需要，汇票应当背书。

【解读】

信用证下汇票是否需要背书，依信用证规定、法律及习惯而定。换言之，如果当地票据法要求背书，或者如果开证行在信用证中明确要求背书，则汇票应当背书，当然，如果履行指定的指定银行或提供融资的其他银行明确要求背书，则提交的汇票也必须背书。当然，背书必须由汇票的收款人作出。因为收款人是汇票的第一手权利人。比如：

[案例124] 信用证规定汇票由议付行背书,结果没有议付也没有背书。可以吗?

案中,印度国民银行来证规定印度国民银行香港分行议付,汇票由议付行背书。受益人交单后,由国内M银行总行背书。单据转寄印度国民银行香港分行,其未议付,所以,未背书。之后,单据由印度国民银行香港分行转寄印度国民银行总行。

印度国民银行总行拒付:汇票未由议付行背书。不符点成立吗?

分析及结论:

根据本段的规定,汇票本身默认不需要背书。既然信用证特别要求汇票必须由议付行背书,而印度国民银行香港分行作为议付行没有议付,背书便毫无意义。

点评:

换言之,信用证规定了一家不愿意议付的议付行,是不是规定本身就有问题? 如此,完全可以说,信用证根本就不存在一家实际议付的议付行,从而也就谈不上由其背书汇票。

而在汇票是金融单据的意义上,如果说汇票可以事后补交,汇票是否背书则将不会实质影响信用证下开证行的付款责任。或者说,汇票未由议付行背书,不是一个真正意义上的"不符点"。

让人好奇的是,信用证下汇票背书,到底是为了什么?

最新的国内《票据法》①:

第三十条 汇票以背书转让或者以背书将一定的汇票权利授予他人行使时,必须记载被背书人名称。

第三十五条 背书记载"委托收款"字样的,被背书人有权代背书人行使被委托的汇票权利。但是,被背书人不得再以背书转让汇票权利。

汇票可以设定质押;质押时应当以背书记载"质押"字样。被背书人依法实现其质权时,可以行使汇票权利。

显然,在票据法意义上,汇票背书的作用包括三种:权利转让、委托收款和设定质押。信用证下汇票也不例外。

实务中,一提到汇票背书首先想到的就是权利转让。这比较常见,也比较好理解。以开证行为付款人的汇票为例,开证行正常付款之时通常并不需要收款人或持票人转让汇票权利,所以,不需要作转让背书。至于履行指定的指定银行或提供融资的其他银行买入汇票,这是事后的行为,是否发生无法事先预知。如果确实发生了转让,相关银行完全可以根据当地法律对转让背书作出明确要求,而受益人交单并申请融资时,必须遵照执行,相应予以背书。

偶尔还会见到设定质押背书,如基于远期票据叙做质押融资时,比较常见。

更多的是,针对信用证下汇票款项的"委托收款"背书。因为信用证下汇票,几乎总是由受益人通过银行提示付款行,要求付款。只是司空见惯的出于"委托收款"目的的汇票背书并不特别记载"委托收款"字样,所以,即便信用证的交易特点决定了汇票就是用于办理"委托收

---

① 《中华人民共和国票据法》,1995年5月10日第八届全国人民代表大会常务委员会第十三次会议通过,根据2004年8月28日第十届全国人民代表大会常务委员会第十一次会议《关于修改〈中华人民共和国票据法〉的决定》修正。

款",也并没有票据法意义上的"委托收款"背书。或许,正是信用证的交易流程替代了汇票的"委托收款"背书的效果,所以,汇票无须特地显示票据法意义上的"委托收款"背书。

当然,作为办理"委托收款"的银行,完全可以根据当地法律要求对信用证下汇票予以"背书"。此时,我们认为,该"背书"更接近于票据法意义上的"签收"。

最新的国内《票据法》:

第五十五条　持票人获得付款的,应当在汇票上签收,并将汇票交给付款人。持票人委托银行收款的,受委托的银行将代收的汇票金额转账收入持票人账户,视同签收。

只是汇票上"签收"票款的动作,也是可以省略的,这或许仍然与信用证的交易流程有关。

更正及证实

Correction and alteration

【导读】

汇票虽然属于受益人出具的单据,但其不同于受益人出具的其他单据。如前所述,汇票必须签署,相应地,其更正也必须证实。

第B16段

更正证实

汇票更正需要证实吗?

Para B16:
Any correction of data on a draft is to appear to have been authenticated with the addition of the signature or initials of the beneficiary.

汇票上数据的任何更正,应当看似已由受益人以额外的签字或小签加以证实。

【解读】

汇票上更正必须证实,且必须由出票人证实,即受益人证实。

为什么呢? 因为不管是汇票的签署,还是汇票的更正证实,二者共同的用意都在于确认汇票的真实性。换言之,必须签署的汇票,其更正如果没有证实,相当于汇票的完整真实性没有确认,也就相当于没有签署。

这里的规定,也印证了第A7段"单据的更正证实"中的一个观点:"要求签署的发票的更正,默认需要证实"。因为经签署的发票,其更正如果没有证实,仍然相当于发票的完整真实性没有确认,从而与没有签署无异。

第 B17 段

不得更正

各个国家几乎都有自己的成文票据法,也有统一票据公约,虽然区分为英美票据法系和大陆票据法系,但基本精神比较一致,只是具体规定还是会略有不同。

> **Para B17:**
> When no correction of data is allowed in a draft, an issuing bank should have included a suitable stipulation in its credit.
> 当汇票上数据不允许更正时,开证行应在信用证中予以适当规定。

【解读】
有些国家,如中国,对汇票更正可能有特殊规定,更正无效,此时必须体现在信用证条款中,受益人必须遵照执行。比如:

最新的国内《票据法》规定:
第十条 票据上的记载事项必须符合本法的规定。票据金额、日期、收款人名称不得更改,更改的票据无效。对票据上的其他记载事项,原记载人可以更改,更改时应当由原记载人签章证明。

这里的日期,理应指出票日期。
根据上述规定,在信用证实务中,如果汇票涉及金额、日期、收款人三个要素的更正,不可接受,必须换新汇票。其余要素的更正,则无此约束,只须经受益人证实即可。
实务中,信用证如此规定极为少见,即便汇票存在瑕疵,通常只要申请人愿意赎单且没有第三方持票人存在,开证行都会付款。
或许这种做法,又算是信用证汇票实务的特殊之处吧!

以开证申请人为付款人的汇票

Drafts drawn on the applicant

【导读】
信用证下汇票,通常都以银行为付款人,偶尔也会作成以开证申请人为付款人。

第 B18 段 a 款

禁止兑用

在早期的信用证实务中，曾经允许信用证凭以申请人为汇票付款人的汇票兑用。

Para B18：
a. A credit must not be issued available by a draft drawn on the applicant.
信用证不得开立成凭以申请人为付款人的汇票兑用。

【解读】

信用证下汇票作成以申请人为付款人，可以接受。但是，不应该凭此类汇票兑用信用证款项。

为什么呢？这会破坏信用证独立性。如前所述，信用证付款，独立于开证申请书，也独立于贸易合同。当汇票付款人作成申请人时，如果开证行确认相符交单，便构成了其确定的承付责任，必须付款。但是，如果开证申请人，作为汇票付款人，不愿意承兑或付款，这样必将陷开证行于左右为难的境地。

为了避免这一种可怕的情况，UCP500 时期第 9 条便作出劝阻性规定——"A credit should not be issued available by a draft drawn on the applicant."显然，这仅仅是劝阻性建议。比如，R205 中，咨询者问：信用证要求的以申请人为付款人的汇票，可以显示在 42 场中吗？此类汇票，实务中极为少见。尽管如此，如果开证行仍然一意孤行，仍然规定了凭申请人为汇票付款人的汇票兑用呢？国际商会在分析及结论中说：开证行的责任，不能受制于申请人的承兑和付款行为。（This provision aims to avoid a situation whereby the applicant who is not a party to the credit may affect the contractual relationships existing between the parties to the credit, by not accepting the draft. The obligation of the issuing bank is dictated by (UCP500)sub-Article 9(a). Therefore, the obligation of the issuing bank cannot be predicated upon, or be contingent on, the payment, acceptance or other action by the drawee of the draft (meaning the applicant).）

在此基础上，UCP600 则更进了一步，作了禁止性的规定：

UCP600 第 6 条 c 款：

A credit must not be issued available by a draft drawn on the applicant.
信用证不得开成凭以申请人为付款人的汇票兑用。

换言之，以申请人为付款人的汇票，不是信用证下的金融票据。显然，UCP600 下信用证的此类要求将不予理会，开证行的责任仍不受制于申请人的承诺付款行为。

第 B18 段 b 款

要求提交以申请人为付款人的汇票

有时,信用证下要求以申请人为付款人的汇票是必需的,它仅仅为了满足申请人的融资需要,而与信用证下兑用付款无关。

国际商会银行委员会在 UCP600 起草的一次会议上曾经解释:一旦由于内部融资的目的而要求信用证下汇票作成以申请人为付款人,建议将其作为一份正常单据。(The Drafting Group's suggestion was to call for it as a document, in which case it would become a normal document.)

于是,就有了以下规定:

Para B18:
b. However, when a credit requires the presentation of a draft drawn on the applicant as one of the required documents, it is to be examined only to the extent expressly stated in the credit, otherwise according to UCP600 sub-article 14(f).

然而,当信用证要求以申请人为付款人的汇票作为一种规定单据提交时,该汇票应仅在信用证明确规定的范围内予以审核,其他方面将按照 UCP600 第 14 条 f 款的规定审核。

【解读】

信用证要求以申请人为付款人的汇票,将按照普通商业单据审核。言外之意,即不按金融工具审核。

通常,此类汇票都会体现在信用证中 46A 的"要求单据"栏位之中,有时也会规定在 47A "其他要求"栏位中。

请注意,如前所述,此类汇票不能规定在 42 场。42 场只用于规定作为信用证兑付依据的金融票据。

品读 **ISBP745**

发 票
Invoice

【导读】

在信用证下"一手交单，一手付款"的单据交易结构中，商业单据是用于表明货物发送或服务提供情况的单据，其中，发票是中心单据，也是信用证下所有单据的中心单据。换言之，其他商业单据用以支持发票，而发票也是汇票的开立基础。

本部分规定了发票的审核标准。

发票的功能

贸易合同下，可以没有别的单据，但是一定会有商业发票。我们认为，这与商业发票在信用证交易中的功能，以及其在信用证下全套单据中所处的中心地位有着直接的关系。

发票的功能，具体包括以下两个方面：

第一，发票是货物发送总清单，其他商业单据仅是发票的补充和细化。

贸易合同下，卖方需要出具商业发票以表明交货情况。从内容上看，发票列明了货物名称、规格、数量、单价、总值等项目，详细反映了一笔交货的全貌。这个意义上，发票首先是货物发送总清单。因此，invoice常常被直观地译为"发货清单"。

这样，买方可据以判断和确认所发送的货物是否按照合同规定的内容和要求装运。

至于其他商业单据，如包装单、运输单据、保险单据、原产地证明等都支持了商业发票，它们或补充或细化商业发票的货物装运细节。信用证实务中，商业发票必须带有详细的货物描述，而其他单据只需带有笼统的货物统称，甚至可以没有货物描述，这便足以表明发票在信用证下商业单据中的中心地位。

需要提醒注意的是，尽管商业发票常常用于表明货物贸易下货物装运的情况，但是绝不限于此，它还可用于表明服务贸易下服务提供、履约行为实施的情况。

第二，发票是唯一带有货款价目的商业单据，它是支款的依据，从而也是开立汇票的依据。

贸易合同下，商业发票不仅仅表明了交货情况，还必须带有货款价目。在这个意义上，商业发票也是货款价目总清单。

这样，商业发票成为卖方凭以要求买方在贸易合同下付款，或者是受益人凭以要求信用证下支款的依据。对买方来说，同样必须根据发票结算货款。作为支款工具的汇票，必须以商业发票之金额作为计算基础。

发票也是销售货物的记账凭证,买卖双方均需根据发票的内容逐笔登记入账。

除此之外,在出口地和进口地,商业发票还作为报关、清关、纳税的凭证。货物装运前,出口商需向海关递交商业发票作为报关凭证,发票中载明的价值和有关货物的说明是核定税款的依据。因此,海关可以凭借商业发票内容准确地确定应缴款,并作为验关放行的凭证之一。国外进口商同样需要向当地海关呈送出口商发票,海关凭以核定税款金额,使进口商得以迅速清关提货。

而在货物有损失的情况下,商业发票还是进出口商进行索赔、理赔以及要求运输赔偿和保险赔付的重要依据。

综合以上两个功能,发票的内容会是什么呢?以国内的发票为例。

《中华人民共和国发票管理办法》[①]:

第三条 本办法所称发票,是指在购销商品、提供或者接受服务以及从事其他经营活动中,开具、收取的收付款凭证。

《中华人民共和国发票管理办法实施细则》:

第四条 发票的基本内容包括:发票的名称、发票代码和号码、联次及用途、客户名称、开户银行及账号、商品名称或经营项目、计量单位、数量、单价、大小写金额、开票人、开票日期、开票单位(个人)名称(章)等。

显然,为了满足功能,贸易中的发票内容起码应该包括:货物品名或服务项目名称、数量、单价、总值等内容。

发票名称

Title of invoice

【导读】

什么是发票(invoice)?《美国传统辞典(双解)》:"invoice: A detailed list of goods shipped or services rendered, with an account of all costs; an itemized bill. 发货清单;发票,关于发送的货物或提供的服务的一份详细的清单,带有所有费用的记录;逐项列出的票单。"

显然,invoice 一词有两个意思:

——清单:即逐项列出的票单。比如:美国海关用的鞋类中间材料构成清单(interim footwear invoice)。

——发票:即带有价目、逐项列出的货物或服务清单。带有价目,是发票不同于一般清单的一大特征。比如:提供运输服务而产生的运费发票(freight invoice),提供融资服务而产生的利息发票(interest invoice)。

信用证实务中涉及的 invoice,默认为发票。如未特别说明,实务中的发票均用于证明信

[①]《中华人民共和国发票管理办法》及其《实施细则》,2011 年 2 月 1 日施行。

用证下货物发送或服务提供的货物发票或服务发票。

第 C1 段

发票要求与提交

那么,信用证下如何要求发票?信用证下又该如何提交发票呢?

Para C1:

a. When a credit requires presentation of an "invoice", without further description, this will be satisfied by the presentation of any type of invoice (commercial invoice, customs invoice, tax invoice, final invoice, consular invoice, etc.). However, an invoice is not to be identified as "provisional", "pro-forma" or the like.

当信用证要求提交"发票(invoice)"而未做进一步描述时,提交任何类型的发票(如商业发票、海关发票、税务发票、最终发票、领事发票等)即符合要求。但是,发票不得表明为"临时发票(provisional)"、"形式发票(pro-forma)"或类似类型。

b. When a credit requires presentation of a "commercial invoice", this will also be satisfied by the presentation of a document titled "invoice", even when such document contains a statement that it has been issued for tax purposes.

当信用证要求提交"商业发票(commercial invoice)"时,提交名称为"发票(invoice)"的单据也符合要求,即便该单据含有供税务使用的声明。

【修订】

本段的措辞略有变化,特别是 b 款增加了"即便该单据含有供纳税之用的声明",含义没变。

请注意,尽管 UCP600 中只提及商业发票(commercial invoice),然而根据 ISBP 有关发票规定的措辞,商业发票以外的其他类型发票、临时发票(provisional invoice)和预开发票(pro-forma invoice),均可参照适用和解读。

【解读】

第一,本段 a 款下当信用证要求"发票"而未做进一步界定时,则可以提交包括商业发票在内的任何类型的发票,但不可接受临时发票和预开发票。

为什么呢?贸易实务中,发票基于其内容必须确切,默认为正式发票。什么是正式发票?《简明英汉词典》说:"definite invoice,正式发票、确定发票、真实发票。"通俗而言,正式发票(definite invoice),指用于表明货物实际发送或服务实际提供情况的发票。

正式发票所表明的货物装运情况或服务提供情况才是确切的,相对而言,临时发票或预开发票的内容是不确切的,只是供使用方参考。

信用证实务中,正式发票默认即为商业发票。因为信用证交易首先是商业交易,是为了完成商业贸易合同而实施的交易。

而如果信用证要求"临时发票(proforma invoice)",实际提交"发票(invoice)"。可以吗?大宗商品信用证中经常出现信用证直接要求临时发票的情况。我们觉得,理应不行,因为两者的法律性质不同。当然,这一点未必会取得共识。很多人可能会认为,提交正式发票比提交临时发票交易效果更好,理应可以接受。未见国际商会发表过针对性意见。

第二,本段 b 款下,当信用证要求"商业发票"时,则可以接受标明名称为"invoice"的发票,即便该单据含有供纳税之用的声明。

因为实务中标明为"发票(invoice)"的单据,默认即为商业发票。比如:

[案例 125] 发票上显示 tax invoice No. 是商业发票吗?

实务中,信用证要求商业发票(commercial invoice),受益人提交了发票,显示名称"invoice",还显示"tax invoice G. S. T. No. 10－489－814"。

咨询者问:该发票可以接受吗?

分析:

表面上看,提交了显示名称为"invoice"的发票,再加上额外的信息——"tax invoice G. S. T. No. 10－489－814",已经足以认定其为税务发票。

但是,如前所述,这并不排除税务发票,也可用于贸易合同下的商业交货和付款,从而成为商业发票。换言之,完全可以说,该发票就是税务格式的商业发票,或者说,案中的商业发票与税务发票已经合而为一了。

结论:

我们认为,该发票可以视为商业发票接受。

点评:

根据 C1 段 b 款的规定,银行可以接受带有"该单据含有供纳税之用"声明的发票,并视之为商业发票,那么更有理由接受带有税务编号的发票,并视之为商业发票。

而信用证要求提交"海关发票(customs invoice)"时,则往往必须提供各国海关规定的相应类型的发票或联合格式的商业发票,而不得提供其他类型的发票,至于名称则可以只显示"invoice"字样。国际商会在 R555/TA536 中说:"A credit that calls for a US Customs invoice does not specifically require the presentation of a document so titled. The requirement is satisfied by the presentation of an invoice that signifies it is a format produced or approved by the US Customs."

至于其他类型的发票,理应可以参照海关发票掌握。比如:

[案例 126] R652/TA653:信用证转让下 CCVO 是商业发票吗?

案中,信用证转让下,根据 UCP600 第 38 条 h 款:"第一受益人有权用自己的发票和汇票替代……"

但是,原证信用证要求 CCVO(Combined Certificate of Value and of Origin and Invoice of goods for exportation to Country N,价值和产地联合证明暨出口给 N 国商品的发票),未要求商业发票。其中,还包括了出口商和国家机构的要求和授权,以及 N 国进口商的名字。

那么，CCVO 是否可以被看作是商业发票，以及能否被第一受益人所替代？

分析及结论：

国际商会说："从标题来看，该 CCVO 具有多重的作用。从内容来看，其细节和发票结构是同义的。例如，要求受益人提供的装运内容，包括货物描述、金额、币种、原产地国、买方、卖方等等。因此，从目的和意图上来看，在 CCVO 的功能之中，满足了 UCP 对发票所描述的要求。"

接着说："根据 UCP600 第 38 条 h 款，第一受益人可以用自己的 CCVO 替代第二受益人的 CCVO。"

点评：

CCVO 是海关发票，也可以视为海关发票格式的商业发票。

如前所述，UCP600 所指发票均默认为商业发票。国际商会在这里的结论，印证了其他发票的审核，均可参照商业发票掌握。

当然，请注意 CCVO 可以视为商业发票，并参照掌握，但它绝不仅仅是商业发票。换言之，CCVO 的信息理应比商业发票多，格式也必须是进口国海关规定的标准格式。

形式发票和临时发票

如前所述，临时发票和形式发票是正式发票的对称。此类发票可能标明为"临时发票（provisional invoice）"，也可能为"形式发票（proforma invoice）"，性质并没有本质的不同，均不是正式发票。相比而言，临时发票和预开发票，不管是载明的货物或服务，还是标明的价格或总值，都只是一个可能或一种估计，并不确切。

那么，实务中如何审核形式发票呢？是参照商业发票审核吗，还是按其他单据审核？形式发票的功能到底是什么？比如：

［案例 127］ 形式发票如何审核？

实务中，大宗商品信用证下常常规定二次支款，第一次为临时支款，用的就是形式发票。

咨询者问：如何审核形式发票呢？

分析及结论：

国际商会没有明说。

我们认为，形式发票理应参照"正式"发票，特别是商业发票审核。因为形式发票虽然不是正式发票，但其内容与商业发票相似。这一观点，或许可以从国际商会在 TA653 中对"CCVO 是否为商业发票"的意见中得到印证。

此类发票经常在以下场合中使用：

——如预付：即明确在装运货物前先付款，事后做最终结算，此时需开立预开发票。

——如寄售：在正式签订销售合同前，货物先行出口，交予出口方的代理人经营，临时发票的价格可作为代理人应收取价格的指导。

——如投标：临时发票用于销售合同的投标。出口方在接受投标的邀请后，可以不在临时发票上表明货物的金额，而要求未来的进口方出价或提出金额，若经出口方确认，就能成为正式的销售合同。

——如申请外汇额度:进口商为了向本国贸易管理当局或外汇管理当局申请进口许可证或请求核批外汇,在未成交前,要求出口方将拟出售成交的商品名称、单价、规格等条件开立在一份参考性临时发票上。

——如签订合同时,附随预开发票。在合同谈判中,预开发票实际上是货物交易中虚盘形式的一种,它并不是一种正式发票,所列出的单价等信息,也仅仅是出口商根据当时情况所做的估计,对双方都无最终的约束力。更准确地说,它仅仅是一份估价单。成交后买卖双方,还需要签订正式合同,有时会附随预开发票。交货后会按预开发票的格式,开出商业发票。

正式发票的种类

信用证实务中常用的发票种类,包括以下几种:

——商业发票(commercial invoice):指贸易合同下由卖方向买方出具的用于买卖双方交接货物、结算货款的发票。

——海关发票(customs invoice):指用于进口国海关确认关税优惠或审查公平估价的发票。

这类发票在非洲、南美洲和大洋洲等一些国家海关常用,都规定有标准格式。发票名称包括:"Appropriate Certified Customs Invoice"、"C. C. V. O. (Combined Certificate of Value and Origin)"、"Certified Invoice in Accordance with ×××Customs Regulations"、"Customs Invoice"、"Signed Certificate of Value and Origin in Appropriate Form"等。

海关发票,大部分情况下独立出具,有时也与商业发票出具成联合格式,无论如何,它具有商业发票的内容和功能,可以视为特殊格式或联合格式的商业发票。

——税务发票(fax invoice):指用于税务入账和计征税款的发票。

这类发票通常都有标准格式,由税务部门监制并盖有税务部门印戳。国内的税务发票一般为独立出具,有时也与商业发票二合一,无论如何,它具有商业发票的基本内容,也可以视为税务格式的商业发票。

——最终发票(final invoice):指用于最终付款的发票。

这类发票在大宗商品交易中比较常见。大宗商品运输过程中,规格和数量往往会有变动,常常需要进行装货港初检和卸货港复检。装货港初检结果出来,就可以凭以制作并提交临时发票(provisional)或预开发票(pro-forma invoice),先结算大部分的货款,称为"临时付款"。卸货港复检结果出来之后,再调整规格、数量和价格,制作并提交扣除了"临时付款"金额的最终发票,凭以结算余款。所以,完全可以视之为商业发票。

——领事发票(consular invoice):指用于证实货物原产地,经进口国领事馆签证的发票。

各国的领事发票通常规定有标准格式,由出口商详细填制后送大使馆或其邻近地区的领事馆签证。有的则规定由其领事在普通的商业发票上签证。有的国家甚至规定,领事不仅签证发票,而且还要签证商业单据的一份,甚至要签证全部单据。少数南美国家还需要出口地商会在领事发票上再签证,以证明发票所述货物产地真实。无论如何,标准格式的领事发票都具有商业发票的基本内容,也可以视之为领事发票格式的商业发票。

此外,实务中还有"宣誓发票(sworn invoice)"。这是要求商业发票上加列宣誓语句,如:We hereby swear that the contents of this invoice are true and correct. 当然,此时发票不应载明"E. & O. E. (Errors and Omissions Excepted)(有错当查)"类似字样。

发票收件人和出具人

Issuer of an invoice

【导读】

发票有两个基本当事人,即收件人和出具人。实务中,收件人理应对应于货物贸易合同的买方,默认即信用证的申请人;而出具人理应对应于货物贸易合同的卖方,默认即信用证受益人。

发票收件人

发票收件人,也称发票"抬头"。什么是"抬头"?百度词典说:"抬头,指[Commerce]the addressee of a commercial paper such as the payee of a check and the space reserved for filling the name of the payee,etc."通俗而言,商业单据的抬头,即公文、书信、发票的收件人,汇票的收款人,提单的收货人的名称等。

那么,信用证实务中,发票收件人会是谁呢?

UCP600 第 18 条:

a. A commercial invoice 商业发票:

ii. must be made out in the name of the applicant (except as provided in sub-article 38(g)). 必须出具成以申请人为抬头(第38条g款规定的情形除外)。

以上规定表明,发票抬头必须作成信用证的申请人。而转让证由于存在中间商可变通处理。

为什么呢?贸易合同下的买方,对应于信用证下的申请人。相应地,发票必须由卖方向作为买方的申请人出具,以向其表明自己的交货义务履行情况,并凭以向其要求付款。比如,R300 中,信用证要求:The remaining 10% payable after receipt of the goods according to specifications and after we receive our principal's written authorization to effect payment...那么,谁是 our principal 呢?国际商会在分析及结论中说:In the context of your credit,"our principal"means your customers who requested the issuance thereof;however,within the text of the credit they are not stated to be"our principal"but"By order and for account of MS..."and further defined as"the buyer". 实际上,在国际商会的眼里,此 buyer 已经等同于 applicant。

代开信用证下,申请人可以视为名义上的买方。代开信用证中偶尔会在申请人一栏中规定 ABC co.,ltd. on behalf of DEF co.,ltd. 提交的商业发票上需把申请人栏位中的完整名称作为一体,作成收件人,从而与信用证规定的申请人名称保持一致。

请注意,本款仅涉及申请人的名称,而与申请人地址无关。换句话说,申请人地址在商业发票上可以不出现,出现的话地址须在规定的国别之内。这一点,与UCP600 第 14 条 j 款中的规定吻合——"当受益人和申请人的地址出现在任何规定的单据中时,无须与信用证或其他

规定单据中所载相同,但必须与信用证中规定的相应地址同在一国。"比如:

R748/TA716 rev2 案中,信用证 59 场显示申请人名称及地址,46 场要求发票。结果提交的发票抬头显示为申请人,但只有名称,没有带地址。可以吗?

国际商会在分析及结论中说:这是可以的。

因为申请人的名称是实体信息,而地址是联络信息,二者不同。

接下来,发票上应该如何表明申请人抬头呢?

这需要关注与申请人名称紧密相连的几个标志性字样:"to"、"messrs"等。这些标志,足以作为判断商业发票抬头的依据。有时,在商业发票上使用"buyer"、"consignee"、"consign to"来引入抬头。这是可以的。有时,发票的抬头上并无任何标志性字样,但是只要符合信件的书写习惯,业内人一眼即可明了,这并不影响其作为发票抬头来看待。

当然,严格地说,发票"consignee"、"consign to"所引入的"收件人",是不会完全等同于提单上显示的"consignee"、"consign to"栏位所载明的"收货人"。如果不同,可能引发争议,即二者同为"consignee",怎么不一样呢?算不算数据矛盾呢?当然大多数情况下不会混淆,尽管无法完全排除这种可能。未见国际商会就此发表针对性的意见。

反之,如果发票照抄提单上的收货人信息,也会引发另外的争议。比如:

[案例 128]   发票上的抬头与提单收货人一样,可以吗?

实务中,受益人有时为图省事,发票抬头信息照搬提单信息。比如,不可转让信用证下,提交的发票照抄提单信息,显示如下:

Consignee:to order,

Notify party:ABC company(即申请人名称)。

那么,该发票可接受吗?

分析:

在货物交易安排下,每一份单据都有特定的功能,每一份单据的结构都是为完成它的特定功能而设计,当然发票也不例外。一个标准的货物交易安排,都包括交货和付款两个基本内容,发票正是证明交货细节的中心单据。发票(invoice),直译应为"发货清单",即向货物交易安排下的收货人发送货物的清单。发票的抬头,是用以表明贸易合同下的交货对象——买方。

请注意,发票抬头并不直接涉及货物运输中的收货人。

我们认为,无论如何,发票上的"consignee"没有显示申请人,而"notify party"字样下显示的申请人,却不足以表明其必然为贸易合同的交货对象,即发票的抬头。

结论:

发票没有显示申请人为抬头,不可接受。

引申:

信用证要求提单显示收货人信息,如下:

Consignee:to order of ABC company(即申请人名称)。

那么,提交的发票显示收件人:to order of ABC company(即申请人名称),比申请人名称多出"to order of"字样,可以吗?我们认为,可以接受。因为与申请人名称不矛盾,且已经体现了申请人名称。

第 C2 段

发票出具人

发票出具,也称开票。相应地,发票出具人,也称开票人。

Para C2:

a. An invoice is to appear to have been issued by the beneficiary or, in case of a transferred credit, the second beneficiary.

发票应看似由受益人出具,或者在已转让信用证项下由第二受益人出具。

b. When the beneficiary or the second beneficiary has change its name and the credit mentions the former name, an invoice may be issued in the name of the new entity provided that it indicates "formerly known as (name of the beneficiary or second beneficiary)" or words of similar effect.

当受益人或第二受益人已变更名称,而信用证提及的是原名称时,只要发票注明该实体"原名称为(受益人或第二受益人的名称)[formerly known as (name of the beneficiary or second beneficiary)]"或类似措辞,其就可以新实体的名称出具。

【修订】

本段包括两句话:

第一句话,细化了 UCP600 第 18 条 a 款 i 项的规定——"商业发票必须看似由受益人出具(第 38 条规定的情形除外)",直接规定出具人或为受益人,或为已转让证下第二受益人。

第二句话,增加了新旧公司名称变化的显示方式。

【解读】

贸易合同下的卖方,原则上对应于信用证下的受益人。作为贸易合同履行情况全面反映的商业发票,则必须由作为卖方的受益人出具。

这里只涉及受益人的名称,并未涉及受益人的地址及其他联络细节。换句话说,发票上必须显示由信用证规定的受益人出具,那么,作为受益人,在发票上应该显示到什么程度,才足以识别呢?根据 UCP600 第 14 条 j 款,只要发票上显示的出具人名称为信用证受益人即可,而无须理会地址及其他联络细节。只是如果发票上同时还显示了受益人的地址,则必须位于信用证规定的同一国别。这是本段 a 款规定的内容。

然而,当作为出具人的受益人或第二受益人,完全可能由于各种原因如整合、并购等变更名称。在法律上这是正常的,新实体将自动承继旧实体的债权债务。在保函中这是可以接受的。在信用证中也一直是可以接受的。换言之,根据本段 b 款的规定,此时发票可以以新实体的名称出具,只要其注明了该实体"以前的名称为(第一受益人或第二受益人的名称)"或类似措辞即可。

这里只涉及出具人。在实务中,由受益人落款,却带有第三方函头的发票从来就是不可接受的。比如:

[案例 129]　R291：发票上的函头与签署人不一样，可以吗？

案中，由于内部整合的原因，原先以 ABC division 为受益人的信用证将全部改为以 Company T 为受益人。但是发票仍然使用 ABC division 的函头，如此是否会构成开证行拒付的理由呢？

分析及结论：

国际商会在结论中认为，根据 UCP 关于发票出具人的规定，如果信用证的受益人是 Company T，银行将拒绝接受以 ABC division 名义出具的商业发票。

点评：

如果提交的发票上直接标明：该实体"旧名称即×××"。根据新版 ISBP 第 C2 段 b 款的规定，这是可以接受的。

引申：

如果一份商业发票，由受益人落款，却带有第三方函头，只能认定这由受益人代理第三方出具。

根据本出版物第 36 段 a 款的规定，一份带有第三方的函头的发票，即视为该第三方出具的发票，只是由受益人代理完成或签署而已。有业内人士认为，也应根据该落款确定单据的出具人。只是如果真是如此，在这种情况下，该单据将会有两个出具人——落款人和函头，银行从表面来判断，将会无所适从。

再引申：

如果是第三方代理受益人出具发票呢？按理可以接受。R198 中，信用证要求：A cable advice sent by the applicant before shipment. The cable advice presented shows the name of the applicant as the sender. 那么，装船通知是否可以显示由第三人发送呢？国际商会在结论中说：这是可以的，只要表明代理身份即可。（The statement under the second query—item (a) is correct provided that a sender other than the applicant should indicate that he is acting for account and on behalf of the applicant if the documentary credit requires the advice to be sent by the applicant.）

显然，同理类推，第三方是可以代理受益人出具发票的，只要清楚地表明其代理身份即可。但是这种情况极为少见。

申请人和受益人的地址

信用证是以单据交易的方式完成贸易合同下货物结算的。所以，信用证中都会提到，信用证下单据往往也会显示贸易合同两个基本当事人——作为卖方的受益人和作为买方的申请人的地址。

那么，什么是地址（addresses）呢？《美国传统辞典（双解）》："addresses, n. The location at which a particular organization or person may be found or reached. 住址，可以找到或抵达的某特定组织或个人的所在地。"显然，用于联络是地址作为一种数据的最为本质的特征。

实务中，通常单据上显示的申请人和受益人，只有识别的意义，即用于判断是申请人或受益人，而不是其他人。而一个申请人或受益人识别，包括身份、名称。除此之外，单据上显示申请人和受益人之外，还会显示地址和其他联络细节。

那么，问题的关键在于，如果仅仅为了识别申请人和受益人，单据需要显示到什么程度？

品读 ISBP745

除了身份和名称,还需要显示地址吗?

——仅仅显示身份显然是不够的。因为一旦单据脱离了完全附着于一份特定信用证上的申请人或受益人身份后,单据上的申请人或受益人身份便成了无本之木,无源之水,识别申请人和受益人将无从谈起。

——显示名称,这是合适的。因为信用证安排下单据的流转,总是伴随着正本信用证,而信用证本身总是有开证行和通知行。在单据上显示申请人和受益人名称,已经足以识别。

——显示地址及联络细节,常常没有必要。因为地址和联络细节,归根结底是为了通信联络之用,与识别无关。在信用证安排下,单据上没有了地址及联络细节,并不会影响银行对申请人或受益人的识别。另外,按理一国之内,不会也不应该出现不同申请人或受益人重名的情况。当然,以上的地址,包括国别。

UCP600 起草小组说:为避免基于地址的不符而导致的大量拒付,有必要建立"相符"仅限于名称,而不是地址与联络细节。(To avoid the stream of discrepancies resulting from banks refusing on the basis of inconsistent or different addresses, convey the concept of compliance being limited to the name and not necessarily the address or other contact detail.)

于是就有了以下规定:

UCP600 第 14 条 j 款:

When the addresses of the beneficiary and the applicant appear in any stipulated document, they need not be the same as those stated in the credit or in any other stipulated document, but must be within the same country as the respective addresses mentioned in the credit. Contact details (telefax, telephone, email and the like) stated as part of the beneficiary's and the applicant's address will be disregarded. However, when the address and contact details of the applicant appear as part of the consignee or notify party details on a transport document subject to articles 19, 20, 21, 22, 23, 24 or 25, they must be as stated in the credit.

当受益人和申请人的地址出现在任何规定的单据中时,无须与信用证或其他规定单据中所载相同,但必须与信用证中规定的相应地址同在一国。联络细节(传真、电话、电子邮箱及类似细节)作为受益人和申请人地址的一部分时将被不予理会。然而,当申请人的地址和联络细节为第 19 条、20 条、21 条、22 条、23 条、24 条或 25 条规定的运输单据上的收货人或通知方细节的一部分时,应与信用证规定的相同。

这里的规定表明:

第一,任何单据上申请人和受益人的地址可以出现,也可以不出现。比如:

[案例 130] R748/TA716 rev2:发票显示申请人和受益人名称无地址(包括国别),能否接受?

案中,咨询者问:信用证 50 场显示申请人详细地址的情况下,发票的抬头仅显示申请人名称,未显示地址(包括国别),能否接受?发票上的受益人和申请人地址是否必须要显示的,或至少要显示国别?

国际商会分析如下:

1. UCP600 第 2 条申请人定义中:"指要求开立信用证的一方",侧重于申请人名称。

2. 在国际银行标准实务中,如果发票抬头仅显示申请人名称无地址(包括国别),依照

UCP600 第 18 条 a 款 ii 项的规定——"A commercial invoice must be made out in the name of the applicant",这是可以接受的。

3. 当受益人和申请人出现在任何规定的单据时,UCP600 第 14 条 j 款中并未对受益人和申请人的地址,甚至国别有任何要求(除 UCP600 第 14 条 j 款规定的特殊情况除外)。如果当地法律法规要求显示相关地址,信用证应对此进行规定。

点评:

这其中的根本原因是一国之内的实体属于同一法律体系,按理同一名称对应于同一实体,同一实体只有一个名称。

当然,如果一国之内的不同区域存在不同的法律体系,可能得另当别论。未见国际商会发表过针对性的意见。

第二,除了运输单据上的收货人和被通知人,任何单据上申请人和受益人的地址出现时,国别必须与信用证相同,地址的其他部分可以不同。

一个申请人或受益人,多个地点办公是常有的事。一国之内,不会也不应该出现申请人或受益人重名的情况,所以,这里容许单据之间、单据与信用证之间申请人或受益人地址的不同。

如果申请人或受益人名称与信用证规定相同,国别不同,则可能是不同的实体,也可能是相同的实体,这一点并不保证。而即使可能是相同的实体,由于不同国家不同的法律环境,本款似乎默认其即为不同的实体,从而与信用证规定的申请人或受益人不同。比如:

[案例 131] 受益人的部门,是其名称的一部分,还是地址一部分?

咨询者问:信用证 59 场规定受益人:ABC CORPORATION TOKQR SECTION 6-1, KITA-AOYAMA 2-CHOME, MINATO-KU, TOKYO 107-8077 JAPAN。

提交的发票显示出具人 ABC CORPORATION 6-1, KITA-AOYAMA 2-CHOME, MI-NATO-KU, TOKYO 107-8077 JAPAN TOKQR SECTION。

这样的发票可以接受吗?

分析:

从信用证的措辞来看,TOKQR SECTION 明显是受益人的一个部门。本案例的关键在于确定:TOKQR SECTION,作为 ABC 公司的一个部门,是受益人名称的一部分,还是受益人地址中的联络细节,还是受益人地址中联络细节以外的其他内容的一部分呢?

一个实体的名称,是一个符号,用于在众多实体中识别该特定的实体。在法律意义上,使用一个实体的名称,可以用于说明该特定实体的权利与责任。而一个实体的地址,则与此不同,它仅仅以一定的参照系确定该特定实体的联系方式,用于以一定的方式联系该实体。一般来说,一个实体的名称具唯一性,除非重名;一个实体的联系方式则可以多种多样,除了通常意义上的地址之外,还包括电话、传真、邮箱等等。

在现实中,一个实体,可以有多个联系地址,这是因为办公的分散所致,但是同一个名称的公司并不会因为是不同的联系地址,而被认定为几个不同的公司,特别是在一个国家之内。

在现实中,一个实体的部门,显然不是实体本身,也不是地址本身。但是,部门则是常用的联络细节,其作用与联系人、电话号码、传真号码相似。

结论:

在 TOKQR SECTION 是受益人联络细节的意义上,提交的发票显示了出具人——受益人的名称和地址,但没有显示TOKQR SECTION,显然是可以接受的。

请注意,在信用证没有特别规定的情况下,作为收货人和被通知人的申请人的地址,也可以不出现在提单上,如果出现则必须显示信用证规定的地址和其他联络细节。而如果作为收货人和被通知人的申请人的地址显示在发票、原产地证明上,显然,是可以与信用证规定的不同,只要在同一国别即可。

货物描述及其他一般性事项

Description of the goods, services or Performance and other general issues related to invoice

【导读】

为了全面反映贸易合同下交货情况,发票必须显示货物描述、货物数量和货物价值。

请注意,发票上显示的金额,与货物价值并不完全等同,由于费用加减的原因,其常常与货物价值不同。

发票货描

UCP600第5条的抽象性原则规定了:"银行处理的是单据,而不是单据可能涉及的货物、服务或履约行为。"然而,信用证并非横空出世,其存在毕竟是以单据交易的方式实现"象征性"交货,以支持贸易合同下的货款结算。

所以,单据上,特别是全面反映贸易合同下交货情况的发票上的货物描述,就显得极其重要。正如国际商会在R251中所说:货物描述的重要性对受益人来说是可以证明正确的货物已出运,对银行尤其是申请人来讲则可以确定所提交的单据从表面看已代表了要求的货物。(UCP makes the clear distinction that banks deal with documents and not with goods to which the documents may relate. Therefore, the importance of the description of goods is one for the beneficiary to ensure that the correct goods are delivered and for the banks to ensure that documents are presented purportedly covering the goods requested.)从发票的功能来看,不描述货物怎么可能全面反映交货情况呢?!

那么,什么是货物描述(description of goods)?《现代英汉词典》:"description,描述,指为标识某一给定的项所需的详细说明。The details required to identify a given item."货物描述,顾名思义,便指为标识货物所需的详细说明。值得注意的是,实务中的货物描述仅限于有形货物对应的描述。至于无形服务和履约行为,可参照解读。

信用证以SWIFT MT700开立时,货物描述往往在45A场-description of goods and/or services and/or performance中规定。然而,在该场中规定的内容,往往比较宽泛,还会包括货物品牌、规格、质量、数量、产地、制造商、贸易术语、单价、总值、费用、净值、包装、唛头等,有时还会包括分期装运表、装运期、装运地、目的地等信息。

那么,这些内容都是货物描述吗?

我们认为,货物描述,在 UCP 意义上,理应包括货物品牌、名称、质量、规格等,以及作为信用证 45A 场货物描述一部分的单价和贸易术语等,但并不包括货物数量、产地、制造商、包装、唛头、总值、费用、净值等。

相应地,UCP 意义上的发票货物描述显示,根据第 C3、C4、C5 段的规定,必须遵循以下三个基本原则:

——发票货描必须符合信用证的规定;
——发票货描必须反映实际装运情况;
——发票货描不得改变货物的性质、等级和类别。

至于信用证 45 场规定的货物数量、产地、制造商、包装、唛头等,虽然不是货物描述,理应视同货物描述,在发票上参照满足,与信用证规定一致。而信用证 45 场规定的总值、费用、净值等,虽然不是货物描述,也不视同货物描述,但应根据第 C6 段的规定在发票上予以满足。比如:

[案例 132] R381/R471:信用证货描中规定原产地,是货物描述吗?

案中,信用证规定货描时并规定:origin: Country T,提交的发票没有显示 origin: Country T,而仅仅在唛头中显示了 Country T white refined sugar.

分析及结论:

国际商会说:这是可以接受的。(There is no requirement that the description be exact. From the information supplied, the commercial invoice complied with the credit in including all the details, even though it was not in the same format or layout as the description shown in the credit.)

点评:

显然这里把信用证 45A 场中规定的原产地视同货描的一部分,所以,满足时相符即可,而无须照抄。

尽管如此,我们还是认为,从表面上看,发票上显示 Country T white refined sugar 由于没有显示"origin"字样,并没有清楚表明规定的原产地。这一判断符合国际商会在 R320 和 TA772 中的看法,即单据必须按照信用证要求清楚地表明规定的货物原产地,不能没有显示"origin"字样。

印证:

TA590rev 中,信用证要求发票及原产地证明,并在 45A 货描中规定:Origin Russia。结果,提交的发票中仅显示"Russia",少了"Origin"字样。国际商会在分析及结论中说:"ICC Opinion R. 320 looks at a similar issue and raises the question as to whether such indication is one of origin or branding."最后说,"The absence of the word 'origin' in the goods description would be grounds for refusal on the basis that it is not clear as to whether 'Russian' relates to origin or branding. However, forming part of the presentation of documents is a certificate of origin which clearly identifies that the origin is Russian. On the basis of the facts for this case, there is no discrepancy."显然,这一意见的背后潜台词是,既然货物原产地信息规定在信用证的 45A 中,理应参照货描掌握,必须相应显示在发票中。至于发票上漏了"Origin"字样,则由于原产地证明上显示的"Origin Russia"可以参照解读出来,所以,仍可以接受。

品读 ISBP745

[案例133] Case264：信用证货描中规定的货物包装描述和其他标记信息，算货物描述吗？

案中，信用证在45A场中直接对包装作出规定：goods in export standard packing. 那么，该包装条件是否属于UCP意义上货物描述的一部分呢，还是仅为45A场货物描述的一部分？

咨询者问：按照UCP的规定，发票货描必须与信用证规定一致。如果涉及信用证45A场中规定的货物包装描述，发票又如何满足呢？是保持与信用证一致吗？如果是其他额外信息，如"bought/sold"，又如何满足？（With reference to Article 41(c) and ICC Publication No. 411,"UCP 1974/1983 Revisions Compared and Explained", p. 66：While we are aware that the description of the goods in commercial invoices must be exactly as in the credit, we are not fully aware of how the description of the packing/packages must be expressed. Exactly as in the credit (mostly insufficient)? Or should one use the exact and full description as "bought/sold" (which is, of course, preferred))?

分析及结论：

国际商会回答说：UCP关于发票货物描述的条款只涉及货物描述，不涉及货物包装的描述。发票的货物包装的描述必须与信用证规定的一致。其余标记信息只要不矛盾即可接受。(We do not believe that "description of the packing/packages" should come under this article, which relates only to the "description of the goods". The description of the packing/packages has to be as stated in the credit. Additional marks are acceptable if they do not contradict the credit terms.)

点评：

显然，在国际商会眼里，45A场中规定的包装条件并不是UCP意义上货物描述的一部分。

信用证45A场中规定的货物包装描述等，虽然不是UCP意义上的货描描述，但好歹也是45A场的货物描述的一部分，理应参照货物描述掌握。所以，必须在发票上予以显示。至于信用证45A场中规定的如"bought/sold"等其他标记信息，发票上可显示可不显示，如显示要适用于UCP600第14条d款"不得矛盾"的原则。

引申：

信用证45A场规定的货物包装描述，是否必须显示在装箱单上？如果装箱单上显示了规定的货物包装描述，发票是否可以不显示呢？

我们认为，根据本出版物装箱单部分第M1段对装箱单包装功能的要求，和第M4段对信用证规定的特定包装要求，发票必须显示货物包装描述，至于装箱单是否显示不重要，装箱单显示了也并不意味着发票可以不显示。因为信用证45A场规定的货物包装描述，虽然不是货物描述，但毕竟视同货物描述处理。

至于单价和价格术语，根据本部分第C6段和第C8段的规定，可以作为UCP意义上货物描述的一部分，发票必须显示。

除此之外的其他信息，如装运表等，发票可以不显示，显示则不矛盾即可。

其他单据货描

在基础交易中，货物通常就是标的。作为基础交易的反映，信用证交易中单据内容如何显示货物描述，无疑是至关重要的。

根据 UCP600 第 18 条 c 款的规定，发票的货物描述必须与信用证规定的一致，它只有显示了信用证规定的货物描述，才能全面地证明受益人履行贸易合同下的交货条款。这也体现了在装运单据中发票的中心地位。

至于其他单据上的货物描述呢？

UCP600 第 14 条 e 款：

In documents other than the commercial invoice, the description of the goods, services or performance, if stated, may be in general terms not conflicting with their description in the credit.

除商业发票外，其他单据中的货物、服务或履约行为的描述，如果有的话，可使用与信用证中的描述不矛盾的概括性用语。

显然，以上规定是对 UCP600 第 14 条 d 款规定的单据的数据"不得矛盾"原则的发挥。这里的规定表明：

第一，"商业发票"，准确地说，包括商业发票的变通形式，如税务发票或形式发票等。

与发票部分的解读相呼应，这里的"商业发票"，理应不限于商业发票本身，还包括承担着与商业发票相似功能的各种变通形式，如海关发票（customs invoice）、税收发票（tax invoice）、最终发票（final invoice）、领事发票（consular invoice）等，以及具有部分发票功能的临时发票（provisional invoice）、形式发票（pro-forma invoice）等。

实务中，有时会看到的利息发票（interest invoice）、美国海关用的鞋类中间材料构成清单（interim footwear invoice）等，它们不具有商业发票反映基础交易的交货全貌的功能，这里并不适用。

第二，"货物描述"，准确地说，包括货物描述的扩展形式，如服务或履约行为等。

与 UCP600 第 5 条的信用证抽象性的规定相呼应，本款的货物描述的范围涵盖了货物、服务和履约行为。不过，实务中，一般仍通称为"货物描述"。除非特别说明，本书的"货物描述"，也包括服务或履约行为的描述。

值得一提的是，这里所谓货物、服务或履约行为，似乎与 UCP600 第 5 条规定中提及的货物、服务或履约行为并不完全等同。前者，只限于作为贸易合同的交易标的的货物、服务或履约行为；而后者，显然已超越了交易标的的范围，因为与以货物交易为内容的贸易合同不同，单据是信用证安排的唯一标的。但是，单据总是代表着单据背后的货物，包括货物本身、货物包装状况、货物运输行为、货物运输保险行为、货物检验行为等等。

第三，其他单据，可以显示货物描述，也可以不显示货物描述；可以显示货物描述的全称，也可以显示统称。

这里的规定对于其他单据上的货物描述，使用了"如果有的话（if stated）"这一措辞加以修饰。显然，这隐含的意思，即商业发票以外的单据可以没有货物描述。当然，这并不排斥有货物描述。

这里的规定对于其他单据的货物描述的要求——可以使用"全称"，也可以使用"统称"，并以与信用证描述不矛盾为前提,从而与 UCP600 第 14 条 d 款的规定保持一致,因为货物描述也是单据上的一种数据。比如:R363 中,信用证规定货描:Iron ore concentrate(铁精砂)。提交的保险单据显示货描:Koolyanobbing Lump Iron ore(西澳洲块状铁矿石)。二者矛盾吗? 国际商会在分析及结论中说:这是可以拒付的,银行不是货物方面的专家。(Banks are not required to be experts in the field of goods, their type, characteristics or branding.)

此外,其他单据的货物描述,是否可以有信用证规定以外的额外信息呢?理应可以参照第 C5 段的规定掌握,并遵循 UCP600 第 14 条 d 款"不得矛盾"的原则。

请注意,快递收据的货描可能不是 UCP 意义上的货描,而仅仅是快递对象的单据、样品,当然仍有可能是信用证规定的货物。植物检疫证明的货描可能也不是 UCP 意义上的货描,而仅仅是检疫的对象,如木质包装物等。

货描全称与统称

怎样算货物描述的全称?怎样又算统称(in general terms)呢?《现代英汉综合大辞典》:"general term,普遍项、通项、一般项。"UCP600 第 14 条 e 款译为"概括性用语"。实务中,一般译为"统称"。

显然,货物描述"统称",是与"全称"相对而言,它是在货物描述"全称"基础上的概括性用语。因为货物描述"统称"是在内涵上对"全称"的概括,所以,从货物外延的角度看,货物描述"统称"要大于"全称",即货物描述的范围比全称更为宽泛。

为什么允许使用货物描述"统称"呢?国际商会在 Case 43 的结论中说:货物是专业性很强的电子设备,信用证的货物描述含有 300 多个技术名词。由于受益人熟知产品的详情与特性,要求商业发票的货物描述与信用证规定相符甚至相同是合理的。而货物装在集装箱内,承运人无法看见,即使看见也无从辨认。如果要求承运人在运输单据内照抄信用证货物描述,就没什么意义了。

实务中,如何掌握货物描述的"统称"呢?

对统称的掌握,往往是仅仅照抄信用证或发票中货物的品名,而舍弃对该品名之后更加详细的规格、商标、成分、花色等的进一步描述,或舍弃品名的一些修饰语,而仅仅保留货物品名的中心名称。这种做法是信用证业务中一直被接受的事实和标准银行实务。比如:发票显示货描 FERRUM AGRICULTURAL SPHERE,而保险单显示货描 FE SPHERE,前者是货描全称,后者则是前者的缩写,即统称。又比如:R455 中,信用证规定货描:Products of consumer electronics, electronic components,而提交的发票显示货描:Products of consumer electronics, electronic components: radio, TV,提交的提单仅显示货描:radio, TV。国际商会说这可以接受,因为提单显示了货描的统称。

值得注意的是,所谓货物描述"统称",不能简单地理解为只要是"全称"的概括性用语即可。

实务中更常用层次最接近、包含最直接或范围最小的统称。比如:通常使用"拖拉机"作为"农用拖拉机"或"军用拖拉机"的统称,而不是概括性更强的"运输工具"。当然,如果单据上使用了"运输工具"作为统称,银行也没有理由视之为不符点。

实务中,有时也不能简单地从全称中抽取一个单词即作为统称。比如:使用"花(flower)"作为"玫瑰花(rose)"的统称没有问题,但如果用以作为"塑料花(plastic flower)"的统称,则显然是一个不符点。

第 C3 段

发票货描必须符合信用证的规定

发票显示货描，首先会涉及与信用证规定货描的关系。

Para C3:
The description of the goods, services or performance shown on the invoice is to correspond with the description shown in the credit. There is no requirement for a mirror image. For example, details of the goods may be stated in a number of areas within the invoice which, when read together, represent a description of the goods corresponding to that in the credit.

发票显示的货物、服务或履约行为的描述应与信用证中的描述相符，但不要求镜像一致。例如，货物细节可以在发票上的多处显示，当一并解读时，其表明的货物描述与信用证中的描述相符。

【修订】

本段规定没变，源自 UCP600 第 18 条 c 款——"The description of the goods, services or performance in a commercial invoice must correspond with that appearing in the credit. 商业发票上的货物、服务或履约行为的描述应该与信用证中的描述一致。"相比之下，有所细化。

【解读】

发票上的货物描述，必须显示货物描述，但仅仅要求与信用证规定的一致（correspond to）即可，而不是"如镜像一样（mirror image）"。

什么是"如镜像一样（mirror image）"呢？我们认为，其实就是"等同一致（identical to）"，即货物描述必须逐词（word-by-word）、逐字（letter-by-letter）与信用证规定的一致。国际商会在 ICC511 中说："如镜像一样"，恐对信用证项下当事人形成不应有的负担，使不符的商业发票增多。怎样算无须"如镜像一样"呢？本段举了个例子：货物细节可以在发票中的若干地方表示，当合并在一起时与信用证规定一致即可。

实务中，不同当事人，不同经办人在描述同一货物时，由于习惯不同，货物细节比较多的时候，分开在若干地方表示，是常有的事。这里的规定，显然有助于统一对类似情况的看法，而与实务保持一致。比如：

[案例 134]　R208：信用证规定了货描全称和统称。发票上只显示全称，可以吗？

案中，信用证规定的货物描述中"Clock Movement"出现了两次，一次为货描统称，一次在货描全称中。（Description of goods in the letter of credit stipulates as follows:"Clock Movement 'O.K.' BRAND QUARTZ CLOCK MOVEMENT WITH SWITCH".）

提交的发票只显示了货描全称，只显示了一次货描统称"Clock Movement"。However,

the description of goods in the shipping documents (the invoices,the ocean Bill of Lading,the packing list)presented by the negotiating bank shows：''O.K.' BRAND QUARTZ CLOCK MOVEMENT WITH SWITCH'.

可以接受吗？

分析及结论：

国际商会说：货物描述，可以包括"general heading"和"detailed description"两个部分。对于发票显示的货物描述，只需有"detailed description"与信用证保持一致即可；对于发票以外的单据，只需有"general heading"与信用证保持一致即可。

点评：

信用证规定的货描信息重复了，发票上无须重复，只显示货物描述全称即可，无须另外显示货描统称。因为重复的信息本身是多余的，可有可无，不会影响上下文的解读。

而什么是一致(correspond to)呢？国际商会在 Case 263 中说："一致"虽然没有必要与"等同一致"同义，但应理解为与"等同一致"的含义十分接近。(The word"correspond"is not necessarily synonymous with"identical"but should be understood as being very close to the sense of"identical".)

值得注意的是，这里所说的"一致"，仅指发票上的货物描述"单方面"地与信用证上的货物描述一致。所以，中国国际商会在 ICCCR035 中说："……商业发票中的货物描述可以比信用证中的更具体，或者加载一些信用证中未规定的信息，只要不与信用证规定的货物描述相矛盾，就可以接受。反过来，如果发票中的货物描述较信用证中的更抽象，则无法判定其代表的货物就是信用证规定的货物，这就是不可接受的。"

在这个意义上，显然，发票必须显示信用证规定的货物描述全称，而不是统称。因为货描统称比信用证规定的更加抽象，最多只能算是信用证规定的货物描述与商业发票显示的一致，而不是商业发票显示的货物描述与信用证规定的一致。别的单据上的货物描述，可以使用统称，商业发票不行。这一点，已经足以反映商业发票在信用证安排下全套单据中的中心地位。又比如：

［案例 135］ 信用证规定了货描名称和细项。发票上只显示细项，可以吗？

案中，信用证 45A 场货物描述规定货物 handicrafts，同时还规定细项 chairs 10 sets /baskets 10 pieces，提交的发票仅显示货物描述 chairs 10 sets /baskets 10 pieces。可以吗？

分析：

尽管 handicrafts 可能是货物的统称，但这一统称与其他时候不同，它还说明了货物的性质和类别，即为工艺品(handicrafts)，而不是普通的椅子(chairs)或篮子(baskets)。发票上少显示了 handicrafts，便少了一部分信息，从而比信用证规定的货物描述更为抽象。

结论：

我们认为，这是不可接受的。

引申：

在这个意义上，如果提单上只显示"椅子(chairs)"或"篮子(baskets)"，可以吗？理应是可以的，因为作为工艺品的椅子和篮子，毕竟也是椅子或篮子的一种，提单显示的货描更抽象，可以接受。

但是，如果是货物描述在信用证和各种单据上的不同表达法，因为银行作为非专业人员，无法作出判断，则不可接受。比如：信用证 45A 场规定 NAME OF COMMODITY：PUREBRED BREEDING PIGS，实际提交的发票显示 COMMODITY：PUREBRED BREEDING SWINE。二者中文翻译过来，都是"种猪"的意思。但银行人员不是货物专家，无法判断，所以，理应是不符点。还比如：信用证要求 dried grapes（葡萄干），提交的发票显示为 raisin（葡萄干）。无法判断，理应还是不符点。

第 C4 段

发票货描必须反映实际装运情况

发票显示货描，还会涉及与实际装运情况的关系。

Para C4：
The description of goods, services or performance on an invoice is to reflect what has actually been shipped, delivered or provided. For example, when the goods description in the credit indicates a requirement for shipment of "10 trucks and 5 tractors", and only 4 trucks have been shipped, an invoice may indicate shipment of only 4 trucks provided that the credit did not prohibit partial shipment. An invoice indicating what has actually been shipped (4 trucks) may also contain the description of goods stated in the credit, i.e., 10 trucks and 5 tractors.

发票上的货物、服务或履约行为的描述应反映实际装运或交付的货物、提供的服务或履约行为。例如，当信用证的货物描述要求装运"10 辆卡车和 5 辆拖拉机（10 trucks and 5 tractors）"，而仅装运 4 辆卡车时，只要信用证不禁止部分装运，发票可以显示仅装运 4 辆卡车。发票注明实际装运货物（4 辆卡车）的同时，还可以包含信用证规定的货物描述，即 10 辆卡车和 5 辆拖拉机。

【修订】

本段规定包括两句话：
第一句话，没变。
第二句话，与旧版相比，所举例子比较清晰明确。

【解读】

发票上的货物描述必须反映实际装运情况。
实务中的困难是，如何确认"实际"二字。我们认为，"实际"装运情况所涉及的货描，仅限于 UCP 意义上的货描，而不是作为 45A 场货描一部分的其他信息。比如：

[案例 136] R637/TA654 rev：发票货物描述中的形式发票号码。
案中，信用证允许部分装运，并规定货物描述：1000 meters fabric as per pro-forma invoices No. 2008/1 dated 01.01.2008 and No. 2008/2 dated 01.01.2008。
受益人部分装运后通过通知行向开证行提交了单据。开证行提出了不符点："商业发票上

品读 ISBP745

显示了两个形式发票的号码和日期,而其他单据只显示了一个形式发票的号码和日期。"

那么,不符点成立吗?

分析及结论:

国际商会说:第18条c款要求商业发票的货物描述需要和信用证的描述一致。提交的商业发票显示的货物描述,已经满足了第18条c款的要求。其他单据仅仅显示了一份形式发票号码反映了部分装运的情况。二者不矛盾,所以,可接受。(The invoice reflected the description of goods as required by sub-article 18 (c). The other stipulated documents referenced only one of the pro-forma invoice numbers reflecting the partial shipment that had been made. The data was not identical in the other stipulated documents, but in the context of the requirement of sub-article 18 (c) and the fact that the goods description i. e., "fabric" was identical on the two pro-forma invoices there is no conflict with only one pro-forma invoice number being quoted on documents other than the commercial invoice. From a beneficiary perspective, it would have been more appropriate for them to have made clear in the invoice that the shipment in question related to only one of the pro-forma invoices, thus avoiding situations as encountered here.)

点评:

发票反映了实际装运的货物吗?是的。因为形式发票号并不是UCP意义上的货描,虽然它也规定在信用证的45场。发票上显示两个形式发票号,与信用证规定一致。

发票显示了两个形式发票号,而其他单据只显示一个形式发票号,二者不矛盾,理由为其他单据反映的是实际装运情况只涉及一个形式发票号。换言之,发票反映的两个形式发票号不是实际装运情况,其中提及的一个形式发票号对应的货物并没有实际装运。进一步说,第C4段规定中的货描反映"实际"装运情况之"实际"二字,仅限于UCP意义上的货描。

引申:

如果案中发票显示了一个形式发票号,而装箱单显示了两个形式发票号,可以接受吗?检验证显示了两个形式发票号,可以接受吗?

我们认为,这需要具体情况具体分析。装箱单按理不可接受,因为不可能装箱另一个形式发票号下的货物。检验证则可以接受,因为可以全部检验,但实际只发运其中的一个形式发票号下的货物。

那么,发票货描如何反映实际装运情况呢?具体而言,分两种情况:

——信用证的货物描述显示多种货物。

比如:本段规定中,信用证规定10辆卡车和5辆拖拉机。如果信用证不禁止分批装运,提交的发票表明只装运了4辆卡车,是可以接受的。

又比如:本段规定中,信用证规定10辆卡车和5辆拖拉机。如果信用证不禁止分批装运,提交的发票表明只装运了"4辆卡车",同时照抄了信用证规定"10辆卡车和5辆拖拉机",也是可以接受的。为什么可以如此显示呢?这实际上与发票信息显示的上下文有关,因为实际发运的货物会对应于单价、货物价值,并据以计算出发票金额。换言之,发票如此显示不会引起上下文的误读,所以,这里确认了这一实务。当然,如果是发票以外的其他单据,如装箱单、提单等,如此照发票显示,则很可能形成误读,不可接受。表面上看,到底是装运了"10辆卡车和5辆拖拉机",还是只装运"4辆卡车",抑或是装运了"19辆卡车和5辆拖拉机"呢?不得而知。

比如:信用证规定15辆卡车或拖拉机。提交的发票表明装运了"卡车或拖拉机"4辆。我们认为,按理这是不可以接受的。因为没有表明实际装运的货物情况。未见国际商会发表过正式意见。

又比如：信用证规定 10 辆卡车和 spare parts。如果信用证不禁止分批装运，提交的发票表明只装运了 spare parts，理应还是可以接受的。只是仍未见国际商会发表过正式意见。

[案例 137]　R472：发票数量需要显示信用证规定的"plus or minus 5pct"吗？

案中，信用证在货描中规定数量：5000MT（plus or minus 5pct）。提交的发票在货物描述中显示数量：5000MT（plus or minus 5pct），同时显示：quantity：4787.650MT。提交的提单显示数量：quantity：4787.650MT。可以吗？

分析及结论：

国际商会说："From the information provided it would seem that the invoice quoted the description which appeared within the letter of credit. The invoice then showed the actual quantity shipped which agreed with the bill of lading."

点评：

准确地说，信用证规定的货物数量，涉及"plus or minus 5pct"，并不属于实际发运的货物数量的修饰语，所以，发票本身可以无需显示。

——信用证的货物描述没有显示具体货物。比如：

[案例 138]　信用证并没有规定具体的货描，发票是否可以不显示货描呢？

案中，信用证 45A 场规定货物描述 goods as per contract No.123。提交的商业发票仅仅显示 goods as per contract No.123。可以吗？

分析：

作为全面反映贸易合同下交货情况的单据，商业发票怎能不显示货物描述呢？

本段的规定，言外之意，已经要求了商业发票必须显示具体的货物描述，以反映实际装运的货物。如果不显示，何以算反映了实际装运的货物？！所以，正确的做法是，提交的发票上，还显示货物描述，比如：IC，goods as per contract No.123。

结论：

我们认为，商业发票一定要显示货物描述，即使信用证没有规定或没有明确规定。

质疑：

然而，国际商会在 R747/TA706 rev3 中的意见表面上看与此不同。其中，备用信用证原先规定货描为：Clothing，后来经过修改删除了货描。提交的发票其他方面都符合要求，但没有显示货描，货描栏位中仅包括以下信息：

```
  INVOICE DUE TO CREDIT ASSIGNMENT DTD 11 DECEMBER 2008 FROM THE
[COMPANY D]TO OUR COMPANY FOR GOODS SHIPPED BY[COMPANY D]TO
YOUR COMPANY ON OUR BEHALF AS PER THE FOLLOWING DOCUMENTS：
    INVOICE NO. 4317 DTD04/08/08，
    INVOICE NO. 4356 DTD18/08/08，
    INVOICE NO. 4388 DTD22/08/08，
    INVOICE NO. 5652 DTD17/09/08，
    INVOICE NO. 7342 DTD20/10/08，
    TOTAL AMOUNT⋯.(amount of the claim)。
```

国际商会认为,信用证没有规定货物描述,提交的发票没有显示货物描述可以接受。

点评:

与其认为 R747/TA706 rev3 中的发票没有显示货描,不如说,发票上已经显示了履约行为的描述——CREDIT ASSIGNMENT,尽管信用证既没有规定货物描述,也没有规定履约行为描述。所以,国际商会的意见与我们的意见并不抵触。

引申:

如果信用证没有规定货物数量,提交的发票没有显示数量,可以吗?我们认为,理应是不可以的。因为没有数量,便谈不上反映货物的实际装运情况。未见国际商会发表过针对性的意见。

第 C5 段

发票货描不得改变性质、等级和类别

发票货描必须符合信用证的规定。这只是意味着发票必须显示信用证规定的货描信息。实务中,发票的货描常常显示信用证规定以外的信息。

那么,额外信息可以接受吗?

Para C5:

An invoice showing a description of the goods, services or performance that corresponds with that in the credit may also indicates additional data in respect with the goods, services or performance provided that they do not appear to refer to a different nature, classification or category of the goods, services or performance.

发票显示与信用证规定相符的货物、服务或履约行为描述的同时,也可以显示与货物、服务或履约行为相关的额外数据,只要这些数据看似不会指向货物、服务或履约行为的不同性质、等级或类别。

For example, When a credit requires shipment of, "Suede Shoes", but the invoice describes the goods as "Imitation Suede Shoes", or when the credit requires "Hydraulic Drilling Rig", but the invoice describes the goods as "Second Hand Hydraulic Drilling Rig", these description would represent a change in nature, classification or category of the goods.

例如,当信用证要求装运"绒面革鞋子(Suede Shoes)",但是发票将货物描述为"仿造绒面革鞋子(Imitation Suede Shoes)";或当信用证要求"液压钻机(Hydraulic Drilling Rig)",但是发票将货物描述为"二手液压钻机(Second Hand Hydraulic Drilling Rig)"时,这些描述表示货物的性质、等级或类别出现了变化。

【修订】

本段规定属新增规定。

本段规定明确了发票货描显示了信用证规定以外的信息的可接受性。本段规定与提单部分的 E20 段"不清洁提单默认不可接受"的规定,异曲同工,遥相呼应。

【解读】

发票货描显示了额外信息,并不必然导致不符,是否导致不符,取决于是否因此改变货物的性质、等级或类别而定。言外之意,信用证规定的货物,尽管常常没有明说,仍对应于默认的特定性质、等级和类别。而额外信息的出现,可能改变其性质、等级和类别,也可能不改变其性质、等级和类别。为什么呢?因为如果改变了性质、等级或类别,则意味着矛盾,根据 UCP600 第 14 条 d 款规定,发票可以显示比信用证规定货描以外更多的信息,以单据上数据"不得矛盾"为前提,否则不可接受。

那么,什么是货物的性质(nature)、等级(classification)、类别(category)呢?

《美国传统词典(双解)》说:"nature, a kind or sort:类型,种类;或 The essential characteristics and qualities of a person or thing. 本性:人或事最基本的性格或品质;类别或等级。"

《美国传统词典(双解)》说:"class, a division based on quality, rank, or grade, 等级,阶层:基于品质、阶级或等级的划分。"

《美国传统词典(双解)》说:"category, A specifically defined division in a system of classification; a class. 种类:在某一分类系统中特别定义的部分;类别。"

综合来看,这三个词语的含义没有本质的区别,只是侧重点不同。货物的性质(nature)强调的是固有的内在的特性属性;等级(classification)和类别(category)强调的是主观的外在的分级类型。一内一外互相印照。

发票货描上的额外信息是否构成不符,具体而言,分为以下两种情况:

——第一,如果货物的性质、等级或类别不因此额外信息而改变,将不构成矛盾,则可以接受。

比如:R475 中,信用证规定货描:A. B. C. 提交的发票显示货描:"XYZ"(A, B, C)X, Y, Z. 国际商会在分析及结论中说:"An invoice which quotes the technical/composition of the goods first, followed by the description of the goods specified in the credit, is not discrepant."

又比如:

[案例 139] R456:发票货描中添加了额外的品牌名称和包装情况,可以接受吗?

案中,信用证规定货物描述:SINGLE CORE COPPER CONDUCTOR PVC INSULATED CABLE 450/750 VOLTS TO BS 6004/1975. 提交的发票显示了规定的货描信息后,又添加了额外信息:EUROCAB BRAND ON REELS EACH 85 YARDS. 可以接受吗?

分析及结论:

国际商会说:"UCP 规定'商业发票中的货物描述必须符合信用证中的描述',但并没有要求描述必须完全一样或仅限于信用证规定。对货物加以额外限定并不改变货物的性质,不符点不成立。(There is no requirement that the description be exact or limited to that stated in the credit. The additional qualification of the goods does not change the nature of the goods. There is no discrepancy.)"

点评:

发票上额外显示的品牌名称信息,是 UCP 意义上的货描的一部分,而包装情况,则是视同 UCP 意义上的货描处理。

引申:

品读 ISBP745

如果信用证 45A 场规定货物描述 EEL,提交的发票显示货物描述 EEL(YOKOHAMA)。发票上多出来的 YOKOHAMA 字样,只是表明了 EEL(烤鳗)的出口区域信息,并没有改变其性质等。所以,该发票的货描可以接受。

如果信用证规定了货物描述为 stones,提交的发票显示为:JINJIANG RED stones。因为"JINJIANG RED"——"晋江红"仅是石材的原产地品牌,这一添加,并没有改变其性质等,所以,仍可以接受。

但是,实务中,这种判断属于非银行专业的技术性判断,对于银行人员来说,从而也是困难的。比如:

[案例 140] Case 263:发票货描多显示了:WARP:24,WEFT:24。可以接受吗?

案中,发票照抄了信用证对纺织品货物的描述,在表示密度 60×60 之后又于括号中附加了与该密度含义相同的描述:(WARP:24,WEFT:24),即:经 24、纬 24。开证行以此拒付。不符点成立吗?

分析及结论:

国际商会认为:货描中常常包含技术术语,银行无法完全明白。但是,银行必须确认发票显示的货描,包括技术术语,并没有偏离信用证的规定。(Moreover, the description of the goods in documentary credits often contains technical terms which a banker cannot be expected to fully understand as to their meaning, significance, interpretation, etc. This underlines the necessity for the description of the goods in a commercial invoice—in particular with regard to technical terms—not to deviate from that in the documentary credit.)

接着说:由于发票货描的附加信息与货物的结构有直接关系。单据不可接受。(In the case referred to, the indication (Warp:24, Weft:24) is shown to have a direct bearing on the structure of the goods. For that reason, it should be considered unacceptable under the credit.)

点评:

货描的额外信息,银行是否有责任去确认没有与信用证规定的偏离?此案发生于 UCP400 时期。如今的 UCP600 时期的结论理应将与之不同。UCP600 下确立的是单据的数据"不得矛盾"即可。至于无法确认的技术术语,理应无须理会。

印证:

同样的情况,如 R475 中,信用证规定货描:A.B.C. 提交的发票显示货描:"XYZ"(A.B.C)X.Y.Z. 国际商会说,这可以接受。

引申:

这一看法,与语言的翻译问题有异曲同工之妙。总则部分第 A21 段 a 款规定:"Banks do not examine data that have been inserted in a language that is additional to that required or allowed in the credit. 银行不审核以信用证要求或允许以外的语言填写的数据。"

——**第二,如果货物的性质、等级或类别将因额外信息而改变,将构成矛盾,则不可接受**。

比如:本段中,当信用证要求装运"绒面革鞋子",但是发票描述货物为"仿造绒面革鞋子"时,这就改变了货物的性质、分级或类别。因为"仿造"鞋子,不是默认的正常鞋子。而当信用证要求"液压钻机",但是提交的发票将货物描述为"二手液压钻机"时,这同样改变了货物的性质、分级或类别。因为"二手"液压钻机也不是默认的正常液压钻机。

又比如:

[案例141] TA756:发票货描显示未规定的"二手"字样。可以接受吗?

案中,国际商会认为:发票货描显示未规定的"二手"字样可以拒付。(The requirement of (UCP600) sub-article 18(c) is quite clear, i.e., that the description of the goods must correspond with that in the credit. The addition of the words "second hand" is not part of the description of the goods in the credit. The words "second hand" indicate a different category of classification of the goods, which is not apparent in the goods description in the credit. The addition of the words "second" is grounds for refusal on the basis that the goods description in the invoice does not correspond with that in the credit.)

接着说:由于同样的原因,装箱单和质量证的货物描述显示"二手",也不可接受。(For the same reason, the description appearing in the packing list and certificate of quality, whilst only required to appear in general terms, conflicts with the description in the credit.)

点评:

"二手"货物怎么会与默认的正常货物一样呢?

印证:

在 ICC Case 265 案中,商业发票在规定的机械产品的货物描述后,添加了信息:货物修复如新(goods are reconditioned as new)。国际商会认为不可接受。因为"修复如新"的机械,怎么会与默认的正常机械一样呢?

引申:

发票上的货描显示未规定的信息——"off grade",理应也是不可接受的。装箱单、检验证的货描如此显示,检验证的结论如此显示同样不可接受。因为这改变了货物的默认等级。

实务中的困难是,如何算货物的默认正常性质、等级或类别?这涉及不同的文化和社会环境。比如:信用证要求进口肉食品。提交的发票显示规定的货描信息后加了一句:"不适合于人类消费"。进口肉食品,一定是用于人类消费吗?在中国大陆大部分人可能会认为,当然是用于人类消费,而实际上社会上养宠物的大有人在,很可能用于宠物消费。所以,对肉食品的默认性质的看法,完全可能南辕北辙,从而对不符点的看法也会大相径庭。显然,这需要具体问题具体分析。详细解读可参看检验证明部分第 Q8 段。

第 C6 段

发票金额及规定扣减

如前所述,作为贸易合同下交货情况的全面反映的商业发票,是卖方凭以要求贸易合同下付款,或者是受益人凭以要求信用证下支款的主要依据,也是买卖双方记账、结算付款、海关纳税、承运人和保险人理赔的基本依据。所以,商业发票的金额就显得格外重要。

实务中,发票金额与发票上的金额并不相同。发票上的金额形形色色,具体涉及贸易术

品读 ISBP745

语、单价、数量、总值、费用、净值等内容。而发票金额仅仅指发票上显示的货物价值作了加减之后的最终金额。

> **Para C6:**
> An invoice is to indicate:
> 发票应当显示：
> a. the value of the goods shipped or delivered, or services or performance provided.
> 所装运或交付的货物、或所提供的服务或履约行为的价值。
> b. unit price(s), when stated in the credit.
> 单价（当信用证有规定时）。
> c. the same currency as that shown in the credit.
> 信用证中表明的相同币别。
> d. any discount or deduction required by the credit.
> 信用证要求的任何折扣或扣减。

【解读】

结合发票金额的形成过程，我们应该知道：

第一，发票必须表明货物价值。因为实际装运货物的价值，是发票金额计算的基础。

实务中，通常来说，货物价值＝单价×数量。

——单价：这里的单价，指对应实际装运货物的单价。本段规定了，发票上必须显示信用证规定的单价，因为单价不论在哪里规定，都应视同货描的一部分。换句话说，当信用证规定单价时，商业发票必须显示信用证规定的单价，且保持一致。

那么，什么是单价呢？通俗一点说，即单位数量的货物价值。与发票金额相似，发票上显示的单价，理应也包括数值和单位。然而实务中，商业发票上显示的单价，有时会省略单位或简化单位，只要足以判断其对应的确切单位，或者会省略币别，或使用简化币别符号"￥"或"＄"等，只要足以判断其对应的币种，均可以接受。比如：信用证规定 IC 10000PCS，USD2.00/PC。提交的商业发票或者显示 IC 10000PCS，在 unit price 标题下显示 USD2.0 或者 2.00/PC 或者 2.00，同时显示 total amount：USD20000.00。显然，从上下文可以明确判断该单价即为 USD2.0/PC，可以接受。

实务中，有时信用证会规定部分货物免费，相当于单价为 0，提交的发票可以显示对应的单价为 0，或可以在发票对应单价栏显示 FREE CHARGE，予以满足。

——数量：这里的数量，指用于计算货物价值的计价数量。信用证规定中会有各种各样的货物数量，发票显示也会有各种各样的数量，有些与单价对应，有些没有对应。如果信用证规定了单价对应的货物数量，则提交的发票理应还显示该数量。比如：信用证规定 IC 10000PCS，100pcs packed in 1 carton，USD200.00/carton。则提交的商业发票不仅需要显示 IC 数量 10000PCS，还需要显示计价数量 100 cartons，及 USD200.00/carton。

为什么呢？如前所述，信用证 45A 场规定的货物数量虽然不是货描本身，但应参照货描掌握。所以，提交的发票必须显示信用证 45A 中规定的数量。退一步说，如果没有计价数量，那么货物价值的计算过程必定显得拐弯抹角,只有计价数量与单价同时出现才能直接得出确切的货物价值。尽管国际商会没有明确的意见,但如果商业发票上显示了单价,而未显示计价数量,总是缺了点什么。比如,无法判断是否全部装运,也无法判断是否溢短装等。

实务中,偶尔会出现多个分项的货物价值、数量和金额,但没有汇总。这可以吗?我们认为,可以接受。因为如果是多个分项分开出具发票时,多个发票上货物价值、数量和金额本就无所谓显示汇总,而同一发票下理应可以参照,只是银行审单不得不做汇总计算,以确认是否相符。

第二,发票金额,以货物价值为基础,经金额加减计算而最后确定。

实务中,金额加减既会涉及扣减,也会涉及附加的额外费用和成本。

——金额扣减:

金额扣减,包括折扣、佣金或预付款等,有时信用证会规定,有时没有规定。前者,往往是由申请人和受益人在贸易合同中事先约定;后者,往往是交货过程中出现,并双方事后谈妥。后者,根据第 C7 段的规定,默认可以接受,因为这种交单不会对申请人造成实质性伤害。前者,根据本段的规定,信用证规定的金额扣减,发票必须相应显示。比如:信用证 45A 场规定:The amount USD2000.00 of Debit note No.3 should be deducted. 提交的发票上必须有相应的扣减 USD2000.00。

然而,实务中,受益人常常会分批装运多次交单。问题就来了,第一次交单支款时,发票只显示扣减 USD1000.00,其余等到下一次交单再扣减。可以吗?我们认为,理应不可接受。因为第二次什么时候交,会不会交,这本身具有不确定性,所以,信用证下的支款必须以满足规定的扣减为前提。既然信用证如此规定,理应在第一次足额扣减,只有第一次不足扣减时才可递延至下一次交单。

遗憾的是,信用证规定常常会模糊不清。比如:信用证规定开证行在第一次付款时要从发票金额中扣除 USD42.05 作为 DEBIT NOTE 给申请人。开证行以发票未显示该扣减为由拒付。问题是,信用证仅仅规定开证行可以在付款时直接扣除该笔款项,并未要求发票要照此显示。又比如:信用证规定 THE 7 PCT DIFFERENCE BETWEEN INVOICE VALUE AND AMOUNT PAYABLE TO BENE WILL BE PAID TO… 开证行拒付说:(1)DRAFT IS DRAWN FOR FULL INVOICE VALUE I/O 93 PCT OF INVOICE VALUE;(2)INVOICE DOES NOT EVIDENCE AGENT COMMISSION AS PER FIELD 47A-6. 问题是,信用证中并没有要求 7% 的佣金扣减必须体现在发票中,仅仅规定付款时会扣除该笔金额。而如果发票上显示了扣减,那么,扣减后的金额算发票金额,还是扣减前的金额算发票金额呢?这岂不是一个逻辑悖论。

——附加的额外费用和成本:

额外费用和成本,显然可能加重申请人的负担,如果没有受益人和申请人事先在贸易合同中约定,从而体现在信用证的条款中,申请人没有理由必定会接受受益人的交单,所以根据第 C9 段的规定,默认不可接受。这种交单,实际上加重了申请人的负担。

实务中,发票金额扣减与额外附加,偶尔会出现交错的情况。比如:

[案例 142] 发票总金额符合规定,但显示了未规定的折扣和附加的包装材料费。可以接受吗?

案中,信用证规定:IC 10000Pcs,USD2.00/PC FOB Xiamen,total amount USD20000.00,

品读 ISBP745

提交的发票显示：

```
IC 10000Pcs，USD2.00/PC FOB Xiamen，amount USD20000.00
                                    Discount 5%：-USD1000.00
                                         Deducted：-USD2000.00
                      Packing materials fee added：+USD100.00
                                 Total amount：=USD17100.00
```

上述折扣显示可以接受吗？附加的包装材料费，可以接受吗？

分析及结论：

这里的发票既显示了金额扣减，也显示了附加的额外费用。货物价值经加减之后的发票总金额未超过信用证规定，似乎可以接受。

但是，在实务中，对发票金额的加减项目，必须分开独立判断。根据第 C7 段的规定，发票显示未规定的折扣，可以接受。而根据第 C9 段的规定，发票显示附加的包装材料费，是不能接受的。

总之，该发票不能接受。

此外，实务中的发票金额的形成过程，有时是多张发票合成的结果，如有预付、两种货物、免费品时需要分别开发票。此时，发票总金额=发票1的金额+发票2的金额。这意味着，发票的总金额需要另外汇总，不会直接体现在发票上。这仍可以接受，因为 UCP 从来就没有禁止分开出具发票。

第三，发票金额的币别必须与信用证相同，数值可以有多种表达法。

实务中，发票金额的表达，包括数值和币别两个要素。

——数值：

根据第 A16 段"日期格式"的规定——"单据上试图表明的日期只要能够从该单据或提交的其他单据中确定，则可以用任何格式表示。例如，2013 年 5 月 14 日可以表示为 14 May 13，14.05.2013，14.05.13，2013.05.14，05.14.13，130514 等。为避免模糊不清的风险，建议使用大写来表示月份。"发票金额的数值，理应同样支持不同的表达法。

比如：金额小写 US＄1627，可以表达成不同的大写金额，或者 onethousandsixhundredandtwentyseven，或者 one thousand six hundred and twenty seven，再或者 one/six/two/seven。

还比如：金额大写 two hundred thousand dollars，在北美常常表达成小写金额＄200,000，而在西欧则表达成小写金额＄200.000。我们认为，所有这些表达法，只要能确定其含义，均可接受。

——币别：

本段的规定，承继了 UCP600 第 18 条 a(ⅲ)款——"商业发票必须与信用证的货币相同"。如此规定，主要与汇率风险有关。

比如：信用证有时会规定金额为美元，而为避开制裁法案又允许以欧元支款，并约定折算时点和折算汇率。这一点与发票显示无关，即发票金额仍应显示为美元。跨境人民币信用证中，按理同样可以加列条款允许以美元支款，或者外币信用证中加列条款允许以人民币支款。

又比如：信用证金额为 USD10000。提交的发票金额显示为 RMB60000（美元等值为

USD10000），这是不能接受的。但是，如果信用证金额为 USD10000。提交的发票金额显示为 USD10000（人民币等值为 RMB60000），答案是否一样呢？在这里括号内的人民币金额，仅仅是发票美元金额的一个注释，即等值 RMB60000，并不否定发票金额仍是 USD10000，因此可以接受。

那么，发票金额的币别，到底应该怎么显示呢？当然，最好的办法是显示得与信用证金额的币别一模一样，则万无一失。只是实务中，有时会被省略，有时会被简化。其可接受性，便变得扑朔迷离，还常常雌雄难辨。比如：

［案例143］　发票金额大写显示 EURO dollars，是不符点吗？

案中，信用证金额为 EUR10000.00。提交的发票显示大写金额 EURO dollars ten thousand only，同时显示小写金额 EUR10000.00，单价 EUR10.00/PC。

问题：

发票的大写金额币别 EURO dollars 与小写不同，与信用证也不同，构成不符点吗？

分析及结论：

大写金额中的 EURO dollars，如果按照中文直译似乎为"欧元"，但实际上不是，这是指欧洲离岸美元。而欧元的英文原文是"EURO"并无"dollars"字样。

不过信用证显示的是欧元，发票上的小写金额和单价均显示为欧元，结合上下文来看，大写金额中的 EURO dollars 理应认定为拼写错误，即明显指的是欧元，但按照中文习惯拼成了 EURO dollars。而因为足够明显，便不影响上下文的含义。

所以，我们认为，不构成不符点。

点评：

中文的语法习惯，有时也可以用于支持不符点的认定，虽然可能与英语不同。

引申：

欧元的前身是欧洲货币单位（European Currency Unit，ECU），译为"埃居"，是欧共体国家用作共同体各机构经济往来的记账单位。后来，"埃居"以 1 比 1 的兑换率全部自动转换为欧元。"埃居"改口叫"欧元"时，许多人就主张用英文 European dollar 说事，就像叫美元（U.S. dollar or American dollar）、澳元（Australian dollar）和港元（Hong Kong dollar）那样。一直以来，在特定场合，European dollar 的叫法并不罕见，外贸往来中，就常常听到欧洲客人以 EURO dollar 称呼欧元。最终欧元的名称定名为 EURO，可能就是考虑到避免与"Eurodollar"（欧洲美元）混淆。

实务中，发票上的币别显示还会出现简化的情况，如：Dollars 或 $ 或 ¥ 等。那么，这是指美元吗？这是指人民币吗？DOLLARS 或 $ 本身不是一个实际存在的币别，它只是许多种币别的统称，并不对应于一个特定的币别，比如港币（Hong Kong Dollars）、美元（United States Dollars）、澳大利亚元（Australian Dollars）等等。而 ¥ 本身也不是一个实际存在的币别，它只是许多种币别的统称，并不对应于一个特定的币别，比如日元 J¥ 或 Japanese yen，或人民币元等。我们认为，发票如此表示，便不知其何所指了，理应不可接受。

实务中，发票金额的币别还会被省略。这可以吗？根据本段的规定，显然不可接受。

发票金额与超支

如前所述，发票金额计算的一个非常重要的目的是凭以付款结算。然而，实务中，付款金额或支款金额,可能与发票金额一致,也可能不一致。但无论如何,支款金额,理应以信用证金额,即信用证下允许支款的最高金额为限。否则,便构成了超支。

这样,发票金额与信用证金额可能不同,通常情况下会等于或小于信用证金额,偶尔则会大于信用证金额。

那么,发票金额大于信用证金额,可以接受吗?

UCP600 第 18 条 b 款:

A nominated bank acting on its nomination, a confirming bank, if any, or the issuing bank may accept a commercial invoice issued for an amount in excess of the amount permitted by the credit, and its decision will be binding upon all parties, provided the bank in question has not honoured or negotiated for an amount in excess of that permitted by the credit.

按照指定行事的指定银行、保兑行(如有)或开证行可以接受金额大于信用证所允许金额的商业发票,其决定对各有关方均有约束力,只要该银行对超过信用证允许金额的部分未作承付或者议付。

上述规定表明:

——按指定行事的指定银行,以及保兑行、开证行,可以接受发票金额大于信用证所允许的支款金额,并不因此产生不符点。

对于相关银行来说,这是一种权利。换句话说,银行没有义务必须接受发票金额大于信用证所允许的支款金额,只是一旦接受则并不因此产生不符点。国际商会在 R419 的咨询 2 的分析及结论中说:"It can be seen that a bank is under no obligation to accept an invoice for an amount which is greater than the L/C amount, but if the nominated bank elects to do so it binds all other parties, provided the settlement to the beneficiary is no greater than the value of the credit. It would be expected that a nominated bank would accept such invoices. An invoice that shows a deduction due to a 'discount' being granted would not be a reason, in itself, to reject the documents."

——"不得超支"为前提,即对超过信用证允许金额的部分未作承付或议付。

比如:信用证为 USD30000,受益人提交的发票显示 USD50000,受益人出具的汇票为 USD30000。在受益人要求下,指定银行承付或议付 USD30000,这种情况可以接受。此时,受益人出具的汇票金额理应为 USD30000,而不是 USD50000,否则便不符合逻辑。因为汇票是支款工具,其所显示的金额即为实际支款金额,超过了信用证所允许的支款金额,从而不可接受。

请注意,信用证允许金额与信用证金额并不相同。信用证允许金额指的是本次交单对应的允许支款的金额,而信用证金额指信用证 32B 场中的金额。比如:

[案例 144] 信用证下交单超支接受后,如何计算信用证允许金额?

案中,信用证开证金额是 20 万美元,允许 5% 的溢短装,45 场规定货物描述及装运表如下:

1) 最迟装运日 20120501　　　型号 A　　5 万美元
2) 最迟装运日 20120501　　　型号 B　　5 万美元

3) 最迟装运日 20120501　　　型号 C　　　10 万美元

20 天后，修改该信用证，新增金额 30 万美元，信用证总金额变为 50 万美元。相应地，45场规定货物描述及装运表增加如下：

4) 最迟装运日 20120601　　　型号 D　　　15 万美元
5) 最迟装运日 20120601　　　型号 E　　　15 万美元

其他条款保持不变。

受益人第一次交单 28 万美元，对应 1)、2)、3)项下货物，超过了 5%，开证行拒付。后来经过协商，开证行接受不符点，并付款。

受益人第二次交单 30 万美元，对应 4)、5)项下货物，与修改新增的金额一致。两次交单总金额为 58 万美元，与信用证修改后总金额相比超出了 16%。

请问：开证行以此理由拒付第二次交单，是否合理？

分析：

第一次交单及支款金额 28 万美元，超过对应的信用证允许金额 20 万美元。这是不符点。而开证行接受 28 万美元的单据，只是意味着其放弃不符点，这是法律上的弃权，并没有改变信用证允许金额 20 万美元。

第二次交单及支款金额 30 万美元，与对应的信用证允许金额 30 万美元相同。这不是不符点。

结论：

两次交单的总金额是否超过对应的信用证允许的总金额，基于一个前提，即如何判断信用证允许的总金额。如果考虑到开证行在第一次交单中放弃不符点的过程，将发现，信用证允许的总金额理应是 28 万美元＋30 万美元＝58 万美元，而不是原始信用证 32B 场显示的 50 万美元。

所以，开证行拒付不合理。

——只要构成相符交单，相关银行的接受决定对各有关方均有约束力。

换言之，相关银行决定接受发票金额大于信用证金额的相符交单的约束力，并不局限于接受单据的银行与受益人之间，同时对信用证安排下的其他当事人具约束力。

比如：按指定行事的指定银行接受单据，对保兑行和开证行均有约束力，保兑行和开证行必须相应地按承付或议付情况偿付指定银行；如果远期信用证下，按指定行事的指定银行并未到期付款，保兑行和开证行必须相应地承付或议付受益人的相符交单，并独立于其偿付责任。

显然，实务中的这种情况，主要产生于部分预付款或部分延期付款，并且未在发票上进行相应扣减之时。为避免不必要的误会，理想的做法是在信用证中就直接规定发票显示预付款或延期付款。当然，如果信用证没有直接规定，提交的发票仍可以直接显示该预付款扣减。

第 C7 段

发票上的未规定扣减

发票上除了显示信用证规定的金额扣减之外，还常常显示未规定的扣减。

Para C7:
An invoice may indicate a deduction covering advance payment, discount, etc., that is not stated in the credit.

发票可以显示信用证未规定的预付款、折扣等的扣减。

【解读】

发票可以显示信用证未规定的扣减金额。

为什么呢？信用证未规定的扣减，包括预付款或折扣等。这往往是由申请人和受益人在贸易合同中事先约定，或交货过程中事后约定，而未体现在信用证及修改中，基于双方的信任关系，为了简化操作，受益人提交的商业发票往往都会体现。

换句话说，即使双方没有在贸易合同中约定，受益人愿意少收汇，申请人也没有理由不接受正常交单。

第 C8 段

贸易术语

实际上，贸易上的货物价值或单价总是相对于贸易术语而言。换言之，不同的贸易术语，同一批货物计算出来的货物单价和价值，会千差万别。

所以，贸易术语非常重要。

Para C8:
When a trade term is stated as part of the goods description in the credit, an invoice is to indicate that trade term, and when the source of the trade term is stated, the same source is to be indicated. For example, a trade term indicated in a credit as "CIF Singapore Incoterms 2010" is not to be indicated on an invoice as "CIF Singapore" or "CIF Singapore Incoterms". However, when a trade term is stated in the credit as "CIF Singapore" or "CIF Singapore Incoterms", it may also be indicated on an invoice as "CIF Singapore Incoterms 2010" or any other revision.

当信用证规定贸易术语作为货物描述的一部分时，发票应显示该贸易术语，而当信用证规定贸易术语的出处时，发票应显示贸易术语的相同出处。例如，当信用证规定贸易术语为"CIF Singapore Incoterms 2010"时，发票不应显示贸易术语为"CIF Singapore"或"CIF Singapore Incoterms"。但是，当信用证规定贸易术语为"CIF Singapore"或"CIF Singapore Incoterms"时，发票也可以显示贸易术语为"CIF Singapore Incoterms 2010"或任何其他版本。

【修订】

本段规定包括三句话。前两句话没变。第三句话为新增，即在涉及贸易术语出处时，如果信用证没有规定版本，发票显示时允许补足出处。

【解读】

第一，如果贸易术语是信用证中货物描述的一部分，则发票必须显示信用证规定的贸易术语。

当贸易术语是信用证中货物描述的一部分时，发票必须相应显示，这好理解。因为根据第C3段的规定，发票货描必须与信用证规定一致。

本出版物删除了贸易术语与金额联系在一起表示时，发票是否必须显示该贸易术语。我们认为，含义应该不变。因为如前所述，信用证45A场中的单价或总值等金额信息，虽然不是货物描述本身，但按照实务的习惯，理应视同货物描述处理，所以，当贸易术语与金额联系在一起表示时，发票仍必须相应显示。

令人困惑的是，当信用证47A场中单独要求的贸易术语，既不是货物描述的一部分，也没有与金额联系在一起时，是否还必须显示呢？这种情况很少，但还是会发生。我们认为，此时，可视之为非单据化条件，不予理会。或许，会有人觉得这可能不是申请人的本意。我们认为，大可不必如此揣测，因为如果申请人觉得提交的发票必须显示贸易术语，完全可以把它规定在45A场的货物描述中或与金额连用。

当然，并不是所有信用证都规定贸易术语。如果信用证没有规定贸易术语，提交的商业发票则可以不显示，也可以显示贸易术语，但不得矛盾。

值得一提的是，实务中，有时"Free In"等类似字样会与贸易术语连用从而显示在发票的货描中，这实际上是对标准贸易术语的变形。换言之，"Free In"已经成为变形后的贸易术语的组成部分，按理如果发票仅仅显示信用证规定的贸易术语，而没有"Free In"字样，则不可接受。

第二，如果贸易术语出处与贸易术语本身一同规定在信用证中，则发票必须相应地表明信用证规定的贸易术语出处。

为什么呢？因为同一贸易术语，在不同出处下将有不同的解释，从而具有不同的含义。比如：信用证规定贸易术语"CIF 新加坡 Incoterms 2010"，那么不得仅仅显示为"CIF 新加坡"，当然也不得显示为"CIF 新加坡 Incoterms"。

然而实务往往是复杂的。比如：

[案例145] 信用证规定 CNF Shanghai port，提交的发票显示 CFR Shanghai port. 可以吗？

实务中，信用证45A场货物描述中规定了贸易术语 CNF Shanghai port，提交的发票上则显示了贸易术语 CFR Shanghai port。可以接受吗？

分析及结论：

众所周知，贸易术语 CNF 是 CFR 的另一种拼法，但是这种写法仅限于 INCOTERMS 1990 及以前的版本中，而在 INCOTERMS 2000 及之后的版本中已经没有这种变形的拼法。所以，信用证的这一规定本身，同时也意味着对贸易术语出处或版本的要求。显然，提交的发票显示的贸易术语已经没有这一种含义。

我们认为，二者并不一致，从而不可接受。

引申：

如果信用证45A场货物描述中规定了贸易术语 CFR Shanghai port，而提交的发票上显示了贸易术语 CNF Shanghai port。可以吗?

这一案例与原案例的差别仅在于信用证规定与提交发票显示的贸易术语换了个位置。

我们认为,这是不可以接受的。因为版本不同。

第三,如果贸易术语出处在信用证中没有规定,则发票可以表明其出处,也可以不表明。

当然,并不是所有信用证都规定贸易术语出处。当信用证没有规定贸易术语出处时,显示贸易术语出处可以接受,不显示贸易术语出处也可以接受。比如:当信用证规定"CIF 新加坡"时,提交的发票可以显示"CIF 新加坡",也可以显示"CIF 新加坡 Incoterms",还可以显示"CIF 新加坡 Incoterms 2010(或适用的版本)"。当信用证规定"CIF 新加坡 Incoterms"时,提交的发票可以显示显示"CIF 新加坡 Incoterms",还可以显示"CIF 新加坡 Incoterms 2010(或适用的版本)",但不得仅显示"CIF 新加坡"。

有时候,还会更复杂的。比如:

[案例 146] R362:发票上的贸易术语少了"USA port"字样。可以吗?

案中,信用证要求贸易术语:CFR Vancouver WA USA port,提交的发票显示:CFR Vancouver WA,少了"USA port"字样。可以吗?

分析及结论:

国际商会在结论中说:发票中显示的"WA"字样,已经表明了该港口为美国港口,而不是其他国家的同名港口,所以,可以接受。(The addition of "USA port" after "CFR Vancouver WA" would seem to be included to differentiate it from any other Vancouver. However, the inclusion of "WA" would seem to provide that distinction and the inclusion of "USA Port" would seem to be superfluous to the underlying Incoterm.)

点评:

实务中,贸易术语所涉及的装卸港口或地点,总是体现在一同使用的运输单据中。既然运输单据部分允许运输单据不显示信用证规定的港口或地点的国别名称,理应也允许贸易术语中省略国别名称。

换言之,就本案而言,即便发票中的贸易术语没有"WA"这一州名缩写,如果不会引起混淆,也是可以接受的。当然,如果会与其他同名港口引起混淆则另当别论。

引申:

信用证要求 CIF Shanghai Port,而发票显示 CIF Shanghai,这可以接受吗?我们认为,这仍然可以接受。因为按理 CIF 这一术语,是用于水运。如果之后所跟地点为 Shanghai,显然这指的是 Shanghai Port,不会引起歧义。所以,可以接受。

贸易术语与 INCOTERMS 规则

什么是贸易术语?贸易术语(trade terms),也称价格术语或价格条件(price terms)或交货条件(delivery terms),最早贸易界还称"国际商业术语(international commercial terms)",缩写为 INCOTERMS.

trade terms,直译即为贸易中形成的习惯用语,其作用在于界定贸易双方的责任与风险承担、费用承担。"如果买卖双方在基础合同订立中,明确地引用了其中的贸易术语,他们之间的责任划分就很简单、清晰、安全,从而可以消除任何误解以及可能产生的纠纷。"[①]

——责任与风险承担。由于贸易术语约束买卖双方的交货责任,所以贸易术语也常常称为交货条件。

对于卖方来说,涉及在约定地点、时间交货及交单,办理出口许可,安排运输,安排保险,通知买方接收货物和单据,采用合适的包装,加注包装标记,装运前检验,协助买方提供信息,负责相关成本、包装,及承担交货前的风险等。

对于买方来说,涉及接收货物和单据,办理进口许可,安排运输,安排保险,确认收货和收单,相关检验,协助卖方提供信息等。

——费用承担。由于贸易术语约束双方的报价,在买卖双方交易价格谈判时,常常围绕着贸易术语展开,所以贸易术语也常常称为报价条件或价格术语。换句话说,只有在特定的价格术语下,买卖双方的责任才能界定,交易的价格才能相应确定。因此,实务中,贸易术语常常与价格并为一体,联合使用。理论上,贸易术语内的价格即为由卖方承担的成本和费用,而贸易术语外的额外费用和成本,则必须由买方另行承担。

什么是贸易术语解释通则?

众所周知,UCP 和 INCOTERMS,是国际商会制定的两套最为成功的国际惯例。前者是信用证运作的国际惯例,后者则是贸易术语使用的国际惯例。

国际贸易的双方一般身处两国,他们所在国的贸易习惯之间存在差异,而且双方不太了解,因此在国际贸易中就会出现许多问题。例如对合同或合同中的某一条款或某一交易习惯,双方存在着不同解释,由此可能导致国际贸易上的纠纷,引起当事人间的误会、争议和诉讼,也浪费了双方的时间和金钱。这些显然不利于国际贸易的发展。

于是,随着国际贸易的发展,逐渐地在大多数从事国际贸易的商业人员之间形成了一些习惯做法和贸易术语,由于它们被经常使用,形成了惯例。由于这些惯例的存在,使各国商人之间的交往可以按惯例进行,使得交往非常顺利,减少了他们之间的摩擦。

为了进一步减少跨国贸易的摩擦,国际商会自 20 世纪 20 年代初即开始对重要的贸易术语做统一解释的工作。1936 年便诞生了第一套解释贸易术语的国际通用的统一规则——INCOTERMS 1936,即《国际贸易术语解释通则》1936 年版。之后,因应贸易的发展和环境的变化,国际商会进行了多次修订,先后颁布了 INCOTERMS 1953,INCOTERMS 1967,INCOTERMS 1976,INCOTERMS 1980,INCOTERMS 1990,INCOTERMS 2000,以及沿用至今并广为通行的 INCOTERMS 2010 等版本。

在 INCOTERMS 2010 中贸易术语 11 个,按照适用的不同运输类型,分为水运类 4 个和所有运输类 7 个;根据显示的不同首字母,分为 E 组 1 个、F 组 3 个、C 组 4 个和 D 组 3 个。具体如下:

[①] 陈晶莹、邓旭主编:《〈2000 年国际贸易术语解释通则〉释解与应用》,对外经济贸易大学出版社。

品读 ISBP745

INCOTERMS 2010 中贸易术语 11 个

术语	全　　称	适用运输类型
FAS	Free Alongside Ship	水运
FOB	Free On Board	水运
CFR	Cost and Freight	水运
CIF	Cost, Insurance and Freight	水运
EXW	Ex Works	所有类型运输
FCA	Free Carrier	所有类型运输
CPT	Carriage Paid To	所有类型运输
CIP	Carriage and Insurance Paid	所有类型运输
DAT	Delivered At Terminal	所有类型运输
DAP	Delivered At Place	所有类型运输
DDP	Delivered Duty Paid	所有类型运输

对于 INCOTERMS 2010 的变化，请注意两点：

第一，其中的 DAT 和 DAP 两个术语，由原 INCOTERMS 2000 中的 DDU（Delivered Duty Unpaid）、DAF（Delivered At Frontier）、DES（Delivered Ex Ship）和 DEQ（Delivered Ex Quay）整合而来。

第二，其中的 FOB、CFR 和 CIF 三个术语涉及交货点，由原 INCOTERMS 2000 中的以"船舷（ship's rail）"为界，改为了货物置于"船上（on board）"时才构成交货。比如：

[案例 147] CFR 下装船吊装时钢板滑落砸坏舱面货物，也摔坏了钢板。谁承担责任？

案中，2011 年，山东一家钢材出口企业 INCOTERMS 2010 CFR Hamburg 条件下装船，钢板从吊钩下滑落，砸坏了已吊装在船舱上的货物，也摔坏了钢板。

那么，谁承担责任呢？谁对摔坏的钢板负责呢？谁对砸坏的货物负责呢？是买方，是卖方，还是谁呢？

分析：

与 INCOTERMS 2000 相比，INCOTERMS 2010 FOB/CFR/CIF 的最大变化是什么？前者的交货责任分割，以货物装船时越过船舷为界，即越过船舷之前货物损坏由卖方承担责任，之后由买方承担责任；后者的交货责任分割，以货物装上船舱为界，之前由卖方承担责任，之后由买方承担责任。

就本案而言，所用贸易术语 INCOTERMS 2010 CFR Hamburg 表明了，其适用于 INCOTERMS 2010。

结论：

根据"谁过错，谁担责"的原则，首先吊装中的钢板和舱面上的货物的损坏，都是由于吊装公司装货不慎导致，所以，均由其直接承担责任。

而买方对砸坏的货物承担间接责任，因为该货物已置于船上。

卖方对摔坏的钢板承担间接责任，因为该货物在吊装过程中摔坏，还没有置于船上。

贸易术语三要素及变形

值得注意的是,在不同版本的解释通则中,所规范的贸易术语,仅仅是目前国际贸易领域许多比较成熟的部分,它并不是国际货物买卖的全部,而只是涉及其中的一小部分。举个例子,各个不同版本的解释通则,均允许买卖双方可以适应交易的特殊要求对规范的贸易术语进行变形。但是,包括 INCOTERMS 2000 版本在内的多个修订版并没有规定如何对贸易术语进行变形,也没有规定对已经变形的价格术语如何进一步解释。

实务中,信用证和单据贸易术语的不规范使用时有发生。于是,经常出现纠纷,如果当事人对此没有明确的约定,双方之间又无交易习惯能够证明价格术语变形的含义所指,则可能会出现不同法院的不同解释和不同判决的可能。

我们知道,完整的贸易术语理应包括三个要素:

——三位字母:这是责任与风险、费用承担短语的缩写,如 FAS、FOB、CFR、CIF 等。

——地点:这是责任与风险或费用承担的分界点。比如:从上海港装运至汉堡港,使用贸易术语 CFR Hamburg port。实际上,交货地点在上海港,当卖方在上海港货交承运人装船,责任即转移到买方,贸易术语中提及的汉堡港是费用分界点,即运费付至汉堡港。请注意,交货责任分界与风险转移地点可能不一定是作为贸易术语一部分提及的地点。该地点大部分情况下对应于交货地点,但有时却为费用分界点。

——出处版本:这是适用的规则及版本,如 INCOTERMS 2000、INCOTERMS 2010 等。

相应地,贸易术语不规范使用的情况主要体现为这三个要素的表达和含义上。比如:

[案例 148]　R236:发票上贸易术语显示了一个港口地理范围,可以接受吗?

案中,信用证规定贸易术语 FOB Shimonoseki(注:即下关,日本的一个港口),提交的发票显示 FOB Japan。可以接受吗?

有一部分专家认为,不可接受。因为 FOB 确认的是以在特定港口的特定船只上装船(on board)来界定买卖双方的责任和风险的。发票显示的贸易术语 FOB Japan 显然对应的不是一个确切的港口。

大部分专家认为,可以接受,并为国际商会所采纳。国际商会说:"尽管发票显示的贸易术语 FOB Japan,对应的港口不是特定的。然而,提单显示了实际装货港——日本下关,发票上也显示了实际货物运至日本下关。(There is an evidence from the bill of lading required in the credit and presented, that "Shimonoseki" is a port in Japan, as it says "Port of Loading: Shimonoseki, Japan", and that the invoice in question also names "Shimonoseki, Japan" as the place where the goods have been shipped from.)"

点评:

显然,这一判断与提单上显示装货港为 Shimonoseki, Japan,和发票上同时显示了起运地为 Shimonoseki, Japan 有着直接的关系。

换言之,即便发票贸易术语中未显示特定的日本港口,其实没有实质性影响贸易术语下买卖双方的责任与风险、费用承担。这才是更重要的原因。

引申:

发票上显示的贸易术语仅显示了一个与信用证要求完全相同的港口地理范围,可以接受吗?

信用证规定：FOB Chinese main ports，

提交的提单显示：port of loading，Shanghai Port，

发票显示：FOB Chinese main ports。

我们认为，参照国际商会在 R236 中的分析及结论，这样的发票更应该接受。当然，规范的做法是，发票直接显示 FOB Shanghai port。如此可避免不必要的争议。

[案例 149]　R432：信用证规定 CFR，内陆城市 Chicago。可以接受吗？

案中，信用证下要求多式运输提单，货物从 Singapore port 起运，经 any West Coast Port，USA，目的地为内陆城市 Chicago，并同时规定了贸易术语 CFR，无地点信息。可以吗？

国际商会在分析和结论中说：

"尽管在 CFR 条件下对应于内陆城市 Chicago 并不规范，但既然已经成为事实，该条件下的运费仍应理解为付至内陆城市 Chicago。（Where the goods are being transported in the manner in which you describe, use of the Incoterm CFR is inappropriate, as CFR is defined as Cost and Freight to a named port of destination. The Incoterm CPT should be used, which is defined as Carriage Paid to a named place of destination. Given that your credit called for CFR and then presumably was further defined as CFR Chicago, the complete freight costs should have been paid through to Chicago.）

提单上的运费已付，指的是提单显示的运输全程所对应的运费，都已经支付。（If the bill of lading evidences freight paid and shows shipment from Singapore to Chicago via any West Coast port, the interpretation of the banks would be that freight has been paid for the whole journey.）"

点评：

实际上，信用证的规定已经修改了默认 CFR 的含义。只要双方认可，便可接受。

引申：

类似的情况，还有许多。

还比如：信用证规定 FOB Hong Kong 的同时，要求 Port of loading：Xiamen，Port of transshipment：Hong Kong。显然，此时的买方并不对从厦门到香港的费用和风险负责，而应由卖方负责，尽管信用证规定从厦门港起运。

[案例 150]　TA765：空运下要求 FOB，发票显示为 FCA，可以吗？

案中，信用证要求提交空运单。同时在 45 场货物描述中规定：XX cases of computer chips，FOB Singapore，as per purchase order No. …

受益人提交的发票显示贸易术语为：FCA SINGAPORE；

开证行拒付，其中一个不符点为：Invoice shows FCA Singapore Changi Airport instead of FOB Singapore.

请问拒付是否成立？

分析及结论：

国际商会说：不符点成立。根据 UCP600 第 4 条信用证独立性原则和第 18 条 c 款的规定，发票显示货描必须跟信用证一致，受益人提交的发票应该显示价格术语 FOB SINGAPORE。

点评：

标准的 FOB 术语，只适用于水运。既然信用证在要求空运的条件下规定贸易术语为 FOB SINGAPORE，这似乎能算贸易术语的变形，准确地说，也可能是误用。如果是变形，基础合同理应对该术语下的当事人权利义务关系，会有明细规定。否则，则只能说是贸易术语的误用。无论如何，银行无义务审核合同，也不必妄加揣测真实的情况。如此，提交的发票自然是认定为不符点了。

在空运情况下，使用 FOB SINGAPORE，其含义按理参照海运和交易习惯掌握。

除此之外，实务中还偶尔发生信用证只要求贸易术语的字母部分，而实际提交的发票只显示贸易术语的字母和地点，没有版本出处。可以接受吗？当然可以。或者，实际提交的发票也只显示贸易术语的字母部分，既没有地点，也没有版本出处，可以接受吗？我们认为，只要能借助于发票或其他单据上的信息，足以判定缺省的地点信息，理应还是可以接受。

第 C9 段

发票上的额外费用和成本

除了显示规定和未规定的扣减外，发票金额还常常会显示额外附加的费用和成本。可以接受吗？

Para C9：

Additional charges and costs, such as those related to documentation, freight or insurance costs, are to be included within the value shown against the stated trade term on the invoice.

与单据、运费或保险费之类相关的额外费用和成本，应包含在发票上所显示的与贸易术语相对应的价值之内。

【修订】

本段规定没变。

请注意，这里额外的费用和成本之"额外"二字，不知所指，让人费解。其实有无"额外"二字不重要，因为相对而言，"分内"的费用和成本显示，也适用于本段的规定。

【解读】

发票显示额外的费用和成本，可以接受与否取决于信用证的许可。贸易术语，便是实务中通用且常见的一种许可方式。换言之，贸易术语范围以内的额外费用和成本，可以接受，而贸易术语范围以外的便不可接受。

为什么呢？我们知道，在国际贸易中的每一种货物，成本是其核心价值，一般均由卖方承担。但是，每一种货物，从卖方交付给买方的过程中，会发生一系列单证、运输、保险费用等，则可能由卖方承担，也可能由买方承担，具体视情况买卖双方会在贸易合同中事先约定。实际上，贸易合同上的货物价值，就是由卖方承担的货物成本和费用加总而来。卖方承担的货物成

品读 ISBP745

本和费用,最终显示在发票上,通过货款结算,转嫁由买方承担。除此之外的费用和成本,便由买方直接承担,与卖方无关。

如前所述,货物贸易合同常常会使用贸易术语,用于概括描述买卖双方的责任与风险、费用承担等一系列事项。换句话说,贸易术语严格界定了卖方在贸易合同下理应承担的成本和费用。

那么,这会是哪些费用和成本呢?以四个适用于水运的贸易术语为例,可以笼统来看:百度百科说:

> FAS 船边交货贸易术语,英文为 Free Alongside Ship(named port of shipment),即船边交货(指定装运港),它指卖方在指定的装运港码头或驳船上把货物交至船边,从这时起买方须承担货物灭失或损坏的全部费用和风险……
>
> FOB、CFR、CIF 三种贸易术语的价格构成仅适用于海上或内河运输。在价格构成中,通常包括三方面内容:进货成本、费用和净利润。费用的核算最为复杂,包括国内费用和国外费用。
>
> 国内费用有:
> 1. 加工整理费用;
> 2. 包装费用;
> 3. 保管费用(包括仓租、火险等);
> 4. 国内运输费用(仓至码头);
> 5. 证件费用(包括商检费、公证费、领事签证费、产地证费、许可证费、报关单费等);
> 6. 装船费(装船、起吊费和驳船费等);
> 7. 银行费用(贴现利息、手续费等);
> 8. 预计损耗(耗损、短损、漏损、破损、变质等);
> 9. 邮电费(电报、电传、邮件等费用)等。
>
> 国外费用主要有:
> 1. 国外运费(自装运港至目的港的海上运输费用);
> 2. 国外保险费(海上货物运输保险);
> 3. 如果有中间商,还包括支付给中间商的佣金等。
>
> 具体计算公式如下:
> ——FOB 价=进货成本价+国内费用+净利润;
> ——CFR 价=进货成本价+国内费用+国外运费+净利润;
> ——CIF 价=进货成本价+国内费用+国外运费+国外保险费+净利润。

然而,无论如何,由于贸易术语专业性强,非银行所长,且可由买卖双方在合同中约定修改变形,所以,其所对应的费用和成本边界难免模糊,需要仔细辨别。比如:

[案例151] 发票显示了 FOB 天津,还单独显示了从北京到天津的卡车运费。可以接受吗?

案中,信用证金额 USD50000.00,并要求 IC 10000PCS,USD2.00/PC,FOB Chinese main ports,起运港:Chinese main ports.

提交的商业发票显示:
——IC 10000PCS,unit price:USD2.00/PC,amount:USD20000.00
——freight charges from 北京 to 天津:USD1000.00

——total amount：FOB 天津 USD21000.00

咨询者问：该发票可以接受吗？

分析：

本案的关键在于确认，从北京到天津港的运输费用，是否在信用证和发票显示的贸易术语的范围——FOB 天津之内？

从发票显示的上下文来看，贸易术语 FOB 天津，对应于发票总金额 USD21000。换言之，在发票总金额之内的费用和成本，包括从北京到天津的卡车运输费用，默认都自动受贸易术语 FOB 天津的约束，从而可以接受，除非明显超出该范围。

结论：

所以，本案中提及的运输费用，理应可以接受。

点评：

众所周知，贸易术语，也称价格术语，因为其约束买卖双方成交的价格。

请注意，实务中的贸易术语，也有不直接约束价格，而仅仅约束货物价值的。本案就是其中的一个。

当然，实务中信用证对额外费用和成本的许可，不限于贸易术语，有时信用证会对此直接作出规定。这样，费用和成本边界比较清晰，如何满足，通常不会引发争议。

但仍会有例外。比如：

[案例152] 多批装运下，第一次交单中发票显示了规定的全部的 freight USD5 000，可以接受吗？

案中，伊朗出口来证 45A 场规定：

——FOB USD20 000，

——Freight USD5 000，

——CFR USD25 000。

第一次部分出货并交单，提交的发票显示货物价值构成理应对照分开：

——FOB USD10 000，

——Freight USD4 000，

——CFR USD14 000。

咨询者问：如此显示运费的发票，可以接受吗？

分析及结论：

显然，第一次交了一半数量的货物，交单却列支了大部分的运费 USD4 000。剩下一半货物，只能列支小部分的运费 USD1 000。

我们认为，银行没有理由据此拒绝第一次交单。因为无法判断，也无须判断一半数量的货物只能按比例支付一半运费。没人告诉我们必须这样做。

引申：

如果第一次交了一半数量的货物，交单却列支了全部的运费 USD5 000。剩下一半货物就无须再列支运费了。这样，还可以接受吗？

我们认为，仍然可以接受。因为退一步说，如前所述，第一次交单列支了大部分的运费 USD4 000 是可以接受的，那么，列支接近全部的运费 USD4 999 也是可以接受的。如此，列支全部运费 USD5 000，为什么就不可以接受了呢？

品读 ISBP745

未见国际商会发表过针对性意见。

第 C10 段

发票的签署和日期

这里插入一个发票问题。

发票出具之后,需要签署吗? 需要加注日期吗?

Para C10:
An invoice need not be signed or dated.
发票无需签署或注明日期。

【修订】

本段规定没变,来自 UCP600 第 18 条 a 款 iv 项的规定。

本段在发票部分的布局有点怪,可能与"发票收件人和出具人"一节的规定连在一起更合适。

【解读】

发票无须签署,也无须注明日期。

为什么呢? 这是由信用证的机制决定的。发票默认无须签署,但这绝不意味着发票的真实性没有保证。其实,在信用证交易下,没有签署的单据并不等于其真实性就没有保证。因为签署仅仅是证实单据的一种方式,却绝不是唯一的方式。发票默认由信用证受益人出具和提交,受益人又凭持有信用证正本证明其交单资格,而不管是受益人单据还是第三方单据,均由受益人作为最初的交单人在信用证下提交,受益人理应对其提交的单据负责,包括真实性。而通知行通知正本信用证时,核实受益人的身份也是其应尽的责任。所以,尽管发票常常没有签署,其真实性仍能由信用证流程来保证。这样,在信用证交易中,商业发票的签署已经不太重要了。

话说回来,发票无须签署并不是绝对的。如果信用证特别要求 signed commercial invoices,受益人必须照办。那么,问题在于此时应该由谁签署呢? 我们认为,理应默认由发票的出具人,即受益人签署,而不得由第三方代劳。

至于发票有没有注明日期,同样不重要。这一规定,与总则部分第 A11 段的规定相呼应。

第 C11 段

货物数量、重量和尺寸

如前所述,信用证 45 场规定的货物数量,虽然不是货物描述本身,但理应视同货物描述。相应地,发票上需要显示信用证规定的货物数量。此外,实务中发票上常常还会显示其他的货物数量。

Para C11:
Any total quantity of goods and their weight or measurement shown on the invoice is not to conflict with the same data appearing on other documents.

发票显示的货物的任何总数量和其重量或尺寸,不应与其他单据显示的同一数据相矛盾。

【修订】

本段规定重在强调总数量等的审核,是 UCP600 第 14 条 d 款规定的单据数据"不得矛盾"原则的细化,没有什么新意。

【解读】

本段表明了,仅仅要求同一货物数量的数值"不得矛盾"。当然,不同货物数量单位的数值之间自然不会矛盾,从而不在此列。比如:

[案例 153] R198:货物数量"件数(No. of pieces)"与"(boxes)",不一样吗?

案中,空运单据"件数 No. of pieces"一栏内写了一个数字,而其他单据注明数字后,有时外加单位名称(比如"5"或"5 盒(boxes)")。这是不符点吗?

分析及结论:

国际商会说:像盒(boxes、cartons)、包(parcels)等包装单位即为"件(pieces)",因此与空运单上的"件(pieces)"这一栏位无不符之处。(Packing units such as boxes, cartons, parcels, and the like, are to be considered as "pieces" and are, therefore, not inconsistent with the terms "pieces".)

点评:

这也算本段的规定中同一货物数量的数值"不得矛盾"的情况,虽然货物数量单位并不完全等同。

引申:

如发票显示 IC 10000PCS,USD2.00/PC,packing:100pcs in 1 carton. 100cartons. 相应地,提单显示 IC 100cartons,此时装运数量为 100cartons,而计价数量为 10000pcs。二者是不同的数量,却是不矛盾的。

[案例 154] 提单没有以 45A 场规定的 meter 反映数量,仅显示为 rolls,可以吗?

案中,提交的发票显示货物数量为 100 meters of cloth,与信用证在货物描述中规定的一样。然而,提单却没有以 meter 反映数量仅显示为 rolls。可以吗?

分析及结论:

我们认为,发票显示货物数量为 100 meters of cloth,与提单仅仅显示为 rolls,并不矛盾。可以接受。

点评:

如果发票显示 1 050cartons,而提单显示 1 050 kgs。对于同一批货物,这两个数量的单位不同但可并存。所以,没有矛盾。

例外:

实务中,也有例外的特殊情况。比如:发票显示 1 050 cartons,而提单显示 1 050 crates。

品读 ISBP745

百度词典说:"carton:纸盒、纸板箱、蜡纸液体容器。"又说:"crate:条板箱。"显然,两个不同的数量单位对应的箱子,所用材料一个是纸,一个是木板,是不同的箱。

按理对于同一批货物,这两个数量单位不同的外包装箱不可能并存。这就构成了矛盾。

有人认为,也可能先将货物装在纸盒中,在纸盒外再套上条板箱。无法确知这种情况是否会发生。如果真的会发生,这不构成矛盾。

值得一提的是,发票所显示的信用证规定对应于单价的货物数量,是用于计价的数量,通常与运输单据上的装运数量等同,但实务中并不完全如此。比如:

[案例155] 发票上的货物数量与提单上的货物数量不一样。可以吗?

案中,发票显示如下:

——IC 10000PCS,USD2.00/PC,

——remark: directly delivery to applicant 10PCS,USD2.00/PC,

——total quantity: 10010PCS,

——total amount: USD10020.00.

提单显示 IC 10000PCS.

那么,发票和提单的货物数量不一致,可以接受吗?

分析及结论:

显然,发票显示的 remark 内容中的货物数量,并没有反映在作为运输单据的提单上。换句话说,商业发票反映的货物数量,超出了运输单据显示的实际装运的货物数量,从而不可接受。

实际上,商业发票上反映的完整的货物数量是计价数量,这种不一致,就是计价数量与装运数量不一致。在信用证没有特别规定允许接受的情况下,商业发票 remark 显示的计价数量,实际上并没有按照信用证规定的运输方式装运,这将对提货的申请人造成伤害。如果实务中,确实有必要出现申请人直接提货,可行的办法是在信用证特别规定此种情况可接受。

货物数量

我们知道,货物数量的构成,包括两个基本要素:数值和单位。比如:10000 PCS。其中,10 000是数值;PC 是单位,即标准量。

实务中,信用证和单据中显示的货物数量,通常是数值和单位二合一的形式,也有简化的情况。比如:

[案例156] R218:装箱单与提单仅有数字,未注明重量单位(公斤)。可以吗?

国际商会在结论中说:关于装箱单与提单需按要求注明重量一事,UCP 对开证行的态度未作具体规定。除非信用证要求在该单据中注明,装箱单与提单不注明重量单位,不是不符点。(The fact that the packing list and bill of lading do not mention the weight units is not a discrepancy unless the documentary credit required such information to appear on the documents.)

点评:

显然,如果单据的数据之间没有矛盾,数量的单位是可以省略的。

实务中,发票是否必须显示信用证 45A 场规定的货物数量？这一个问题,常常令人困惑。信用证对货物数量的规定,通常都与货物描述并在一起。货物数量虽然不是货物描述本身,但信用证上规定的货物数量,仍必须在发票上满足,因为发票显示信用证规定的货物数量,与发票显示货物描述一样,这或许是功能性的要求。

总之,发票必须显示信用证规定的货物数量,即发票上显示的货物数量,必须与信用证规定的一致。具体包括两个方面：

——从数值上看,发票上显示的货物数量,必须与信用证的规定一致,而不仅仅与信用证货物描述中规定的货物数量一致。因为信用证对货物数量的规定,往往是一个综合性规定。

实务中,单据上的货物数量,特别是发票上的货物数量,对应于贸易合同下的数量条款,其可接受性,必须在"不得超装"的原则下,结合是否允许分批装运、是否允许分期装运、是否允许浮动以及允许浮动的幅度等作出综合判断。

——从单位,即标准量上看,发票上显示的货物数量,必须与信用证的规定直接一致。

比如：信用证规定 complete bicycles 1000 UNITS. 提交的商业发票上只显示 complete bicycles 1000 NUDES/sets/cartons,均不可接受。因为表面上来看,无法判断两种货物数量一定直接等同。

还比如：信用证 45A 场货物描述中规定 IC 12000 PCS,提交的商业发票上显示货物数量 IC 12000 PCS,可以接受;而如果发票上仅仅显示货物数量 IC 1000 DOZs,则似乎不可接受。

换言之,如果为公认的数量换算则可接受。如信用证规定货物 10000 KGS,提交的发票显示为 10 MTS。可以接受。

第 C12 段

超装和未要求货物等

发票必须显示信用证规定的货物和货物数量。

发票显示的数量,如果比信用证规定的多,可以接受吗？发票显示了信用证未要求的货物,还可以接受吗？

Para C12：

An invoice is not to indicate：

发票不应显示：

a. over-shipment (except as provided in UCP600 sub-article 30(b)), or

超装(UCP600 第 30 条 b 款规定除外),或者

b. goods, services or performance not called for in the credit. This applies even when the invoice includes additional quantities of goods, services or performance as required by the credit or samples and advertising materials and are stated to be free of charge.

信用证未规定的货物、服务及履约行为。当发票包含信用证所规定货物、服务或履约行为的额外数量,或者样品和广告材料,且注明为免费时,这仍然适用。

品读 **ISBP745**

【修订】

本段规定包括两款：

——a 款涉及货物数量超装，没变。

——b 款涉及未要求货物，并从旧版的货物，扩展到还包括服务及履约行为。而对于免费未要求货物的不可接受性的强调，措辞则更加清晰，也扩展到了信用证规定货物、服务或履约行为但已超出规定数量的情形。

【解读】

第一，本段 a 款下，发票不得显示货物数量超装，但信用证特别允许或 UCP600 第 30 条 a 款或 b 款规定的幅度范围之内除外。

何谓"超装（over-shipment）"？超装与短装（short shipment）相对而言。通俗地说，就是实际装运的数量，超过规定装运的数量，简称"超装"。反之，即为"短装"。换言之，如果信用证规定了装运数量，这是判断是否构成"超装"或"短装"的前提。

如果信用证规定了装运数量的上浮幅度，或者本规定中提到的 UCP600 第 30 条 b 款规定的幅度，显然在此允许超装的幅度范围之内可接受。换言之，此时已经构成超装，但在允许的幅度之内，所以可以接受。实务中，偶尔也会见到信用证没有规定装运数量，显然，便无所谓"超装"与否。

值得注意的是，这里涉及的超装，理应仅指货物或实物，与作为交易标的的服务、履约行为无关。因为服务和履约行为，无所谓装运，按理不存在超装的问题。但第 C14 段规定的情形是例外，详见相关解读。

第二，本段 b 款下，发票不得显示信用证要求的货物的额外数量，也不得显示信用证未要求的货物、服务和履约行为，免费及收费均不可接受。

发票显示信用证要求的货物、服务或履约行为，虽为免费，但为额外数量，则属于本段 a 款的超装，不可接受。

与发票上的货物描述显示了比信用证更多的信息不同，这里，只涉及商业发票显示了超出信用证规定数量或信用证未要求货物，大部分情况下是免费的，常见的有样品、广告材料、零部件、空箱或空袋等包装物。

值得注意的是，本段的未要求货物不可接受，与是否免费无关。换言之，只要是未要求货物，免费不可接受，收费也不可接受。比如：

[案例 157] 信用证没有规定数量时，显示的货物免费可以接受吗？

信用证 45A 场只规定统称：stones USD10 000.00.

提交的发票显示：

---
stones
FUDING BLACK 10 pcs, VCD10 000.00
FUDING RED 1pc, free of charge.

这样的发票不可以接受吗？

分析及结论：

就本案例而言，由于发票显示的货物 FUDING RED 在信用证规定的货物统称 stones 之内，所以可以接受，而与其是否免费无关。

换言之，如果信用证规定了 stones 10 pcs，USD10 000.00，即便显示了 FUDING RED 1pc，free of charge，也仍然算整体上已经超装，从而不可接受。

为什么不能接受呢？国际商会在 R599 的分析及结论中说：发票上显示了未要求的免费货物，不可接受。因为免费货物会影响部分或全部货物的报关，从而阻止申请人获得货物。(Query 3：Paragraph 68 (Showing free of charge merchandise on the invoice)："Merchandise not called for in the credit should not be shipped and/or shown on the documents. Any shipment of merchandise not called for in the credit may delay the entire shipment from clearing customs and preclude the applicant's ability to obtain any or part of the merchandise for which the credit was issued.)

值得注意的是，这里的规定，从货物扩展到了服务和履约行为。让人纳闷的是，未要求货物会涉及报关等问题，而服务和履约行为显然与报关无关，为什么就不可以接受了呢？如果真有受益人愿意多提供服务少收钱，还不能接受？

金额、单价和数量浮动幅度

实务中，信用证金额、数量或单价，特别是数量常常无法精确，买卖双方因此往往会要求在信用证中规定浮动的幅度，或者以百分比的形式，或者使用一个短语等。

——以百分比表达浮动幅度。比如：信用证规定 39A-Percentage Credit Amount Tolerance：5/10。这意味着信用证金额可以有 5% 的增幅和 10% 的减幅。

——使用短语表达浮动幅度。比如：信用证 47A 中规定 Both quantity and amount 10 percent more or less acceptable。这指的是信用证所提及的货物装运数量、货物装运金额、发票金额及信用证金额都可以有 10% 的增减幅度。

除此之外，实务中经常出现使用短语表达伸缩度。比如，"up to"、"to the extent of"、"not exceeding"等常用短语用于表达数量、单价或信用证金额的上限，而下限可以很小，小到没有任何约束。经"up to"类似用语修饰货物数量时，ICC 489 Case 270 说："以 up to 修饰数量，根据 up to 一词的字义，则可减至任何数量，并不受 5% 最低限额规定的限制。"这里的 5% 最低限额指的是 UCP600 第 30 条 b 款的默认装运数量减幅。显然，"up to"等类似用语修饰单价或金额时，按理也应该有相似的含义。

实务中，还常常使用"about"及"approximately"等常用短语表达伸缩度。那么，这些常用短语都将作何标准解释呢？

UCP600 第 30 条 a 款：

The words "about" or "approximately" used in connection with the amount of the credit or the quantity or the unit price stated in the credit are to be construed as allowing a tolerance not to exceed 10% more or 10% less than the amount, the quantity or the unit price to which they refer.

"约"或"大约"用于信用证金额或信用证规定的数量或单价时，应解释为允许有关金额或数量或单价有不超过 10% 的增减幅度。

品读 ISBP745

这里的规定只是说明了,"约(about)"及"大约(approximately)"这两个常用短语在修饰"信用证金额"或"信用证规定的数量"或"信用证规定的单价"时,有一个标准的解释,即有关金额或数量或单价的增减幅度为 10%。

值得一提的是,这里的伸缩度只限于两个常用短语——"约(about)"及"大约(approximately)"。这一点与 UCP500 时期不同,平时偶尔出现的 circa、roughly、nearly、close to、around 等短语均已经没有了标准含义。我们认为,理应可以参照解读。

请注意,这两个短语只限于被修饰的金额或数量或单价有 10% 的增减幅度。换句话说,尽管金额与数量、单价等因素之间可能存在联动关系,但这种短语的修饰并不一定作用于所有因素。如果买卖双方意欲于使该用语对所有因素都起作用,则必须分别加以修饰。否则,可能难免事与愿违。国际商会在 R365 的分析和结论中说:UCP500 第 39 条 a 款中,规定的凡"约(about)"、"大约(approximately)"等类似词语,用于信用证金额、数量或单价时,应解释为有关金额、数量或单价不超过 10% 的增减幅度。(The words "about", "approximately"…or similar expressions used in connection with the amount of the credit or the quantity or the unit price stated in the credit are to be construed as allowing a difference not to exceed 10% more or 10% less than the amount or the quantity or the unit price to which they refer.)

这一道理,理应可以类推运用。比如:

[案例 158] R255:信用证规定的两种货物数量之间的比例:50/50 approximately,指的是什么?

案中,信用证要求货物:40000MTS(10% plus or minus)ABC and XYZ. Ratio of each type of goods to be shipped was 50/50 approximately.

提交的发票显示货描:

ABC 22365 MTS

XYZ 20899 MTS

_____

Total:43264 MTS

这可以接受吗?

分析及结论:

国际商会说:The intention behind the statement "50/50 approximately" is not clear and possibly should have been queried at the time the credit was issued.

接着说:UCP500 Sub-Article 39(a) states that words including "approximately" in conjunction with the quantity are to be construed as allowing +/-10% of the stipulated quantity. The use of the word "approximately" in this query is not directly linked to the quantity as a whole but to the ratio of the different type of goods to be shipped. This qualification would then indicate that the quantity of goods ABC to be shipped was in the range of 19800 MT (注:正确应为 36000MT×45%=16200MTS)and 24200MT (calculated as 40000MT +/-10% = minimum 36000MT maximum 44000MT with a 50/50 +/-10% ratio).

[案例 159] R366:信用证规定的货物数量:about 180 bales or about 90388.60 lbs,指的是什么?

案中,信用证不允许部分装运,同时货物描述规定:about 180 bales or about 90388.60 lbs Raw Cotton. 提交的发票显示装运 160 bales,84304 lbs. 前者下浮幅度为 11.1%,后者下浮幅度为 6.7%。可以吗?

分析及结论:

国际商会说:这没有不符点,因为信用证的两种数量计算办法可以互相替代。(The credit provided two alternative methods of calculation of the goods shipped…)

点评:

同一货物同时规定了两种数量,且以"或者(or)"联系在一起,根据总则部分第 A2 段的规定,参照解读,这两种数量可以选择适用。所以,只要有一种满足了"about"的要求即可接受。

引申:

换言之,实际上发票上显示的装运数量,可以只显示 84 304 lbs,而无须显示 160 bales。

有时信用证对溢短装或溢短支幅度,仅针对信用证中显示的金额和数量作出泛泛的规定,那么,该幅度将适用于所有金额和数量。比如:

[案例 160] R238:信用证规定金额及数量允许增减 5%,这意味着什么?

案中,不可撤销信用证,购海马毛纱 37 000 磅。信用证允许分批装运,金额及数量允许增减 5%,即发货范围在 35 150~38 850 磅之间。

第一期,……日之前 20 000 磅;

第二期,……日之前 17 000 磅。

受益人在信用证规定时间内分两次发货,第一次 20 000 磅,第二次 18 000 磅。

开证行拒受第二次支款的单据,指出一个不符点——超装。

分析及结论:

国际商会的结论是:这一增减限制条件适用于案例中规定的各分期交货。提出的不符点是有根据的。

点评:

请注意,根据 ISBP745 对于分期装运的定义,案中的分期不是 UCP 意义上的规定分期。

金额、单价和数量浮动关联

发票金额、货物价值、单价和数量之间,具有联动关系。换言之,如果对其中的金额没有明文或默认的规定,理应随自变量自动浮动。如此,才会便利于实务操作。国际商会在 Case 274 中说:货物超过 5%而金额不能超过。如果信用证规定有单价,很明显,如果数量减少,支取的金额也可以降低。比如:

[案例 161] 发票显示的货物数量浮动,货物价值自动随之浮动吗?

案中,信用证显示:

32B currency code and amount:USD200.00;

39A Percentage Credit Amount Tolerance:5/5;

45A 货物描述中显示:

货物 1,quantity:100MTS,USD1.00/M,amount:USD100.00

货物 2,quantity:100MTS,USD1.00/M,amount:USD100.00

品读 ISBP745

47A 未另外规定溢短支和溢短装条款。

提交的发票显示：

货物 1,quantity：105MTS,USD1.00/M,amount：USD105.00
货物 2,quantity：95MTS,USD1.00/M,amount：USD95.00
　　　　　　　　　Total amount：USD200.00

问题：

该发票分项货物数量是否可以接受？分项货物价值是否可以接受？

分析：

从表面来看，信用证 45A 中货物分项数量的浮动幅度满足了 UCP600 第 30 条 b 款的规定，货物分项价值的浮动幅度，一个为增幅 5%，另一个为减幅 5%。所以，本案例的关键在于确认：信用证上 45A 中显示的分项货物价值，虽然没有特别规定的浮动幅度，是不是也可以随数量浮动而自动浮动？

结论：

我们认为，货物价值必须随货物数量的浮动而浮动，不能独立计算。但是，信用证规定金额的浮动，则必须与货物数量的浮动独立计算。换言之，货物数量的浮动，并不一定意味着信用证金额可以自动浮动。

货物 1 分项价值表面上超过规定价值，但随货物数量的浮动而浮动，且没有涉及信用证金额，所以，可以接受。

货物 2 分项价值表面上小于规定价值，但随货物数量的浮动而浮动，且没有涉及信用证金额，所以，也可以接受。

[案例 162] 信用证规定的货物数量比例，可以随数量伸缩而伸缩吗？

2002 年的法国工商信贷银行诉招商银行案中，信用证规定的货物描述为：Fresh cut okoume logs. Origin：Gabon. Grade：CI 40 pct,CE 50 pct,CS 10 pct.

开证行提了个不符点：

"实际计算的装箱单上显示的三种规格木材比例与信用证规定的比例不一致。""信用证将三种规格的木材比重表述为 GRADE：CI：CE：CS 是 40%：50%：10%，发票完全按信用证要求表述，而装箱单只表明了三种木材各自的立方数和总立方数，没有表述各自的比例，在经过简单计算后发现占比分别为 38.64%、51.13%、10.23%。"

分析及结论：

中国国际商会在 ICCCR004 中说："关于货物比例问题，如信用证关于木材比例的要求在'货物描述'一项，则受益人提交的发票满足信用证要求即可，开证行不必计算装箱单中货物的比例（除非信用证对装箱单的要求有此规定）。如果信用证有关要求未体现在货物描述中，也未体现在对其他单据的要求中，则应视为非单据条款，开证行可不予理会。即使对装箱单也有规定，信用证既然允许分批装运及 10% 的数量增减，而未规定一批货物中不同规格货物的占比不得增减，应视为允许不同规格货物的占比在该幅度内增减。"

英国法院在[2002]EWHC973(Comm)号判决书中完全采纳了中国国际商会的意见。

点评：

信用证规定的货物数量浮动幅度，也默认自动适用于货物数量比例。因为货物数量浮动，几乎不可能不导致货物数量比例的浮动。

这一结论，体现的是对银行实务的尊重。

实务中信用证规定浮动幅度的同时，理应规定与之相对应的数量、单价和金额，但这并不绝对。以货物数量为例，有时会出现一种比较奇怪的现象，信用证只规定货物数量浮动的幅度，却没有规定货物数量本身。比如：信用证 45A 中只规定货物描述并未规定数量，47A 中规定 amount and quantity 3 percent more or less allowed. 此时，可以将该浮动视为未单据化条件而不予理会。还比如：信用证 45A 中在规定货物描述的同时，还规定 amount and quantity 3 percent more or less allowed. 此时，应将该浮动文句视同货物描述的一部分在发票的货物描述部分予以体现吗？我们认为，还是视为未单据化条件而不予理会。国际商会没有发表过相关意见。

第 C13 段

溢短装幅度

商业交易习惯上，货物实际装运数量有时难免与贸易合同和信用证中规定的数量间出现差异。此时，即使信用证没有直接规定浮动的伸缩度，UCP 也默认允许特定情况下规定数量有一定的伸缩度。

Para C13：

The quantity of goods required in the credit may be indicated on an invoice within a tolerance of +/−5%. A variance of up to +5% in the quantity of the goods does not allow the amount demanded under the presentation to exceed the amount of the credit. The tolerance of +/−5% in the quantity of the goods will not apply when：

发票上显示的信用证规定的货物数量可以在 5% 的增减幅度之内。货物数量最多 5% 的增幅变动，并不允许交单项下的支款金额超过信用证金额。货物数量的 5% 增减幅度，不适用于下列情形：

a. a credit states that the quantity is not to be exceeded or reduced; or 信用证规定货物数量不应超过或减少；或者

b. a credit states the quantity in terms of a stipulated number of packing units or individual items.
信用证以包装单位或商品件数规定货物数量。

【修订】

本段规定没变，对应于 UCP600 第 30 条 b 款。

【解读】

如果信用证未规定货物数量不得浮动，也未规定货物数量是以包装单位或商品件数计量，则"默认 5% 溢短装"，即允许信用证规定的货物数量有 5% 之内的上下浮动幅度。

换言之，如果信用证在规定货物数量的同时规定了浮动幅度，则优先适用信用证规定；如果信用证规定货物数量以包装单位或商品件数计量，则不适用这里的"默认5%溢短装"。

无论如何，支款金额必须以信用证金额为限。要问其中原因，这可能与开证行的承付责任有关。就一笔交易而言，申请人交纳的保证金、开证行的授信额度，以及开证行向偿付行的偿付授权，总是与信用证金额直接相关，而不会依赖于货物数量的增减幅度。至于支款金额可以下浮，下浮多少，这不是本段的重心所在。

那么，什么是包装单位(packing units)或商品件数(individual items)呢？

国际商会在 ICC 459 Case 138 中说："packing unit", covers such modes of packaging as cases, boxes, drums; "individual item", refers to pieces; 'kgs' or 'metric tons' are not packing units. 准确地说，这里所提及的包装单位及商品件数，其实是一种不连续的计数单位，它已经涵盖了信用证实务中所有可能的计数单位，即有包装的情况下，以包装单位件数计量，没有包装或裸装的情况下，以货物自身件数计量。

在这个意义上，本款理应可以理解为适用于所有信用证未以计数单位规定的货物数量。

什么又是计数单位和非计数单位呢？实务中，货物数量可以以不连续的计数单位来计量，也可以以连续的非计数单位来计量。以 case 为例，实务中存在 1 case, 2 cases, 3 cases, 但绝不会存在 1.1 case, 1.2 case, 所以 case 是不连续的计数单位。再以 ton 为例，实务中存在 1 ton, 2 tons, 3 tons, 同时也存在 1.1 ton, 1.2 ton, 还存在 1.11 ton, 1.12 ton, 所以 ton 就是连续的非计数单位。比如：

[案例163]　提交的单据显示装运 62.5 bales, 可以接受吗？

咨询者问：信用证规定 thread 500 bales. 如果在允许部分装运的情况下，提交的单据显示装运 62.5 bales, 可以接受吗？

分析及结论：

《美国传统辞典(双解)》："bale, A large package of raw or finished material tightly bound with twine or wire and often wrapped. 大包，大捆，用线或绳缠绕包裹的原料或成品的大包，经常被包扎起来。"bale, 其实就是包装单位，所以，单据显示 62.5 bales 无法接受。

印证：

国际商会在 R273 中说：由于信用证明显规定包装单位为"捆(bale)"，关于货物可有 5% 溢短装的规定不适用。

引申：

信用证规定 thread 500 bales in 5×20' container. 如果在允许部分装运的情况下，提交的单据显示 150 bales in 1×20' container and part of 1×20' container, 也是不符点，因为 container 也可以看作为大的包装单位。部分集装箱算什么呢？没有定数。

第 C14 段

溢短支幅度

商业交易习惯上，即使信用证没有直接规定浮动的伸缩度，UCP 也默认允许特定情况下支款金额有一定的伸缩度。国际商会在 R367 中说："这主要涉及两种情况，一种是报价由于商业原因被取整,比装运数量与单价的乘积略大;另一种是在 CFR 或 CIF 条件下,保险费及/或运费是软报价,实际体现在单据中的保险费及/或运费比报价时低。这两种情况下支款金额事先无法完全确定,但又不能让它毫无节制地变化。"

Para C14:

> When no quantity of goods is stated in the credit, and partial shipments are prohibited, an invoice issued for an amount up to 5% less than the credit amount will be considered to cover the full quantity and not a partial shipment.
>
> 当信用证未规定货物数量,且禁止部分装运时,发票金额在信用证金额的最多 5% 的减幅之内,将被视为发票涵盖全部货物数量,而不被视为部分装运。

【解读】

本段规定补充了 UCP600 第 30 条 c 款的规定:

UCP600 第 30 条 c 款:

Even when partial shipments are not allowed, a tolerance not to exceed 5% less than the amount of the credit is allowed, provided that the quantity of the goods, if stated in the credit, is shipped in full and a unit price, if stated in the credit, is not reduced or that sub-article 30 (b) is not applicable. This tolerance does not apply when the credit stipulates a specific tolerance or uses the expressions referred to in sub-article 30(a).

即使信用证禁止部分装运,信用证金额不超过 5% 的下浮仍可以接受,只要信用证规定的货物数量(如有)已全部装运,且信用证规定的单价(如有)又未降低,或者,不适用(UCP600)第 30 条 b 款的规定。当信用证规定有特定的金额浮动幅度或使用(UCP600)第 30 条 a 款提到的短语限定金额浮动幅度,则不适用该 5% 的下浮。

本段规定与旧版 ISBP681、ISBP645 不太一样,有较大的删除,其实际效果则是恢复了 UCP500 的相关条款和 UCP600 第 30 条 c 款的完整规定,恢复了一个可选条件——"UCP600 第 30 条 b 款不适用"。实际含义显然略有变化,但这可能是一个澄清,含义理应以 UCP600 第 30 条 c 款的规定与本段的规定为准,没有变化。相比之下,本段规定的措辞简洁而清晰,含义更加准确。

综合来看,如果信用证规定的货物数量已全部装运且信用证规定的单价没有降低,则"默认 5% 短支",即允许信用证金额可以在 5% 范围以内短支,不管信用证是否允许部分装运。换言之,默认 5% 短支,既适用于信用证禁止部分装运,也适用于信用证不禁止部分装运。

何为全部装运(full shipment)呢? 全部装运与部分装运(partial shipment)互为对称,二者均是针对信用证规定的货物数量来说。我们认为,如果信用证规定了装运数量,则该数量照要求显示,即所涉及的数量如有溢短装,只要在允许的范围之内,即为全部装运。

比如:信用证规定数量 100PCS,则提交的发票显示装运数量 100PCS,便算规定数量全部装运。

又比如:信用证规定数量 100MTS,则提交的发票如显示 100MTS,则属规定数量已全部装运,满足本段的规定。而如提交的发票显示装运数量 95MTS,属 UCP600 第 30 条 b 款的下浮幅度以内的短装,仍算全部装运;如显示 90MTS,则属超过 UCP600 第 30 条 b 款的下浮范围的短装,不算全部装运。而如提交的发票显示装运数量105MTS,属UCP600第30条b款的上浮范围内的超装,也算全部装运;如显示110MTS,则超过UCP600第30条b款的上浮范围的超装,不算全部装运。

如果信用证没有规定装运数量呢?本段表明,可以以发票金额满足这里的规定,即不超过5%的下浮幅度,来进行反推,视为已经全部装运。当然,如果信用证规定了装运数量,则不能依此反推。

实务往往比较复杂。比如:信用证同时规定了货物数量100PCS且100MTS,显然,两者都应该满足,才算全部装运。又比如:R366案中,信用证规定的货物数量:about 180 bales or about 90388.60 lbs,那么,两者理应只要满足其一,即算全部装运。

何为单价没有降低(has not been reduced)呢?降低与持平和提高相对而言,三者均针对信用证规定的货物单价。单价没有降低,即单价持平或单价提高了。

比如:信用证规定单价USD10/PC,提交的发票显示USD10/PC算单价持平;如显示USD11/PC,算单价提高了;如显示USD9/PC,则算单价降低了。单价没有降低,指的是提交的发票显示USD10/PC或USD11/PC等。

显然,这里的单价没有降低,不管信用证可能规定的价格调整规则。换言之,单价降低与否,只与信用证规定的基础单价有关,而与价格调整规则无关。

比如:大宗商品信用证45A要求水分含量:最高12%和基础单价:USD1000/MT。同时规定价格调整规则:如水分含量超过12%,实际单价将以基础单价起按水分含量每超过1%下调USD10;如水分含量低于12%,实际单价将以基础单价起按每低于1%上调USD10。此时,提交的发票显示水分含量12%,实际单价USD1000/MT,属与规定的基础单价持平;如显示水分含量11%,实际单价经调整后为USD1010/MT,属比规定的基础单价提高了;如显示的水分含量13%,实际单价经调整后为USD990/MT,属比规定的基础单价下降了。单价没有降低,指的是提交的发票显示单价USD1000/MT或USD1010/MT等。

当然了,如果信用证没有规定单价,则显示的所有单价都算满足单价未降低的要求。

那么,为什么UCP600第30条b款不适用时,或者,UCP600第30条b款适用且数量已全部装运单价没有降低时,才默认5%短支?

因为第30条b款条件下的溢短装和溢短支另有规定。

UCP600第30条b款:

A tolerance not to exceed 5% more or 5% less than the quantity of the goods is allowed, provided the credit does not state the quantity in terms of a stipulated number of packing units or individual items and the total amount of the drawings does not exceed the amount of the credit.

在信用证未以包装单位件数或货物自身件数的方式规定货物数量时,货物数量允许有5%的增减幅度,只要总支取金额不超过信用证金额。

换言之,当信用证的货物数量以非计数单位规定时,在UCP600第30条b款下数量在5%溢短装范围内,金额可以随之自由浮动,只要不超支即可,而任何短支则没有限制。

当然,如果信用证的货物数量以计数单位规定,且发票显示满足"货物数量已全部装运,且单价没有降低"时,仍然必须适用默认5%短支。此时,实际上货物数量没有浮动,发票必须显示信用证规定的货物数量。这种情况实务中几乎没有见过。

默认 5% 短支

毕竟,默认 5% 短支只是"默认"。如果信用证直接规定了支款金额浮动幅度,或使用常用短语规定了支款金额浮动幅度,显然,理应优先适用。这是 UCP600 第 30 条 c 款的规定。而适用信用证规定或常用短语规定的支款金额浮动幅度时,其他条件参照默认 5% 短支。比如:

[案例 164] R689/TA618:信用证 39A 规定金额浮动幅度:0/0。这到底指什么?

案中,信用证规定:

——L/C amount:EUR 34,034.91

——percentage credit amount tolerance:00/00(field 39A)

——partial shipments:not allowed

——description of goods:"cunas demadera"

受益人交单,金额 EUR 33,589.71。

结果开证行拒付,理由为:"PARTIAL SHIPMENT NOT ALLOWED."准确地说,这一不符点指的是,信用证 39A 限定了浮动幅度为 00/00,而实际提交的单据显示短支款,相当于部分装运。

分析及结论:

国际商会在分析中说:信用证以 SWIFT 开立。根据 SWIFT 手册,MT700 的 39A 场定义和使用规则如下:

定义:This field specifies the tolerance relative to the documentary credit amount as a percentage plus and/or minus that amount.

使用规则:Tolerance 1 specifies a positive tolerance, the Tolerance 2 specifies a negative tolerance.

国际商会在结论中说:By the wording of the SWIFT handbook, the use of "00/00" in field 39A of the SWIFT MT700 has no effect on the amount that can be drawn under the credit. The completion of figures within this field are to denote the plus and/or minus percentage to be applied to the credit amount. Any drawing under the credit would still be subject to the allowances made in UCP500 sub-article 39(b)or (c), depending on the terms of the credit and the underlying drawing. A drawing of up to 5% less in the credit amount would be allowed under the credit.

点评:

国际商会的意见在于强调信用证 39A 中"0/0"的规定,是自相矛盾的,或无法实现的,从而废除了它的效力,于是,默认 5% 短支仍然适用。

请注意,如果由于发票金额的扣减而导致超过信用证金额超过 5% 的下浮,本段也不适用。因为在发票金额扣减中,只要信用证没有禁止,受益人可以单方面决定货物价值的扣减,极端者该扣减可以与货物价值相同,此时,发票金额为零。相应地,实际支款金额也就只能为零了。这意味着实际支款金额已经远远低于信用证规定金额的 95%。正是在这个意义上，我们认为，这里"默认5％短支"的发票金额，理应指发票金额的计算起点——货物价值。

这同样适用于大宗商品按照规则调价之前的货物价值。比如：

[案例165] 厦门铁矿石进口，短支了吗？

案中①，2008年7月22日，开证行应厦门建发进口铁矿石的要求对外开证，受益人为新加坡贸易公司SWISS SINGAPORE OVERSEAS ENTERPRISES PTE LTD，通知行曼谷银行新加坡分行：

数量：45,000MTS（+/－10 percent at beneficiary's option），（请注意：这里与合同规定的45,000 WMTS不一致），禁止部分装运；

单价：USD183 per DMT（Dry Metric Ton）CFR FO，同时规定了单价调整规则；

金额：USD8,235,000，+/－10％ tolerance。

7月30日，新加坡贸易公司通过曼谷银行新加坡分行交单。其中，发票显示：数量：45,000 WMTs；单价：USD183 per DMT（Dry Metric Ton）CFR FO，并按要求进行价格调整；金额：USD7,185,105.43。

8月13日，开证行拒付，提了四个不符点，包括："(1)短支；(2)部分装运；(3)货物价值低于信用证金额下浮幅度；(4)价格调整、金额加减之前的货物价值低于信用证金额下浮幅度。"

分析及结论：

先看第2个不符点，"部分装运"难以成立。证中对货物数量的规定只说公吨，没有区分是干重，还是湿重。提交的发票显示的货物数量单位，比信用证规定的更明细，且并无矛盾，满足规定。

第3个不符点，涉及调价之前的货物价值，与信用证金额需要保持一种什么样的关系，没有规定。我们认为，按理可以参照UCP600第30条c款的规定类推，即不得超过信用证金额的规定10％下浮幅度。如此，则构成不符点。未见国际商会发表过针对性意见。

第4个不符点和第1个不符点"短支"，性质相同。如果信用证禁止部分装运，那么，发票金额所代表的实际支款金额，确实已经超过了在信用证允许支款金额的－10％下限。但是，我们仍然认为不符点不存在。因为货物数量在信用证规定的浮动幅度之内，货物价格的调整依据信用证规定进行，那么，按理货物价值理应可以随数量和单价自动浮动。至于实际支款金额超过了信用证金额的－10％下限，在信用证规定的货物数量已经全部装运的情况下，只能归结为信用证开得有问题，风险由申请人自担。

实务中的困惑是，如果信用证允许部分装运，而实际显示已经全部装运，支款金额是否也仅限于不超过5％的下浮呢？我们认为，是的，可以短支，仍以5％为限。因为"即使（Even when）"这一短语，对信用证禁止部分装运的限制，只是设想了极端的情况，言外之意，如果没有禁止也可以适用。比如：信用证允许部分装运，规定100PCS，USD100，未规定金额浮动和单价。提交的发票显示100PCS，并显示金额短支至USD95，则可以接受；但是，反之，如提交的发票显示100PCS，并显示金额短支至USD90，则不可接受。

---

① 香港高等法院上诉判决书[CIVIL APPEAL NO.122 OF 2010]

但是，如果信用证下允许部分装运，而实际显示已经全部装运，则支款金额，准确地说，指发票金额对应的可支款金额，可以超过信用证金额吗？比如：信用证金额：USD23 000，未规定货物数量。提交的发票显示实际装运金额 USD28 000。而由于事先已预收货款 USD5 000，所以，提交的面函实际显示索款金额 USD23 000。那么，这样的发票，可以接受吗？开证行拒付：发票金额超过信用证金额。我们认为，不符点成立。因为本段的信用证金额实际约束的是发票中货物装运金额或货物价值。正确的做法，理应是开证行在信用证中直接规定预付款 USD5 000 的扣减，如此，则一目了然。

分期支款/装运

Instalment drawings or shipments

【导读】

实务中，大量存在部分支款/装运，常常还会见到分期支款/装运，而在分期支款/装运下还会并行出现部分支款/装运。

本节规定分期支款/装运和部分支款/装运的审核。

支款、装运及批次

什么是装运（shipment）？狭义地，指装上船，《美国传统辞典（传统）》："ship,【航海】To place or receive on board a ship. 使上船，把……放在船上或……接上船。"UCP600 第 19 至第 25 条的运输单据条款中使用的是广义的装运（shipment）一词，参照而言，指信用证规定的货物装上运输工具并运送。显然，装运必与特定的运输工具联系在一起，密不可分。

什么是支款（drawing）？直译即支取信用证下款项。

显然，drawing 与 shipment 并不相同，前者相对于货款而言，后者相对于货物而言。正是支款（drawing）与装运（shipment）一起，构成了以信用证为支付工具的贸易合同下"款货对流"的全部。

什么是批次（lot）？《美国传统词典（双解）》："lot, Miscellaneous articles sold as one unit. 一批：作为一单位出售的杂烩。"

部分支款/装运，可能是一个批次的支款/装运，也可能是多个批次的支款/装运。

分期支款/装运下且不允许部分支款/装运，可能的批次数就是分期对应的期数。如分期支款/装运涉及 3 期且不允许部分支款/装运，则对应的支款/装运批次数默认就是 3 批或 3 次，即 in 3 drawings/in 3 shipments/drawn or shipped in 3 lots。

而分期支款/装运下且允许部分支款/装运，可能的批次数就是各期的部分装运批次相加之和。如分期支款/装运涉及 3 期且允许部分支款/装运，第 1 期发 1 批，第 2 期发 2 批，第 3 期发 3 批，则对应的支款/装运批次数总共就是 1＋2＋3＝6 批或 6 次，即 in 6 drawings/in 6 shipments/drawn or shipped in 6 lots。

> 第 C15 段 a 款

分期时间表支款/装运

实务中,贸易合同下买方的用货可能是周期性的,从而会要求开证行在信用证中规定一个装运时间表,要求卖方,即受益人按时间表有序发货。

Para C15:
    a. ⅰ. When a drawing or shipment by instalments within given periods is stipulated in the credit, and any instalment is not drawn or shipped within the period allowed for that instalment, the credit ceased to be available for that and any subsequent instalment. Given periods are a sequence of dates or timelines that determine a start and end date for each instalment. For example, a credit requiring shipment of 100 cars in March and 100 cars in April is an example of two periods of time that start on 1 March and 1 April and end on 31 March and 30 April respectively.
    当信用证规定在特定期间内分期支款或分期装运,而任何一期未在所允许的期间内支款或装运时,信用证对该期及后续任何各期均停止兑用。特定期间(given periods),指确定每期开始日期和结束日期的一组日期或时间序列。例如,当信用证要求3月份装运100辆汽车和4月份装运100辆汽车时,这就表示分两期装运,一期开始于3月1日结束于3月31日,另一期开始于4月1日结束于4月30日。

    ⅱ. When partial drawings or shipments are allowed, any number of drawings or shipments is permitted within each instalment.
    当信用证允许部分支款或装运时,每期之内都允许任意次数的支款或装运。

【修订】
本款规定基本对应于 UCP600 第 32 条"分期支款/装运"。
本款规定变化比较大。具体包括:
——对于分期支款/装运时间表的含义做了重新解释,即每一期都必须包括起始时间和结束时间;
——增加了规定分期支款/装运的同时还规定部分支款/装运,并对其含义加以明确,即这是指分期内的部分支款/装运。

【解读】

第一,什么是分期支款/装运?

《美国传统辞典(双解)》:"installment, One of a number of successive payments in settlement of a debt. 分期付款,清偿债务时分成连续几次付款中的一次。"显然,分期(installment)的关键在于表明,分别属于不同时间表中的几次。

这个时间表,按照本段的规定,"指一组有序的日期排列,而每一期都包含起始日期和结束日期。"

比如:信用证规定:

Order 45911	S/C M10099	To be shipped between 09.08.10 and 25.08.10
Order 45912	S/C M10081	To be shipped between 09.09.10 and 25.09.10
Order 45913	S/C M10098	To be shipped between 09.10.10 and 25.10.10

这是比较简单的三期。

还比如:信用证规定:

Order 45911	S/C M10099	To be shipped between 09.08.10 and 23.08.10
Order 45912	S/C M10081	To be shipped between 16.08.10 and 30.08.10
Order 45913	S/C M10098	To be shipped between 30.08.10 and 13.09.10

这比较复杂,是交错的三期,仍算分期装运。

请注意,这个时间表,通常称分期装运时间表,准确地说,是同一收货人分期有序收货的时间表,即在同一收货人眼里,信用证规定分期装运时间表的目的在于能否按时间表有序收货。比如:

[案例166] R479:信用证规定了一个分期装运表,同时显示不同期次的不同收货人,还是分期装运吗?

案中,信用证45A货物描述中规定了下列细节:

货物A,500公吨,2月1日至2月20日期间从I国运往E国;

货物B,500公吨,3月1日至3月20日期间从I国运往E国;

货物C,500公吨,4月1日至4月20日期间从I国运往E国。

信用证的受益人为同一人,但货物不同,并将由不同的制造商/贸易商使用。信用证没有直接提及分期装运或装运时间表。

分析及结论:

国际商会在结论中认为:没有要求信用证要特别使用"分期装运(instalment shipment)"和"装运时间表(shipment schedule)"的字样才受UCP600第32条的约束。

但是,案中信用证的规定为,在不同期间由不同的制造商使用三种货物。如果信用证具体指明了这些不同的制造商,表明单据作成以不同的制造商为抬头人,那么,每一批货物都与其他货物独立,不能算作分期装运。没有这一信息,则要适用关于分期装运的条款。(The terms of this credit provide for three separate types of goods to be shipped within pre-defined periods to be used by, as you say, different manufacturers/traders. If the credit specified these different manufacturers/traders or intimated that the documents were to be issued in their separate names, it could be seen that the shipment of each type of goods is independent from the others and as such could justifiably be classified as not being an instalment credit. Without that information, in the credit, the provisions of Article 41 would apply.)

点评:

品读 ISBP745

在国际商会眼里，如果信用证未表明不同制造商也未要求单据作成不同抬头人，那么，对于信用证申请人来说，其收货必定意味着一定的时间顺序，这就是分期装运了；而如果信用证表明了不同制造商或单据作成不同抬头人，对于这些制造商来说，由于各自都只有一次收货，无所谓时间先后顺序了，所以，这不算分期装运。

换言之，信用证显示规定分期装运表，则仍然存在例外，如案中的分期装运表便不属于UCP600意义上的分期装运表。

第二，分期支款/装运下，必须按时间表支款/装运，否则信用证便停止兑用。

换言之，如果由于其中一期不按时间表有序装运，信用证自这一期起便停止兑用。相应地，即使受益人在余下的期限内能按信用证的规定装运，也无补于事。

为什么呢？以出口合同为例，如合同中涉及分批装运分批交货条款，《联合国国际货物销售合同公约》（即 United Nations Convention on Contracts of International Sales of Goods）第73条第1款规定："对于分期交付货物的合同，如果一方当事人不履行对任何一批货物的义务，便对该批货物构成根本违反合同，则另一方当事人可以宣告合同对该批货物无效。"同时第3款还规定："买方宣告合同对任何一批货物的交付为无效时，如果各批货物是互相依存的，不能单独用于双方当事人在订立合同时所设想目的可以同时宣告合同对已交付的或今后交付的各批货物均为无效。"

如此一来，前一期交单的迟装运不符将决定了该期及以后各期的交单都自动构成不符，这岂不是意味着同一信用证下每一次交单就不独立了呢？我们认为，回答是否定的。我们知道，每笔信用证业务之间都是相互独立的，同一笔信用证下交单/支款也是相互独立，即其中一笔业务的纠纷、拒付或接受不符点不构成任何其他信用证业务的拒付或不能拒付的理由。这一原则对于分期支款/装运仍然适用。其实，按照这里的规定，一期迟装运直接的效果是信用证因此失效，而与前后期的交单没有直接关系。换言之，前一期交单的迟装运不符，直接导致了信用证因此失效，而该失效才像多米诺骨牌一样连锁地导致以后各期自动构成不符。比如：

[案例167] 分期装运表下，如果货物晚装运，却早交单，这是否构成了未按时间表装运的不符点呢？

案中，信用证规定分期装运表。如果不同期的货物晚装运，却早交单，这是否构成了未按分期时间表装运的不符点呢？

分析及结论：

装运是贸易合同下的事，而交单常常难以把握。实务中困难的是，银行人员审核后装运先提交的单据时，无法确知本应早装运的货物，是否已经装运了，是否还会被装运。

实际上，如果单纯从案例中的情况来看，完全可能就是早交单对应于晚一点的装运，而后交单反而对应于早一点的装运，两次交单综合来看，根本就不存在未按装运时间表装运这一不符点了。

那么，这是否就意味着后装运先交单已经完全满足了本条的要求呢？

其实未必。国际商会在 R213 中说："单据不符没有'限度'。单据不是相符就是不符。"这一意见同样适用于本案。

就本案来看，正是因为后装运先交单无法让银行确信未装运而本该早装运的货物已经按规定的装运时间表装运了，这已经构成了不符。

点评：

换言之，信用证规定了分期装运时间表，其中已经暗含了默认先装运必须先交单的交单顺序，否则便不可接受。

至于分期支款下，也必须按时间表支款，否则信用证便停止兑用。但实务中这种情况基本不会发生。实务中，信用证中一般不会特别规定分期支款时间表。当信用证规定分期装运的同时，自然已经默认了一个与之相匹配的分期支款时间表。比如，信用证金额为 120 美元，货物数量为 120 吨，单价为 1 美元。在这样的情况下，仅仅规定每月装运 10 吨即可，无须特别规定每月装运 10 吨并支款 10 美元。

有时分期支款与分期装运并不匹配，这样信用证需要特别规定分期支款时间表。而有时只有分期支款，而根本就没有对应的分期装运，这样信用证也需要特别规定分期支款时间表，受益人必须遵守。比如，信用证规定，上半年出口方向进口方供给 600 万美元货物。下半年每月向开证行支取 100 万美元。此时，受益人必须按照支款时间表有序支款，否则就必须因此承担信用证失效无法支款的风险。

请注意，信用证因为未按期支款/装运而导致失效，并不绝对。若上一期未支款/装运，开证行接受了下一期的支款/装运，信用证将恢复可兑用。比如：

[案例 168] R196：分期装运下，一期未发，开证行接受下一期的单据，信用证可以继续使用吗？

案中，信用证规定货物分三期装运，每月一期。由于货源紧张，受益人第一个月没有装运，但第二个月装运了，开证行接受单据并付款。当受益人第三个月装运后向开证行交单时，开证行以第一期没有装运而拒付，并援引 UCP600 第 32 条的规定作为依据。

那么，开证行拒付有理吗？

分析及结论：

对此，国际商会在结论中说：当一期货未装运，开证行同意了后一期装运时，除非开证行另有说明，可以推定该证对以后应发各期已恢复生效。如果不想使该证对以后各期生效，开证行应告知交单者对该期装运的认可仅适用于该期，而不是该证已整体恢复生效。（When the issuing bank approved the subsequent instalment after an instalment had not been shipped, then one may presume that, unless otherwise stated by the issuing bank, the credit has been reinstated for the future instalment due. In the event that the credit was not intended to be available for further instalments, the issuing bank should have notified the presenter that the acceptance of that individual instalment was only applicable to that shipment, and should not have been construed as a general reinstatement of the credit.）

点评：

分期支款/装运下由于未按期装运而失效后，开证行接受其中一期，便意味着信用证恢复可兑用，这是默认的，也是自动的。

如果开证行只接受其中一期但不希望让信用证恢复生效，显然，需要特别的说明。

第三，分期支款/装运的同时允许部分支款/装运，这意味着每一期都允许部分支款/装运，不限次数。

这一规定澄清了业界多年来的误解。换言之，信用证同时规定了分期支款/装运和部分支款/装运,这指的是,整体上货物必须分期装运;而就每一期,货物在期内可以部分装运。每一期都允许部分支款/装运。

比如:信用证规定 3、4、5 每月装运 50 000 件,共 150 000 件,没有禁止部分装运。那么,每一个月的 50 000 件,都可以分多次装运完成。换言之,如果 3 月初受益人只装运了 20 000 件,但是,并不能据此推定第一期 3 月份未按装运表有序装运,信用证仍然可以正常兑用。因为受益人可以在后续的时间继续交单,只要 3 月份最终装运了 50 000 件,4 月份和 5 月份便可以继续装运。

又比如:信用证规定 3、4、5 每月装运 50 000 件,共 150 000 件,没有禁止部分装运,但限定了部分装运次数(partial shipment in 3 lots),显然,这指的是分期分支,每个月允许 3 次部分装运。

相应地,如果信用证规定了分期装运的同时,还规定了不允许部分装运,这指的是,整体上仍然是货物必须分期装运;而就每一期,相应地,货物必须在期内一次性装运,不允许部分装运。

比如:信用证规定 3、4、5 每月装运 50 000 件,共 150 000 件,禁止部分装运。那么,每一个月的 50 000 件,都不可以分多次装运完成。换言之,如果 3 月初受益人只装运了 20 000 件,那么,完全可以据此推定第一期 3 月份未按装运表有序装运,信用证因此失效。此时,本期和以后各期交单都将导致不符点。

又比如:信用证规定 3、4、5 每月装运 50 000 件,共 150 000 件,禁止部分装运,但 47 场限定了装运次数(shipment in 3 lots)。这指的是什么呢?我们认为,理应是 3 期总共只能是 3 次装运,也正好是 3 次装运。

实务比这要复杂。比如:信用证规定 3、4、5 每月装运 50 000 件,共 150 000 件,没有禁止部分装运,但 47 场限定了装运次数(shipment in 3 lots)。这指的又是什么呢?我们认为,还理应是 3 期总共只能是 3 次装运,每期 1 次装运,即 3、4、5 月 3 个月各 1 次合计 3 次装运。

第 C15 段 b 款

其他时间表支款/装运

根据 UCP600 第 31 条的规定,信用证下的部分支款/装运,以默认为准。换言之,只要没有相反的规定,都默认允许部分支款/装运;如有禁止性规定,才不允许部分支款/装运。

显然,这便利了贸易合同下卖方交货、交单和支款。

Para C15:

b. When a credit indicates a drawing or shipment schedule by only indicating a number of latest dates, and not given periods (as referred to in paragraph C15(a)(ⅰ)):

当信用证仅以一些最迟日期规定支款或装运的时间表,而不是(第 C15 段 a 款 i 项所涉及的)特定期间(given periods)时:

ⅰ. this is not an instalment schedule as envisaged by UCP600 and article 32 will not apply. The presentation is to otherwise comply with any instructions in respect of the drawing or shipment schedule and UCP600 article 31;

> 这不属于UCP600所规定的分期时间表（instalment schedule），UCP600第32条将不适用。该交单仍应符合信用证中有关支款或装运时间表和UCP600第31条的任何要求；
> ⅱ. when partial drawings or shipments are allowed, any number of drawings or shipments is permitted on or before each latest date for a drawing or shipment to occur.
> 当信用证允许部分支款或部分装运时，在每一个最迟支款或装运日期的当日或之前，都允许任意次数的支款或装运。

【修订】

本款属新增规定。本款规定基本对应于UCP600第31条"部分支款/装运"。

本款规定了部分支款/装运与多次支款/装运的关系，确认了只包含最迟日期的时间表不是UCP600意义上的分期时间表，这实际上改变了现行的规则。

【解读】

第一，什么是部分支款/装运？

《美国传统词典（双解）》说："Partial：Of, relating to, being, or affecting only a part; not total; incomplete. 部分的，与部分有关的，只包含一部分的或只受一部分影响的；不完全的；不完整的。"根据提单部分第E18段的规定，实务中的部分装运，指信用证规定的货物装上不同的运输工具运送，而不同的运输工具只装运一部分货物，故得名"部分装运"，简称"分装"。

请注意，partial shipment 不应该翻译为传统意义上的"分批装运"，而是"部分装运"。因为"分期装运（instalment shipment）"和"部分装运（partial shipment）"都会涉及装运的分批次（in lots），换言之，"分批装运（shipped in lots）"实际上不限于"partial shipment（部分装运）"。比如：信用证允许"部分装运"，45场规定：1800PCS (in 1×40′HQ container)，结果提交的发票显示：1780PCS (in 1×40′HQ container). 可以吗？会不会觉得少装了20PCS呢？或许说，从PCS的角度看属于部分装运，而从container的角度看又属于全部装运，二者矛盾吗？我们认为，可以接受，二者没有矛盾，因为允许部分装运的真实含义，已经允许不全部运完，当然也允许全部运完。

相应地，信用证实务中的部分支款，指信用证项下款项分多次支取，每一次只支取一部分款项，故得名"部分支款"。

实务中，不管是"部分装运"，还是"部分支款"，通常都会直接或间接反映在单据上，或者说反映在交单上。

如前所述，装运对应于货物。"部分装运"便对应于部分货物的装运，显然，这首先将体现为信用证规定的货物或数量没有被全部装运的情况，换言之，本次交单仅仅表明装运了一部分货物，或者是一部分类别的货物，或者是一部分数量的货物。此时，只须通过发票上显示的货物类别和货物数量是否符合信用证规定的货物和数量，就可以直接判断是否构成"部分装运"。而货物数量，也因此常常称为货物的"装运数量"。

同样如前所述，支款对应于货款。当然，这只是通常意义上如此，因为支款时所直接支之"款"，并不是货款——即货物价值，而是信用证金额。相应地，"部分支款"通常便对应于部分信用证金额的支取，显然，这将直接体现为信用证规定的金额没有被全部支取的情况，准确地

品读ISBP745

说，应该是信用证规定的金额没有被全部一次性支取的情况。换言之，本次交单仅仅对应于支取了一部分信用证金额，或者本次交单本身可能对应于多次支取信用证金额的情况。此时，如果信用证要求了汇票，则通过提交的汇票及汇票上显示的金额是否符合信用证规定的金额，就可以直接判断是否构成"部分支款"；而在没有汇票的情况下，通常必须通过发票上显示的发票金额来判断是否构成"部分支款"。比如：

[案例169] R538/TA530：一次交单下三次支款。保兑行前两次付款后最后一次还需要付款吗？

案中，信用证规定由指定银行付款，分成三个部分如下：
——10%的发票金额凭提交的单据立即支付；
——40%的发票金额于开证日后180天，即24.04.2001支付；
——50%的发票金额于开证日后360天，即22.10.2001支付。

同时信用证在"给付款银行的指示"一场中规定：Upon receipt of documents fully complying with letter of credit terms we will reimburse you with 10 per cent of invoice value as per your instructions in the covering schedule accompanying the documents. Subject to presentation of documents fully complying with credit terms and payment of the first part payment of 10 per cent, we CB, hereby undertake to effect payment of (40 and 50 per cent as stated above).

该证由保兑行加保。受益人交单，单据存在不符点，保兑行拒付。之后，应受益人要求，保兑行转寄单据开证行，并告知指定银行，"已联系开证行，等待答复。(Having contacted IB and shall revert.)"开证行确认付款。保兑行收到款项后，相应扣减保兑费后向指定银行付款第一期的10%，并未说明停止保兑，也未说明单据状态。第二期的40%发票金额，照常到期付款。第三期的50%保兑行没有付款，理由为开证行没有向其付款。

那么，保兑行第三次是否有义务付款呢？

分析及结论：

国际商会说：保兑行拒付后，在受指定银行委托向开证行请求放弃不符点的同时，应该向指定银行表明如果开证行接受单据，其是否停止保兑。现在受益人收到保兑行转来的款项，但没有同时收到保兑行的停止保兑的通知，便意味着保兑行自动恢复保兑。所以，保兑行第三次必须付款。(Having rejected the documents and sought approval from the issuing bank, the confirming bank, in its advice of refusal to the nominated bank, should have conveyed its position regarding settlement should the issuing bank agree to take up the documents. Effecting the first of the two-stage payments without comment that such payments were subject to their receipt of funds indicates the confirming bank's agreement to honour on the stipulated due date(s). In the absence of any prior notification, a nominated bank, having received payment advices for the first two payments, would be entitled to believe that the confirming bank is willing to continue with its confirmation despite the fact that discrepant documents were presented.)

点评：

案中，一次交单下的部分支款，共有三次。三次支款之间互相独立。但实际上无法完全独立，因为三次支款对应于同一次交单，一旦接受交单，便意味着三次支款都必须付款。

对于受益人来说,只要从保兑行处收到一次付款,便意味着交单已经接受,其他两次也必须按约定付款。

第二,信用证默认允许部分支款/装运。部分支款/装运,默认允许任意次数的支款或装运。

最新的我国《合同法》①第9章"买卖合同"中的第138条规定:"出卖人应当按照约定的期限交付标的物。约定交付期间的,出卖人可以在该交付期间内的任何时间交付。"

UCP600第31条a款默认"allow(允许)"部分装运,对于受益人而言,这意味着可以装运一部分货物,也可以一次性全部装运信用证规定的所有货物。换言之,受益人便因此掌握着货物装运数量及次数的主动权,具体装运时,可视货源的紧缺或充裕、行情的波动、订舱的情况、买方付款动态而定,甚至于受益人可以仅仅装运部分货物,而不继续装运剩余货物。显然,允许部分装运是申请人对受益人的一种便利。比如:

[案例170] R477:信用证允许部分装运下,规定货物数量是否必须全部装运?

案中,信用证允许部分装运,并规定货物描述为 frozen chicken leg quarters and sub-products. 提交的发票显示货物描述仅为 frozen chicken let quarters. 尚有货物 sub-products,金额USD0.41未装运。可以吗?

分析及结论:

国际商会认为:信用证允许部分装运,并不意味着受益人在装运了部分货物后,有继续装运的义务,包括受益人已经装运了绝大部分货物,而仅剩下 USD0.41 for the sub-products 未装运。(The shipment that was made showed a goods description of "frozen chicken leg quarters" only. In line with a partial shipment of the goods, this description would be acceptable on the basis that the "sub-products" would form any other shipment that was or had been made. It should be noted that the mere fact that a credit stipulates that partial shipments are allowed and the beneficiary effects a partial shipment, does not bind the beneficiary to make further shipment(s).)

点评:

说实话,最终没有全部装运本就是部分装运的应有之义。

引申:

如果提交的发票显示货物描述仅为 frozen chicken let quarters,且支完所有的信用证金额,构成不符吗?我们认为,仍然不是不符点,因为尚未装运的货物 sub-products,可能金额为零。

实务中,尽管UCP默认允许部分装运,申请人和开证行通常仍然会在信用证中特别表明"partial shipment:allowed"。

当然,申请人也可以不给受益人提供部分装运的便利,还可以在给受益人提供部分装运便利的同时,加以一定的约束。

比如:信用证不允许部分装运时,需要表明:partial shipment:not allowed. 这样,受益人

---

① 《中华人民共和国合同法》,1999年3月15日第九届全国人民代表大会第二次会议通过,自1999年10月1日起施行。

必须一次性装运全部货物。

还比如：信用证规定 partial shipment: allowed, but partial shipment within one purchase order not allowed.（允许部分装运，但只限于不同的订单下货物，同一订单只能一次性装运。）

还比如：

[案例171]　R650/TA671：限制装运次数的信用证，最后一批必须发完吗？

案中，信用证规定：

43P：允许部分装运两次。

45A：总数 3385 cbm，分两次装运，每次 1692 cbm。（Total quantity 3385 cbm will be shipped in two lots. Each of 1.692 cbm.）

47A：第9项本信用证规定的数量要分两次装运。

之后做了修改：

43P：改为："允许部分装运"，删去"两次"；

45A：改为："总数 3385 cbm，全部数量分两次装运"；

47A：删除第9项。

交单情况：三批单据。第二批未装运完，第三批继续装运。

开证行拒付第三批交单，认为：货描部分仍然限定了装运次数2次。保兑行认为：信用证已经修改了43P及47A.9，所以部分装运是允许的。

请问：信用证货描提及 shipped in two lots，如何理解？

分析及结论：

国际商会说："UCP600第31条有关部分装运的规定表明，允许部分装运的信用证即认可了装运可以为任意批次。"

接着说："修改书修改了上述规定，要求'分两批数量相同的装运'。修改书关于'两批'的要求已经从43P和47A.9删除。但45A仍要求'两批'装运，只是没有规定每批数量。关于装运批次的规定可以在信用证的任何地方，而不仅仅是43P和47A。"

"实际上第二批装运已经构成了不符点，因为没有把剩余的数量运完。（In effect, the second drawing was discrepant for the reason that the balance of the goods was not shipped at that time. The query reflects that the documents were accepted. It is not clear whether the acceptance was by waiver of the applicant to the discrepancy that not all the goods had been shipped or error on the part of the issuing bank in not observing the discrepancy.）"

"开证行有权拒付第三批单据。（The issuing bank was entitled to refuse the documents presented as a third drawing.）"

点评：

从申请人的意图来看，案例中的货物只能在2批次内装运完毕。信用证的规定 shipped in two lots，直译即为：全部数量必须在2批内装运。反之，所有数量的装运批数仅为1批或在3批（含）以上，则不可接受。从逻辑上看，当第二批货物未装运完时，已经意味着所有数量的装运，只能在3批（含）以上完成，从而未满足信用证要求。

准确地说，信用证的规定其实隐含了一个假设性的前提，即45A所指向的货物为规定的全部货物。这一点主要源于基础合同下申请人的意图。业内的人应该知道，信用证允许分批装运，本身是申请人对受益人提供的一种便利。而在申请人眼里，已经有完整的基础合同要约在先,否则,理应不会就装运次数方面向受益人提供允许部分装运的便利。信用证的规定恰恰是在传递申请人的这一明确意图。

深究来看,之所以申请人会要求在信用证中传达这么一个意图,主要与贸易的货物性质本身有关。比如,进口铁矿石可能涉及散装船运输,运输批次与运费的支付可能给进口商的成本带来很大不同,因此规定了分成2批装运完成全部货物的要求,所以,第2批装运并交单的货物必须装完。

实务中,常常困惑于多次装运如何表达。显然,这包括 two shipments,shipment in two lots.

引申:

就相同的案例背景,以上结论是否一样适用于以下几种相似的信用证条款呢?

a. overall quantity shall be shipped in 2 or 3 lots;
b. all quantity shall be shipped in 2 or 3 lots;
c. goods shall be shipped in 2 or 3 lots.

如果从申请人的意图来看,以上三种措辞并无本质的不同,即信用证的规定本身均已经隐含了一个前提,即45A所指向的货物为规定的全部货物。而47A以 overall/all quantity 措辞,只是对申请人意图加以强调而已。换言之,不管是否有此强调性措辞,均不改变申请人的意图。

因此,以上三种信用证条款下应该同样适用前面的结论。

再引申:

当然,还会发生类似的情况,如果本案提交的单据表明全部货物实际装运一次,算不符点吗?我们认为,应该算。因为这可能会对买卖双方造成实质性影响,如对每一次装运的数量等有规定的情况下,一次性交单只能逼着申请人和开证行一次性表态是否必须赎单;也可能不会影响,如对每一次装运的细节没有具体的要求,则一次性装运一次性交单,与多次装运多次交单没有本质的区别。未见国际商会发表过针对性意见。

请注意,与默认允许部分装运一样,信用证还默认允许部分支款,这是申请人对受益人提供的另一种便利。只是信用证下支款通常总是与装运相匹配,支款金额总是与货物装运数量直接匹配。所以,本款关于默认允许部分支款的规定,理应主要出于与部分装运相呼应。换句话说,在信用证允许部分装运时,便同时允许也默认必须相应地部分支款,理应不能等到全部装运结束后一次性支款。

当然,信用证可以另有规定。比如:预付款10%证外支付,90%货款证内支付时,信用证往往会在42C drafts at 规定:… for 90 pct of the invoice value… 此时,受益人便不能按100%的装运货物价值支款。还比如:资本物品、大宗物品贸易信用证往往规定货物一次性装运,货款多次支取,尾款支取必须凭最终确认报告(final acceptance report)。

而在服务贸易或履约行为交易下,特别是为借款、履行提供担保的备用信用证下,根本就不存在直接的货物装运,但是信用证支款行为仍会发生,此时,信用证通常会就如何支款作出特别的规定。

第三,支款/装运时间表只显示最迟日期,不是分期时间表,但交单仍必须满足。

按照本段的规定,"当信用证仅以一些最迟日期规定了支款或装运的时间表,而不是(第C15段a款i项所涉及的)特定期间时,这不属于UCP600所设想的分期时间表,UCP600第

32条将不适用。尽管如此,该交单仍应当符合信用证中有关支款或装运时间表和UCP600第31条的任何要求。"比如:信用证45A货物描述中规定了下列细节:

货物A,500公吨,不得迟于2月20日装运;

货物B,500公吨,不得迟于3月20日装运;

货物C,500公吨,不得迟于4月20日装运。

虽然有三个最迟装运日期,但是,这不算UCP意义上的分期装运表。如果货物A在2月20日之前没有全部装运,则并不影响货物B和货物C继续装运。当然,按照本段的规定,货物B和货物C的装运还必须遵守时间表的规定,即货物B必须在3月20日之前装运,而货物C必须在4月20日之前装运。

请注意,本款的规定是对国际商会以往意见的一个重大改变。比如:

[案例172]　R313:信用证规定的装运表只显示一些最迟装运日期,算分期装运吗?

案中,信用证要求装运货物总数量30 000kgs。其中举了个例子:

Example 1. Shipment schedule

10 000 kgs latest on 31 Oct. 1997

10 000 kgs latest on 30 Nov. 1997

10 000 kgs latest on 31 Dec. 1997

分析及结论:

国际商会说:这是分期装运表,即当期未满足将导致信用证失效。Example No. 1 gives three "latest" shipment dates for which 3×10,000kgs may be shipped. In reality,30,000kgs could be shipped by 31 October,OR,one shipment of 10,000kgs made by 31 October and the balance of 20,000kgs either shipped as one shipment by 30 November,OR,otherwise split to ship at least an additional 10,000kgs by 30 November. While this is not the requested wording that was intended by Article 41,nevertheless if at least 10,000kgs is not shipped by 31 October the credit would cease to be available for all further shipments. Likewise,if at least 10,000kgs is shipped by 31 October but a total of 20,000kgs are not shipped by 30 November,the credit would cease to be available for any remaining merchandise.

国际商会还说原先在R246中的意见已经撤销,由R313中的意见取代。

点评:

国际商会的意见实际上从UCP500至今出现反复,R246中认为上述情况"不构成"UCP意义上的分期装运表,R313中认为"构成"分期装运表取代R246中的意见。如今在本出版物中又认为上述情况"不构成"分期装运表。

实务中更关键的是确认一点,UCP意义上的分期装运表与其他装运表的区别,即:前者规定得早,则必须早装运,早交单,否则将导致当期不符,也将导致信用证失效;后者规定得早必须早出,规定得迟必须晚出,否则只会导致当期不符,但不会导致信用证失效。

多式运输单据
TRANSPORT DOCUMENTS COVERING AT LEAST TWO DIFFERENT MODES OF TRANSPORT
("MULTIMODAL OR COMBINED TRANSPORT DOCUMENT")

【导读】

在信用证下"一手交单,一手付款"的单据交易对应的货物贸易结构中,货物交付,有些是直接交付,有些则通过第三方运输完成。运输单据便是用以证明贸易合同中运输条款执行情况的一种单据,也是信用证交易中非常重要的一种单据。

本部分规定了多式运输单据的审核标准。

本部分的解读包括:

——阐述运输单据的功能,梳理运输单据的分类。

——介绍国际贸易下货物运输的概况的同时,说明以集装箱、多式联运、货运代理制的发展为特征的现代一体化运输趋势。

——辨析多式运输单据与提单的不同之处,如收货地与装货港、最终目的地与卸货港、装船批注是否必需、转运含义等。相同之处,如全套正本、清洁多式运输单据、货物描述、目的地交货代理人、更正、运费和额外费用、货物由多套多式运输单据涵盖等,为叙述方便,将一一略过,详见提单部分相关段落。

运输单据的功能

什么是运输单据?我们认为,不管是法律意义上,还是UCP意义上,运输单据的实质是运输合同的证明和收妥货物的证明。

这就是运输单据的两个基础功能——"合同证明"功能和"货物收据"功能。请注意,此处的货物收据,指的是"货物收据"功能,而不是总则部分第A18段中的作为一种单据的"货物收据"本身。

最新的我国《海商法》[①]：

第七十一条 提单，是指用以证明海上货物运输合同和货物已经由承运人接收或者装船，以及承运人保证据以交付货物的单证。提单中载明的向记名人交付货物，或者按照指示人的指示交付货物，或者向提单持有人交付货物的条款，构成承运人据以交付货物的保证。

第八十条 承运人签发提单以外的单证用以证明收到待运货物的，此项单证即为订立海上货物运输合同和承运人接收该单证中所列货物的初步证据。

虽然实务中的运输单据，不限于海商法范围内的提单、涉及海运的多式运输单据、不可转让海运单和租船提单等，但是，我国《海商法》的规定足以表明，"合同证明"和"货物收据"，是运输单据的两个基本功能，缺一不可。换句话说，一个单据证明了运输合同，证明了收妥货物，即为运输单据。如果只反映运输合同，或只证明收妥货物，前者接近于运输合同，后者接近于货物收据，都不是运输单据。反之，运输单据必定既是运输合同的证明，又是收妥货物的证明。

那么，什么是运输？什么又是运输合同呢？百度百科说："运输，是指人或物借助运力在空间内发生的位置移动。"运输的对象包括货物和旅客，在UCP中，仅涉及货物运输。最新的我国《合同法》[②]第288条规定："运输合同是承运人将旅客或者货物从起运地点运输到约定地点，旅客、托运人或者收货人支付票款或者运输费用的合同。"显然，运输合同即托运人与承运人就货物接收、运送、交付等运输服务提供，运输费用支付等运输事宜达成一致的一项约定。

相应地，运输单据作为运输合同的反映和证明，既要反映托运人，也要反映承运人，还要反映承运人与托运人之间达成一致的各项运输事宜，如货物接收、运送、交付、运费支付等。

UCP600所规定的第19条多式运输单据至第25条快递收据及邮政收据，均具有"合同证明"和"货物收据"双重功能，所以，均为运输单据。除此之外，均不是运输单据。比如：总则部分第A18段中的提货单（delivery order）、货物收据（cargo receipt）、货代收据（Forwarder's Certificate of Receipt）、货代装运证明（Forwarder's Certificate of Shipment）、货代运输证明（Forwarder's Certificate of Transport）、货代货物收据（Forwarder's Cargo Receipt）、大副收据（Mate's Receipt）等。

请注意：

第一，运输单据仅仅是运输合同的证明，而不是运输合同本身。

运输单据仅在托运人要求时而签发。以国内最新的《海商法》为例，第72条规定："货物由承运人接收或者装船后，应托运人的要求，承运人应当签发提单。"在许多情况下，可能并没有签发运输单据。实务中，在电放货物的情况下，常常没有签发运输单据。但是，没有签发运输单据绝不意味着不存在运输合同。"没有签发任何运输单证的，承运人与托运人之间仅有运输合同关系，不存在任何其他运输单证关系。这种情况下，应当严格遵循合同相对性原则，即运

[①] 《中华人民共和国海商法》，1992年11月7日第七届全国人民代表大会常务委员会第二十八次会议通过，自1993年7月1日起施行。

[②] 《中华人民共和国合同法》，1999年3月15日第九届全国人民代表大会第二次会议通过，自1999年10月1日起施行。

输合同的权利义务主体只能是承运人和托运人。"①

从这里可以看出,运输单据仅仅是运输合同的证明,而不是运输合同本身。

第二,运输单据是收妥货物的证明,非常接近于"货物收据",但还是不同。

实务中,货物收据,特别是 FCR 的使用有日见增长的趋势。比如:

[案例 173] 信用证要求提单(B/L),提交货物收据(Cargo Receipt),可以吗?

案中,咨询者问:信用证要求 bill of lading,提交的却是 cargo receipt。这是否可以接受呢?

分析:

货物收据 cargo receipt 按理并不会注明承运条款,从而便不是运输合同的证明,便不是运输单据。换言之,如果 cargo receipt 未注明承运条款,即便其他条件按 UCP600 第 20 条出具并签署,由于其不是运输合同的证明,也不能将其视为提单。

当然,如果 cargo receipt 载有完整的承运条款,且按照 UCP600 第 20 条出具并签署,则没有理由不将其视为提单。但这按理不会发生。其实,在法律上提单的内容有着严格的规范,提单的格式也有着严格的监管,正常情况下不会出现名为 cargo receipt 的提单格式。

结论:

准确地说,Cargo Receipt 通常是货代或买方或买方的代理人收到货物时向发货人出具的"货物收据"而已,它并不具有提单作为运输合同的证明功能,所以,不可接受。

引申:

反之,如果信用证要求 cargo receipt,那么,提交 bill of lading,可以接受吗? 实务中偶尔也会发生。

我们认为,按理也不可以接受,因为提单固然具有"货物收据"功能,但不是"货物收据"本身。未见国际商会发表过针对性意见。

运输单据的分类

UCP400 时期对运输单据分为三种,即一般性运输单据、海运提单、快递收据和邮政收据。

UCP500 对运输单据重新分类,包括七种,即海运/远洋提单、不可转让海运单、租船合约提单、多式运输单据、空运单据、公路铁路内陆水路运输单据、快递收据及邮政收据。

UCP600 对运输单据的分类,基本继承了 UCP500,没有实质变化,只是在条款顺序及名称上略有调整。

UCP600 和 UCP500 对运输单据为什么如此分类和排列呢? 是不是与运输方式有关呢? 准确地说,分类的主要依据为运输单据所反映的运输合同,以及该运输合同在实务中的使用频率和使用领域。在现代运输实务中②,公认的运输方式主要包括公路、铁路、水路、航空和管道五种;水路,又包括海运和河运。而 UCP600 所规定的运输单据,以及所反映的运输合同,有些对应于具体的运输方式,有些则并不对应于具体的运输方式。比如:

---

① 引自邬先江、陈海波:《货物控制权之研究》,载《中国海商法年刊》2003 年第 14 卷。
② 引自韩彪:《各种运输方式之间的发展关系分析》,载《北方交通大学学报》1994 年第 3 期。

品读 ISBP745

——多式运输单据，强调门到门运输或点到点运输，以及在运输过程中多种运输方式间的转换，这可以从运输单据表面粗略看出。多式运输单据，全称为"涵盖多种运输方式的运输单据(transport document covering at least two different modes of transport (multimodal or combined transport document))"，由 multimodal transport document 更名而来，这里统称"多式运输单据"，着重强调其功能，一并涵盖了同为多式运输单据的联合运输单据(combined transport document)。多式运输单据排在第一位。原因是，门到门承运下多式运输单据，近年使用面非常广，比任何一种仅涵盖单一运输方式的运输单据都普遍，也都重要。多式运输单据，可能是无"货权凭证"功能的运单，也可能是带"货权凭证"功能的广义提单。

——提单，强调海运航线上的班轮运输及提单的凭单提货的"货权凭证"功能，对应于单一的海运方式，或可能的单一的内陆水运方式。提单，由海运/远洋提单而来，实际上已经延伸到内陆水运。这一点，从公路、铁路和内陆水路运输单据部分的 J8 段 c 款规定中的上下文可以直接看出。因为随着国际航运业的发展，内陆港口开辟国际航线，江海直达、海江直达的情况日益增多，内河与海运、远洋运输的界限越来越模糊。而内陆水运也可能出具提单。显然，如此命名能更加准确地反映其功能，从而避免不必要的误会。

——不可转让海运单，侧重强调海运单的不可转让性，除此之外与海运提单几乎没有本质的不同，对应于单一的海运方式。

——租船提单，侧重强调该运输单据所反映的运输合同，已经与"租船"合同合而为一了，除此之外与普通提单几乎没有本质的不同，仍然对应于单一的海运或内陆水运方式。

——空运单据，对应于单一空运下的运输单据，属于无"货权凭证"功能的运单系列。

——公路、铁路、内陆水路运输单据，又分别对应于公路、铁路、内陆水路三种单一的运输方式。公路、铁路运输单据属无"货权凭证"功能的运单系列，内陆水路运单，则可能是运单，也可能是提单。

——快递收据、邮政收据和邮寄证明，统称"邮递单据"，其强调小件物品的门到门运输，表面上也看不出到底使用什么运输方式。严格地说，邮递是一种运输经营方式，它并不对应于一种特定的运输方式。正是因为这一特点，决定了邮递方式下的快递收据、邮政收据或邮寄证明别具一格，与众不同。实务中，以邮递单据作为信用证要求的运输单据极为罕见。对于小件物品，如微型配件等货物，一般选择邮递，这里的快递收据、邮政收据或投邮证明，便是邮递方式下的三种运输单据。请注意，作为信用证下运输单据的"邮递单据"，寄送的对象是信用证下的货物，而不是总则部分第 A10 段中的单据、样品等。

所以，准确地说，UCP600 所规定的运输单据，均各自对应于一种运输经营方式，而在不同的运输经营方式下，可能由单一运输方式完成，也可能由多种运输方式联合完成。

现代"一体化运输"的趋势

运输单据和运输合同，来源于运输。

回顾历史，随着轮船、汽车、火车、飞机和管道等现代运输工具的相继问世，自 19 世纪初，现代五种运输方式轮番登场。国际贸易货物运输，先后出现水路运输和铁路运输，而后公路运输、航空和管道运输，各种运输方式在货运市场中相互交叉，既有激烈竞争，也有分工和协作。

国际贸易中，一些内陆地区的进出口商离货运港口较远，而货物的进出口仅仅依靠海运、空运、公路、铁路、内河运输中的任何一种运输方式都很难单独完成。所以，从最初起运地（工厂或仓库)到最终目的地,通常都要经过几种不同的运输区段。在传统的承运方式下,每个运输区段分别由各自的承运人负责运输,货方需要分别与各区段承运人订立运输合同以完成全程运输,这势必给托运人造成诸多不便,几至不可能。而且每一种运输方式的承运人各负其责,一旦出问题也不便交涉。

针对这一系列问题,随着国际贸易量的增长,在各种运输方式协作的基础上发展起来的"一体化运输"理念和实践便应运而生,并日益引人关注。

"所谓'一体化运输',就是利用先进技术将各种运输方式有效地联结在一起,把多环节、多区段、跨地区、跨国界的运输生产过程有效地组织在一起,使它们紧密衔接、相互协作、相互配合而进行的门到门运输。它是(运输)组合供给的高级化形式。一体化运输的实现,标志着现代运输业的发展已彻底突破了各种运输方式单一发展的传统模式,进入多种运输方式相互衔接、协作与协调发展的新时代。"①

具体而言,在过去的几十年间,"一体化运输"的实践,包括以下三个部分:

第一,借鉴邮递的成熟做法,精明的商人们便发明了一种新的运输经营方式——涵盖多种运输方式的门到门或点到点运输。

多式运输下,由合同承运人与托运人签订一个运输合同,统一组织全程运输,实行运输全程"一次托运、一次收费、一张单证、一次保险、统一理赔和全程负责"。

20世纪60年代末美国首先试办多式运输业务,受到货主的欢迎。随后,多种方式运输在北美、欧洲和远东地区开始采用。20世纪80年代,多种方式运输已逐步在发展中国家实行。目前,多种方式运输已成为一种最为重要的集装箱运输形式,受到国际航运界的普遍重视。

多种方式运输的优越性体现在以下几个方面:

——合同承运人统一出具运输单据,简化货主托运、结算及理赔手续,节省人力、物力、财力;

——合同承运人统一组织运输,保证连贯性,可以缩短货运时间、减少库存,降低货损货差,提高货运质量,实现货运合理化,同时也降低货运成本。

第二,集装箱运输的普及。

到了20世纪50年代,集装箱的普遍使用,使得箱内货物在由一种运输方式转换为另一种运输方式时,可以"很方便地将集装箱从一种运输工具搬移至另外一种运输工具,而不需要移动箱内货物,极大地简化和加快了换装作业,而且由于集装箱具有坚固和密封的特点,一国海关检验加封放行后,另一国家口岸的海关只须验封,即可转关放行。这样就有可能通过制定国际公约谋求多式联运中各国法规的统一,简化过境货物的报关手续。"因此,配合多种运输方式联合起来进行运输的国际货物多式联运,发展成为现代国际货物运输的主要经营方式。在联结北美、欧洲、远东和澳洲的航线上,集装箱运输已达80~90%。"集装箱运输与多式联运的发展就是一体化运输的标志,也是现代运输业发展的必然趋势。"

值得一提的是,尽管多种运输方式联合常以集装箱货物为运输对象,但是,此类运输经营方式并不排除非集装箱的件杂货物运输。

---

① 引自赵锡铎:《论五种运输方式的统一管理》,载《综合运输》1998年第4期。

第三,货物运输代理制的发展。

传统的货物运输代理企业,仅仅是货方的代理,从事储货、寄存、报关、验收、收款等与运输合同有关的事。然而,由于集装箱运输方式的迅猛发展[①],信息化的进步,货方的需求也日新月异,迫于竞争的压力,传统的货运代理人已纷纷摆脱单纯货方代理人身份的局限性,通过经营运输设施,拓展服务内容等,从中获取"附加值",向独立运输经营人承担承运人责任转变,从而推动传统的货运代理行业,发生了实质性的变化。现代运输中的货运代理人,既可以是货方的代理——真正意义上的货运代理人(forwarder's agent),又可以是实际承运人的代理——合同承运人或实际承运人的代理人(carrier's agent),还可以是既与实际承运人签订总运输合同,也与货方签订分运输合同的合同承运人,一手托两家,运用市场机制、通过企业行为将承运人与货主联结在一起。同时,它能整合各种运输方式,形成高效能的运输供给系统,提供多式联运的全程服务。因而在发达国家运输代理制和集装箱运输一起发展,并呈方兴未艾之势。

"如果说集装箱运输通过运输技术领域的协调保证了一体化运输的实施,那么运输代理制的出现和发展则在经营管理方面为一体化运输提供了组织保证。"

总之,涵盖多式门到门运输、集装箱运输和货运代理制的发展,相辅相成,相得益彰,已经成功地把"一体化运输"的理念变成为现实。

货运代理人与货运代理制

什么是货运代理人?货运代理人,即 freight forwarders 或 forwarding agent,国内也译为运输行或货物运输代理人,简称"货代"或"运输行"。国际运输行协会联合会(FIATA)规定:货运代理人,是根据客户的指示为客户的利益而揽取货物运输的人,其本人不是承运人。货运代理人也可以依这些条件,从事与运送合同有关的活动,如储货(也含寄存)、报关、验收、收款。

FIATA 国际运输行协会联合会,是法文 Federation Internationale des Assaciations de Transtaires et Assimeles 的缩写,即 International Federation of Freight Forwarder Associations. 这是一个由众多运输行组成的国际民间组织。参加这一个组织的成员一般规模较大,换句话说,在 FIATA 之外,仍有许许多多的中小货运代理人,它们活跃在货运代理这一古老的行业。

货运代理人,与货运代理制相伴而生,其作用也随着货运代理制的发展而发展[②]。经过几百年的发展,货运代理已经形成了一个完整的行业,货运代理人的独特法律地位已经得到全球运输业以及相关行业的普遍认可。

第一阶段,传统意义上的货运代理阶段,收取佣金。

"国际货运代理人源于国内货运代理人跨越国界经营其业务,而国内货运代理人出现于公元 10 世纪,其早期的功能仅限于在自己的国家内担任通关代理人(customs broker),为进出口货物清关而履行相应的进出口手续。主要依附于货主接受收、发货人的委托办理一部分国际贸易业务和运输事宜,通过提供服务来收取佣金(或称代理费)。通过货运代理业务,承运人无须和一个个的零担货主洽谈来解决货源问题。货主也可以更好地处理运输过程中的相关事

---

① 引自吴宗祥:《国际货运代理,是"货主代理",抑或"承运人"》,载《对外经贸实务》2002 年第 11 期。
② 引自冯惊雷:《国际货运代理企业的法律地位研究》,2006 年硕士论文。

务。因此,国际货运代理人成为货主与承运人之间的桥梁和纽带。"

第二阶段,参与货物运输阶段,赚取运费上的差价。

"随着公共仓库在港口和城市的建立,海上贸易的扩大,货运代理业逐渐发展起来。到了16世纪,国际货运代理人不再满足仅仅从事与货物运输相关的各类辅助性工作,逐步开始进入货物运输领域直接经营运输业务。为了稳定客户,增加收入,相当数量的国际货运代理人开始签发自己的提单、运单及仓储收据,以便获得运费上的差价。18世纪,货运代理业开始把数个托运人发往同一目的地的货物集中起来向承运人托运,并为客户办理货物投保手续。此后,货运代理行业逐步发展成为一个运输关系当事人提供中间性服务的独立行业。这些中间人的特征都是在商业实践中发展起来的,它往往不符合法学理论中提出的关于代理的概念。"

第三阶段,货运代理向国际多式联运发展。

"最早出现的货运代理企业是各种运输方式独立的货运代理行业,如海运代理、铁路运输代理和公路运输代理等,主要从事区域性和国内的货运代理。随着商品市场范围的不断扩大,许多企业开始从事跨地区和跨国经营,大量的货物通过两种或两种以上的运输方式转移。同时运输市场也随之不断扩大并进一步分工,不同运输方式的企业出现了联合与协作。在发展'门到门'的运输过程中,集装箱和集装箱运输系统的发展为联运的发展奠定了物质基础。随着商品市场扩展到国际范围,开始区域或全球统一市场时,货运代理业的服务内容就朝着联运和国际这两个方向发展,导致了现代化国际多式联运代理业的产生和不断发展。因此,货运代理业逐步成为'运输的设计师','门到门'运输的组织者和协调者。"

第四阶段,货运代理提供现代综合物流服务。

"随着经济全球化、市场化、信息化、贸易投资自由化的飞速发展,外贸运输给国际货运代理提出了更高的要求。同时伴随着电子商务在全球贸易中占据主流地位,物流公司开始在产品的生产、运输、组织、销售以及配送等过程中扮演越来越重要的角色,已经有越来越多的货运代理企业开始向物流企业转型。作为物流服务的提供者,货运代理除安排货物运输外,还将提供其他服务,如集运、存货管理、分拨服务、加贴商标、订单实现、异地交货、分类和包装以及其他服务等。可以预见,现代综合物流服务是货运代理业未来发展趋势。"

多式运输单据的货权性与可转让性

多式运输单据的"可转让性"必须以"货权性"为前提。多式运输单据的货权性,指其是否代表货权,直接的体现即为收货人提货时,是否必须交出提单,以换取货物。多式运输单据的可转让性,指其是否可以通过背书交付或转让其所代表的货权。

与 UCP600 下的大多数运输单据一样,多式运输单据原则上"不论其名称如何"。但是,这并不绝对。如果多式运输单据的名称,本身就意味着特定的功能时,该名称所对应的功能仍必须满足。

国际商会在 UCP500 下的第 4 号意见书中说:"Many major multimodal transport operators (MTOs) used a multi-purpose format document, titled, for example: 'Bill of Lading for Combined Transport Shipment or Port-to-Port Shipment', or 'Non-Negotiable Sea Waybill for Combined Transport Shipment or Port-to-Port Shipment'. A document issued with either title above is also acceptable under Article 26, provided that the data content on the front of the document satisfies the requirement in the documentary credit for multimodal transport and for a negotiable document or for a non-negotiable document as the case may be."

从上面的描述中可以看出：

——货权性方面：如果信用证要求多式运输提单，则提交的运输单据，不仅须显示数据内容为UCP意义上的多式运输单据，还须满足法律意义上对于多式运输提单的"货权性"的要求，即其还必须具有"货权凭证"功能；如果信用证要求多式运输运单，则提交的运输单据，不仅须显示数据内容为UCP意义上的多式运输单据，还须满足法律意义上对于多式运输运单的非"货权性"的要求，即其不得具有"货权凭证"功能。

——可转让性方面：如果信用证要求"可转让"多式运输单据，则必须提交"可转让"的指示抬头或来人抬头多式运输提单，不得提交"不可转让"的记名抬头多式运输提单，也不得提交"不可转让"多式运输运单；反之亦然。

显然，如果信用证只要求多式运输单据，则提交的运输单据，只须显示数据内容为UCP意义上的多式运输单据即可，不论是带有"货权性"的多种方式运输提单，还是不带有"货权性"的多种方式运输运单，也不论是"可转让"多式运输单据，还是"不可转让"的多式运输单据，均可接受。

国际商会继续说："A document issued with either title above is also acceptable under (UCP500) Article 26, provided that the data content on the front of the document satisfies the requirement in the documentary credit for multimodal transport and for a negotiable document or for a non-negotiable document as the case may be."

值得注意的是，法律意义上，多式运输提单（BILL OF LADING）与多式运输运单（Waybill）的本质区别，不是"可转让性"，而是"货权性"。

与提单一样，多式运输提单代表货权，是"货权凭证"，具有"货权性"。所以，持单人可以凭单提货，承运人必须凭单放货。与提单一样，多式运输提单需要根据其抬头来判断可转让性及是否需要背书。而与海运单一样，多式运输运单并不代表货权，因此，不具有"货权性"，持单人不可凭以提货，承运人也无需凭单放货，从而也不具有"可转让性"。

其实，广义的运单，在海运、空运、公路、铁路和内陆水路运输中都有广泛的应用，而广义的提单则应用范围相对较窄，只限于海运和少数的内陆水运，以及涵盖海运或内陆水运的多式运输。

多式运输单据与海运

现代五种运输方式中，属于水路运输的海运，对历史上国际贸易的发展，起到了决定性的作用，至今在国际贸易总运量中仍占有绝对的份额。据一份权威统计，目前国际贸易总运量的75%以上是利用海上运输来完成的，有的国家的对外贸易运输海运占运量的90%以上。我国进出口货运总量的80%～90%是通过海运进行。什么原因呢？国际贸易需要在全球范围内进行商品交换，海运由于其通过能力大、运量大、运价低，以及对货物适应性强等特点，加上全球特有的地理位置和地理条件，决定了其是国际货物运输的主要手段。

正是因为海运在国际贸易中的绝对地位，所以，多式运输单据至今还是以海运为主，常见的有以下两种：

——陆桥运输（land bridge service）：利用铁路作为中间桥梁横跨大陆连接两端海洋，即海运—陆运—海运，犹如"大陆桥"而得名。比如：日本出口货物，自神户海运至连云港，经亚欧大陆桥通过铁路运至阿姆斯特丹，由阿姆斯特丹海运至伦敦。

——陆上铁路可到地点运输（O.C.P—overland common points）：即海运—陆运。比如：进口货物，自汉堡港海运至天津港，经铁路转运至北京。

正因为如此，在 UCP600 对多式运输单据的相关规定中，必然带有浓重的海运特征。具体包括以下几个方面：

第一，船长及其代理人签署

当然，船长签署的多式运输单据，一般仅限于第一程为海运的情况。换句话说，一般在第一程为海运的情况下，才会看到船长签署的多式运输单据，因为如果第一程不是海运，船长基本不会介入到前程运输，也就更谈不上签署多式运输单据，证实货物已在前程运输前被接管了。这一点体现在本部分第 D7 段的规定中。

第二，装船字样

其实，在船长签署的多式运输单据，最多只能证实货物已接收并装船而已，而且仍仅限于第一程为海运的情况。只是带有装船字样的多式运输单据，并不限于由船长或代理人签署，还可能是由承运人或其代理人签署。

第三，排除租船条款及租船合同

租船合同，是独立于多式运输单据之外存在于租船人和承租人之间的一个安排。与班轮条件比较而言，租船条件下由于弱化了公共承运人的地位，货物运输风险较大。而对于一家银行来说，租船条款或租船合同下，万一发生租船合同纠纷，极易卷入其中，则极不利于银行利益的保护。所以，根据 UCP600 第 19 条 a 款 vi 项的规定，多式运输单据与提单、海运单一样，排除了对租船合同的适用。

UCP600 第 19 条的适用

Application of UCP600 Article 19

【导读】

什么是多式运输单据？顾名思义，即涵盖多种运输方式的运输单据，显然，这是英文"transport documents covering at least two different modes of transport"的直译。

1980 年通过的《联合国国际货物多式联运公约》第 1 条的规定："国际多式联运是指按照多式联运合同，以至少两种不同的运输方式，由多式联运经营人将货物从一国境内接管货物的地点运到另一国境内指定交付货物的地点。为履行单一方式运输合同而进行的该合同所规定的货物接送业务，不应视为国际多式联运。"这是目前为止国际上有关国际多式联运最权威的定义。

第 D1 段

多式运输单据的特征

从 UCP400 到 UCP500、UCP600，对多式运输单据的功能要求并没有实质变化，即强调门到门多式运输，强调在这一运输过程中多种运输方式之间的转换。

Para D1：

a. A requirement in a credit for the presentation of a transport document, however named, covering movement of goods utilizing at least two different modes of transport means that UCP600 article 19 is to be applied in the examination of that document.

信用证要求提交涵盖至少两种不同运输方式的运输单据，无论其如何命名，这表示 UCP600 第 19 条应适用于单据的审核。

b. ⅰ. A multimodal or combined transport document is not to indicate that shipment or dispatch has been effected by only one mode of transport, but it may be silent regarding some or all of the modes of transport utilized.

多式或联合运输单据不应表明货物装运或发送仅以一种运输方式进行，但就所使用的某些或全部运输方式可以不予说明。

ⅱ. A multimodal or combined transport document is not to contain any indication of a charter party as described in paragraphs G2(a) and (b).

多式或联合运输单据不应包含第 G2 段 a 款和 b 款所描述的任何租船合同事项。

c. When a credit requires the presentation of a transport document other than a multimodal or combined transport document, and it is clear from the routing of the goods stated in the credit that more than one mode of transport is to be utilized, for example, when an inland place of receipt or final destination are indicated, or the port of loading or discharge field is completed but with a place which is in fact an inland place and not a port, UCP600 article 19 is to be applied in the examination of that document.

当信用证要求提交多式或联合运输单据以外的运输单据，且信用证规定的货物运输路线清楚地表明应使用一种以上的运输方式，例如，信用证显示内陆收货地或内陆最终目的地，或者信用证的装货港或卸货港栏位已填写一个地点而该地点事实上是一个内陆地点而不是一个港口时，UCP600 第 19 条应适用于该单据的审核。

【修订】

本段包括三款：

——a 款和 b 款的规定没有实质变化，措辞更明确；

——c 款的规定属新增，确认了信用证要求其他运输单据的同时规定了只有多式运输才能满足的运输路线下，必须按多式运输单据来审核。

多式运输单据

【解读】

第一，信用证要求运输单据涵盖至少两种不同运输方式，才适用本段规定的多式运输单据。这是 a 款的直接规定。

换言之，如果信用证未如此要求，则不适用。比如：信用证要求提单并规定了港至港运输路线，受益人提交了一份 MTB/L，此时须按 UCP600 第 20 条规定的提单要求进行掌握，而不适用于多式运输单据，尽管实际上该运输单据使用了至少两种运输方式，也涉及了至少两种运输方式的费用和责任。

那么，怎样算信用证对多式运输的要求呢？通常来说，主要看信用证规定的运输全程。信用证审单实务中的多式运输单据，其实与运输实务中的多式运输单据并不相同。前者，只限于 UCP600 第 19 条涉及的多式运输单据，即只限于信用证规定的运输全程，而与规定以外的其他运输区段没有直接的关系。后者，还包括附带前程运输或末程运输的 UCP600 第 20 条的提单和第 21 条的不可转让海运单。

实务总是复杂的。信用证偶尔会在要求提单的同时，却规定了港至港运输路线以外的收货地或目的地。显然，这只能以多种运输方式才能实现。如此，到底是按照 UCP600 第 20 条对应的提单来审核，还是按照本段对应于 UCP600 第 19 条的多式运输提单来审核呢？本段 c 款的规定给出了明确的回答，即还是按多式运输单据来审核。这是对 a 款规定的有益补充。比如：信用证 46A 中要求 Bill of lading，同时规定：

44A 收货地：Beijing China；

44E 装货港：Tianjin port；

44F 卸货港：any ports in west USA。

显然，这必须提交多式运输提单予以满足。

第二，信用证要求运输单据涵盖至少两种不同运输方式时，提交的单据可以表明两种以上的运输方式，也可以不说明运输方式，但不可以表明只使用了一种运输方式。当然，也不得表明租船条款。这是 b 款的直接规定。

因为如果多式运输单据表明仅由一种运输方式完成，则与此类运输单据的功能相矛盾。

尽管提交的多式运输单据，可以不管运输方式的转换，但是，该单据仍要以某种形式证实多种方式运输的过程，这毕竟是一种功能性要求。比如：信用证在 46A 中要求多式运输单据。提交的提单表明：收货地北京，装货港天津，卸货港汉堡，而只显示自天津至汉堡的船名。显然，这是多式运输，虽然只显示了一个船名，但从运输路线上看，将按多式运输单据来审核。

国际商会在 R353 中说："多式运输的含义即信用证要求采用不止一种运输方式，即包括从出口国某一内陆地区至进口国某一卸货港的运输单据。这意味着须提交证实了运输过程的单据，比如，从内陆地点用陆运方式运到出口国某一港口，继而海运至卸货港的运输单据。(The essence of multimodal transport is that the credit provides for transport by more than one mode of transport, e. g. it covers dispatch from an inland point in the country of export to a port of discharge in the country of import. This would be signified by the transport document evidencing dispatch, say by road from the inland point to a port in the country of export and then shipment by sea to the port of discharge.)"

如此,多式运输单据上仅显示港至港运输路线,或者仅显示港至港运输路线的基础上前程运输中的收货地与装货港系同一个地点,或者最终目的地与卸货港系同一个地点,则显然不可接受。

当然,实务中,多式运输单据上显示两种以上不同方式的运输工具也为一种证实形式。

第三,信用证要求提交提单等运输单据,但规定的货物运输路线清楚地表明使用了多种运输方式,则将按多式运输单据审核。这是 c 款的直接规定。

从本段 c 款规定所举的例子来看,这涉及两种情况:一是信用证显示了内陆收货地或最终目的地;二是信用证的装货港或卸货港栏位填写了一个地点,该地点事实上是一个内陆地点而不是港口。

[案例 174] R751/TA735 Rev:信用证 44 场对应的是多式运输路线,而 46 场要求的是提单,如何满足?

案中,信用证 46 场要求提交海运提单,而 44 场要求完成的是一个多式运输,如下:

44A 收货地:South Korea

44E 装货港:Any port in Korea

44F 卸货港:Peru Callao Port

44B 目的地:Lima

从提交的运输单据看,覆盖了多式运输的路线:

Place of Receipt 收货地:空白

Port of Loading 装货港:Ulsan,Korea

Port of Discharge 卸货港:Peru Callao Port

Final Destination 最终目的地:Lima

分析及结论:

国际商会说:既然信用证 44 场要求多式运输,那么就应该同时要求多式运输单据,而不是海运提单。(Given the routing for the shipment as shown in fields 44A,E,F and B,the credit should have requested the presentation of a multimodal or combined transport document (which is designed for use when there are at least two modes of transport involved)and not a bill of lading (which is designed for use in port to port shipments).)

接着说:理应按多式运输单据提交,适用 UCP600 第 20 条审核。另外,由于实际从韩国港口起运,收货地没有显示留白,没有问题。(Although the beneficiary presented a document titled "Ocean Bill of Lading" it covered shipment from a South Korean port (Ulsan) to Lima. The transport document must be examined under the article that is applicable to the conditions stated in the credit i.e., article 20. As shipment was effected from a South Korean port, the absence of any data in the field titled "place of receipt" would not be a reason for refusal.)

点评:

请注意,上述意见已经作废。

新版 ISBP745 在第 D1 段 c 款中,已经确立了一个新的意见,尊重"实质重于形式"的原则。

为什么?信用证要求的运输路线只能以多式运输实现,信用证要求的运输单据只能以多式运输单据来满足。当然，也可以说，信用证所要求的提单，其实是一种广义的提单，如多式运输提单，不能限于单一海运或单一水运。

[案例175]　R749/TA705 rev：捷克无港口，如何出运？

案中，信用证规定：44F 装货港：any port in Czech，并要求港至港提单。受益人发现捷克无港口，要求改证，但开证行未改证。出单时提交多式运输单据，显示收货地：×××，Czech；装货港：汉堡。可以吗？

分析及结论：

国际商会说：

> 既然捷克无港口，那么，申请人便应该提供新的运输路线的指示，而受益人不能擅自决定。
>
> 通知行知道后仅告知开证行从捷克港口装货是不可能的，这并不充分，它还应该寻求改证来更正这种异常情况，并通知受益人等待改证。
>
> 受益人由于不可能实现按照信用证规定的路线运输货物，必须因此承担被拒付的风险。(By shipping under a credit where the routing of the goods was impossible, the beneficiary bears the risk of refusal under the credit.)

点评：

捷克没有港口，但提交的信用证就是规定了目的港捷克主要港口，可以吗？国际商会说不可以。为什么？没说。如何处理，国际商会说，通知行收到此类信用证应该要求开证行澄清，受益人收到此类信用证应该要求申请人改证。

申请人对受益人的要求，必然会体现为信用证条款的规定。然而，这些条款可能实现，也可能无法实现。而受益人必须考虑申请人在信用证下的要求能否实现，而承担无法实现的风险。

显然，这样的意见对受益人并不公平，阻碍了信用证的使用。

我们认为，本段 c 款的规定，或许就是要纠正国际商会在上述案例中的意见，从而便利信用证的使用。换言之，与其认定受益人必须为此承担全部的风险，不如说，这只能以多式运输来实现，只能提交多式运输单据来满足。申请人承担指示模糊不清的风险。

引申：

如果信用证要求提单，同时规定：44E 卸货港：RIYADH DRYPORT VIA DAMMAM SEAPORT。实际上，RIYADH DRYPORT 是一个内陆点，而 DAMMAM SEAPORT 才是一个港口。所以，从信用证规定的运输全程来看，希望到达 RIYADH DRYPORT，必须适用多式运输。换言之，根据本段 c 款的规定，实际只能提交多式运输提单，这是可以接受的。

运输全程

实务中，多式运输单据上显示的运输全程，与信用证规定的运输全程，以及作为基础合同的国际贸易下货物买卖合同中约定的运输全程常常不完全相同。买卖合同下所涉及的货物运输，往往仅为信用证规定和运输单据所体现的实际运输的一部分。

比如：买卖合同中约定贸易术语为 CFR Hamburg，装货港 Xingang，China。而信用证中规定：

——44E 装货港：Xingang, China；

——44F 卸货港：Hamburg, Germany；

——44B 最终目的地：Frankfurt。

卖方在44E装货港天津新港（Xingang）装船交货给买方，安排从44E装货港Xingang到44F卸货港Hamburg之间的运输，并负责运费。而从44F的Hamburg到44B的Frankfurt的末程运输，其实是买卖合同以外的事，是应买方的要求，由买方负责运费承担风险，卖方协助安排而已，卖方并无必须安排的义务。当然，从信用证实务的角度看，作为受益人的卖方仍必须满足。

而运输单据上，可能会显示：

——收货地：Beijing；

——装货港：Xingang, China；

——卸货港：Hamburg, Germany；

——最终目的地：Frankfurt。

从收货地Beijing到装货港Xingang, China的首程运输，其实也是信用证安排以外的事。这多出来的首程运输，并不是买方所要求的，常常是卖方单方面为交货方便而一并安排的，其风险和运费由卖方承担。

总的来看，买卖合同下所涉及的货物运输，往往仅为信用证规定和运输单据所体现的实际运输的一部分。换句话说，"买卖合同所涉及的货物运输，是指卖方根据买卖合同的规定，被要求或被授权所安排的货物运输。该运输通常并非是指整个运输过程，而常常是指从装运港至目的港的远洋运输阶段。至于装运港前及目的港后的两段内陆运输则分别属于卖方和买方各自的责任，不涉及对方的利益，不属于买卖合同所涉及的运输。如三种最常见的贸易形式FOB（装运港船上交货）、CFR（成本加运费）、CIF（成本、保险费加运费）下的买卖合同所涉及的货物运输就是指自装运港至目的港的远洋运输，不包括装前卸后的内陆运输在内。"[①]

所以，作为受益人的卖方，必须关注卸货港以后的末程运输是否可以操作，如果无法协助完成则最好请买方修改信用证的运输条款。而银行和买方必须关注多种运输方式提单上的装货港是否显示了规定的装货港，卸货港是否显示了规定的卸货港，最终目的地是否显示了规定的最终目的地，无须理会在装货港之前是否还有首程运输。

真假多式运输单据

多式运输单据的基本特征是：涵盖多种运输方式。

多式运输单据判断时，必须关注两个方面：一是，在信用证中规定了收货地或目的地；二是，在多式运输单据上显示海运的同时，还显示了海运之外的前程运输或末程运输。前者表明似乎只能以多式运输，才能完成信用证规定的运输全程。后者表明在信用证规定的运输全程内，实际使用了多式运输。

比如：信用证要求多式运输单据，并要求：44A 收货地：广东韶关；44B 卸货地：卢森堡。显然，这只能通过多式运输完成。因为广东韶关和卢森堡都是一个内陆点。

还比如：信用证要求多式运输单据，并要求：44A 收货地：广州；44B 卸货地：卢森堡。显

---

① 引自侯淑波：《承运人的确定及对贸易双方的影响》，载《世界海运》1996年第4期。

然，这也只能通过多式运输完成。因为卢森堡是一个内陆点。请注意，这其中所涉及的"44A 收货地：广州"，理应可以是作为内陆点的广州，也可以是作为装货港的广州。

但是，如果信用证要求多式运输单据，并要求：44A 收货地：广州；44B 卸货地：汉堡。显然，这已经不一样了，可以通过多式运输完成，如由广州收货，转运到香港，由香港装船，运至汉堡；也可以通过单一海运完成，如由广州直接装船，运至汉堡。那么，信用证到底是在要求多式运输单据，还是要求提单呢？我们认为，这完全取决于实际提交的是什么运输单据。换言之，如果提交的是多式运输单据，则按多式运输单据来审核；如果提交的是提单，则按提单来审核。准确地说，信用证要求的所谓的"多式运输单据"，可能是"真"的多式运输单据，也完全可能是"假"的多式运输单据。这一判断与提单部分第E1段a款的规定相吻合——"信用证要求提交只涵盖港至港运输的运输单据（"提单"），而没有提及收货地、接管地或最终目的地，无论如何命名，这意味着将适用UCP600第20条审核。"

而如果信用证要求多式运输单据，并要求 44A 收货地：广州港；44B 卸货地：汉堡港。那就更明显了，通常只会以提单来满足。

更有甚者，信用证在要求多式运输单据时，只规定装货港和卸货港，根本就没有对收货地和目的地作出规定。比如：

[案例 176]　R638/TA629：信用证要求多式运输单据但只规定装卸港？

案中，信用证要求全套提单，同时规定多式运输单据可接受，并规定：

Field 44E：装货港：Umea，Sweden

Field 44F：卸货港：Port Jebel Ali，Dubai by vessel

提交的运输单据显示为收妥待运格式，且未显示已装船批注，起讫地点如下：

| Place of receipt：Umea，Sweden |
| Ocean vessel："vessel ××" |
| Port of Loading：Hamburg |
| Port of discharge：Port Jebel Ali，Dubai by vessel |

开证行拒付，理由为：B/L doesn't show port of loading as required under L/C field 44E.

分析及结论：

国际商会在分析中说：信用证要求多种方式运输单据但只规定装卸港，开证行风险自担。(The text of the query states that the presenter argued that the documentary credit was ambiguous by allowing a document covering at least two different modes of transport and requiring transport between two (sea)ports. Unfortunately, the manner of drafting the documentary credit in question is not uncommon, in that it lacks precise details of the shipment routing in the event of the alternative transport document, a multimodal transport document, being presented. In such circumstances, it can only be the issuing bank (and ultimately, the applicant) that bears the risk of such ambiguity, provided the document covers the routing stated in the documentary credit.)

国际商会在结论中说：案中运输单据，适用多式运输单据来审核，可以接受。(Based on the structure of the documentary credit and the fact that a document was presented to cover a multimodal transport between Umea and Jebel Ali, the multimodal transport document complies. The fact that Umea is not shown as the port of loading but as place of receipt reflects the nature of the multimodal transport that occurred. Hamburg, being shown as the port of loading, correctly reflects the transport from that port to Jebel Ali. Due to the fact that a multimodal transport has occurred, the transport document marked "received for shipment" and dated as of that date is acceptable.）

点评：

在国际商会的眼里，显然提交的运输单据，以提单来满足也可接受。因为开证行规定模糊不清，责任自担。比如：信用证要求多式运输单据，并要求：44E 装货港：广州；44F 卸货港：汉堡。此时，可以提交提单满足。

显然，这是对第 D1 段 c 款规定——"当信用证要求提交多式运输单据或联合运输单据以外的运输单据，且规定的货物运输路线清楚地表明使用了多种运输方式，则意味着将适用 UCP600 第 19 条审核"的引申解读。言外之意，如果信用证要求提单的同时，规定了只能使用多种运输方式才能满足的运输全程，那么，该提单实际上是信用证审单意义上的"假"提单，按理须视为多式运输单据来满足。既然如此，反之，如果信用证要求多式运输单据的同时，规定了只要单一海运即可满足的运输全程，那么，我们认为，该多式运输单据实际上是信用证审单意义上的"假"多式运输单据，按理可视为提单。未见国际商会发表过针对性意见。

第 D2 段

多式运输单据的名称

国际商会于上个世纪 70 年代初制定了《联合运输单据统一规则》，明确了联合运输的有关定义、相关单据、联合运输单据的性质、当事人的权利与义务等。UCP400 便采纳了联合运输单据（combined transport document）的说法，来概括实务中的涵盖多种运输方式的运输单据。

随着门到门运输概念的发展，涵盖多种运输方式的承运过程，已经不局限于海运方式，而是逐渐扩展到空运、公路、铁路、内河等运输方式。于是在 1980 年，联合国国际贸易及发展大会制定了《联合国国际货物多式运输公约》。之后，国际商会发布的 INCOTERMS 1990 以及联合国与国际商会共同制定的 ICC 481——《多式运输单证规则》，则均采用多式运输单据（multimodal transport document）的说法，来概括实务中的涵盖多种运输方式的运输单据。相应地，UCP500 也采用了这一说法。到了 UCP600，则基本沿袭不变。

在实务中，不管是早期出现的联合运输单据（combined transport document，简称 CTD），还是后来出现的多式运输单据（multimodal transport document，简称 MTD），两种名称均广为流传，混杂使用。为了更加准确地反映这一情况，UCP600 提出了一个新的说法——涵盖两种以上运输方式的运输单据来概括，与作为专用名称的联合运输单据 CTD 和多式运输单据 MTD 相区别。实务中，仍统一简称"多式运输单据"。

在实务中，多式运输单据按理都带有名称。

多式运输单据

Para D2:

In all places where the term "multimodal transport document" is used within this publication, it also includes the term "combined transport document". The transport document presented need not be titled "Multimodal transport document" or "Combined transport document" or words of similar effect even when the credit so names the required document.

在本出版物所有地方使用的"多式运输单据(multimodal transport document)"的术语,也包括"联合运输单据(combined transport document)"。提交的运输单据无需表明"多式运输单据(multimodal transport document)"、"联合运输单据(combined transport document)"或类似名称,即便信用证如此命名所要求的单据。

【修订】

没有变化。本段规定与 UCP600 第 19 条 a 款的规定——"A transport document covering at least two different modes of transport (multimodal or combined transport document), however named,... 涵盖至少两种不同运输方式的运输单据(多式或联合运输单据),不论其名称如何,…"相呼应。

【解读】

提交的多式运输单据只要满足功能,不管其名称是"多式运输单据(MTD)",还是"联合运输单据(CTD)",而且不一定要使用信用证要求的名称。比如:信用证要求 MTD,提交了 CTD,可以接受。反之,信用证要求 CTD,提交了 MTD,也可以接受。为什么呢?归根结底,二者名称相似。

实务中,由于多式运输单据大多数都涵盖海运方式,而且以海运为主,所以常见的名称有:
——港至港提单或多式运输提单(port-to-port B/L or multimodal transport B/L);
——多式运输提单(multimodal transport B/L,简称 MTB/L);
——多式运输不可转让海运单(multimodal transport non-negotiable seaway bill);
——联合运输提单(combined transport B/L,简称 CTB/L);
——联合运输不可转让海运单(combined transport non-negotiable seaway bill)等。

请注意,UCP600 对此类运输单据的要求,不限于这几种名称。与其他运输单据一样,UCP600 对运输单据的规定注重功能,不注重名称。换句话说,只要提交的运输单据满足此类运输单据的功能,便不管其如何命名,均可接受。

多式运输单据与直达提单

什么是直达提单(through B/L)?顾名思义,即货物从收货地到目的地全程直达运输,其对应的提单便对应于直达提单。此类提单的标记首先是印就的名称与其他提单不同,也与多式运输提单不同。

那么,直达提单与多式运输单据一样吗?可以当作多式运输单据吗?

国际商会在 R31/R32 的分析及结论中认为:二者有本质的区别,不可替代使用。它说:

The commission decided that there was a similarity between these two transport documents, but while the "through bill of lading" was a maritime bill of lading issued by a shipping company or one of its agents, the CTD was issued by a CTO who was not necessarily a shipping company.

品读 ISBP745

> The through maritime bill of lading, issued by the sea carrier and covering both land and sea transport. It was a single document for a through journey, but it was issued by the sea carrier as a principle vis-à-vis the shipper for the sea-leg only. Usually the sea carrier acted as agent of the shipper for arranging the land carriage; thus, while accepting responsibility for performing the sea carriage and accepting liability for loss or damage incurred during the sea-leg, the sea carrier normally accepted no responsibility for the land-leg. It does not, however, fully meet modern combined transport needs.
>
> CTD would need to be issued by one carrier, the so-called "principle carrier" or "combined transport operator", who, by issuing the document, would become responsible for arranging the whole "through" transport and would also become liable for any loss or damage to the goods during such "through" transport, regardless of the stage at which it might have occurred.

概括而言，这两种运输单据的共同之处，都涵盖两种以上的运输方式。不同之处则在于：

——多式运输单据下承运人对全程承担承运责任。

如前所述，在多式运输下，由合同承运人与托运人签订一个运输合同，统一组织全程运输，实行运输全程"一次托运、一次收费、一张单证、一次保险、统一理赔和全程负责"。简言之，在多式运输单据下，合同承运人对托运人全程负责，各区段实际承运人分别对合同承运人负责。

——直达提单下前程运输必须为海运，并由船公司出具，而出具直达提单的船公司只对海运区段承担承运责任，不对后段运输负责。

所以，直达提单究其实是 UCP600 第 20 条规定的港至港提单而已。

从这里还可以看出，多式运输单据的特征，不仅仅在于涵盖两种以上运输方式，还应该包括合同承运人必须承担全程承运责任。正是因为二者的特征不同，所以，不能互相替代使用。

在这个意义上，显然，银行是不能完全一味根据 UCP600 第 19 条 a 款的规定，认为多式运输单据可以"不论其名称如何"，片面认定与其形似而神异的直达提单为多式运输单据。

实务中，多种运输方式日渐普及，直达提单已经很少了，但还是会看到。

出具、承运人及签署

Issuance, carrier, identification of the carrier and signing of a multimodal transport document

【导读】

本节规定了多式运输单据的出具与签署。

本节包括三段。第 D3、D4 段的详细解读，参见提单部分第 E3、E4 段。这里简要解读第 D5 段，详细解读可参见提单部分第 E5 段。

第 D3/D4 段

货代多式运输单据

Para D3:

a. A multimodal transport document may be issued by any entity other than a carrier or master (captain) provided it meets the requirements of UCP600 article 19.

多式运输单据可以由承运人或船长以外的任何实体出具,只要其满足 UCP600 第 19 条的要求。

b. When a credit indicates "Freight Forwarder's Multimodal Transport Document is acceptable" or "House Multimodal Transport Document is acceptable" or words of similar effect, a multimodal transport document may be signed by the issuing entity without it being necessary to indicate the capacity in which it has been signed or the name of the carrier.

当信用证规定"货运代理人多式运输单据可接受(Freight Forwarder's Multimodal Transport Document is acceptable)",或"运输行多式运输单据可接受(House Multimodal Transport Document is acceptable)",或类似措辞时,多式运输单据可以由出具人签署,且不必注明其签署身份或承运人名称。

Para D4:

A stipulation in a credit that "Freight Forwarder's Multimodal Transport Documents are not acceptable" or "House Multimodal Transport Documents are not acceptable" or words of similar effect has no meaning in the context of the title, format, content or signing of a multimodal transport document unless the credit provides specific requirements detailing how the multimodel transport document is to be issued and signed. In the absence of these requirements, such a stipulation is to be disregarded, and the multimodal transport document presented is to be examined according to the requirements of UCP600 article 19.

当信用证规定"货运代理人多式运输单据不可接受(Freight Forwarder's Multimodal Transport Documents are not acceptable)",或"运输行多式运输单据不可接受(House Multimodal Transport Documents are not acceptable)",或类似措辞时,除非信用证对多式运输单据如何出具和签署作出明确要求,否则,该规定在多式运输单据的名称、格式、内容或签署方面没有任何含义。当没有这些要求时,该规定将不予理会,提交的多式运输单据应按照UCP600第19条的要求予以审核。

第 D5 段

签　　署

多式运输单据的签署与提单相似。

品读 ISBP745

Para D5：

　　a. A multimodal transport document is to be signed in the form described in UCP600 sub-article 19(a)(ⅰ) and to indicate the name of the carrier, identified as the carrier.

　　多式运输单据应按照 UCP600 第 19 条 a 款 i 项规定的方式签署，并注明承运人名称及表明承运人身份。

　　b. When a multimodal transport document is signed by a named branch of the carrier, the signature is considered to have been made by the carrier. 当多式运输单据由承运人的具名分支机构签署时，该签字应视为由承运人作出。

　　c. When an agent signs a multimodal transport document for [or on behalf of] the carrier, the agent is to be named and, in addition, to indicate that it is signing as "agent for (name), the carrier" or as "agent on behalf of (name), the carrier" or words of similar effect. When the carrier is identified elsewhere in the document as the "carrier", the named agent may sign, for example, as "agent for [or on behalf of] the carrier" without naming the carrier again.

　　当多式运输单据由代理人代承运人签署时，该代理人应具名，此外，应表明其作为"承运人（承运人名称）的代理人[agent for (name), the carrier]"或"承运人（承运人名称）的代理人[agent on behalf of (name), the carrier]"签署或类似措辞。当承运人在单据的其他地方表明"承运人"身份时，该具名代理人可以诸如"承运人的代理人[agent for [or on behalf of] the carrier]"的身份签署，而无需再次提及承运人名称。

　　d. When the master (captain) signs a multimodal transport document, the signature of the master (captain) is to be identified as "master" ("captain"). The name of the master (captain) need not be stated.

　　当多式运输单据由船长签署时，船长签字应表明"船长[master(captain)]"身份，无需注明船长姓名。

　　e. When an agent signs a multimodal transport document for [or on behalf of] the master (captain), the agent is to be named and, in addition, to indicate that it is signing as "agent for the master (or captain)" or as "agent on behalf of the master (or captain)" or words of similar effect. The name of the master (captain) need not be stated.

　　当多式运输单据由代理人代船长签署时，该代理人应具名，此外，应注明其作为"船长代理人[agent for the master (or captain)]"或"船长代理人[(agent on behalf of the master (or captain))]"签署或类似措辞，无需注明船长姓名。

【解读】

　　本段的详细解读，参见提单第 E5 段。这里说一说，在多式运输实务中经常见到的多式运输经营人，且与承运人并称。

　　与 UCP500 相比，UCP600 已经没有了多式运输单据由多式运输经营人出具的规定了，也不再规定多式运输经营人或其代理签署多式运输单据了。那么，为什么要取消多式运输经营人呢？

　　作为运输合同反映的运输单据，理应由作为运输合同一方的承运人或其代理人签署，以示证实内容，承担承运责任，多式运输单据也不例外。值得一提的是，UCP500 时期曾经还允许多式运输经营人签署多式运输单据，即在正面表明多式运输经营人，并由多式运输经营人或其代理人签署。事实上,多式运输经营人(MTO)就是承运人(carrier),尽管仅仅是与托运人签订运输合同的合同承运人(contractual carrier),可能实际承担运输任务,从而兼为实际承运人(actual carrier),也可能不是实际承运人。

什么是多式运输经营人呢?

我国最新的《海商法》规定:
第一百零二条第二款　前款所称多式联运经营人,是指本人或者委托他人以本人名义与托运人订立多式联运合同的人。

而什么是承运人呢?实务中,分为合同承运人(contractual carrier)和实际承运人(actual carrier)。前者指与托运人签订运输合同的人,因而得名,也简称承运人;后者指实际承担运输的人,因而得名。以海上货物运输为例:

我国最新的《海商法》规定:
第四十二条
(一)承运人,是指本人或者委托他人以本人名义与托运人订立海上货物运输合同的人。
(二)实际承运人,是指接受承运人委托,从事货物运输或者部分运输的人,包括接受转委托从事此项运输的其他人。

从定义可以非常直观地看出,在多式运输下,准确地说,多式运输经营人就是指上述的合同承运人,也称承运人。而实际承担各区段运输任务的,就是指的实际承运人。

其实,实务中多式运输经营人在签署多式运输单据时,并不显示多式运输经营人的身份,而直接显示为承运人。

装船批注、装运日期、收货、发送或接管地、装货港或出发地机场

On board notation, date of shipment, place of receipt, dispatch, taking in charge, port of loading or airport of departure

【导读】
承运人在多式运输单据下承运责任的起点,按理是从装运日在收货地收货或装货港装船开始。
本节规定了多式运输单据的收货地、装货港、装船批注和装运日期的审核。
本节还规定了多式运输单据收货地与装货港的显示的审核。

第 D6 段

收货及装运日期

与提单下单一海运涉及货物装船不同,多式运输单据下,多式运输涉及的是收货。

那么,多式运输单据下如何判断收货?如何判断收货地点和装运日期呢?

Para D6:
The issuance date of a multimodal transport document will be deemed to be the date of receipt, dispatch, taking in charge or shipment on board and the date of shipment, unless it bears a separate dated notation evidencing receipt, dispatch, taking in charge or shipment on board from the place, port or airport stated in the credit. In the latter event, such date will be deemed to be the date of shipment whether that date is before or after the issuance date of the multimodal transport document. A separate dated notation may also be indicated in a designated field or box.

多式运输单据的出具日期将被视为收货、发送或接管、装船或装运日期,除非其载有单独注明日期的批注,表明在信用证规定的地点、港口或机场收货、发送、接管或装船。在后一种情况下,该批注日期将被视为装运日期,不论其早于或晚于多式运输单据的出具日期。注明日期的单独批注,也可以显示在指定栏位或方框中。

【修订】

本段规定,承袭了 UCP600 第 19 条 a 款 ii 项的规定,含义没变。

【解读】

第一,多式运输单据必须表明货物已经发送、接管或装运。

运输单据必须表明承运人的管货责任,即收妥货物并管理货物的责任。多式运输单据下,表明管货责任的起点,可以使用以下措辞:

——已收货(received):这是多式运输下最常用的措辞,也是其门到门承运特征的直接体现。

——已发送(dispatched):首程为空运、公路、铁路或河运的情况时,常常使用这一措辞,其已经包括已收货的含义。因为发送总是以收货为前提。

——已接管(taken in charge):这是已收货的一种变通形式,如以货权凭证交接代表货物交接,便会出现货物已接管。

——已装船(shipped on board):首程为海运时,需要表明货物装船,其已经包括已收货。因为装船总是以收货为前提。当然,如果首程非海运,而信用证明确要求多式运输单据表明"shipped on board"时,仍会出现该措辞。请注意,根据第 D11 段的规定,多式运输单据涉及的"shipped on board",均指已装船。

与此一样,所有运输单据都必须载有相似的内容,以表明承运人管货责任的开始。这体现了运输单据的证明收妥货物要求——"货物收据"的功能。

第二，多式运输单据必须表明货物在规定的装运日期和收货地点收货。

多式运输单据一般都是收妥待运格式。所以，默认在收货地栏位中的收货地收货，其出具日期即为装运日。例外的情况是，多式运输单据上载有单独的收货批注，批注内容包括收货或装船标志、收货地点、港口或机场及日期。此时，将视批注日期为装运日期。

此外，多式运输单据上收货地、装运地、接管地或装船港，可能会重复显示。这也是其多种运输方式的特征使然。比如：

[案例177] 多式运输单据上既有收货地收货日期，也有装货港装船日期时，应以何者作为装运日期呢？

案中，信用证要求多式运输单据，最迟装运日：8月16日，并规定：
44A：收货地：北京；
44E：装货港：天津；
44F：卸货港：汉堡。
提交的多式运输单据显示出具日期8月16日，并显示：
收货地：北京；
装货港：天津。
装船批注：shipped on board 天津港，8月18日。
那么，提交的多式运输单据过最迟装运日了吗？

分析：
实务中多式运输单据的已收货或已装船，总是与特定的时间和地点相对应的。
案中，于北京收货的时间是8月16日；于天津港装船的时间是8月18日。所以，就信用证规定而言，理应以北京收货来判断装运日，即为8月16日。显然，这一日期在最迟装运日8月16日之内，尽管在天津港装船为8月18日晚于最迟装运日。

结论：
提交的多式运输单据未过最迟装运日，可以接受。

引申：
如案中的信用证规定：
44A：收货地：中国；
44F：卸货港：汉堡。
显然，于北京收货或于天津港装船，均算符合信用证对收货地的要求。但是，如果结合装运来看，北京收货的时间是8月16日，满足对装运日的要求；而天津港装船的时间是8月18日，未满足对装运日的要求。

点评：
我们认为，由于收货地和装船港不同，批注与印就文字效力可能并存，而不适用于本段以批注文字效力优先来认定装运日，即不必然以天津港装船批注日期8月18日来确认是否过最迟装运日。未见国际商会发表过针对性意见。

> 第 D7 段

装船批注

按理,多式运输单据关注的是门到门承运,通常不需要装船批注的。然而,基于其海运特征,实务中常常见到装船批注。

那么,多式运输单据到底什么时候需要装船批注呢?

Para D7:
> When a credit requires shipment to commence from a port, i.e., when the first leg of the journey, as required by the credit, is by sea, a multimodal transport document is to indicate a dated on board notation, and in this event paragraph E6(b)——(d) will also apply.
>
> 当信用证要求货物从规定的港口起运,即信用证要求首程为海运时,多式运输单据应显示注明日期的装船批注。在此情况下,第 E6 段 b 款至 d 款也将适用于该多式运输单据。

【修订】

本段规定属新增。

【解读】

多式运输单据在以下两种情况,必须表明已装船:

——当信用证特别要求已装船多式运输单据时;

——当多式运输单据表明首程为海运时。

请注意,以上情况要求多式运输单据必须表明已装船,理应不限于装船批注。因为实务中多式运输单据本身可能就是印就已装船格式。比如:

[案例 178] R641/TA650 rev:多式运输单据需要装船批注吗?

案中,信用证要求 shipment from USA Main Port to Huang Pu, China,并规定:"Clean On Board Multimodal Transport Document consigned to the order of shipper, blank endorsed, notify applicant, marked freight prepaid."

提交多式运输单据,其他方面均符合信用证规定,同时显示了一个单独的装船批注,但少了批注日期。还显示了:

Place of Receipt: Memphis

Port of Loading: Long Beach

Port of Discharge: Chiwan, China

Place of Delivery: Huang Pu, China

分析及结论:

国际商会说:

1.当信用证如此要求时,多式运输单据上必须显示一个带日期的已装船批注。首程是海运时,也必须如此显示装船批注。(A dated on board notation is clearly required when the credit so requests. It is also required when the document evidences the first leg of the carriage as a sea shipment from the place stated in the credit.)

2. 当提交的多式运输单据预先印就已装船,那么出具日期视为装运日。当多式运输单据显示从信用证规定的地点首程海运,那么必须显示货物已装船,以预先印就格式或批注形式显示均可。(Where a transport document is pre-printed shipped on board then the date of issuance would be deemed to be the date of shipment. When the document evidences the first leg of the carriage as a sea shipment from the place stated in the credit, there is a need for evidence of the date the goods were shipped on board i.e., pre-printed or by notation.)

点评:

本段规定必须表明已装船的第二种情况,只提及了信用证要求首程海运。实际上,正如国际商会在本案结论中所说的,如果是多式运输单据本身显示了从信用证规定的地点首程海运,仍然需要已装船批注。

至于实务中,如何表明已装船,详细解读参见本出版物提单部分第 E6 段 b 款和 c 款。

第 D8 段

装货港与收货地栏位

与提单一样,多式运输单据上通常都在收货地栏位显示收货地,在装货港栏位显示装货港。

Para D8:

In a multimodal transport document, when a credit requires shipment to commence from a port, the named port of loading should appear in the port of loading field. However, it may also be stated in the field headed "Place of receipt" or words of similar effect, provided there is a dated on board notation evidencing that the goods were shipped on board a named vessel at the port stated under "Place of receipt" or words of similar effect.

当信用证要求货物从港口起运时,多式运输单据的具名装货港应显示在装货港栏位。然而,只要注明日期的装船批注证明货物在"收货地"或类似栏位中的港口装上具名船只,该具名装货港也可以显示在"收货地"或类似栏位中。

【修订】

本段规定属新增规定。
本段规定,仅适用于首程海运的情况。
本款的规定没有涵盖预期装货港的情况。

【解读】

本段规定的详细解读,参见提单部分第 E6 段 g 款。

第 D9 段

收货地与国别

与提单装货港相似,实务中涉及的收货地,首先必须是信用证规定的收货地。

Para D9：
A multimodal transport document is to indicate the place of receipt, dispatch, taking in charge, port of loading or airport of departure stated in the credit. When a credit indicates the place of receipt, dispatch, taking in charge, port of loading or airport of departure by also stating the country in which the place, port or airport is located, the name of the country need not be stated.

多式运输单据应显示信用证规定的收货、发送或接管地、装货港或出发地机场。当信用证规定收货、发送或接管地、装货港或出发地机场,也表明该地点、港口或机场的所在国时,多式运输单据无需注明该国别名称。

【修订】

本段规定包括两句话：

第一句,与UCP600第19条a款III项的规定一致——"多式运输单据必须表明信用证规定的发送、接管或装运地点以及最终目的地。"

第二句属新增,涉及规定收货地与收货地的国别如何显示。

【解读】

这里着重解读本段第一句——"多式运输单据必须显示信用证规定的收货地、发送地、接管地、装货港或出发地机场。"其中,发送地、接管地、装货港或出发地机场,本质上都是一种收货地。比如：信用证规定了收货地（place of receipt）,提交的多式运输单据上显示为接管地（place of taking in charge）,可以吗？理应可以接受。因为信用证对运输单据的此类要求只是功能性要求,提交的运输单据功能满足即可,无须标明相同的栏位名称。

这第一句的规定来源于UCP600第19条a款第ⅲ项的规定,然而,UCP600第19条a款第ⅲ项的规定,则与提单装货港的规定不太一样。比如：

UCP600 第 19 条 a 款：
ⅲ. indicate the place of dispatch, taking in charge or shipment and the place of final destination stated in the credit, even if

表明信用证规定的发送、接管或装运地点以及最终目的地,即使：

a. the transport document states, in addition, a different place of dispatch, taking in charge or shipment or place of final destination, or

该运输单据另外还载明了一个不同的发送、接管或装运地点或最终目的地,或者

b. the transport document contains the indication "intended" or similar qualification in relation to the vessel, port of loading or port of discharge.

该运输单据载有"预期的"或类似的关于船只、装货港或卸货港的限定用语。

上述规定表明：

第一，多式运输单据在表明规定收货地之外，还可以显示一个不同的发送、接管或装运地点。最终目的地的情况可以参照掌握。这对应于 a 分项的规定。

多式运输的出现，主要是反映了集装箱运输的发展，适应了门到门承运服务（door-to-door）的需要，即多式运输大多用于这样一个门到门承运过程——从生产厂家，尤其是内地生产厂家的仓库接管货物，并以陆路方式，如卡车或火车运往装货港、装货机场或装货地，待下一阶段运往卸货港、卸货机场或卸货地，并最终运往最终用户的工厂或仓库。尽管如此，信用证规定的多式运输全程——从货物发送、接管或装运地点至最终目的地，可能仅仅是门到门承运过程的一个区段而已。实务中，对于银行而言，只须关心多式运输单据显示的实际承运区段，涵盖了信用证规定的运输全程即可，规定的运输全程之外的承运区段可以不予理会。这样，在多式运输单据上完全可能还显示了一个与信用证规定不同的发送、接管或装运地点或最终目的地。比如：信用证要求 PLACE OF DELIVERY：MADRID. 提交的提单在预先印就的栏位内填写：PLACE OF DELIVERY：VALENCIA，SPAIN，同时带有批注：PLACE OF FINAL DESTINATION：MADRID，SPAIN. 开证行以提单中显示了两处相互矛盾的目的地而拒付。我们认为，以批注文字效力优于印就效力论，显然，货物运输最终目的地应该是批注显示的 PLACE OF FINAL DESTINATION：MADRID，SPAIN，从而已经满足了信用证的要求，不可拒付。

但是，无论如何，信用证规定的运输区段及对应的最迟装运日期必须满足。比如：

[案例 179] 多式运输单据显示收货地的同时，还显示了一个装货港。可以吗？

咨询者问：信用证要求多式运输单据，规定最迟装运日：3 月 15 日，并要求：

44A 收货地：广州；

44F 卸货港：汉堡；

44B 最终目的地：卢森堡。

提交的收妥待运格式的运输单据，没有装船批注，显示出具日期为：3 月 10 日，并显示：

收货地：佛山；

装货港：广州；

卸货港：汉堡；

最终目的地：卢森堡。

那么，可以接受吗？

分析：

显然，多式运输单据上显示的装货港：广州，理应算信用证规定的收货地的一种。

UCP600 第 19 条 a 款第 ⅲ 项 a 分项的规定，允许多式运输单据在规定的收货地——也是装货港：广州港之外，显示不同的收货地——佛山。

但是，这并不妨碍多式运输起点的判断，即信用证规定的多式运输起点——装货港：广州港，实际上为首程海运，理应显示带日期装船批注。如需要，该批注还须包括实际装货港和实际船名。

结论：

我们认为，案中多式运输单据由于少了装船批注，不可接受。未见国际商会发表过针对性意见。

点评：

案中多式运输单据显示的出具日期，默认只能解读为在佛山收货的日期，而与广州港装船日期无关。

第二，多式运输单据在表明规定收货地以外，还可以显示"预期的(intended)"或类似的关于船只、装货港或卸货港的限定用语。这对应于 b 分项的规定。

所谓"预期的"船只或装货港或卸货港，指在出具运输单据之时，由于无法确定，因此只能显示为"预期的"。

不像提单那样仅涉及装卸货港较为单纯，多式运输单据可能涉及收货地、装货港、卸货港及最终目的地，还可能有多个收货地或多个最终目的地。因此，多式运输单据出具之时往往不能预知收货地之后涉及海运区段的船名、装货港或卸货港。故常常以"intended(预期)"一词冠于船名或装卸货港前。

当然，这里的规定并不绝对。比如：

[案例180] 多式运输单据显示"预期"卸货港，可以吗？

咨询者问：信用证要求多式运输单据，规定最迟装运日：3月15日，并要求：

44A 收货地：佛山；

44F 卸货港：汉堡；

44B 最终目的地：卢森堡。

提交的收妥待运格式的运输单据，显示出具日期为：3月10日，并显示：

收货地：佛山；

装货港：广州；

预期卸货港：汉堡；

最终目的地：卢森堡。

那么，可以接受吗？

分析：

提交的多式运输单据显示了"预期"卸货港：汉堡。

UCP600第19条a款ⅲ项a分项的规定，允许多式运输单据在规定的收货地之外，显示了不同的卸货港；b分项的规定，允许多式运输单据显示不同的卸货港，可以带"预期"字样。

然而，案中的"预期"卸货港——汉堡，系信用证的明文要求。这还适用吗？理应不可接受，否则，信用证何必浪费笔墨作出特别规定呢？

结论：

我们认为，案中的多式运输单据不可接受，除非参照提单部分的规定，另带合格的装船批注。

点评：

预期船名的情况，与此相似。

引申：

如果信用证要求多式运输单据，规定最迟装运日：3月15日，并要求：

44A 装货港：佛山；
44F 卸货港：汉堡；
44B 最终目的地：卢森堡。
提交的已装船的运输单据，显示出具日期为：3月10日，并显示：
预期装货港：佛山；
卸货港：汉堡；
最终目的地：卢森堡。
那么，这里显示的"预期"装货港：佛山，还可以接受吗？我们认为，仍然不可接受。

提请注意，虽然并无明文规定，多式运输单据显示的运输起点的收货地和终点的最终目的地，是否可以带"预期"字样？按理，答案是确切的，也是否定的，即不可接受。

本段其他内容的详细解读，参见本出版物提单部分第 E6 段 h 款。

第 D10 段

收货地与地理范围

与提单装货港相似，实务中涉及的收货地，其次还必须是实际收货地。

Para D10：

When a credit indicates a geographical area or range of places of receipt, dispatch, taking in charge, ports of loading or airport of departure (for example, "Any European Country" or "Hamburg, Rotterdam, Antwerp port"), a multimodal transport document is to indicate the actual place of receipt, dispatch, taking in charge, port of loading or airport of departure, which is to be within that geographical area or range of places. A multimodal transport document need not indicate the geographical area.

当信用证规定收货、发送或接管地、装货港或出发地机场的地理区域或地点范围（例如，"任一欧洲国家"或"汉堡、鹿特丹、安特卫普港"）时，多式运输单据应显示实际的收货、发送或接管地、装货港或出发地机场，且其应位于该地理区域或地点范围之内。多式运输单据无需显示该地理区域。

【解读】

本段详细解读，参见提单部分第 E6 段 i 款。

第 D11 段

装船字样

如前所述，多式运输单据也经常出现与提单相似的装船字样。

Para D11:

Terms such as "Shipped in apparent good order", "Laden on board", "Clean on board" or other phrases that incorporates "shipped" or "on board" have the same effect as the words "Shipped on board".

"已装运且表面状况良好(Shipped in apparent good order)"、"已装载船上(Laden on board)"、"清洁已装船(clean on board)",或其他包含"已装运(shipped)"或"已装船(on board)"字样的用语,与"已装船(Shipped on board)"具有相同效力。

【解读】

多式运输单据上显示的"Shipped on board"用语,默认指货物已装船。

请注意,这一点实际上改变了以往的惯常理解。比如:国际商会曾经在R282中说:"必须牢记的是,提单上显示的内容总会反映这样一种事实,即,'已装运(shipped on board)'批注可以指已装上提单所标明的指名船只或车辆/卡车或其他自收货地驶往装运港的运输工具,所以银行有必要确认装运批注所指的是哪一个运输区段。"结论继续说:"如果阅读一下提单的背面,(可以知道)'已装运(on board)'在包括已装上其他运输工具的同时,也包括装上集装箱运输车辆。"显然,此意见已经不再适用。

本段详细解读,参见本出版物提单部分第E7段。

最终目的地、卸货港或目的地机场

Place of final destination, port of Discharge or airport of destination

【说明】

承运人在多式运输单据下承运责任的终点,按理是到最终目的地或卸货港卸货为止。

本节规定了多式运输单据的最终目的地和卸货港的审核。

本节包括三段。详细解读,参见提单部分第E8段至第E10段。

第D12段

最终目的地栏位与卸货港

Para D12:

a. In a multimodal transport document, when a credit requires shipment to be effected to a port, the named port of discharge should appear in the port of discharge field.

当信用证要求货物运送至一港口时,多式运输单据的具名卸货港应显示在卸货港栏位。

b. However, the named port of discharge may be stated in the field headed "Place of final destination" or words of similar effect provided there is a notation evidencing that the port of discharge is that stated under "Place of final destination" or words of similar effect. For example, when a credit requires shipment to be effected to Felixstowe, but Felixstowe is shown as the place of final destination instead of the port of discharge, this may be evidenced by a notation stating "Port of discharge Felixstowe".

然而,该具名卸货港也可以显示在"最终目的地"或类似栏位中,只要该多式运输单据载有批注证明卸货港为"最终目的地"或类似栏位中的港口。例如,当信用证要求货物运送至费利克斯托港,但费利克斯托港显示为最终目的地而非卸货港时,可以通过"卸货港:费利克斯托"的批注予以证明。

第 D13 段

最终目的地与国别

Para D13:

A multimodal transport document is to indicate the place of final destination, port of discharge or airport of destination stated in the credit. When a credit indicates the place of final destination, port of discharge or airport of destination by also stating the country in which the place or port is located, the name of the country need not be stated.

多式运输单据应显示信用证规定的最终目的地、卸货港或目的地机场。当信用证规定最终目的地、卸货港或目的地机场,也表明该地点、港口或机场的所在国时,多式运输单据无需显示该国别名称。

第 D14 段

最终目的地与地理范围

Para D14:

When a credit indicates a geographical area or range of places of final destination, ports of discharge or airports of destination (for example, "Any European Country" or "Hamburg, Rotterdam, Antwerp port"), a multimodal transport document is to indicate the actual place of final destination, port of discharge or airport of destination, which is to be within that geographical area or range of places. A multimodal transport document need not indicate the geographical area.

当信用证规定最终目的地、卸货港或目的地机场的地理区域或地点范围(例如,"任一欧洲国家"或"汉堡、鹿特丹、安特卫普港")时,多式运输单据应显示实际的最终目的地、卸货港或目的地机场,且其应位于该地理区域或地点范围之内。多式运输单据无需显示该地理区域。

品读 **ISBP745**

正本多式运输单据
Original multimodal transport documents

【说明】

本节包括一段。详细解读,参见提单部分第 E11 段。

第 D15 段

出具及正本

与提单和海运单一样,多式运输单据也存在正本的审核。

Para D15:
 a. A multimodal transport document is to indicate the number of originals that have been issued.
多式运输单据应注明所出具的正本份数。
 b. Multimodal transport documents marked "First Original", "Second Original", "Third Original", or "Original", "Duplicate", "Triplicate" or similar expressions are all originals.
标注"第一正本(First Original)"、"第二正本(Second Original)"、"第三正本(Third Original)"、或"正本(Original)"、"第二联(Duplicate)"、"第三联(Triplicate)"或类似字样的多式运输单据,都是正本。

收货人、指示方、托运人和背书、被通知人
Consignee, order party, shipper and endorsement, and notify party

【说明】

本节规定了多式运输单据上托运人、收货人和被通知人的显示,以及可能的必要背书。

本节规定了多式运输单据的抬头和背书,准确地说,仅适用于多式运输提单。请注意,UCP600 和本出版物有关多式运输单据的规定不分提单和运单,适用时须区别对待,斟酌而定。

本节包括四段。详细解读,参见提单部分第 E12/E13/E14/E15/E16 段。补充说明一下,其中的第 D16/D17 段只适用于多式运输提单,而不适用于多式运输运单。

第 D16/17 段

抬头和背书

Para D16:

When a credit requires a multimodal transport document to evidence that goods are consigned to a named entity, for example, "consigned to (named entity)" (i. e., a "straight" multimodal transport document or consignment), rather than "to order" or "to order of (named entity)", it is not to contain the expressions "to order" or "to order of" preceding the named entity, or the expression "or order" following the named entity, whether typed or pre-printed.

当信用证要求多式运输单据表明以具名实体为收货人,例如,"收货人:(具名实体)[consigned to (named entity)]"(即,"记名"多式运输单据),而非"收货人:凭指示(to order)"或"收货人:凭(具名实体)指示[to order of (named entity)]"时,提交的多式运输单据不应在该具名实体前含有"凭指示(to order)"或"凭×××指示(to order of)"字样,也不应在其后注明"或凭指示(or order)"字样,无论该字样是打印还是预先印就。

Para D17:

a. When a multimodal transport document is issued "to order" or "to order of the shipper", it is to be endorsed by the shipper. An endorsement may be made by a named entity other than the shipper, provided the endorsement is made for [or on behalf of] the shipper.

当多式运输单据收货人做成"凭指示(to order)"或"凭托运人指示(to order of the shipper)"时,该多式运输单据应由托运人背书。该背书也可以由托运人之外的具名实体作出,只要其表明是为托运人或代表托运人行事。

b. When a credit requires a multimodal transport document to evidence that goods are consigned "to order of (named entity)", it is not to indicate that goods are straight consigned to that named entity.

当信用证要求多式运输单据表明收货人为"凭(具名实体)指示[to order of (named entity)]"时,其不应显示收货人为该具名实体。

第 D18 段

被通知人

Para D18:

a. When a credit stipulates the details of one or more notify parties, a multimodal transport document may also indicate the details of one or more additional notify parties.

当信用证规定一个或多个被通知人的细节时,多式运输单据也可以显示额外的一个或多个被通知人的细节。

b. ⅰ. When a credit does not stipulate the details of a notify party, a multimodal transport document may indicate the details of any notify party and in any manner (except as stated in paragraph D18(b)(ⅱ)).

当信用证未规定被通知人的细节时,多式运输单据可以任何方式(第 D18 段 b 款 ⅱ 项表明的情形除外)显示任何被通知人的细节。

ⅱ. When a credit does not stipulate the details of a notify party, but the details of the applicant appear as notify party on a multimodal transport document, and these details include the applicant's address and contact details, they are not to conflict with those stated in the credit.

当信用证未规定被通知人的细节,而申请人信息包括其地址和联络细节显示为多式运输单据上的被通知人时,这些内容不应与信用证规定的相关内容相矛盾。

第 D19 段

申请人与开证行名称

Para D19:
When a credit requires a multimodal transport document to evidence goods consigned to or to order of "issuing bank" or "applicant" or notify "applicant" or "issuing bank", a multimodal transport document is to indicate the name of the issuing bank or applicant, as applicable, but need not indicate their respective addresses or any contact details that may be stated in the credit.

当信用证要求多式运输单据表明收货人为"开证行"或"申请人",或凭"开证行"或"申请人""指示",或被通知人为"申请人"或"开证行"时,该多式运输单据应相应地显示开证行或申请人的名称,但无需显示信用证可能规定的其地址或任何联络细节。

第 D20 段

申请人地址及联络细节

Para D20:
When the address and contact details of the applicant appear as part of the consignee or notify party details, they are not to conflict with those stated in the credit.

当申请人地址和联络细节显示为收货人或被通知人细节的一部分时,其不应与信用证规定的相关内容相矛盾。

转运、部分装运及多套多式运输单据

Transshipment, partial shipment and determining the presentation period when multiple sets of transport documents are presented

【导读】

本节规定了多式运输单据下转运和部分装运的审核。

本节包括三段,D21 段已给出解读。第 D22/D23 两段,详细解读,参见提单部分第 E18/E19 段。

第 D21 段

转　　运

多式运输单据下,什么是转运呢? 如何掌握转运呢?

Para D21:

In multimodal transport transshipment will occur. Transshipment is the unloading and reloading of goods from one means of conveyance to another means of conveyance (whether or not in different modes of transport) during the carriage of those goods from the place of receipt, dispatch or taking in charge, port of loading or airport of departure to the place of final destination, port of discharge or airport of destination stated in the credit.

在多式运输中转运将会发生。转运是指从信用证规定的收货、发送或接管地、装货港或出发地机场,到最终目的地、卸货港或目的地机场之间的运输过程中,把货物从一运输工具卸下并再装上另一运输工具(无论其是否为不同运输方式)。

【修订】

本段规定含义没变。

本段规定与 UCP600 第 19 条 b/c 款的规定相吻合。

【解读】

第一,什么是转运? 简言之,即货物在不同运输工具上的接驳转换装运,得名"转运"。

这是国际商会给出的关于转运(transshipment)的标准定义,不仅适用于多式运输,也适用于单一方式运输。

从这个定义可以看出：

——转运的本质在于，货物在不同运输工具之间的接驳转换。

——转运，仅限于信用证规定的承运过程中，货物在不同运输工具之间的转换。信用证安排来源于基础合同，同时也反映了基础合同，包括其中的运输条款。买卖双方在基础合同中对货物运输起讫全程的要求，也需要相应地体现在信用证条款中。而对于规定的承运过程之外的运输区段，基础合同不关心，从而也就无关紧要。规定承运过程之前的运输区段，是卖方的事，与买方无关；规定承运过程之后的运输区段，是买方的事，与卖方无关。

——在多式运输中，转运不仅包括货物在同一种运输方式（transport mode）的不同运输工具（means of conveyance）之间的转换，而且包括货物从一种运输方式的运输工具到另一运输方式的运输工具转换。显然，后者为多种方式运输所独有。

第二，多式运输下，转运必定会发生。

多式运输强调门到门、点到点承运，在承运过程中必然会转换运输方式。而运输方式的转换，意味着运输工具的转换必定会发生，即转运必定会发生。换言之，如果承运过程中不会发生转运，那就不可能是多式运输了。

UCP600 第 19 条 c 款：

ⅰ. A transport document may indicate that the goods will or may be transshipped provided that the entire carriage is covered by one and the same transport document.

多式运输单据可以表明货物将要或可能被转运，只要全程运输由同一运输单据涵盖。

ⅱ. A transport document indicating that transshipment will or may take place is acceptable, even if the credit prohibits transshipment.

即使信用证禁止转运，注明将要或者可能发生转运的多式运输单据仍可接受。

显然，上述规定尊重了多式运输下转运必定会发生的实务，即信用证要求的多式运输单据，不管是否表明转运，不管转运是否禁止，均可接受。

第 D22 段

部分装运

Para D22：

Shipment on more than one means of conveyance (more than one truck [lorry], vessel, aircraft, etc.) is a partial shipment, even when such means of conveyance leaves on the same day for the same destination.

以一个以上的运输工具（不止一辆卡车、一艘船只或一架飞机等）进行的运输系部分装运，即便这些运输工具在同一天出发并前往同一目的地。

第 D23 段

多套多式运输单据

Para D23：

　　a. When a credit prohibits partial shipment, and more than one set of original multimodal transport documents are presented covering receipt, dispatch, taking in charge or shipment from one or more points of origin (as specifically allowed, or within a geographical area or range places stated in the credit), each set is to indicate that it covers the carriage of goods on the same means of conveyance and same journey and that the goods are destined for the same destination.

　　当信用证禁止部分装运，且提交一套以上的正本多式运输单据，涵盖货物从一个或多个地点（信用证明确允许或规定的地理区域或地点范围内）收货、发送、接管或装运时，每套多式运输单据都应显示其涵盖的货物运输系由同一运输工具经同一行程前往同一目的地。

　　b. When a credit prohibits partial shipment, and more than one set of original multimodal transport documents are presented in accordance with paragraph D23(a) and incorporate different dates of receipt, dispatch, taking in charge, or shipment, the latest of these dates is to be used for the calculation of any presentation period and must fall on or before the latest date of receipt, dispatch, taking in charge or shipment stated in the credit.

　　当信用证禁止部分装运，且按照第 D23 段 a 款提交一套以上的正本多式运输单据，含有不同的收货、发送、接管或装运日期时，应以其中最迟的日期计算交单期限，且该日期必须在信用证规定的最迟收货、发送、接管或装运日期之前或当日。

　　c. When partial shipment is allowed, and more than one set of original multimodal transport documents are presented as part of a single presentation made under one covering schedule or letter and incorporate different dates of receipt, dispatch, taking in charge or shipment, on different means of conveyance, the earliest of these dates is to be used for the calculation of any presentation period, and each of these dates must fall on or before the latest date of receipt, dispatch, taking in charge or shipment stated in the credit.

　　当信用证允许部分装运，且提交一套以上的正本多式运输单据作为同一面函项下单一交单的一部分，并含有装上不同运输工具的不同的收货、发送、接管或装运日期时，应以其中最早的日期计算交单期限，且所有这些日期必须在信用证规定的最迟收货、发送、接管或装运日期之前或当日。

清洁多式运输单据

Clean multimodal transport documents

【说明】

　　本节包括两段，详细解读，参见提单部分第 E20/E21 段。

第 D24 段

不清洁条款

Para D24：

A multimodal transport document is not to include a clause or clauses that expressly declare a defective condition of the goods or their packaging.

多式运输单据不应含有明确声明货物或包装有缺陷状况的条款。

For example：

例如：

a. A clause on a multimodal transport document such as "packaging is not sufficient for the sea journey" or words of similar effect is an example of a clause expressly declaring a defective condition of the packaging.

多式运输单据上载有的"包装无法满足海运航程（packaging is not sufficient for the sea journey）"或类似条款，即属于明确声明包装有缺陷状况的例子。

b. A clause on a multimodal transport document such as "packaging may not be sufficient for the sea journey" or words of similar effect does not expressly declare a defective condition of the packaging.

多式运输单据上载有的"包装可能无法满足海运航程（packaging may not be sufficient for the sea journey）"或类似条款，并非明确声明包装有缺陷状况。

第 D25 段

"清洁"字样

Para D25：

a. It is not necessary for the word "clean" to appear on a multimodal transport document even when the credit requires a multimodal transport document to be marked "clean on board" or "clean".

"清洁clean"字样没有必要在多式运输单据上显示，即便信用证要求多式运输单据标明"清洁已装船（clean on board）"或"清洁（clean）"字样。

b. Deletion of the word "clean" on a multimodal transport document does not expressly declare a defective condition of the goods or their packaging.

删除多式运输单据上"清洁（clean）"字样，并非明确声明货物或包装有缺陷状况。

货物描述
Goods description

【说明】
　　本节包括一段。详细解读,参见提单部分第 E23 段。

第 D26 段

货物描述的统称

Para D26:
　　A goods description indicated on a multimodal transport document may be in general terms not in conflict with the goods description in the credit.
　　多式运输单据上的货物描述可以使用与信用证所规定的货物描述不相矛盾的统称。

目的地交货代理人
Indication of name and address of delivery agent at destination

【说明】
　　本节包括一段,属新增。详细解读,参见提单部分第 E22 段。

第 D27 段

目的地交货代理的地址

Para D27:
　　When a credit requires a multimodal transport document to indicate the name, address and contact details of a delivery agent or words of similar effect, at or for the place of final destination or port of discharge, the address need not be one that is located at the place of destination or port of discharge or within the same country as that of the place of destination

or port of discharge.

当信用证要求多式运输单据显示最终目的地或卸货港的交货代理人或类似机构的名称、地址和联络细节时,其地址无需位于最终目的地或卸货港,也无需位于最终目的地或卸货港所在的同一国家。

更　正

Corrections and alterations

【说明】
本节包括两段。详细解读,参见提单部分第 E24/E25 段。

第 D28 段

正本与更正证实

Para D28:
Any correction of data on a multimodal transport document is to be authenticated. Such authentication is to appear to have been made by the carrier, master (captain) or any one of their named agents, who may be different from the agent that may have issued or signed a multimodal transport document, provided that they are identified as an agent of the carrier or the master (captain).

多式运输单据上数据的任何更正均应证实。该证实应看似由承运人或船长,或其任一具名代理人作出,该代理人可以不同于出具或签署多式运输单据的代理人,只要其表明作为承运人或船长的代理人身份。

第 D29 段

副本与更正证实

Para D29:
Non-negotiable copies of a multimodal transport document need not include authentication of any corrections that may have been made on the original.

不可转让的多式运输单据副本无需含有其正本上对任何更正可能作过的证实。

多式运输单据

运费和额外费用

Freight and additional costs

【说明】

本节包括两段：

第 D30 段规定措辞变化较大,含义更明确,但没有变化。详细解读,参见提单部分第 E26 段。

第 D31 段规定措辞变化较大,含义没变。详细解读,参见提单部分第 E27 段。

第 D30 段

运　费

Para D30：

A statement appearing on a multimodal transport document indicating the payment of freight need not be identical to that stated in the credit, but is not to conflict with data in that document, any other stipulated document or the credit. For example, when a credit requires a multimodal transport document to be marked "freight payable at destination", it may be marked "freight collect".

多式运输单据显示的运费支付声明,无需与信用证规定的等同一致,但不应与该单据、任何其他规定的单据或信用证中的数据相矛盾。例如,当信用证要求多式运输单据标注"运费目的地支付(freight payable at destination)"时,其可以标注为"运费待收(freight collect)"。

第 D31 段

额外费用

Para D31：

a. When a credit states that costs additional to freight are not acceptable, a multimodal transport document is not to indicate that costs additional to the freight have been or will be incurred.

当信用证规定运费以外的费用不可接受时,多式运输单据不应显示运费之外的费用已经或将要产生。

b. An indication of costs additional to freight may be made by express reference to additional costs or by the use of trade terms which refer to costs associated with the loading or unloading of goods, such as, but not limit to, Free In (FI), Free Out (FO), Free In and Out (FIO) and Free In and Out Stowed (FIOS).

当多式运输单据显示运费以外的费用时，可以为明确提及额外费用，或使用与货物装卸费用相关的贸易专门用语表达，诸如但不限于，"船方不管装货[Free in (FI)]"、"船方不管卸货[Free Out (FO)]"、"船方不管装卸货[Free In and Out (FIO)]"及"船方不管装卸货及积载[Free In and Out Stowed (FIOS)]"。

c. Reference in a multimodal transport document to costs which may be levied, for example, as a result of a delay in unloading the goods, or after the goods have been unloaded (demurrage costs) or costs covering the late return of containers (detention costs) is not an indication of costs additional to freight.

多式运输单据提到可能加收的费用，例如，卸货或卸货后的延迟费用（滞期费（demurrage costs）），或迟还集装箱的费用（滞箱费（detention costs）），均不属于显示运费以外的额外费用。

凭多套多式运输单据放货

Released of goods with more than one multimodal transport document to be surrendered

第 D32 段

多套多式运输单据对应同一货物

Para D32:

A multimodal transport document is not to expressly state that goods covered by that multimodal transport document will only be released upon its surrender together with one or more other multimodal transport documents, unless all of the referenced multimodal transport documents form part of the same presentation under the same credit.

多式运输单据不应明确声明，仅当该多式运输单据和其他一套或多套多式运输单据一并提交时，该多式运输单据涵盖的货物才能被释放，除非所有提及的多式运输单据构成同一信用证项下同一交单的一部分。

For example, "Container ×××× is covered by B/L No. YYY and ZZZ, and can only be released to a single merchant upon presentation of all multimodal transport documents of that merchant", is considered to be an express statement that one or more other multimodal transport documents, related to the referenced container or packing unit, must be surrendered prior to the goods being released.

例如,多式运输单据显示"××××号集装箱项下货物由 YYY 号和 ZZZ 号提单涵盖,其只能被释放给出示了拥有全部多式运输单据的单个商人(Container ×××× is covered by B/L No. YYY and ZZZ, and can only be released to a single merchant upon presentation of all multimodal transport documents of that merchant)",即视为明确声明,在释放货物前,该多式运输单据必须与其所提及的集装箱或包装单位相关的其他一套或多套多式运输单据一并提交。

【说明】

本段规定措辞变化较大,更加明确,含义没变。详细解读,参见提单部分第 E28 段。

请注意,这里的规定涉及多套多式运输单据下同一货物的提货和放货。所以,这里仅适用于多式运输提单,而与多式运输运单无关。

品读 ISBP745

提　　单
BILL OF LADING

【导读】

本部分规定了提单的审核标准。

在国际贸易运输中,提单是使用量最大、使用面最宽、最为成熟、最为复杂、历史也最为久远的一种运输单据。这里完整解读了提单的各个主要方面,可为其他运输单据相同或相似段落的解读提供直接或间接的参考。具体包括:

——阐述提单的货权性和可转让性;

——阐述提单的承运人、出具及签署的审核标准;

——阐述提单的装船批注、装运日期、装货港及收货地、卸货港及最终目的地的审核标准;

——阐述提单的转运、部分装运、多套提单是否一定构成部分装运等的审核标准;

——阐述提单显示的卸货港交货代理人的审核标准;

——阐述提单的运费和额外费用等的审核标准;

——阐述提单显示"凭多套提单提货"是否可以接受的审核标准等。

提单的货权性

如前所述,提单和所有其他运输单据一样,具有两个基本功能:"合同证明"功能——运输合同的证明和"货物收据"功能——收妥货物的证明。但是,提单与海运单等其他运输单据毕竟不同,即提单还具有一个附加功能——"货权凭证"。

最新的我国《海商法》[①]:

第七十一条　提单,是指用以证明海上货物运输合同和货物已经由承运人接收或者装船,以及承运人保证据以交付货物的单证。提单中载明的向记名人交付货物,或者按照指示人的指示交付货物,或者向提单持有人交付货物的条款,构成承运人据以交付货物的保证。

第八十条　承运人签发提单以外的单证用以证明收到待运货物的,此项单证即为订立海上货物运输合同和承运人接收该单证中所列货物的初步证据。

---

① 《中华人民共和国海商法》,1992年11月7日第七届全国人民代表大会常务委员会第二十八次会议通过,自1993年7月1日起施行。

实务中,提单的指示抬头和背书就是直接基于这一个前提——提单默认具有"货权凭证"功能,以及该功能所释放的"可转让性"。其实,提单之所以为"提单",即在于其为"货权凭证",持单人可以凭单提货,承运人必须凭单放货,并因此得名。

相应地,提单上理应含有反映"货权凭证"这一提单特有功能所要求的凭单放货条款,如:If two(2)or more original K B/L(s)have been issued and either one(1)has been surrendered, all the other(s)shall be null and void。

请注意,据我们所知,目前各国的法律几乎都承认提单的"货权凭证"功能,但美国法和俄罗斯法下的记名提单例外,并不具有"货权凭证"功能。但这终归是法律,实务中产生了许多纠纷。比如:

[案例181] R758/TA675 rev:海运提单上的无单放货条款

案中,信用证要求一套正本提单,指示抬头,且不接受提单正面显示"货物在没有提交一份正本时也可以被提取"类似条款。

提交的可转让的海运提单正面的小字部分显示了:当提单作成不可转让的形式时,承运人可以在没有提交正本提单下放货给记名收货人,只要该收货人能证明其身份。当提单作成可转让的形式时,收货人必须凭单提货。(Where the bill of lading is non-negotiable, The carrier may deliver goods to the named consignee upon reasonable proof of identity without surrender of an original B/L. Where the bill of lading is negotiable, the Merchant is obliged to surrender one original, duly endorsed, in exchange for the Goods.)

那么,这是不符点吗?

分析及结论:

国际商会在分析中说:2008年10月,国际商会的秘书长明确了就关于包含放货条款的运输单据的开立问题不必给出任何意见。然而,本咨询有其特殊性,我们需要确认提单上的无单放货条款是适用于可转让形式的提单,还是不可转让形式的提单。的确,含有无单放货条款——"当提单作成不可转让的形式……"出现在提单上,其应视为承运条款不予审核。值得注意的是,提交的提单已经根据信用证的条件做成了可转让的形式。

国际商会在结论中说:就此特定的提单,没有不符点。

背景:

2008年的国际商会意见与MOTIS案有关。案中,马士基公司因自身失误凭伪造的提单释放了货物,实际提单持有人无货可提起诉马士基公司。马士基公司引用提单上"承运人对装船前或装船后货物造成的实际损失或推定损失免责"条款,主张自己免责。法院认为:这一条款并没有表明承运人对凭伪造提单放货的损失免责。

为此,许多船公司开始在提单正面加注"无单放货"条款,不少银行将此类提单提交到国际商会咨询其可接受性。赞同者认为,这是承运条款,银行不予审核。反对者认为,这类条款改变了提单的货权性,将严重影响国际贸易和贸易融资的发展。

由于分歧过大,且始终找不到两全的方案,最终国际商会决定,就关于包含放货条款的运输单据的开立问题不必给出任何意见。

点评:

我们更关心,国际商会为什么会回避提单上的无单放货条款。可能与提单适用法律的不同有关,而全球不同的法律体系对于提单货权性的规定又不完全相同。

品读 ISBP745

值得高兴的是，全球不同的法律体系下对于可转让形式的提单——包括来人抬头提单和指示抬头提单，其规定几乎完全一致，均承认其货权性，必须凭单提货。

而全球不同的法律体系的分歧集中于不可转让形式的提单——记名提单，绝大部分国家承认其货权性，目前所知仅美国法和俄罗斯法下不承认其货权性。

引申：

现在一些承运人出具的提单正面可能含有如下类似语句之一，此类提单是可以接受的吗？

比如：If required by the Carrier one (1) duly endorsed original B/L must be surrendered in exchange for the Goods or delivery order. 我们认为，这是一句废话，因为其没有说明如果承运人没有要求时，是否可以无单放货，所以，完全可以视为承运条款，不予理会。该提单可以接受。

比如：Goods will be released without necessarily requiring surrender of an original B/L. 我们认为，这明确说明了提单可无单放货，如果为可转让形式提单，显然不可接受；如果为不可转让的记名提单，则其可接受性须视不同适用法律而定。

补充：

开证行如果在信用证中明确要求，提单不得显示无单放货条款。而提交的提单正面包含此类条款，则理应可以拒付。

当然，提单本身可以直接排除"货权凭证"功能。比如：电放提单。这又是一个例外。

提单危机和1/3提单

然而，提单所独有的"货权凭证"功能，既是其优点，也是其不足。前者支撑了提单在国际贸易运输中长期的、绝对的市场地位。后者则引发了一些问题，造成现实中的"提单危机"。

"提单危机"主要包括两个方面的内容：

一是提单承运人只对表面记载负责，可能引发欺诈。

如前所述，提单通常默认是"货权凭证"，那么，这自然意味着提单的交付即算货物的交付。但是，运输实务中，承运人常常只对表面负责。特别是在集装箱运输广为普及的今天，许多集装箱的装箱是由托运人在仓库自行办理，承运人的责任仅仅是确认集装箱的铅封完好，至于提单上所列的货物品名、数量都是根据托运人申报，而承运人相应地在提单上批注"发货人已装载、计数并封口"或"据托运人报称"等类似"承运人不知"条款，即可免责。

此时，难免出现一种问题，即提单表面上代表了所列明的货物，但是提单上所列明的货物未必就是实际所装的货物。实际所装究竟为何物，只有收货人提货后才能最终确认。然而，提单是"货权凭证"，买方必须递交提单才能换取货物。这意味着，买方在不知实际货物为何物的情况下，便不得不先行向开证行付款赎单，以便提货，提货后才能确认货物真实与否，有无瑕疵。

于是，不法商人便可利用提单的这一特性实施欺诈。所谓进口洋垃圾就是一个典型的例子，一般过程包括：卖方把废弃物装入集装箱，谎称装运了信用证规定的货物，要求承运人出具合格提单，并向银行交单；开证行收到相符单据后，买方作为申请人付款赎单，凭提单向承运人换取货物时，发觉上当受骗，可是货款已经支付，为时已晚。

二是近洋运输可能发生"货等单"现象。

相对而言,在近洋运输中,单据流转的时间可能较长,而货物运输时间较短。此时,经常会出现船至目的港后买方却还没有收到提单,从而无法提货,即"货等单"的情况,这样就会产生额外的货物滞港费用。

"自从1500年提单问世之后,海运中货物所有权的转移就一直通过提单的转让来实现,提单就成了国际海运的唯一凭媒。但是,近500年的实践足以将用提单在目的港交货的不便全部表露:如按正本提单放货,当货到而提单未到收货地或收货人还未经承兑或付款取得正本时,就会出现货等提单而延迟卸货或码头拥挤现象。"①

"提单的存在有一个基本前提,即提单的流转速度比船速快,即提单总是先于船上的货物到达目的港,使得收货人能及时从承运人处提货。"②

提单的流转总是耗费时日。在信用证安排下,提单的流转涉及出口方、寄单行、开证行和进口方多个环节,每家银行都需要一定的审单时间,不同环节间也都需要一定的寄单时间,这是一方面。另一方面,随着海运业迅猛发展,船速提高很快。自上个世纪80年代以来,随着集装箱运输的日益普及,造船技术及通讯设备的发达,以及船速的加快,装卸效率也大幅提高。因此,与以往相比,在许多时候,"船总能较快地到达目的港,而提单的流转速度却没能赶上船速的变化"。特别是航程较短的近洋运输中,常常出现在目的港"货等单"的现象。

实务中1/3提单的出现便是为了解决"提单危机",即为了避免欺诈,也为了避免滞港,买方有时便要求2/3提单在信用证下提交银行,1/3提单径寄买方,以便买方在支付信用证下货款之前凭1/3提单先行验货,以确认提单上所载货物是否就是信用证规定货物。一旦确认出现严重以次充好,或完全不交付单据所代表的货物,不论收到的单据是否构成相符交单,买方作申请人均可援引欺诈例外原则要求银行拒付或要求法院下达止付令,从而保护自身利益。同时,也解决了货物滞港问题。

然而,这也会带来新问题。实务中,尽管提单需要出具全套正本,但在1/3提单证外提交的情况下,进口商收到1/3提单就已经足以凭以提取货物。显然,此时通过银行渠道提交的信用证安排下2/3提单,就显得不那么重要了。如果开证行或买方信誉不好,卖方的收款将因此失去保障。如果提交的单据有不符点,开证行拒付,买方作为申请人也不付款赎单,作为受益人的卖方将陷入货已被提走,收款却无望的境地。如果提交的单据没有不符点,申请人有时会怂恿开证行挑剔不符点,受益人即使最终收款,也必将面临被动,不得不与开证行展开漫长的一轮又一轮的唇枪舌剑,常常会延迟收款。

曾经有人认为,尽管信用证规定1/3提单证外提交,而买方一旦接受了证外提交的1/3提单,便意味着也必须接受信用证安排下的全套单据,开证行便不得拒付。其实不对。因为证外提交的1/3提单不是信用证要求的单据,开证行所作付款承诺的依据是规定的单据,仅包括证内提交的2/3提单,而与证外提交的1/3提单无关。国际商会在ICC 459 Case 55中说:"一个信用证规定一份正本提单径寄申请人,或交由船长代转,以使申请人在信用证付款前得到货物,如果受益人接受这样的信用证,风险自担。"

---

① 引自《海运单与海运单统一规则》,杨长春,《国际经贸问题》,1995.7
② 引自《海运单证法律问题研究》,李春楠,硕士论文,2003

品读 ISBP745

那么，1/3 提单证外提交下，银行应该如何控制风险呢？

对于开证行来说，由于不能掌握全套货权凭证，在开立 1/3 提单由受益人径寄申请人的信用证时，授信应该更为谨慎。而在善意第三人的情况下，即使提单显示的货物不实，开证行也不能拒付，法院也不会下达止付令。有时，开证行为了控制货权的需要，往往要求把开证行作成提单收货人，这样即使 1/3 提单通过证外寄送，买方想提货也得先行经过开证行作转让背书或委托背书。

不过，如此操作，开证行一旦背书便已经卷入了贸易纠纷之中，尽管如果事后发现信用证下提交的单据存在不符点，其仍可在 UCP 框架内予以拒付。国际商会在 R413 的结论中认为："当信用证要求受益人寄递 1/3 正本提单给申请人，开证行应只在申请人同意信用证项下的单据只要提交申请人就将接受的情况下，才同意在提单上背书。因为开证行的背书会阻碍受益人在开证行拒受单据的情况下得到货物的权利。"

指定银行的融资又将会面临怎样的风险？比如：自由议付信用证规定 2/3 提单作成以申请人为收货人，1/3 提单由受益人径寄申请人。受益人交单，指定银行作了议付。开证行收到单据后，发现单据存在不符点而拒付。此时，如果受益人由于财务状况恶化而倒闭，而申请人又凭在证外收到的 1/3 提单提货，议付行追索无望，提货不着，最终将钱货两空。国际商会在 R252 的结论中说："问题的答案在于单据必须符合信用证条款这一事实，而不在于正本提单是否已经寄申请人或第三方，开证行只有在收到相符的单据时才有付款责任。"

当然，此种情况下，指定银行仍然可以要求信用证开成 2/3 提单作成以开证行为收货人，通过开证行间接控制货权，开证行一旦背书便不得不向指定银行偿付，从而规避以上风险。

提货担保和电放提单

话虽如此，货物的运输和单据的流转常常难以事先预料，如果信用证开立之时并未规定 1/3 提单证外提交，这是否就意味着收货人一定得无奈地坐等提单到手方可提货呢？

所幸的是，买卖双方之间总会找到办法。提货担保就是其中的一种。提货担保，即在没有提交正本提单的情况下，由收货人向银行申请提货担保，银行向船公司出具有格式的提货担保函，收货人凭提单副本和银行的提货担保函向船公司提货。提单下的提货担保属于"无单放货"范围。然而，实务中，包括提货担保在内的许许多多的"无单放货"行为本身有着无法克服的缺陷，即"船公司不能以保证书对抗第三人（持有提单的真正的收货人），因为提单是承运人保证据以交付货物的单证。提单中载明的向记名人交付货物，或者按照指示人的指示交付货物，或者向提单持有人交付货物的条款，构成承运人据以交付货物的保证。"[①]

"电放提单"是又一种办法，且能克服提货担保的缺陷。

"在我国的国际集装箱班轮近洋航线上，于 1993 年初出现了'电放提单'的现象，至今已有十多年时间，据统计，目前中日航线集装箱班轮所使用的单证，传统提单仍高达 90% 左右，但'电放提单'也占了 8% 左右。'电放提单'是以传统提单为基础的一种变通做法，目前有关的国际公约、各国的法律中均无'电放提单'的定义……"[②]在提单实务中，一般要求只有记名提单才可以电放，指示提单是不允许的。从某种意义上说，"电放提单"的风险比提货担保要小。

提单实务中，中文"电放"一词是由"telexed released"或"released by telegraph"等短语直

---

① 引自《论"电放"与"海运单"的选择》，汪明霞、王学锋，《集装箱化》2002.1
② 引自《"电放提单"相关法律问题探讨》，徐仲建，《浙江万里学院学报》2007.5

译而来,顾名思义,即承运人凭电讯指示放货,简称"电放",它是与凭单放货相对而言的。"电放"时,必须由托运人在异地交出全套正本提单,承运人加盖"电放"印戳后退回一份正本给托运人,或者承运人干脆就不出具正本提单只出具盖有"电放"印戳的提单副本,承运人同时以电讯方式通知目的地代理直接向具名收货人放货。显然,"电放提单"既存在正本,也存在副本。

有时,"电放提单"也标注"surrendered(已交出)"一词。"surrendered"一词,准确地说,是"bill of lading surrendered"这一短语的简写,直译即"正本提单已经交出",结合承运人在提单下凭单放货的承诺文句,其目的就是为了提货,"in exchange for the Goods or delivery order"。

有时,"电放提单"也标注"express"或"express released"字样,这应该指电放提单下快速放货的意思。实务中,近年还出现 express cargo bill,如果适用于海运,这理应视同 express bill of lading,即仍算电放提单的一种;或者视同 non-negotiable sea waybill。

实务中,常问的是,"电放提单"正本与其他正本提单有什么区别呢?

表面上看,"电放提单"正本比一般正本提单多出了"电放"或"已交出"标注,这就意味着不需要凭正本提单放货。换言之,除了该标注可能产生的实际效果外,"电放提单"正本不应该与一般正本提单有什么别的不同。就一般正本提单所具有的三大功能来说,"电放"标注的实际效果是取消了提单的"货权凭证"功能。至于另外的两项功能——"合同证明"和"货物收据","电放提单"正本仍应具备。"承运人签发的尽管是'电放提单',也仅仅表明放货方式跟传统提单有所不同,在'电放提单'存在背面条款情况下,背面条款仍是承运人单方面制定的,并能约束承、托双方当事人,除非违反有关法律的强制性规定或者与海上货物运输合同本身规定不同。""由于'电放提单'是在承运人收货后或装船后签发的,因此其具备收货收据的功能,将是承运人收到货物的初步证据,除非承运人有确凿的反证,否则托运人手中的'电放提单'即表示承运人已经收到其上所记载的货物。"[①]

概而言之,"电放提单"正本的性质仍应为提单,准确地说,它只是被取消了"货权凭证"功能的异常提单。这样,在 UCP 意义上,如果信用证要求提单却未特别说明,那么,实际提交"电放提单"正本便不可接受。反之,如果信用证要求或允许提交"电放提单"却未进一步说明,我们认为,实际只能提交"电放提单"正本,除了"电放"或"已交出"标注、收件人显示和背书、凭单放货条款的内容外,其他方面理应适用 UCP600 第 20 条提单的各项规定,而提交"电放提单"副本,理应不可接受。比如:

[案例 182] ICC Case 93:提单上显示"未经发货人电放通知,货物不得释放"的条款,可以接受吗?

案中,信用证要求提单,提交的提单上显示"please do not deliver goods without agreement of the consignor by telex."可以接受吗?

分析及结论:

国际商会认为:该文句与提单作为流通工具的功能不相符,这种阻止释放货物的限制与空白背书的可流通单据是完全抵触的,银行拒绝这样的单据是完全正确的。(The clause is inconsistent with the function of the transport document as a negotiable instrument. The restriction restraining delivery is in complete contradiction with the blank endorsed negotiable document. The bank was perfectly justified, therefore, in refusing the document. It is amazing that a shipping company would have acted in this manner.)

---

① 引自徐仲建:"电放提单"相关法律问题探讨.浙江万里学院学报,2007,5

点评：

提单上的"电放"标注或类似条款，将改变提单的默认"货物收据"功能，理应不可接受。

印证：

R591/TA83 中，信用证要求 1/3 租船提单收货人作成：to order of Applicant，并要求受益人声明 2/3 正本租船提单已经直接寄送申请人。结果，受益人提交受益人声明，还提交 1/3 提单并显示标注：voyage accomplished, cargo discharged in Port B on (date)... to 'Applicant'. 译过来即为：航程已结束，货物已释放给申请人。显然，这一标注，几乎等同于"电放"。

国际商会在分析及结论中说：这是可以接受的。信用证只要求 1/3 提单，尽管为申请人指示抬头，仍然意味着银行没有货权利益，相当于银行自动放弃了货权。显然，提交的租船提单上的标注与之没有矛盾。(The credit required the marine bill of lading or charter party bill of lading to be issued to order of the applicant and also requested that 2/3 originals be sent directly to the applicant. These actions suggest that the issuing bank had no interest in the goods.)

再点评：

显然，在国际商会眼里，案中信用证所要求的提单已经等同于正本"电放提单"了，所以，提交的提单显示"无单放货"条款，可以接受。

UCP600 第 20 条的适用

Application of UCP600 Article 20

【导读】

本节规定了 UCP600 第 20 条的适用标准。

UCP600 第 20 条的提单，主要指海运提单，也包括内陆水路提单，但不包括租船提单和多式运输提单。

第 E1 段

提单的特征

UCP400 时期，对提单的描述为"海运"提单（marine bill of lading），这一描述已经基本揭示了信用证的本质要求，即涵盖单一"海运"的提单。换言之，如果不是"海运"，比如内陆水路便不适用；如果不是提单，比如运单，也不可接受。当然，默认不是租船提单。

UCP500 时期，对提单的描述则为"港至港"提单（a bill of lading covering port-to-port shipment），对应条款为"Marine/Ocean Bill of Lading"。既然为"海运"，则必为"港至港"，当然此港默认即为《海商法》意义上的海港，即具有海运航线，才会有"港至港"之间的"海运"。

那么，UCP600 时期下的提单，还只是海运提单吗？或者说，是否还包括别的什么提单？

Para E1:

a. A requirement in a credit for the presentation of a transport document, however named, only covering a port-to-port shipment, i.e., a credit that contains no reference to a place of receipt or taking in charge or place of final destination means that UCP600 article 20 is to be applied in the examination of that document.

信用证要求提交仅涵盖港至港运输的运输单据，即信用证没有提及收货地、接管地或最终目的地，无论其如何命名，这表示 UCP600 第 20 条应适用于该单据的审核。

b. A bill of lading is not to contain any indication of a charter party as described in paragraphs G2(a) and (b).

提单不应包含第 G2 段 a 款和 b 款所描述的任何租船合同事项。

【解读】

本段的规定措辞略有不同，但含义没有变化。ISBP681 第 91 段中的规定："如果信用证要求提交只涵盖海洋运输的单据（"海洋"或"港至港"之类），则适用 UCP600 第 20 条。"显然，这强调的是覆盖 sea shipment。而本出版物则强调 port-to-port shipment，更加吻合于 UCP600 第 20 条的规定，也更加符合实务。

什么是港至港运输呢？指信用证只涉及港口至港口运输路段，而没有提及收货、接管地或最终目的地。换言之，如果信用证提及收货地或最终目的地，则需斟酌而定，不可一概而论。比如：信用证要求多式运输单据或提单，并要求：44A 收货地：广州；44B 卸货地：汉堡。如果提交的是多式运输单据，实际通过多式运输完成，则按多式运输单据来审核；如果提交的是提单，实际通过港至港运输完成，则按提单来审核。

本段表明，如今 UCP600 时期所直接描述的提单（bill of lading），当然包括单一"海运"的班轮提单，其实还包括内陆水路运输下的提单，但仍不包括第 19 条涉及的多式运输提单和第 22 条的租船提单。

早在 UCP290 时期，实务中其他几种运输单据也叫 bill of lading，如：railway or inland waterway bill of lading 和 the truck company bill of lading。国际商会在 Case 85 中说："在 bill of lading 前面冠以'ocean'一词，在于与 inland waterway bill of lading 相区别，但增加该词并不是海运业的惯例。"所以，经过长期实务的积淀，bill of lading 逐渐形成默认，即为涵盖单一"海运"的提单。而其他运输单据要么改叫作 waybill，如 Air waybill，Sea waybill，要么在 bill of lading 之前加修饰语，比如多式运输提单（multimodal transport B/L）和租船提单（charter party bill of lading）。

UCP600 便反映了这一实务，即提单默认指港至港提单，包括单一海运的海运提单，同时有所扩展，还涵盖了 UCP600 第 24 条和本出版物第 J8 段 c 款所涉及的内陆水运提单。

需要注意的是，UCP600 第 20 条意义上的提单，完整地应该称为"班轮提单"，与《海商法》意义上的提单不完全等同。海商法意义上的提单，不限于 UCP600 第 20 条中对应的班轮提单，还包括第 19 条中涉及的多式运输提单和第 22 条中的租船提单。具体而言：

本段 a 款规定下，UCP 意义上的提单与第 19 条涉及的多式运输提单的不同在于：前者仅涵盖《海商法》意义上的单一"海运"，或者其他法律下可能的内陆水运；而后者涵盖了"海运"或内陆水运，和其他至少一种运输方式，从而构成多式运输。

请注意,实务中的提单与多式运输单据容易混淆。

比如:在目前集装箱运输方式普遍发展的情况下,常见的提单格式,大多为广义的《海商法》意义上的多式运输提单,即收货地开始收货而不限于装货港装货,最终目的地交货而不限于卸货港卸货。而这里所说提单,理应只局限于信用证规定的"港至港"这一运输全程——即规定的装货港至卸货港之间,银行无须理会装货港之前的前程运输,也无须理会卸货港之后的末程运输。

还比如:如果信用证要求提单,但是,信用证同时规定的运输全程显示必须以多式运输完成,此时,根据本出版物多式运输单据部分第 D1 段 c 款,将适用多式运输单据来审核,视同信用证在要求多式运输单据。反之,同理,如果信用证要求多式运输单据,但是,信用证同时规定的运输全程显示可以或只能以单一海运完成,此时,将适用提单来审核,视同信用证在要求提单,只是国际商会没有如此明说。

而本段 b 款规定下,UCP 意义上的班轮提单与第 22 条中的租船提单的不同在于,前者仅适用于班轮运输,而后者仅适用于租船运输。

第 E2 段

提单的名称

在实务中,提单按理都带有名称。

> **Para E2:**
> A bill of lading need not be titled "marine bill of lading", "ocean bill of lading", "port-to-port bill of lading" or words of similar effect even when the credit so names the required document.
>
> 提单无需表明"海运提单(marine bill of lading)"、"海洋提单(ocean bill of lading)"、"港至港提单(port-to-port bill of lading)"或类似名称,即便信用证如此命名所要求的单据。

【解读】

提交的提单只要满足功能即可,不管其名称是"marine bill of lading(海运提单)",还是"ocean bill of lading(海运提单)",或是"port-to-port bill of lading(港至港提单)",而且不一定要使用信用证要求的名称。比如:信用证要求"marine bill of lading"或"ocean bill of lading",提交了"port-to-port bill of lading",可以接受。反之亦然。为什么呢?归根结底,二者名称相似。

这一点,与第 A39 段的规定相吻合,单据可以使用信用证要求的名称或相似名称,或没有名称,只要单据内容看似满足功能要求。

实务中,提单名称常见的有:
——Bill of lading;
——Ocean bill of lading;
——Marine bill of lading;
——Bill of lading direct or with transshipment;

——Combined transport document；
——Through bill of lading；
——Port-to-port or combined transport bill of lading；
——Combined transport bill of lading or port-to-port bill of lading；
——Multimodal transport document 等。

实务中，提单的名称有时会显示为 House Bill of Lading 或 Forwarder Bill of Lading。这仍然是提单，只要其显示承运人且显示的签署符合 UCP600 第 20 条 a 款的要求，便不会改变其功能。因为银行不管提单名称。

请注意，UCP600 第 20 条 a 款规定了，提交的提单命名——"however named（无论名称如何）"。这是否意味着真的可以随意命名呢？回答理应是否定的。换言之，提单无论如何命名，绝不意味着可以离题万里。其实，提单带有一个与其功能风马牛不相及的名称，直接的后果，或者可能违背 UCP600 第 14 条 d 款——单据的数据必须"不得矛盾"的原则，或者可能违背 UCP600 第 14 条 f 款——单据的内容必须"满足功能"的原则。

比如：信用证要求提单，提交了货物收据。由于货物收据无承运条款，便无法满足运输单据的"合同证明"这一功能，从而构成不符。

还比如：信用证要求提单，提交了不可转让海运单。虽然除了名称不同之外，海运单的内容几乎与提单一模一样，但二者功能不同，提单通常是"货权凭证"，而海运单不是。如此，仍将构成不符。

出具、承运人及签署

Issuance, carrier, identification of the carrier and signing of a bill of lading

【导读】

实务中，提单出具过程包括三个动作：作成（make）、签署（sign）和发出（release）。提单默认由承运人或其代理人出具并签署。

本节规定了提单的承运人，以及提单的出具和签署的审核标准。

出具及承运人

实务中，承运人出具（issue）提单，也称为"签发"提单。提单出具与所有的其他单据一样，完整的过程涉及三个动作：作成、签署和发出[①]。具体包括：

——作成：根据《海商法》，承运人应对承运的货物准备一份提单。大多数情况下，承运人对各种不同的货物使用的是统一印制的提单。这个动作就称为："to make the bill of lading"。

——签署：在承运人接受货物以后，承运人应在为该货物准备的提单上签署确认。通常，承运人、船长或其代理人都可以在提单上签署，以表示承运人已经收到所承运的货物，

---

① 引自钱锐：《由 issue、sign、release 三个问题所引起的法律问题浅析》，《集装箱化》，2002.12。

同时,承运人对该货物的承运、保管、照料的责任已经开始。这个动作就是:"to sign the bill of lading"。

——发出:"release the bill of lading",则表示承运人因托运人的某项义务未履行,故对提单有过留置行为,当托运人的义务履行后,承运人"发出"提单。

提单与所有的运输单据一样,法律上都必须由承运人出具。承运人与托运人和收货人构成了运输合同的三个基本当事人。托运人和收货人也称"货方",承运人也称"船方",虽然不是太准确。

运输实务中,承运人有合同承运人和实际承运人之分。前者,指与托运人签订运输合同,承担合同承运责任之人;后者,指实施货物运输,并承担实际承运责任之人。合同承运人与实际承运人的分离是社会分工不断深化的结果[1],正如当初商人和承运人的分化。最早将实际承运人的概念从承运人的概念中分离出来加以界定的是有关航空运输的国际公约——《瓜达拉哈拉公约》。

《瓜达拉哈拉公约》作为《华沙公约》的补充于1961年签订,针对《华沙公约》中后续承运人(successive carrier)的相关规定对"合同承运人(contracting carrier)"将运输合同的一部分或全部转托给"实际承运人(actual carrier)"的内容作了专门的规定。依据《华沙公约》,如果乘客在签订合同时知道其中一部分运输将由合同承运人以外的承运人履行,后者就是后续承运人。每个承运人仅就自己履行运送的区段内发生的损害承担责任,即乘客对所受的损害,仅能对事故或运送迟延发生区段的承运人提起诉讼,除非合同承运人明确表示对整个运输负责。《瓜达拉哈拉公约》则规定,如果乘客在签订合同时没有被告知运输合同的一部分或全部将由另外的承运人履行,则通过合同承运人的授权而履行运输合同的一部分或全部的承运人就是实际承运人。无论损害或迟延发生在何处,乘客都可依据合同对合同承运人提起诉讼,并且当确知损害或运送迟延发生在某一实际承运人的运送区段时,乘客还可对该实际承运人提起侵权之诉。可见,《瓜达拉哈拉公约》将"实际承运人"从"合同承运人"中分离出来界定的目的,是为了更有利于保护货方或乘客的利益。

简言之,在运输实务中,默认的"承运人"仅指与托运人签订运输合同的人。换句话说,一个主体是否为承运人,关键看它是否与托运人签订运输合同,与是否拥有或经营运输工具,是否实际实施运输没有直接的关系。其实,尽管运输实务中存在合同承运人和实际承运人的分别,对于托运人来说则无关紧要,因为它可以直接找与之签订运输合同的承运人交涉承运过程中的所有合同事项;对于实际承运人,由于与托运人没有直接的合同关系,对于托运人的要求则常常不予理会。

承运责任

如前所述,运输合同是托运人与承运人就运输服务和运输费用达成一致的一项约定。值得注意的是,与传统合同不同,运输合同基本上不是承运人和托运人自由协商的结果。

传统的合同,是由法律地位相同的合同双方自由协商而产生。运输资源的公共性和独占性决定了运输行业的特殊性,这样,"传统的合同自由原则,在运输合同领域中从来就没有普遍实行过,尤其是铁路运输业和航空运输业发达以后,在相关运输合同中受到很大限制。"[2]所

---

[1] 引自王庆:《论实际承运人的法律制度》,硕士论文,2002
[2] 引自孟宝森:《论运输合同的法律性质及其特征》,北京交通管理干部学院学报,1997.2

以,实际上,运输合同基本都是适用于法定合同原则,"主要表现在:第一,国家强制订立某些运输合同,限制或剥夺合同一方或双方的合同自由。这一表现,在战时的军事运输中特别突出。第二,法律规定强制性合同条款,当事人不得排除其适用。第三,法律对承运人资格和运输营业进行严格规定和限制。第四,法律指定或设立专门机构对运输业务和运输合同进行严格监督、管理和控制。"

从这里可以看出:尽管承运人和托运人是运输合同下的基本当事人[①],但是,由于运输行业和运输合同的特殊性,承运人的责任从来就是运输合同的核心,承运条款和承运人资格历来必须接受各国法律和海运当局的严格监管。

"规范海上货物运输的关键正是规范承运人责任。海上承运人责任是指承运人违反海上货物运输合同的约定,造成承运货物灭失、损害或迟延交付时所应承担的赔偿责任。从各国国内立法来看,从1893年美国'哈特法'中的限制承运人滥用'契约自由'原则,到目前,包括中国在内的发达国家与发展中国家的海商立法中都以规范承运人责任为主要内容;在国际公约方面,上述三个并列调整海上货运合同的国际公约均以规范承运人责任为其核心内容。我国吸收了国际海上货物运输立法的成果,在《海商法》第四章即海上货物运输合同一章中设专节规定了承运人责任,建立了一套结构完整、自成体系与国际接轨的中国海上承运人责任制度。"[②]

运输单据,作为运输合同的证明,强调的是承运人的承运责任。如前所述,承运人指的是与托运人签订运输合同的人。相应地,承运人责任,是相对于托运人的权利而言,它是运输合同下承运人对托运人承担的全部责任。UCP要求运输单据必须表明具名承运人,其本意就在于以此确定承运责任的担当人,进而追溯运输合同的承运责任。

"汉堡规则"是至今最完善最通行的国际海运公约之一,对国际贸易和国际海运影响极大,国际贸易公约、惯例,以及我国最新的《海商法》对承运人的承运责任的规定都原原本本地借鉴了"汉堡规则",几乎只字未改。

国内最新的《海商法》:

第六十条　承运人将货物运输或者部分运输委托给实际承运人履行的,承运人仍然应当依照本章规定对全部运输负责。对实际承运人承担的运输,承运人应当对实际承运人的行为或者实际承运人的受雇人、代理人在受雇或者受委托的范围内的行为负责。

从以上的规定可以看出,航运界强调的是运输合同下承运人的责任。签订了运输合同,承运人便必须提供运输服务,承担运输责任,而成其为承运人。换句话说,承运人之所以成为承运人,仅与签订运输合同直接相关,而与是否经营或拥有运输工具无关,与是否实际参与运输无关。

实务中,在运输单据的背面常常印就运输合同的详细条款,其中的主要内容就是运输合同下承运人责任,即承运条款和条件。只是根据UCP600第20条a款v项的规定,对于承运条款和条件银行不负责审核。

承运人的承运责任包括哪些内容呢?以"汉堡规则"和我国的《海商法》的规定为例,运输

---

① 引自王中华:《CMI海上货物运输法建议稿承运人责任制度评述》,硕士论文,2002
② 引自李微:《论我国海上承运人责任制度》,《中国水运》,2007.1

合同下承运人的责任,体现为基本责任,辅之以免责事项。概括而言,运输合同下承运人的基本责任和免责事项包括:
——适航和适货责任:

国内最新的《海商法》:
第四十七条 承运人在船舶开航前和开航当时,应当谨慎处理,使船舶处于适航状态,妥善配备船员、装备船舶和配备供应品,并使货舱、冷藏舱、冷气舱和其他载货处所适于并能安全收受、载运和保管货物。

所谓"适航",指承运人提供的船舶必须在设计、结构、条件和设备方面经受得起海运航程中的一般风险。它不要求船舶能够抵御航次中出现的一切风险。"适航",还要求适当地配备船员、设备和供应品。船员不仅数量上要充足,素质上也要合格。如果数量上不够,就会使船员超负荷工作,容易发生海损事故。而如果船员素质不高,身体不健康或缺乏应有知识与技能,不能胜任其工作,就更易引发事故。在设备方面,船舶应装备可靠的雷达、罗经、锚、缆绳等导航和系泊设备,以及海图、航路指南等航行资料。在供应品方面,要准备充足的燃料、淡水以及食品,以使船舶能够顺利、安全地航行到下一个停靠港。

所谓"适货",指承运人提供的船舶的船舱等载货处所适于接受、保管和运送货物。例如,货舱应适当清扫,使之清洁、干燥、无味、无虫、无鼠,通风筒畅通,舱盖水密良好。如装运冷藏货物,冷藏设备应运转良好等。
——管货责任:信用证实务中通常说的承运责任,主要就是指管货责任。

国内最新的《海商法》:
第四十八条 承运人应当妥善地、谨慎地装载、搬移、积载、运输、保管、照料和卸载所运货物。

承运人的管货责任从何时起,从哪里开始,又到哪里为止呢?

国内最新的《海商法》:
第四十六条 承运人对集装箱装运的货物的责任期间,是指从装货港接收货物时起至卸货港交付货物时止,货物处于承运人掌管之下的全部期间。承运人对非集装箱装运的货物的责任期间,是指从货物装上船时起至卸下船时止,货物处于承运人掌管之下的全部期间。在承运人的责任期间,货物发生灭失或者损坏,除本节另有规定外,承运人应当负赔偿责任。

前款规定,不影响承运人就非集装箱装运的货物,在装船前和卸船后所承担的责任,达成任何协议。

显然,这里的规定,与 UCP600 第 20 条 a 款 ⅱ 项和 ⅲ 项的规定相吻合。
——免责事项:
这里所指的另有规定,指免责事项,包括两项承运人过失免责事项和十项承运人无过失免责事项。

两项过失免责事项,具体指:航行过失——船长、船员、引水员或承运人所雇用的其他人员在驾驶或管理船舶上的疏忽或过失;火灾过失——船舶发生火灾的原因是多方面的,包括由于船长、船员的疏忽而引起的火灾,由于货物的自然特性而引起的火灾,或由于雷击等其他原因所引起的火灾。对于这些火灾所引起的货物损失,以及因扑灭火灾而造成的货物损失,承运人可以免除责任。但是,如果火灾是由于承运人本人的实际过失或参与所引起的,承运人不能免责。

十项无过失免责事项,具体指:天灾、战争行为、公敌行为、暴动和骚乱、包装不固等等。对于由此引起的货损,承运人并无过失,当然不负赔偿责任。

承运条款和条件

与其他运输单据一样,提单的承运条款和条件体现在运输合同中。这些条款和条件一般包括:

——对承运人、托运人、收货人、提单持有人,以及货物等的定义。

——管辖权条款。规定当运输合同下产生纠纷,由哪个法院依照哪国法律审理。

——承运人责任条款,亦称首要条款(paramount clause)。规定提单适用于何种国际公约,它实际决定了承运人的责任范围。

——承运人责任期间条款。

——承运人责任限额条款,即承运人无法履行或无法完全履行运输合同时的赔偿限额。

——转运或绕航条款,规定承运人在必要时有权以其他运输工具,甚至其他运输方式转运货物到目的地。

——包装标志条款,要求托运人对货物提供妥善包装和正确清晰的标志。由于标志不清或包装不良所产生的风险,承运人免责等。

——运费和其他费用。

那么,提单作为运输合同的反映,其承运条款和条件,应该如何把握呢?

UCP600 第 20 条 a 款 v 项:

A bill of lading, however named, must appear to: (v) contain terms and conditions of carriage or make reference to another source containing the terms and conditions of carriage (short form or blank back bill of lading). Contents of terms and conditions of carriage will not be examined.

提单,无论名称如何,必须看似:载有承运条款和条件,或提示承运条款和条件参见别处(简式/背面空白的提单)。银行将不审核承运条款和条件的内容。

这里的规定表明:

第一,提单应该如何显示承运条款和条件。

一份提单根据其显示的承运条款和条件是否完整,分为以下两类:

——全式提单或长式提单(long term B/L):此类提单往往会在背面载有详细的承运条款和条件,完整地规定了承运人和托运人、收货人或持单人的权利和义务。这些条款和条件,往往直接对应于详细的运输合同条款和条件,内容较多,故常常用较小的字体印刷于提单的背面,所以这些条款又称为 small print 或 minute print。

值得一提的是,这里规定的全式提单措辞为"contain terms and conditions of carriage(载有承运条款和条件)",银行无须确认提单含有全部承运条款和条件,而只须确认提单已含有承运条款和条件,对错漏免责,当然还是有基本的规范。因为提单承运条款是专业判断,银行人员作为非专业人员只能作出一个非专业人员的常识性判断,这是 UCP 赋予银行人员的责任。这一规定也与"银行将不审核承运条款和条件的内容"的规定相呼应。

——简式提单(short term B/L)或背面空白提单(blank back B/L):此类提单会提示承运条款和条件参见别处。简式提单,因显示的承运条款和条件比全式提单要简略而得名;背面空白提单,则因与全式提单不一样,背面无承运条款和条件,一片空白而得名。看来,实务中二者还是略有区别,二者的共同之处是这两种提单都有专门的"提示"承运条款和条件的出处,从而与全式提单不同。

实际上,简式或背面空白提单上所对应的承运条款和条件,常常可以从其提示的出处,如承运人的营业场所、运输工具、公开网站查阅。也正因为如此,尽管简式/背面空白提单虽然没有载详细的承运条款和条件,但是其效力与全式提单相同,均受完整的承运条款和条件约束。这一类提单,默认可以接受。

尽管简式/背面空白提单的功能、效力与全式提单相同,一旦出现索赔等意外,对船货双方责任与权利的认定,仍需要参照提示承运条款和条件的出处。此时,简式/背面空白提单的使用显然不如全式提单便捷,所以,实务中提交的提单多为全式提单。同样的,也正是基于这种考虑,有些信用证规定不接受简式或背面空白提单,此时简式/背面空白提单便不可接受。

第二,银行将不审核提单上承运条款和条件的内容。

与本节前面的解读中提到的一样,由于提单承运条款的专业性、复杂性,提单承运条款的审核和判断是一个专业判断,更是为了与 UCP600 第 4、5 条规定的信用证独立抽象性原则,及 UCP600 第 34 条规定的银行免责条款保持统一,本条进一步规定了,银行并不审核提单上承运条款和条件的内容。如此,方能真正避免银行曲解文意,卷入到船货双方的提单纠纷之中。

值得注意的是,这里只是强调了银行人员无须审核承运条款和条件,由于主要的承运条款和条件通常都显示在提单背面,所以,这通常指的是银行不审核提单背面而已,包括提单正面常常印就的"商户注意,本次承运受本提单背面所引承运条款(1~26 款)规定之权利、抗辩、规定、条件、例外、限制及自由处置权的约束"类似措辞中提及的背面承运条款。

但是,这并不绝对。比如:

[案例 183]　R576:提单正面的承运条款和条件是否需要审核呢?

回答是肯定的。国际商会说:所谓"含有全部承运条款或部分承运条款须参阅提单以外的某一出处",该款未区分承运条款出现在单据的正面还是背面。大多数海运公司目前将这一类信息放在提单的背面,因此使银行不审核这些条款的声明显得顺理成章。

分析及结论:

国际商会继续说:假如承运条款出现在提单正面,这一问题会使人感到有些疑惑。银行必须审核提单整个正面以确定诸如货物明细、航程、当事人及有关日期等信息。(The bank is required to review the whole of the front of the bill of lading to ascertain information such as details of goods, journey…)除非提单版面设计显示得很清晰,否则银行在审核时很难对信用证的要求与承运条款加以区分。承运条款的内容与信用证的要求不相符的情况并不少见,因此弄清银行对于正面条款的责任是十分重要的。

点评：

提单正面的承运条款，常常与提单已装船字样、正本出具份数等信息，夹杂在一起。如果不审核，便会出现鱼龙混杂、泥沙俱下的荒唐局面，所以，必须审核！

单据总是包括"正面（the front）"与"背面（the back/the reverse）"，而单据的内容不是显示在"正面"，就是在"背面"，UCP并没有任何限制。实务中，单据内容到底显示在正面还是背面，通常是约定俗成的。对于运输单据和保险单据而言，行业习惯的做法是将UCP规定的要素显示在正面。比如签字、承运人或保险公司名称等，即便正面容纳不下，也往往是增加附页而不是显示在背面。而其背书，则往往显示在背面。所以，单据表面（on its face），不能仅仅理解为单据的"正面"，它还应包括单据的"背面"或"反面"。换句话说，实务中单据的背面应当和正面一样审核，只是反面的内容往往是空白或比较单一，一般没有必要审查，但如果单据背面有内容，且其内容足以影响到确认相符交单，则仍然需要关照。国际商会在R575/TA558的分析及结论中说："银行的责任是从表面上审核单据，确定是否符合信用证条款。以编号或其他方式提及背面的条款，并不能迫使银行审核这些条款来确定单据是否与信用证条款相符。显然，这也不意味着银行无须审核提单背面，而有些要素，如提单背书及连续性，则是必须审核的。"

第 E3 段 a 款

出具人

提单，通常由承运人出具。

Para E3:
a. A bill of lading may be issued by any entity other than a carrier or master (captain), provided it meets the requirements of UCP600 article 20.
提单可以由承运人或船长以外的任何实体出具，只要其满足UCP600第20条的要求。

【修订】

本款规定属新增，明确了提单可以由任何人出具，与UCP600第14条l款的规定相吻合——"运输单据可以由任何人出具，无须为承运人、船东、船长或租船人，只要其符合第19条、20条、21条、22条、23条或24条的要求。"但是，值得商榷。

【解读】

提单出具人可以是任何人。让人纳闷的是，提单真的可以由任何人出具吗？我们认为，准确地说，这里应指提单可以由任何人出具或代理出具。

如前所述，单据出具人必须对其所记载内容的背后交易负责。相应地，就提单而言，其出具人必须对提单记载内容的背后交易负责，即必须承担提单载明的承运责任。谁在法律上必须承担提单下的承运责任呢？不言而喻，只有承运人了。换言之，承运人正是由于其必须承担

品读 ISBP745

提单下的承运责任,才成为提单的出具人,而不是真的任何人都可以出具提单。当然,实务中的承运人可能不一定显示其承运人身份。在这个意义上,国际商会在 UCP600 第 14 条 L 款中提到的任何人都可以出具运输单据,包括提单的说法,可能并不严谨。

至于实务中,表面上看,确实出现过船东、船长或租船人等在出具提单,我们认为,归根结底,那仍是承运人在承担承运责任和出具提单,而它们只是在代理承运人出具而已。具体而言,包括:

——船东或租船人,其实是在租船提单下,代表着作为联合承运人的船东和租船人在出具提单;

——船长,其实是作为承运人在一条特定船只上的法定代表人,从而代表承运人在出具提单等。

准确地说,法律意义上,提单只能由承运人出具。而在实务中,UCP600 第 14 条 l 款的规定可以理解为,提单由任何人出具或代理出具,而不是真的可以由任何人出具。其实,实务中的提单如果由代理人签署并出具时,常常同步显示文句:The Agent signing this Bill of Lading on behalf of the Carrier by whom this Bill of Lading is issued have only the limited authority at common law. The said Agent further assume no liability for the performance of any obligation hereunder and act as Agent for the Carrier whom this Bill of Lading is issued. 显然,这已经清楚表明了提单签署人与承运人之间的代理出具关系。

但是,借签提单有其特殊性。比如:

[案例 184] 如何判断借签提单的出具人?

案中,信用证规定 B/L should be issued by ABC co. 提交的提单显示:函头(letter head)为 COSCO,签署栏为 DEF co. ,signed as agent for the carrier ABC co. 这样的提单可以接受吗?

分析:

实务中,偶尔会看到一个公司出具提单时,使用带有另外一个公司函头的提单格式。这就是常说的"借签提单"。

带有公司函头的提单格式意味着,不同格式下的承运人与托运人之间的不同权利义务关系。而一家公司使用此格式出具提单,便意味着其愿意按照提单格式下规定的权利义务关系承担承运责任。正因为如此,加上运输行业的特殊性,在法律框架内,每个国家都会对运输单据的出具及出具格式进行严格的监管。

在我国国际海运监管框架下默认是不允许有船承运人,即船公司"借签"提单,使用其他公司的提单格式。而无船承运人"借签"提单,则必须在监管法规的严格规范之下,而不能恣意为之。这从我国《国际海运条例》及其《实施细则》对提单备案手续要求的以下措辞中可以看出其中奥妙:

我国最新的《中华人民共和国国际海运条例实施细则》[①]:

第十条 国际船舶运输经营者依法取得经营进出中国港口国际班轮运输业务资格后,交通部在其政府网站公布国际班轮运输经营者名称及其提单格式样本。

---

① 中华人民共和国交通部令,2003 年第 1 号,《中华人民共和国国际海运条例实施细则》已于 2002 年 12 月 25 日经第 14 次部务办公会议通过,现予公布,自 2003 年 3 月 1 日起施行。

第十五条　无船承运业务经营者申请提单登记时，提单抬头名称应当与申请人名称相一致。

提单抬头名称与申请人名称不一致的，申请人应当提供说明该提单确实为申请人制作、使用的相关材料，并附送申请人对申请登记提单承担承运人责任的书面申明。

第十六条　无船承运业务经营者使用两种或者两种以上提单的，各种提单均应登记。

国际班轮运输经营者和无船承运业务经营者的登记提单发生变更的，应当于新的提单使用之日起15日前将新的提单样本格式向交通部备案。

第二十六条　任何单位和个人不得擅自使用国际班轮运输经营者和无船承运业务经营者已经登记的提单。

那么，借签提单下谁是出具人？

借签提单意味着一个公司愿意承担与另一个公司同等的其提单格式所载明的承运责任。显然，被借签的公司由于并不是提单当事人，并没有介入实际承运过程，也没有在提单上签署，所以，并不承担任何责任。那谁是承运人呢？显然，就是借签提单的这一家公司了，从而它也因此成为提单的出具人。

结论：

我们认为，案中的提单出具人，理应可以接受。

点评：

运输实务中，即使是"借签提单"，除非借签者冒用他人提单（那是侵权，另当别论。《细则》第26条"不得擅自使用"应该就是这个意思），出借者和借签者一定存在某种协议，而且出借者多为首程实际承运人，借签者多为无船承运人，无论如何，出借者必定须基于背后的协议承担某种间接责任，即使不是直接的承运责任。

运输实务中，无船承运人"借签提单"，不仅会基于出借者和借签者的协议关系，还涉及借签人出于平衡其与托运人和实际承运人之间的两份运输合同的权利义务关系的目的。

引申：

显然，这一看法并不吻合第A20段规定中的两种单据出具人的判断方法。或许，这是国际商会的不周全之处。因为作为提单函头的COSCO公司，并不承担作为提单出具人的法律责任——承运责任。而从承运责任承担的意义上，借签提单的公司ABC co.无疑才是提单的真正出具人。

那么，是否可以认为提单函头的COSCO公司是"名义上"的出具人，而借签提单的公司ABC co.是"实际上"的出具人呢？我们认为，理应可以如此理解。未见国际商会发表过针对性的意见。

第E3段b款

"货代提单可接受"

提单，通常由承运人出具，有时也会由货代出具或签署。可以接受吗？相应地，信用证有时会规定："货代提单可接受。"这意味着什么？二者之间又有着什么样的关系呢？

品读 ISBP745

Para E3:

> b. When a credit indicates "Freight Forwarder's Bill of Lading is acceptable" or "House Bill of Lading is acceptable" or words of similar effect, a bill of lading may be signed by the issuing entity without it being necessary to indicate the capacity in which it has been signed or the name of the carrier.
>
> 当信用证规定"货运代理人提单可接受（Freight Forwarder's Bill of Lading is acceptable）"，或"运输行提单可接受（House Bill of Lading is acceptable）"，或类似措辞时，提单可由出具人签署，且不必注明其签署身份或承运人名称。

【修订】

本款规定，明确了如果信用证规定"货代提单可接受"，则意味着提单可由出具人以任何身份签署。这改变了旧版 ISBP 681 第 95 段的规定——"提单可由货代以该身份签署……"这属于重大改变。

【解读】

信用证规定"货代提单可接受"意味着什么？这只是表明提单可由出具人直接签署，不必显示承运人。

为什么呢？在国际商会眼里，顺着 UCP600 第 14 条 l 款的规定，提单可以由任何人出具，包括货代。所以，信用证的规定——"货代提单可接受"，就提单出具人而言，说了等于白说。就提单承运人显示而言，如此规定则有特殊的含义，即提单可以不显示承运人，排除了 UCP600 第 20 条 a 款和第 E5 段 a 款的规定——"提单必须……表明承运人名称及身份。"就提单签署人身份显示而言，其必须为出具人，但可以不显示身份。当然如果显示，我们认为，仍必须显示签署人为货代或承运人。比如：

[案例 185] R639/TA651 rev：信用证规定"货代提单可接受"，如何掌握？

案中，信用证要求"货代提单（house B/L）"，或者要求"海运提单指定提货人 XX、通知方 YY"并说明"货代提单可以接受"。那么，如何审核呢？

分析及结论：

国际商会说："分提单将按照 UCP600 第 20 条而不是第 14 条 f 款来审核。"

它继续说："请注意 UCP600 第 19 至 23 条的第一款都提到了单据'无论如何命名'。因此，举例来说，即使信用证要求海运提单，出具以货代为函头的分提单，同时符合信用证关于运输条款和其他适用条款内容要求，也是可以接受的。这符合 UCP600 第 14 条 l 款的规定：'运输单据可以由任何人出具，无须为承运人、船东、船长或租船人，只要其符合第 19、20、21、22、23 或 24 条的要求。'"ISBP681 第 72、95 和 138 段是有关信用证声明'货代提单可接受'、'航空分运单可接受'或者类似措辞的特定要求。这些条款仅仅是在涉及单据应该如何签署时使用的。这些段落内容是：'如果信用证声明'运输代运人[单据的名称]可接受'、'航空分运单可接受'或者类似措辞，则[单据的名称]可以由货代以货代身份签署，而不需要表明其是承运人或者具名承运人的代理。在此情况下，也不需要显示承运人的名称。'"

点评：

案中,国际商会回答了信用证规定的"货代提单可接受"条款的含义,却回避了"货代提单"到底指的是什么。

案中,国际商会也确认了货代提单仍是提单,所以,才按提单条款审核。

但是,本段如此措辞,其实强制割裂了提单承运人与出具人的身份。试想,提单必须表明承运人,不就是因为承运人必须对提单载明的货物承担承运责任,从而实际上成为提单出具人吗?信用证规定"货代提单可接受",不就是在说,此时提单可以由货代"出具"并无须显示承运人吗?再想,如果提单不显示承运人,难道就没有承运人了吗?提单不显示承运人,难道就没有出具人了吗?很显然这与事实不符。因为提单没有出具,不可能产生,所以必有出具人。而提单载明的货物必须有人从装货港运送至卸货港,所以必有承运人。实际上,提单的出具人和承运人,本来就是二合一,没有必要人为地分割,也不可能分割。

准确地说,货代一旦出具提单,其实是在以"货代"之名行着"无船承运人"之实,归根结底,还是以"无船承运人"的身份在出具提单,承担提单下的承运责任。

请注意,就提单签署而言,这里只要求签署人必须为出具人,而取消了签署人身份的要求,即可以显示为货代,可以显示为承运人,或不显示身份。这或许与货代提单或无船承运人提单实务有关。

货代及货代提单

如前所述,在现代"一体化运输"的趋势下,产生了货运代理制和货代。货代,即货方代理人,法律上应该是具有货代资格的一家公司,因此得名"货代公司"。实务中,经常会见到货代提单——FBL,即 forwarder's bill of lading or house bill of lading,和货代收据——FCR,即 forwarder's cargo receipt or house cargo receipt。

那么,货代提单和货物收据是怎么产生的?货代提单是提单吗?货代提单又该如何掌握呢?

第一,货代提单和货代收据是怎么产生的?

在国际海运实务中,介于船东(vessel carrier)——有船承运人和货方(customer)——托运人或收货人之间的货代公司,常常会同时具有货代(forwarder/forwarder agent)、无船承运人(non-vessel carrier)、有船承运人或无船承运人代理(carrier's agent)三种资格。同一个公司,通常在不同的情况下,或者交叉扮演,或者独立扮演对应的三种不同角色,从而具有三种不同的身份,承担三种不同身份下的责任:

——货代公司扮演货代角色时:当货代公司,作为货方——收货人或买方、托运人或卖方的代理人时,它一方面要与货方签订分货运代理合同;另一方面,要以货方的名义,或自己的名义,与船公司签订总运输合同。在集装箱运输下,货代公司常常将多个托运人装运的零星货物按照它们的流向及特点集中在一起,以自己的名义,即作为统一托运人,向船公司办理托运,船公司签署一套主提单(master B/L),简称 MBL。由于 MBL 只有一套,各个托运人不能分别取得分提单,只好由货代公司向各个发货人分别签署货代收据 FCR。

——货代公司扮演无船承运人角色时:当货代公司作为独立经营人时,它是无船承运人,一方面它可以与货方直接签订分运输合同,承担承运责任;另一方面,它要以自己的名义,作为托运人与船公司签订另一份总运输合同。此时,货代公司作为无船承运人可以直接向分运输合同下的托运人分别签署分提单,即为货代提单(Forwarder's B/L or house B/L),简称 FBL/HBL。

——货代公司扮演有船承运人或无船承运人代理角色时:当货代公司作为船公司代理时,它一方面可以以承运人代理名义为船公司或无船承运人与货方签订运输合同,承担承运人代理责任,另一方面它必须与有船承运人或无船承运人签订承运人代理协议。此时,货代公司作为承运人代理,可以向托运人代为签署提单,即为 B/L。

第二,货代提单是提单吗?

从货代提单的产生过程来看,货代提单与船东提单一样,都是由承运人签署,前者为无船承运人,后者为有船承运人,它们与托运人签订的都是运输合同,承担的是承运责任,向托运人收的都是运费。所以,毫无疑义,货代提单是运输单据,它具有提单的三大功能中的两个——"合同证明"功能和"货物收据"功能。

那么,货代提单还具有普通提单所具有的"货权凭证"功能吗?回答应该是肯定的。国际商会在 R343 中,在回答一个问题——"一份规定提交货代提单的信用证下,运输行提单的出具人是否负责将货物完好地运往最终目的地"时,说:"单据符合 UCP500 第 23 条和第 30 条的规定。如果信用证要求货代提单,它可以自己的名义签署。如果以这种方式签署的话,运输行就应该已经与实际承运人就实际装运及交付的责任订立合同。根据所咨询的情况,货代或者以承运人的名义(承担承运人的全部责任)或者以具名承运人的代理人(承运人承担装运及交货责任)的名义签署。直到将货交给指定的收货人、提单的被背书人或空白背书提单的持有人以前,货代对装运都负有责任。"显然,这已经表明了货代提单也是提单的一种,从而理所当然地与其他提单一样,通常情况下都具有"货权凭证"的功能。

其实,提单的"货权凭证"的功能,UCP 本身也都没有直接涉及,而交由各国法律或提单公约规范,并已经落实在各国的严格提单格式监管之中。只是,据了解,目前世界上只有美国和中国两个国家已经有明文确立了无船承运人法律概念。大多数国家的货代公司在签署货代提单之时,仍以货代身份出具,这是用"货代"之名,行"无船承运人"之实。在我国,2002 年《国际海运条例》实施之前,由于无船承运人的法律概念尚未明文确立,货代公司出具提单,也以货代身份为之。换言之,2002 年之后,货代公司在目前我国的提单监管框架之内,如果不具备无船承运人资格,已经不可能签署货代提单了。

"在确立了无船承运人的概念以后,情况就发生了变化,首先,把以承运人身份从事海上运输的无船承运人界定为承运经营者的范畴,即可以自己的名义接受货物、完成运输,并以承运人的身份承担法律责任。这样的概念与过去的一些既不签单,又不组织货物装卸,一手抓船、一手抓货,不尽义务、坐享其成,待责任发生便溜之大吉的所谓货运代理人,有着本质的区别。《条例》出台之后,为那些虽不拥有船舶但却有经验、有条件、有经济能力并能承担法律责任的人确定了无船承运经营者的身份,并规定了从事此种行业的资格、条件和行为规范,赋予了他们应有的法律地位,同时,把那些不具备条件的人员从承运经营者的队伍中剥离出来,使之不再具有鱼目混珠的机会和条件。在将来,这类货运代理人即便再从事货运代理事务,也只能限于报送、联系装卸、安排仓储等纯代理费或佣金的形式,而不能再赚取运费或运费的差价,因为,按照《条例》的规定,他们已不具备运输经营者的民事行为能力和民事权利能力。"[①]

---

① 引自佟黎明:《无船承运经营者制度与货运代理制度》,《世界海运》,2004.12

值得注意的是，对于货方而言，货代提单有着特殊的风险。

一般来说，货代公司以无船承运人身份，或者名义上以货代身份行"无船承运人"之实而签署的货代提单，可信度比船公司签署的提单要低。对于货方而言，货代提单有着特殊的风险。这与货代公司在签署货代提单时的无船承运人身份有着直接的关系。

无船承运人，是与有船承运人即船东相对而言的。虽然同为《海商法》意义上的承运人，但是，二者的资信却常常有天壤之别，前者的资信仅以最低人民币 80 万元的保证金来保证，后者的资信则由船舶资产来保障。换句话说，一旦出险，在货代提单下，货方常常只能向资信比较低的货代公司索赔，而无法直接向资信比较可靠的实际承运人即船公司主张权利，因为货代提单没有直接约束实际承运人即船公司。这是其一。

货代公司在以"无船承运人"身份出具货代提单时，常常同时兼着"货代"身份。而既然为"货代"，则要么由买方（常常为收货人）指定，要么由卖方（常常为托运人）指定，于是，货代公司常常不得不听从作为委托人的买方或卖方的单方面指示，很难作为独立第三方在买卖双方之间保持应有的公正，严重者与其中一方合谋，坑害另一方。如此，对于另一方，不管是买方，还是卖方而言，利益都将无法得到充分保障，风险较大。这是其二。

正由于货代提单有着特殊的风险特征，所以，买方或卖方常常不接受。当然，这并不绝对。

请注意，货代提单的说法，属于贸易、运输和日常银行实务，并不属于国际商会眼中的国际标准银行实务。

也请注意，这里对于货代及货代提单的分析和看法，主要基于中国法，这并不排除个别国家法律的另类规定。或许，正是由于各国法律对货代及货代提单的规定五花八门，甚至南辕北辙没有统一的规定，国际商会才在本出版物中不厌其烦地作出各种明细的规定，以规范信用证下涉及的货代及货代提单各方面的审核。

第 E4 段

"货代提单不可接受"

信用证有时还会规定："货代提单不可接受。"这又意味着什么呢？

Para E4:
A stipulation in a credit that "Freight Forwarder's Bills of Lading are not acceptable" or "House Bills of Lading are not acceptable" or words of similar effect has no meaning in the context of the title, format, content or signing of a bill of lading unless the credit provides specific requirements detailing how the bill of lading is to be issued and signed. In the absence of these requirements, such a stipulation is to be disregarded, and the bill of lading presented is to be examined according to the requirements of UCP600 article 20.

当信用证规定"货运代理人提单不可接受 Freight Forwarder's Bills of Lading are not acceptable"，或"运输行提单不可接受 House Bills of Lading are not acceptable"类似措辞时，除非信用证对提单如何出具和签署作出明确要求，否则，该规定在提单的名称、格式、内容或签署方面没有任何含义。当没有这些要求时，该规定将不予理会，提交的提单应按照 UCP600 第 20 条的要求予以审核。

品读 **ISBP745**

【修订】

本段规定属于新增规定。

【解读】

本段表明,如果信用证规定"货代提单不可接受",没有任何含义,说了等于白说。

为什么呢？国际商会在 R562/TA572 中说:这一用词并不涉及货代出具或签署提单的能力。The terminology "Transport document issued by Freight Forwarder not acceptable" is an ambiguous term that does not clearly define the type of document that would be acceptable. For example, it is not clear whether the credit is seeking to remove the ability for a freight forwarder to issue a bill of lading that would be acceptable under UCP500 Article 30 or whether it extends to the manner in which the bill of lading would be signed. 换言之,作为申请人来说,在信用证中如此规定的用意可能是,希望排除货代出具或签署提单,因为实际上作为"无船承运人"的货代,其资信毕竟与"有船承运人"的船东不同。但是,UCP600 中要求了提单必须由承运人出具或签署,已经包含了可能的同时具有货代身份的"无船承运人"。而银行在实务中,也没有能力对提单显示的承运人是"有船承运人"还是"无船承运人"作区分,所以,本段作出如此规定,即无需理会信用证上"货代提单不可接受"的规定。

这里的规定恐怕令不少人感觉困惑,第 E3 段已经明确 FORWARDER B/L ACCEPTABLE 的含义了,为什么反过来 FORWARDER B/L NOT ACCEPTABLE 却是没有任何含义呢？我们认为,这可能与 UCP600 的规定有关。从第 E3 段的规定来看,国际商会的着眼点不在于直接规定什么是货代提单 FORWARDER B/L,而在于规定什么是 FORWARDER B/L ACCEPTABLE,什么又是 FORWARDER B/L NOT ACCEPTABLE。而就提单出具人而言,前者没有意义,后者也没有意义。就提单承运人而言,前者排除了承运人的显示,后者实际上从侧面重申了 UCP600 第 20 条 a 款对承运人显示的要求,相当于一句废话。就提单签署人而言,前者允许任何出具人以任何身份签署,后者还是没有越过 UCP600 第 20 条 a 款的规定。比如:

[案例 186]　R734/TA727rev:信用证规定"货代提单不可接受",如何掌握？

案中,咨询者问:信用证的 47A 经常见到类似 "Forwarders bill of lading is not acceptable","Transport documents issued or signed by freight forwarders not acceptable" 的条款。这些条款对提单的出具和签署有何影响？

国际商会在分析中说:"freight forwarder bills of lading"这一措辞在 UCP600 中没有直接定义,信用证中的条款"freight forwarder b/l not acceptable"没有清晰表明哪种单据不可接受,或者是否意在排除 UCP600 第 14 条 l 款的规定。

国际商会在结论中说:除非信用证特别表明所要求运输单据的签署格式,案中措辞没有含义,运输单据只要符合 UCP600 第 19 条或第 20 条的相应要求即可。

点评:

实务中,大家困惑的是,ISBP 已经明确 FORWARDER B/L ACCEPTABLE 的定义了,为什么反过来 FORWARDER B/L NOT ACCEPTABLE 却变得毫无意义了呢？与 TA651 相似,本案中国际商会回答了信用证规定的"货代提单不可接受"条款的含义,却又一次回避了"货代提单"到底指的是什么。

引申：

国际商会一直以来都以签署人身份的显示来区分"承运人类提单"和"货代类提单"的说法，并定义货代提单。

在 R221 案例的问题 1 中，国际商会说："UCP500 Articles 23—28 refer to documents being carrier-type documents. Freight forwarder-type documents are not specifically addressed in the UCP…"

在 R643/TA669rev 案例中，国际商会在同样解释如何满足信用证规定的"货代提单不可接受"条款的含义时，说："If a freight forwarder or agent signs as carrier, the bill of lading becomes a carrier document."

遗憾的是，这里的第 E3/E4 段的规定已经取消了这一说法。显然，这不太符合日常的语言和思维习惯。

第 E5 段 a 款

签署与承运人

如前所述，提单的签署仅仅是提单出具的一个环节，也是一个非常重要的环节。而按理承运人是提单唯一的出具人，对货物承运责任负责。承运人在提单上签署，则是证实运输单据由其作成和出具，并确认对运输单据所载明内容承担承运责任的一种表示。

承运人出具并签署提单，是法定的义务。

我国最新的《海商法》：
第七十二条 货物由承运人接收或者装船后，应托运人的要求，承运人应当签发提单。提单可以由承运人授权的人签发，提单由载货船舶的船长签发的，视为代表承运人签发。

这里的规定并没有明确区分提单的出具和签署。

Para E5：
a. A bill of lading is to be signed in the form described in UCP600 sub-article 20(a)(i) and to indicate the name of the carrier, identified as the carrier.
提单应按照 UCP600 第 20 条 a 款 i 项规定的方式签署，并注明承运人名称及表明承运人身份。

【解读】
提单必须表明承运人。我们认为，这归根结底是在表明提单的原始出具人和原始签署人。因为承运人是承运责任的主体，只有提单表明了承运人，托运人和收货人才可据以向其追溯承运责任。

如何表明承运人呢？一言以蔽之，必须在提单正面表明承运人，既包括确切的承运人身份，又包括确切的承运人名称，以及身份与名称之间的确切联系。具体包括：

品读 ISBP745

第一，必须在提单正面表明承运人。

实务中，提单承运人显示在正面（多位于上方或右上方），并有"承运人"（the carrier 或 as carrier）字样与名称相联系。这种情况下，即算表明了承运人。

按理，提单承运人不得显示在背面。国际商会在 UCP500 下第 4 号意见书和 R565 的分析及结论中说：UCP 关于表明承运人名称的立场是很清楚的。为了在所有情况下提单都符合 UCP 的规定，承运人的名称必须显示在提单的正面并且被注明身份。（Where the document (bill of lading) is signed by the carrier, it is not necessary for the word 'carrier' to appear again in the signature box when it has already been used on the front of the document to identify the party acting as carrier.）

第二，必须在提单正面表明确切的承运人身份。

大多数提单显示承运人比较直接明了。有时则会与其他信息，如提单函头或正面小字的承运条款等，混杂在一起。可以接受吗？比如：提单正面关于收到货物时的表面状况、数量、包装等的声明的小字承运条款中显示：The undersigned Carrier hereby acknowledges receipt of the sealed container or packages or other shipping units said to contain the Goods described above in apparent external good order and condition unless otherwise stated. 同时，在右下方显示签署人"For and on behalf of APL Logistics Ltd"并加签署。显然，提单已经清楚地表明了，签署人即为承运人，我们认为，可以接受。

但是，如果提单正面关于收到货物时的表面状况、数量、包装等的声明的小字承运条款中显示：Received by the carrier from the shipper in apparent good order and condition，则显得模糊不清。好像提单函头中印就的公司名称即为承运人，然而在"借签提单"情况下，如无船承运人 ABC 公司使用 COSCO 公司的提单格式时，提单函头显示为公司的名称，承运人应该是 ABC 公司，而不是函头中的 COSCO 公司。未见国际商会发表过针对性意见。

第三，必须在提单正面表明确切的承运人名称，以及名称与身份的确切联系。

比如：提交的提单函头显示 carrier：DEF co., ltd. 而在货描空白处又显示 carrier：GHK co., ltd. 则二者互相矛盾，不可接受。

比如：提单签署时显示"as agent for the carrier named above"的章，该提单的"以上"部分仅印有 A 船公司。国际商会在 R345 中说：这可以接受。

比如：提单签署时显示"As Agent for the Carrier of B/L title"，该提单函头显示 ABC LOGISTICS LTD。国际商会在 R660/TA636rev 中说，这还是可以接受。

比如：提单签署栏显示 ABC co., ltd. as agent for the carrier, 同时显示 for DEF co., ltd. 二者空间上靠得很近，这似乎表明了 DEF co., ltd. 即为承运人。我们认为，其实未必。与此类似，如张三代表经理去开会，张三也代表李四去开会，很可能经理是王五。也就是说，这种表述下，承运人可能不是 DEF co., ltd., 而是另有其人。

此外，提单必须在表明承运人的前提下，按 UCP600 第 20 条 a 款 i 项规定的方式签署，如此将构成一个完整的提单签署。实务中，提单除了由承运人直接签署外，还包括以下四种情况：

——由承运人的分支机构签署；
——由承运人的代理人签署；

——由船长签署；

——由船长的代理人签署等。

以上四种情况的签署方式，分别规定在本段第 b 至 e 款中。详细解读，可参见相关条款。

签署的连续性与层次感

如前所述，单据签署除了必须关注两个基本要素——签署人与签字本身之外，还必须关注二者之间的一个确定联系。这种联系，在提单签署中可能很复杂，比如由印就、打字、盖戳等多种形式的多幅文字完成，还比如同样一幅文字，不同部分的排列顺序也多有变化。这种联系的复杂程度，往往由于提单签署中的多种代理关系的交错出现，更是让人眼花缭乱。

那么，如何认定签署人与签字之间的确定联系，是否合格呢？我们认为，万变不离其宗，关注点只有两个：

第一，关注签署连续性。

签署连续性，这一词来源于票据法的背书连续性。什么是票据背书的连续性？中国人大网上说："背书的连续性，是指票据上记载的背书，自出票时的收款人开始到最后的被背书人，在票据背书形式上相互连接而无间断，即转让汇票的背书人与受让汇票的被背书人在汇票上的签章依次前后衔接。""从票据的流通性来看，票据经过许多持票人，到最后的持票人之手，最后的持票人由票据上的背书的连续来证明而取得该票据的权利。"

与此同理，签署连续性便指签署各要素间在提单上依次前后衔接。最终的目的是什么呢？即借助于签署的连续性来证明签署证实链条的连续性，从而证明签署责任链条的连续性，归根结底，用以证明提单签署的表面真实有效。比如：

[案例187] 签署代理指向的 GIFI Diffusion 与 GIFI ASIA LTD，一样吗？

案中，信用证显示申请人 GIFI ASIA LTD.，并要求：copy or photocopy of loading on board authorization signed by CATHERINE JACQUET of Applicant (whose signature and any seal or choppy required by the issuing bank's mandate must be in conformity with the record in the issuing bank's file).

受益人提交的装船授权书函头显示申请人名称——GIFI ASIA LTD.，并显示：I undersigned, Catherine Jacquet agent of GIFI Diffusion, authorize：

——the above supplier：XM co.，LTD.

——and agent of the carrier or forwarder：Globe SAS. to load on board the above items with mentioned quantities.

授权书的左下角签署与开证行存底相符，并显示名称：Catherine Jacquet 无误。

分析及结论：

表面上看，好像签署相符，因为首先与开证行存底印鉴相符。然而，如果仔细确认其中连续性，对照授权书正文开头的文字"I undersigned, Catherine Jacquet agent of GIFI Diffusion, authorize"，将发觉签署人所指向的代理——GIFI Diffusion，并不是信用证要求"signed by CATHERINE JACQUET of Applicant"所指向的申请人——GIFI ASIA LTD.。

显然，这不可接受。

点评：

品读 ISBP745

现实中,一个人在多家公司身兼数职,从而具有多种身份,是完全可能的。签署人的代理指向,最终将决定哪一个公司在法律上承担最后的证实责任。

[案例188]　R760/TA678rev:提单代理签署必须合理连续前后衔接吗?

案中,提交的提单在正本任何地方未显示承运人,在背面显示承运人为:[Company C]Shipping Container Lines (Country X)Co.,Ltd.

签署栏中显示签署如下:

> SIGNED:
> [Company C]Shipping Container Lines (Country Y)Co.,Ltd (As Agents for the Carrier)
> Per:John Smith(手签)
> [Company C]Shipping Container Lines (Country X)Co.,Ltd.

开证行拒付,理由为:提单正面没有显示具名承运人。

分析及结论:

国际商会在分析及结论中说:"这是不符点。既然C公司Y国子公司是代理承运人,那么,理应是由Y国子公司签署,而不是X国子公司签署。而且,提单没有显示具名承运人。(Given the indication that the Country Y office is acting as agents for the carrier, it would be expected that they would sign the bill of lading and not the Country X office. The bill of lading does not indicate the name of the carrier in a manner that is required by sub-article 20 (a)(j).")

点评:

本案再次重申了提单承运人必须显示在正面,而不是背面。

本案也再次确认了作为签署代理人名称必须与签字本身之间具有连续性——身份和名称重叠。

第二,关注签署层次感。

签署层次感,指签署的文字可能包括多幅。而不同幅的文字表面上看好像互相矛盾,然而,如果不同幅的文字的效力不同,那么这种矛盾就会消失。比如:

[案例189]　R770/TA684:提单代理签署的不同层次文字,效力相同吗?

案中,咨询者提到,一些运输单据上面载有预先印就的声明,除了那些有关"已装船"、"已收货"或"已接管"处的情况外,其他预先印就的声明内容可能与签署时的附加声明不匹配。例如,预先印就的声明显示"代表船长签字",单据通过附加批注看似由某具名代理人代表某具名承运人签字。或者预先印就的声明显示"由代理人代表承运人",通过附加批注,单据仍然看似由某真正的承运人签字。

那么,此类预先印就的声明和附加的声明之间的不匹配,是否可以认为是矛盾的数据?或者还是以附加批注为准,简单地把它看作是到出具日为止的实际或最终的情况?

分析及结论:

国际商会说:"用以证明运输单据签署人员名称和身份的附加印戳或其他形式的批注可以取代提单上与之矛盾的预先印就的签字。""如果运输单据的签署方式符合相关运输条款的要求,那么单据可以被接受。"

点评：

单据上的数据矛盾，按理只会发生于同等效力的同一幅文字之内，或者同等效力的两幅文字之间。

当然，如果不同幅的文字的效力相同，或者矛盾的文字出现于同一幅文字之内，那么，这种矛盾就是实际存在的，不可接受。

［案例 190］ 提单签署表明三重文字，效力还相同吗？

案中，提单由 KASE LOGISTICS INTERNATIONAL LIMITED 签署，并在签署栏中显示：

> Signed on behalf the Carrier：KASE LOGISTICS INTERNATIONAL LTD. or its agent（印就）
> KASE LOGISTICS INTERNATIONAL LIMITED（盖戳，并手签）
> AS AGENT FOR THE CARRIER（手写）

分析及结论：

以上涉及三行文字，以三种形式三个层次呈现：

——第一行，表明了 KASE LOGISTICS INTERNATIONAL LIMITED 是承运人，同时也表明了该栏位下的任何签署默认即为承运人或承运人代理人签署；

——第二行，表明了 KASE LOGISTICS INTERNATIONAL LIMITED 的签署；

——第三行，则表明了签署人的身份，即代理承运人签署。

综合来看，这是一个承运人代理自身签署的例子，可以接受。

引申：

与此类似，日照案中租船提单由船长代理人签署如下：

显然，蓝字印戳部分表明了签署由 PANGEA 公司的一个工作人员以手签完成，而 PANGEA 公司作为一个代理出现，代理谁呢？显然是打印部分表明的船长——FOR AND/OR ON BEHALF OF CAPT：PANKAJ VERMA，而打印部分的第三行则表明了该船长负责的船是 MV.DARYA DHYAN。

整体上看，签署连续性完整，可以接受。

［案例 191］ 提单签署表明三重文字，其中一重涉及几个部分又如何解读呢？

案中，提单签署栏显示：

品读 ISBP745

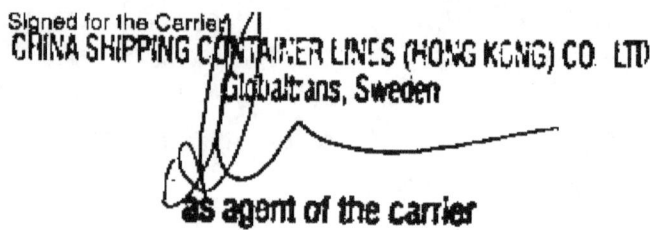

分析及结论：

以上签署包含三重文字：一重为印戳内容，一重为手签，另一重为印就的第一行——signed for the carrier 和最后一行——CHINA SHIPPING CONTAINER LINES（HONG KONG）CO.,LTD。实际上，印就文字最后一行没有起作用，所以，关键在于认定其他文字是否满足签署的要求。从中间的印戳内容可以看出，提单的手签紧邻 Globaltrans,Sweden，理应视为由其签署。Globaltrans,Sweden 的身份对应于手签下方的一行——as agent of the carrier，即作为承运人的代理人签署。而第一行文字告诉我们，这是承运人签署栏。所以，紧邻其下方的一行——CHINA SHIPPING CONTAINER LINES（HONG KONG）CO.,LTD，应该就是承运人了。整体上看，我们认为应该是可以接受的。

实务中，还会出现类似的情况，这里以渐变的方式来看几个案例。

案例1：三个部分三重文字，如何解读？

案中，提单印就签署栏显示：

> "印就"签署栏名称：Signed for the carrier；
> 签字：（自然人手签）
> "打印"文字：ABC CO.,LTD.

签署栏名称：Signed for the carrier。这显然意味着，该栏位上的任何签署默认是代理承运人所为。当然，"for"这一代理标记性字样，可能是内部代理，也可能是外部代理，如在提单背书中。须注意，作为提单签署外部代理的标记性字样，只有"agent"。所以，实务中，"for"这一代理标记性字样在提单签署时，默认仅指内部代理，如本案就是。而一个手写签字与"打印"文字——ABC co.,ltd.紧密相邻，应为视为 ABC co.,ltd.的职务代理人签署，而该签署又落在签署栏：Signed for the carrier 中，从而可以视为承运人签署，可以接受。

案例2：三个部分两重文字，如何解读？

案中，提单印就签署栏显示：

> "印就"签署栏名称：Signed for the carrier；
> 签字：（自然人手签）
> "印就"文字：ABC CO.,LTD.

手签应该指向"印就"文字：ABC CO.,LTD，视为其签字。而签署栏名称说明附近的所有签字，默认即为承运人签署。换言之，本提单就是 ABC 公司作为承运人由其工作人员签署。

与上同理,可以接受。

案例 3:三个部分两重文字,位置有调换,如何解读?

案中,提单印就签署栏显示:

> "印就"签署栏名称:Signed for the carrier:
> "印就"文字:ABC CO.,LTD.
> 签字:(自然人手签)

位置的改变,手签仍然属于表面邻近"印就"文字——ABC CO.,LTD.的范围之内。与上同理,可以接受。

案例 4:三个部分两重文字,由"印就"变为"打印",位置又有调换,如何解读?

案中,提单签署栏无名称,并显示:

4-1	4-2	4-3
"打印"ABC CO.,LTD. 签字:(自然人手签) "打印"Signed for the carrier	"打印"Signed for the carrier "打印"ABC CO.,LTD. 签字:(自然人手签)	"打印"Signed for the carrier 签字:(自然人手签) "打印"ABC CO.,LTD.

显然,以上三种情况同理,均适用于法律上类似于表见代理的"紧密相邻"原则,可以接受。

第 E5 段 b 款

签署——承运人的分支机构

承运人分支机构签署与承运人签署,有区别吗?

Para E5:

> b. When a bill of lading is signed by a named branch of the carrier, the signature is considered to have been made by the carrier.
> 当提单由承运人的具名分支机构签署时,该签字应视为由承运人作出。

【修订】

本款属新增规定,与总则部分第 A36 段 b 款的规定——"当单据的签署人表明其代表出具人的分支机构签署时,该签字视同由出具人作出"的细化。

【解读】

提单上承运人的分支机构签署,视同承运人签署。比如:

[案例 192] R752/TA748:提单的签署人显示为 CARRIER 的分支机构,可以吗?

案中,提单函头显示:"Carrier:Hapag-Lloyd Aktiengesellschaft,Hamburg"。提单的签署为:

> Hapag-Lloyd Denmark,
> Branch of Hapag-Lloyd AG, Germany
> As Carrier

这样的签署是否满足 UCP600 20 条第(a)款(i)项的要求。

分析及结论：

国际商会说：案中的提单已经满足了 UCP600 20 条第(a)款(i)项的要求。具体而言如下：

1. 承运人的名称：即 Hapag-Lloyd Aktiengesellschaft, Hamburg；

2. 承运人签署："Hapag-Lloyd Denmark, Branch of Hapag-Lloyd AG, Germany As Carrier"作为"Hapag-Lloyd Denmark"的一个分支机构，可能以承运人的身份出具和签署提单。

点评：

从法律关系上来讲，分公司或分支机构不是独立法人，分支机构的行为均应由总公司承担相应责任。

虽然案中此分支机构与母公司不在同一国家，但对它们之间的法律关系并无影响，且在实务中船公司在其他国家有分支机构也是相当常见的事情，它的任何一个分支机构都可能以承运人的身份出具和签署提单。

补充：

R754/TA750 案中，国际商会说："此案例中的提单签署者很明显是作为承运人的分支机构，而不是代理人签署提单的。而一国的分支机构名称与母公司名称不同，以及承运人分支机构与承运人名称不同，对此签署都没有影响。""签署人和承运人必须是同一实体，这也包括签署人是一指定承运人的分支机构，只要它表明其分支机构的身份。"

引申：

实务中的困难在于如何判断承运人的分支机构。比如：ABC co. as carrier，这是承运人。那么，ABC co. Shenzhen branch 签署。可以吗？可以的，这是深圳分公司，属分支机构。

而 ABC co. Shenzhen office 签署。又可以吗？理应也可以的，这是深圳办事处，可以视同分支机构。作为一个办事处，通常是无权直接签署提单，但是，如果办事处确实签署了提单，则完全可以视之为分支机构所为。根据 UCP600 第 34 条，银行无须理会其总公司对办事处授权的有效性。

而 ABC (Shenzhen)co. 签署。还可以吗？这是承运人的子公司，与作为承运人的母公司属于不同的法人，显然不可以接受。

第 E5 段 c 款

签署——承运人代理人

承运人还可以委托自己的代理人出具或签署提单。

Para E5:

　　c. When an agent signs a bill of lading for [or on behalf of] the carrier, the agent is to be named and, in addition, to indicate that it is signing as "agent for (name), the carrier" or as "agent on behalf of (name), the carrier" or words of similar effect. When the carrier is identified elsewhere in the document as the "carrier", the named agent may signed, for example, as "agent for [or on behalf of] the carrier" without naming the carrier again.

　　当提单由代理人代承运人签署时,该代理人应具名,此外,应注明其作为"承运人(承运人名称)的代理人[agent for (name), the carrier]"或"承运人(承运人名称)的代理人[agent on behalf of (name), the carrier]"签署或类似措辞。当承运人在该单据的其他地方表明"承运人"身份时,该具名代理人可以诸如"承运人的代理人[agent for [or on behalf of]the carrier]"身份签署,而无需再次提及承运人名称。

【解读】

　　提单承运人的代理人签署时,必须表明代理人名称、身份、代理人签字和明确的代理指向。具体而言,包括:

第一,必须显示代理人名称。为什么?

　　如果没有显示作为提单签署的代理人名称,便无法追溯代理人的签署证实责任。

　　实务是复杂的,有时会出现两个代理人名称。比如:

[案例 193]　提单上显示两个签署人,可以吗?

　　案中,提单签署栏的上方显示:signed for the carrier A. P. Moller Maersk A/S trading as Maersk Line;

　　下方右侧显示:as agent for the carrier,并印就公章"Maersk (CHINA) shipping co., ltd 马士基(中国)航运有限公司"并有自然人手写签字。下方左侧,另盖有公章"Maersk (CHINA) shipping co., ltd Tianjin Branch 马士基(中国)航运有限公司天津分公司"并有另一自然人手写签字。

　　那么,这样的提单签署可以接受吗?

　　分析及结论:

　　提单上出现过两个代理人,UCP 并没有禁止。这一点,国际商会第 E24 段关于提单更正证实的意见中有所反映——"提单上的更正必须经过证实。证实必须看似由承运人或船长所为,或者由其任一代理人所为,该代理人可以与出具或签署提单的代理人不同,但要注明其作为承运人或船长的代理人身份。"关键是能够分辨有关提单行为的确切责任人。如果分辨不清,只要二者承担着连带责任,也无不可。

　　就本案例而言,提单下方右侧显示的签署,已经满足了 UCP600 Article 20(a)(ⅰ)的要求。也就是说,从提单表面可以很清楚地判断马士基(中国)航运有限公司是作为承运人代理签署,承担确切的承运代理人责任。至于提单下方左侧的签署,有无、是谁、以什么身份,都无关紧要。实际上,包括 UCP 在内的国际商会出版物,从来就没有禁止这多余的签署,只要该多余的签署不构成对提单上原有签署,以及其他内容的伤害即可。

所以,该提单是可以接受的。

第二,必须显示代理人身份。

UCP 仅允许承运人的外部代理人以 Agent 身份签署,不得以其他代理身份签署。

实务中,承运人代理人的身份,可以多种多样,其法律上代理的责任范围也各不相同。法律意义上签署代理人,除了外部代理,还有内部代理。内部代理,也称职务代理,指的是实体所雇佣的工作人员在实体所在营业场所所做的签署。而对于第三人来讲,只要是实体的工作人员,只要于实体所在工作场所发生的签署,除非另外说明,均默认为职务代理或内部代理。相应地,在 UCP 意义上,提单承运人的工作人员签署时,均视为承运人签署,表现在提单上往往是工作人员的手写签字与承运人名称或身份紧密相邻即可。比如:提单签署栏名称:Signed for the carrier or its agent. 这可能是由承运人的内部代理人签署,也可能由承运人的外部代理人签署。

不管如何,一个合格的签署都需要足以辨别,到底是内部代理人签署还是外部代理人签署,以及承运人和代理人各是谁。否则,都将导致签署不合格。

第三,必须显示代理人签字。

承运人的代理人签字应与代理人名称或身份具有逻辑或空间的联系。如此,方可确认该签字属承运人代理人所为。

请注意,代理人签署只是在承运人授权签署范围内行事。通常来说,承运人授权签署时,同时也意味着授权代理出具提单。换言之,无论如何,代理人只是通过签署证实提单出具行为的真实性,并不对提单本身的承运责任负责。而代理人代理出具提单,也只是就提单出具行为,即代理作成、签署和发出行为负责,并不对提单本身的承运责任负责。

第四,必须显示明确的代理指向。比如:

[案例 194] R354:提单签署到底是代理承运人,还是代理船长?

案中,提单代理人签署时表明 ABC co.,ltd. for the master/for the carrier,可以吗?

分析及结论:

国际商会结论是:提交的单据不符合 UCP 的规定。

国际商会分析说:应删除其中之一,因为代理人的签署人的身份是不清楚的。(The bill of lading should have deleted either "for the master" or "for the carrier". With the document displaying both parties, the capacity in which the agent is signing is unclear.)

点评:

提单代理人签署指向不明,实际上意味着签署连续性是模糊不清,这是不允许的。

实务中提单承运人代理签署时,也会见到由承运人自己完成的情况。比如:

[案例 195] R674/TA625:承运人代理自己签署可以吗?

案中,提单签署如下:

```
Signed as agent for the Carrier (PRE-PRINTED)

        AS AGENT FOR THE CARRIER: ( ADDED TEXT)
        ABC CO LTD.

        For and on behalf of (STAMP WITH SIGNATURE)
        ABC CO. LTD.
                (SIGNATURE)
        -------------------------------
        Authorized Signature

                        Authorized Signature (PRE-PRINTED)
```

分析及结论：

国际商会在结论中说：提单签署没有问题。但是，从提供的信息无法判断谁是承运人。（We can find no reason for refusal of a bill of lading that is signed in the manner shown under "Query". However, from the information provided, it is not clear whether the bill of lading indicated the name of the carrier. This may only be determined from the transport document itself.）

国际商会银行委员会在分析中引述了其运输委员会和商法委员会的意见。运输委员会说：

——Paragraph 4 of the query states: "The bill of lading in question shows 'as agent for the carrier: ABC CO. LTD', indicating that ABC Co. Ltd is the carrier". However, we interpret this part of the bill of lading to indicate that ABC Co. Ltd is the agent. In most cases, carriers typically issue bills of lading through agents, and the bill of lading forms are printed in anticipation of the document being signed by the agent (hence the pre-printed text "Signed as agent for the Carrier"), and therefore contain a blank space in which the agent can place its name. In our view, this section of the bill of lading, where text has been added, is the blank for the agent to fill in and is not usually there to indicate the name of the carrier. The name of the carrier is indicated under the section "For and on behalf of".

This means that on the bill of lading in question the agent and the carrier both appear to have the same name, and there appear to be a number of possible explanations as to why this might be the case.

——One possible explanation would be that the carrier and the agent operate under the same name. Although the agent is normally a different entity from the carrier, it appears that it is not unusual for large container lines to own the local agency offices, which will operate as part of the main global brand. So, for example, the container line ABC Co. Ltd might own the agents ABC Co. (Country H), who will be part of the main ABC Co. brand. In this case, if the agent sees itself as being part of ABC Co. Ltd rather than as a separate entity, then it might just identify itself as ABC Co. Ltd without seeing the need to specify itself as ABC Co. (Country H).

——It could also be the case that a department of the carrier company acts as the agent. In this case, the department acting as the agent may sign the bill of lading as the agent to denote its operational role in relation to the shipment, not withstanding the fact that there is no legal distinction between itself and the department performing the operational role of the carrier.

——Another explanation is that, in the limited number of cases where the carrier signs the bill of lading itself, it may opt to complete the blank space for the "agent" rather than revise the form or leave the agent space empty. In this case, the signature would be aimed at binding the carrier as the carrier.

The above points reflect quite accurately the current container shipping practice. Based on the practices outlined above, there is little ground to consider the document inconsistent.

而商法委员会说：

——The CLP Commission regards letters of credit as instruments of payment and would favour interpretations of the UCP which facilitate rather than hinder payment.

——It is clear that shipping practice varies in the manner in which bills of lading are signed. Article 23 of UCP500—and now article 20 of UCP600—injected a welcome dose of precision and clarity into this area, a clarity which advanced the interests both of shippers and receivers and of bankers holding bills of lading under letters of credit by making sure that these three parties knew the identity of the carrier.

——It is important that the requirements of article 23 of UCP500 are not interpreted too restrictively lest the gain in clarity bring with it the pain of unnecessary rejections. It would appear that the bill of lading says not once but twice who the carrier is: there can be no ambiguity about the fact that ABC Co Ltd is taking responsibility for the carriage of the goods. In these circumstances, rejection of such a bill of lading would appear to be unnecessary and unwelcome from the beneficiary's and possibly from the applicant's point of view. It may also expose the rejecting bank to the possibility of action for wrongful rejection.

点评：

我们认为，银行委员会的结论值得商榷。商法委员会感觉都没说什么东西。而运输委员会的意见有一定的参考价值，但不完全。

为方便讨论，先再引用一下，提单签署栏位名称下方打印的两行文字：

——as agent for the carrier：

——ABC CO. LTD.

签署盖章为：

```
for and on behalf of
ABC CO. LTD.
(SIGNATURE)
_____
Authorized signature
```

运输委员会认为，这表明了ABC公司应该是代理人。因为提单格式表明由代理人签署，空白处常常用于显示代理人名称；而这里涉及的代理指向的承运人名称，即为显示在盖章中的名称——ABC公司。

我们认为，如果按照运输委员会的看法，其实代理签署人和承运人的名称都非常清楚，即均为 ABC 公司，根本就不需要利用其他的信息判断具名承运人。

我们还认为，运输委员会的看法可能与实务不符。先说签署盖章，签署人名称的显示和签字本身都很完整，这确切地表明提单就是由 ABC 公司的一个工作人员代表签署。至于 ABC 公司作为签署人的身份，结合打印的两行文字和预先印就的签署栏名称——"signed as agent for the carrier"，自然应认定其为承运人的代理人。那么，最后只剩下具名承运人的认定。从打印的两行文字来看，承运人默认就是第一行最末一个单词"carrier"及"："号所指向的第二行显示的 ABC 公司，因为两行文字同为打印没有先后之别，理应适用紧密相邻原则加以判断。如此，整个提单显示的具名承运人和签署，都将是完整的，从而可以接受。

我们觉得，如果上升到法律的层面去看，结论更明显。按照"谁签署，谁负责"的原则，如果没有其他信息表明承运人为 ABC 以外的一家公司，则默认承运人即为签署人，从而承担提单下的承运责任。

引申：

实务中，还会看到提单由 CMA CGM Shenzhen 签署加手签，并在签署栏中显示：

> Signed by CMA CGM Shenzhen
> As agents for the carrier CMA CGM S. A.

显然，CMA CGM Shenzhen 与 CMA CGM S. A. 视同同一个公司，是否显示"as agent"字样，根据第 E5 段 b 款的规定，已经不重要了。

第 E5 段 d 款

签署——船长

承运人还可以委托船长出具或签署提单。

船长是承运人在货物承运过程中的法定代理人。国际海运与国内水运不同，一般一条船的人员众多、规模庞大、航程复杂、跨越国界，所以对船员的专业技术要求极高。加上国际海运航行周期相对较长，航行风险相对较大，涉及的环境灵活多变，这就要求作为一船之长的船长需要在一定程度上独立于船公司的临机自主处事权力，而船长对船舶、船上人员、船上货物的管理一般都自成体系。所谓"将在外，君命有所不受"。国际船运界曾经赋予船长极其尊崇的地位，虽然在近年来随着船舶数量的增长和航运技术的普及，其地位有所下降。

允许船长代理出具并签署提单，这是国际海运中船长的一项基本权利。

Para E5：

d. When the master (captain) signs a bill of lading, the signature of the master (captain) is to be identified as the "master" ("captain"). The name of the master (captain) need not be stated.

当提单由船长签署时，船长签字应表明"船长[master(captain)]"身份，无需注明船长姓名。

品读 ISBP745

【解读】

第一，提单由船长签署时，必须显示船长身份。

船长身份仅限于 master 和 captain，其余则不在此列。实务中，船长也常常以 President 身份签署，这一类提单理应也可以接受，虽然国际商会没有明说。

那么，如何表明船长的身份呢？

——当提单显示两条船时，船长身份显示时理应包括相关联的船名。如果提单上只有一条船，则默认为该船的船长。但如为两条船，则理应不适用默认。因为船长只能对应于一船之长，两只船必定有各自对应的船长。

——提单上"船长的签名"栏位名称，也是一种显示船长身份的方法。国际商会在 R472 中说：提单可以由船长签字。提单上有预先印就的"船长的签名"栏目，而且此栏目上加盖了船只的印章并有签名。签名应该被视为是船长的签名，没有不符点。

第二，提单由船长签署时，无须显示船长姓名。

首先须确认一点，船长一定是自然人。比如：

[案例 196]　DOCDEX No.216：船长亲自签署时，显示 for master，可以吗？

案中，咨询者问：Whether someone signing a master's receipt "for" the master constitutes a discrepancy?

分析及结论：

国际商会道：一个人亲自签署时，不会显示"for himself"，所以，如此显示只能解释为该签署只是第三方代船长所为。(It is the opinion of the experts that according to any practice, national or international, a person signing for himself would not write that he was signing "For" himself—a person signing "For" someone is not that someone himself.")

点评：

如前所述，提单签署中的"for"一词既可用于表明内部代理，也可以表明外部代理，而默认用于表明内部代理。

本案中，船长作为自然人，不可能有自己的内部代理人或职务代理人。所以，这里的"for"只能理解为外部代理。在这个意义上，案中的签署显示少了代理人名称，也少了外部代理的标志性字眼——"agent"。

佐证：

国际商会在 R569/TA171 的分析及结论中说：If a credit requires a document to be signed by the master, then the document must evidence that it has been signed by the master, not an agent or representative acting for him. The words "For the Master" are the same as "For & on behalf of the Master".

然而，请注意，这里所提到的信用证要求船长签署，不得由其代理人签署代劳的观点，笔者认为值得商榷，因为签署代理是一个法律问题，理应交由法律解决，银行只负责表面审核，即表面确认代理签署的连续性即可。显然，这一看法与国际商会在 R541/TA545 中的看法更为接近。

至于为什么作为自然人的船长签署,就可以不显示姓名呢?如前所述,作为自然人的船长,法律上,归根结底是承运人就特定船只在货物承运过程中的法定职务代理人。而内部代理人在实务中默认无须显示代理人名称。这一道理,与承运人的其他内部代理人的性质,也与其他单据的内部代理人的性质相似。

第E5段e款

签署——船长代理人

船长还可以转委托其代理人出具或签署提单。

Para E5:

e. When an agent signs a bill of lading for [or on behalf of] the master (captain), the agent is to be named and, in addition, to indicate that it is signing as "agent for the master (or captain)", or as "agent on behalf of the master (or captain)" or words of similar effect. The name of the master (captain) need not be stated.

当提单由代理人代船长签署时,该代理人应具名,此外,应注明其作为"船长代理人[agent for the master (or captain)]"或"船长代理人[agent on behalf of the master (or captain)]"签署或类似措辞,无需注明船长姓名。

【解读】

提单可以由船长代理人签署,且无须显示船长姓名。

那么为何代理人代理船长签署时也无须表明船长的姓名呢?据说,这与海运实务有关。"在欧洲到远东的航线上,由于海运市场的激烈竞争,中小型承运人为了节省人力资源成本,在运输业务淡季时辞退船长、船员等,需要时则临时聘用。如果开船前船长尚未到位,代理人签署提单时便不知道船长的名字。(When an agent signs for the master on a bill of lading the name of the master need not to be given. Perhaps as a banker from Europe he is not aware of far east shipping practice. In this reason, because of keen competition in the freight market, a shipowner of a mid-sized fleet may rely on human resource agencies to provide the masters, officers, engineers and crew members on a contract basis in order to save money on health, retirement and other staff benefits, hence, in busy seasons, before the ship sets sail the name of the master may still be unknown. The new draft UCP reflects such practice.")

让人纳闷的是,如果签署提单之时不知道船长之姓名,哪来的船长对其代理人的授权?哪来的代理人可以冠冕堂皇地签署提单?不可思议。

实务中,还会出现船长代理人的代理人签署。可以接受吗?比如:提交的提单显示了承运人,同时签署栏显示:Ningbo US Agency Ltd on behalf of Gulf Agency Co. as agent for or on behalf of Master of MV"AK"CAPT. NURI KART,并由Ningbo US Agency Ltd签署,可以吗?这是三重代理,理应不能接受,因为这涉及转授权的问题。请注意,在UCP600框架内的承运人或船长签署,都只能转授权一次,即由其代理人签署,而不得由其代理人的代理人签署。

品读 ISBP745

装船批注、装运日期、前程运输、收货地及装货港

On board notation, date of shipment, pre-carriage, place of receipt and port of loading

【导读】

本节规定了提单下货物装船、装船批注、装运日和装货港的审核标准。

本节还规定了提单装货港与收货地的显示,以及装船之前的前程运输的审核标准。

装船

我们知道,提单下货物通过单一海运或单一内陆水运下的船只完成运输,相应地,必定涉及货物装船。

那么,什么是装船呢?"智库百科"说:"装船是指托运人应将其托运的货物送至码头承运船舶的船边并进行交接,然后将货物装到船上。""如果船舶是在锚地或浮筒作业,托运人还应负责使用自己的或租用的驳船将货物驳运至船边办理交接后将货物装到船上,亦称直接装船。对一些特殊的货物,如危险品、冷冻货、鲜活货、贵重货多采用船舶直接装船。""而在班轮运输中,为了提高装船效率,减少船舶在港停泊时间,不致延误船期,通常都采用集中装船的方式,集中装船是指由船公司在各装货港指定装船代理人,在各装货港的指定地点(通常为码头仓库)接受托运人送来的货物,办理交接手续后,将货物集中并按货物的卸货次序进行适当的分类后再进行装船。"

请注意,与 INCOTERMS 2000 不同,目前最新的 INCOTERMS 2010 中[①]适用于海运及内河水运的四个术语中的三个 FOB、CFR 和 CIF,已经修改了以船舷作为交货点的表述,取而代之的是货物置于"船上"时才构成交货。这样的规定更符合当今商业现实,且能避免那种已经过时的风险在一条假想垂直线上摇摆不定的情形出现。"Under the last three Incoterms rules, all mention of the ship's rail as the point of delivery has been omitted in preference for the goods being delivered when they are 'on board' the vessel. This more closely reflects modern commercial reality and avoids the rather dated image of the risk swinging to and for across an imaginary perpendicular line."显然,这是货物已装船的最新表述。

UCP600 第 20 条 a 款 ii 项:

A bill of lading, however named, must appear to:提单,无论名称如何,必须看似:

indicate that the goods have been shipped on board a named vessel at the port of loading stated in the credit by:通过以下方式表明货物已在信用证规定的装货港装上具名船只:

. pre-printed wording, or 预先印就的文字,或

. an on board notation indicating the date on which the goods have been shipped on

---

[①] 引自《国际贸易术语解释通则 2010》,中国民主法制出版,由国际商会编写、中国国际商会组织翻译。

board. 已装船批注注明货物的装运日期。

The date of issuance of the bill of lading will be deemed to be the date of shipment unless the bill of lading contains an on board notation indicating the date of shipment, in which case the date stated in the on board notation will be deemed to be the date of shipment. 提单的出具日期将被视为装运日期，除非提单载有表明装运日期的已装船批注，此时已装船批注中显示的日期将被视为装运日期。

If the bill of lading contains the indication "intended vessel" or similar qualification in relation to the name of the vessel, an on board notation indicating the date of shipment and the name of the actual vessel is required. 如果提单载有"预期船"或类似的关于船名的限定语，则需以已装船批注明确装运日期以及实际船名。

上述规定表明：

第一，提单必须表明货物已装船。

为什么提单必须表明"已装船"呢？简言之，提单表明"已装船"，实际上是在确认买卖双方交货责任的风险转移点。

如何表明呢？包括以下两种方式：

——印就：提单上事先印就文字，表明货物已装船。

所谓"印就文字（pre-printed wording）"，指提单上一般在右上角表示货物收到状况的小字（small print or fine print）中印就的"shipped in apparent good order and condition"等类似文句。此类提单称为"已装船"提单。此时，提单出具日期视为装运日期。与此不同的是，如果提单印就文字显示"Received in apparent good order and condition"等类似文句。此类提单则为"收妥待运"提单。

——批注：提单上另加批注文字，表明货物已装船。

须知，一个标准的装船批注，应该包括两个基本要素："已装船"字样和批注日期。如果没有"已装船"内容，便谈不上为装船批注；如果没有批注日期，便无法确定装运日期，与无批注没有什么两样。此时，提单上已装船批注日期视为装运日期。

当然，装船批注上还可以载有额外信息。

实务中，一份提单上以上两种方式可能同时出现。如果提单既有事先印就文字表明了货物已装船，又有带日期的已装船批注，那么，此时视批注日期为装运日期。为什么呢？一句话，批注文字效力优于印就文字效力。

第二，提单表明货物已装船，必须显示具名船只。

——具名船只，只限于船名本身，而与航次无关。比如：

[案例197]　R474：发票只显示船名，无航次。可以吗？

案中，提单上显示船名为 M.V. Iran Shojaat V. PJL-1318，而发票和重量证明上船名仅为 M.V. Iran Shojaat。

分析及结论：

国际商会说："在提单上加载航次是一些船运公司的特殊做法，航次并不改变船名。在发票和重量证明上显示的船名与提单上是一致的。基于提供的信息,不符点不成立。"

点评:

案中的关键在于确认,航次不是船名本身。

引申:

如果信用证要求的提单只显示船名,没有航次,也可以接受吗?回答是同样可以接受。

如果信用证在44T中规定:转船 NOT ALLOWED-DIRECT VOGAGE,B/L 条款中也要求显示 DIRECT VOGAGE,那么,提交的提单则必须显示船名及航次:OOCL LONG BEACH 59W47。当然,这必须是唯一的船名和航程号。

——具名船只,必须是实际船只,不能是"预期船",但可以显示"替代船"条款。

提单显示的"预期船(intended vessel)",是一种不确定的船只,所以,不可能已装船。此时,要求以另外带有实际船名的已装船批注来满足。国际商会在ICC511中说,让银行确定在此种情况下的装船批注是指把货物装上"预期船",还是装上可把货物从装货港运往卸货港的实际船只是不正确的。

但是,提单可以显示"替代船(substitute vessel)"条款。这是承运人的一种保留权利,视为承运条款,银行无须审核。比如:

[案例198] R349:提单显示"替代船"条款。可以吗?

案中,咨询者问:提单中有时会在显示实际具名船只的同时,还显示了"替代船"条款。可以接受吗?

分析及结论:

国际商会银行委员会在引用了国际商会海运委员会的意见中说:"'替代船'条款与'预期船'完全不同。……由于班轮运输中船只特征不如在租船运输中那么重要,因此实务中船主经常有权用另一艘船替代班轮提单中的具名船只。""然而,有必要指出的是,在双方已同意某一具名船只的情况下,如承运人想用其他的船只替代,其替代权利必须明示约定。……此点涉及下列事实,即仅有替代条款并不会使银行产生诸如'预期船'带来的风险,只要替代权未行使且船只已在提单上确定。具名船只因此是确定的船只,将替代条款与'预期船'等同起来是不合适的。"

最后,国际商会的结论为:"根据上述阐述,我方确认在提单中如预先印就的格式中,包含'或替代船只'的词语,并不属于(UCP500)第23条a(ii)款规定的与'预期船'类似的词语。此意见取代第TA18文件的意见及ICC596 R283的意见。……此案及今后的类似问题中,凡提单中使用'或替代船只'或'或任何替代船只',根据第23条a(ii)款,不构成不符点。"

点评:

就案中问题,国际商会银行委员会并没有作出正面回答。与其说提单显示的"替代船"条款不视为"预期船",不如说这是承运人的保留权利条款,属于承运条款的一部分,银行不予审核。如此,则更直截了当。

第三,提单表明货物已装船,必须显示在规定的装运日和装货港完成。

提单上显示货物已装船,必定在具体的时间和空间展开。相应地,信用证在要求提单时,也会规定装货港和装船期。前者,即为规定地点;后者,实务中,信用证一般规定为最迟装运日

(the latest shipment date),或装运时间表(shipping schedule),通常称装船期,简称"船期"。
具体而言:
——提单表明货物已装船时所对应的实际装运日期,必须满足信用证规定的装船期;
——提单表明货物已装船时所对应的实际装货港,必须满足信用证规定的装货港。
准确地说,提单通过表明货物已装船,必须与对应的实际装运日和装货港捆绑在一起,确认是否满足信用证的要求。因为,一旦与对应的实际装货港和实际装运日脱节,货物已经装船便毫无意义。比如:

[案例199] R220:提单上装船批注,是否需要考虑转船?

案中,信用证要求港至港提单。提交的提单上显示:Bangkok as the port of loading with addition of the words "via Singapore" to indicate that there will be a transshipment in Singapore, Rotterdam as the port of discharge, "vessel Y" as the ocean vessel, and which bears a dated on board notation stating "loaded on board vessel X at Bangkok".

分析及结论:

国际商会说:"The fact that, in addition to vessel X named in the on board notation, the name of a second vessel Y appears as the ocean vessel should not be considered an inconsistency. The essential point is that the on board notation unambiguously indicates the name of the vessel on which the goods have been loaded at the port of loading. Indication of the name of the ocean vessel should be considered additional information with respect to the vessel on which the goods will be transshipped in Singapore."

点评:

换言之,提单上的装船批注,只涉及装货港和装货港对应的装运船只和装运日期,原则上无须理会是否已转船,在什么地点什么时间转装上什么船。

引申:

案中,提交的提单显示:
Place of receipt:Huangpu(WHAMPOA),China;
Port of loading:Huangpu(WHAMPOA),China;
Ocean vessel:YUE ZHU 139/10113;
Port of discharge:Cochin,India。
并显示装船批注:Shipped on board:Jan 14,2010。此外,还显示了一个母船装船批注:Mother vessel name:EDS-Norasia ALPS/01002/S on board date:Jan 17,2010。那么,到底以哪一个装船批注为准呢?

我们认为,母船是相对于子船而言,共同基于子母船运输。而涉及的母船,实为从子船到母船的转船。所以,母船装船批注可以不予理会。

装船批注

什么是批注(notation)?什么是装船批注?简而言之,批注即在已出具的单据上,另外记录批写注释,简称"批注"。提单上的装船批注,实际上是以批注的形式来表明货物已装船。提单上除了装船批注外,还常常见到卸货港批注、运费批注、清洁批注等等,它们与装船批注不同,但都有着与已装船批注相似的效力。

那么,批注文字的效力如何呢？比如：

[案例200]　R756/TA743rev:装船批注的文字效力优于印就文字吗？

案中,咨询者认为："…data appearing as part of an on board notation always overrides if there is any conflicting data shown elsewhere on the bill of lading."

国际商会在分析中说："…it would also be incorrect to say that an on board notation will always override where conflicting data appears in a bill of lading."

点评：

国际商会的用意,让人琢磨不透。如果批注效力不会优于批注之前内容的效力,那要批注干什么呢？莫名其妙。

实务中,一个装船批注可能涉及三个要素,体现为三种含义：

——第一种,字面含义：批注中包含"已装船"标记,得名"装船批注"。此时,由于无批注日期,无法确定装运日,不可接受。比如：

[案例201]　R675/TA596:已装船批注,是否必须标明日期？

案中,质疑1：一份提单在左上方的"VESSEL"一栏中标明"预期船X"。提单上带有明确的装船批注,注明实际的船名为"Y船",装船批注中没有注明日期。同一份提单的右下方还有预先印就的"已装船"声明语句,又特别注明参见"预期船X"栏,并提到了该栏的号码。提单标明了出具日期。那么,标明实际船名Y船的"已装船"批注未注明日期是否构成单据不符？

质疑2：一份提单左上方的"VESSEL"一栏中标明"预期船X"。提单上带有明确的装船批注,注明实际的船名为"Y船",装船批注中没有注明日期。同一份提单的右下方还有预先印就的简单的"已装船"声明。提单标明了出具日期。那么,标明实际船名Y船的"已装船"批注未注明装船日期是否也构成单据不符？

咨询者认为：质疑1中的提单存在不符。提单的签发日期与预先印就的"已装船"声明相联系,而"已装船"声明明确涉及"预期船X"。标明实际船名的"已装船"批注必须注明日期。

对于质疑2中的提单却有不同的看法,我们中的一些成员认为UCP500第23条(a)款(ii)项(第四段)的规定相当清楚,标明实际船名Y船的批注必须注明日期。另一些成员认为,提单本身清楚地表明了预先印就的"已装船"声明语句和出具日期,适用UCP500第23条(a)款(ii)项(第二段),这一段否定了UCP500第23条(a)款(ii)项中提到的有关日期批注的要求。他们不理解,为何一个完全正确的(出具和装船)日期必须再在标明"实际船名Y船"的"已装船"批注中重复,为何没有这个日期会构成单据不符。

分析及结论：

国际商会说：质疑1与质疑2中提到的提单都存在不符点,UCP500第23条(a)款(ii)项规定得很清楚："当提单含有'预期船'字样或类似有关限定船只的词语时,装上具名船只必须由提单上的装船批注来证实。该项装船批注除注明货物已装船日期外,还应包括实际装货的船名,即使实际装货船只的名称为'预期船'亦是如此。"尽管在上述案例中(标注)船名的情况不完全相同,但适用原则是一样的,即装船批注中需注明货物已装船的船名和日期。

点评：

案中，国际商会只是说根据 UCP 的规定则装船批注必须显示日期，但没有说为什么装船批注必须显示日期的背后原因。

要问其背后原因，恐怕只与提单印就"已装船"声明默认对应栏位中的船名有关，而与装船批注无关。所以，凡是装船批注，须单独加注日期，从而用于判断装运日期。

印证：

国际商会在 R346 的分析及结论中说：这也适用于装船批注紧邻提单出具日期的情况。(The addition of an on board notation, as in this case, requires the insertion of a separate date, even though the placing of the on board notation may be in the direct vicinity of the date of issuance.)

反证：

R347 中，提交的已装船提单显示了一个出具日期，同时，提单正面的货描下方手写了"Clean on board"，但漏了批注日期。开证行拒付说，装船批注无日期。国际商会在结论中说：这是可以接受的。要问其中原因，我们认为，既然货描下方手写的批注字样没有日期，那就意味着其不是完整的批注，从而相当于批注无效，而已装船提单上已经显示了出具日期的事实足以表明货物已于出具日期装船，所以可以接受。

——第二种，标准含义：批注中包含"已装船"标记，并带日期。此时的批注日期，视为已装运日期。这是 UCP 意义上的标准含义。

实务中，装船批注可能是 UCP 或信用证要求的，如收妥待运提单默认要装船批注、预期船下必须要带实际船名的装船批注；也可能是提单上习惯显示的，如已装船提单既有事先印就的文字表明了货物已装船，又有带日期的已装船批注，此时视批注日期为装运日期。

实务中，还会出现一个提单多装船批注的情况，如汇票部分第 B2 段 e 款中所举的两个例子，对应于两种情况。具体是：

情况一，区域内转船运输形成的同一提单多装船批注。此时，将以最早的批注日期用于计算付款到期日，参照本规则第 E19 段的规定，并用于计算交单期和实际装运日。比如：信用证要求从欧洲港口装运，提单显示货物于 5 月 14 日在都柏林装上 A 船，于 5 月 16 日在鹿特丹装上 B 船，则汇票到期日应为在欧洲港口的最早装船日期，即 5 月 14 日后的 60 天，并用该日期计算交单期和实际装运日期。

情况二，区域内多港装船形成的同一提单多装船批注。此时，将以最晚的批注日期用于计算付款到期日。参照本规则第 E19 段的规定，并用于计算交单期和实际装运日期。比如：信用证要求从欧洲港口装运，提单显示部分货物于 5 月 14 日在都柏林装上 A 船，其余部分于 5 月 16 日在鹿特丹装上同一条船，则汇票到期日应为在欧洲港口的最迟装船日期，即 5 月 16 日后的 60 天，并用该日期计算交单期和实际装运日。

——第三种，传统含义：批注中包含"已装船"标记，并带日期和签字。其中，对批注加单独的签字，属于额外的信息，如未特别要求，可不签字。

UCP400 时期曾经规定装船批注须带签字。然而，这不符合运输实务，UCP500 起便放弃了这一要求，即默认装船批注与提单上的其他内容一起，共同由提单签署人证实。这也适用于批注以不同的字样或独立的盖戳完成。国际商会在 R569/TA171 的分析及结论中说：Where an on board notation is inserted in different type or by the use of a stamp, it does not require a signature or initial of the carrier or its agent.

但有时会有例外。正如 ICC511 中统一惯例工作组所说:"申请人仍可要求对装船批注签字或小签,而受益人仍要照此办理,但除另有约定,银行没有核验这种签字或小签的有效性或真实性的义务。"比如:

[案例 202] 提单上的装船批注需要单独签署吗?

实务中,偶尔会看到提单由承运人 CMA CGM Shenzhen 签署,并在装船批注中显示:

> Shipped on board CMA CGMLA TRAVIATA 21-DEC-2009 CMA CGM S. A. GUANGZHOU As agent for the Carrier

分析:

虽然 CMA CGM Shenzhen 与 CMA CGM GUANGZHOU 视为同一个公司,但毕竟不同。装船批注默认由提单签署人作出,如今装船批注却显示由提单签署人以外的一方作出,这已经改变了默认。

结论:

所以,我们认为,该装船批注按理仍须加 CMA CGM GUANGZHOU 签署,以示连续性。

引申:

比如:信用证要求;full set bill of lading indicating valided on-board notation. 显然,根据 UCP600 第 3 条,这需要单独的已签署的装船批注。

倒签提单与预借提单

如前所述,为了用于约束货物装船,信用证中通常都会规定装船期。但是,实际装运时,难免会出现货物晚装船的情况,此时卖方就可能与承运人商量倒签提单日期,或未装船提前出单。具体包括:

——倒签提单(anti-dated B/L or pre-dated B/L):指承运人或其代理人,在货物装船后出具提单时,应托运人的要求,将提单记载的已装船日期提前,以符合信用证规定的最迟装运日的要求,从而得名倒签提单。在提单实务中,倒签提单通常是托运人为了满足基础合同或信用证对装运日期的规定而要求承运人出具。

——预借提单(advanced B/L):指在货物尚未全部装船,或货物虽已由承运人接管,但尚未开始装船的情况下出具的已装船提单。此种提单通常是在信用证规定的最迟装船日期或交单期即将届满时,或托运人希望提前得到已装船提单以向银行申请议付货款时,应托运人要求而出具的。

总之,倒签提单与预借提单都是将提单的已装船日期提前,因而使得实际装船日期与提单记载不符。

所以,法律上对这两种行为一般作类似处理。目前普遍的做法是:

——在提单关系下一方面承认提单仍然有效,这是从保护善意持有人的利益出发,且有权拒绝收货,并可就造成的损失向承运人索赔;另一方面,把承运人的这种不实记载行为视为违法行为,要求承运人对由此产生的损害负责,同时免除承运人享有的免责权利。

——在信用证关系下,则认定受益人欺诈。此时,无论受益人是否知情或参与其中。换言之,受益人知情或参与其中的情况下,须对此负责,不知情或不参与其中的情况下,仍须对此负责。相应地,对于申请人或开证行来说,可以申请止付令,予以止付。比如:

[案例203] 伊朗航运公司倒签提单损害赔偿纠纷一案①

案中,2003年5月16日,丰益公司与雅仕公司签订了购买硫磺10 000吨(+/-10%)的买卖合同,以不可撤销可转让信用证结算,最迟装船日期为2003年6月15日。买方丰益公司以雅仕公司为受益人,通过交通银行天津市分行开立信用证,金额为848 400美元。

装船情况:

航运公司以"Iran Sarbaz v.63654"轮承运该批货物,并签发了编号为4085号提单,记载事项为:托运人为雅仕公司,收货人凭指示,货物数量10 100吨,装运地为伊朗Bandar Abbas,目的地为中国天津,提单签发日期为2003年6月15日。在该航次上,还装载了案外人河北五矿进出口公司(以下简称五矿公司)10 100吨硫磺及中国另一家收货人进口的10 299.132吨硫磺,总计重量30 499.132吨。其中五矿公司持有的4086号提单记载内容与4085号提单完全一致,签发日期也为2003年6月15日。上述三票货物自2003年6月12日开始装船,截至6月15日06:00时共装货10 060吨,从15日06:00时到16日06:00时又装货3 955吨,16日06:00时共有14 015吨货物装上船,平均装货率为每小时165吨,至6月15日24:00时应已装货10 100吨。6月20日,各舱完货,轮上大副签发了大副收据。

初起纠纷:

2003年7月14日,货物运抵天津港。同日,开证行交通银行天津市分行通知丰益公司付款赎单并将全套提单交付丰益公司。7月15日,丰益公司持提单在航运公司的代理人处换取了提货单。同日,丰益公司以雅仕公司交货迟延、货物市场价格下跌为由要求雅仕公司每吨货物降价4美元,雅仕公司同意并已补偿丰益公司40 400美元。

争议焦点:

涉案的4085号提单,是否倒签?

2003年7月17日,天津海事法院依丰益公司申请对"Iran Sarbaz"轮的航海日志、大副收据、装货事实记录等文件进行证据保全,保全到4085号提单所对应的0001号大副收据两份。7月18日,丰益公司以航运公司与雅仕公司合谋倒签提单欺诈为由向天津海事法院提出诉前财产保全申请,请求该院冻结信用证项下的货款848 400美元,同日,该院以(2003)海告立保字第37—1号民事裁定书裁定准许丰益公司的申请。

由于涉案货物是雅仕公司从案外人伊朗海湾资源有限公司(以下简称海湾公司)处购入又转卖给丰益公司的,涉案信用证经雅仕公司转让至海湾公司。海湾公司作为该信用证的受益人,对冻结信用证项下货款提出异议,2004年1月18日,天津海事法院以本案不适用信用证欺诈例外原则为由,裁定解除了对该信用证项下货款848 400美元的冻结。

2003年7月30日,丰益公司以附随信用证的提单被倒签,雅仕公司和航运公司共同欺诈为由在天津海事法院提起诉讼,请求确认涉案编号为4085号提单系倒签提单,丰益公司有权止付信用证、有权解除与雅仕公司的买卖合同和拒收货物,并判令由雅仕公司和航运公司承担货物港口费及相关杂费、进口商检费、仓储费、港口及海关收取的滞纳金、信用证申请费等共计人民币700 000元,以及律师费、证据保全费用、财产保全费用和本案诉讼费用。

---

① 天津市高院伊朗航运公司倒签提单侵权赔偿纠纷案判决书,(2004)津高民四终字第021号。

品读 ISBP745

一审判决：

涉案提单系航运公司于6月15日签发的，认定其是否构成倒签提单，应以15日24:00时丰益公司进口的10 100吨货物是否装上"Iran Sarbaz"轮为依据，不能仅凭大副收据。据"Iran Sarbaz"轮"日装货记录"记载，该轮于6月12日开始装货，截至6月15日06:00时，共装上货物10 060吨，自15日06:00时至24:00时是否又装上40吨货物，"日装货记录"没有明确记载。分析15日06:00时到16日06:00时24个小时的装货情况（装货3 955吨），可以看出，"Iran Sarbaz"轮的平均装货率为每小时165吨，即使扣除"Iran Sarbaz"轮吊机故障停止装货的时间，航运公司在15日06:00时至24:00时这18个小时内至少也能再装货40吨，因此航运公司与雅仕公司主张签发提单时已有10 100吨货物装上船的理由成立。但是关于已经装船货物是否就是丰益公司进口的货物的问题，因截至6月16日06:00，只有14 015吨货物装上船，但航运公司15日却签发了货物总重量为20 200吨的4085、4086两票提单，两票提单记载内容完全一致，两票货物相关内容也记载在同一页舱单上。两份大副收据甚至连编号都相同，航运公司也承认涉案航次运输的三票货物系同品质散货并未分舱隔票，因此可以认定，在存在上述事实及4085、4086两票提单托运人为同一人的情况下，航运公司根本无法区分已经装上船的10 100吨货物是4085提单的货物还是4086提单的货物，况且两票提单均为指示提单，在提单签发时收货人是不特定的，谁拿到第1号提单完全是随机的。承运人在签发提单时对善意的第三人（收货人）应负有保证货物已装上船并符合提单记载的义务，航运公司在只有10 100吨货物的情况下签发两套10 100吨货物提单的行为构成倒签提单。

终审判决：

天津高院认为：涉案4085号提单系航运公司于2003年6月15日签发，是否为倒签提单，应以当日该票货物是否已实际装上"Iran Sarbaz"轮为准。航运公司作为承运人，可以根据船舶和航次情况，自行决定货物的装船顺序，但必须在货物已经装船时签发已装船提单。由于涉案航次运输的三票货物系同品质的种类物，具有相互可替代性的特质，因此在装船时承运人能以数量确定货物而无需分票隔舱。结合该航次的载货清单、大副收据和提单，虽然三票货物同品质，甚至4085号与4086号提单项下货物的托运人、收货人及货物数量相同，但载货清单上对三票货物是按照0001、0002、0003号区分的，这种记载与大副收据相符，而航次提单也是按照这种区分顺序签发为4085号、4086号和4087号的，可以认定，航运公司是可以区分三个提单项下的货物的。涉案4085号提单作为该航次签发的第一套提单，其所对应的大副收据也为0001号，因此最先装上船的货物应为4085号提单项下的货物。根据日装货记录，截至2003年6月15日24:00时，应有10 100吨货物已装船，航运公司签发涉案4085号已装船提单，所注明的装船日期为2003年6月15日，并未早于货物实际装船日期，因此该提单并非倒签提单。

点评：

在国际航运中，存在倒签提单的情况。而具体的提单是否倒签将决定受益人欺诈是否成立，从而间接影响受益人收回货款的权利。法院的审理将以载货清单、大副收据、日装货记录为准，加以认定。

在信用证实务中，与此相似，也存在倒签面函的情况。而具体的交单是否倒签，同样将决定受益人欺诈是否成立，这不仅将影响受益人收回货款的权利，还将影响指定银行是否对受益人欺诈承担责任。法院的审理会仅仅依据寄单面函上的指定银行单方面的交单证明记录吗？显然不会，银行作业记录一定是最重要的证明之一。如果没事，你好我好大家好。如果有事，指定银行则必定难辞其咎。

第 E6 段 a 款

已装船提单

如前所述,提单在实务中根据其表面印就文字的内容分为两种:已装船提单和收妥待运提单。

那么,已装船提单在没有显示收货地,也没有显示前程运输的情况下,如何确定已装船和装运日期呢?

Para E6:
a. When a pre-printed "Shipped on board" bill of lading is presented, its issuance date will be deemed to be the date of shipment unless it bears a separate dated on board notation. In the latter event, such date will be deemed to be the date of shipment whether that date is before or after the issuance date of the bill of lading. The on board date may also be indicated in a designated field or box.

当提交预先印就"已装船(shipped on board)"字样的提单时,其出具日期将被视为装运日期,除非其载有单独注明日期的装船批注。在后一种情况下,该装船批注日期将被视为装运日期,不论其早于或晚于提单的出具日期。装船批注日期也可以显示在指定栏位或方框中。

【解读】

第一,已装船提单默认视出具日期为装运日。

为什么呢?通俗而言,一份提单,和任何一份单据一样,都是一份信函,是由提单出具人向抬头人——提单收货人发出的信函。那么,既然已装船提单出具人通过印就文字表明了货物已经装船,默认便意味着是在出具日装上船,同时也默认是在提单栏位显示的装船港装上船。所以,此时默认视提单出具日为装船日,也即为 UCP 意义上的装运日。

第二,已装船提单如有单独的装船批注,则视其日期为装运日。

这是例外。尽管已装船提单下无须显示单独的装船批注,这却并不排除提单本身已经自动带有装船批注。那么,如果已装船提单有单独的装船批注,显然这好像便意味着对应于两个装船日期,而这两个日期可能不同。如已装船提单显示出具日期 8 月 16 日,而装船批注日期 8 月 18 日。这两个日期矛盾吗?上述规定确认了二者不矛盾,以批注日期视为装运日期。

请注意,就同一问题,国际商会在 R284 中的看法已经不适用:"Shipped bill"——if the face of the B/L incorporates the pre-printed words "shipped in apparent good order and condition…"(or words of similar effect), the date of issuance is deemed to be the date of shipment. There is no need for the B/L to bear a separate on board notation, but should it do so, it must bear the same date as the date of issue (should the date be different the document must be rejected, since it now bears two different on board dates, an obvious inconsistency).

第三,批注日期,可以早于出具日期,也可以晚于出具日期。

国际商会在 R568/GE64 的分析中说:这两种情况都会发生。In a situation as described above, the date of the on board notation is mostly later than the date of issuance. However, nothing is unusual in an on board notation pre-dating the issuance date of the bill of lading. The date on which the goods have been loaded on board may be advised to the B/L issuing office and an intervening week-end, or pressure of work, might cause the bill of lading to be issued and dated some days later, though also showing the actual, and earlier, date on which the goods have been loaded on board.

第四,批注日期,可以在预设的方框或栏位中。

请注意,提单上的装船批注,可以是完整的额外文字,还可以是一个印就的栏位。换言之,印就的装船批注栏位,并不否定其仍是装船批注。国际商会在 TA773 的分析中说:"一个包含日期的装船批注可通过以下几种形式完成:在提单上盖章,或在签署提单时加注文本,或在印就已装船批注栏位的空格上插入装船日期。"

而实务中,如果提单上已有印就装船批注栏位,再加上空白处另加的装船批注,也算一个提单多装船批注,则须确认属于以上两种情况之一。否则,则可能构成数据矛盾不可接受。比如:

[案例 204] R349:提单上的带有日期的 shipped on board 栏位,是装船批注吗?

案中,一份收妥待运提单上显示两个装船日期,一个货描栏位的空白处显示"on board 20061214",一个 shipped on board date 栏位显示"20061216"。可接受吗?

分析:

这里涉及的是一个单据内数据关系的审核,适用 UCP600 第 14 条 d 款——"单据上的数据'不得矛盾'"。那么,案中的两个装船日期,该如何解读呢?是否相互矛盾呢?

先看第一个装船日期,即货描栏位的空白处显示的"on board 20061214",显然,这是装船批注。

再看第二个装船日期,即 shipped on board date 栏位显示的"20061216",这是又一个装船批注。国际商会在 R349 的分析和结论中说:案中预先印就的"已装船"文字并非 UCP500 第 23 条(a)(ii)款所提到的已装船,而只是海运公司作出上述第 2 段规定的已装船批注的一种形式。当提单注明"已装运且表面状况良好……"时,上述条款的"已装船或已装运具名船只可由提单上印就的词语表示……"才适用。(The pre-printed wording 'shipped on board the vessel' is not the reference to loading on board as mentioned within the context of (UCP500) sub-Article 23(a)(ii). This is merely the shipping company's style of inclusion of an on board notation as mentioned in the second paragraph of the above sub-Article. Reference in the sub-Article to 'loading on board or shipment on a named vessel may be indicated by pre-printed wording…' occurs where the bill of lading states, for example, 'shipped in apparent good order and condition…' instead of (and as in your case) 'received from the shipper in apparent good order…')

这样,问题就归结为两个有效的装船批注上的日期不一样时,是否可以认定为互相矛盾呢?我们知道,同一批货物在同一个装货港装船,按理不可能出现两个装船日期。

结论:

案中同一个提单上的两个装船日期互相矛盾,不可接受。

第 E6 段 b 款

无前程运输工具

我们知道,提单承运责任的起点是装货港。但在实务中提单仍然会显示收货地,可能与装货港相同,也可能与装货港不同,只是都没有显示前程运输工具。

此时,如何确定货物已装船和装运日期呢?

Para E6:

b. Notwithstanding that a credit may require a bill of lading to evidence a port-to-port shipment:

尽管信用证可能要求提单表明港至港运输,但是:

i. When a bill of lading indicates a place of receipt that is the same as the port of loading, for example, place of receipt Rotterdam CY and port of loading Rotterdam, and there is no indication of a means of pre-carriage (either in the pre-carriage field or the place of receipt field); or

当提单显示与装货港相同的收货地,例如,收货地为鹿特丹集装箱堆场,装货港为鹿特丹,且(在前程运输栏位或收货地栏位)未显示前程运输工具时;或者

ii. When a bill of lading indicates a place of receipt different from the port of loading, for example, place of receipt Amsterdam and port of loading Rotterdam, and there is no indication of a means of pre-carriage (either in the pre-carriage field or the place of receipt field), then:

当提单显示不同于装货港的收货地,例如,收货地为阿姆斯特丹,装货港为鹿特丹,且(在前程运输栏位或收货地栏位)未显示前程运输工具时:

(a) When a bill of lading is pre-printed "shipped on board", the date of issue will be deemed to be the date of shipment, and no further on board notation is required.

如果提单预先印就"已装船(shipped on board)"字样,那么其出具日期将被视为装运日期,而无需再加装船批注。

(b) When a bill of lading is pre-printed "received for shipment", a dated on board notation is required, and the date appearing in the notation will be deemed to be the date of shipment. The on board date may also be indicated in a designated field or box.

如果提单预先印就"收妥待运(received for shipment)"字样,那么该提单需要注明日期的装船批注,装船批注日期将被视为装运日期。装船批注日期也可以显示在指定栏位或方框中。

【修订】

本款规定的含义,在 UCP600 出台之后,国际商会的意见一波三折。

【解读】

一句话,提单如果在装货港之外还显示了收货地,不管收货地是否与装货港相同,只要没有前程运输工具,均无须理会。换言之,如为已装船提单,则无须装船批注,以出具日期为装运

日期；如为收妥待运提单，则须装船批注，以装船批注日期为装运日期。

这一规定，承袭了 2010 年出台的国际商会"关于装船批注"的推荐书的意见。

这一规定与 UCP500 时期不同。原因是新的规定改变了对提单上显示印就的或批注的"shipped on board"短语的默认含义。在 UCP500 时期，该短语默认是从收货地装上可能的前程运输工具，尽管该前程运输工具未显示，所以，此类提单需要另外的已装船批注。而在 UCP600 时期，如果提单未显示前程运输工具，则该短语默认是从装货港装上远洋船只，所以，此类提单无须另外的已装船批注。

第 E6 段 c 款

前程运输工具

而如果提单显示前程运输工具，又如何确定货物已装船和装运日期呢？

Para E6：

c. Notwithstanding that a credit may require a bill of lading to evidence a port-to-port shipment, when a bill of lading：

尽管信用证可能要求提单表明港至港运输，但是：

i . indicates a place of receipt different from the port of loading, for example, place of receipt Amsterdam and port of loading Rotterdam, and there is an indication of a means of pre-carriage (either in the pre-carriage field or the place of receipt field), regardless of whether it is pre-printed "shipped on board" or "received for shipment", it is to bear a dated on board notation which also indicates the name of the vessel and the port of loading stated in the credit. Such notation may also appear in a designated field or box. The date appearing in the on board notation or designated field or box will be deemed to be the date of shipment.

当提单显示不同于装货港的收货地，例如，收货地为阿姆斯特丹，装货港为鹿特丹，且（在前程运输栏位或收货地栏位）显示前程运输工具时，无论其是否预先印就"已装船（shipped on board）"或"收妥待运（received for shipment）"字样，该提单都应载有注明日期的装船批注，该批注还应包括船名和信用证规定的装货港。该批注也可以显示在指定栏位或方框中。装船批注或指定栏位或方框中显示的日期，将被视为装运日期。

ii . indicates a means of pre-carriage (either in the pre-carriage field or the place of receipt field), no matter if no place of receipt is stated or whether it is pre-printed "shipped on board" or "received for shipment", it is to bear a dated on board notation which also indicates the name of the vessel and the port of loading stated in the credit. Such notation may also appear in a designated field or box. The date appearing in the on board notation or designated field or box will be deemed to be the date of shipment.

当提单（在前程运输栏位或收货地栏位）显示前程运输工具时，无论其是否显示收货地，也无论其是否预先印就"已装船（shipped on board）"或"收妥待运（received for shipment）"字样，该提单都应载有注明日期的装船批注，该批注还应包括船名和信用证规定的装货港。该批注也可以显示在指定栏位或方框中。装船批注或指定栏位或方框中显示的日期，将被视为装运日期。

【解读】

一句话，如果提单显示了前程运输工具，无论是否显示收货地，也无论收货地是否与装货港相同，都需另加已装船批注，该批注须包括船名和规定的装货港。此时，以批注日期为装运日期。

这一规定，承袭了2010年出台的国际商会"关于装船批注"的推荐书的意见。这一规定与UCP500时期其实相同，虽然没有明说。原因是，当提单显示了前程运输时，便意味着其显示印就的或批注的"shipped on board"短语的默认含义是，从收货地装上前程运输工具，包括可能的火车、卡车、飞机、支线船只或内河船只等，而与装货港无关。所以，必须有另外的装船批注，包括船名和规定的装货港，以确认货物在规定的装货港装上对应的具名船只，而不是从收货地装上前程运输工具。

那么，如果前程运输是支线船，而装船批注显示从收货地装上前程支线船，可以吗？比如：

[案例205] R350/R352：提单显示了与装货港不同的收货地，且显示了前程船和远洋船，批注可以为支线船和收货地吗？

案中，咨询者问：UCP500第23条下提单显示收货地与装货港不同的情况下，装货港栏位显示了信用证规定的装货港时，如果"前程运输工具"栏位载有支线船只名称，"已装船"批注中注明的"具名船只"应为"支线船只"还是"海轮"呢？

分析及结论：

国际商会在结论中说："具名船只"必须是驶离起运港的船只，而非任何显示在"前程运输工具"栏位中的船只（支线船）。（The reference to "named vessel" must relate to the vessel which leaves the port of loading and not any vessel (feeder) which may appear in the pre-carriage box.）

点评：

关键是，如果提单的装船批注显示前程船时，其只是驶离收货地至信用证规定的装货港，而远洋船才是驶离实际装货港的船只。

请注意，如果有提单装船批注表明收货地栏位即为信用证规定的实际装货港，则根据本段e款的规定，装船批注可以批在收货地和前程船上，只要装船批注显示该收货地即为装货港，并包括船名即可。

[案例206] R756/TA743rev：提单显示了与装货港相同的收货地，且显示了前程船和远洋船，批注可以为前程船和收货地吗？

案中，信用证要求装货港Sibu, Malaysia，提交了下面格式的提单：

Pre-Carriage by: Navasco	Place of Receipt: Sibu, Malaysia
Ocean Vessel: Lan Hai	Port of Loading: Sibu, Malaysia
Port of Discharge: Hong Kong	Place of Delivery: Hong Kong

同时显示装船批注：

SHIPPED ON BOARD MV NAVASCO AT SIBU, MALAYSIA ON 18.11.2010 FOR TRANSSHIPMENT VIA BINTULU ON MV LAN HAI

开证行提不符点："装船批注未装远洋船LAN HAI"。是否成立呢？

分析及结论：

国际商会说："提单显示货物在信用证要求的装货港 SIBU 装上前程船船名 NAVASCO，同时，提单的装船批注也显示将在 BINTULU 港以另外一艘船 LAN HAI 转运。这个案例中提单的装船批注提供了各个栏位的相应解释，因此，没有不符。"

点评：

与案例 R350/R352 不同，本案中的装船批注改变了提单印就格式中"PRE-CARRIAGE"和"VESSEL"与"place of receipt"和"port of loading"的对应关系，并表明了货物在远洋船上转船，并在信用证规定的装货港，也是收货地，装上驶离装货港的船只为前程船船名，所以，只能批注在该前程船上。

换言之，装船批注可以批在收货地和前程船上，只要该船驶离的收货地也是信用证规定的装货港即可。

这一点与本段 e 款的规定相吻合，即实际的装货港名称完全可能显示在收货地栏位中，只要装船批注包括该装货港和船名即可。

[案例 207] R453：提单显示只显示装货港而无收货地，且显示了前程船和远洋船，应该如何作"已装船"批注？

案中，信用证规定装货港为青岛，提交的提单显示：

前程船：X 船	收货地：空白
海轮：Y 船	装货港：青岛
卸货港：孟加拉吉大港	——

提单作了"已装船"批注，但没有船名。可以接受吗？回答是否定的。

分析及结论：

国际商会说：由于显示了两条船，提单不符合 UCP 关于海运提单中条款要求的必须显示"具名船只（named vessel）"的要求。装船批注必须显示其所指船只的名称。(In stating two vessels, the bill of lading does not meet the requirements of the above sub-Article in showing a "named vessel". The on board notation should include the name of the vessel to which the on board notation refers.)

点评：

我们认为，实际作装船批注时可以批在远洋船上，而根据国际商会在 R756/TA743rev 中的意见，按理也可以批在前程支线船上并说明远洋船系转运。换言之，如果装船批注批在前程支线船上，但并未说明远洋船系转运，则会误以为前程支线船并没有离开装货港，而不可接受。

再举例：

比如，信用证要求提单，装货港：Nansha,China，卸货港：Hamburg。

提交的提单显示栏位：

Place of receipt (multimodal transport only)：空白	Pre-carrigae：vessel A	Port of loading：Nansha,China
Ocean vessel：vessel B	Voyage No.：001	Port or discharge：Hamburg

装船批注显示：

On board vessel A at Nansha,China 10ᵀᴴ 10,2012

分析及结论：

显然,这个装船批注并不完整,建议按以下两种方式修改：

——或者还应该包括信息：transshipment at vessel B.

——或者批注为：On board vessel B at Nansha,China.

第 E6 段 d 款

装运上前程运输工具

如前所述,UCP600 下如果提单未显示前程运输工具,其印就的或批注的"shipped on board"短语默认为从装货港装上远洋船只,无论是否显示收货地。

然而,这种默认可能由提单本身对"shipped on board"短语的定义而被改变。

Para E6：

d. When a bill of lading indicates wording such as "When the place of receipt box has been completed, any notation on this bill of lading of 'on board', 'loaded on board' or words of similar effect shall be deemed to be on board the means of transportation performing the carriage from the place of receipt to the port of loading" or words of similar effect, and if, in addition, the place of receipt box is completed, a bill of lading is to bear a dated on board notation. The dated on board notation is also to indicate the name of the vessel and port of loading stated in the credit. Such notation may also appear in a designated field or box. The date appearing in the on board notation or designated field or box will be deemed to be the date of shipment.

当提单显示,例如"当收货地栏位已经填写时,提单上任何'已装船'、'已装载船上'或类似批注,将被视为货物已装载到从收货地至装货港的前程运输工具上(When the place of receipt box has been completed, any notation on this bill of lading of 'on board', 'loaded on board' or words of similar effect shall be deemed to be on board the means of transportation performing the carriage from the place of receipt to the port of loading)"或类似措辞,此外,收货地栏位如已经填写,那么该提单应载有注明日期的装船批注。该注明日期的装船批注还应包括船名和信用证规定的装货港。该装船批注也可以显示在指定栏位或方框中。装船批注或指定栏位或方框中显示的日期,将被视为装运日期。

【修订】

本款属新增规定。

【解读】

当提单本身定义"shipped on board"短语为"若收货地栏位载有信息,那么提单上任何'已装船'或'已装载船上'或类似批注，将视为货物已装载到从收货地至装货港的前程运输工具上"，如 shipped on board container 或一火车或卡车，那么，提单必须显示装船批注，该批注须包括装货港和船名。该批注日期视为装运日期。换言之，只有提单上如此装船批注才体现已在规定的装货港装船，而装船批注的其他措辞，或预先印就"已装船"字样，都只是表明了货物已在收货地装上前程运输工具。

此类措辞，常常见之于COSCO标准格式提单，如：WHEN the Place of Receipt of the Goods is an inland point and is so named herein, any notation of "ON BOARD", "SHIPPED ON BOARD" or words to like affect on this Bill of Lading shall be deemed to mean on board the truck, trail car, air craft or other inland conveyance (as the case may be), performing carriage from the Place of Receipt of the Goods to the Port of Loading.

这一规定，承袭了2010年出台的国际商会"关于装船批注"的推荐书的意见。

第E6段e款

装货港与收货地栏位

提单上通常都在收货地栏位显示收货地，在装货港栏位显示装货港。

Para E6：

e. The named port of loading, as required by the credit, should appear in the port of loading field on a bill of lading. However, it may also be stated in the field headed "Place of receipt" or words of similar effect, provided there is a dated on board notation evidencing that the goods were shipped on board a named vessel at the port stated under "Place of receipt" or words of similar effect.

信用证要求的具名装货港应显示在提单的装货港栏位。然而，只要注明日期的装船批注证明货物在"收货地"或类似栏位中的港口装上具名船只，该具名装货港就也可以显示在"收货地"或类似栏位中。

【修订】

本款规定，含义没变。

本款规定与UCP600第20条a款第iii项的规定一致——"如果提单没有表明信用证规定的装货港作为装货港，或者其载有'预期的'或类似的关于装货港的限定语，则需以已装船批注表明信用证规定的装货港、装运日期以及实际船名。即使提单以事先印就的文字表明了货物已装载或装运于具名船只，本规定仍适用。"

本款的规定没有涵盖预期装货港的情况。

【解读】

信用证规定的装货港可以直观地显示在装货港栏位，也可以显示在收货地栏位。如为前者，则一目了然，因为栏位名称已经告诉我们该栏位所显示的即为实际装货港。如为后者，则无法直观看出该栏位所显示的即为实际装货港,所以,必须加有另外的装船批注,包括收货地栏位显示的实际装货港名称和船名,以说明在实际装货港装船。相应地,此时将视装船批注日期为装运日期。比如:

[案例 208] R458:两只船对应于一个装货港,应该如何作"已装船"批注?
　　案中,信用证要求提单 shipment from Bangkok to Kuwait. Transshipment was allowed. 提交的提单显示:
　　——Pre-carriage:Vessel M
　　——Place of receipt:Bangkok,Thailand
　　——Vessel:Vessel P
　　——Port of loading:Singapore
　　——Port of discharge:Kuwait
　　——Place of delivery:Kuwait/CFS
　　提单上同时显示了一个批注:Laden on board the Vessel M,May 9,1999. Port of loading:Bangkok,Thailand.
　　开证行咨询:是否可以以提单显示了两个不同的装货港拒付?
　　分析及结论:
　　国际商会在分析及结论中说:可以接受的,因为提单显示货在新加坡港装 P 船,这是转运。
　　点评:
　　关键在于确认,货物在提单收货地对应的实际装货港为信用证规定的装货港装船,且该具名船只实际离开了规定的装货港。

显然,UCP600 第 20 条 a 款第ⅲ项提到的"预期"装货港的情况下,可以同样掌握。为什么呢？由于揽货、靠港等不确定因素,代理收货时常常只能预计装货港或卸货港,此即"预期"装货港(intended port of loading)。而提单上带有"intended(预期)"字样的装货港,便意味着承运人并没有实际装船。所以,必须以"已装船"批注另外表明确定的装货港、具名船只和装船日期。

第 E6 段 f 款

装货港及国别

实务中涉及的装货港,首先必须是信用证规定的港口。

Para E6:
　　f. A bill of lading is to indicate the port of loading stated in the credit. When a credit indicates the port of loading by also stating the country in which the port is located, the name of the country need not be stated.
　　提单应显示信用证规定的装货港。当信用证规定装货港,也表明该港口的所在国时,提单无需注明该国别名称。

品读 ISBP745

【修订】

本款规定包括两句话：

第一句，与UCP600第20条a款ⅲ项的规定一致——"提单必须看似表明货物从信用证规定的装货港装运至卸货港。"

第二句属新增，涉及规定装货港与装货港的国别如何显示。

【解读】

第一，提单必须显示信用证规定的装货港。

为什么呢？既然装货港是承运人承运货物的起点，如果提单不予以显示，则无法确认承运责任。相应地，信用证基本上都会规定装货港。

第二，提单可以显示装货港所在的国别，也可以不显示该装货港所在的国别。

一个实际的装货港总是位于一个特定的国家或地区，信用证规定装货港时也常常显示该港口所在的国别。提单显示装货港时，允许显示国别，也允许不显示国别。请注意，装船批注中的装货港，无须特别表明为：Port of loading，只须从信用证或其他信息足以判断其为港口即可。国际商会在R462的分析及结论中说：Whilst inclusion of the words "port of loading" place added emphasis on the information contained in the on board notation, there is no specific requirement for these words to appear if the place specified is the port mentioned in the credit or is within an given range for which a port may be chosen (i.e. shipment from any European port). 比如：

[案例209] R757/TA708rev：运输单据上的港口和地点，没有显示国别。可以吗？

案中，信用证要求多式运输单据，适用UCP600，使用MT700格式，并显示运输路线如下：

```
44A: PRAGUE, CZECH REPUBLIC
44E: HAMBURG, GERMANY
44F: ANY PORT IN CHINA
```

提交的多式运输单据，显示运输路线如下：

```
Place of receipt: Prague
Port of loading: Hamburg, DE
Port of discharge: Shanghai
```

结果，开证行拒付。理由为：Transport route not per L/C ('Czech Republic' and 'China' not stated, 'DE' stated i/o 'Germany').

分析及结论：

国际商会说：这不是不符点。即便信用证规定了港口或地点的国别，运输单据上没有显示国别名称也不构成不符点。(Absence of the country name is not a reason for refusal, notwithstanding that such words are stated in the credit. There is no requirement in the UCP or international standard banking practice for the country name to appear against stated city shown as place of receipt, port of loading, port of discharge or place of delivery. Absence of the words "Czech Republic" and "Germany" is not a reason for refusal notwithstanding that such words are stated in the credit. The requirement for the port of discharge to be "Any Port in China" is satisfied by the named port being one that is located in China; Shanghai is a port in China. Use of ISO country code DE instead of Germany does not create a conflict of data.)

点评:

固然,运输单据上显示港口或地点,可以不显示国别,即便信用证如此规定。然而,现实中一个港口或一个地点重名的并不少见,是否需要增加国别信息,以示区别呢? 我们认为,这是需要的。否则,可能出现南辕北辙的情况。换言之,国际商会的意见,理应基于不存在重名地点或港口、不会引起混淆为前提。

我们知道,目前世界有多个港口重名,共 34 个。具体如下:
——利物浦(LIVERPOOL):英国、加拿大;
——雅茅期(YARMOUTH):英国、加拿大;
——布里奇澳特(BRIDGEWATER):英国、加拿大;
——佩斯(PERTH):英国、澳大利亚;
——卡的斯(CADIZ):西班牙、菲律宾;
——波士顿(BOSTON):英国、美国;
——胡苏姆(HUSUM):瑞典、德国;
——纽波特(NEMPORT):美国、英国;
——巴尔的摩(BALTIMORE):美国、英国;
——圣约翰斯(St. JOHN'S):加拿大、背风群岛;
——格洛斯特(GLOUCESTER):英国、美国;
——波特兰(PORTLAND):美国的东部、西部,澳大利亚、英国;
——温哥华(VANCOUVER):加拿大、美国;
——维多利亚(VICTORIA):加拿大、喀麦隆;
——巴琵斯特(BATHURST):加拿大、冈比亚;
——曼萨尼略(MANZANILLO):墨西哥、古巴;
——丹吉尔(TANCIER):摩洛哥、加拿大;
——黑角(POINTE-NOINE):刚果、加拿大;
——巴拿马城(PANAMA CITY):巴拿马、美国;
——亚历山大(ALEXANDRIA):阿联酋、美国;
——的黎波里(TRIPOLI):利比亚、黎巴嫩;
——普雷斯顿(RPESTON):古巴、英国;
——金斯敦(KINGSTON):牙买加、加拿大、英属西印度群岛;
——圣弗尔南多(SAN FERNANDO):特立尼达、多巴哥、菲律宾;
——乔治敦(GEORGE TOWN):圭亚那、美国、加拿大、英属西印度群岛;
——普利默斯(PLYMOUTH):英国、美国;
——圣乔治(St. GEORGE'S):英属西印度群岛、向风群岛;

品读 ISBP745

——奥尔巴纪（ALBANY）：澳大利亚、加拿大；
——阿德罗桑（ABDOSSAN）：澳大利亚、英国；
——加利波利（GALLIPOLI）：意大利、土耳其；
——伊塔基（ITAQUI）：巴西、希腊；
——圣胡安（SANJUAN）：秘鲁、波多黎各。

那么，这些重名的港口如果不写国别是否会引起混淆呢？比如，温哥华港（VANCOUVER），在加拿大有一个，在美国也有一个。当然，极个别的重名的港口，可能在同一个国家出现，是否还会引起混淆呢？比如，波特兰港（PORTLAND），不仅在澳大利亚有一个，在英国也有一个，在美国东部、西部还各有一个。我们认为，如果提单上没有上下文信息用于确定国别以符合信用证规定，那么，还是应该显示国别。未见国际商会发表过针对性意见。

当然，如果显示国别，可以显示国别的 ISO 代码。国际商会在 R750/TA701 rev 的分析中说："Use of ISO country code DE instead of Germany does not create a conflict of data."

第 E6 段 g 款

装货港及地理范围

实务中涉及的装货港，其次还必须是实际港口。

Para E6：

g. When a credit indicates a geographical area or range of ports of loading (for example, "Any European Port" or "Hamburg, Rotterdam, Antwerp port"), a bill of lading is to indicate the actual port of loading, which is to be within that geographical area or range of ports. A bill of lading need not indicate the geographical area.

当信用证规定装货港的地理区域或港口范围（例如，"任一欧洲港口"或"汉堡、鹿特丹、安特卫普港"）时，提单应显示实际的装货港，且其应位于该地理区域或港口范围之内。提单无需显示该地理区域。

【解读】

提单必须显示实际港口，该实际港口必须在信用证规定的地理区域或港口范围之内，但可以不显示该地理区域或港口范围。准确地说，地理区域与港口范围不同，前者如"任一欧洲港口"，后者如"汉堡、鹿特丹、安特卫普港"。

比如：信用证要求中国主要港口、west USA main ports、USA main ports 即为对港口范围的要求；而信用证要求中国天津港、上海港、汉堡港，则是对具体实际港口的要求。信用证中出现的深圳任何港口，仍为对具体实际港口的要求，即深圳港。

请注意，中国港口包括台湾、香港和澳门，因为政治上，中国包括台港澳。但是，在贸易和航运上台港澳与中国大陆分属于不同的法律体系，所以，信用证实务中务必谨慎行事。比如：

[案例 210] TA770 rev2：香港是中国港口吗？

信用证要求运输单据，并要求装货港为"any Chinese Port"，提交的运输单据显示装货港

"Hong Kong"。可以吗?

分析及结论:

国际商会说:这是可以接受的。When a credit indicates that shipment is to be effected from "Any Chinese Port"(or to "Any Chinese Port"), it is recognized that in the context of examination of documents on their face, in accordance with UCP600 sub-article 14(a), this would include Hong Kong being shown as the port of loading (or port of discharge).

国际商会接着说:然而,申请人、受益人和当事的银行,应当注意到香港和中国大陆的海关体系和适用法律不同。因此,信用证应特别注意货物是否从中国大陆港口起运,或到达中国大陆港口。这一点对于中国大陆的开证申请人特别重要,即请特别小心,并确认货物运输所涉及港口是中国大陆港口,而不是香港。否则,如果运输单据显示从香港起运,或到达香港,开证行都必须付款,虽然这可能不是基础贸易合同和信用证的初衷。(However, applicants and beneficiaries should be aware that differing customs systems and regimes operate in Hong Kong and at ports in Mainland China. Therefore, a credit should specifically indicate where shipment is only to be effected from or to a port in Mainland China. This comment is particularly relevant to applicants who are based in Mainland China that may require, or at the very least expect, delivery to occur at a port in Mainland China as opposed to Hong Kong. Otherwise, banks will be required to honour or negotiate documents that indicate shipment from or to Hong Kong, even though the expectation under the contract and the credit may have been for the use of a port of loading (or discharge)in Mainland China.)

点评:

香港作为"一国两制"框架下的一个特别行政区,不仅与大陆是属于不同的关税区,同样也施行不同的法律体系。

作为出口来说,此意见显然是便利于实务操作。

作为进口来说,如果货物在香港进口,转而要进入大陆,则还需要经大陆海关的再次清关。申请人和开证行应充分注意其中的风险。

类似的情况,还存在于中国澳门和中国台湾。

类似的情况,在全世界许多拥有多个行政区的国家都适用。

那么,什么是提单上的实际港口呢?

第一,实际港口必须是特定的港口。比如:

信用证规定 China main port,这是一个港口的地理范围。提交的提单,不应该一字不变原本照抄显示港口为 China main port,而应该显示为一个特定的港口,比如 Shanghai port。

第二,实际港口必须是真实的港口。比如:

[案例211] R261:开证行有权调查港口的真实性吗?

案中,信用证要求提单,从 any USA ports 装货。提交的提单显示装货港 Darrow, Louisiana。开证行拒付,理由是:经调查 Darrow, Louisiana 只是个内陆点,它不是个港口,从而构成不符。

国际商会在答复中说:"被指定银行和/或开证行有权确定在提单上'装运港'和'卸货港'栏中提到的港口,要么是信用证中特别指出的港口,要么是位于信用证规定的国家或地区内的港口。如在调查中发现上述其中一个或两个港口都不是实际港口,那么被指定银行和/或开证行有权提出该异常为不符点。(The letter of credit specified that shipment was to be effected from any U. S. A. port to a particular port of import. It can fall within the scope of a nominated and/or issuing bank to satisfy itself that the ports mentioned on the bills of lading in the fields marked 'Port of Loading' and 'Port of Discharge' are either those specifically stated in the credit, or are located in the country or region that is specified in the credit. If in the course of this investigation it transpires that one or both of the mentioned 'ports' are not actually ports, then the nominated and/or issuing bank has the right to highlight this anomaly as a discrepancy.)"

点评:

这意味着,银行有权调查提单上显示的港口是否实际存在。

进一步的问题是,银行既然是有权调查,那便意味着银行可以调查,也可以不调查。如果银行没有调查呢? 显然,案中的情况显然就无所谓不符点。换言之,调查港口的真实性是银行的权利,可以调查可以不调查,并可能引发完全不同的不符点认定。

我们认为,对于银行同一国家之内的港口进行调查则不仅仅是权利,理应还是义务,即必须调查。因为对于同一国家之内的港口是否真实存在,理应是银行的常识。

第三,实际港口,可以是海港,也可以是河港。比如:

[案例212] 提单上的港口一定是海港吗?

咨询者问:信用证要求 port of loading: any port in CHINA,及 full set of original B/Ls。提交的提单显示 port of loading: CHONGQING, CHINA。

那么,该提单可接受吗?

分析及结论:

从地理位置来看,重庆港属于内河港口,而不是沿海港口。显然,本案例的关键在于确认,作为内河港口的重庆港,是否可以成为提单上的港口?

国际商会在 R495 第3个问题的分析和结论中说:"Provided the stipulated ports are mentioned in the respective boxes on the bills of lading, it is of no consequence as to whether they are sea or freshwater ports.(只要一个规定的港口显示在提单的对应栏位上,无须理会该港口是海港还是河港,此类提单均可接受。)"

该提单仍可以接受。

点评:

从地理位置来看,重庆港属于内河港口,而不是沿海港口。

实务中,信用证要求装货港是海港,又如何满足呢? 我们认为,法律意义上提单的海港,必须拥有国际海运航线,但未必一定为沿海港口。最新的《海商法》第二条规定:"本法所称海上运输,是指海上货物运输和海上旅客运输,包括海江之间、江海之间的直达运输。"在海江之间、江海之间的直达运输,必然基于一个前提:地理上的内河港口拥有国际海运航线。

比如：信用证规定起运港为：main sea port in CHINA. 此时，提交的提单上显示为重庆港，还可以接受吗？我们认为，仍然可以接受。因为 sea port 完全可以理解为一个海运航线上的港口，只要提交了提单则默认可以接受。从地理位置来看，重庆港属于内河港口，而不是沿海港口。但是，这并不妨碍重庆港拥有国际海运航线。实际上，重庆港也正因为是国际海运航线的一个港口而承担着中国西南地区货物进出口国门的重担。在这个意义上，作为实际存在的重庆港显然可以作为海港，从而出现在提单上。相似的情况，还有提单上常见的汉堡港。比如汉堡（HAMBURG），沿易北河深入德国腹地长达 100 多公里，但不妨碍其成为世界上最大的海港之一。

又比如：信用证规定提单上显示 freight prepaid/collect，此时，提交的提单上则常常会看到 ocean freight prepaid/collect 字样。这样可以接受吗？按理仍可以接受。因为 ocean freight 可以理解为货物在海运航线上的运输费用。

尽管如此，信用证实务中，对于提单港口的掌握，只须确认其为实际存在的港口即可，而无须理会其是否拥有国际海运航线，因为提单的出具默认适用当地的法律。至于如果提单上显示的港口并不拥有海运航线时如何处理，这已经是 UCP 之外的事了。

第四，实际港口，必须是城市港口，而不是城市港口下的一个港区。

国际法上，港口如何命名？国际上港口命名，以"一城一港"[①]为原则，即一个城市只命名一个港口，港口内分为相对独立的不同港区。

什么是港口？港口相对于港湾而言。中国交通监理网："港湾是指具有天然掩护的可供船舶停泊或临时避风之用的水域，通常是指天然形成的。而港口则通常是由人工建筑而成的，具有完备的船舶航行、靠泊条件和一定的客货运设施的区域，它的范围包括水域和陆域两部分。一般设有航道、港池、锚地、码头、仓库货场、后方运输设备、修理设备和必要的管理、服务结构等。港口是一个国家或某地区的大门。港的中文字义为水边之巷，即大陆对外从水（江、河、海）进出的通道；港口英文（Port）一词源出于古拉丁文 Port，就具有门户的意思，原意为'位于海岸的门户，除有安全屏障外，并有水、陆接运'的含义。我们说的港口，是指具有相应设施，提供船舶靠泊，旅客上下船，货物装卸、储存、驳运以及相关服务，并按照一定程序划定的具有明确界限的水域和陆域构成的场所。港口通常位于江、河、湖、海沿岸商业贸易活动频繁的城镇或邻近地区。港口是水陆运输的枢纽，旅客和货物的集散地，是国内外贸易物资转运的联结点，也是沟通城乡物资交流的场所。"

我国最新的《港口法》：
第三条 本法所称港口，是指具有船舶进出、停泊、靠泊，旅客上下，货物装卸、驳运、储存等功能，具有相应的码头设施，由一定范围的水域或陆域组成的区域。
港口可以由一个或多个港区组成。

中税网解释道："这里所说的港区，是指由连续界线形成的水域或陆域范围形成的港口区域。一个港口可以仅由一个港区构成，也可以由多个有各自独立水域和陆域范围的港区组合而成。"我国《港口法》颁布之后，各港口整合，改称港区，并为同一城市港口。

---

① 引自《中国水运报》2005-8-1：落实〈港口法〉，"京唐港"改名"唐山港"。

品读 ISBP745

比如:广州港港区划分为内港、黄埔、新沙和南沙等4大港区和珠江口锚地组成。港区分布在广州、东莞、中山、珠海等城市的珠江沿岸或水域,从珠江口进港,依次为虎门港区、新沙港区、黄埔港区和广州内港港区。

比如:福州港包括3个港区,分别为罗源港区、马尾港区、福清江阴港区。

比如:厦门港现拥有和平、东渡、高崎和海沧4个港区。

又比如:

[案例213] 天津港与天津新港,一样吗?

案中,咨询者问:信用证要求装货港:天津港 TianJin Port。提交的提单显示装货港:天津新港 TianJin Xingang。可以吗?

分析:

天津港,主要分为北疆、南疆、东疆、海河四大港区。北疆港区以集装箱和件杂货作业为主;南疆港区以干散货和液体散货作业为主;海河港区以5000吨级以下小型船舶作业为主;东疆港区为天津港的一个新港区,规划面积为30平方公里。

海河为"老港"区。相对而言,北疆、南疆、东疆为新港区,合称天津新港。所以,天津新港,准确地说,应称为天津新港区,它仍为天津港的一部分,而且是主体部分。

结论:

如此,当信用证规定装货港为天津港(Tianjin Port)时,提交的提单显示为:天津港(Tianjin Port)或天津新港(Tianjin Xingang)均可;而当信用证规定装货港为天津新港(Tianjin Xingang)时,提交的提单便只能显示为天津新港(Tianjin Xingang),不可显示为泛泛的天津港(Tianjin Port)。

世界上大多数港口都拥有多个港区。比如:胡志明港(HOCHIMINH)又称西贡港,有3个港区,分别为:NEW PORT(新港)、CAT LAI PORT(泰来港)、VICT PORT(越南国际集装箱码头)。其中 CAT LAT、VICT 为老港区,NEW PORT 是新港区。一般到老港区的海运费比到新港区要低一些,挂靠的船公司也多一些,但有时港口会拥挤一些。

又比如:

[案例214] R594/TA549rev:亚历山大港(保税区)——Alexandria (free zone),与亚历山大港——Alexandria。一样吗?

案中,信用证要求运至亚历山大港(保税区)——Alexandria (free zone),提交的B/L上卸货港栏位显示为亚历山大港——Alexandria。可以吗?

分析及结论:

国际商会在结论中说:信用证要求运至 Alexandria (free zone)。保税区是港口的特殊部分,此处进口税和相关费用比港口主要区域低。提单描述已装运货物引用"CFR Alexandria Free Zone"的事实不能据此推断运输至保税区。提单有不符点。

点评:

其实,港口与港区并不相同。亚历山大港(保税区)——Alexandria (free zone),这是港区;亚历山大港——Alexandria,这才是港口。按理港区仅仅是港口的一部分。

第 E6 段 h 款

多个装货港

实务中涉及的装货港,在同一提单下可以显示为多个装货港。

Para E6:
h. When a bill of lading indicates more than one port of loading, it is to evidence an on board notation with the relevant on board date for each port of loading, regardless of whether it is pre-printed "received for shipment" or "shipped on board". For example, when a bill of lading indicates that shipment has been effected from Brisbane and Adelaide, a dated on board notation is required for both Brisbane and Adelaide.

当提单显示一个以上的装货港时,无论其是否预先印就"收妥待运(received for shipment)"或"已装船(shipped on board)"字样,该提单应表明装船批注并注明每个装货港所对应的装船日期。例如,当提单显示从布里斯班港和阿德莱德港装运时,便要求关于布里斯班港和阿德莱德港的注明日期的装船批注。

【修订】

本款为新增,确认了提单显示多个装货港时的装船批注。

【解读】

提单显示多个装货港,必须加装船批注,以表明货物在每一个装货港对应的装船日期。为什么呢?因为这默认货物在每一个装货港,理应都有对应的特定装船日期。装船批注内容包括:

——具名装货港;
——对应已装船日期;
——对应的货物,如为分港口装运;如为全部货物转运,则不必显示货物。

这里的规定没有明确提及批注内容中必须包括对应的货物。我们认为,理应有这一项,如此才能完整地确立卖方的交货责任,将视为多个装货港分开装船。否则,默认为从第一个港口全部装运到后续港口转船。这一判断,与汇票部分第 B2 段 e 款第 i 项和第 ii 项的规定相呼应。

比如:信用证要求从任何澳大利亚港口装运,而提单显示从布里斯班和阿德莱德装船,那么,需要两个带日期的装船批注,显示部分货物于 5 月 14 日在布里斯班装船,其余部分于 5 月 16 日在阿德莱德装上同一条船。此时,参照第 E19 段 b 款的规定,将视为全部装运,以 5 月 16 日计算装运日期、交单期和付款到期日。或者,提单没有跟随港口名称显示货物,而仅显示货物于 5 月 14 日在布里斯班装船和 5 月 16 日在阿德莱德装船,那将意味着全部货物一次性于 5 月 14 日在布里斯班装船,并于 5 月 16 日在阿德莱德转船,尽管批注中没有显示各自的船名。此时,可以 5 月 14 日也可以 5 月 16 日计算装运日期、交单期,并相应地计算付款到期日。

还比如:

品读 ISBP745

[案例215] 提单显示 port of loading：SYDNEY/MELBOURNE，这意味着如何装船呢？

案中，进口商从澳大利亚进口羊毛，信用证规定 loading on board：AUSTRALIAN main port。提交的提单显示：port of loading：SYDNEY/MELBOURNE。可以吗？

分析及结论：

表面上，一眼看过去，由于提单装货港里的斜线（"/"）并没有定义，便无法知晓是货装悉尼港，还是墨尔本港，还是两个港口都装，如此便意味着提单未显示确切的实际装货港，不可接受。

引申：

然而，深入一点分析，结合提单上的装船批注：shipped on board EX SYDNEY23/02/2005，EX MELBOURNE 26/02/2005，如此则已经表明了确切的装运港，即全部货物均在悉尼于2005年2月23日装船，并在墨尔本于2005年2月26日转船，显然这可以接受。

当然，提单也可以批注为：part of goods shipped on board EX SYDNEY 23/02/2005, the remainder of goods shipped on board EX MELBOURNE 26/02/2005。这是两个港口部分装船，也可以接受。

[案例216] R723/TA726 rev：租船提单装货港显示两个港口，装船批注无港口可以吗？

案中，信用证要求提交租船提单，同时规定装货港为"澳大利亚港口"，提交的提单显示两个装货港（Melbourne /(and)Brisbane），装船批注仅包含时间。具体如下：

1. A "shipped on board" charter party bill of lading is presented evidencing the following details：

Port of loading：Melbourne/Brisbane, Australian Ports

Shipped on board 31 Aug ××××

2. A "shipped on board" charter party bill of lading is presented evidencing the following details：

Port of loading：Melbourne and Brisbane, Australian Ports

Shipped on board 31 Aug ××××

分析及结论：

国际商会在分析中说：从表面上看，无法确定这个装船批注的装船时间是部分货物在某个港口装船的时间，还是整批货物已经装上船的时间。Whilst it is conceivable that the shipping company would only issue and/or add a dated on board notation to the charter party bill of lading once the final shipment had been completed, banks are required to examine documents on their face. If only one on board notation appears, it is not apparent to a document examiner as to whether that date applies to the completed shipment or to the loading of the cargo at the first port of loading.

国际商会在结论中说：这里的意见，同样适用于UCP600第19条的多式运输单据、第20条班轮提单、第21条不可转让海运单。

点评：

提单上装船批注的最终目的是为了区分买卖双方交货过程中的风险转移。因此，每一个装船批注，结合提单的上下文，必须明确"什么货物，在什么时间，在哪个港口"装船。

本案中，租船提单装货港显示两个装货港（Melbourne /(and)Brisbane），如果装船批注仅包含时间,则无法明确什么货物在什么时间在哪个港口装船,进而无法确认装船日期等,从而无法明确买卖双方的交货责任。

第 E7 段

装船字样

如前所述,提单必须表明货物在信用证规定的装货港和信用证规定的装运日期已装船。那么,装船字样是什么呢?

Para E7:
Terms such as "Shipped in apparent good order", "Laden on board", "Clean on board" or other phrases that incorporate "shipped" or "on board" have the same effect as the words "Shipped on board".

"已装运且表面状况良好(Shipped in apparent good order)"、"已装载船上(Laden on board)"、"清洁已装船(clean on board)",或其他包含"已装运(shipped)"或"已装船(on board)"字样的用语,与"已装船(Shipped on board)"具有相同效力。

【解读】

"Shipped"和"on board"默认是货物已装船的标志性字样。换句话说,只有提单上含有该字样,才算满足了货物已装船的要求。其他字样则不在此列。比如:

[案例217] R678/TA622:提单显示 Loaded,算已装船吗?

案中,信用证下提交的检验证显示"loading period 27th January till 28th January 2007",提交的提单显示"shipped on board 29th January 2007"。可接受吗?

分析及结论:

国际商会回答:the period of loading should not be later than the on board date. Whilst it is expected that goods will be shipped as soon as loading has been completed, there is no requirement in this respect in the UCP nor, it would seem, from the terms of the credit in question.

点评:

国际商会在 R565/TA85 的分析中说:"laden"等同于"loaded"(Use of the word "laden" is deemed to be equally as acceptable as "loaded")。

显然,不能以"loaded"或"laden"字样代替 shipped on board。

当然,"loaded"或"laden"结束的日期,不能晚于提单显示的 shipped on board 的日期。

[案例218] TA758rev:shipping date 与 shipped on board date,一样吗?

案中,提交的提单显示:"SHIPPED ON BOARD DATE: 14 SEP 2011",而提交的装箱单显示"SHIPPING DATE 13.09.2011"。

开证行拒付,说:"packing list showing inconsistent shipping date with bills of lading"。

分析及结论:

国际商会说:这不矛盾,可以接受。Reference in a packing list to "shipping date" does not necessarily relate to the date of loading on board of the goods on a named vessel at the port of loading as stated on the bill of lading. It can be in respect of the date of shipment (shipping) from the premises of the exporter, or the date of taking in charge by the carrier at the place of receipt. For these reasons, reference to shipping date in the packing list is not seen as a conflict of data.

点评:

显然,也不能以"shipping"字样,代替 shipped,二者含义还是不同。前者意味着装运的过程,后者则意味着装运的完成。

卸货港

Port of Discharge

【导读】

承运人在提单下承运责任的终点,按理是到卸货港卸货为止。

本节规定了提单的卸货港的审核标准。

第 E8 段

卸货港与最终目的地栏位

提单上通常都在最终目的地栏位显示最终目的地,在卸货港栏位显示卸货港。

Para E8:

a. The named port of discharge, as required by the credit, should appear in the port of discharge field within a bill of lading.

信用证要求的具名卸货港,应显示在提单的卸货港栏位。

b. However, the named port of discharge may be stated in the field headed "Place of final destination" or words of similar effect provided there is a notation evidencing that the port of discharge is that stated under "Place of final destination" or words of similar effect. For example, when a credit requires shipment to be effected to Felixstowe, but Felixstowe is shown as the place of final destination instead of the port of discharge, this may be evidenced by a notation stating "Port of discharge Felixstowe".

然而,该具名卸货港也可以显示在"最终目的地"或类似栏位中,只要该提单载有批注证明卸货港为"最终目的地"或类似栏位中的港口。例如,当信用证要求货物运送至费利克斯托港,但费利克斯托港显示为最终目的地而非卸货港时,可以通过"卸货港:费利克斯托"的批注予以证明。

【解读】

本款详细解读，参见第 E6 段 e 款。

信用证规定的卸货港可以直观地显示在卸货港栏位，也可以显示在最终目的地栏位。如为前者，则一目了然。如为后者，则必须加有另外批注，以说明在最终目的地栏位显示的实际卸货港卸货。比如：

[案例 219] TA541 rev：信用证要求的卸货港显示在最终目的地栏位中：Port Z。需要加批注吗？

案中，信用证要求卸货港为 Port Z。提交的提单显示卸货港：Port S，最终目的地：Port Z。那么，这需要批注吗？

分析及结论：

国际商会说：由于 Port Z 系信用证及 UCP 要求的卸货港，为使 B/L 在信用证项下可以接受，应在批注中显示"Port of discharge：Port Z"。实际上，此时提单上显示的卸货港 Port S 可能是中途转运港，也可能是中途停靠港。

请注意，卸货港的这一规定与装货港相似，但略有不同，即此时所需的提单批注不必是"已装船"批注，只要一般批注即可。比如：

[案例 220] R460：卸货港必须显示在装船批注中吗？

案例 2 中，信用证要求提单，允许转运，并要求：

Shipment to：Onne Seaport，Port Harcourt

From：Any Icelandic Seaport

提交的提单为已装船提单，并显示：

Pre-carriage：Reykjavik

Place of Receipt：空白

Vessel：Vessel A

Port of loading：Reykjavik Iceland

Port of discharge：Rotterdam

Place of delivery：Onne Seaport，Port Harcourt

提单显示了一个装船批注：Loaded on board the vessel A 19.04.01 in Reykjavik，Port of Loading：Reykjavik.

提单另外标注：Port of discharge：Onne Seaport，Port Harcourt transshipped at Rotterdam.

分析及结论：

国际商会说：卸货港如此批注不可接受，除非显示在装船批注中。

点评：

我们认为，这其实歪曲了国际商会在 UCP500 和本规定中的原意，提请特别注意。换言之，卸货港批注无须与装船批注一样，按理本案中的提单可以接受。

实务中同样存在预期卸货港的情况，仍可参照装货港掌握，虽然 UCP600 第 20 条 a 款第 iii 项没有提及。

第 E9 段

卸货港及国别

与装货港相似,实务中涉及的卸货港,首先必须是信用证规定的港口。

Para E9:
A bill of lading is to indicate the port of discharge stated in the credit. When a credit indicates the port of discharge by also stating the country in which the port is located, the name of the country need not be stated.
提单应显示信用证规定的卸货港。当信用证规定卸货港,也表明该港口的所在国时,提单无需显示该国别名称。

【修订】

本段规定包括两句话:

第一句,与 UCP600 第 20 条 a 款第 iii 项的规定一致——"提单必须看似表明货物从信用证规定的装货港装运至卸货港。"

第二句属新增,涉及规定卸货港与卸货港的国别如何显示。

【解读】

本段详细解读,参见第 E6 段 f 款。

第 E10 段

卸货港及地理范围

与装货港相似,实务中涉及的卸货港,其次还必须是实际港口。

Para E10:
When a credit indicates a geographical area or range of ports of discharge (for example, "Any European Port" or "Hamburg, Rotterdam, Antwerp port"), a bill of lading is to indicate the actual port of discharge, which is to be within that geographical area or range of ports. A bill of lading need not indicate the geographical area.
当信用证规定卸货港的地理区域或港口范围(例如,"任一欧洲港口"或"汉堡、鹿特丹、安特卫普港")时,提单应显示实际的卸货港,且其应位于该地理区域或港口范围之内。提单无需显示该地理区域。

【解读】

本段详细解读,参见本规则提单部分第 E6 段 g 款。

请注意,提单和其他运输单据以外的单据显示的卸货港,可以与提单不一样。比如:

[案例221]　R201:提单显示实际卸货港为 Incheon port,而产地证显示目的地为 Busan,Incheon。可以吗?

案中,信用证规定 port of discharge:KOREA,提交的提单显示实际卸货港为 Incheon port,而产地证显示目的地为 Busan,Incheon。

可以接受吗?

分析及结论:

回答是可以。理由为:Busan 可能是转运港,而 Incheon 才是真正的目的港。

国际商会在分析中说:"The place of destination in the certificate of origin is only for information, and it has no bearing on the actual place of destination indicated on the transport documents, which complied with the terms and conditions of the credit. It is conceivable that the goods may be off-loaded at the port of disembarkation, yet the goods could be ultimately deliverer or destinated to some other interior point. In this case, that additional information as to the place of destination is not sufficient ground for rejection of the certificate of origin."

在结论中接着说:"The certificate of origin, as presented in this case, was a good tender, since the information given as to place of destination was accessory data and had no detrimental value to the actual disembarkation of the goods as evidenced by the bill of lading."

点评:

案中,对于其他单据而言,显示的起运地或目的地仅仅是供参考,并不约束实际的装运。

显然,产地证上显示的目的地,仍应满足 UCP600 第 14 条 d 款的单据上数据"不得矛盾"的要求,如产地证不能仅显示卸货港为 Busan。否则,便与提单上显示卸货港 Incheon port 矛盾。

正本提单

Original bill of lading

【导读】

本节规定提单正本的审核标准。

提单默认必须提交正本。提单必须显示正本出具份数,也默认必须提交全套正本。

第 E11 段

出具及正本

一般来说,正是提单代表着货权,谁持有提单就代表着谁拥有货物,所以,信用证安排下,作为进口商的申请人在付款赎单时,总是想控制全套提单以控制货物的所有权。

品读 ISBP745

> **Para E11:**
> a. A bill of lading is to indicate the number of originals that have been issued.
> 提单应注明所出具的正本份数。
> b. Bills of lading marked "First Original", "Second Original", "Third Original", or "Original", "Duplicate", "Triplicate" or similar expressions are all originals.
> 标注"第一正本(First Original)"、"第二正本(Second Original)"、"第三正本(Third Original)"、或"正本(Original)"、"第二联(Duplicate)"、"第三联(Triplicate)"或类似字样的提单,都是正本。

【修订】

本段规定明确了提单是否必须注明正本出具份数,提单注明"Duplicate"、"Triplicate"是否为正本。

本段规定与总则部分第 A28 段相呼应,但措辞不同。

【解读】

第一,提单必须显示全套正本的出具份数。

承运人出具提单的情况下,持单人需要交付提单凭以换取货物。在海运过程中,为了避免正本提单在转递中遗失,致使收货人不能在港口凭提单提货,及便于发货人通过各种方式向收货人传递正本单据,信用证通常要求全套正本。正本提单出具时一套一般为一式三份(3/3),每份正本提单的效力是相同的,即其中一份凭以提货,其余各份均告失效。实务中,如果持单人不在目的港提货,承运人都会要求其提供全套正本提单。其实,即使不在目的港提货,承运人也常常都会要求其提供全套正本提单。

一般来说,正是由于提单代表着货权,谁持有提单就代表着谁拥有货物,所以,信用证安排下,作为进口商的申请人在付款赎单时,总是想控制全套正本提单以控制货物的所有权。

于是就有了以下规定:

UCP600 第 20 条 a 款 iv 项:

be the sole original bill of lading or, if issued in more than one original, be the full set as indicated on the bill of lading.

为唯一的正本提单,或如果以多份正本出具,为提单中表明的全套正本。

那么,怎样判断受益人提交的提单为全套正本呢?显然,如果在提交的提单上没有显示出具的正本份数,这是一件极其困难的事情。换言之,这需要结合提单显示的出具份数和实际提交的份数综合判断。为防止货方投机、欺诈,利用数份正本提单进行一物两卖,国际商会便明确要求提单上必须注明正本出具份数。这是 a 款的规定。

至于一份提单如何注明正本出具份数呢?常见的有以下几种:

——提单常常设有一个栏位用以表明出具的正本份数。如栏位名称显示:originals issued, number of original B/L, number of B/L 等;

——有时正本份数出现于提单的声明之中,如 In witness of three(3) originals bill of lading have been signed, one of which being accomplished, the other(s) to be void.

有时候也会反常。比如:

[案例 222] R351:提单正本出具份数在船公司证明中证实。可以接受吗?

案中,提单未标明正本份数,但船公司出具的一关于正本提单为几份的证明。

可以接受吗?

国际商会说:如果提交此类证明,该证明应该由承运人出具,且是提单的正式附件,即标明该单据系××号××日期提单的组成部分。(The certificate should be form the carrier and should have been issued as an official addendum to the bill of lading, i. e. indicate that the document is an integral part of B/L No. …dated…)

点评:

换言之,如果案中的船公司证明,不是提单的附件,则将视为未要求单据,不予理会。此时,提单由于未标明正本份数,不可接受。

第二,提单注明"第二正本(Second Original)"、"第二联(Duplicate)"等类似措辞,均为正本。

根据总则部分的解读,判断一份单据是否为正本,在于确认单据出具人的意图,是否在于使之具有正本的效力。换句话说,只要一份单据是正本,理应具有正本的效力。b 款的规定确认了提单注明"第二正本(Second Original)"、"第二联(Duplicate)"等类似措辞,均为正本。

那么,什么是正本提单的效力呢?对于持单人来说,正本提单的效力在于提单权利。如前所述,正本提单具有三个功能:合同证明、货物收据和货权凭证。很自然地,谁正当持有正本提单,就可以正当享有以上三个功能所释放的提单权利。这些权利包括:

——合同证明功能,赋予提单持有人要求承运人履行适航、适货、管货、不得绕航、按时交货等各项义务,以及要求承运人承担违约赔偿责任。

——货物收据功能,赋予提单持有人要求承运人按照提单表明的货物情况交付货物的义务。

国内最新的《海商法》:

第七十七条 除依照本法第七十五条的规定作出保留外,承运人或者代其签发提单的人签发的提单,是承运人已经按照提单所载状况收到货物或者货物已经装船的初步证据;承运人向善意受让提单的包括收货人在内的第三人提出的与提单所载状况不同的证据,不予承认。

——货权凭证功能,赋予持有提单的人在提货之前转让货物、要求承运人凭单交货的权利。提单的背书,就是直接基于这一个前提,即提单"货权性"所对应的货权凭证功能,以及由货权凭证功能所释放的"可转让性"。

值得一提的是,实务中提单权利体现得比较明显的是最后一个功能,即提单代表货权。但这绝不意味着,提单作为合同证明和货物收据功能,所赋予提单正当持有人的权利不存在。这一点,在并不具备货权凭证功能的海运单上会得到更为直接的体现。比如:信用证 46A 要求:full set of original B/L,提交的 B/L 显示"SURRENDER"字样,无签章。请问:是否能以 SURRENDER B/L presented 为由拒付?笔者认为,当然可以。因为信用证要求正本提单,默认即为可凭以提货的具有货权凭证功能的提单,而不能是注明"SURRENDER"字样的电放提单。

当然，正本提单默认必须显示承运人，并按照UCP600规定签署。

收货人、托运人和背书、被通知人

Consignee, order party, shipper and endorsement, and notify party

【导读】

托运人是运输合同的又一个基本当事人，其与另一个基本当事人——收货人、一般当事人——被通知人、关系人——发货人一起，统称为"货方"。

本节规定了提单上托运人、收货人和被通知人的显示，以及提单背书的审核标准。

托运人与发货人

托运人（shipper）与发货人（consignor）不同。遗憾的是，中文翻译中，常常把二者混为一谈，一定程度引发审单的混乱。

谁是托运人（shipper）呢？托运人与承运人（carrier）都是运输合同的基本当事人，并互相对称。承运人是承担运输责任的一方，托运人是委托运输的一方，并因此得名。

国内最新的《海商法》：

第四十二条 托运人是指：1.本人或者委托他人以本人名义或者委托他人为本人与承运人订立海上货物运输合同的人；2.本人或者委托他人以本人名义或者委托他人为本人将货物交给与海上货物运输合同有关的承运人的人。

托运人负有以下责任[①]：
——及时交付货物的义务；
——妥善包装货物并保证其提供的货物说明正确的义务；
——及时办理与货物运输有关的各项手续的义务；
——对危险品妥善包装和正确申报的义务；
——支付运费的义务；
——支付其他费用的义务；
——对运输活动物的特殊义务。

在以上的七种托运人责任中，均以托运人向承运人交付货物为前提。

谁又是发货人（consignor）呢？简言之，即发送货物的一方，与接收货物的一方——收货人（consignee）互为对称。

运输合同意义上的托运人，向承运人实际交货，无须亲历亲为。实际交货的完全可能是另外一方所为，该方即为贸易合同意义上的发货人。因此，托运人与发货人并不完全相同。在运输合同中，发货人其实是托运人的代理人，法律上，它只对托运人负责，运输合同并不直接约束

---

① 引自韩立新、郑蕾：《论合同托运人的权利、义务、责任》，《中国海商法年刊》，2001

发货人。而在贸易合同中,托运人则是发货人的代理人,法律上,它只对发货人负责,贸易合同并不直接约束托运人。比如:在国际海运中①,"国际货物买卖合同与国际海上货物运输合同是密不可分的。在通常情况下,买卖合同中的卖方与船公司或货运代理人订立海上货物运输合同并在装货港将货物交给承运人,然后凭承运人收到货物后签发给他的提单到银行结汇,从而完成国际货物的买卖。在上述过程中,卖方因订立海上货物运输合同而成为托运人,常见的CIF和CFR买卖即是这种情况。但是,在FOB买卖中,情况则有所不同。根据该贸易术语的要求,买方负责办理运输即买方负责租船订舱订立海上货物运输合同而成为托运人。"而卖方则往往负责交货给承运人,是当然的发货人,与作为买方的托运人迥然有别。

其实,托运人和发货人也与受益人不同,它们分属贸易合同履行过程中的不同领域,托运人属于运输领域——运输合同中的概念,发货人属于交货领域——基础合同中的概念,受益人属于付款领域——信用证安排中的概念,尽管几个身份可能同时集于一人身上。

UCP600 第 14 条 k 款:

The shipper or consignor of the goods indicated on any document need not be the beneficiary of the credit.

在任何单据中注明的托运人或发货人无须为信用证的受益人。

这里的规定表明了:任何单据,包括运输单据中注明的托运人或发货人,可以不同于信用证的受益人。

请注意,这里的规定并不涉及同一身份的托运人或发货人的重复出现。换言之,在单据之间、单据与信用证之间同一身份的人理应保持一致,包括同一身份的托运人或发货人,出现在发票、运输单据、装船通知上时都必须保持一致。否则,笔者认为,便意味着不符点。

收货人

收货人,准确地说,区分为贸易合同收货人和运输合同收货人。贸易合同下,运输单据的收货人,实际上是贸易合同收货人的代理;而运输合同下,贸易合同的收货人,则实际上是运输单据收货人的代理。

收货人是运输合同和运输单据的三个基本当事人之一。运输单据的收货人,也称运输单据的抬头。

实务中,提单收货人不仅涉及收货,还涉及提单货权的转让。一般来说,提单的独特之处则在于默认具有"货权凭证"功能。这意味着提单代表货权(document of title),具有"货权性"。值得注意的是,货权性绝不等同于"可转让性(negotiability)"。

"货权性",指的是提单代表货权,提单的转移即意味着其所代表货物或货权的转移,提单的价值对应于其所代表货物的价值。所以,谁合法持有提单,谁就合法成为持单人,谁就可以凭单提货,而承运人须凭单向其放货,即"见单不见人"。"可转让性",则指作为提单上载明的收货人,从承运人处获得提单并成为第一手持单人,通过背书可以转让提单的方式把货权转让给第二手持单人,或者第二手持单人继续转让给第三手、第四手……尽管同为货权凭证,但是,并不是所有的提单都可以转让。这主要与提单的抬头有着直接的关系。

---

① 引自韩文浩、李亚:《FOB卖方作为托运人的法律地位及其权利》,《世界海运》,2002.4

我国最新的《海商法》：
第七十九条　提单的转让，依照下列规定执行：
（一）记名提单：不得转让；
（二）指示提单：经过记名背书或者空白背书转让；
（三）不记名提单：无需背书，即可转让。

从以上规定可以看出，三种不同抬头的提单具有不同的可转让性和不同的转让形式。

1. 记名提单：即记名抬头提单，因其必须显示特定的抬头人名称而得名。信用证实务中，此种提单往往作成申请人抬头，或者申请人在信用证中特别指定的人抬头，比如开证行等。

就可转让性来说，此种提单在目前全球的法律体系中，除了极少数国家如韩国外，几乎都不可转让，但提货时，仍须交出提单换取货物，并证明其身份。所以，记名提单具有防冒领货物的效果。

就货权性来说，此种提单在目前全球的法律体系中，除了极少数国家如美国和俄罗斯外，几乎都代表货权，所以，持单人须凭单提货，承运人须凭单放货。

本书解读中提及的记名提单，如未特别说明，则默认均代表货权，均不可转让。

2. 指示提单：即指示抬头人提单，因其抬头人须载有"指示（order）"字样而得名。信用证实务中，指示提单常常做成以下三种指示性抬头[①]：

——以开证行的指示人为抬头人（unto order of issuing bank）。此种提单必须经开证行背书转让给申请人后，申请人才可凭以向船公司提货。在整个信用证交易过程中，开证行可以完全掌握货权。

——以申请人的指示人为抬头人（unto order of applicant）。此种提单经申请人背书后才能提货，因开证行无法完全掌握货权，常常不乐意接受。

——以空白指示人或托运人的指示人为抬头人（unto order 或者 unto order of shipper）。前者是以托运人的指示为抬头人的一种变形，因为所有提单的抬头，归根结底，均源于托运人的最初指示，提单上的指示抬头也只是托运人最初指示下的一种抬头而已。换言之，此种情况下托运人是第一持单人。而在托运人是受益人的情况下，此种提单经受益人背书后，包括开证行在内的银行可以完全掌握货权以及货权的流转，所以乐于为相关银行接受，比较方便于进出口双方的融资。

指示提单在目前全球的法律体系中几乎均代表货权，须以背书方式转让。此种提单可转让，提货时须交出提单换取货物，并证明其身份。

3. 不记名提单：也称来人抬头提单，因其抬头人显示"来人（bear）"字样而得名。此种提单无须背书，仅凭交付方式转让。如果遗失，则很难保全对货物的权利，所以，现在极少见到。本书解读时将略去。

总而言之，尽管以上三种提单的可转让性各不相同，但在中国法下，不管是记名提单，还是指示提单，均需要收货人或持有人的严格签收方可提货。如为记名提单下，收货人应有与提单收货人一致的公章签收后方可提货。如为指示提单下，则持单人应有提单持有人的公章签收后方可提货。

---

① 引自苏宗祥主编：《国际结算》，中国金融出版社，1997.9

背书

指示提单下必须凭背书转让。一般地说,提单背书可以参照《票据法》意义上的票据背书掌握。

什么是背书(endorse)?《美国传统辞典(双解)》:"endorse, To write one's signature on the back of (a check, for example) as evidence of the legal transfer of its ownership, especially in return for the cash or credit indicated on its face. (支票等的)背书,签名于(支票的)背面以作为合法转让其所有权的证据,尤其是作为对标于其正面的现金或信用卡的交换。"

英国法律规定:Endorsement: the act of a person who is the holder of a negotiable instrument in signing his or her name on the back of that instrument, thereby transferring title or ownership. An endorsement may be made in favour of another individual or legal entity, resulting in a transfer of the property to that other individual or legal entity.

最新的国内《票据法》:
第二十七条　持票人可以将汇票权利转让给他人或者将一定的汇票权利授予他人行使。
出票人在汇票上记载"不得转让"字样的,汇票不得转让。
持票人行使第一款规定的权利时,应当背书并交付汇票。
背书是指在票据背面或者粘单上记载有关事项并签章的票据行为。

综合以上规定,可以看出:

第一,提单的转让必须背书,其背书必须在提单的背面。

背书(endorsement),在中文里,顾名思义,即在提单背面书写。当然了,如果提单包含多页,每一页只有正面而没有背面,而最后一页载有一般性的承运条款时,理应视同背面,即在最后一页上作 endorsement,视同背书,可以接受。在英文里,除此之外还另有含义,如签注(文件)、认可,但是,根据前面的规定这不适用于提单和票据。

实务中,与票据背书一样,提单背书还需要注意以下两点:

——背书的用途绝不限于转让,还存在质押背书和委托提货背书。质押背书在融资中可以看到,即收货人收到提单后,货未到港,先用于质押向银行申请融资。委托提货背书,由收货人或持单人以背书的方式委托代理人代为提货。

——背书与持单人签收不同。提单持单人提货时,通常必须在提单上签收并交出提单。实务中,持单人签收往往也在提单背面。换言之,从表面上看,在提单背面的签署,常常难以分辨出是提货时的签收,还是转让时的背书。但无论如何,这二者并不相同。与背书必须在提单背面不同,持单人签收可以在背面,也可以在正面。比如:旅行支票上正面往往有两个签字,第一次在旅行支票购买之时作出,第二次则必须在银行柜台兑付之时于银行工作人员面前面签,第二次的签字与第一次签字必须一致方可予以兑付。究其实,这旅行支票正面上的第二次面签,就是持票人签收了。

第二,信用证实务中,提单背书的必要性和背书人。

尽管指示提单的转让必须背书,但是,在信用证实务中,受益人交单未必都必须加背书。

为什么呢？这与背书人的资格有关。国际商会在R521的分析与结论中说：在对提单背书时，唯一的要求是，背书应由提单表面显示为"指示方"或者前一个背书指定的"指示方"来完成。换言之，只有正当持有提单的指示方才需要背书，受益人交单时，如果它不是指示方就没有必要背书。

如何背书呢？按理必须显示背书人名称及签字。换言之，如果仅仅显示背书人名称没有签字或仅仅显示签字而无法辨认背书人名称，均不可接受，仍会导致拒付。这一点与签署的要求相似，可参照适用。

此外，实务中指示提单背书，有多种形式。而由于被背书人不同，背书形式分成三种：

——记名背书。此后，持单人不可以继续背书。

——指示背书。此后，持单人可以继续背书转让。

——空白背书。此后，持单人可以凭交付转让，也可以继续背书转让。

值得注意的是，这一实务与大陆法系票据法不一样。包括中国《票据法》和《日内瓦统一票据法》在内的大陆法系票据法中不设立指示抬头，而只有记名抬头，并一概可背书转让，即便在记名背书下，只要没有禁止仍可进一步背书转让。

第E12段

记名抬头

实务中，信用证要求记名提单，如何满足？

Para E12:
When a credit requires a bill of lading to evidence that goods are consigned to a named entity, for example, "consigned to (named entity)" (i.e., a "straight" bill of lading or consignment), rather than "to order" or "to order of (named entity)", it is not to contain the expressions "to order" or "to order of" preceding the named entity, or the expression "or order" following the named entity, whether typed or pre-printed.

当信用证要求提单表明以具名实体为收货人，例如，"收货人：(具名实体)[consigned to (named entity)]"（即，"记名"提单），而非"收货人：凭指示(to order)"或"收货人：凭(具名实体)指示[to order of (named entity)]"时，提交的提单不应在该具名实体前含有"凭指示(to order)"或"凭×××指示(to order of)"字样，也不应在其后注明"或凭指示(or order)"字样，无论该字样是打印还是预先印就。

【修订】

本段规定，措辞略有变化，增加了人名之后加"或凭指示"字样，含义没变。

【解读】

信用证要求记名提单，则不得提交指示提单。为什么呢？二者的可转让性完全不同，二者的货权性也可能不同，不能互相代替。

如前所述，指示提单的标志是"凭指示(to order)"字样。具体包括以下几种：

——该字样可出现在具名人前,也可以在具名人后。前者,如:to order of shipper。后者,如:to shipper or its order;还如:to shipper and its order 等均可。

——该字样可以是打印上的,也可以是预先印就的。前者,如收货人栏位中显示:to order of shipper。后者,如收货人栏位名称显示:consigned to order of;还如收货人栏位名称显示:consignee or order 等。

第 E13 段

指示抬头及背书

实务中,信用证要求指示提单,如何满足?指示提单如何背书呢?

Para E13:
a. When a bill of lading is issued "to order" or "to order of the shipper", it is to be endorsed by the shipper. An endorsement may be made by a named entity other than the shipper, provided the endorsement is made for [or on behalf of] the shipper.

当提单收货人做成"凭指示(to order)"或"凭托运人指示(to order of the shipper)"时,该提单应由托运人背书。该背书也可以由托运人之外的具名实体作出,只要其表明是为托运人或代表托运人行事。

b. When a credit requires a bill of lading to evidence that goods are consigned "to order of (named entity)", it is not to indicate that goods are straight consigned to that named entity.

当信用证要求提单表明收货人为"凭(具名实体)指示[to order of (named entity)]"时,其不应显示收货人为该具名实体。

【解读】

信用证要求指示提单,则不得提交记名提单。为什么呢?如前所述,二者的可转让性完全不同,二者的货权性也可能不同,不能互相代替。

实务中常问的是,指示提单在交单时需要背书吗?又如何背书?

第一,托运人指示提单必须背书。开证行或申请人指示提单,默认无需背书。前者只有经过托运人背书,提单才得以转让。后者,只要开证行和申请人接受单据,自然可以获得提单。

如前所述,当提单做成"凭指示"或"凭托运人指示",实际上均属托运人指示提单,因为提单收货人栏位是左上角第二个栏位,而紧邻的左上角的第一个栏位便是托运人栏位,提单的上下文默认如此解读。通常情况下,提单托运人是受益人,如果不是受益人,则往往为接受受益人委托的一个人。受益人或该第三人,作为托运人,也是提单的指示方,便是提单的正当持单人,它控制着货权,如果在交单时不加以背书,货权在提单的转递过程中就无法正常转让给申请人,所以必须以背书来表明货权的转让。与此相似,如果提单做成了"To order of consignor",或者提单只有 consignor 栏位且做成了"凭指示",理应可以参照掌握。比如:

[案例 223]　R470：提单托运人背书时，没有显示托运人名称或身份。可以吗？

案中，提单做成了"To order of shipper"，但左上角显示的是 consignor 栏位，其他地方再无显示 shipper 名称和身份。可以吗？

分析及结论：

背书的连续性与签署的连续性相似。此时关键在于确认，该 shipper 就是 consignor 吗？其实未必。

所以，不可接受。

引申：

相应地，提单正面仍应显示具名 shipper，然后再背书。而背书时，也须显示 shipper 的名称或身份并加签字，以示连续性。

请注意，提单背书，必须包括所有提交数量的正本提单。比如：

[案例 224]　R470：只背书 2/3 正本提单，可以吗？

案中，全套提单提交到开证行，只有 2/3 正本经过了背书。

可以吗？

分析及结论：

国际商会说："如果只有 2/3 提单背书，即使所有的正本单据都由开证行持有，也可视为不符点。(Should only 2/3 bills of lading be endorsed, then this would be considered discrepant even if all of the originals were held by the issuing bank.)"

点评：

究其原因，或许是提单实务中如果持单人不在卸货港提货，承运人常常要求提交全套正本提单。当然，或许还有别的风险。

换言之，正常理应在卸货港提货，但不在卸货港提货也常见，而为了确保收货人在卸货港以外的地点提货的权利，此时三份正本提单都必须经过完整背书。

但是，如果提单抬头的指示方作成了受益人以外的一方时，需要背书吗？我们知道，如果提单抬头指示方作成开证行或申请人，无需背书。但如果作成受益人、开证行和申请人以外的第三方呢？国际商会没有发表过针对性的意见。我们认为，须视信用证规定而定。换言之，如果信用证没有要求，则无需背书；如果信用证明确要求背书，则必须由作为第三方的提单抬头指示方加以背书。

第二，托运人指示提单的背书，可以由托运人作出，也可以由其代理人作出。

托运人指示提单背书可以由代理人为之。代理人代为背书时，只须显示其代理关系为 made for or on behalf of the shipper 即可，而无须进一步显示为 as agent 等。这一点很有用，受益人在交单时漏背书的情况下，单已到开证行，完全可以通过寄单银行发电委托开证行加以背书。

有时，托运人与其代理人的代理关系会显示在托运人栏中。比如：

[案例 225]　R491：托运人为"A 公司代表 B 公司"，需由谁背书？

案中，提单的抬头为 to order，托运人为"A 公司代表 B 公司"，A 与 B 谁应背书及如何背书呢？

分析及结论：

国际商会说："提单的背书可由 A 公司（作为 B 的代理）或由 B 完成。An endorsement of a bill of lading issued in the circumstances may be made/completed by A (as agent for Company B)or by B."

点评：

简言之，此类提单可以由 B 直接背书，也可以由 A 代理背书同时显示代理关系和指向。

当然，根据第 E13 段 a 款的规定，如果是有权代理人 C 也是可以代理背书的。

有时，托运人背书可由其分支机构作出，根据总则部分第 36 段 b 款的规定，即视为该托运人背书，无须显示代理关系。比如：

[案例 226]　2/3 提单与 1/3 提单的背书由不同的银行分支机构背书。可以吗？

案中，信用证要求：提单抬头作成 To the order of negotiating bank.

提交的提单作成抬头：To the order of the UBL AMEEN, Indus Hotel Branch, Hyderabad Pakistan.

其中，2/3 提单由 the UBL AMEEN, ISLAND BANKING center, KARACHI 背书；1/3 提单由 the UBL AMEEN, A Sub-branch 背书。

可以接受吗？

分析及结论：

案中的 the UBL AMEEN, ISLAND BANKING center, KARACHI，与 the UBL AMEEN, A Sub-branch 属于同一家银行的不同分支机构。前者是作业中心，后者是支行。

所以，可以接受。

点评：

为什么呢？分支机构与托运人本就是同一法人，在法律责任的承担上为同一人。

可参见总则部分第 A36 段 b 款——"当单据显示为出具人的分支机构签署时，该签字视同出具人作出。"和本部分第 E5 段 b 款——"当提单由承运人的分支机构签署时，该签字视同承运人作出。"

本款规定有一个例外。如提单托运人既不是受益人，也不是接受受益人委托的一个人，而是申请人在信用证安排中指名的一个人，比如为开证行或申请人本身，或为申请人指名的一个第三方。一般来说，这些情况下，受益人交单时，无须背书，因为受益人在交单之时也就意味着它让渡了货权。比如：

[案例 227]　R593/TA554：提单托运人为申请人，需要背书吗？

案中，信用证要求可转让租船提单作成空白抬头，但未要求空白背书，托运人为申请人。提交的提单需要背书吗？

分析及结论：

国际商会说：正常情况下，托运人应该将提单空白背书或背书给一指定人，以便货权能在卸货港得以确定。然而，本案中托运人系信用证中的具名申请人，信用证条款也未有提单空白背书或背书给凭具名人指示的要求,就本具体案例的事实而言,不得因提单没有经申请人背书而提出不符点。一旦开证行接受提单并释放给申请人,申请人便可据以背书。(On the basis of the facts for this particular case, there would be no grounds for a discrepancy being raised due to the bill of lading not being endorsed by the applicant. The applicant can clearly achieve this act once the issuing bank has taken up the documents and delivered them to the applicant.)

点评:

话说回来,如果信用证直接规定"B/L made out to order of applicant and blank endorsed",又需要背书吗?我们认为,与上同理,理应也不需要。因为只要是信用证下交单,只要申请人赎单,申请人随时可以背书,而如果申请人没有赎单也就无须背书。

这又是一个"实质重于形式"的例子。

引申:

比如:提单 CONSIGNEE 作成了:TO THE ORDER OF TENACTA GROUP SPA。但是,受益人作为第三人进行了背书。开证行拒付说:B/L SHOWING ENDORSEMENT NOT REQUESTED。成立吗?受益人不是指示方——TENACTA GROUP SPA,所以,背书无效。换言之,受益人有没有背书,都不会影响当事各方在提单下的权利。我们认为,开证行所提不符点不成立。

实务中,业内普遍担心的是,上述情况如果遇到拒付退单怎么办呢?开证行或申请人需要背书吗?

[案例 228]　R744/TA744 rev:开证行指示抬头提单,拒付退单下如何算"原样"退回?

案中,提单作成开证行指示抬头。开证行发现议付行提交的单据存在不符点,仍将提单背书给申请人并交给申请人提货,事后拒付。议付行随后在交单期内重新提交了修改后的单据,但开证行并不付款,并表示将退回单据。但议付行并未收到退回单据。

分析及结论:

国际商会在结论中说:"开证行在未承兑或付款之前,就将一份正本提单背书给申请人提货,已经违背了 UCP600 第 16 条(c)款第(ⅲ)项规定行事。""开证行并未如其在通知中所说退回单据,也属未按照第 16 条(c)款第(ⅲ)项规定行事,根据第 16 条(f)款,开证行无权宣称单据不符。开证行应当履行其兑付承诺。"

国际商会分析道:尽管如此,"即使开证行在退还单据时已将提单空白背书或背书给托运人,只要未将提单交付申请人提货,仍将被视为单据以'原样'退回。"

点评:

在未获承兑或付款之前,信用证项下的单据所有权属于交单人,开证行有义务妥善代为保管。此案中,开证行在未付款/拒付之前就已放单,事实上申请人已凭提单提货,正本提单最少已被船公司收回一份,开证行已无原样退回全套单据的可能。至于交易是否涉嫌欺诈或开证行是否有必要获得法院的止付令取决于适用的法律,不在 UCP 管辖的范畴之内。但无论如何,法律,包括止付令的效力,优于 UCP。

印证:

国际商会在 R214 中说,开证行退单应"原样"退回。那么怎样算"原样"退回呢?按

R744/TA744 rev 案中的说法,显然,开证行的空白背书或背书给托运人,并不影响交单人提货,所以可以认为在形式上单据没有改变。

但是需要注意是,如果开证行将提单直接背书给申请人,即使全套正本提单已退还交单人,国际商会在 R331 中认为,这也不算单据以"原样"退回。这也许是因为提单如果已经被开证行直接背书给申请人,原则上提货时必须由申请人再予以背书。这导致发货人无法简单地通过自己的背书就可以提货,而必须通过持有全套提单行使停运权,或者删除开证行留下的背书,可以认为提单形式上已经改变,从而不算"原样"退回。

实务中,信用证大多会对提单的收货人作出要求,但偶尔也会见到只要求背书,而没有规定谁是收货人。当然,也可以说,这是对提单收货人的变形要求。如何满足呢?国际商会在 R578/TA567 rev 的分析及结论中说:背书满足了即可,收货人是谁都可以。(The credit requested that bills of lading be issued to the order of the issuing bank or endorsed to its order. The fact that the bill of lading may show, on its face, a different order party is not considered a different consignee if the bill of lading is duly endorsed by that party to the issuing bank. On this basis, there is no discrepancy.)比如:

[案例 229]　Case 241:信用证要求提单 endorsed in favour of issuing bank,指的是什么?

国际商会回答:这要求的是托运人指示提单,并加开证行指示背书。(It requires the presentation of bills of lading issued to the order of the shipper and endorsed by the shipper to the order of the issuing bank. The expression "in favour of" should be taken to be synonymous with "to the order of".)

点评:

通常意义上,信用证要求提单 endorsed in favour of issuing bank,理应等同于 endorsed to issuing bank,理解为:"提单须经开证行记名背书。"

显然,国际商会的看法与此不同,请特别注意。

第 E14 段

被通知人

实务中,为了方便货到目的港通知收货人提货,提单(特别是指示提单)往往还需要显示到货被通知人(notify party)。那么,如何满足呢?被通知人可以是收货人本人,也可以是收货人的联系人或代理人。

Para E14:
a. When a credit stipulates the details of one or more notify parties, a bill of lading may also indicate the details of one or more additional notify parties.

当信用证规定一个或多个被通知人的细节时,提单也可以显示额外的一个或多个被通知人的细节。

> b. ⅰ. When a credit does not stipulate the details of a notify party, a bill of lading may indicate the details of any notify party and in any manner (except as stated in paragraph E14 (b)(ⅱ)). 当信用证未规定被通知人的细节时,提单可以任何方式(第 E14 段 b 款 ⅱ 项表明的情形除外)显示任何被通知人的细节。
>
> ⅱ. When a credit does not stipulate the details of a notify party, but the details of the applicant appear as notify party on a bill of lading, and these details include the applicant's address and contact details, they are not to conflict with those stated in the credit.
> 当信用证未规定被通知人的细节,而申请人信息包括其地址和联络细节显示为提单上的被通知人时,这些内容不应与信用证规定的相关内容相矛盾。

【修订】

本段规定:

——a 款为新增;

——b 款第 ⅰ 项没有变化,第 ⅱ 项为新增,与本部分第 E15 段和 E16 段一致。

【解读】

第一,当信用证规定了被通知人的细节时,则提单也可以显示其他被通知人的细节。这是 a 款的规定。

比如:信用证规定被通知人为开证行,此时,提单必须显示被通知人为开证行,还可以另外显示第二被通知人为申请人等。

当然,如果信用证规定了具名的被通知人,则必须满足。比如:

[案例 230] R243:提单通知人中名称开头多了"THE"字样,可以吗?

案中,信用证要求提单被通知人为:The Country ×× National Foreign Trade Transportation Corporation。

提交的提单注明的被通知人为:Country XX National Foreign Trade Transportation Corporation。

因为漏掉冠词"The",开证行拒付。

分析及结论:

国际商会说:"漏掉'The'字是否视为不符点要视案例的具体情况而定。本案中信用证与提单所表示的被通知人没有区别。两个名称代表的是同一个实体。银行以漏掉'The'字这一事实拒受单据,不合理,也不正确,不存在不符点。(Whether the omission of the word "The" is to be considered as a discrepancy depends on the circumstances of the individual case. In the presnet situation, there is no difference in the name of the notified party between that given in the letter of credit and the bill of lading. Both names represent the same entity. Rejection by the bank based on the fact that the word "The" was missing is not justifiable and is incorrect. There is no discrepancy.)"

点评：

显然，国际商会是按不影响上下文含义的打字错误来认定。无论如何，其已经满足了信用证对具名通知人的要求。

第二，当信用证未规定被通知人的细节时，则提单可以以任何方式显示任何被通知人，除非涉及申请人。这是 b 款第 i 项的规定。

换言之，提交的提单可以显示被通知人，也可以不显示被通知人，可以显示被通知人为申请人或开证行，也可以显示被通知人为申请人或开证行以外的任何一方。当提单显示被通知人为申请人以外的一方，如开证行时，其地址和联系细节，不必与信用证规定的一样，也不存在是否矛盾的判断。比如：

［案例 231］ R277：信用证未要求提单被通知人，提单上的被通知人如何显示？

案中，信用证显示申请人：Imlportadora Electronica S. A.，同时规定：Full set of clean on board ocean bills of lading consigned to Transitarios Panama，并未要求被通知人。提交的提单显示被通知人：Imlportadora Electronicos S. A.

显然，其中的被通知人的第二个单词"Electronicos"与信用证申请人"Electronica"的第二个单词不太一样。可以接受吗？

分析及结论：

国际商会在结论中说：这不是不符点。（The notify party, not having been defined within the letter of credit terms, would be accepted as presented.）

点评：

根本的原因是什么？因为信用证并没有规定提单的被通知人，那么，提交的提单就可以以任何方式显示被通知人，尽管显示的被通知人与信用证的申请人好像不一样。

第三，当信用证未规定被通知人的细节时，则提单显示申请人细节，其地址和联络细节不得与信用证规定的矛盾。这是 b 款第 ii 项的规定。

本段 b 款第 ii 项的规定，并没有明确，提单显示的申请人必须与信用证的什么规定不矛盾。我们认为，应该是指信用证第 50 场的规定。详细解读参见第 E16 段。

其实，即便信用证规定了被通知人为申请人，且规定了作为被通知人的申请人的细节，仍不得矛盾。比如：

［案例 232］ R732/TA696：提单被通知人地址中多了 newtown，可以吗？

案中，信用证 50 场规定的申请人地址："[No.]TRAGARETE ROAD, PORT OF SPAIN, TRINIDAD, W. I."

信用证 46 场要求提单："NOTIFY:[applicant name][No.]TRAGARETE ROAD, PORT OF SPAIN, TRINIDAD, W. I."

提交的提单显示被通知人：

品读 ISBP745

```
［applicant name］
［No.］TRAGARETE ROAD,
NEWTOWN,
PORT OF SPAIN, TRINIDAD, W. I.
```

开证行拒付,不符点为:"B/L NOTIFY PARTY ADDRESS NOT EXACTLY AS PER L/C-INCLUDES 'NEWTOWN'."

分析及结论:

国际商会说:没有不符点。"提单上显示的被通知人地址的确与信用证规定不完全相同,但没有矛盾,所以,可以接受。(From the address shown in the query, there can be no doubt that the address, whilst not exactly that which is stated in the credit, is the same. The addition of the place "Newtown" does not create a different address, merely an expansion of the address that is stated in the credit. Additionally, there would be no conflict under sub-article 14 (d).)"

点评:

实务中,可能有人问,此地会不会既有 NEWTOWN 也有 OLDTOWN 呢?会不会申请人的真实地址是在 OLDTOWN 呢?

案中,国际商会的意见显然是银行不用管这些。如此,对银行来说也算是一种超脱。

第 E15 段

申请人与开证行名称

实务中,信用证要求申请人或开证行记名或指示提单,或者要求其作为被通知人,如何满足?

Para E15:

When a credit requires a bill of lading to evidence goods consigned to or to order of "issuing bank" or "applicant" or notify "applicant" or "issuing bank", a bill of lading is to indicate the name of the issuing bank or applicant, as applicable, but need not indicate their respective addresses or any contact details that may be stated in the credit.

当信用证要求提单表明收货人为"开证行"或"申请人",或凭"开证行"或"申请人",或被通知人为"申请人"或"开证行"时,该提单应相应地显示开证行或申请人的名称,但无需显示信用证可能规定的其地址或任何联络细节。

【修订】

本段规定为新增。

【解读】

第一，信用证如此要求，只涉及申请人或开证行名称，从而必须显示申请人或开证行名称。

比如：信用证规定申请人名称：ABC co.,ltd. 并规定提单 consigned to the Applicant。如果提交的提单照抄一遍：consigned to the Applicant，而无申请人名称则不可接受。提交的提单显示：consigned to ABC co.,ltd. 方可接受。

第二，信用证如此要求，与可能规定的地址或联络细节无关，所以，无须显示相关地址或联络细节。

比如：信用证规定申请人名称：ABC co.,ltd. road No.1 ×××street ABC. 并规定提单 consigned to the Applicant。如果提交的提单显示：consigned to ABC co.,ltd. 可以接受，无须显示相关地址。而如信用证规定申请人名称的同时，还规定提单 consigned to the Applicant，及地址：road No.1 ××× street ABC，那么，提交的提单必须显示：consigned to ABC co.,ltd. 并显示相关地址。

第 E16 段

申请人地址及联络细节

提单上的申请人的地址及联络细节无须显示，除非信用证明确要求。但是，如果显示了呢？

Para E16：
When the address and contact details of the applicant appear as part of the consignee or notify party details, they are not to conflict with those stated in the credit.
当申请人地址和联络细节显示为收货人或被通知人细节的一部分时，其不应与信用证规定的相关内容相矛盾。

【修订】

本段规定是对 UCP600 第 14 条 j 款规定的补充——"然而，当申请人的地址和联络细节为第 19 条、20 条、21 条、22 条、23 条、24 条或 25 条规定的运输单据上的收货人或通知方细节的一部分时，应与信用证规定的相同。"

【解读】

地址最本质的特征就是用于联络。提单上的收货人或通知方，就是为了承运人到目的港或目的地交货联系货主提货而设计的，而在信用证实务中，提单的收货人或被通知人往往就是申请人。

根据 UCP600 第 14 条 j 款的规定，提单上申请人的地址必须与信用证规定的相同。显然，不可以缺少细节。但是，可以显示更多的细节，只要不矛盾。本段的规定，就是对此的强调。这里以空运单为例。比如：

[案例 233]　R733/TA702 rev：公司部门、分公司及公司总部为同一家，且地址相同吗？

案中，信用证要求空运单，但并未规定收货人和被通知人细节。信用证 50 场显示申请人名称及总部地址：

Applicant： Company X Head office （address） Praha，Czech Republic

提交的空运单显示分公司作为收货人，物流部门作为被通知人。如下：

Consignee： Company X， Brno branch， （address）， Brno，Czech Republic	Notify： Company X， logistics department， （address different from applicant's stated in field 50 of the credit）， Praha，Czech Republic

结果，开证行拒付：Air Waybill：Address of applicant as consignee and notify party not the same as the applicant's address stated in the credit（breach of sub-article 14（j）of UCP 600）.

分析及结论：

国际商会在结论中认为，不符点成立。

国际商会在分析中说："In circumstances where the credit is silent as to the consignee and any required notify party, the content of sub-article 14 (j) would prevail when the consignee and notify party are stated to be the applicant. In this event, the address and any contact details must be those that are stated in the credit."

点评：

国际商会继续说："UCP600 第 14 条 j 款如此规定，其用意在于防止出现一个与信用证规定的申请人所处的不同地点。（To say, as referred to in sub-article 14 (j), that the address should be that which is stated in the credit does not imply that it be exactly the same, merely that it not give a different location.）"

显然，一个公司的总部、分公司和部门，均视为公司的地址或联络细节。

至于这里所说的信用证规定，具体是哪一部分没有明说。按正常，申请人地址都会显示在信用证 50 场，如果显示不下，可能会显示在 47A 或 72 场，此时提交的提单上显示的申请人地址均应与信用证保持一致。当然，如果信用证在 46A 中直接规定提单的收货人或被通知人为申请人并带有具体地址及联络细节，提交的运输单据则优先满足。

话说回来,只要是用于联络,这里的原则,理应还可扩展到寄送副本单据或装船通知的快邮收据上的申请人地址,还可以扩展到传真装船细节的申请人传真号码等。但请注意,其他单据则不适用。比如:

[案例234] R444:受益人证明上显示的未要求的传真号错误,可以拒付吗?

案中信用证要求:

——Beneficiary's certified copy of fax advising applicant within two days after shipment indicating L/C No., contract No., goods name, invoice value, quantity, vessel named, packages, loading port, shipping date and etc.;

——Beneficiary's certificate attesting that two sets of non-negotiable documents have been couriered to the applicant within two days after shipment.

结果,提交的 beneficiary certificate 显示了信用证未要求的 Fax No. 错误。

分析及结论:

国际商会说:这不是不符点。Additional information, it would seem, was added to the document which included an incorrect fax number. Whilst (UCP500) Article 21 makes reference to documents being accepted as presented provided that their data content is not inconsistent with any other stipulated document, this would not extend to the addition of an incorrect fax number. The addition of the fax number was not required by the L/C and its inclusion, whether correct or incorrect, neither added to or detracted from the statement made within the body of the document, as was required by the credit.

点评:

如果提交的 Beneficiary's certified copy of fax 显示了信用证未要求的 Fax No. 错误,还不是不符点吗?我们认为,这应该是不符点。Beneficiary's certified copy of fax 上的 fax No. 具有联络的效果,而 beneficiary certificate 上的 Fax No. 无此效果。

需要提请注意的是,本段规定仅限于申请人的地址,并不约束开证行的地址,即便提单显示其作为收货人或被通知人细节的一部分。换言之,如果开证行作为提单收货人或被通知人出现时,可以出现与信用证规定不同的地址,只要信用证对作为收货人或被通知人的开证行地址在46A场中没有作出直接要求即可。

转运、部分装运及多套提单

Transshipment, partial shipment and determining the presentation period when multiple sets of bills of lading are presented

【导读】

货物的转运和部分装运均与运输有关,相应地,必定会反映在运输单据上。

本节规定了提单下转运、部分装运及多套提单一并提交的审核标准。

第E17段

转运

提单下,什么是转运呢?又如何判断转运呢?

Para E17:
Transshipment is the unloading and reloading of goods from one vessel to another during the carriage of those goods from the port of loading to the port of discharge stated in the credit. When a bill of lading does not indicate unloading and reloading between these two ports, it is not transshipment in the context of the credit and UCP600 sub-articles 20(b) and (c).

转运是指从信用证规定的装货港到卸货港之间的运输过程中,把货物从一艘船卸下并再装上另一艘船。当提单未显示在规定的两个港口之间卸货并重装时,则不属于信用证和UCP600第20条b款和c款下的转运。

【解读】

提单下的转运与多式运输单据下的转运基本相似,指货物在不同运输工具上的接驳转换装运,得名"转运",而由于提单对应于单一海运或可能的单一的内陆水陆运输只涉及不同船舶,所以,还常常称之为"转船"。

实务中如何判断"转船"呢?比如:信用证规定 port of loading:Tianjin Xingang,port of discharge:Hamburg。那么,提交的提单可以以下显示转船港的方式表明其在 Hong Kong 转船,包括:

——port of transshipment:Hong Kong;

——with transshipment at Hong Kong 或者 W/T Hong Kong;

——port of loading:Tianjin Xingang in transit to Hong Kong,port of discharge:Hamburg。

实务中,这些"转船"标志,可能出现在运输起点和终点栏位中,也可能出现在货物描述中,也可能出现在唛头中,也可能出现在批注中。出现以上任何一种情况,均构成转运。

请注意,提单显示的"via"一词,可能是"转船"标志,也可能是"经停"标志。比如:

[案例235] R220:提单上显示"via",是否意味着转船?

案中,信用证要求港至港提单。

提交的提单上显示:Bangkok as the port of loading with addition of the words "via Singapore" to indicate that there will be a transshipment in Singapore, Rotterdam as the port of discharge, "vessel Y" as the ocean vessel, and which bears a dated on board notation stating "loaded on board vessel X at Bangkok".

分析及结论:

国际商会在分析中又说:"将'via'一字与特定港口联用以表示将在所述地点转船,看来已是习惯做法。It appears that it is quite customary to use the word 'via' in conjunction with a specified port to indicate that transshipment will take place at the stated location."

点评：

提单上显示的"via"一词与港口相连，可能是转船，即意味着提单显示的货物转运；也可能表示船舶"经停"或"挂靠"一个特定的港口，以卸载货物或装载货物。如果船舶确实仅仅挂靠装卸其他货物，则不是转运提单显示的货物。

换言之，"via"最多只是表明了"转船"的可能，但并不意味着必定转船。如果要判断，"via"对应的港口是否实际发生转船，可查看提单是否同时显示二程船名来确定。

我们认为，在这个意义上，提单上港口所带的"via"标志，不足以确定转船。

引申：

这一点与空运相似。如果是空运转机，使用"transfer"，而空运经停才使用"via"。

值得一提的是，转运时提单不需要注明二程船名，也无须注明转船港口和日期。比如：

[案例236] R767/TA614：提单上显示转船，需要显示二程船名吗？

案中，信用证规定：Loading port: Iceland port; For transport to Manila port; Transshipment allowed.

提交的提单显示：

Port of loading: Reyjavik（冰岛港口）

Ocean vessel: Vessel H

Port of discharge: Rotterdam

Place of delivery: Manila port

同时显示 On board notation: "shipped on board Vessel H 01.06.2006 for shipment to Manila port, port of discharge"。

保兑行拒付：B/L not show vessel name for shipment from Rotterdam to Manila port.

分析及结论：

国际商会说："There is no requirement for the bill of lading to indicate the name of the vessel onto which the goods will be transshipped at Rotterdam. The bill of lading is acceptable."

点评：

转船无须显示二程船名，这一点与装船批注不同。

转运的可接受性

转运有风险。

转运，常常是由承运组织形式、运输条件、气候或地理原因引起。以海运为例[①]，"由于受到运输条件的限制，比如有无直达目的港的航线、航班或目的港是否在班轮航线上或货物是否属于联运货物等，卖方往往希望买卖合同规定'允许转船（Transshipment to be allowed）'，以

---

① 引自张建华，《论转船运输及有关规定》，《中国海商法年刊》，1998

品读 ISBP745

方便安排运输。但由于货物在中途港被转船,极有可能产生货损货差、延长运输时间以及增加转船、装船附加费用等损失,按国际商会《1990年国际贸易术语解释通则》(Incoterms 1990) 对 FOB,CFR 及 CIF 这三种常见的装运港交货术语的解释,货物自装运港越过船舷时起,一切责任、费用及风险均应由买方承担,所以,买方往往不希望转船运输,并尽可能在买卖合同中作出'禁止转船(Transshipment not to be allowed)'的规定。"

简而言之,转运会延误运输时间,增加运输费用,产生额外的运输风险。

那么,提单表明转运可以接受吗?

UCP600 第 20 条 c 款:

ⅰ. A bill of lading may indicate that the goods will or may be transshipped provided that the entire carriage is covered by one and the same bill of lading. 提单可以表明货物将要或可能被转运,只要全程运输由同一提单涵盖。

ⅱ. A bill of lading indicating that transshipment will or may take place is acceptable, even if the credit prohibits transshipment, if the goods have been shipped in a container, trailer or LASH barge as evidenced by the bill of lading. 即使信用证禁止转运,注明将要或可能发生转运的提单仍可接受,只要其表明货物由集装箱、拖船或子船运输。

UCP600 第 20 条 d 款:

Clauses in a bill of lading stating that the carrier reserves the right to transship will be disregarded. 提单中声明承运人保留转运权利的条款将被不予理会。

这里的规定表明:

第一,如果信用证没有禁止转运,默认可以接受提单表明转运。

一般情况下,船只欲在港口装货或卸货,驶进该港即可从事装卸作业。然而,多数情况下,或者港口窄浅,或者货源不足,船舶没有直达航线,大型船舶不一定或没有或无法停靠港口,此时便不得不转船。所以,默认可以接受提单表明转运,只要信用证没有禁止。

提单会如何表明转运呢?包括以下两种:

——转运可能发生(may be transshipped)。这比较好理解。

——转运将要发生(will be transshipped)。这个说法常常引起误会,认为转运将要发生不等于转运必定发生。换言之,如果提单明确注明转运,则仍不可接受。的确,将来的事总是具有不确定性,自然谈不上必定发生。其实不然。

转运可能或将要发生,只是相对于多式运输单据出具之时来说,因为转运是未来之事,尚未成为事实。对于提单明确注明,仍只是意味着转运将要发生,而不是转运已经实际发生。所以,注明转运的提单,仍可接受。

第二,如果信用证禁止转运,默认不可以接受提单表明转运,而提单表明货物由集装箱、拖船或母子船运输。

但是,并不是信用证禁止转运,所有显示转运的提单均不可接受。以下情况便是例外:

——拖船运输(trailer):

拖船运输包含载重船(trailer)和动力船(towboat)。其中,载重船是用来载重货物的大型船只,本身没有动力;动力船用于拖带载重船,船身较小,而功率较大,自身并不载运货物。

——子船运输（LASH）：

LASH，是 lighter aboard ship 的缩写。其中，子船（barge），船底与四壁紧密接合，既可防水，又可漂浮于水面，相当于一个漂浮式集装箱。装卸货物时打开顶盖，运送途中则为紧闭状态。它既可以装载于母船（ship）（也称 mother vessel）之上，又可以自行漂浮在海面上。通常，一只母船可装载十几只至数百只不等的子船。

子船运输常用于在船舶与船舶、船舶与港口之间接驳货物。

——集装箱运输（container）：

更大量的货物，往往装运于集装箱内。航行于主要港口间的现代化集装箱巨型货轮，装载量有时多达 5 000 只 20′的标准集装箱。据了解，MAERSK 拥有一艘装载 10 000 个 TUE 的货轮"EMMA"，目前是全球最大的集装箱运输船。在该船舶不靠港时，船公司就要使用支线船（feeder），接驳于干线船与港口，或大港口与小港口之间。

在运输上，不管是拖船运输、子船运输，还是集装箱运输，均属于标准化的单元运输，具有安全、快速、占用码头面积小、甚至不必停靠码头也能装卸的特点。标准化的单元运输与专业快捷的接驳和先进高效的装卸，将很大程度上缓解不得不转运可能带来的时间延误、额外费用和货物损失。

第三，提单上声明的承运人保留转运权利的条款，并不等同于转运，将被不予理会。

提单承运人承担适货、适航、管货责任的同时，还享有一系列免责权利。如当海上航行中遇有遇险的人、物，其他船只发生故障，海啸、冰冻等不可抗力，战争行为、公敌行为等，承运人有救助或合理绕航的权利。如有需要，承运人还可以将货物用其他船只运输，即将货物转运，或卸货陆地暂时保存，或用其他运输方式将货物运达目的地。

为了明示免责权利，提醒托运人和收货人，航运界的惯常做法是在提单和运输合同中声明，承运人保留转运权利并因此免责。UCP600 规定默认接受此类条款，而不作为转运标志——转运将要发生或可能发生的标志。其实，由于承运人的此类条款往往印在背面，作为承运条款的一部分，而不被银行理会，如此便互相呼应。

第 E18 段

部分装运

归根结底，装运总是与运输有关。相应地，部分装运也总是与运输有关。

什么是提单下的部分装运呢？

Para E18：

Shipment on more than one vessel is a partial shipment, even if each vessel leaves on the same day for the same destination.

以一艘以上的船只进行的运输系部分装运，即便这些船只在同一天出发并前往同一目的地。

【修订】

本段规定明确了什么是部分装运,措辞略有改变,含义没有变化。

本段规定与 UCP600 第 31 条 b 款的规定一致,并与本节第 E19 段相呼应。

【解读】

信用证规定的货物利用多条船并行运输,意味着不同的船只装运一部分货物,即"部分装运",并因此得名,简称"分运"或"分装"。

部分装运下,受益人掌握着货物装运数量及次数的主动权,具体装运时,可视货源的紧缺或充裕、行情的波动、订舱的情况、买方付款动态而定,甚至于受益人可以仅仅装运部分货物,而不继续装运剩余货物。但是,对于申请人而言,需要多次提货、多次报关,不便于其安排生产或销售,显然,这意味着额外的费用,甚至承担着不继续发货的风险。

实务中,还会存在船队运输,系"同一天出发,驶往同一个目的地",虽然不同于惯常意义上的分别使用不同船只并行运输,但在目前的 UCP 框架和本规则之内仍属于部分装运。

车队运输或滚动运输等与此情况相似。

实务中,提单下的"部分装运",可能是一个批次部分装运,也可能是多批次部分装运。一个批次通常对应于一个提单。相应地,如为一个提单通常即为一个批次装运,如为多个提单即为多个批次装运。

但有例外。比如:汇票部分第 B2 段 e 款规定的同一提单多批注的两种情况:第一种情况——同一货物转船运输,属同一个批次装运;第二种情况——同一货物多港装船,属于多个批次装运。还比如:第 E19 段规定多套提单下,a 款的情况属于同一个批次装运,而 c 款的情况便属于多个批次装运。

第 E19 段

多套提单与部分装运

多套提单下,是否必然意味着部分装运呢?

Para E19:

a. When a credit prohibits partial shipment, and more than one set of original bills of lading are presented covering shipment from one or more ports of loading (as specifically allowed, or within a geographical area or range of ports stated in the credit), each set is to indicate that it covers the shipment of goods on the same vessel and same journey and that the goods are destined for the same port of discharge.

当信用证禁止部分装运,且提交一套以上的正本提单,涵盖货物从一个或多个装货港(信用证明确允许或规定的地理区域或港口范围内)装运时,每套提单都应显示其涵盖的货物运输系由同一艘船经同一航程前往同一卸货港。

b. When a credit prohibits partial shipment, and more than one set of original bills of lading are presented in accordance with paragraph E19(a) and incorporate different dates of shipment, the latest of these dates is to be used for the calculation of any presentation period and must fall on or before the latest shipment date stated in the credit.

当信用证禁止部分装运,且按照第 E19 段 a 款提交一套以上的正本提单含有不同的装运日期时,应以其中最迟的日期计算交单期限,且该日期必须在信用证规定的最迟装运日期之前或当日。

c. When partial shipment is allowed, and more than one set of original bills of lading are presented as part of a single presentation made under one covering schedule or letter and incorporate different dates of shipment, on different vessels or the same vessel for a different journey, the earliest of these dates is to be used for the calculation of any presentation period, and each of these dates must fall on or before the latest shipment date stated in the credit.

当信用证允许部分装运,且提交一套以上的正本提单作为同一面函项下单一交单的一部分,并含有装上不同船只或同一船只不同航程所对应的不同的装运日期时,应以其中最早的日期计算交单期限,且所有这些日期必须在信用证规定的最迟装运日期之前或当日。

【修订】

本段规定包括三款:

——a 款,间接重申了多套提单下什么时候视为全部装运,含义没变;

——b 款,增加了多套提单视为全部装运情况下,如何确定交单期计算起点;

——c 款,间接重申了多套提单下什么时候视为部分装运,增加了如何确定最迟装运日,如何确定交单期计算起点。

本段规定与 UCP600 第 31 条 b 款的规定一致,并与本节第 E18 段相呼应。

【解读】

第一,多套提单下什么时候视为部分装运？什么时候视为全部装运？

简言之,对于申请人收货来说,只需一次提货一次报关,从而不会造成额外的不便,这种多套提单便与通常的一套提单已经没有太大的区别,即可视为全部装运;而反之,即视为部分装运。

与 UCP600 第 31 条 b 款的规定不同,这里并没有直接告诉我们,多套提单下什么时候视为全部装运,什么时候视为部分装运。但显然含义没有本质的变化。

多套提单可以视为全部装运,必须同时满足以下条件:

——须为同一次交单(the same presentation)。这一点在 UCP600 第 31 条 b 款中有明文的规定。同一次交单对应于同一个交单面函。换言之,如果同一时间在不同面函下分别提交了多套单据,那么,即使多套单据对应的提单表明使用了同一船只经同一航程运送货物至同一卸货港,则仍为部分装运。此时,受益人享受不到 UCP 赋予全部装运的诸多便利,比如交单期计算起点的装运日的确定等。换言之,如果受益人欲使之成为全部装运,则完全可以合并在一个面函下交单。这一点,本段 a 款没有明说,而 c 款的规定——"同一面函下单一交单"可以作为印证。

——须表明使用同一船只(the same vessel)。换言之,如果使用不同船只,则视为部分装运,因为不同船只下的多套提单必然意味着分批收货。

——须表明经同一航程(the same journey)。换言之,如果使用相同船只,但航程不同,仍视为部分装运。

那么,何谓同一航程呢？这既指时间也指路线。比如:信用证要求提单的装货港为中国主要港口。受益人货源分散在两个地方,一部分先在北京收货,由天津新港装船,承运人签发一套提单;船到青岛港后,将另一部分在济南接收的货物装船后承运人签发了另一套提单,最终驶往同一目的港汉堡。显然,天津新港、青岛港直至汉堡港都在同一条运输路线上。当然,同一条船可能会在同一运输路线上多次航行。所以,本款所指的同一航程,准确地说,指同一次航行的运输路线。

——须表明到达同一卸货港(the same port of discharge)。换言之,如果是不同的卸货港,申请人不可能一次性提货,也不可能一次性报关,从而也就顺理成章地视为部分装运。

这里所要求表明的同一卸货港,须为同一实际卸货港,而不是卸货港范围。比如:R370中,信用证不允许部分装运,但规定了两个可选港口(Discharge is to be to two separate ports in the USA)。那么,提交多套提单可以显示多个卸货港吗？国际商会在分析及结论中说:UCP规定了构成全部装运的多套提单只能显示同一目的地。(If the intention is to ship to more than one destination port then the credit should be specific in this respect and therefore overrule this provision in UCP.)

当然,对于租船提单来说,表明了一个相同的目的地地理范围,则可以接受。

——值得一提的是,多套提单可能涉及多个装货港及其对应的装运日期,只要在信用证规定的地理范围和时间范围之内即可。因为货物经过多次接管、装船或装运,常常会存在多个不同的装运日期,而货物分散的情况下装运,则必然会在不同的装货港。

第二,多套提单下,如何确定交单期的计算起点和装运日？

多套提单往往分别对应于多个装运日期。这就涉及如何满足规定的最迟装运日期,如何计算以装运日期为起点的付款到期日和最迟交单日了。

根据汇票部分第B2段e款的规定,付款到期日,不区分是否视为部分装运,均以最晚的一个装运日期计算。

至于最迟装运日期和交单期的确定,本段依是否视为部分装运区分如下：

——如果多套提单视为全部装运,则均以最迟的一个装运日期确定实际装运日期和交单期。

——如果多套提单视为部分装运,则均以最早的一个装运日期确定实际装运日期和交单期。

比如:信用证规定交单期为装运日期后10天,付款到期日为装运日期后60天。同一交单项下提交了两套运输单据,第一套的装运日期为5月1日,第二套的装运日期为5月5日。那么,如视为全部装运,则以最晚的一个装运日期5月5日视为此次交单的实际装运日期,交单期也从5月5日起算,付款到期日也以5月5日起算;而如视为部分装运,则以最早的一个装运日期5月1日视为此次交单的实际装运日期,交单期也从5月1日起算,但付款到期日仍从5月5日起算。

又比如:

[案例 237] R255：多套提单下部分装运，交单期如何起算？

案中，信用证允许部分装运，并要求受益人在装运日后 21 天内提交单据。

受益人一次提交两套单据，单据显示为两批货物：其中一批货是在交单前 23 天发出，另一批货是交单前 10 天发出。

这种情况下，是否可以按照后一批的装运时间计算交单期从而不存在不符点呢？

分析及结论：

国际商会认为：在构成部分装运的多套提单下，交单期将从显示的最早的一个装运日起算。"There is no preclusion within UCP which would require the beneficiary to present complete sets of documents per individual transport document.""The credit allowed partial shipments, and therefore shipment in two different vessels was permissible. Provided that the information contained in the documents (as a whole) met the terms of the credit, there is no justification for rejection. in these circumstances, the period for presentation of documents would commence from the date of the first bill of lading."

点评：

同一个日期，对于受益人是有利的，对于申请人可能就是不利的。

同一个日期，对于受益人来说，用于确定交单期是最有利的，换之用于确定最迟装运日期和付款到期日就是最不利的。

总之，此类规定仅仅是价值权衡的结果，没有绝对的对错之分。

值得一提的是，这里的规定所涉及的不构成部分装运的多套提单或者运输单据，仅涉及 UCP600 第 19～24 条中的运输单据，即必须载明运输工具、运输行程、目的地的多套运输单据，可以推广适用。

然而，UCP600 第 25 条中的快邮收据、邮政收据或邮寄证明与此不同。诸如电子产品、配件、样品等精细轻巧货物，常以邮寄或快递运送。然而，邮寄包裹的大小及重量往往有所限制，而快递邮件则容量更小。因此，一次发货往往需要不止一个包裹或邮件，从而得到多套快邮收据、邮政收据或投邮证明。那么，多套邮递单据什么情况下不视为部分装运呢？

UCP600 第 31 条 c 款：

A presentation consisting of more than one courier receipt, post receipt or certificate of posting will not be regarded as a partial shipment if the courier receipts, post receipts or certificates of posting appear to have been stamped or signed by the same courier or postal service at the same place and date and for the same destination.

含有一份以上快递收据、邮政收据或投邮证明的交单，如果单据看似由同一快递或邮政机构在同一地点和日期加盖印戳或签字并且表明同一目的地，将不视为部分装运。

显然，无论如何，与判断是否构成部分装运的原则相同，即仍然以收货人是否分批收到货物来判断多套邮递单据是否构成了部分装运。

品读 **ISBP745**

清洁提单

Clean bills of lading

【导读】

本节规定了清洁提单的审核标准。

本节解读了提单上的"不清洁"条款,还解读了"货装舱面"条款和"内容不知"条款。

第 E20 段

"不清洁"条款

提单上显示货物缺陷信息,可以接受吗?显示包装缺陷信息,可以接受吗?

Para E20:

A bill of lading is not to include a clause or clauses that expressly declare a defective condition of the goods or their packaging.

提单不应含有明确声明货物或包装有缺陷状况的条款。

For example:

例如:

a. A clause on a bill of lading such as "packaging is not sufficient for the sea journey" or words of similar effect is an example of a clause expressly declaring a defective condition of the packaging.

提单上载有的"包装无法满足海运航程(packaging is not sufficient for the sea journey)"或类似条款,即属于明确声明包装有缺陷状况的例子。

b. A clause on a bill of lading such as "packaging may not be sufficient for the sea journey" or words of similar effect does not expressly declare a defective condition of the packaging.

提单上载有的"包装可能无法满足海运航程(packaging may not be sufficient for the sea journey)"或类似条款,并非明确声明包装有缺陷状况。

【解读】

第一,银行只接受清洁提单,不接受不清洁提单。

尽管根据 UCP600 第 34 条的规定,银行对单据有效性免责,但是银行有义务通过单据上对货物情况的描述,从表面上来确定是否为默认的正常无缺陷货物。因为国际贸易的对象,与所有的交易一样,以无缺陷货物为正常,以有缺陷货物为反常。体现在合同中,默认标的为无缺陷正常货物。如果本意在于交易残次品、废品等有缺陷货物,属异常情况,必须特别说明。

相应地,信用证交易中描述的货物,默认为无缺陷正常货物,如果本意在于交易有缺陷货物,属于异常情况,必须特别规定,否则不可接受。

正是在这个意义上,发票部分第 C5 段规定了发票货描上显示的额外信息,不得改变信用证规定货物的性质、等级和类别,包括不得附加缺陷信息。否则均不可接受。

国内最新的《海商法》[①]:

第七十六条　承运人或者代其签发提单的人未在提单上批注货物表面状况的,视为货物的表面状况良好。

提单上的货物缺陷信息呢？包装缺陷信息呢？此类提单即为"不清洁"提单,答案理应是一样的,即信用证下默认不可接受"不清洁"提单。显然,这一点与海商法的规定相吻合。

第二,什么是清洁提单呢？什么是不清洁提单呢？不清洁提单即载有明确声明货物或包装有缺陷的条款的提单。反之,则为清洁提单。

显然,所谓的"清洁提单"的"清洁"一词,是形象的说法,它不是日常生活中所言的"表面清洁无污渍"的提单。

请注意,提单清洁与否不仅与货物本身的情况有关,还与包装有关。因为货物包装的缺陷在运输过程中将直接导致货物本身的缺陷,所以,实务中,提单显示的货物缺陷和包装缺陷,均视为不清洁。

承运人在运输过程中负有管货责任,承运人有按照提单载明的表面状况向收货人交货的义务。所以,当货物或包装存在缺陷时,承运人都会在接管货物时向托运人出具的提单上作出相应批注。这样,承运人在日后向收货人或持单人交付货物时,便可对此免责。

实务中,关于货物缺陷的常见"不清洁"条款有:

——two bags broken,
——wrappers torn, contents exposed,
——goods damaged/scratched,
——goods chafed/deformed/torn,
——damaged by rat/vermins,
——mouldered,
——five steel tubes bent,
——paint on surface slightly scratched,
——content leaking.

而关于包装缺陷的常见"不清洁"条款有:

——packing soiled by contents,
——packaging broken/ holed/ torn/ damaged,
——packaging contaminated,
——packaging badly denied,

---

① 《中华人民共和国海商法》,由中华人民共和国第七届全国人民代表大会常务委员会第二十八次会议于 1992 年 11 月 7 日通过,自 1993 年 7 月 1 日起施行。

——packaging damaged-contents exposed,
——insufficient packaging (unsecuredly packed)for ocean voyage,
——one box crashed,contents exposed,
——3 packages in damaged condition,
——2 cases sustained water stain,
——iron strap loose or missing.

第三,提单上的"不清洁"条款,仅限于明确声明货物或包装有缺陷的条款,如未明确则不算。

比如:提单上显示"包装'无法'满足海运航程",由于明确了货物包装情况的一种缺陷,已经构成了不清洁,不可接受。又比如:提单上显示"包装'可能无法'满足海运航程",由于仅仅是针对货物包装情况存在缺陷的一种可能,并不确定,所以,不构成不清洁,可以接受。

请注意,实务中还会看到一些带有额外条款的运输单据(claused transport documents),其条款的含义常常使人质疑单据"清洁"与否。国际商会在ICC473中说:"承运人可以在运输单据上的货物描述部分加列对运输单据的评论,或手写,或盖章,或以其他方式。然而,根据UCP400第34条,在决定运输单据清洁与否的时候,需要考虑的仅仅是那些明确宣称货物及/或其包装有缺陷的条文或标注,所以与货物及/或其包装的缺陷无关的条款或标注将不能使运输单据不清洁。"

"货装舱面"条款

海运或内陆水运中,货物装船分为置于舱面(loaded on deck)和置于舱内(loaded under deck)。与舱面下的货物相比,舱面上的货物容易遭受风吹、水打或雨淋或卷入海中,而在船舶出险时,首先抛弃的往往也是舱面货物。所以,一般的托运人都不愿意将货物置于舱面。

我国最新的《海商法》规定:
第五十三条 承运人在舱面上装载货物,应当同托运人达成协议,或者符合航运惯例,或者符合有关法律、行政法规的规定。
承运人依照前款规定将货物装载在舱面上,对由于此种装载的特殊风险造成的货物灭失或者损坏,不负赔偿责任。
承运人违反本条第一款规定将货物装载在舱面上,致使货物遭受灭失或者损坏的,应当负赔偿责任。

以上的规定,只有两种情况允许货装舱面,否则,承运人责任自负。其一,经托运人协商同意;其二,符合航运惯例或符合法律法规,托运人不得不同意。有时一些特定货物不得不装载于舱面上,如危险品、木材、活牲畜或大型车辆、价值低廉的废旧物品等。
那么,信用证下提单显示"货装舱面"条款,可以接受吗?

UCP600 第 26 条 a 款:
A transport document must not indicate that the goods are or will be loaded on deck. A clause on a transport document stating that the goods may be loaded on deck is acceptable.

运输单据不得表明货物装于或者将装于舱面。声明货物可能被装于舱面的运输单据条款可以接受。

从这里的规定可以看出，在信用证下，前一种情况必须经过特别的授权，否则不可接受；后一种情况，要么经过特别授权，要么就显示为不确定的"可能"货装舱面条款，否则仍不可接受。比如：R358 中，提单显示 Perishable Cargo on Deck at Shipper's Risk，这不可接受。又比如：R478 中，提单显示 Shipped on deck at shipper's/receiver's risk without liability to the vessel howsoever caused，由于信用证事先授权，则可以接受。

总之，运输单据不得显示确定的"货装舱面"条款，即银行默认不接受的运输单据，仅限于明确表明货物"已装舱面"或"将装舱面"的运输单据。如果在运输单据上，比如提单的正面有时印就有"货物可能装载于舱面(goods may be carried on deck)"，则可以接受。这是针对所有货物承运人保留的一项免责权利，以防在某些情况下不得以将货物装载于舱面。二者如何区分，国际商会在 R419 就咨询 3 的分析及结论中说："The UCP requires banks to reject transport documents which evidence that the goods are or will be loaded on deck (unless the credit states otherwise). To state on a document that the goods are or will be on deck is a specific notation of action or intent. The use of the word 'may' does not carry such certainty of an event of shipment on deck being carried out. For this reason, a transport document containing a clause stating the goods may be carried on deck is not reason to reject."

运输实务中，件杂物品大部分以集装箱运输，有时会装载在舱面上，但在运输单据上不会作"货装舱面"标注，此时仍可接受。

值得注意的是，这里的规定并不局限于涉及海运的运输单据，因为内陆水运也可能涉及此类"货装舱面"标注。

第 E21 段

"清洁"字样

清洁提单上，需要显示"清洁"字样吗？而如果删除"清洁"字样呢？

Para E21：

a. It is not necessary for the word "clean" to appear on a bill of lading even when the credit requires a bill of lading to be marked "clean on board" or "clean".

"清洁(clean)"字样没有必要在提单上显示，即便信用证要求提单标明"清洁已装船(clean on board)"或"清洁(clean)"字样。

b. Deletion of the word "clean" on a bill of lading does not expressly declare a defective condition of the goods or their packaging.

删除提单上"清洁(clean)"字样，并非明确声明货物或包装有缺陷状况。

【解读】

"清洁"提单的"清洁"，所指的是提单上的内容，而不是提单表面物理上的"清洁"。提交的提单默认即为"清洁"提单。信用证要求"清洁"提单,也无须批注"清洁"字样,而删除提单上的"清洁"字样,也并不意味着其不是"清洁"提单。

货物描述

Goods description

【导读】

本节规定了提单货物描述的审核标准。

第 E22 段

货物描述的统称

提单如何显示货物描述呢?提单可以没有货物描述吗?

Para E22:
A goods description indicated on a bill of lading may be in general terms not in conflict with the goods description in the credit.
提单上的货物描述可以使用与信用证所规定的货物描述不相矛盾的统称。

【修订】

本段规定没变。

本段规定与UCP600第14条e款的规定相吻合——"除商业发票外,其他单据中的货物、服务或履约行为的描述,如果有的话,可使用与信用证中的描述不矛盾的概括性用语。"

【解读】

本段详细解读,参见发票部分——"其他单据货描"一节。

提单上的货物描述,可以显示不矛盾的统称。此外,也可以显示信用证规定的全称,也可以显示与信用证规定全称不矛盾的额外信息,也可以没有货描。比如:

[案例238] R729/TA681 rev:提单可以没有货描吗?

案中,提交了Container Shipping Lines出具的提单,在"收妥待运"栏里用预先印就的条款显示了如下关于货描的声明:"此处的描述未经承运人用适当的方法进行检验,且不作为提单的一部分。"

那么,该声明可以接受吗?如果货物栏位没有出现货描,又可以接受吗?如果货描看似与其他规定单据上的货描矛盾呢?

分析及结论：

国际商会说："承运人对提单上的货物描述不承担责任是一种运输惯例。诸如'据说装有'、'托运人装载和计数'、'托运人提供的数据，承运人不负责'或类似的措辞是提单普遍的特点。这里的条款和条件'此处的描述未经承运人用适当的方法进行检验，且不作为提单的一部分'同样是类似的措辞。""虽然 UCP600 第 20 条（a）款（ⅱ）包含了这样的文字：'表明货物已装船……'，但这并不意味着要显示货描。UCP 没有要求除发票以外的其他单据上显示货描（第 14 条（e）提到）。然而，这种显示货描的形式已是运输行业的一种惯例，货物描述不可与信用证中的描述矛盾。"

点评：

运输单据，包括提单在内，确实可以不显示货描，但通常都显示货描。

请注意，包括提单在内的运输单据所涉及的标的，只能是货物，而不可能是服务或履约行为。所以，实务中，如果信用证仅仅要求提供服务，或要求装运货物并提供服务，但本次交单只涉及服务，则无需运输单据，即便信用证要求了提单等运输单据。比如：

[案例 239] TA763：信用证要求提单，没有提交提单。可以吗？

案中，备用证于 2008 年 1 月 30 日根据 UCP600 开立，金额为：受益人 2007 年 7 月 25 日至 2008 年 10 月 31 日交付的"airfield ground lighting"及提供的相关服务的价值。信用证允许分批支款，未要求同一次支款下必须同时包含货物及服务。信用证要求单据为：

——受益人提交的未付款的发票副本，明确了受益人所交付的货物及所提供的服务的价值；

——受益人证明显示："申请人所订购的货物受益人已经交付，申请人所要求的服务受益人已经提供，但相关款项未付"；

——运输单据副本显示明确目的地，且只显示所交付的货物等。

受益人提交未付款的发票由受益人出具给申请人，发票引用了备用证参号，注明了信用证要求的货描/服务，且说明如下："所提供的服务体现于 2011 年 10 月 13 日、43 号的项目报告中。"发票同时列举了工程服务、工期、分期服务等事项，唯独没有货物，且清楚注明 value of goods＝0。

受益人提交声明，注明了信用证要求的货描/服务，同时还注明以下事项："我们（受益人）发票中所载服务为申请人所订购的服务，受益人已提供，但申请人未付款。"

受益人未提交运输单据副本。

开证行拒付了单据，理由为：运输单据副本未提交。

分析及结论：

国际商会在结论中说：没有不符点，开证行必须付款。

国际商会在分析中说："备用证金额包含了货物价值及提供的服务。需要明确的是，未付款发票可以是货物发票，也可以是服务发票。""发票货描与备用证相符，列出了所提供的服务项目，并表明 value of goods ＝ 0。声明与发票一致，表明了受益人仍未收到其所提供的服务项下的款项。""从备用证整体来看，其要求提交未付款的发票副本、运输单据副本，运输单据副本只有在提交货物时才需提交。只提供服务，那么运输单据副本无需提交，且压根无运输单据可出具。"

点评：

换言之，既然信用证允许单独出具服务发票并索赔，便意味着信用证所要求的运输单据副本无需提供。因为这与事实不符。运输单据所能运输的是货物，而不可能是服务。

装箱单和重量单的情况与此相似。

"内容不知"条款

在运输实务中，运输单据上载有的"托运人装载和计数 shipper's load and count"或"内容据托运人报称 said by shipper to contain"一类条款，往往称为集装箱货物内容承运人不知条款，简称"内容不知 said to content"或"内容不知 S. T. C."条款。

在集装箱运输下，往往由承运人提供集装箱，由发货人自行装箱、计数，并加海关铅封。此时，承运人对集装箱内货物内容并不知情。但是，运输单据显示货物内容却是法定要件，不得缺失。显然，对于承运人而言，最好的折中办法就是在显示货物内容时，同时批注对集装箱内的货物内容不知情，以示免责。这种做法，也为各国法律和国际公约所普遍认可。

国内最新的《海商法》：

第七十五条　承运人或者代其签发提单的人，知道或者有合理的根据怀疑提单记载的货物的品名、标志、包数或者件数、重量或者体积与实际接收的货物不符，在签发已装船提单的情况下怀疑与已装船的货物不符，或者没有适当的方法核对提单记载的，可以在提单上批注，说明不符之处、怀疑的根据或者说明无法核对。

第七十七条　除依照本法第七十五条的规定作出保留外，承运人或者代其签发提单的人签发的提单，是承运人已经按照提单所载状况收到货物或者货物已经装船的初步证据；承运人向善意受让提单的包括收货人在内的第三人提出的与提单所载状况不同的证据，不予承认。

实务中，常见的类似"内容不知"条款还有：

——shipper's load, count and sealed,

——shipper's load, stow and count,

——contents unknown 等。

那么，信用证下提单显示"内容不知"条款，可以接受吗？

UCP600 第 26 条 b 款：

A transport document bearing a clause such as "shipper's load and count" and "said by shipper to contain" is acceptable.

载有诸如"托运人装载和计数"或"内容据托运人报称"条款的运输单据可以接受。

这里的规定表明，默认接受载有"内容不知"标注的运输单据。比如：

[案例 240]　R677/TA617 rev：租船提单上的不知条款不构成不符点。

案中，租船提单显示了 the quantity and/or weight and/or measurement of goods。同时，还显示了一个声明："Quality, Quantity, Measurements unknown"。这是不符点吗？

分析及结论：

国际商会说：这可以接受。We agree that a charter party bill of lading containing an indication of the quantity and/or weight and/or measurement of goods, but bearing a statement (usually pre-printed on the charter party bill of lading) "Quality, Quantity, Measurements unknown" or similar, is not inconsistent and therefore not discrepant for that reason.

印证：

与此相似的还有，国际商会在 R759/TA680 rev 的结论中说：The wording quoted on the bill of lading i. e. , "and is not part of the BL" is seen as being similar to terms quoted in article 26 i. e. , "shipper's load and count" and "said by shipper to contain".

[案例 241] R579/TA539：提单上承运人不知条款包括"运费支付"和"装船批注"。可以接受吗？

案中，提交的提单显示了"承运人不知"栏位：(a)Particulars furnished by shipper—carrier not responsible, or (b)Undermentioned particulars as declared by shipper, but not acknowledged by the carrier. 该栏位中显示了货描等内容，同时还包括了以下信息：

(ⅰ)On board notation,

(ⅱ)Freight Prepaid,

(ⅲ)2×40′FCL or 2×40′GP,

(ⅳ)CY/CY or CY TO FO.

咨询者问：这是否意味着承运人否定了装船批注和运费已付标注。In other words, the carriers have invalidated the "on board" "notation", "freight prepaid", etc.

分析及结论：

国际商会在结论中说：没有不符点。提单"承运人不知"栏位中的内容，需要放在上下文中看。这些内容理应只涉及栏位名称所对应的部分。至于其他部分，比如装船批注、运费支付等内容与此无关。(If one were to review a large selection of bills of lading, he would find a number that contain the statements used above. These statements usually appear above the heading "Kind of packages, Description of Goods, Gross weight and measurement" or similar. When reading these statements, one must read them in the context of the bill of lading PRIOR to the insertion of any data therein. It therefore follows that the context in which the statements are to be read is in respect of the data relative to those headings and not to any other information that may appear thereon. An on board notation or evidence of payment of freight is not considered to be information furnished or declared by the shipper. There is no discrepancy nor need for this information to appear in any other part of the bill of lading.)

点评：

提单和其他单据一样，通俗地说，就是一封信，由承运人向收货人发出。所以，信的内容需要结合上下文来理解和判断。

换言之，如果"承运人不知"条款涵盖了装船批注和运费批注，显然不可接受。

然而，提单上的"内容不知"条款，对于收货人收货来说，意味着不可预料的风险。运输单据一旦载有"内容不知"标注，承运人就可以不对货物的内容负责。换句话说，接受表面并无瑕疵但载有"内容不知"批注的运输单据,并不意味着收货人就一定可以收到状况完好、数量完整的对应货物,因为发货人的装货及计数,仅仅是单方面行为,并未经过作为第三方且有公信力的承运人的检验。

国内最新《海商法》:
第五十六条 承运人对货物的灭失或者损坏的赔偿限额,按照货物件数或者其他货运单位数计算,每件或者每个其他货运单位为666.67计算单位,或者按照货物毛重计算,每公斤为2计算单位,以二者中赔偿限额较高的为准。但是,托运人在货物装运前已经申报其性质和价值,并在提单中载明的,或者承运人与托运人已经另行约定高于本条规定的赔偿限额的除外。

货物用集装箱、货盘或者类似装运器具集装的,提单中载明装在此类装运器具中的货物件数或者其他货运单位数,视为前款所指的货物件数或者其他货运单位数;未载明的,每一装运器具视为一件或者一个单位。

装运器具不属于承运人所有或者非由承运人提供的,装运器具本身应当视为一件或者一个单位。

对于介入贸易融资的银行,同样也意味着风险。不管是对申请人,还是受益人,银行所提供的融资,均是以单据,特别是运输单据所对应的货物作为还款保障。但是,载有"内容不知"标注的运输单据所对应的货物,可能只是画在墙上的大饼,徒有其表,名不副实,这将直接导致贸易融资的还款保障落空。

卸货港交货代理人

Indication of name and address of delivery agent at port of loading

【导读】
承运人在全球开展运输业务,业务量大的地方可以设立分支机构,更多的是通过代理网络来完成。其中,包括提单出具和签署代理人、装货代理人、卸货代理人,还有目的地交货代理人等。

本节规定了提单卸货港交货或代理人的审核标准。

第 E23 段

卸货港交货代理的地址

为了方便收货人提货,信用证常常要求提单显示卸货港的交货代理。

Para E23:
When a credit requires a bill of lading to indicate the name, address and contact details of a delivery agent or words of similar effect, at or for the port of discharge, the address need not be one that is located at the port of discharge or within the same country as that of the port of discharge.

当信用证要求提单显示卸货港的交货代理人或类似机构的名称、地址和联络细节时,其地址无需位于卸货港,也无需位于卸货港所在的同一国家。

【修订】
本段规定属新增。

【解读】
信用证要求提单显示规定的卸货港交货代理人的名称及地址,实际提交的提单必须显示规定的交货代理人名称,而显示地址无须位于卸货港,也无须与卸货港在同一国家。比如:信用证泛泛要求提单显示 the name and address of the delivery agent at port of discharge. 而提交的提单 port of discharge:Mumbai。则可以显示 ABC Co., Ltd. New Delhi, India,与卸货港地址不一样;也可以显示 ABC Co., Ltd. India,但无地址;也可以显示 ABC Co., Ltd. New Delhi,无国别;还可以显示 ABC Co., Ltd. U.A.E.,无地址且不同国别。当然,还可以显示 ABC Co., Ltd. Mumbai, India,与卸货港一模一样的地址和国别。但是,如果信用证直接要求 delivery agent in Mumbai, India,则必须相应显示,予以满足。

为什么呢?或许,交货代理人即便不在卸货港,也一定会在卸货港找一家二级代理,以方便交货。这是运输实务的惯例。

这一规定是否可以推广至保险的目的地代理等?比如:信用证要求 INSURANCE CLAIMS ARE PAYABLE AT DESTINATION,而提单显示的目的地为 HONG KONG,结果提交的保险单据显示赔付代理地址在阿联酋,"ACE ARAB COMMERCIAL ENT, ABUDHABI"。保单上表明保险公司代理所在地并不意味着赔付地点必然也与之一致,赔付地点与保险公司代理所在地不同是可能存在的。二者没有矛盾。我们认为,按理这是可以的,因为情况相似。还比如:信用证要求 INSURANCE CLAIMS ARE PAYABLE AT DESTINATION。结果,提交的提单卸货港为上海,而提交的保单显示 CLAIM PAYABLE AT XIAMEN CHINA,可以吗?不得而知。我们认为,按理这还可以接受。

当然,提单的交货人代理身份(delivery agent)仍应显示。比如:信用证46场规定了提单显示 forwarder(货代)——EMBASSY FREIGHT,47场还规定:In case B/L does not evidence name of forwarder as EMBASSY FREIGHT, a penalty fee of EUR 50 will be deducted from settlement。提交的提单只显示货代名称——EMBASSY FREIGHT,而没有显示货代身份。根据国际商会在 R772/TA746 rev 中对保险单据上的"理赔代理"和"查勘代理"的区分,我们认为,这理应不可接受。

更　　正

Corrections and alterations

【导读】

本节规定了提单上更正证实的审核标准。

第 E24 段

正本与更正证实

提单正本上的内容，偶尔会出现更正。那么，更正需要证实吗？如何证实呢？

请注意，提单上的更正与批注并不相同。

Para E24:
Any correction of data on a bill of lading is to be authenticated. Such authentication is to appear to have been made by the carrier, master (captain) or any one of their named agents, who may be different from the agent that may have issued or signed a bill of lading, provided they are identified as an agent of the carrier or the master (captain).

提单上数据的任何更正均应证实。该证实应看似由承运人或船长，或其任一具名代理人作出，该代理人可以不同于出具或签署提单的代理人，只要其表明作为承运人或船长的代理人身份。

【解读】

本段详细解读，参见总则部分第 A7 段。

提单正本上的更正必须经过证实，证实人可以为承运人或船长或其具名代理人，而该具名代理人须注明身份且可与签署代理人不同。

为什么呢？总则部分第 A7 段 b 款第 i 项规定："除由受益人出具的单据外，其他单据中数据的任何更正必须看似由单据出具人或作为其代理人或代表的实体证实。该证实必须以带有证实人名称的印戳或额外加注证实人名称的方式注明实施证实的实体，并包括它的签字或小签。"显然，提单属受益人以外一方出具的单据，所以，必须由出具人或代理出具人证实。具体而言，证实人，包括提单出具人（承运人）、出具代理人（船长），以及二者的代理人。

当然，提单下承运人的更正证实代理人有好多种，可以互不相同，只要经过有效授权即可。

第 E25 段

副本与更正证实

提单副本上的内容的更正,需要证实吗?

Para E25:
Non-negotiable copies of a bill of lading need not include authentication of any corrections that may have been made on the original.
不可转让提单副本无需含有其正本上对任何更正可能作过的证实。

【解读】

本段规定与总则部分第 A31 段 b 款的规定相呼应——"单据的副本无需签署,也无须注明日期。"

本段详细解读,参见总则部分第 A31 段。

提单正本的内容如有更正,其对应的副本无须证实。

为什么呢?既然单据副本无须签署,自然便无须证实,因为二者的法律证据效力没有区别。

当然,如果是经签署单据的副本所对应的原始正本有更正,该正本理应按照正本的要求加以证实。

请注意,副本提单上的数据更正无需证实,并不等于正本提单上的数据更正无需相应显示在副本提单上。换言之,正本提单上的任何数据更正,副本提单必须予以相应体现,只是无需证实而已。

运费和额外费用

Freight and additional costs

【导读】

本节规定了提单上运费和额外费用的审核标准。

运费 VS. 额外费用

什么是运费(freight)?《美国传统辞典(双解)》:"freight,The charge for transporting goods. 运费,运输货物所支付的费用。"通俗地说,运输单据上的运费,是承运人提供运输服务的对价。

实务中,信用证规定的运费和提单实际显示的运费不同。前者指信用证规定的运输全程对应的运费,后者指提交的提单上实际显示的运输全程对应的运费。比如:信用证要求港至港

品读 ISBP745

提单,内陆运费是在规定运费之外,可以不予考虑,除非明确禁止,提单上怎么显示都可以;而如果信用证要求多式运输单据"运费预付",那么,提交的多式运输单据上必须相应显示"运费预付",而且该运费已经包括了规定运输全程内的内陆运费,而不得显示 inland freight/charges are borne by consignee 等。

什么是运费以外的额外费用(costs additional to freight)?实务中,运费以外的额外费用,通常也称"附加费(surcharge)"。

产生附加费的原因主要有:

——因货物本身运输、装卸积载中的特殊需要或特殊设备而计收:如超重附加费(heavy lift surcharge or over weight surcharge)、超长附加费(long length surcharge or over length surcharge)、变更卸货港附加费(optional fees)和选货附加费;

——因在非基本港卸货或发生特殊情况而计收:如直航附加费(DDC)、转船附加费(transshipment surcharge)、港口拥挤附加费(port congestion surcharge)、港口附加费和冰冻附加费(ice surcharge)等。

——因承运人骤然增加了运费以外的营运费用而计收:如燃油附加费(BAF)、绕航附加费(deviation surcharge)和货币贬值附加费(CAF)等。

租船运输和其他运输方式下,情况与此相似。

显然,额外费用与运费相比,名目繁多和金额大小不一,其收取有很大的随意性,常常超出货方预期之外,而这些额外费用的发生,又是运输行业的惯例。

实务中,运费和额外费用,其实是个宽泛的概念,需要具体分析,综合判断,不可一概而论。比如[①]:国际海运中集装箱运输出现之后而盛行起来的码头作业费(terminal handling charges),简称"THC",到底算运费,还是额外费用需视具体情况而定。

实际上,无论是传统件杂货运输,还是集装箱运输,抑或是租船运输中,"由第三方提供的货物码头作业始终存在,相关费用也就一直客观、现实地发生,其费率水平主要由提供服务的第三方控制。……对于这部分费用的分担方式,只要承托双方洽商一致,就完全可以约定由船方或者货方全部承担或者按比例分担,体现在运输合同中即为装卸费分担条款,比如,班轮条款、FIO、FO、FI、FIOST 等条款即表示了不同的分担方式。"

在班轮运输条件下,船方默认承担装卸费用。此时,装卸费用是运费的一部分,而不是额外费用。当然,如果班轮运输条件下,规定贸易条件 CFR Free In Shanghai port,China。此时运费并不包括上海港的装运费,该装运费则是运费以外的额外费用了。

值得一提的是,"在传统班轮运输方式下,装卸费用分担应由船货双方在运输合同中协议确定,在没有另外约定的情况下默示适用班轮条款。"然而,即使在约定的班轮条款下,THC 也并非全部由船方负责安排装卸。"以广州远洋运输公司和中远航运有限公司的实际操作情况来看,船公司即使接受班轮条款负责安排装卸,也仅仅承担船舱到船边的装卸费用,其余码头作业(船边到库、场之作业)由货主自行安排并支付费用,或者由船公司代为安排作业之后按照实际发生费用(发票金额)或按码头、装卸公司公布标准计算的费用在运输合同确定的运费之外向货主另行收取。"

概而言之,在班轮条款下,只有船方负责船舱到船边或船边到船舱的装卸费用的这一块才计入运费,而船边到库、场站或库、场站到船边的装卸费用,其实是额外费用了。

---

① 引自王岱岳,《关于 THC 法律性质的几点探讨》,《大连海事大学学报(社会科学版)》,2004.12

第 E26 段

运　　费

根据贸易条件的不同，形成了两种不同的运费支付方式：一种是"运费预付（freight prepaid）"或"运费已付（freight paid）"，另一种是"运费到付（freight payable at destination）"或"运费待收（freight collect）"。

一般而言[①]，"运费预付要求托运人在签发提单之前支付运费，运费到付要求收货人在货物交付之前支付运费。"也就是说，在实务中提单签发或货物交付，将以运费的支付为条件。"不过，法律上并没有强制规定预付和到付的时间界点。也就是说，只要经双方协商一致，即便规定运费预付，也可在签发提单之后甚至船舶开航后一段时间内支付；对于运费到付，也不排除存在运费在货物交付之后支付的约定。实际上，提单上记载'运费预付'或'运费到付'，最关键的不在于运费何时支付，而是明确了运费的支付主体。"

提单上如何显示运费支付方式呢？

Para E26：
A statement appearing on a bill of lading indicating the payment of freight need not be identical to that stated in the credit, but is not to conflict with data in that document, any other stipulated document or the credit. For example, when a credit requires a bill of lading to be marked "freight payable at destination", it may be marked "freight collect".

提单显示的运费支付声明，无需与信用证规定的等同一致，但不应与该单据、任何其他规定的单据或信用证中的数据相矛盾。例如，当信用证要求提单标注"运费目的地支付（freight payable at destination）"时，其可以标注为"运费待收（freight collect）"。

【修订】

本段规定措辞变化较大，含义更明确，但没有变化。

【解读】

第一，信用证如规定运费支付方式，提单必须相应表明，但无须等同一致。

比如：信用证规定 freight paid，提交的提单必须显示 freight paid 或 freight prepaid。但是，提交的提单不能显示 carriage free。国际商会在 R289 的分析中说：这没有清晰的含义。Whether or not the expression "carriage free" is clear as to whether or not freight has been paid is rather more difficult to answer. In using the term "free" is this mean free to the carrier (i. e. the freight costs have not been paid), or free to the cargo (meaning the freight costs have been paid)? One alternative seems as good as the other; therefore, we must conclude

---

① 引自陈亚，《海运承运人运费请求权研究》，硕士论文，2006 年

that the expression "carriage free" lacks the element of clarity demanded by sub-Article 33 (b).

还比如：信用证规定 freight payable at destination，提交的提单显示 freight payable at destination，或者 freight to be paid 或 freight collect，均可接受。

实务中还会出现信用证允许部分装运，且规定运费支付金额的情况。比如：

[案例 242]　R476：信用证规定的运费金额，可以一次性支完吗？

案中，信用证允许部分装运并规定：Freight to be paid at actual but not exceeding DKK46539 which must be quoted on the bill of lading. 提交的提单显示，货物只装运了 67%，运费却为全部的金额，即 DKK46539。显然这是不成比例的。受益人的解释是，DKK46539 是一个 20′集装箱的运费。

分析及结论：

国际商会说：信用证没有规定运费支取比例，这可以接受。There was no mention that the freight was to be paid proportional to the value of the goods shipped. The bill of lading quoted the freight amount for the partial shipment that was effected, and this equated to the maximum amount of freight allowed by the credit. On the basis of the wording in the credit, a claim for freight for the maximum sum of DKK46539 would be acceptable.

点评：

类似的道理，可以推广至保费。

显然，其他运输单据也均可参照。请注意，如果是快递收据下有个例外。UCP600 第 25 条 b 款规定："如果要求显示快递费用付讫或预付，快递机构出具的表明快递费由收货人以外的一方支付的运输单据可以满足该项要求。"

第二，提单上表明的运费支付方式不得与其他单据或信用证规定的数据矛盾。

比如：信用证规定 freight prepaid，提单上可以照要求显示，也可显示为 freight paid. 反之亦然。

又比如：信用证规定 freight collect，提单上可以照要求显示，也可显示为 freight payable at destination。反之亦然。为什么呢？《美国传统辞典（双解）》："collect, With payment to be made by the receiver. 对方付款的，由收到者付款的。"而承运人总是在运输单据上显示的目的地交货给收货人，所以，二者默认同义。

还比如：信用证规定 CFR 或 CIF 价时，即便信用证没有要求在提单上注明运费支付情况，根据 INCOTERMS 规则，提单按理仍必须相应地显示 freight prepaid/freight paid，但不得显示 freight payable at destination/freight collect。

而如为 FOB 时，提单通常也必须相应地显示 freight payable at destination/freight collect。请注意，此时如果信用证未规定运费支付方式，也可以显示 freight prepaid/freight paid。国际商会在 R126 中说："运输公司常常要求提前支付运费，FOB 价格下卖方代买方付讫运费就成了一个惯常做法。从不伤害承运人或另一方的立场出发，在平等自愿、照顾惯例的合理基础上，银行委员会同意，除非信用证条款有相反规定，在一个标明按 FOB 交货的信用证下，显示 freight paid 的运输单据是可以接受的。"

第三,提单上表明的运费支付方式不得与提单显示的数据矛盾。

如前所述,"运费待收 freight collect"与"运费到付 freight payable at destination",默认同义,但并不绝对。比如:提交的提单显示 freight collect,同时显示从 Shanghai Port 起运到 Hamburg Port。如果提交的提单还显示 Freight payable in Hong Kong,可以接受吗?我们认为,按理也可以接受。虽然提单显示 freight collect,默认与 freight payable at destination 等价,但这并不绝对。香港不是目的地,提单显示 freight payable at destination,只是表明了运费支付的地点,与提单显示 freight collect 没有矛盾。按理,此类条款执行时,放货给收货人之前仍需以在香港收妥运费为准。

进一步,如果提交的提单显示 freight collect,同时显示 Freight payable in Shanghai,按理也可以接受,虽然上海是装货港,但仍不矛盾。

其实,如果提交的提单显示 freight prepaid,同时显示 Freight payable in Shanghai,按理也可以接受,虽然上海是装货港,但仍不矛盾。比如:

[案例243]　R691/TA604 rev:提单显示 freight prepaid,同时显示 freight payable at port of loading. 可以吗?

案中,信用证要求提单注明"Freight Prepaid"。

提交的提单同时显示了"Freight Prepaid"和"Freight Payable at Bremen",其中,Bremen 是装货港。

结果,开证行拒付,理由为:提单上显示的两种运费支付语句互相矛盾。

分析及结论:

国际商会在结论中说:没有不符点。为什么呢?没说。或许,国际商会认同了出口方银行的意见。

出口方银行反驳如下:"First, the freight is payable at Bremen [port of loading shown on B/L] and second, 'freight prepaid'. The B/L clearly indicates where the freight was to be paid and that it has been prepaid. There is no inconsistency or contradiction and no valid discrepancy. NB: We also referred to ICC Publication 371, ICC Doc 470/309 (R21). There is no discrepancy."

补充:

R21 中,咨询者问:"提单同时带有'运费到付(指明地点)'和'运费已付'两个条款,是否可接受?"国际商会在回答时说:"这种提单是可以接受的,因为第一个条款指明了运费将被支付的地点,第二个条款指明了符合 UCP 的要求。"

点评:

显然,信用证要求"Freight Prepaid"的情况下,提单显示的"Freight Prepaid"已经满足。

至于提单上额外显示的"Freight Payable at Bremen",从语法的角度看,只是表明了运费支付的地点,并不涉及运费到底是付了,还是没付,所以,与提单上显示的"Freight Prepaid"没有矛盾,可以接受。

[案例244]　R646/TA642 rev:提单印就显示"运费预付",并标注"对于运费预付的提单,只有支票变现才可交付货物",矛盾吗?

案中,信用证要求提单并标注"运费预付"。提交的提单标记了"运费预付"的批注,同时,在提单表面上印有标准的条款和条件:"对于运费预付的提单,只有支票变现才可交付货物"。

开证行拒付,理由为:"提单上的数据与运费已付矛盾。Data within B/L conflicting with regards to freight prepaid."

议付行认为,提单显示关于运费支付的批注,不需要确认实际的支付是否已经发生或者是否变现。即使用来支付运费的支票被退票,也是托运人和船公司之间的事情,超出了 UCP 的范围。

分析及结论:

国际商会说:"信用证要求提交一份标注'运费预付'的提单。该提单已经按照此要求做了标注,但是又包括了预先印就的关于'运费预付'批注的字样。应该注意的是,根据 UCP600 第 20 条 a 款 V 项,银行没有必要通过审核提单表面上的承运条款和条件确定相符。该提单没有不符点。"

点评:

换言之,在国际商会眼里,提单上显示"运费预付"的同时显示"对于运费预付的提单,只有支票变现才可交付货物"条款,并不矛盾。因为"对于运费预付的提单,只有支票变现才可交付货物",并没有否定运费已付的实际情况。

该文句只是提单上承运人的保留条款,或者说是承运条款而已,无须审核。

请注意,如果提交的提单显示 freight prepaid,同时显示 freight collect,则已经构成了矛盾,从而不可接受。因为运费已付和运费待收不可能并立存在。

第 E27 段

额外费用

提单显示运费以外的额外费用可以接受吗?

Para E27:

a. When a credit states that costs additional to freight are not acceptable, a bill of lading is not to indicate that costs additional to the freight have been or will be incurred.

当信用证规定运费以外的费用不可接受时,提单不应显示运费之外的费用已经或将要产生。

b. An indication of costs additional to freight may be made by express reference to additional costs or by the use of trade terms which refer to costs associated with the loading or unloading of goods, such as, but not limit to, Free In (FI), Free Out (FO), Free In and Out (FIO) and Free In and Out Stowed (FIOS).

当提单显示运费以外的费用时,可以为明确提及额外费用,或使用与货物装卸费用相关的贸易专门用语表达,诸如但不限于:"船方不管装货[Free in (FI)]"、"船方不管卸货[Free Out (FO)]"、"船方不管装卸货[Free In and Out (FIO)]"及"船方不管装卸货及积载[Free In and Out Stowed (FIOS)]"。

> c. Reference in a bill of lading to costs which may be levied, for example, as a result of a delay in unloading the goods, or after the goods have been unloaded (demurrage costs) or costs covering the late return of containers (detention costs) is not an indication of costs additional to freight.
>
> 提单提到可能加收的费用,例如,卸货或卸货后的延迟费用(滞期费(demurrage costs)),或迟还集装箱的费用(滞箱费(detention costs)),均不属于显示运费以外的额外费用。

【修订】

本段规定措辞变化较大,含义没变。

本段规定与UCP600第26条c款的规定相呼应——"运输单据上可以以印戳或其他方式提及运费之外的费用。"

【解读】

第一,信用证没有禁止,提交的提单允许显示运费以外的额外费用;如果禁止,则不得显示额外费用已经产生或将要产生。

我们认为,这里所说的不管是运费,还是额外费用,均以信用证规定的运输区间为限。换言之,运费指运输区间以内的运费,而额外费用也指运输区间之内发生的额外费用,如果是信用证规定以外的前程运输或末程运输所发生的运费或额外费用,均不在此列。比如:

[案例245] 末程运输费用,属额外费用吗?

案中,信用证要求提单,规定装货港SHANGHAI,卸货港CHENNAI,同时要求提单不能显示"COST ADDITIONAL TO FREIGHT"。

提交的提单显示:"THE CHENNAI-PONDICHERRY INLAND MOVE COST AND RISK IS BORNE THE CONSIGNEE"。

开证行拒付,理由为:B/L EVIDENCES COST ADDITIONAL TO FREIGHT。

不符点不成立吗?

分析及结论:

"MOVE COST"到底是什么?从提单表面上看,inland move cost,应该既包括运费(freight),也包括附加费(surcharge)。

然而,提单显示的费用发生运输区间不属于信用证规定的运输区间。所以,我们认为不符点不成立。

点评:

如果银行审单,还管到了信用证规定的运输区间之外的运费和额外费用,便属于多管闲事。

第二,运费以外的额外费用,可以在提单上明确提及,也可以使用与货物装卸费有关的贸易术语表达。

贸易术语中偶尔会提及"船方不管装运(Free In或FI)"。这意味着,装货船方免责,即装货费不在预付或到付的运费之内,需要另行加收。那么,对该附加的装货费负责的就只能是货方了,不是托运人,就是收货人。一般来说,如托运人已经支付了该费用,则没有另行加注的必要。换言之,既然提单上显示了"Free In",便意味着承运人只能向收货人收取,即在收货人向其支付附加的装货费之前,承运人便没有交货的义务。

值得一提的是,实务中,有时"Free In"会与贸易术语连用从而显示在发票的货描中,这实际上是对标准贸易术语的变形,按理如果信用证规定的贸易术语中没有"Free In"字样,则不可接受。但是,如果信用证禁止提单显示运费以外的费用,而提交的发票显示贸易术语并带"Free In"字样,可以接受吗?我们认为,理应也不可接受。因为这会与信用证禁止运费以外的费用的规定冲突。未见国际商会发表过针对性意见。当然,如果提交的提单上显示"Free In"字样,则肯定不能接受。

换言之,如果信用证没有禁止运费以外的费用,则理应可以接受。比如:R390 中,信用证要求贸易术语 CFR Port T, Country G including unloading charges. 结果提交的发票照抄显示了贸易术语,但提单只按信用证要求显示了 freight prepaid. 国际商会说可以接受。

第三,运费以外的额外费用不包括由于卸货延误或卸货后的延误可能产生的费用。

比如:即便信用证规定提单不得显示运费以外的额外费用,如果提单显示了滞期费或滞箱费,则仍可以接受。

为什么呢?

国内最新的《海商法》:

第八十二条 承运人自向收货人交付货物的次日起连续六十日内,未收到收货人就货物因迟延交付造成经济损失而提交的书面通知的,不负赔偿责任。

收货人不及时提货等造成的滞期费和滞箱费等,这是收货人自己造成的,必须由收货人承担,承运人不负责,当然也怪不了托运人或出口商。如此,方显公平。

凭多套提单放单

Released of goods with more than one bill of lading be surrendered

【导读】

本节规定了集装箱运输货物对应的多套提单的审核标准。

集装箱及集装箱运输

集装箱的出现,是"一体化运输"下现代运输技术的一项革命。集装箱运输是把散件的件杂货装于集装箱内,以集装箱为单元,装于运输工具上的运输。与传统的散件的件杂货运输相比,集装箱运输有利于节省商品(货物)的包装和仓储费用;减少货损、货差,提高货运质量;减轻劳动强度；提高装卸和运输效率；缩短车船在港口的停留时间；加速运输工具的周转以及便于开展多式联运。①

集装箱运输的产生，最早可追溯至1880年美国的实验船。而真正进入实用阶段，则是第二次世界大战时，美军利用长、宽、高各八英尺的小型货柜运输军事装备并兼具保密功能。战后，这一方式被转为商业用途，且适用渐广。加之国际标准组织于1965年制定出各种货柜标准尺寸与结构，不仅使货柜本身及吊卸机具得以标准化，而且也使道路、桥梁、隧道等设施得以配合，更加速了集装箱运输的推广。集装箱运输采取了单元化装运方式，能加快装卸速度，减少货物损坏，船舶运载量大，降低运输成本，具有经济、安全、迅速等诸多优点，对传统运输而言，它是运输技术的一项革命。

集装箱运输于惯例中得以体现，最早为1974年实施的UCP290，但因为当时集装箱运输尚未完全进入商业使用阶段，所以仅于联合运输一条中提及，且并未作详细规定。随后的几年时间里，集装箱运输影响越来越大，自UCP400起，便有多个条款涉及集装箱运输。

实务中，集装箱规格有多种：

一般用于海上运输的集装箱，宽度与高度均为8英尺，而长度则有10英尺、20英尺、30英尺、40英尺等。其中，以20英尺与40英尺最为普及，分别称为TEU（twenty-foot equivalent unit，即20英尺等量单位）和FEU（forty-foot equivalent unit，即40英尺等量单位）。另外，还有一些特殊用途的集装箱，如超高箱（high cubic container）、冷藏箱（refrigerated container）、开顶集装箱（open top container）、罐装箱（tank container）。

显然，当信用证明确规定货物由特定规格的集装箱装运时，运输单据上要相应地正确反映。比如：信用证货物描述要求packed in $1\times40'$ GP。提交的提单如果显示$1\times40'$ HC，则不可接受；如果显示$2\times20'$ GP，也不可接受。又比如：信用证货物描述要求packed in $1\times40'$。提交的提单如果显示$1\times40'$ HC，或$1\times40'$ GP，我们认为，理应均可接受。因为默认的二者都是$40'$的集装箱，只是一个是标准箱，一个是高柜而已。未见国际商会发表过针对性的意见。

通常情况下，集装箱装卸是在专门的站场完成的。具体包括：

第一种，CY与FCL。FCL即full container load，整箱货，一般指由托运人自己负责装箱、计数、并加海关铅封的集装箱货物。

承运人或其代理人在装船时则按每一集装箱为运输单位收货装船。对整箱货，承运人或其代理人仅按"外表状况良好，铅封完好"接收。在这种托运人装箱，承运人或其代理人无法或不计量货物的情况下，为了避免以后件数短少造成损失而承担责任，承运人或其代理人往往在提单上表明said to contain、shipper's load and count。根据本惯例第26条b款的规定，此类提单默认可以接受。卸货时，承运人或其代理人也只按货物原来装船的箱数以及"外表状况良好、铅封完好"整箱交货。

CY即container yard，集装箱堆场。承运人或其代理人在此处接受由托运人装妥的集装箱，或在此处将集装箱交付收货人、回收空箱，或向托运人发放空箱。

---

① 引自泉水：《多式联运讲座_1_第一讲集装箱运输与多式联运》，《集装箱化》2002.12

第二种，LCL 与 CFS。 LCL 即 less container load，拼箱货，指不满一整箱的小票货物，通常由承运人或其代理人分别揽货，在集装箱货运站集中，将不同托运人的货物整理装箱，并加海关铅封。

由于拼箱货是由承运人或其代理人理货、装箱，所以在运输单据上按理不会表明 said to contain、shipper's load and count。拼箱货拆箱、交货一般仍在目的地集装箱货运站进行。

对于这种货物，承运人要负担装箱与拆箱作业，装拆箱费用仍向货方收取。承运人对拼箱货的责任，基本上与传统件杂货运输相同。

CFS 即 container freight station，集装箱货运站。货运站一般设于港口、车站附近，承运人或其代理人在此办理：

——拼箱货的理货、检验、交接、配载、装箱、铅封，签发站场收据等；

——拼箱货的拆箱、保管、交接等。

实务中，一般对集装箱运输装卸方式的表达，是以组合的形式出现。集装箱装卸方式的组合有下列四种[①]：

——CY/CY（场至场）：这种装卸方式下，装船前的装箱工作以及卸货后的拆箱工作均由货方负责进行。由于在堆场，货方与承运人或其代理人交接的均为整箱货，所以也常表示为 FCL/FCL，即整装/整交。实务中，集装箱场至场装卸方式最为普遍。

——CFS/CFS（站至站）：这种装卸方式下，装船前的装箱工作以及卸货后的拆箱工作均由承运人或其代理人负责进行。由于在货运站，货方与承运人或其代理人交接的均为拼箱货，所以也常表示为 LCL/LCL，即拼装/拼交。

——CY/CFS（场至站）：这种装卸方式下，装船前的装箱工作由货方负责，卸货后的拆箱工作由承运人或其代理人负责进行，也常表示为 FCL/LCL，即整装/拼交。

——CFS/CY（站至场）：这种装卸方式下，装船前的装箱工作由承运人或其代理人负责，卸货后的拆箱工作由货方负责进行，也常表示为 LCL/FCL，即拼装/整交。

有时在集装箱运输中，还会看到 D/D、H/H、P/P 等标注。D/D，即 door to door（DR-DR）（门至门，工厂至工厂），指从托运人的大门至收货人的大门，这对应的是整箱装/整箱交，与 CY/CY 的意思相同。有时也会出现 CY-DR、DR-CY，也与 CY/CY 的意思相同。H/H，即 house to house（户至户），指从托运人的仓库至收货人的仓库，这也对应的是整箱装/整箱交，也与 CY/CY 的意思相同。P/P，即 pier to pier（码头至码头），指从装运港的码头至卸货港的码头，对应的是拼箱装/拆箱交，与 CFS/CFS 的意思相同。

有时还会看到，提单显示：CY/SD。这到底是否等价于 FCL？据了解，CY/SD 中的 SD 的意思就是：SERVICE DOOR。相应地，有时习惯性写 CY/DOOR，也有的写 CY/SD，那么，CY/SD 便与常见的 CY/CY 等同了。

---

① 苏宗祥主编：《国际结算》，中国金融出版社，1997.7

第 E28 段

多套提单对应同一货物

在集装箱运输 FCL/FCL 下,承运人会以集装箱为单位或一箱或多箱合起来出具一套提单,而在 LCL/LCL 下则按箱内的货物分别出具多套提单。

那么,如果在 LCL/FCL 下,又会如何出具提单呢？或者说,如果出具的提单显示 LCL/FCL,可以接受吗？

Para E28:
A bill of lading is not to expressly state that goods covered by that bill of lading will only be released upon its surrender together with one or more other bills of lading, unless all of the referenced bills of lading form part of the same presentation under the same credit.

提单不应明确声明,仅当该提单和其他一套或多套提单一并提交时,该提单涵盖的货物才能被释放,除非所有提及的提单构成同一信用证项下同一交单的一部分。

For example, "Container ×××× is covered by B/L No. YYY and ZZZ, and can only be released to a single merchant upon presentation of all bills of lading of that merchant" is considered to be an express statement that one or more other bills of lading, related to the referenced container or packing unit, must be surrendered prior to the goods being released.

例如,提单显示"××××号集装箱项下货物由 YYY 号和 ZZZ 号提单涵盖,其只能被释放给出示了拥有全部提单的单个商人(Container ×××× is covered by B/L No. YYY and ZZZ, and can only be released to a single merchant upon presentation of all bills of lading of that merchant)",即视为明确声明,在释放货物前,该提单必须与其所提及的集装箱或包装单位相关的其他一套或多套提单一并提交。

【解读】

第一,提单不得明确声明,其对应的货物只能与另外一套或数套提单涵盖的已经装进特定集装箱或包装单位的其他货物同时释放,除非所有相关的提单系在同一信用证下同一次交单。

比如:号码 XMPC281713 的提单上显示:Instructions related to the carriage will only be accepted from and delivery of the goods only be made to a duly empowered representative of all lawful holders and upon the simultaneous surrender of the original Bill of Lading number XMPC281712。

为什么呢？提单如此明确表明,则意味着持单人无法正常凭单提货,其提货将不得不依赖于其他可能无法控制的提单,从而可能无法顺利实现贸易合同的目的。因为持单人如果仅持有一套提单,而一套提单仅仅代表部分货物,承运人不可能把多套提单对应的整个集装箱的货物全部释放给一套提单的持单人。国际商会在 R560/TA99 中说:"The bill of lading presented, whilst conforming to the credit terms and the requirements of Article 23, includes the clause 'Part load with bill of lading MLA 02 no separate delivery'. This clause potentially restricts the ability of the receiver to take control of the goods on arrival of the vessel, despite having paid for the documents under the credit. If the holder of bill of lading MLA 02 does not come forward, the issue of release of the goods could become a long and protracted one."

当然，如果所有相关提单系在同一信用证下同一次交单，即一个面函下交单，则可以接受。因为对于申请人来说，只要在信用证下赎单，转到持单人手里的一定是整个集装箱对应的全部提单，承运人可以凭单整箱放货，而持单人相应地可以正常凭单提货。

请注意，这里的规定不限于集装箱，还包括了其他类似的包装单位，比如托盘等。

第二，提单不得明确如此声明，未明确如此声明则可以接受。这是言外之意。

比如：提单上的"部分装运（Part load）"或"拼箱（LCL）"等术语，都不算本段所谓的明确声明。集装箱运输下存在大量的拼箱货对应于一套提单，显示"部分装运（Part load）"或"拼箱（LCL）"等术语。但是，拼箱货可能整箱拆，也可能是拼箱拆。如果是拼箱拆，持单人持一套提单就可以正常提货，因为承运人负责拆箱，其会在分拆后把对应提单的货物正常凭单释放给拼箱货提单的持有人。按理，如果提单没有注明须整箱放货，那么，承运人就有义务在卸货港拼箱拆货。

还比如：提单上的"拼箱装/整箱卸（LCL/FCL）"或"货运站/堆场且拼箱装（CFS/CY and Part Load）"等术语，又算本段所谓的明确声明吗？我们认为，这些术语，已经非常明确地表明了拼箱货下承运人在卸货港不负责拼箱拆货。显然，持单人仅持一套提单是不可能正常提货的。所以，按理不可接受。未见国际商会发表过针对性的意见。遗憾的是，而国际商会在本次 ISBP 修订过程中也有意回避此问题，据说因为各国实务不同，看法不同。

实务中，还有类似的术语。

比如：提单仅仅显示：CFS/CY。这里少了"Part Load"，我们认为含义没变。既然是拼箱装，那么，便默认提交提单仅仅是代表部分货物，即"Part Load"。

又比如：提单显示：LCL(FCL) said to contain CFS-CFS。

还比如：提单显示：total quantity：part of $1\times40'$ container，同时显示 CY/CY 等等。不一而足。

不可转让海运单
NON-NEGOTIABLE SEA WAYBILL

【导读】

本部分规定了不可转让海运单的审核标准。

在国际贸易运输中,不可转让海运单,是为解决提单危机而产生的。目前使用量不大,主要适用于近洋运输。

本部分解读主要在于,辨析不可转让海运单与提单的不同之处,如正本不可转让海运单为何必要、收货人为何只能为记名抬头、为何不存在凭多套不可转让海运单放货的情况等。这些方面归根结底是运单的特征,详细解读还可参见空运单据部分相关段落。不可转让海运单与提单的相同之处,如出具及签署、装货港和卸货港、转运和部分发运、清洁不可转让海运单、货物描述、卸货港交货代理人、更正、运费和额外费用等,为叙述方便将一一略过,详见提单部分相关段落。

不可转让海运单 VS. 提单

固然,无论是提单下 1/3 提单,还是提货担保,更或是"电放提单",均可一定程度上避免提单之不足,从而挽救提单于危机之中。然而,这些办法终归是基于提单。如此,进口方将增加额外的费用,出口方须自行承担收汇风险,承运人也得冒无单放货的风险。

在提单危机下,国际航运界继续寻求新的办法——不可转让海运单。海运单,借鉴了运单的成熟做法运用于海上运输,放弃了提单所独有的功能——货权凭证功能,从而比较彻底地克服了提单的一系列不足。目前中国对外贸易中使用不可转让海运单的情况比较少见,而在欧洲和北美一些地区使用不可转让海运单的情况则有日益增长的趋势。

为规范不可转让海运单的运作,1990 年,国际海事委员会制订了《海运单统一规则》。

那么,什么是海运单?

《海运单统一规则》[①]:

1.适用范围

(ⅰ)本规则定名为"国际海事委员会海运单统一规则"。

---

① 《海运单统一规则》,于 1990 年 6 月 24 日至 29 日国际海事委员会在巴黎召开的第 34 届大会上通过。本规则系民间规则,供当事人自愿采纳。

（ⅱ）本规则为运输合同采纳时方得适用，而不论该合同是否以书面订立，但该合同非由提单或类似的物权凭证所包括。

6. 支配权

（ⅰ）除非托运人已按下述第（ⅱ）款行使其选择权，否则，他应是唯一有权就运输合同向承运人发出指示的当事人。除非准据法禁止，否则，他有权在货物运抵目的地后，收货人请求提取货物之前的任何时候，改变收货人的名称，但他应以书面形式或为承运人接受的其他方式，给承运人以合理的通知，并就因此造成承运人的额外费用承担赔偿责任。

（ⅱ）托运人具有将支配权转让给收货人的选择权，但应在承运人收取货物之前行使。这一选择权的行使，应在海运单或类似的文件上（如有的话）注明。选择权一经行使，收货人便具有上述第（ⅰ）款所述的各项权利，同时，托运人便终止此种权利。

7. 交货

（ⅰ）承运人凭收货人出示适当身份证明交付货物。

（ⅱ）如果承运人证明自己已合理恪尽职责，核实自称为收货人的人确系事实上的收货人，则对错误交货不承担责任。

显然，海运单与提单的区别主要在功能上，具体如下：

相同之处是二者都具有"合同证明"功能和"货物收据"功能。众所周知，提单通常来说就是海上运输合同的证明。但是，海上运输合同并不限于由提单来反映，在某些情况下也可以由其他运输单据来反映，比如海运单。话说回来，海运单正是因为反映了海上运输合同的内容，而成为 UCP 意义上的一种运输单据。就"合同证明"这一功能而言，几乎所有海运单都采用了与提单类似的承运条款；而就"货物收据"这一功能而言，如出现货损，对于收货人来说，正本海运单是凭以向承运人索赔的唯一依据。

不同之处在于，海运单不具有"货权凭证"功能，而提单具有"货权凭证"功能。换言之，海运单的持单人并不能凭以提货，承运人也无须凭单放货，自然便谈不上转让，从而也不应该做成指示抬头。故得名"不可转让海运单"。相应地，海运单上理应不含有凭单放货条款，包括凭多套不可转让海运单放货的情况。

实际上，正是在这个意义上，尽管 UCP600 第 20 条的提单和第 21 条的海运单，都规定了"无论如何命名"，除此之外，其他内容的明文规定二者完全相同，但是，这并不意味着提单和海运单可以串用，因为二者功能并不相同。实际上，各国都会对提单格式加以严格的监管，UCP是否对提单的"货权凭证"功能加以直接规定，也就无足轻重了。换言之，正是由于法律赋予提单默认具有"货权凭证"功能，所以才有必要进行如此严格的监管，以确保其"货权凭证"功能的实现。

让人纳闷的是，既然如此，为什么海运单下仍然保留了与提单一样的对全套正本份数的要求呢？

UCP600 第 21 条 a 款 iv 项：

A non-negotiable sea waybill, however named, must appear to: be the sole original non-negotiable sea waybill or, if issued in more than one original, be the full set as indicated on the non-negotiable sea waybill.

不可转让的海运单，无论名称如何，必须看似：为唯一的正本不可转让海运单，或如果以多份正本出具，为海运单上注明的全套正本。

我们认为，由于海运单与提单的功能不同，显然原因可能会有所变化，包括：

——为什么必须提交正本海运单呢？如前所述，海运单与其他运输单据一样，是运输合同的证明，也是收妥货物的证明。对于收货人来说，如承运过程中出现货损，正本海运单是凭以向承运人索赔的唯一依据。

——为什么提交正本海运单，必须是全套呢？之所以如此，理应与UCP600第23条v款提到的空运单的情况类似，即托运人行使停运权必须交出正本海运单。否则，承运人必须承担责任。而一旦在信用证下向银行交出了全套正本海运单，便可以阻止托运人行使停运权，确保正本海运单上显示的收货人能正常收货。在运输实务中，WAYBILL通常只出具一份正本，所以，通常也只交一份正本。

值得一提的是，海运单下的这两个理由，其实在提单下一样存在。只是提单下当事人更多地是关注其"货权凭证"功能，相应地就减少了对其他两个基本功能的关注。

UCP600 第 21 条的适用

Application of UCP600 Article 21

第 F1 段

不可转让海运单的特征

Para F1:

a. A requirement in a credit for the presentation of a non-negotiable sea waybill, covering a port-to-port shipment only, i.e., a credit that contains no reference to a place of receipt or taking in charge, or place of final destination means that UCP600 article 21 is to be applied in the examination of that document.

信用证要求提交仅涵盖港至港运输的不可转让海运单，即信用证没有提及收货、接管地或最终目的地，这表示UCP600第21条应适用于该单据的审核。

b. A non-negotiable sea waybill is not to contain any indication of a charter party as described in paragraphs G2(a) and (b).

不可转让海运单不应包含第G2段a款和b款所描述的任何租船合同事项。

【说明】

本段取消了信用证条款中对不可转让海运单的"however named（无论如何命名）"的要求。

因为"不可转让海运单（non-negotiable sea waybill）"的名称直接决定了其与提单不同的功能。

不可转让海运单的出具、承运人、承运人身份的识别及签署

Issuance, carrier, identification of the carrier and signing of a non-negotiable sea waybill

第 F2 段

出具人及"货代不可转让海运单可接受"

Para F2:

a. A non-negotiable sea waybill may be issued by any entity other than a carrier or master (captain), provided it meets the requirements of UCP600 article 21.

不可转让海运单可以由承运人或船长以外的任何实体出具,只要其满足 UCP600 第 21 条的要求。

b. When a credit indicates "Freight Forwarder's non-negotiable sea waybilld is acceptable" or "House non-negotiable sea waybills is acceptable" or words of similar effect, a non-negotiable sea waybill may be signed by the issuing entity without it being necessary to indicate the capacity in which it has been signed or the name of the carrier.

当信用证规定"货运代理人不可转让海运单可接受(Freight Forwarder's non-negotiable sea waybills is acceptable)","运输行不可转让海运单可接受(House non-negotiable sea waybills is acceptable)",或类似措辞时,不可转让海运单可以由出具人签署,且不必注明其签署身份或承运人名称。

第 F3 段

"货代不可转让海运单不可接受"

Para F3:

A stipulation in a credit that "Freight Forwarder's non-negotiable sea waybills are not acceptable" or "House non-negotiable sea waybills are not acceptable" or words of similar effect has no meaning in the context of the title, format, content or signing of a non-negotiable sea waybill unless the credit provides specific requirements detailing how the non-negotiable sea waybill is to be issued and signed. In the absence of these requirements, such a stipulation is to be disregarded, and the non-negotiable sea waybill presented is to be examined according to the requirements of UCP600 article 21.

当信用证规定"货运代理人不可转让海运单不可接受(Freight Forwarder's non-negotiable sea waybills are not acceptable)"、"运输行不可转让海运单不可接受(House non-negotiable sea waybills are not acceptable)"或类似措辞时,除非信用证对不可转让海运单如何出具和签署作出明确要求,否则,该规定在不可转让海运单的名称、格式、内容或签署方面没有任何含义。当没有这些要求时,该规定将不予理会,提交的不可转让海运单应按照 UCP600 第 21 条的要求予以审核。

第 F4 段

签　署

Para F4:

a. A non-negotiable sea waybill is to be signed in the form described in UCP600 sub-article 21(a)(ⅰ) and to indicate the name of the carrier, identified as the carrier.

不可转让海运单应按照 UCP600 第 21 条 a 款 i 项规定的方式签署,并注明承运人名称及表明承运人身份。

b. When a non-negotiable sea waybill is signed by a named branch of the carrier, the signature is considered to have been made by the carrier.

当不可转让海运单由承运人的具名分支机构签署时,该签字应视为由承运人作出。

c. When an agent signs a non-negotiable sea waybill for [or on behalf of]the carrier, the agent is to be named and, in addition, to indicate that it is signing as "agent for (name), the carrier" or as "agent on behalf of (name), the carrier" or words of similar effect. When the carrier is identified elsewhere in the document as the "carrier", the named agent may signed, for example, as "agent for [or on behalf of]the carrier" without naming the carrier again.

当不可转让海运单由代理人代承运人签署时,该代理人应具名,此外,应注明其作为"承运人(承运人名称)的代理人[agent for (name), the carrier]"或"承运人(承运人名称)的代理人[agent on behalf of (name), the carrier]"签署或类似措辞。当承运人在该单据的其他地方表明"承运人"身份时,该具名代理人可以诸如"承运人的代理人[agent for [or on behalf of]the carrier]"身份签署,而无需再次提及承运人名称。

d. When the master (captain) signs a non-negotiable sea waybill, the signature of the master (captain) is to be identified as the "master" ("captain"). The name of the master (captain) need not be stated. 当不可转让海运单由船长签署时,船长签字应表明"[船长 master(captain)]"身份,无需注明船长姓名。

e. When an agent signs a non-negotiable sea waybill for [or on behalf of]the master (captain), the agent is to be named and, in addition, to indicate that it is signing as "agent for the master (or captain)", or as "agent on behalf of the master (or captain)" or words of similar effect. The name of the master (captain) need not be stated. 当不可转让海运单由代理人代船长签署时,该代理人应具名,此外,应注明 其作为"船长代理人[agent for the master (or captain)]"或"船长代理人[agent on behalf of the master (or captain)]"签署或类似措辞,无需注明船长姓名。

品读 ISBP745

装船批注、装运日期、前程运输、收货地及装货港

On board notation, date of shipment, pre-carriage, place of receipt and port of loading

第 F5 段

装　船

Para F5:

a. When a pre-printed "Shipped on board" non-negotiable sea waybill is presented, its issuance date will be deemed to be the date of shipment unless it bears a separate dated on board notation. In the latter event, such date will be deemed to be the date of shipment whether that date is before or after the issuance date of the non-negotiable sea waybill. The on board date may also be indicated in a designated field or box.

当提交预先印就"已装船(shipped on board)"字样的不可转让海运单时,其出具日期将被视为装运日期,除非其载有单独注明日期的装船批注。在后一种情况下,该装船批注日期将被视为装运日期,不论其早于或晚于不可转让海运单的出具日期。装船批注日期也可以显示在指定栏位或方框中。

b. Notwithstanding that a credit may require a non-negotiable sea waybill to evidence a port-to-port shipment:

尽管信用证可能要求不可转让海运单表明港至港运输,但是:

ⅰ. When a non-negotiable sea waybill indicates a place of receipt that is the same as the port of loading, for example, place of receipt Rotterdam CY and port of loading Rotterdam, and there is no indication of a means of pre-carriage (either in the pre-carriage field or the place of receipt field); or

当不可转让海运单显示与装货港相同的收货地,例如,收货地为鹿特丹集装箱堆场,装货港为鹿特丹,且(在前程运输栏位或收货地栏位)未显示前程运输工具时;或者

ⅱ. When a non-negotiable sea waybill indicates a place of receipt different from the port of loading, for example, place of receipt Amsterdam and port of loading Rotterdam, and there is no indication of a means of pre-carriage (either in the pre-carriage field or the place of receipt field), then:

当不可转让海运单显示不同于装货港的收货地,例如,收货地为阿姆斯特丹,装货港为鹿特丹,且(在前程运输栏位或收货地栏位)未显示前程运输工具时:

(a) When a non-negotiable sea waybill is pre-printed "shipped on board", the date of issue will be deemed to be the date of shipment, and no further on board notation is required.

如果不可转让海运单预先印就"已装船(shipped on board)"字样,那么其出具日期将被视为装运日期,而无需再加装船批注。

(b) When a non-negotiable sea waybill is pre-printed "received for shipment", a dated on board notation is required, and the date appearing in the notation will be deemed to be the date of shipment. The on board date may also be indicated in a designated field or box.

如果不可转让海运单预先印就"收妥待运(received for shipment)"字样,那么该不可转让海运单需要载有注明日期的装船批注,装船批注日期将被视为装运日期。装船批注日期也可以显示在指定栏位或方框中。

c. Notwithstanding that a credit may require a non-negotiable sea waybill to evidence a port-to-port shipment, when a non-negotiable sea waybill:

尽管信用证可能要求不可转让海运单表明港至港运输,但是:

ⅰ. indicates a place of receipt different from the port of loading, for example, place of receipt Amsterdam and port of loading Rotterdam, and there is an indication of a means of pre-carriage (either in the pre-carriage field or in the place of receipt field), regardless of whether it is pre-printed "shipped on board" or "received for shipment", it is to bear a dated on board notation which also indicates the name of the vessel and the port of loading stated in the credit. Such notation may also appear in a designated field or box. The date appearing in the on board notation or designated field or box will be deemed to be the date of shipment.

当不可转让海运单显示不同于装货港的收货地,例如,收货地为阿姆斯特丹,装货港为鹿特丹,且(在前程运输栏位或收货地栏位)显示前程运输工具时,无论其是否预先印就"已装船(shipped on board)"或"收妥待运(received for shipment)"字样,该不可转让海运单都应载有注明日期的装船批注,该批注还应包括船名和信用证规定的装货港。该批注也可以显示在指定栏位或方框中。装船批注或指定栏位或方框中显示的日期,将被视为装运日期。

ⅱ. indicates a means of pre-carriage (either in the pre-carriage field or the place of receipt field), no matter if no place of receipt is stated or whether it is pre-printed "shipped on board" or "received for shipment", it is to bear a dated on board notation which also indicates the name of the vessel and the port of loading stated in the credit. Such notation may also appear in a designated field or box. The date appearing in the on board notation or designated field or box will be deemed to be the date of shipment.

当不可转让海运单(在前程运输栏位或收货地栏位)显示前程运输工具时,无论其是否显示收货地,也无论其是否预先印就"已装船(shipped on board)"或"收妥待运(received for shipment)"字样,该不可转让海运单都应载有注明日期的装船批注,该批注还应包括船名和信用证规定的装货港。该批注也可以显示在指定栏位或方框中。装船批注或指定栏位或方框中显示的日期,将被视为装运日期。

d. When a non-negotiable sea waybill indicates wording such as "When the place of receipt box has been completed, any notation on this non-negotiable sea waybill of 'on board', 'loaded on board' or words of similar effect shall be deemed to be on board the means of transportation performing the carriage from the place of receipt to the port of loading" or words of similar effect, and if, in addition, the place of receipt box is completed, a non-negotiable sea waybill is to bear a dated on board notation. The dated on board notation is also to indicate the name of the vessel and port of loading stated in the credit. Such notation may also appear in a designated field or box. The date appearing in the on board notation or designated field or box will be deemed to be the date of shipment.

当不可转让海运单显示,例如,"当收货地栏位已经填写时,不可转让海运单上任何'已装船'、'已装载船上'或类似措辞,将被视为货物已装载到从收货地至装货港的前程运输工具上(When the place of receipt box has been completed, any notation on this non-negotiable sea waybill of 'on board', 'loaded on board' or words of similar effect shall be deemed to be on board the means of transportation performing the carriage from the place of receipt to the port of loading)"或类似条款,此外,收货地栏位如已经填写,那么该不可转让海运单应载有注明日期的装船批注。该注明日期的装船批注还应包括船名和信用证规定的装货港。该批注也可以显示在指定栏位或方框中。装船批注或指定栏位或方框中显示的日期,将被视为装运日期。

e. The named port of loading, as required by the credit, should appear in the port of loading field on a non-negotiable sea waybill. However, it may also be stated in the field headed "Place of receipt" or words of similar effect, provided there is a dated on board notation evidencing that the goods were shipped on board a named vessel at the port stated under "Place of receipt" or words of similar effect.

信用证要求的具名装货港应显示在不可转让海运单的装货港栏位。然而,只要注明日期的装船批注证明货物在"收货地"或类似栏位中的港口装上具名船只,该具名装货港就也可以显示在"收货地"或类似栏位中。

f. A non-negotiable sea waybill is to indicate the port of loading stated in the credit. When a credit indicates the port of loading by also stating the country in which the port is located, the name of the country need not be stated.

不可转让海运单应显示信用证规定的装货港。当信用证规定装货港,也表明该港口的所在国时,不可转让海运单无需注明该国别名称。

g. When a credit indicates a geographical area or range of ports of loading (for example, "Any European Port" or "Hamburg, Rotterdam, Antwerp port"), a non-negotiable sea waybill is to indicate the actual port of loading, which is to be within that geographical area or range of ports. A non-negotiable sea waybill need not indicate the geographical area.

当信用证规定装货港的地理区域或港口范围(例如,"任一欧洲港口"或"汉堡、鹿特丹、安特卫普港")时,不可转让海运单应显示实际的装货港,且其应位于该地理区域或港口范围之内。不可转让海运单无需显示该地理区域。

h. When a non-negotiable sea waybill indicates more than one port of loading, it is to evidence an on board notation with the relevant on board date for each port of loading, regardless of whether it is pre-printed "received for shipment" or "shipped on board". For example, when a non-negotiable sea waybill indicates that shipment has been effected from Brisbane and Adelaide, a dated on board notation is required for both Brisbane and Adelaide.

当不可转让海运单显示一个以上的装货港时,无论其是否预先印就"收妥待运(shipped on board)"或"已装船(shipped on board)"字样,该不可转让海运单应表明装船批注并注明每个装货港所对应的装船日期。例如,当不可转让海运单显示从布里斯班港和阿德莱德港装运时,便要求关于布里斯班港和阿德莱德港的注明日期的装船批注。

第 F6 段

装船字样

Para F6:
Terms such as "Shipped in apparent good order", "Laden on board", "Clean on board" or other phrases that incorporate "shipped" or "on board" have the same effect as the words "Shipped on board".

"已装运且表面状况良好(Shipped in apparent good order)"、"已装载船上(Laden on board)"、"清洁已装船(clean on board)",或其他包含"已装运(shipped)"或"已装船(on board)"字样的用语,与"已装船(Shipped on board)"具有相同效力。

卸货港
Port of Discharge

第 F7 段

卸货港与最终目的地栏位

Para F7:
a. The named port of discharge, as required by the credit, should appear in the port of discharge field within a non-negotiable sea waybill.

信用证要求的具名卸货港,应显示在不可转让海运单的卸货港栏位。

b. However, the named port of discharge may be stated in the field headed "Place of final destination" or words of similar effect provided there is a notation evidencing that the port of discharge is that stated under "Place of final destination" or words of similar effect. For example, when a credit requires shipment to be effected to Felixstowe, but Felixstowe is shown as the place of final destination instead of the port of discharge, this may be evidenced by a notation stating "Port of discharge Felixstowe".

然而,该具名卸货港也可以显示在"最终目的地"或类似栏位中,只要该不可转让海运单载有批注证明卸货港为"最终目的地"或类似栏位中的港口。例如,当信用证要求货物运送至费利克斯托港,但费利克斯托港显示为最终目的地而非卸货港时,可以通过"卸货港:费利克斯托"的批注予以证明。

第 F8 段

卸货港国别

Para F8:

A non-negotiable sea waybill is to indicate the port of discharge stated in the credit. When a credit indicates the port of discharge by also stating the country in which the port is located, the name of the country need not be stated.

不可转让海运单应显示信用证规定的卸货港。当信用证规定卸货港，也表明卸货港的所在国时，不可转让海运单无需显示该国别名称。

第 F9 段

卸货港的地理范围

Para F9:

When a credit indicates a geographical area or range of ports of discharge (for example, "Any European Port" or "Hamburg, Rotterdam, Antwerp port"), a non-negotiable sea waybill is to indicate the actual port of discharge, which is to be within that geographical area or range of ports. A non-negotiable sea waybill need not indicate the geographical area.

当信用证规定卸货港的地理区域或港口范围（例如，"任一欧洲港口"或"汉堡、鹿特丹、安特卫普港"）时，不可转让海运单应显示实际的卸货港，且其应位于该地理区域或港口范围之内。不可转让海运单无需显示该地理区域。

正本不可转让海运单

Original non-negotiable sea waybill

第 F10 段

出具及正本

Para F:

a. A non-negotiable sea waybill is to indicate the number of originals that have been issued.

不可转让海运单应注明所出具的正本份数。

b. Non-negotiable sea waybills marked "First Original", "Second Original", "Third Original", or "Original", "Duplicate", "Triplicate" or similar expressions are all originals.

标注"第一正本(First Original)"、"第二正本(Second Original)"、"第三正本(Third Original)"、或"正本(Original)"、"第二联(Duplicate)"、"第三联(Triplicate)"或类似字样的不可转让海运单,都是正本。

收货人、指示方、托运人和背书、被通知人

Consignee, order party, shipper and endorsement, and notify party

第F11段

收货人

Para F11:

a. When a credit requires a non-negotiable sea waybill to evidence that goods are consigned to a named entity, for example, "consigned to (named entity)", it is not to contain the expressions "to order" or "to order of" preceding the named entity, or the expression "or order" following the named entity, whether typed or pre-printed.

当信用证要求不可转让海运单表明以具名实体为收货人,例如,"收货人:(具名实体)[consigned to (named entity)]"时,提交的不可转让海运单不应在该具名实体前含有"凭指示(to order)"或"凭×××指示(to order of)"字样,也不应在其后注明"或凭指示(or order)"字样,无论该字样是打印还是预先印就。

b. When a credit requires a non-negotiable sea waybill to evidence that goods are consigned "to order of (named entity)", it may indicate that goods are consigned to that entity, without mentioning "to order of".

当信用证要求不可转让海运单表明收货人为"凭(具名实体)指示[to order of (named entity)]"时,其可以显示该实体为收货人,而无需提及"凭×××指示(to order of)"字样。

c. When a credit requires a non-negotiable sea waybill to evidence that goods are consigned "to order" without naming the entity to whose order the goods are to be consigned, it is to indicate that goods are consigned to either the issuing bank or the applicant, without the need to mention the words "to order".

当信用证要求不可转让海运单表明收货人为"凭指示(to order)",而未提及指示方的名称时,其应显示收货人为开证行或申请人,而无需提及"凭指示(to order)"字样。

【说明】

本段a款详细解读,参照提单。这或许与不可转让海运单的默认"不可转让性"有关。

该默认的"不可转让性",可能由于指示抬头而改变,海运单因此可能获得实际的"可转让性"。

本段 b 款和 c 款详细解读,参照空运单据。

第 F12 段

被通知人

Para F12:

a. When a credit stipulates the details of one or more notify parties, a non-negotiable sea waybill may also indicate the details of one or more additional notify parties.

当信用证规定一个或多个被通知人的细节时,不可转让海运也可以显示额外的一个或多个被通知人的细节。

b. ⅰ. When a credit does not stipulate the details of a notify party, a non-negotiable sea waybill may indicate the details of any notify party and in any manner (except as stated in paragraph F12(b)(ⅱ)).

当信用证未规定被通知人的细节时,不可转让海运单可以任何方式(第 F12 段 b 款 ⅱ 项表明的情形除外)显示任何被通知人的细节。

ⅱ. When a credit does not stipulate the details of a notify party, but the details of the applicant appear as notify party on a non-negotiable sea waybill, and these details include the applicant's address and contact details, they are not to conflict with those stated in the credit.

当信用证未规定被通知人的细节,而申请人信息包括申请人地址和联络细节显示为不可转让海运单上的被通知人时,这些内容不应与信用证规定的相关内容相矛盾。

第 F13 段

申请人与开证行名称

Para F13:

When a credit requires a non-negotiable sea waybill to evidence goods consigned to "issuing bank" or "applicant" or notify "applicant" or "issuing bank", a non-negotiable sea waybill is to indicate the name of the issuing bank or applicant, as applicable, but need not indicate their respective addresses or any contact details that may be stated in the credit.

当信用证要求不可转让海运单表明收货人为"开证行"或"申请人"或被通知人为"申请人"或"开证行"时,不可转让海运单应相应地显示开证行或申请人的名称,但无需显示信用证可能规定的其地址或任何联络细节。

第 F14 段

申请人地址及联络细节

Para F14:

When the address and contact details of the applicant appear as part of the consignee or notify party details, they are not to conflict with those stated in the credit.

当申请人地址和联络细节显示为收货人或被通知人细节的一部分时,其不应与信用证规定的相关内容相矛盾。

转运、部分装运及多套不可转让海运单

Transshipment, partial shipment and determining the presentation period when multiple sets of non-negotiable sea waybills are presented

第 F15 段

转 运

Para F15:

Transshipment is the unloading and reloading of goods from one vessel to another during the carriage of those goods from the port of loading to the port of discharge stated in the credit. When a non-negotiable sea waybill does not indicate unloading and reloading between these two ports, it is not transshipment in the context of the credit and UCP600 sub-articles 21 (b) and (c).

转运是指从信用证规定的装货港到卸货港之间的运输过程中,把货物从一艘船卸下再装上另一艘船。当不可转让海运单未显示在规定的两个港口之间卸货并重装时,则不属于信用证和 UCP600 第 21 条 b 款和 c 款下的转运。

第 F16 段

部分装运

Para F16:

Shipment on more than one vessel is a partial shipment, even if each vessel leaves on the same day for the same destination.

以一艘以上的船只进行的运输系部分装运,即便这些船只在同一天出发并前往同一目的地。

第 F17 段

多套不可转让海运单

Para F17:

a. When a credit prohibits partial shipment, and more than one set of original non-negotiable sea waybills are presented covering shipment from one or more ports of loading (as specifically allowed, or within a geographical area or range of ports stated in the credit), each set is to indicate that it covers the shipment of goods on the same vessel and same journey and that the goods are destined for the same port of discharge.

当信用证禁止部分装运,且提交一套以上的正本不可转让海运单,涵盖货物从一个或多个装货港(信用证明确允许或规定的地理区域或港口范围内)装运时,每套不可转让海运单都应显示其涵盖的货物运输系由同一艘船只经同一航程前往同一卸货港。

b. When a credit prohibits partial shipment, and more than one set of original non-negotiable sea waybills are presented in accordance with paragraph F17 (a) and incorporate different dates of shipment, the latest of these dates is to be used for the calculation of any presentation period and must fall on or before the latest shipment date stated in the credit.

当信用证禁止部分装运,且按照第F17段a款提交一套以上的正本不可转让海运单含有不同的装运日期时,应以其中最迟的日期计算交单期限,且该日期必须在信用证规定的最迟装运日期之前或当日。

c. When partial shipment is allowed, and more than one set of original non-negotiable sea waybills are presented as part of a single presentation made under one covering schedule or letter and incorporate different dates of shipment, on different vessels or the same vessel for a different journey, the earliest of these dates is to be used for the calculation of any presentation period, and each of these dates must fall on or before the latest shipment date stated in the credit.

当信用证允许部分装运,且提交一套以上的正本不可转让海运单作为同一面函项下单一交单的一部分,并含有装上不同船只或同一船只不同航程所对应的不同的装运日期时,应以其中最早的日期计算交单期限,且所有这些日期必须在信用证规定的最迟装运日期之前或当日。

清洁不可转让海运单
Clean non-negotiable sea waybills

第 F18 段

"不清洁"条款

Para F18:

A non-negotiable sea waybill is not to include a clause or clauses that expressly declare a defective condition of the goods or their packaging.

不可转让海运单不应含有明确声明货物或包装有缺陷状况的条款。

For example: 例如:

a. A clause on a non-negotiable sea waybill such as "packaging is not sufficient for the sea journey" or words of similar effect is an example of a clause expressly declaring a defective condition of the packaging.

不可转让海运单上载有的"包装无法满足海运航程(packaging is not sufficient for the sea journey)"或类似条款,即属于明确声明包装有缺陷状况的例子。

b. A clause on a non-negotiable sea waybill such as "packaging may not be sufficient for the sea journey" or words of similar effect does not expressly declare a defective condition of the packaging.

不可转让海运单上载有的"包装可能无法满足海运航程(packaging may not be sufficient for the sea journey)"或类似条款,并非明确声明包装有缺陷状况。

第 F19 段

"清洁"字样

Para F19:

a. It is not necessary for the word "clean" to appear on a non-negotiable sea waybill even when the credit requires a non-negotiable sea waybill to be marked "clean on board" or "clean".

"清洁(clean)"字样没有必要在不可转让海运单上显示,即便信用证要求不可转让海运单标明"清洁已装船(clean on board)"或"清洁(clean)"字样。

b. Deletion of the word "clean" on a non-negotiable sea waybill does not expressly declare a defective condition of the goods or their packaging.

删除不可转让海运单上"清洁(clean)"字样，并非明确声明货物或包装有缺陷状况。

货物描述
Goods description

第 F20 段

货物描述的统称

Para F20:
A goods description indicated on a non-negotiable sea waybill may be in general terms not in conflict with the goods description in the credit.

不可转让海运单上的货物描述可以使用与信用证所规定的货物描述不相矛盾的统称。

卸货港交货代理人
Indication of name and address of delivery agent at port of discharge

第 F21 段

卸货港交货代理的地址

Para F21:
When a credit requires a non-negotiable sea waybill to indicate the name, address and contact details of a delivery agent or words of similar effect, at or for the port of discharge, the address need not be one that is located at the port of discharge or within the same country as that of the port of discharge.

当信用证要求不可转让海运单显示卸货港的交货代理人或类似机构的名称、地址和联络细节时，其地址无需位于卸货港，也无需位于卸货港所在的同一国家。

更 正
Corrections and alterations("correction")

第 F22 段

正本与更正证实

Para F22:
Any correction of data on a non-negotiable sea waybill is to be authenticated. Such authentication is to appear to have been made by the carrier, master (captain) or any one of their named agents, who may be different from the agent that may have issued or signed a non-negotiable sea waybill, provided they are identified as an agent of the carrier or the master (captain).

不可转让海运单上的数据的任何更正均应证实。该证实应看似由承运人或船长,或者由其任一具名代理人作出,该代理人可以不同于出具或签署不可转让海运单的代理人,只要其表明作为承运人或船长的代理人身份。

第 F23 段

副本与更正证实

Para F23:
Copies of a non-negotiable sea waybill need not include authentication of any corrections that may have been made on the original.

不可转让海运单副本无需含有其正本上对任何更正可能作过的证实。

运费和额外费用

Freight and additional costs

第F24段

运　费

Para F24:

A statement appearing on a non-negotiable sea waybill indicating the payment of freight need not be identical to that stated in the credit, but is not to conflict with data in that document, any other stipulated document or the credit. For example, when a credit requires a non-negotiable sea waybill to be marked "freight payable at destination", it may be marked "freight collect".

不可转让海运单显示的运费支付声明，无需与信用证规定的等同一致，但不应与该单据、任何其他规定的单据或信用证中的数据相矛盾。例如，当信用证要求不可转让海运单标注"运费目的地支付（freight payable at destination）"时，其可以标注为"运费待收（freight collect）"。

第F25段

额外费用

Para F25:

a. When a credit states that costs additional to freight are not acceptable, a non-negotiable sea waybill is not to indicate that costs additional to the freight have been or will be incurred.

当信用证规定运费以外的费用不可接受时，不可转让海运单不应显示运费之外的费用已经或将要产生。

b. An indication of costs additional to freight may be made by express reference to additional costs or by the use of trade terms which refer to costs associated with the loading or unloading of goods, such as, but not limit to, Free In (FI), Free Out (FO), Free In and Out (FIO) and Free In and Out Stowed (FIOS).

当不可转让海运单显示运费以外的费用时，可以为明确提及额外费用，或使用与货物装卸费用相关的贸易专门用语表达，诸如但不限于，"船方不管装货[Free in (FI)]"、"船方不管卸货[Free Out (FO)]"、"船方不管装卸货[Free In and Out (FIO)]"及"船方不管装卸货及积载[Free In and Out Stowed (FIOS)]"。

c. Reference in a non-negotiable sea waybill to costs which may be levied, for example, as a result of a delay in unloading the goods, or after the goods have been unloaded (demurrage costs) or costs covering the late return of containers (detention costs) is not an indication of costs additional to freight.

不可转让海运单提到可能加收的费用,例如,卸货或卸货后的延迟费用(滞期费(demurrage costs)),或迟还集装箱的费用(滞箱费(detention costs)),均不属于显示运费以外的额外费用。

品读 **ISBP745**

租船提单
CHARTER PARTY BILL OF LADING

【导读】

本部分规定了租船提单的审核标准。

本部分重点解读租船提单所对应的租船运输,从而在特征、出具与签署、卸货港和港口范围、承运条款和条件、转运、混合货物、租船合同审核等方面与班轮海运提单相区别。相同之处,如功能、货权性与转让性等将一一略过,详见提单相关段落。

租船运输与班轮运输

船舶的最终用途,通常就是运输。这里仅涉及货物运输。"现代运输的特点是,船舶的所有权与经营权相分离,船东常常将自己的船舶租赁出去,收取固定的租金,这样可以降低船舶经营的风险,船公司也愿意租进船舶经营,这样使经营更加灵活,无需船舶购建的巨大投资。"[①]

我国最新的《海商法》:

第一百四十四条 光船租赁合同,是指船舶出租人向承租人提供不配备船员的船舶,在约定的期间内由承租人占有、使用和营运,并向出租人支付租金的合同。

这里指光船租赁,简称"光租",对应于光船租赁合同。"光船租赁方式是由船东和租船人的特殊目的而形成,首先船东的目的是仅把船舶作为投资对象,他们本身不是一般常规的航运公司,没有一套经营管理人员——他们造船的目的不是进行营运,而是把造好的船长期光租给航运公司,收取固定的租金确保投资回收和赚取利润,一些航运公司也有可能将船舶以光船租赁方式出租给其他航运公司。"

对于船公司来说,不管是自己拥有的船舶,还是光租经营的船舶,总是自己配备船员,用于对外提供运输服务。根据不同货物和不同交易对运输的不同需要,船公司对外提供的运输服务包括两种,即班轮运输和租船运输。

---

① 引自刘小统,《租约提单法律研究》,硕士论文,2002

第一,班轮运输,对应于班轮运输合同和班轮提单。

班轮运输属定期船运输(regular ship shipping),指固定的船舶按固定的航线、班期、沿途停泊港口,公布的固定运价从事航线上各港口间的货物运输。船公司作为承运人通常都负责装卸和转运。班轮运输主要用于小额成交的小批量件杂货物运输。件杂货物通常不足整船或整箱,所以,不得不与其他货物拼箱或拼船。20世纪60年代后半期,随着集装箱运输的迅猛发展,班轮运输又进一步分化为传统的件杂货班轮运输(即散货轮)和集装箱班轮运输[①]。相应地,班轮运输合同,通常又称为件杂货运输合同或集装箱运输合同。

班轮运输中,承运人要和为数众多的托运人分别签订运输合同,所以一般采用承运人或航运组织的格式条款,并把它印刷在提单上,即所谓提单条款,也就是通常列印在提单背面的承运条款。

正是由于作为约束承运人与托运人和收货人关系的提单条款,是由承运人单方面事先拟定的,这就可能使得其中的权利、义务规定失之公允,为此便产生了约束提单承运人权利的国际公约,比如《海牙规则》、《海牙—维斯比规则》、《汉堡规则》和2008年通过的《鹿特丹规则》。各国根据有关国际公约精神制定的国内法,比如我国最新的《海商法》,均规定承运人不得凭借提单条款推卸或减轻所应承担的责任和义务。

第二,租船运输,对应于租船运输合同和租船提单。

租船运输属不定期船运输(tramp ship shipping)。租船运输下航线、沿途停泊港口、运费或租金都不固定。租船运输下货物的装卸也不固定,按照约定或者由船东负责,或者由租船人负责。租船运输主要用于大宗物品运输。大宗物品通常整船,或接近整船,习惯以租借船舶或舱位方式运输。

实务中,租船运输对应的租船运输合同,也称为租船合同。

长期的租船运输实务中,形成了不同的租船运输方式,包括:

——航次租船:简称"程租",对应于航次租船合同。

我国最新的《海商法》:

第九十二条　航次租船合同,是指船舶出租人向承租人提供船舶或者船舶的部分舱位,装运约定的货物,从一港运至另一港,由承租人支付约定运费的合同。

——定期租船:简称"期租",对应于定期租船合同。

我国最新的《海商法》:

第一百二十九条　定期租船合同,是指船舶出租人向承租人提供约定的由出租人配备船员的船舶,由承租人在约定的期间内按照约定的用途使用,并支付租金的合同。

与班轮运输合同不同,签订租船合同时,船东与租船人常常以国际上有关的航运组织或货主组织制定的合同范本为基础,结合不同航线、不同货物、不同的租船方式,完全遵循"合同自

---

① 引自刘伟军,《THC法律问题研究》,2003年硕士论文

由"原则,进行适当地修改、补充,拟订承运条款和租船条款,一对一签订租船合同。

由于承运条款和租船条款常常变化,所以,根据租船合同签发的租船提单,一般并不像班轮提单那样在背面载有承运条款,而仅仅在正面载有"并入"条款以并入租船合同中的承运条款,即租船提单上托运人、承运人和收货人的权利与义务均以该租船合同为准。

UCP600 第 22 条的适用

Application of UCP600 Article 22

【导读】

需要注意的是,UCP600 第 22 条中的租船提单,属于《海商法》意义上的提单的一种。
本节规定了 UCP600 第 22 条的适用标准。

第 G1 段

租船提单的适用

与班轮提单不同,信用证对租船提单的要求有所不同。

> **Para G1:**
> When there is a requirement in a credit for the presentation of a charter party bill of lading, or when a credit allows presentation of a charter party bill of lading and a charter party bill of lading is presented, UCP600 article 22 is to be applied in the examination of that document.
>
> 当信用证要求提交租船提单,或信用证允许提交租船提单且实际提交租船提单时,UCP600 第 22 条应适用该单据的审核。

【解读】

信用证下默认不接受租船提单。当信用证要求时,必须提交租船提单。当信用证允许时,可以提交租船提单。当信用证要求,或信用证允许且实际提交了租船提单时,才适用本段审核。

为什么默认不接受租船提单呢?

首先,我们知道,租船提单与班轮提单的功能一样,均涵盖"合同证明"、"货物收据"和"货权凭证"三大功能。然而,租船提单所反映的租船运输合同与班轮提单所反映的班轮运输合同毕竟不同。班轮提单和班轮运输合同几乎都是格式条款,且经过监管当局审查备案。而租船提单所反映的运输合同,并不以经过监管当局备案审查过的承运人或航运组织的格式条款出现,而是船东和租船人依据"合同自由"原则,一对一自由协商的结果,所以,对于未参与合同签订的第三方持单人来说,其公平性难免令人怀疑。换言之,即便持有租船提单,持单人也常常对租船合同中权利和责任的内容并不知情,这样,持单人仅仅凭持有租船提单,向船东主张权利,显然不像班轮提单下那样方便。

我国最新《海商法》:
第九十五条 对按照航次租船合同运输的货物签发的提单,提单持有人不是承租人的,承运人与该提单持有人之间的权利、义务关系适用提单的约定。但是,提单中载明适用航次租船合同条款的,适用该航次租船合同的条款。

其次,在租船运输过程中,作为实际承运人的船东,必须听命于租船人,常常即为托运人,而租船运输大多涉及大宗物品,货物数量、金额都比较大,所以,租船提单下发生海事欺诈的可能性要比班轮提单下大得多。

正是租船提单的上述固有特点,导致收货人即使在信用证安排下付款赎单,也未必能确保收货安全。所以,对于银行来说,尽管租船提单与班轮提单一样代表货权,却默认不为信用证实务所接受。

事情并不绝对。在国际贸易中大宗货物的交易,使用租船运输,要求租船提单,却是行业习惯。换句话说,许多情况下,还是不得不接受租船提单。此时,信用证均会明确要求或允许提交租船提单。无论如何,对于买卖双方而言,均须慎重行事,不仅应考虑由谁租船,还要考虑租船合同的内容、运费和额外费用的支付,还要了解船公司的资信和船舶的适航性等,以防不测。

第 G2 段

租船提单的特征

什么是租船提单?

Para G2:
a. A transport document, however named, containing any indication that it is subject to, or any reference to, a charter party is deemed to be a charter party bill of lading.
运输单据包含其受租船合同约束的任何标示,或其对租船合同的任何援引,无论其如何命名,将被视为租船提单。
b. A transport document, however named, indicating expressions such as "freight payable as per charter party dated (with or without mentioning a date)"or"freight payable as per charter party", will be an indication that it is subject to a charter party.
运输单据注明用语,诸如"运费根据注明日期的租船合同(显示或不显示日期)支付(freight payable as per charter party dated (with or without mentioning a date))"或"运费根据租船合同支付(freight payable as per charter party)",无论其如何命名,都表示其受租船合同约束。

品读 ISBP745

【修订】

本段规定，措辞略有变化，含义没有变化。

本段规定，与租船提单对应的 UCP600 第 22 条 a 款的规定相一致："表明其受租船合同约束的提单（租船提单）……"，也与班轮提单对应的 UCP600 第 20 条 a 款第 vi 项的规定相呼应——"提单必须看似未表明受租船合同约束。"

【解读】

第一，租船提单必须表明受租船合同约束。

这是特征。换言之，表明受租船合同约束的提单，为租船提单；反之，租船提单必须表明受租船合同约束，或者说，未表明受租船合同约束的提单，则默认为班轮提单。

实务中，租船提单上的"表明受租船合同约束"——这一条款，通常称为"并入"租船合同条款，简称"并入"条款，可以是印就的，可以是批注的，可能是单独呈现，也可能与其他文字混在一起。租船提单，一般使用的是专门设计的格式，印就"并入"条款；极少数也使用班轮提单格式，另行批注"并入"条款。

实务中的"并入"条款，包括：

——subject to charter party；

——subject to charter party No. ... dated... between... and...

——all terms, conditions and exceptions as per charter party dated…

——all terms, conditions, rights and exceptions of charter party are incorporated herewith；

——this B/L is issued pursuant to the terms of charter party dated...

上述并入条款，填写和不填写租船合同日期，参照本段 b 款的规定，均算表明受租船合同约束。

第二，租船提单援引租船合同，也算表明受租船合同约束。比如：

[案例 246] R661/TA608：删除了并入条款的租船提单，还是租船提单吗？

案中，信用证要求了提单。提交的运输单据，Congenbill 格式，1978 年版，显示两行：

——第一行显示单据名称：Bill of Lading

——第二行显示了租船合同并入条款："To be used with charter parties."

其中，第二行表面上以字母"xxx"作删除更正，并加盖了更正证实章。

提单的运输单据预先印就的主体部分仍然保留了租船日期栏位，但留空："The printed box in the body of the document reserved for the date of a charter party has no date. ..."

这样的运输单据，是租船提单吗？

分析及结论：

显然，船公司意欲使该运输单据不受租船合同约束。

但是，国际商会说：运输单据虽然已经删除了明确受租船合同约束的条款，但是，仍然显示了与租船合同日期相关联，不应视为班轮提单。The requirement under (UCP500) Article 23 is that the bill of lading "contains no indication that it is subject to a charter party". The fact that the heading has been amended to remove reference to applicability of use with charter parties does not make the document acceptable under Article 23 due to the further reference to a charter party date. The UCP draws no distinction as to the manner in which "no indication" is to be applied and therefore any reference, including that stated in the Query, would make the document discrepant. The document must fully comply with the provisions of Article 23 to be acceptable.

点评：

运输单据正文的印就内容中明确提及的租船合同并入条款——"To be used with charter parties"，已经被删除。但是，运输单据的其他地方提及了租船合同及日期，这还是对租船合同的援引，换言之，仍然表明受租船合同约束。所以，还算租船提单。

引申：

如果提交的运输单据上的租船合同日期也删除，并加了更正证实，这是否就是班轮提单了呢？我们觉得不一定。班轮提单除了不得显示受租船合同约束之外，还必须满足UCP600第20条a款第ⅳ项的要求——"提单必须看似载有承运条款和条件，或提示承运条款和条件参见别处（简式/背面空白的提单）。银行将不审核承运条款和条件的内容。"

[案例247] 运输单据显示"the vessel is chartered"，这是租船提单吗？

案中，信用证要求提单，提交的提单上显示 the vessel is chartered，是否可以接受？

分析及结论：

我们认为，按理不可以接受。

该文句所提及的"船只已被包租（the vessel is chartered）"，完整地说，应为"本提单上显示的具名船只已经被包租了（the named vessel indicated on this B/L is chartered by one party）"。这不正表明提单下的运输系租船运输吗？如此，按理也算表明了该提单援引了租船合同，即算受租船合同约束。未见国际商会发表过针对性意见。

点评：

为什么？租船提单的标志，即"并入条款"，不限于明确表明受租船合同约束，还包括对租船合同的任何援引。

第三，运输单据如在运费支付条款中提及租船合同，不管是否还提及了租船合同日期，都算表明受租船合同约束，从而算租船提单。比如：

[案例248] R647/TA662 rev：常见的租船提单有哪几种形式？

案中，咨询者问：

1. 信用证要求海运提单。提交的运输单据显示所有的内容，包括提单名称、背面看似含有承运条款和条件，满足UCP600第20条下对班轮提单的要求，除了印就文句："Issued pursuant to charter party dated…"该文句没有在空白处填写租船日期。这是租船提单吗？

2. 信用证要求海运提单。提交的运输单据显示所有的内容，包括背面看似含有承运条款和条件，满足UCP600第20条下对班轮提单的要求，除了盖戳文句："Freight payable as per charter party"。这是租船提单吗？

3. 提交的运输单据显示所有的内容，包括背面看似含有承运条款和条件，满足UCP600第20条下对班轮提单的要求。此外，运输单据名称显示为："Charter Party Bill of Lading"。这是租船提单吗？如果是，那么，如何解释UCP600第22条对租船提单的要求中包含的文句：

品读 ISBP745

"无论如何命名（however named）"呢？

以上三个运输单据，均由具名承运人的具名代理签署。

国际商会在结论中说：这三种运输单据，都是租船合同的提单。

点评：

案中的租船提单是典型的三种形式。

遗憾的是，国际商会并没有解释租船提单下 UCP600 第 22 条 a 款中的文句——"无论如何命名（however named）"。其实，也同样需要解释班轮提单下 UCP600 第 20 条 a 款中的文句"无论如何命名（however named）"。

在表决此案之前的征求意见过程中，曾经一度出现相反的观点，即认为名称不用管，只要或只有内容符合相同条款的规定即可。

国际商会的最终意见表明，所谓的"无论如何命名（however named）"，并不绝对，如果其名称所代表的含义将影响到租船提单的判断时，将不得不管。

并入条款

租船提单上的"并入条款"如何发生的呢？

当租船提单由船公司出具给租船人，并由租船人持有时，由于租船人是租船合同当事人，此时，船公司与租船人的权利义务关系优先适用租船合同的规定，租船提单上的规定仅仅是租船合同的补充。此时，租船合同的承运条款和租船提单一起，才构成一个完整的货物运输合同，租船提单仍具有"合同证明"功能，虽然并不完全，也仍然具有"货物收据"和"货权凭证"功能。

当租船提单由船公司出具给租船人，却由租船人手里流转给第三人，或者货物由第三人托运，租船提单由船公司直接签发给该第三人时，由于该第三人不是租船合同的当事人，该租船提单具有完整的功能，船公司与持有租船提单的第三人之间的权利义务以该租船提单为准。一般地，该第三人不受租船合同的约束，即使他知道租船合同的存在。

此时，船公司将会面临一种尴尬的情况。对于船公司而言，一方面在作为提单托运人或持有人的第三人眼里，它是提单的承运人，因而受提单约束；另一方面在租船人眼里，它又是船东，因而受租船合同约束。换句话说，船东具有双重身份，同时受两份合同的约束。然而，这两份合同的规定，常常会互相冲突。当作为提单托运人或持有人的第三人，不受租船合同中与提单冲突或与适用提单法或国内法的条款，如留置权、其他请求及豁免等条款的约束时，船公司根据提单对货物的灭失、损害所承担的责任，就可能超过租船合同中的相应规定，使自己承担额外的风险。

因而，为规避风险，保护利益，船公司在签发租船提单时往往加上："租船合同中的所有术语、条款、条件和免责事项，均适用于提单，并视为并入本提单。（All the terms, conditions, clauses and exceptions contained in the said charter-party shall apply to this bill of lading are deemed to be incorporated therein.）"

正是因为租船运输下提单常常载有这样的条款，以"并入"租船合同的效力，所以，实务中此类条款称为"并入条款（Incorporation Clause）"，相应地，载有"并入条款"的提单便称为租船提单。

一般来说,"并入条款"至少有如下作用[①]:

——使船东或二船东避免在租船提单关系中承担的责任超过其在租船合同中承担的责任。这是"并入条款"最重要的作用,也是在租船提单中订立"并入条款"的主要目的所在。

——减少订立合同的磋商时间,从而节约成本。

——避免在租船提单中逐字逐句地重写租船合同条款,进而避免在租船提单中以无法阅读的细小印刷字体重新印制相关的租船合同条款。

——租船提单"并入条款"的一个重要目的就是企图使非租船合同当事人的租船提单持有人受租船合同的约束。因为当租船提单持有人接受此类租船提单时,也就意味着接受了租船提单中的"并入条款",从而接受了租船合同的约束。

值得注意的是,租船提单上"并入条款",仅仅对租船人以外的第三人发生效力。对于租船人来说,则直接受租船合同的约束。

我国最新的《海商法》:

第九十五条 对按照航次租船合同运输的货物签发的提单,提单持有人不是承租人的,承运人与该提单持有人之间的权利、义务关系适用提单的约定。但是,提单中载明适用航次租船合同条款的,适用该航次租船合同的条款。

第 G3 段

租船提单的辨析

实务中,租船提单常常使用格式名称或代码名称,如"Congenbill"或"Tanker bill of lading"。那么,使用这些名称的提单一定是租船提单吗?

Para G3:

A transport document, however named, containing a code name or form name usually associated with a charter party bill of lading, for example, "Congenbill" or "Tanker Bill of Lading" without any further indication or reference to a charter party, is not by itself an indication of, or reference to, a charter party.

运输单据含有通常与租船提单相关的代码名称或格式名称,例如,"康金提单(Congenbill)"或者"油轮提单(Tanker Bill of Lading)",而未进一步显示或援引租船合同,无论其如何命名,这本身并不属于显示或援引租船合同。

【修订】

本段规定属新增。

[①] 引自王能强,《提单并入条款若干法律问题研究》,硕士论文,2005

品读 ISBP745

【解读】

运输单据如名称为"Congenbill(康金提单)"或者"Tanker bill of lading(油轮提单)",可能是租船提单,也可能不是租船提单。比如:

[案例249]　R648/TA635 rev:运输单据名称为"Congenbill",这一定是租船提单吗?

案中,咨询者问:实务中,印就"Congenbill"名称的运输单据,设计之时就是作为租船提单。那么,此类运输单据真的就是租船提单吗?(It is widely known that a B/L marked in print "Congenbill 1978 (or 1994)" is designed for charter party B/Ls. Can said marking alone be considered "an indication" under sub-article 22 (a) that the presented B/L is a charter party B/L?)

分析及结论:

国际商会说:"此类运输单据,通常还会带有一行文句表明受租船合同约束。如果无此文句,则并不意味其一定是租船提单。(A 'congenbill' usually bears the heading 'Bill of Lading to be used with Charter Parties'. The presentation of this form of document without amendment to the stated terminology would be considered to be an 'indication that it[the bill of lading]is subject to a charter party'. However, where a 'congenbill' is presented without reference to 'to be used with Charter Parties', it would not, in itself, be an indication that it is subject to a charter party and would be acceptable.)"

点评:

换言之,运输单据名称为"Congenbill",可能是租船提单,也可能是班轮提单。

这意味着,虽然名称为"Congenbill"的运输单据是为租船提单而设计的格式,但其可能也会用来出具班轮提单,此时有关预先印就的"并入条款",必须删除干净。

[案例250]　R578/TA567 rev:运输单据名称为"Tanker Bill of Lading",这一定是租船提单吗?

案中,信用证进口石油,要求租船提单。

提交的运输单据名称为"Tanker Bill of Lading",并显示:"PURSUANT AND SUBJECT TO ALL TERMS AND CONDITIONS, LIBERTIES AND EXCEPTIONS AS PER VOYAGE CHARTER PARTY INDICATED HEREUNDER",并注明"FREIGHT PAYABLE AS PER CHARTER PARTY"。

咨询者问:"Tanker Bill of Lading",这可以接受吗?

分析及结论:

国际商会说:"信用证允许租船提单。而提交了油轮提单(tanker bill of lading),这是租船提单的一种形式,且内容多处均显示了对租船合同的援引。(The credit allowed for presentation of a charter party bill of lading. A tanker bill of lading is a form of charter party bill of lading, and from the content of the enquiry contained various references, on its face, to a charter party. Sub-Article 25(a) refers to the acceptability of a document "however named" that otherwise complies with the content of Article 25. The document meets the requirement of Article 25 and is not discrepant.)"

点评:

油轮提单是租船提单的一种,但是,其并不必然是租船提单,所以关键在于确认其是否对租船合同作出援引。

引申：

如果信用证直接要求油轮提单，且并无要求或允许提交租船提单，那么，提交了提单名称也是"油轮提单"，可以显示援引租船合同吗？我们认为，理应不可接受。未见国际商会发表过针对性意见。

康金提单的情况，与此同理。

签　署

Signing of a charter party bill of lading

【导读】

本节规定了租船提单签署的审核标准。

本节不涉及租船提单的出具和出具人。当然，这并不意味着租船提单没有出具人，没人承担出具人的承运责任。我们认为，租船提单不直接涉及出具及出具人，但仍有出具人，即租船合同上的共同承运人，并由其承担租船运输下的承运责任。

第 G4 段

签　署

租船提单会由谁签署呢？

Para G4：

a. A charter party bill of lading is to be signed in the form described in UCP600 sub-article 22(a)(ⅰ).

租船提单应按照UCP600第22条a款ⅰ项规定的方式签署。

b. When the master (captain), owner or charterer signs a charter party bill of lading, the signature of the master (captain), owner or charterer is to be identified as "master" ("captain"), "owner" or "charterer".

当租船提单由船长、船东或租船人签署租船提单时，其签字应表明"船长["master"("captain")]"、"船东（owner）"或"租船人（charterer）"身份。

c. When an agent signs a charter party bill of lading for [or on behalf of] the master (captain), owner, or charterer, the agent is to be named and, in addition, to indicate that it is signing as agent for[on behalf of]the master (captain), owner or charterer as the case may be.

当租船提单由代理人代船长、船东或租船人签署租船提单时，该代理人应具名，此外，应视情况注明其作为船长、船东或租船人的代理人签署。

ⅰ. When a charter party bill of lading is signed by an agent for [or on behalf of] the master (captain), the name of the master (captain) need not be stated.

当租船提单由船长的代理人签署时,无需注明船长姓名,

ⅱ. When a charter party bill of lading is signed by an agent for [or on behalf of] the owner or charterer, the name of the owner or charterer is to be stated.

当租船提单由船东或租船人的代理人签署时,应注明船东或租船人名称。

【解读】

本段规定的详细解读,可参见提单部分第 E5 段。

租船提单的签署与班轮提单略有不同,包括:

第一,租船提单签署时无须注明承运人。

为什么呢？我们认为,这主要与租船提单下承运责任和承运人的非标准化有关。在租船运输下,承运人责任分散在船东和租船人之间,并由租船合同约定。租船提单上租船合同"并入条款"的存在,已经意味着其必须与租船合同一起使用,如此才能界定承运责任,而租船提单即便显示一个"名义上"的承运人也只承担租船合同中确定的部分承运责任,而不会参照班轮运输承担全部承运责任。

所以,租船提单便无注明"名义上"的承运人的必要。换言之,即便租船提单上注明了"名义上"的承运人,也并没有满足 UCP 对租船提单签署的要求。比如:受益人提交的一份租船合同提单显示签署为:ABC co.,ltd. as agent for the carrier COSCO. 可以接受吗？不可接受。

第二,租船提单签署人除了船长及代理人外,还延伸至船东和租船人及代理人。

租船合同的当事人,称为船东和租船人,并不称"承运人"。但是,这并不意味着没有承运人。准确地说,租船合同上的船东和租船人理应是租船提单的共同承运人。相应地,租船提单归根结底是由共同承运人出具并签署。

租船合同中,往往会规定由合同双方中的特定一方或船长代表共同承运人向托运人签署租船提单。所以,这里的规定允许租船提单由船东、租船人或船长,或其代理人签署,归根结底,它们代表了租船合同中约定的共同承运人进行签署。

实务有时比较复杂。既然租船提单代表货权,便可能出现租船提单下的提货担保。比如:

[案例251] 租船提单下提货担保函的抬头,应该作成谁？是承运人吗？还是船长？还是谁？

大宗商品贸易通常整船,或接近整船,习惯以租借船舶或舱位方式运输,提交的往往是租船提单。与班轮提单相似,租船提单下提货担保必须基于"租船提单代表货权"这一前提。泛泛而言,租船提单的货权性与班轮提单没有两样,即通常都代表货权,持单人须凭单提货,承运人须凭单放货。相应地,既然租船提单代表货权,便与班轮提单一样,会出现"货先到港,等单提货"的情况,于是,为了避免昂贵的滞港费,就会出现提货担保。

那么,租船提单下提货担保函的抬头,应该作成谁呢？作成船长可以吗？

分析:

班轮提单几乎都会显示承运人,其对应的提货担保函抬头往往作成承运人。租船提单通常只会显示船长,而不会显示承运人,UCP600 第 22 条也没有要求租船提单显示承运人。我

们认为,谁在租船提单下承担凭单放货的责任,谁就应该是提货担保函的抬头。按理,承运人承担着租船提单下的凭单放货的责任,所以,提货担保函的抬头还是应作成承运人。而船长终归是承运人的代理人,并不承担租船提单下凭单放货的责任,也没有能力承担凭单放货的责任。显然,向船长出具担保提货函,没有实际意义。

然而,租船提单下有承运人吗?如前所述,租船提单下无须显示承运人,但这绝不意味着租船提单下没有承运人。准确地说,租船合同上的船东和租船人理应是租船运输的共同承运人。

结论:

在这个意义上,租船提单下的提货担保函,理应作成由租船人和船东组合而成的共同承运人抬头。

当然,实务中提货人往往不知道谁是租船人,谁又是船东。此时,只需要找到通知放货的人听他的即可,他说提货担保函抬头作成谁就可以作成谁,因为对于提货人来说,提货担保函的作用无非就是提货,通知放货的人只要愿意凭提货担保函放货,承运人到底是谁就不重要。

装船批注、装运日期、前程运输、收货地及装货港

On board notation, date of shipment, pre-carriage, place of receipt and port of loading

第 G5 段

已装船、装运日期与装货港

Para G5:

a. When a pre-printed "Shipped on board" charter party bill of lading is presented, its issuance date will be deemed to be the date of shipment unless it bears a separate dated on board notation. In the latter event, such date will be deemed to be the date of shipment whether that date is before or after the issuance date of the charter party bill of lading. The on board date may also be indicated in a designated field or box.

当提交预先印就"已装船(shipped on board)"字样的租船提单时,其出具日期将被视为装运日期,除非其载有单独注明日期的装船批注。在后一种情况下,该装船批注日期将被视为装运日期,不论其早于或晚于租船提单的出具日期。装船批注日期也可以显示在指定栏位或方框中。

b. Notwithstanding that a credit may require a charter party bill of lading to evidence a port-to-port shipment:

尽管信用证可能要求租船提单表明港至港运输,但是:

i. When a charter party bill of lading indicates a place of receipt that is the same as the port of loading, for example, place of receipt Rotterdam CY and port of loading Rotterdam, and there is no indication of a means of pre-carriage (either in the pre-carriage field or the place of receipt field); or

当租船提单显示了与装货港相同的收货地,例如,收货地:鹿特丹堆场,装货港:鹿特丹,且(在前程运输栏位或收货地栏位)未显示前程运输工具时;或者

ii. When a charter party bill of lading indicates a place of receipt different from the port of loading, for example, place of receipt Amsterdam and port of loading Rotterdam, and there is no indication of a means of pre-carriage (either in the pre-carriage field or the place of receipt field), then:

当租船提单显示不同于装货港的收货地,例如,收货地为阿姆斯特丹,装货港为鹿特丹,且(在前程运输栏位或收货地栏位)未显示前程运输工具时:

(a) When a charter party bill of lading is pre-printed "shipped on board", the date of issue will be deemed to be the date of shipment, and no further on board notation is required.

如果租船提单预先印就"已装船(shipped on board)"字样,那么其出具日期将被视为装运日期,而无需再加装船批注。

(b) When a charter party bill of lading is pre-printed "received for shipment", a dated on board notation is required, and the date appearing in the notation will be deemed to be the date of shipment. The on board date may also be indicated in a designated field or box.

如果租船提单预先印就"收妥待运(received for shipment)"字样,那么该租船提单需要载有注明日期的装船批注,装船批注日期将被视为装运日期。装船批注日期也可以显示在指定栏位或方框中。

c. Notwithstanding that a credit may require a charter party bill of lading to evidence a port-to-port shipment, when a charter party bill of lading:

尽管信用证可能要求租船提单表明港至港运输,但是:

i. indicates a place of receipt different from the port of loading, for example, place of receipt Amsterdam and port of loading Rotterdam, and there is an indication of a means of pre-carriage (either in the pre-carriage field or the place of receipt field), regardless of whether it is pre-printed "shipped on board" or "received for shipment", it is to bear a dated on board notation which also indicates the name of the vessel and the port of loading stated in the credit. Such notation may also appear in a designated field or box. The date appearing in the on board notation or designated field or box will be deemed to be the date of shipment.

当租船提单显示不同于装货港的收货地,例如,收货地为阿姆斯特丹,装货港为鹿特丹,且(在前程运输栏位或收货地栏位)显示前程运输工具时,无论其是否预先印就"已装船(shipped on board)"或"收妥待运(received for shipment)"字样,该租船提单都应载有注明日期的装船批注,该批注还应包括船名和信用证规定的装货港。该批注也可以显示在指定栏位或方框中。装船批注或指定栏位或方框中显示的日期,将被视为装运日期。

ii. indicates a means of pre-carriage (either in the pre-carriage field or the place of receipt field), no matter if no place of receipt is stated, or whether it is pre-printed "shipped on board" or "received for shipment", it is to bear a dated on board notation which also indicates the name of the vessel and the port of loading stated in the credit. Such notation may also appear in a designated field or box. The date appearing in the on board notation or designated field or box will be deemed to be the date of shipment.

当租船提单(在前程运输栏位或收货地栏位)显示前程运输工具时,无论其是否显示收货地,也无论其是否预先印就"已装船(shipped on board)"或"收妥待运(received for shipment)"字样,该租船提单都应载有注明日期的装船批注,该批注还应包括船名和信用证规定的装货港。该批注也可以显示在指定栏位或方框中。装船批注或指定栏位或方框中显示的日期,将被视为装运日期。

d. When a charter party bill of lading indicates wording such as "When the place of receipt box has been completed, any notation on this charter party bill of lading of 'on board', 'loaded on board' or words of similar effect shall be deemed to be on board the means of transportation performing the carriage from the place of receipt to the port of loading" or words of similar effect, and if, in addition, the place of receipt box is completed, a charter party bill of lading is to bear a dated on board notation. The dated on board notation is also to indicate the name of the vessel and port of loading stated in the credit. Such notation may also appear in a designated field or box. The date appearing in the on board notation or designated field or box will be deemed to be the date of shipment.

当租船提单显示,例如,"当收货地栏位已经填写时,租船提单上任何'已装船'、'已装载船上'或类似批注,将被视为货物已装载到从收货地至装货港的前程运输工具上(When the place of receipt box has been completed, any notation on this charter party bill of lading of 'on board', 'loaded on board' or words of similar effect shall be deemed to be on board the means of transportation performing the carriage from the place of receipt to the port of loading)"或类似措辞,此外,收货地栏位如已经填写,那么该租船提单应载有注明日期的装船批注。该注明日期的装船批注还应包括船名和信用证规定的装货港。该批注也可以显示在指定栏位或方框中。装船批注或指定栏位或方框中显示的日期,将被视为装运日期。

e. The named port of loading, as required by the credit, should appear in the port of loading field on a charter party bill of lading. However, it may also be stated in the field headed "Place of receipt" or words of similar effect, provided there is a dated on board notation evidencing that the goods were shipped on board a named vessel at the port stated under "Place of receipt" or words of similar effect.

信用证要求的具名装货港应显示在租船提单的装货港栏位。然而,只要注明日期的装船批注证明货物在"收货地"或类似栏位中的港口装上具名船只,该具名装货港也可以显示在"收货地"或类似栏位中。

f. A charter party bill of lading is to indicate the port of loading stated in the credit. When a credit indicates the port of loading by also stating the country in which the port is located, the name of the country need not be stated.

租船提单应显示信用证规定的装货港。当信用证规定装货港,也表明该港口的所在国时,租船提单无需注明该国别名称。

g. When a credit indicates a geographical area or range of ports of loading (for example, "Any European Port" or "Hamburg, Rotterdam, Antwerp port"), a charter party bill of lading is to indicate the actual port of loading, which are to be within that geographical area or range of ports. A charter party bill of lading need not indicate the geographical area.

当信用证规定装货港的地理区域或港口范围(例如,"任一欧洲港口"或"汉堡、鹿特丹、安特卫普港")时,租船提单应显示实际的装货港,且其应位于该地理区域或港口范围之内。租船提单无需显示该地理区域。

h. When a charter party bill of lading indicates more than one port of loading, it is to evidence an on board notation with the relevant on board date for each port of loading, regardless of whether it is pre-printed "received for shipment" or "shipped on board". For example, when a charter party bill of lading indicates that shipment has been effected from Brisbane and Adelaide, a dated on board notation is required for both Brisbane and Adelaide.

当租船提单显示一个以上的装货港时,无论其是否预先印就"收妥待运"或"已装船"字样,该租船提单应表明装船批注并注明每个装货港所对应的装船日期。例如,当租船提单显示从布里斯班港和阿德莱德港装运时,便要求关于布里斯班港和阿德莱德港的注明日期的装船批注。

第 G6 段

装船字样

Para G6:

Terms such as "Shipped in apparent good order", "Laden on board", "Clean on board" or other phrases that incorporate "shipped" or "on board" have the same effect as the words "Shipped on board".

"已装运且表面状况良好(Shipped in apparent good order)"、"已装载船上(Laden on board)"、"清洁已装船(clean on board)",或其他包含"已装运(shipped)"或"已装船(on board)"字样的用语,与"已装船(Shipped on board)"具有相同效力。

卸货港

Port of Discharge

【导读】

本节规定了租船提单的卸货港的审核标准。

这里重点解读第 G9 段所提到的租船提单的卸货港的地理范围。

第 G7 段

卸货港与最终目的地栏位

Para G7:

a. The named port of discharge, as required by the credit, should appear in the port of discharge field within a charter party bill of lading.

信用证要求的具名卸货港,应显示在租船提单的卸货港栏位。

b. However, the named port of discharge may be stated in the field headed "Place of final destination" or words of similar effect provided there is a notation evidencing that the port of discharge is that stated under "Place of final destination" or words of similar effect. For example, when a credit requires shipment to be effected to Felixstowe, but Felixstowe is shown as the place of final destination instead of the port of discharge, this may be evidenced by a notation stating "Port of discharge Felixstowe".

然而,该具名卸货港也可以显示在"最终目的地"或类似栏位中,只要租船提单载有批注证明卸货港为"最终目的地"或类似栏位中的港口。例如,当信用证要求货物运送至费利克斯托港,但费利克斯托港显示为最终目的地而非卸货港时,可以通过"卸货港:费利克斯托"的批注予以证明。

第 G8 段

卸货港及国别

Para G8:

A charter party bill of lading is to indicate the port of discharge stated in the credit. When a credit indicates the port of discharge by also stating the country in which the port is located, the name of the country need not be stated.

租船提单应显示信用证规定的卸货港。当信用证规定卸货港,也表明该港口的所在国时,租船提单无需显示该国别名称。

第 G9 段

卸货港及地理范围

租船提单显示的卸货港,是否必须为实际港口吗?

Para G9:
When a credit indicates a geographical area or range of ports of discharge (for example, "Any European Port" or "Hamburg, Rotterdam, Antwerp port"), a charter party bill of lading may indicate the actual port of discharge, which is to be within that geographical area or range of ports, or it may also show the geographical area or range of ports as the port of discharge.
当信用证规定卸货港的地理区域或港口范围(例如,"任一欧洲港口"或"汉堡、鹿特丹、安特卫普港")时,租船提单可以显示实际的卸货港,且其应位于该地理区域或港口范围之内,也可以显示该地理区域或港口范围作为卸货港。

【解读】
租船提单卸货港可以显示为信用证规定的地理区域或港口范围,也可以显示该范围内的实际卸货港。

比如:R281中,信用证允许租船提单,目的港:South China port,提交的租船提单显示目的港:one South China port. 国际商会在分析中说:When the buyers and sellers have not, at the time, decided upon the actural port, the ship will carry the cargo on a "for orders" basis, i. e. the master/owners will be notified in due course as to the port to which delivery should be made. 在结论中又说:Given the nature of charter party agreements and in the absence of any instructions to the contrary in the L/C, it is considered that the charter party bill of lading was acceptable showing discharge at "South China port".

这一点,与装货港不同,也与提单不同。

为什么呢? 租船运输下,涉及的是大宗货物,如煤炭、矿砂、石油等。租船提单出具之时,货物具体要销售到哪里,要在哪里靠港,哪里卸货,常常无法事先确定。无疑地,这里的规定尊重了这一实务。

正本租船提单

Original charter party bill of lading

第 G10 段

出具及正本

Para G10:
a. A charter party bill of lading is to indicate the number of originals that have been issued.
租船提单应注明所出具的正本份数。
b. Charter party bills of lading marked "First Original", "Second Original", "Third

Original", or "Original", "Duplicate", "Triplicate" or similar expressions are all originals.

标注"第一正本(First Original)"、"第二正本(Second Original)"、"第三正本(Third Original)"、或"正本(Original)"、"第二联(Duplicate)"、"第三联(Triplicate)"或类似字样的租船提单,都是正本。

收货人、指示方、托运人和背书、被通知人
Consignee, order party, shipper and endorsement, and notify party

第 G11 段

记名抬头

Para G11:
When a credit requires a charter party bill of lading to evidence that goods are consigned to a named entity, for example, "consigned to (named entity)" (i. e., a "straight" charter party bill of lading or consignment), rather than "to order" or "to order of (named entity)", it is not to contain the expressions "to order" or "to order of" preceding the named entity, or the expression "or order" following the named entity, whether typed or pre-printed.

当信用证要求租船提单表明以具名实体为收货人,例如,"收货人:(具名实体)[consigned to (named entity)]"(即,"记名"租船提单),而非"收货人:凭指示(to order)"或"收货人:凭(具名实体)指示[to order of (named entity)]"时,提交的租船提单不应在该具名实体前含有"凭指示(to order)"或"凭×××指示(to order of)"字样,也不应在其后注明"或凭指示(or order)"字样,无论该字样是打印还是预先印就。

第 G12 段

指示抬头

Para G12:
a. When a charter party bill of lading is issued "to order" or "to order of the shipper", it is to be endorsed by the shipper. An endorsement may be made by a named entity other than the shipper, provided the endorsement is made for [or on behalf of] the shipper.

当租船提单收货人做成"凭指示(to order)"或"凭托运人指示(to order of the shipper)"时,该租船提单应由托运人背书。背书也可以由托运人之外的具名实体作出,只要其表明是为或代表[for [or on behalf of]]托运人行事。

b. When a credit requires a charter party bill of lading to evidence that goods are consigned "to order of (named entity)", it is not to indicate that goods are straight consigned to that named entity.

当信用证要求租船提单表明收货人为"凭（具名实体）指示[to order of (named entity)]"时，其不应显示收货人为该具名实体。

第 G13 段

被通知人

Para G13：

a. When a credit stipulates the details of one or more notify parties, a charter party bill of lading may also indicate the details of one or more additional notify parties.

当信用证规定一个或多个被通知人的细节时，租船提单也可以显示额外的一个或多个被通知人的细节。

b. ⅰ. When a credit does not stipulate the details of a notify party, a charter party bill of lading may indicate the details of any notify party and in any manner (except as stated in paragraph G13(b)(ⅱ)).

当信用证未规定被通知人的细节时，租船提单可以任何方式（第 G13 段 b 款 ⅱ 项表明的情形除外）显示任何被通知人的细节。

ⅱ. When a credit does not stipulate the details of a notify party, but the details of the applicant appear as notify party on a charter party bill of lading, and these details include the applicant's address and contact details, they are not to conflict with those stated in the credit.

当信用证未规定被通知人的细节，而申请人信息包括申请人地址和联络细节显示为租船提单上的被通知人时，这些内容不应与信用证规定的相关内容相矛盾。

第 G14 段

申请人与开证行名称

Para G14：

When a credit requires a charter party bill of lading to evidence goods consigned to or to order of "issuing bank" or "applicant" or notify "applicant" or "issuing bank", a charter party bill of lading is to indicate the name of the issuing bank or applicant, as applicable, but need not indicate their respective addresses or any contact details that may be stated in the credit.

当信用证要求租船提单表明收货人为"开证行"或"申请人"，或凭"开证行"或"申请人"指示，或被通知人为"申请人"或"开证行"时，该租船提单应相应地显示开证行或申请人的名称，但无需显示信用证可能规定的其地址或任何联络细节。

第 G15 段

申请人地址及联络细节

Para G15:
When the address and contact details of the applicant appear as part of the consignee or notify party details, they are not to conflict with those stated in the credit.

当申请人地址和联络细节显示为收货人或被通知人细节的一部分时,其不应与信用证规定的相关内容相矛盾。

部分装运及多套租船提单

Partial shipment and determining the presentation period when multiple sets of charter party bills of lading are presented

【导读】

本节规定了租船提单下部分装运的审核标准。

本节规定不涉及转运。

这里重点解读一下租船提单的转运和第 G17 段所涉及的多套租船提单的卸货港。

转运

租船运输的是大宗物品,所以,通常情况下租船提单并不存在转运,即货物从一条船卸下,再换装上另一条船的情况。相应地,这里的规定也没有涉及转运的内容。

但是,这一情况并不绝对。比如:

[案例 252] R761/TA751 rev:多套租船提单对应于转运,可以吗?
案中,信用证包含以下条款:
43T-Transshipment:ALLOWED
44E-Port of Loading:VENTSPILS
44F-Port of Discharge:YALOVA,TURKEY
47A-Additional Conditions:Charter party bill of lading is acceptable.
受益人提交了两套单独的租船提单,这两套租船提单将信用证中规定的运输路线拆分成连续的两段,表明货物由两艘不同的船只进行连续运输。
两套租船提单中相关栏位的填写如下图所示:
租船提单 NO.1

品读 ISBP745

Vessel	Port of Loading
ANTRACYTH	VENTSPILS/LATVIA
Port of Discharge	
ANTWERP OR ROTTERDAM FOR TRANSSHIPMENT ON MT CHEMICAL STAR	

租船提单 NO.2

Vessel	Port of Loading
CHEMICAL STAR	ROTTERDAM
Port of Discharge	
YALOVA,TURKEY	

咨询者问：

1. 上述租船提单是否可接受？
2. 如果这样的租船提单不可接受，那应该以什么样的理由来拒付此类租船提单？

分析及结论：

国际商会说：

既然信用证明确规定允许发生转运，那么申请人和开证行就应该意识到在货物运至目的地的过程中可能或将会有两条或更多条船只参与其中。基于此，再加上UCP600第22条对转运没有特别规定，那么申请人和开证行就有责任确保信用证条款能准确地描述或者反映转运是如何体现在提交的一套或者多套提单上。

由于信用证中并无关于如何在租船提单上证明发生了转运的指示，那么受益人就有权选择提交一套可能表明或者没有表明转运细节的完整的租船提单，或者像此案一样，提供两套单独的租船提单，共同证明货物从信用证规定的装运港运至信用证规定的卸货港。

因此，上述两套租船提单是可以接受的。

点评：

一般来说，租船合同下所租船舶应该是唯一与固定的，发生转运的概率很小，所以UCP600第22条没有对转运作出规定。

租船提单下如果确有必要转运，显然，可以参照UCP600第20条的班轮提单掌握。

第G16段

部分装运

Para G16:

Shipment on more than one vessel is a partial shipment, even if each vessel leaves on the same day for the same destination.

以一艘以上的船只进行的运输系部分装运，即便这些船只在同一天出发并前往同一目的地。

第 G17 段

多套租船提单

多套租船提单下,是否必然意味着部分装运呢?

Para G17:

a. When a credit prohibits partial shipment, and more than one set of original charter party bills of lading are presented covering shipment from one or more ports of loading (as specifically allowed, or within a geographical area or range of ports stated in the credit), each set is to indicate that it covers the shipment of goods on the same vessel and same journey and that the goods are destined for the same port of discharge, geographical area or range of ports.

当信用证禁止部分装运,且提交一套以上的正本租船提单,涵盖货物从一个或多个装货港(信用证明确允许或规定的地理区域或港口范围内)装运时,每套租船提单都应显示其涵盖的货物运输系由同一艘船经同一航程前往同一卸货港、同一地理区域或港口范围。

b. When a credit prohibits partial shipment, and more than one set of original charter party bills of lading are presented in accordance with G17(a) and incorporate different dates of shipment, or one set of original charter party bills of lading is presented indicating different dates of shipment, the latest of these dates is to be used for the calculation of any presentation period and must fall on or before the latest shipment date stated in the credit.

当信用证禁止部分装运,且按照第 G17 段 a 款提交一套以上的正本租船提单含有不同的装运日期,或者一套正本租船提单注明不同的装运日期时,应以其中最迟的日期计算交单期限,且该日期必须在信用证规定的最迟装运日期之前或当日。

c. When partial shipment is allowed, and more than one set of original charter party bills of lading are presented as part of a single presentation made under one covering schedule or letter and incorporate different dates of shipment, on different vessels or the same vessel for a different journey, the earliest of these dates is to be used for the calculation of any presentation period, and each of these dates must fall on or before the latest shipment date stated in the credit.

当信用证允许部分装运,且提交一套以上的正本租船提单作为同一面函项下单一交单的一部分,并含有装上不同船只或同一船只不同航程所对应的不同的装运日期时,应以其中最早的日期计算交单期限,且所有这些日期必须在信用证规定的最迟装运日期之前或当日。

【解读】

请注意,与班轮提单略有不同的是,多套租船提单涉及卸货港,可以是实际卸货港,也可以是一个地理范围。

本段的规定实际上是对 UCP600 的规定作出了补充解释:

品读 ISBP745

UCP600 第 31 条 b 款：

A presentation consisting of more than one set of transport documents evidencing shipment commencing on the same means of conveyance and for the same journey, provided they indicate the same destination, will not be regarded as covering a partial shipment, even if they indicate different dates of shipment or different ports of loading, places of taking in charge or dispatch. If the presentation consists of more than one set of transport documents, the latest date of shipment as evidenced on any of the sets of transport documents will be regarded as the date of shipment.

表明使用同一运输工具并经由同次航程运输的数套运输单据在同一次提交时，只要显示相同目的地，将不视为部分装运，即使运输单据上标明的装运日期不同或装货港、接管地或发送地点不同。如果交单由数套运输单据构成，其中最晚的一个装运日将被视为装运日。

UCP600 的这一规定对应于 UCP500 第 41 条 b 款。比如：

[案例 253]　R368：多套租船提单多个卸货港，构成部分装运吗？

案中，信用证不允许部分装运，要求租船提单，shipment from Country A and Country B to two Country C ports latest 15 August 1997. 受益人提交了三套租船提单，显示了同一个航次，如下：

——第 1 套：shipment from Port S, port of Country A to Port H, Country C with on board date 8 August 1997；

——第 2 套：shipment from Port S, port of Country A to Port X, Country C with on board date 8 August 1997；

——第 3 套：shipment from Port R, port of Country A to Port X, Country C with on board date 13 August 1997。

结果，开证行拒付说：三套租船提单显示了两个卸货港，构成部分装运，不可接受。

分析及结论：

国际商会说：这是可以接受的，因为信用证要求租船提单下允许货物运至两个卸货港的规定已经对"同一目的地"作出了新的解释。The credit was specific in requesting that shipment be effected from Country A and Country B to two Country C ports, but stated that partial shipments were not allowed. The inclusion of reference to "two Country C ports" is not a clause on would expect where the credit also specifies partial shipments not allowed. There is some ambiguity as to what the issuing bank expected to receive. The logical interpretation is that shipment was to be effected to two Country C ports in one shipment, thereby overruling the clause in (UCP500) sub-Article 40(b) which reads "…provided they indicate the same destination…"

点评：

信用证要求租船提单，而租船提单下允许卸货港显示一个区域范围。我们认为，这本身已经意味着多套租船提单下显示多个卸货港，不会直接影响是否构成部分装运的认定。这是租船提单的特殊之处。

与其认为，这是信用证对卸货港口作出了特别规定，不如说这是租船提单的特性使然。

清洁租船提单

Clean charter party bills of lading

第 G18 段

不清洁条款

Para G18:
 A charter party bill of lading is not to include a clause or clauses that expressly declare a defective condition of the goods or their packaging.

租船提单不应含有明确声明货物或包装有缺陷状况的条款。

For example:

例如:

 a. A clause on a charter party bill of lading such as "packaging is not sufficient for the sea journey" or words of similar effect is an example of a clause expressly declaring a defective condition of the packaging.

租船提单上载有的"包装无法满足海运航程(packaging is not sufficient for the sea journey)"或类似条款,即属于明确声明包装有缺陷状况的例子。

 b. A clause on a charter party bill of lading such as "packaging may not be sufficient for the sea journey" or words of similar effect does not expressly declare a defective condition of the packaging.

租船提单上载有的"包装可能无法满足海运航程(packaging may not be sufficient for the sea journey)"或类似条款,并非明确声明包装有缺陷状况。

第 G19 段

"清洁"字样

Para G19:
 a. It is not necessary for the word "clean" to appear on a charter party bill of lading even when the credit requires a charter party bill of lading to be marked "clean on board" or "clean".

"清洁(clean)"字样没有必要在租船提单上显示,即便信用证要求租船提单标明"清洁已装船(clean on board)"或"清洁(clean)"字样。

b. Deletion of the word "clean" on a charter party bill of lading does not expressly declare a defective condition of the goods or their packaging.

删除租船提单上的"清洁(clean)"字样,并非明确声明货物或包装有缺陷状况。

货物描述

Goods description

【导读】

本节规定了租船提单货物描述的审核标准。

这里重点解读第 G21 段下租船提单所涉及的大宗商品运输中常见的"混合货物"。

第 G20 段

货物描述的统称

Para G20:

A goods description indicated on a charter party bill of lading may be in general terms not in conflict with the goods description in the credit.

租船提单上的货物描述可以使用与信用证所规定的货物描述不相矛盾的统称。

第 G21 段

混合货物

租船运输主要适用于大宗商品。

实务中,常常存在多套租船提单对应的大宗商品混在一起。可以接受吗?

Para G21:

A charter party bill of lading may indicate that the goods are part of a larger consignment loaded onto the named vessel by reference to "without segregation", "commingled" or words of similar effect.

通过援引"未隔离(without segregation)"或"被混合(commingled)"或类似措辞,租船提单可以表明货物仅为已装载具名船只上的大宗货物(larger consignment)的一部分。

【修订】

本段规定属新增。

【解读】
租船提单可以显示"未隔离"或"被混合",以表明其对应的货物与其他租船提单对应的货物混合在一起运输,即其对应的货物只是一个装载船上的更大货物的一部分。

为什么呢?大宗商品,往往是标准化的货物,在运输过程中混合在一起,这是实务。收货人关心的是持有租船提单代表的货权,以及提货时其对应的同种规格货物的数量,其他则不太重要。

更　　正

Corrections and alterations

第 G22 段

正本与更正证实

Para G22:
Any correction of data on a charter party bill of lading is to be authenticated. Such authentication is to appear to have been made by the master (captain), owner, charterer or any one of their named agents, who may be different from the agent that may have issued or signed a charter party bill of lading, provided they are identified as an agent of the master (captain), owner or charterer.

租船提单上数据的任何更正均应证实。该证实应看似由船长、船东、租船人,或者其任一具名代理人作出,该代理人可以不同于出具或签署租船提单的代理人,只要其表明作为船长、船东或租船人的代理人身份。

【说明】
请注意,与班轮提单略有不同的是,正本租船提单的更正证实人,不涉及承运人及其代理人,但可以是船东或租船人及其代理人。

第 G23 段

副本与更正证实

Para G23:
Non-negotiable copies of a charter party bill of lading need not include authentication of any corrections that may have been made on the original.

不可转让的租船提单副本无需含有其正本上对任何更正可能作过的证实。

运费和额外费用

Freight and additional costs

第 G24 段

运　　费

Para G24:

A statement appearing on a charter party bill of lading indicating the payment of freight need not be identical to that stated in the credit, but is not to conflict with data in that document, any other stipulated document or the credit. For example, when a credit requires a charter party bill of lading to be marked "freight payable at destination", it may be marked "freight collect".

租船提单显示的运费支付声明，无需与信用证规定的等同一致，但不得与该单据、任何其他规定的单据或信用证中的数据相矛盾。例如，当信用证要求租船提单标注"运费目的地支付（freight payable at destination）"时，其可以标注为"运费待收（freight collect）"。

第 G25 段

额外费用

Para G25:

a. When a credit states that costs additional to freight are not acceptable, a charter party bill of lading is not to indicate that costs additional to the freight have been or will be incurred.

当信用证规定运费以外的费用不可接受时，租船提单不应显示运费之外的其他费用已经或将要产生。

b. An indication of costs additional to freight may be made by express reference to additional costs or by the use of trade terms which refer to costs associated with the loading or unloading of goods, such as, but not limit to, Free In (FI), Free Out (FO), Free In and Out (FIO) and Free In and Out Stowed (FIOS).

当租船提单显示运费以外的费用时，可以为明确提及额外费用，或使用与货物装卸费用相关的贸易专门用语表达，诸如但不限于，"船方不管装货[Free in (FI)]"、"船方不管卸货[Free Out (FO)]"、"船方不管装卸货[Free In and Out (FIO)]"及"船方不管装卸货及积载[Free In and Out Stowed (FIOS)]"。

c. Reference in a charter party bill of lading to costs which may be levied, for example, as a result of a delay in unloading the goods or after the goods have been unloaded (demurrage costs) is not an indication of costs additional to freight.

租船提单提到可能加收的费用,例如,卸货或卸货后的延迟可能加收的费用(滞期费(demurrage costs)),不属于显示运费以外的额外费用。

【说明】

请注意,与班轮提单略有不同的是,租船提单提及的运费以外的额外费用的例外时,不涉及延迟退回集装箱的滞箱费。因为租船提单几乎不会出现集装箱运输。

货物由多套租船提单涵盖

Goods covered by more than one charter party bill of lading

第 G26 段

多套租船提单对应同一货物

Para G26:

A charter party bill of lading is not to expressly state that goods covered by that charter party bill of lading will only be released upon its surrender together with one or more other charter party bill of lading, unless all of the referenced charter party bills of lading form part of the same presentation under the same credit. 租船提单不应明确声明,仅在该租船提单和其他一套或多套租船提单一并提交时,该租船提单涵盖的货物才能被释放,除非所有提及的租船提单构成同一信用证项下同一交单的一部分。

For example, "[Cargo ××××]is covered by B/L No. YYY and ZZZ, and can only be released to a single merchant upon presentation of all charter party bills of lading of that merchant" is considered to be an express statement that one or more other charter party bills of lading, related to the referenced cargo, must be surrendered prior to the goods being released. 例如,租船提单显示"[××××号货物]由YYY号和ZZZ号提单涵盖,其只能被释放给出示了拥有全部租船提单的单个商人([Cargo ××××] is covered by B/L No. YYY and ZZZ, and can only be released to a single merchant upon presentation of all charter party bills of lading of that merchant)",即视为明确声明,在释放货物前,该租船提单必须与其所提及的货物相关的其他一套或多套租船提单一并提交。

品读 ISBP745

租船合同

Charter party contracts

【导读】

本节规定了租船合同的审核标准。

第 G27 段

租船合同的审核

租船合同需要审核吗？

Para G27：

Unless UCP600 sub-article 22(b) is specifically excluded and the credit specifically indicates the data that are to be examined and to what extent, banks do not examine any content of a charter party contract, even when such contract is required as a stipulated document under the credit.

除非信用证明确排除适用 UCP600 第 22 条 b 款，且明确规定需要审核的数据和范围，银行不审核租船合同的任何内容，即便该合同是信用证项下所要求的规定单据。

【修订】

本段规定属新增。

本段规定与 UCP600 第 22 条 b 款的规定一致——"银行将不审核租船合同，即使信用证要求提交租船合同。"

【解读】

本段表明：银行默认不审核租船合同，即便信用证要求提交。要让银行审核租船合同，信用证必须同时满足以下两点：

——信用证特别排除 UCP600 第 22 条 b 款的规定，

——信用证明确规定了需要审核的数据和范围。

为什么呢？租船合同，相当于租船提单上承运条款的一个部分。与班轮提单上的承运条款一样，租船合同的专业性、复杂性很强，银行一般不具备理解或审核这一方面的专门知识。所以，这里如此规定，免去银行的审核责任，即便信用证要求提交租船合同。只有这样，才能保持与信用证独立抽象性、银行免责规定相呼应，从而避免银行曲解文意，卷入船货双方的租船合同纠纷之中。比如：

[案例254] R762/TA683 rev:租船提单上的信息与信用证要求的租船合同不匹配。可以拒付吗?

案中,信用证要求租船提单,还要求提交"各自(respective)"的租船合同(the credit called for presentation of a CP B/L and the respective charter party contract)。

结果,提交的租船合同上显示的租船合同日期、船名及航次、船东名称与租船提单无法对应。

分析及结论:

国际商会说:租船提单无不符点,不得拒付。信用证对租船合同的"特别"要求,并没有改变或排除UCP600第22条b款的适用。There are no grounds for refusal of the documents under UCP or the terms of the credit. A requirement for the presentation of the "respective" charter party contract does not modify or exclude (UCP600)sub-article 22 (b).

点评:

显然,在国际商会眼里,租船合同默认没有必要审核,审核了也没用。

就本案而言,租船合同信息与租船提单不匹配,可能是错交的结果。换言之,这也可能是欺诈的结果。如果欺诈怎么办呢?这是UCP以外的问题了,国际商会没有发言权。

当然,租船合同默认无须审核,也只是泛泛而言,比如信用证要求的是租船合同,而实际提交的是一份销售合同,恐怕银行难辞其咎。因为确认提到的是一份租船合同,这是银行合理谨慎审单的基本责任。

相应地,由于租船提单的承运条款,体现在租船合同中,实务中的租船合同提单都是略式的或背面空白的,而没有长式的。这一点与班轮提单不同。比如:

[案例255] R577/TA560 rev:实务中,有长式租船提单吗?

案中,信用证要求提单,同时规定"简式提单不可接受"和"租船提单可接受"。那么,提交租船提单可以吗?

分析及结论:

国际商会说:信用证规定"简式提单不可接受"下,提交租船提单从表面上是不一致的,因为租船提单并不包含所有承运条款。但这要联系信用证的上下文来考虑。信用证如此规定,指的是"在提交一般海运提单时,简式提单不可接受"。如果提交租船提单,信用证规定的"简式提单不可接受"对其没有约束力。只有信用证仅仅要求提交租船提单时,如果同时规定"简式提单不可接受",两者才会构成矛盾。

点评:

显然,在国际商会眼里,没有长式租船提单,因为租船合同所约定的承运条款永远在租船提单之外。

本段的言外之意,如果信用证要求了租船合同,且明确规定了需要审核的数据和范围,则必须相应审核。否则,便不需要审核。

品读 **ISBP745**

空运单据
AIR TRANSPORT DOCUMENT

【导读】

本部分规定了空运单据的审核标准。

在国际贸易运输中,空运单据的本质是运单,并足以作为包括海运单、公路、铁路和内陆水路运单在内的所有运单的代表。它是除提单和多式运输单据外使用量较大、使用面较宽、比较成熟、历史较为久远的一种运输单据。这里完整解读了空运单据作为运单的各个主要方面,可为其他运单相同或相似段落的解读提供直接或间接的参考,还解读了空运单据的独有特征。具体包括:

——阐述空运单据的功能、特征和名称;
——阐述空运单据下货物接受待运日期为装运日期;
——阐述空运单据下机场和承运人的 IATA 代码;
——阐述空运单据正本份数和正本联;
——阐述空运单据下的转运等。

空运单据与提单的相同之处,如货描等将一一略过,详见提单相关段落。

空运单据的功能

空运与水运、陆运相比,速度是最快的,迢迢千万里,瞬息之间近在眼前。只是其运载量有限、运费相对高昂。1998 年美国联邦快递公司的统计资料表明:虽然以重量计,全球货运中只有 2% 是采取空运方式运输的,但以价值计算,它却占了 40%。究其原因,主要是航空运输货物多为高价值、高附加值产品及鲜活产品,如计算机芯片、珠宝等。

现行的空运法律制度主要是由 1929 年的《华沙公约》,1955 年对《华沙公约》进行了全面修订的《海牙议定书》,1961 年通过的作为《华沙公约》的补充案的《瓜达拉哈拉公约》、1966 年《蒙特利尔议定书》、1971 年《危地马拉议定书》及 1975 年蒙特利尔的三个附加议定书所确立的。其中,尤以 1955 年《海牙议定书》对公约进行的修订和补充最为重要。当前大多数国家都采用了这个经过修订的《华沙公约》。

什么是空运单据?《统一国际航空运输某些规则的公约》(即《华沙公约》)第 11 条第 1 款规定:"在无相反证据的情况下,空运单是托运人、承运人订立运输合同,接受货物和运输条件的证明。"我国最新的《民航法》第 118 条也规定:"航空货运单是航空货物运输合同订立和运输条件以及承运人接受货物的初步证据。"

显然，与不可转让海运单相似，空运单据也只具有"合同证明"和"货物收据"两个功能，而不具有"货权凭证"功能。

UCP600 第 23 条的适用

Application of UCP600 Article 23

【导读】
本节规定了 UCP600 第 23 条的适用标准。
本节将解读空运单据的特征和名称。

第 H1 段

空运单据的特征

空运单据有什么特征呢？

Para H1：
A requirement in a credit for the presentation of an air transport document, however named, covering an airport-to-airport shipment means that UCP600 article 23 is to be applied in the examination of that document.
信用证要求提交涵盖机场至机场运输的空运单据，无论其如何命名，这表示 UCP600 第 23 条应适用于该单据的审核。

【解读】
空运单据对应的是机场到机场的运输。换言之，如果在机场到机场之外还要求了收货地或目的地，则属于多式运输单据，不适用于本段。

请注意，实务中，还有一种与空运单据非常相似其实不同的运输单据——航空快递收据，也称"交货凭证（Proof of Delivery，POD）"。百度百科说："航空快递，是指航空快递企业利用航空运输，收取收件人托运的快件并按照向发件人承诺的时间将其送交指定地点的收件人，掌握运送过程的全部情况并能将即时信息提供给有关人员查询的门对门速递服务。"又说："国际航空货物运输，主要采用集中托运的形式，或直接由发货人委托航空货运代理人进行，货物到达目的地后再通过发货地航空货运代理的关系人代为转交货物到收货人的手中。业务中除涉及航空公司外，还要依赖航空货运代理人的协助。"

显然，航空快递收据，归根结底，是一种门到门的快递收据，而不是空运单据。

第 H2 段

空运单据的名称

在实务中,空运单据按理都带有名称。

Para H2:
An air transport document need not be titled "air waybill", "air consignment note" or words of similar effect even when the credit so names the required document.

空运单据无需表明为"空运单(air waybill)"、"航空货运单(air consignment note)"或类似名称,即便信用证如此命名所要求的单据。

【解读】

提交的空运单据只要满足功能,不管其名称是"空运单(air waybill)",还是"航空货运单(air consignment note)",而且不一定要使用信用证要求的名称。比如:信用证要求"空运单(air waybill)",提交了"航空货运单(air consignment note)",可以接受。反之亦然。为什么呢?归根结底,二者名称相似,功能相同。

航空货运单(air consignment note,缩写为 ACN)是 1929 年《华沙公约》的称谓,而 1955 年的海牙议定书称为空运单(air waybill,缩写为 AWB)。这两种称谓具有同等意义。

实务中,除了 air consignment note,还会出现其他的名称,如 air bill of lading。这仍然可以接受,即便已经基本不再如此命名空运单据。国际商会在 R426 的分析及结论中说:"The standby required the presentation of a 'copy of consignment note/bill of lading'. This would be seen as a consignment note covering goods by air, road or inland waterway. There is no discrepancy in providing an air waybill under a standby with such a requirement."换言之,如果信用证要求 air consignment note,提交的空运单据名称为 air bill of lading 也可以接受。

出具、承运人及签署

Issuance, carrier, identification of the carrier, and signing of an air transport document

【导读】

本节规定了空运单据的出具与签署。

第 H3/H4 段

货代空运单据

空运单据,通常由承运人出具并签署,有时也会由货代出具或签署。

Para H3:

Para H3: a. An air transport document may be issued by any entity other than a carrier provided it meets the requirements of UCP600 article 23.

空运单据可以由承运人以外的任何实体出具,只要其满足 UCP600 第 23 条的要求。

b. When a credit indicates "Freight Forwarder's air waybill is acceptable" or "House air waybill is acceptable" or words of similar effect, an air transport document may be signed by the issuing entity without it being necessary to indicate the capacity in which it has been signed or the name of the carrier.

当信用证规定"货运代理人空运单可接受(Freight Forwarder's air waybill is acceptable)"、"运输行空运单可接受(House air waybill is acceptable)",或类似措辞时,空运单据可以由出具人签署,且不必注明其签署身份或承运人名称。

Para H4:

A stipulation in a credit that "Freight Forwarder's air waybill is not acceptable" or "House air waybill is not acceptable" or words of similar effect has no meaning in the context of the title, format, content or signing of an air transport document unless the credit provides specific requirements detailing how the air transport document is to be issued and signed. In the absence of these requirements, such a stipulation is to be disregarded, and the air transport document presented is to be examined according to the requirements of UCP600 article 23.

当信用证规定"货运代理人空运单不可接受(Freight Forwarder's air waybill is not acceptable)"、"运输行空运单不可接受(House air transport waybill is not acceptable)",或类似措辞时,除非信用证对空运单据如何出具和签署作出明确要求,否则,该规定在空运单据的名称、格式、内容或签署方面没有任何含义。当没有这些要求时,该规定将不予理会,提交的空运单据应按照 UCP600 第 23 条的要求予以审核。

【解读】

信用证规定"运输行空运单据可接受",即意味着"运输行",也称"货代",可以出具运输单据,而无需显示签署身份和承运人名称。

那么,货代空运单据是如何产生的呢?货物由托运人直接委托航空公司运输,由航空公司以承运人身份出具的空运单,便是平时所说的 air waybill。当然,在许多情况下,托运人并不直接委托航空公司运输货物,而是由货代,即运输行作为中介安排运输。货代揽收货物后常常作为合同承运人向托运人签署 house air waybill,简称"HAWB",即航空分运单,或签署 FCR,即货代收据。而货代将揽收后经拼装的货物交航空公司统一托运,该航空公司出具给货代的运输单据就是 master air waybill,简称"MAWB",即航空主运单。

品读 ISBP745

实务中，货代空运单常常表示为 house air waybill，它与 forwarder's air waybill 有着相同的含义。

请注意，空运单据的可接受性，与是否显示为"HAWL"无关，也与空运单据是否显示货代空运单据号码无关。比如：

[案例 256] R221：空运单上注明 MAWB No. 或 HAWB No. 可以接受吗？

案中，信用证无"货代空运单可接受"条款，提交的空运单由货代以承运人身份签署，同时空运单上注明了 MAWB No. 或 HAWB No. 可以接受吗？

分析及结论：

国际商会说，注明 HAWB 号或 MAWB 号不视为与要求承运人型单据有抵触。（Indicating of a HAWB No. is not to be considered as inconsistent with the requirement of having a carrier-type document.）

点评：

显然，案中货代以承运人身份签署，才算形式上的承运人类空运单。其实，在法律上，货代以任何身份签署，均算承运人型空运单。因为任何运输单据的出具和签署，都有特定的监管规范，任何实体——包括货代，只有获得承运人的资格，才能对外出具和签署空运单。

佐证：

R230 中，信用证要求了 Air waybill。提交的空运单由承运人签署，并命名为 House air waybill，可以接受吗？国际商会在分析中说："As long as an air transport document issued by a freight forwarder fulfils the requirements of UCP500 sub-Article 27(a)(ⅰ) in conjuction with UCP500 Article 30, and thereby clearly shows that it is a carrier-type document, there is no ground for rejecting the air transport document solely for the reason that it is named House Air Waybill or otherwise indicates that it is or may be a House Air Waybill, always provided that acceptance of a House Air Waybill is not prohibited by the terms of the credit."

显然，这里还透露出来一层意思，即如果信用证禁止 House Air Waybill，比如：House Air Waybill not acceptable，此时，提交 House Air Waybill 将不可接受。

提请注意，这一层意思，在 H4 段的规定中已经被修改。

为什么呢？因为国际商会一改以往按出具人和签署人来界定"承运人型空运单"和"货代型空运单"的做法，同时也没有给出货代空运单的定义，仅仅去直接解释什么是信用证规定的"货代空运单可接受"和"货代空运单不可接受"。

第 H5 段

承运人

承运人出具并签署空运单据，是法定的义务。承运人也可以委托自己的代理人出具并签署。

Para H5：

a. An air transport document is to be signed in the form described in UCP600 sub-article 23(a)(ⅰ) and to indicate the name of the carrier, identified as the carrier.

空运单据应按照 UCP600 第 23 条 a 款 i 项规定的方式签署，并注明承运人名称及表明承运人身份。

b. When an air transport document is signed by a named branch of the carrier, the signature is considered to have been made by the carrier.

当空运单据由承运人的具名分支机构签署时，该签字应视为由承运人作出。

c. The carrier is to be identified by its name instead of an IATA airline code, for example, British Airways instead of BA, Lufthansa instead of LH. 空运单据的承运人应表明其名称，而不应是其国际航空协会（IATA）的航空公司代码，例如，应显示英国航空（British Airways）而非 BA，汉莎航空（Lufthansa Airways）而非 LH。

【修订】

本段规定包括两款：

——a 款，没有变化；

——b 款，属新增；

——c 款，确认了空运单据必须显示承运人的名称，而不是国际航空协会的航空公司代码。

【解读】

本段 a 款要求空运单据必须显示具名承运人。实务中，空运单据的承运人不时会以一些非常个性化的方式呈现。

比如：空运单右下方的签署栏名称"signature of issuing carrier or its agent"，其中的签署显示签署人名称为 ABC co. 并加手签和日期。显然单纯这些内容是无法判断签署人的身份到底是承运人，还是承运人的代理人。此时，空运单左上方被通知人的下方一栏名称为"issuing carrier"通常填有内容，如果填写 ABC co.，那么便可以知道 ABC co. 即为承运人，并由其签署，从而可以接受；而如果填写 DEF co.，那么就默认 ABC co. 代理承运人 DEF co. 签署，也可以接受。

有时，空运单右下方签署栏名称会有所变化，如"signature of issuing carrier's agent"，其中的签署显示签署人名称为 ABC co. 并加手签和日期。空运单左上方被通知人的下方一栏名称也会有所变化，如为"issuing carrier or its agent"通常填有内容，如果填写 ABC co.，那么便可以知道 ABC co. 即为承运人的代理人并由其签署，但由于没有显示承运人名称，从而不可接受；而如果填写 DEF co.，那么就默认 ABC co. 代理承运人签署，而 DEF co. 一定是承运人吗？不一定，其完全可能是承运人的另一个代理人，因此仍然由于没有显示承运人名称而不可接受。

本段 b 款涉及承运人的分支机构，详细解读参照提单部分。

本段 c 款确认了承运人名称，不得为航空公司的 IATA 代码。让人纳闷的是，本部分第 H10 段的规定允许空运单据显示机场的 IATA 代号。然而，为什么第 H5 段 b 款的规定，不允许空运单据上的承运人仅显示航空公司的 IATA 代号，而没有名称呢？比如：

品读 ISBP745

[案例257] R660/TA636 rev:空运单上只显示承运人——航空公司的 IATA 代码,可以吗?

案中,空运单上没有显示承运人名称,而只显示承运人航空公司的 IATA 代码。可以吗?

分析及结论:

国际商会说:ISBP681 号出版物第 141 段允许适用 IATA 机场代码是因为该二位字母的代码得到了全球各大银行的广泛使用和理解。然而即使引用的两位代码也有与之相当的知晓和认识程度(基于它们隶属一些主要的航空公司),仍然存在这样的一个事实,那就是:经空运的货物由大量的承运人负责运输,其中的大部分可能并不知晓或者没有能力识别这样一个两位字母的代码。以我们的观点,接受该代码的使用,并不符合跟单信用证的最佳利益,承运人的名字应该在单据中完整显示以便于明确区分。

点评:

承运人——航空公司的 IATA 代码,与机场的 IATA 代码属于本规则总则部分第 A1 段中的缩写,区别在于:前者属于非普遍接受的缩写,而后者属于普遍接受的缩写。所以,二者的规定不一致。

这就是所谓的跟单信用证的"最佳利益"。

本款规定与保险单据部分第 K6 段关于保险公司名称的规定相似。

推而广之,与空运单据相似,按理其他运输单据也需显示承运人的名称,而不是商号或代码。

第 H6 段

签 署

空运单据如何签署呢?

Para H6:

When an agent signs an air transport document "for [or on behalf of] the carrier", the agent is to be named and, in addition, to indicate that it is signing as "agent for (name), the carrier" or as "agent on behalf of (name), the carrier" or words of similar effect. When the carrier is indicated elsewhere in the document as the "carrier", the named agent may signed, for example, as "agent for [or on behalf of] the carrier" without naming the carrier again.

当空运单据由代理人代承运人签署时,该代理人应具名,此外,应注明其作为"承运人(承运人名称)的代理人[agent for (name), the carrier]"或"承运人(承运人名称)的代理人[agent on behalf of [name], the carrier]"签署或类似措辞。当承运人在该单据的其他地方表明"承运人"身份时,该具名代理人可以诸如"承运人的代理人[agent for [or on behalf of] the carrier]"身份签署,而无需再次提及承运人名称。

【解读】

实务中,空运单据的签署格式,往往与提单不太一样,相应签署也会发生一些特殊的情况。

国际航空协会(IATA)标准格式的空运单正本一式三联,由托运人填写并签署后交承运人。其中,第一联承运人留存,第二联承运人加签署后随货交收货人,第三联承运人加签署后退给托运人。于是,为了便于签署,空运单右下角往往设置有两个签署栏,靠上方的为"signature of shipper or his agent"栏位,靠下方的为"signature of carrier or his agent"栏位。

请注意,这两个栏位紧挨在一起,但用途不同,不可混淆。比如:

[案例 258] R200:空运单上承运人代理签字显示在"signature of shipper or his agent"栏位中,可以吗?

案中,提交的空运单显示承运人或代理实际签署时错位了,签字显示在靠上方的"signature of shipper or his agent"栏位中。议付行解释,这是盖章失误所致。

分析及结论:

国际商会说:这当然是不符点。因为无法找到承运人或承运人代理的签字。

点评:

空运单右下方的两个签署栏有着不同的用途,张冠李戴将产生不同的含义,从而不可接受。换言之,单据上栏位名称不同,所填写的内容将代表不同的含义。

引申:

与此相似的是,Vessel's IMO No. 与 Vessel and voyage No. 也有别。

比如:信用证要求装船通知显示 Vessel's IMO No. 提交的提单显示 Vessel and voyage No.:GREEN ACE V. GACE12044N。提交的装船通知显示 Vessel's IMO No.:V. GACE12044N。这可以接受吗?

IMO 是国际海事组织(International Maritime Organization)的简称。显然,装船通知把航次信息当成了船的 IMO 登记代号。二者是不一样的,我们认为,这理应构成不符。

接受待运、装运日期和实际起飞日期

Goods accepted for carriage, date of shipment, and requirement for an actual date of dispatch

【导读】

承运人在空运单据下承运责任的起点,按理是从装运日在出发地机场接受货物开始。

本节规定了空运单据的接受待运标志和装运日期、实际起飞日期的审核。

第 H7 段

接受待运

与提单下单一海运涉及货物装船不同,空运单据下涉及的是货物接受待运。

Para H7:

An air transport document is to indicate that the goods have been accepted for carriage or words of similar effect.

空运单据应当显示货物已接受待运或类似措辞。

品读 ISBP745

【解读】

空运单据必须显示货物已"接受"待运。

请注意,这里的规定是货物已"接受(accepted)"待运,而不是"收妥(received)"待运。主要有以下原因:

一是空运方式下,飞机适载有比较严格的要求。空运并不适用于所有货物的运输,只有适宜运输的货物承运人才会接受待运。换言之,如果货物无法接受,则无法进行空运。

二是空运方式下,没有以注明已装机来表示货物已装运的必要。航空运输极易受天气、流量等不可抗力影响,可能随时取消航班,航空公司收货后不能保证立即装载,即使装载也无法立即装运。

三是空运的货物一般运量较小,装载快,飞机的航班往往比较多,且飞行速度快,即便空运单据仅仅注明接受待运,该单据尚在银行间流转之时,货物往往已先期到达目的地机场了。

所以,实务中,空运单据通常是在航空公司或其代理人在接受货物而不是装运货物后出具的。

有时,货代签发的 HAWB 上并无"接受"待运,如"the goods have been received for carriage"字样,便不可接受。

而有时,信用证要求对空运单据的要求,也会出现反常,如"shipped on board"字样。比如:

[案例 259]　TA765:空运单上需添加已装载批注吗?

案中,信用证要求:Full set"clean on board"air transport documents consigned to the order of the issuing bank and… ."

受益人提交的空运单显示了 ACTUAL FLIGHT AND DATE。

开证拒付,其中一个不符点为:On board notation not shown in the AWB。

分析及结论:

国际商会在结论中说:不符点不成立。

国际商会在分析中说:信用证规定的此类措辞只适用于提单,而不适用于空运单。换言之,空运单下此类措辞不予理会。(This wording is: (a) more suited to a bill of lading; and (b) not in line with the usual or standard construction of wording that is used when an air transport document is being called for. A requirement in a credit for an air transport document to bear an "on board" notation cannot be interpreted as a requirement for the air transport document to indicate a specific notation of the actual date of shipment (including flight number details), and such a requirement will be disregarded.)

接着说:2010 年出台的国际商会"关于 on-board notation"的推荐书的意见所提到的"on board notation",可能涉及货物装载于卡车、火车或飞机的情况,只适用于提单上的如此批注,而不适用于空运单据。(On Board Notation Paper issued by the ICC Banking Commission refers to the fact that an "on board notation" can also pertain to loading goods on to a truck, train or aircraft. Such reference in the "On Board Notation Paper" is given to solely emphasise that a statement of "shipped on board" appearing on a bill of lading may not directly relate to the loading on board a vessel named in that document. The paper is not advocating that air transport documents indicate an on board notation or that a credit should or may include a requirement for an air transport document to include such an indication.)

点评:

正是空运情况下,并无"CLEAN ON BOARD AWB"的说法,所以,银行和受益人无需理会信用证的如此规定。换言之,这是开证行和申请人的指示互相矛盾的结果,责任自行承担。

第 H8 段

装运日期

空运单据下如何判断装运日期呢?

Para H8:

a. An air transport document is to indicate a date of issuance. This date will be deemed to be the date of shipment unless an air transport document contains a specific notation of the actual date of shipment. In the latter event, the date stated in the notation will be deemed to be the date of shipment whether that date is before or after the issuance date of the air transport document.

空运单据应当显示出具日期。该日期将被视为装运日期,除非空运单据含有注明实际装运日期的特定批注。在后一种情况下,该批注日期将被视为装运日期,不论其早于或晚于空运单据的出具日期。

b. In the absence of a specific notation containing the actual date of shipment, any other information appearing on an air transport document relative to this information (including, for example, in a box labeled "For Carrier Use Only", "Required Flight Date" or "Routing and Destination") is to be disregarded in the determination of the date of shipment.

在未含有注明实际装运日期的特定批注的情形下,确定装运日期时,空运单据上(例如,"仅供承运人使用(For Carrier Use Only)"、"要求的航班日期(Required Flight Date)"或"路线和目的地(Routing and Destination)"栏位中)显示的与装运日期相关的任何其他信息将不予理会。

【解读】

本段 a 款表明:

第一,空运单据上装运日期的判断,与提单相似,即空运单据的出具日期,默认即为装运日期,如果有实际装运日期批注,则以批注日期为装运日期。空运单据上的实际装运日期批注,应该是指实际起飞日期(actual flight date)。

请注意,实际起飞日期毕竟不同于接受待运日期。所以,如果信用证特别要求空运单显示 actual flight date,理应以空运单上的实际起飞日期专项批注方可满足。

第二,空运单据上的实际装运日期批注,与承运人内部使用的"仅供承运人使用(For Carrier Use Only)"栏位、"要求的航班日期(Required Flight Date)"栏位或"路线和目的地(Routing and Destination)"等栏位中的参考起飞日期信息无关。此类栏位系承运人内部记载货物预定装载航班及日期之用,对外并无实际意义。ICC511说,这些信息并不能修正或改变单据上既有的内容,故不能将该栏位视为或代替信用证要求的实际装运日期的专项批注。

本段 b 款细化了 ISBP681 中的规定:"空运单据上显示的任何其他有关航班号和日期的

品读 ISBP745

信息将不被用以确定装运日期。"新旧规定略有不同：原规定在于强调此类信息不用于确定装运日期，新规定在于强调此类规定不予理会。因为这些信息属于承运人内部信息，对外不发生效力。

出发地机场和目的地机场

Airports of departure and destination

第 H9 段

机场及国别

Para H9:
An air transport document is to indicate the airport of departure and airport of destination stated in the credit. When a credit indicates either of these airports by also stating the country in which the airport is located, the name of the country need not be stated.

空运单据应显示信用证规定的出发地机场和目的地机场。当信用证规定这些机场，也表明该机场的所在国时，空运单据无需显示该国别名称。

第 H10 段

机场代码

Para H10:
The airport of departure and airport of destination may also be indicated by the use of IATA codes instead of evidencing the airport name in full (for example, LAX instead of Los Angeles).

出发地机场和目的地机场也可以显示为国际航空协会（IATA）代码，以代替机场全名（例如，以 LAX 代替洛杉矶机场。

【说明】
本段关于机场的规定与第 H5 段 c 款下承运人的规定不同。
本段规定确认了，空运单据上的机场可以显示名称，也可以显示 IATA 代码。
虽然 IATA 的机场代号是全球公认，也是全球通用的，但银行可能并不了解所显示的 IATA 代码是否代表信用证规定的机场。此时，审核时，须查询 IATA 网站查询确认。

第 H11 段

机场及地理范围

Para H11:

When a credit indicates a geographical area or range of airports of departure or destination (for example, "Any Chinese Airport" or "Shanghai, Beijing, Guangzhou airport"), an air transport document is to indicate the actual airport of departure or destination, which is to be within that geographical area or range of airports. An air transport document need not indicate the geographical area.

当信用证规定出发地机场或目的地机场的地理区域或机场范围(例如,"任一中国机场"或"上海、北京、广州机场")时,空运单据应显示实际的出发地机场或目的地机场,且其应位于该地理区域或机场范围之内。空运单据无需显示该地理区域。

正本空运单据

Original of an air transport document

【导读】

本节规定空运单据正本的审核标准。

第 H12 段

发货人或托运人正本

空运单据的正本如何要求?又会如何提交呢?

Para H12:

An air transport document is to appear to be the original for consignor or shipper. When a credit requires a full set of originals, this is satisfied by the presentation of an air transport document indicating that it is the original for consignor or shipper.

空运单据应看似为出具给发货人或托运人的正本。当信用证要求全套正本时,提交一份显示其为出具给发货人或托运人的正本空运单据即符合要求。

【修订】

本段规定没有变化。

本段规定与 UCP600 第 23 条 a 款 v 项的规定一致——"空运单据为开给发货人或托运人

品读 ISBP745

的正本,即使信用证规定提交全套正本。"

【解读】

目前经营国际货物运输的航空公司一般采用国际航空协会的统一格式的空运单,一式 12 联,其中:

1~3 联都是正本,用途如下:
——original 1 (for issuing carrier):出具承运人留存联;
——original 2 (for consignee):收货人联;
——original 3 (for shipper/consignor):托运人或发货人联。

4~6 为一般副本,用途如下:
——for airport of destination:目的地机场留存联;
——delivery receipt:交货收据联;
——for second carrier:第二承运人联。

其余则为另外的副本。

《华沙公约》第 5 条规定,航空货运单是由托运人填写的货运单据,正本一式三联,也称一式三份。其中第一份正本应注明"交承运人",由托运人签字;第二份应注明"交收货人",由托运人和承运人签字;第三份由承运人在接受货物后签字,交给托运人。三份正本航空货运单的内容必须一样,如果由于填写错误而造成承运人损失,托运人应负赔偿责任。

本段规定,空运单据,必须为给发货人或托运人的正本,无须理会信用证是否要求全套正本。

为什么呢? 空运下,货物发出后托运人得到的只是蓝色的 orignal 3 (for shipper/consignor)(托运人或发货人联)。换言之,实务中如误交其他正本联,不可接受;如没有注明为开给托运人或装运人正本联,仍不可接受。事实上,航空公司不会给发货人或托运人全套正本,受益人交单时,也交不出全套正本。

我们知道,空运单据并不代表货权。那么,收货人取得正本空运单据,有什么用呢?《华沙条约》第 12 条第 3 款规定:"承运人如依照托运人指示处置货物而未要求缴回托运人或发货人联航空货运单,承运人对因此而造成的损害对该单据的合法持有人负赔偿之责。"换句话说,托运人/装运人一旦取得正本空运单第三联(original 3 (for shipper/consignor)),即托运人或装运联,可以行使停运权,包括指示货物交付他人。托运人行使停运权时,承运人将收回该正本联。显然,在信用证上要求受益人提交正本空运单据托运人或装运人联,目的在于确保收货人正常收货。

收货人、指示方和被通知人

Consignee, order party and notify party

【导读】

本节规定了空运单据上收货人和被通知人的显示。

这里将重点解读第 H13 段收货人。

第 H13 段

收货人

空运单据不是货权凭证，按理都必须作成记名收货人。收货人只须凭身份，就可以从承运人处直接提货。

《华沙公约》第 8 条对航空货运单收货人的填写作了如下规定："必要时可写明收货人的姓名和住址。"第 12 条第 2 款又规定："如果托运人的指示不能执行，承运人应该立即通知托运人。"航空货运单背面条款通常也会规定，除非有特殊约定，托运人应在收货人栏内写明收货人的姓名和住址。

以上规定表明：(1)通常空运单必须作成记名抬头，(2)有时空运单也可作成指示抬头或没有抬头。只是后者比较少见，没有抬头的情况几乎很难看到，但是，这并不妨碍它们的出现，并得到法律的肯定。

"从法律关系的角度来分析，托运人与承运人通过签立运输合同而建立了法律关系，而法律关系的内容就是民事权利与义务。作为承运人在享受相应权利的同时必然要尽相应的义务，托运人要求航空运单填写为凭出口商的指示或凭开证行的指示，就是要求承运人按照出口商的指示或者开证行的指示来交货，并不是要求承运人凭航空运单放货，这也是承运人应尽的义务，这并不与航空运单不是提货凭证相矛盾，相反这种做法一定程度上解决了由于航空运单不是提货凭证而带来的问题，一定程度上解决了保证空运这种运输方式的优势与保障出口商利益和信用证支付方式下的开证行利益之间的矛盾。"①

实务中，信用证也会要求空运单据作成指示收货人。那么，如何满足呢？指示抬头有两种——空白指示人抬头和记名指示人抬头。

Para H13：

　　a. When a credit requires an air transport document to evidence that goods are consigned "to order of (named entity)", it may indicate that goods are consigned to that entity, without mentioning "to order of".

　　当信用证要求空运单据表明收货人为"凭(具名实体)指示[to order of (named entity)]"时，其可以显示收货人为该实体，而无需提及"凭×××指示(to order of)"字样。

　　b. When a credit requires an airport transport document to evidence that goods are consigned "to order" without naming the entity to whose order the goods are to be consigned, it is to indicate that goods are consigned to either the issuing bank or the applicant, without the need to mention the words "to order".

　　当信用证要求空运单据表明收货人为"凭指示(to order)"，而未提及指示方的名称时，其应显示收货人为开证行或申请人，而无需提及"凭指示(to order)"字样。

---

① 引自施强：《对外贸航空运单收货人填写的探讨》，《江西大学学报(人文社会科学版)》，2004.12

品读 ISBP745

【修订】

本段规定,包括两款;a 款没有变化;b 款属新增。

【解读】

本段 a 款规定,当信用证要求空运单据作成记名指示人抬头时,实际提交时可以显示为该指示人的记名抬头。那么,如果照信用证规定显示为指示抬头,可以吗?我们认为,按理是可以的,此时需要由指示方事后补充收货人名称和地址。比如:信用证要求空运单抬头为 to order of ABC Co.,实际提交的空运单可以作成 to ABC Co.,也可以按照信用证要求显示为 to order of ABC Co.。

本段 b 款规定,当信用证要求空运单据作成空白指示人抬头时,实际提交时应该作成开证行或申请人的记名抬头。显然,这是为了方便信用证交易。因为信用证交易下申请人都会赎单,开证行都会承付,所以,如此规定实际上保护了开证行或申请人的利益。但相对而言,受益人应该认识到执行如此规定的风险。

当然,如果实际提交时仍为空白指示,按理则不可以接受。

为什么呢?因为此时需要由默认的指示方——托运人事后补充收货人名称和地址。"凭指示(注:空白指示)有两层含义:一是收货人的姓名和住址要凭指示,二是何时交货也要凭指示。在凭指示交货的情况下,只要托运人没发出指示,向谁交货、何时交货、是否交货都是未知数。他可以指示原货运回,也可指示在中途交货,这都是法律允许的。"[①]而实务中,托运人多数作成了受益人。这相当于受益人交单之时并没有转移货权,显然如此对申请人并不公平。

第 H14 段

被通知人

Para H14:

a. When a credit stipulates the details of one or more notify parties, an air transport document may also indicate the details of one or more additional notify parties.

当信用证规定一个或多个被通知人的细节时,空运单据也可以显示额外的一个或多个被通知人的细节。

b. i. When a credit does not stipulate the details of a notify party, an air transport document may indicate the details of any notify party and in any manner (except as stated in paragraph H14(b)(ii)).

当信用证未规定被通知人的细节时,空运单据可以任何方式(第 H14 段 b 款 ii 项表明的情形除外)显示任何被通知人的细节。

ii. When a credit does not stipulate the details of a notify party, but the details of the applicant appear as notify party on an air transport document, and these details include the

---

① 引自宋春林、吕益宽:《从一起国际航空指示货运单诉讼案谈承运人的义务》,《烟台大学学报》(哲学社会科学版),1995.3

applicant's address and contact details, they are not to conflict with those stated in the credit.

当信用证未规定被通知人的细节,而申请人信息包括申请人地址和联络细节显示为空运单据上的被通知人时,这些内容不应与信用证规定的相关内容相矛盾。

第 H15 段

申请人与开证行名称

Para H15:

When a credit requires an air transport document to evidence goods consigned to "issuing bank" or "applicant" or notify "applicant" or "issuing bank", an air transport document is to indicate the name of the issuing bank or applicant, as applicable, but need not indicate their respective addresses or any contact details that may be stated in the credit.

当信用证要求空运单据表明收货人为"开证行"或"申请人"或被通知人为"申请人"或"开证行"时,该空运单据应相应地显示开证行或申请人的名称,但无需显示信用证可能规定其地址或任何联络细节。

第 H16 段

申请人地址及联络细节

Para H16:

When the address and contact details of the applicant appear as part of the consignee or notify party details, they are not to conflict with those stated in the credit.

当申请人地址和联络细节显示为收货人或被通知人细节的一部分时,其不应与信用证规定的相关内容相矛盾。

转运、部分装运及多套空运单据

Transshipment, partial shipment and determining the presentation period when multiple air transport document are presented

【导读】

本节规定了空运单据下转运和部分装运的审核标准。

这里重点解读第 H17 段的转运。

第 H17 段

转　　运

空运单据下,什么是转运呢？又如何掌握转运呢？

Para H17:
Transshipment is the unloading and reloading of goods from one aircraft to another during the carriage of those goods from the airport of departure to the airport of destination stated in the credit. When an air transport document does not indicate unloading and reloading between these two airports, it is not transshipment in the context of the credit and UCP600 sub—articles 23(b) and (c).

转运是指从信用证规定的出发地机场到目的地机场之间的运输过程中,把货物从一架飞机卸下再装上另一架飞机。当空运单据未显示在规定的两个机场之间卸货并重装时,不属于信用证和UCP600第23条b款和c款下的转运。

【修订】

本段规定含义没变。

本段规定与UCP600第23条b款的规定一致,也与第23条c款的规定相吻合。

【解读】

这里说一下空运单据转运的可接受性。

国际空运的航程往往比较远,不一定有直达飞机,通常都需要中途换机。换句话说,国际空运下通常不得不转运。

UCP600 第 23 条 c 款：

ⅰ. An air transport document may indicate that the goods will or may be transshipped, provided that the entire carriage is covered by one and the same air transport document.

空运单据可以注明货物将要或可能转运,只要全程运输由同一空运单据涵盖。

ⅱ. An air transport document indicating that transshipment will or may take place is acceptable, even if the credit prohibits transshipment.

即使信用证禁止转运,注明将要或可能发生转运的空运单据仍可接受。

显然,上述规定尊重了空运下转运通常会发生的实务,即信用证要求的空运单据,不管是否表明转运,不管转运是否禁止,均可接受。

第 H18 段

部分装运

Para H18:

Dispatch on more than one aircraft is a partial shipment, even if each aircraft leaves on the same day for the same destination.

以一架以上的飞机进行的发送系部分装运,即便这些飞机在同一天出发并前往同一目的地。

第 H19 段

多套空运单据

Para H19:

a. When a credit prohibits partial shipment, and more than one air transport documents are presented covering dispatch from one or more airports of departure (as specifically allowed, or within a geographical area or range of airports stated in the credit), each air transport document is to indicate that it covers the dispatch of goods on the same aircraft and same flight and that the goods are destined for the same airport of destination.

当信用证禁止部分装运,且提交一套以上的正本空运单据,涵盖货物从一个或多个出发地机场(信用证明确允许或规定的地理区域或机场范围内)发送时,每套空运单据都应显示其涵盖的货物运输系由同一架飞机经同一航班前往同一目的地机场。

b. When a credit prohibits partial shipment, and more than one air transport documents are presented in accordance with pargraph H19(a) and incorporate different dates of dispatch, the latest of these dates is to be used for the calculation of any presentation period and must fall on or before the latest shipment date stated in the credit.

当信用证禁止部分装运,且按照第 H19 段 a 款提交一套以上的正本空运单据含有不同的发送日期时,应以其中最迟的日期计算交单期限,且该日期必须在信用证规定的最迟装运日期之前或当日。

c. When partial shipment is allowed, and more than one air transport documents are presented as part of a single presentation made under one covering schedule or letter and incorporate different dates of dispatch or different flights, the earliest of these dates is to be used for the calculation of any presentation period, and each of these dates must fall on or before the latest shipment date stated in the credit.

当信用证允许部分装运,且提交一套以上的正本空运单据作为同一面函项下同一交单的一部分,并含有不同发送日期或不同航班时,应以其中最早的日期计算交单期限,且所有这些日期必须在信用证规定的最迟装运日期之前或当日。

品读 **ISBP745**

清洁空运单据

Clean air transport document

第 H20 段

不清洁条款

Para H20:

An air transport document is not to include a clause or clauses that expressly declare a defective condition of the goods or their packaging. 空运单据不应含有明确声明货物或包装有缺陷状况的条款。

For example: 例如:

a. A clause on an air transport document such as "packaging is not sufficient for the air journey" or words of similar effect is an example of a clause expressly declaring a defective condition of the packaging.

空运单据上载有的"包装无法满足航空行程(packaging is not sufficient for the air journey)"或类似条款,即属于明确声明包装有缺陷状况的例子。

b. A clause on an air transport document such as "packaging may not be sufficient for the air journey" or words of similar effect does not expressly declare a defective condition of the packaging.

空运单据上载有的"包装可能无法满足航空行程(packaging may not be sufficient for the air journey)"或类似措辞的条款,并非明确声明包装有缺陷状况。

第 H21 段

"清洁"字样

Para H21:

a. It is not necessary for the word "clean" to appear on an air transport document even when the credit requires an air transport document to be marked "clean".

"清洁(clean)"字样没有必要在空运单据上显示,即便信用证要求空运单据标明"清洁(clean)"字样。

b. Deletion of the word "clean" on an air transport document does not expressly declare a defective condition of the goods or their packaging.

删除空运单据上的"清洁(clean)"字样,并非明确声明货物或包装有缺陷状况。

货物描述
Goods description

第 H22 段

货物描述的统称

Para H22:

A goods description indicated on an air transport document may be in general terms not in conflict with the goods description in the credit.

空运单据上的货物描述可以使用与信用证所规定的货物描述不相矛盾的统称。

更 正
Corrections and alterations

第 H23 段

正本的更正证实

Para H23:

Any correction of data on an air transport document is to be authenticated. Such authentication is to appear to have been made by the carrier or any one of its named agents, who may be different from the agent that may have issued or signed an air transport document, provided they are identified as an agent of the carrier.

空运单据上数据的任何更正均应证实。该证实应看似由承运人或其任一具名代理人作出，该代理人可以不同于出具或签署空运单据的代理人，只要其表明作为承运人的代理人身份。

第 H24 段

副本与更正证实

Para H24:

Copies of an air transport document need not include authentication of any corrections that may have been made on the original.

空运单据副本无需含有其正本上对任何更正可能作过的证实。

运费和额外费用

Freight and additional costs

【导读】

本节规定了空运单据上运费和额外费用的审核标准。

这里将重点解读第 H26 段的运费栏位。

第 H25 段

运　　费

Para H25:

A statement appearing on an air transport document indicating the payment of freight need not be identical to that stated in the credit, but is not to conflict with data in that document, any other stipulated document or the credit. For example, when a credit requires an air transport document to be marked "freight collect", it may be marked "freight payable at destination".

空运单据显示的运费支付声明，无需与信用证规定的等同一致，但不应与该单据、任何其他规定的单据或信用证中的数据相矛盾。例如，当信用证要求空运单据标注"运费待收(freight collect)"时，其可以标注为"运费目的地支付(freight payable at destination)"。

第 H26 段

运费栏位

空运单据常常载有运费栏位,用以填写运费信息。

Para H26:
 An air transport document may contain separate boxes, which by their pre-printed headings indicate that they are for freight charges "prepaid" and for freight charges "collect".
 空运单据可以含有单独的的栏位,以预先印就的栏位名称表明运费"预付"或运费"待收"。
 a. When a credit requires an air transport document to show that freight has been prepaid, this will also be fulfilled by an indication of the freight charges under the heading "Freight Charges Prepaid" or words of similar effect.
 当信用证要求空运单据显示运费已预付时,通过在"运费预付(Freight Charges Prepaid)"或类似栏位中显示运费的方式也符合要求。
 b. When a credit requires an air transport document to show that freight is to be collected or paid at destination, this will also be fulfilled by an indication of the freight charges under the heading "Freight Charge Collect" or words of similar effect.
 当信用证要求空运单据显示运费待收或目的地支付时,通过在"运费待收(Freight Charge Collect)"或类似栏位中显示运费的方式也符合要求。

【解读】
 空运单据可以在运费栏位中填写运费信息,以满足信用证所要求表明的"运费预付"或"运费待收"。比如:空运单据的"freight prepaid"栏位中显示运费金额,那么,如果没有相反的信息,便意味着已经表明了"运费预付";在"freight to be paid"栏位中显示运费金额,如果没有相反的信息,默认便意味着已经表明了"运费待收"。
 然而,实务中运费栏位显示的信息五花八门,运费栏位的名称也各种各样,接受与否,不可一概而论。比如:

[案例260] 空运单上可以怎样显示运费情况?
 信用证规定:AWB indicating "freight prepaid"。结果,提交的空运单左下角的两个运费栏位分别显示:
 ——freight prepaid:as arranged;
 ——freight to be paid:NIL。
 这样的空运单可以接受吗?
 分析及结论:
 空运单的运费支付方式,可以以运费栏位中填写内容来满足。然而,是否可以接受,需看填写的是什么内容。
 于是,本案的关键,便在于确认"freight prepaid:as arranged"是否表明了运费已经支付。

按理，这是可以接受的。因为"freight prepaid: as arranged"直译即"运费已按约定支付"，从而满足要求。而"freight to be paid: NIL"直译即此栏为空，并不属于否定性的相反信息。

点评：

显然，空运单上的栏位内容，必须以一种陈述的方式，明确运费支付状况。

引申：

实务中，常常见到的运费栏位名称为："prepaid"和"collect"，并填有金额，但在栏位名称中没有"freight"字样，填写的内容中也无"freight"字样。此时则不可以接受。因为不知道运费到底是付了还是没付。

第 H27 段

额外费用

Para H27：

a. When a credit states that costs additional to freight are not acceptable, an air transport document is not to indicate that costs additional to the freight have been or will be incurred.

当信用证规定运费以外的费用不可接受时，空运单据不应显示运费之外的费用已经或将要产生。

b. Reference in an air transport document to costs which may be levied, for example, as a result of a delay in unloading the goods or after the goods have been unloaded, is not an indication of costs additional to freight.

空运单据提到可能加收的费用，例如，卸货或卸货后的延迟费用，不属于显示运费以外的额外费用。

【说明】

请注意，与提单略有不同的是，空运单据提及运费以外的额外费用时，不涉及装卸费，空运中的运费几乎都自动包括了装卸费；空运单据提及的运费以外的额外费用的例外时，也不涉及延迟退回集装箱的滞箱费，因为空运单据几乎不会出现集装箱运输。

公路、铁路和内陆水路运输单据
ROAD, RAIL OR INLAND WATERWAY TRANSPORT DOCUMENTS

【导读】

在国际贸易实务中,随着集装箱运输的出现,带动了跨国公路、铁路及内陆水路运输的发展。然而,这三种运输方式所对应的三种运输单据所占分量仍然极低,不如提单、多式运输单据和空运单据普及。内陆水路运输,国内实务中则很少见到。实际运用时,仍须针对特定的运输方式分别适用。

本部分规定了公路、铁路或内陆水路运输单据的审核标准。

本部分重点解读公路、铁路或内陆水路运输单据所对应的货权性、铁路运单的承运人及签署、正本份数和正本联、禁止转运无效等与提单、空运单据相区别。相同之处将一一略过,详见提单和空运单据部分相关段落。

公路、铁路运输单据,和空运单据一样,都属于运单,只具有合同证明和货物收据两个功能。内陆水路运输单据大部分也为运单,少数情况下还会出现与海运提单一样具有货权凭证功能的内陆水路提单。换言之,内陆水路提单,既为内陆运输单据,也是提单,其货权性、收货人及背书、凭单放货等内容,将按照提单掌握。

请注意,根据 UCP600 的规定,默认公路、铁路或内陆水路运输单据无须表明承运条款或出处。这可能与公路等运单往往默认地受同一国际公约或国际惯例约束有直接的关系。如此,便没有另外表明承运条款或出处的必要了。

UCP600 第 24 条的适用

Application of UCP600 Article 24

第 J1 段

公路、铁路或内陆水路运输单据的特征

> **Para J1:**
> A requirement in a credit for the presentation of a transport document covering movement of goods by either road or rail or inland waterway means that UCP600 article 24 is to be applied in the examination of that document.
>
> 信用证要求提交涵盖公路、铁路或内陆水路运输的运输单据,这表示 UCP600 第 24 条应适用于该单据的审核。

【说明】

公路运输,往往签署的是 CMR 组织的标准公路运单。CMR 为国际公路运输中签发的标准运输单据,即 convention relative aucontrat de transport internationale de marchandises par route 的缩写。

铁路运输,往往签署的是 CIR 组织的标准铁路运单。CIM 为国际铁路运输中签发的标准运输单据,即 convention international par chemin de fer 的缩写。

出具、承运人及签署

Carrier, identification of the carrier, signing and issuance of a road, rail or inland waterway transport document

【导读】

本节规定了公路、铁路或内陆水路运输单据的出具与签署。

第 J2 段

签署与承运人

承运人出具并签署公路、铁路或内陆水路运输单据,是法定的义务。

Para J2:

a. A road, rail or inland waterway transport document is to be signed in the form described in UCP600 sub-article 24(a)(ⅰ) and to indicate the name of the carrier, identified as the carrier (except as stated in paragraph J4(b)).

公路、铁路或内陆水路运输单据应按照UCP600第24条a款ⅰ项规定的方式签署,并注明承运人名称及表明承运人身份(第J4段b款表明的情形除外)。

b. When a road, rail or inland waterway transport document is signed by a named branch of the carrier, the signature is considered to have been made by the carrier.

当公路、铁路或内陆水路运输单据由承运人的具名分支机构签署时,该签字应视为由承运人作出。

c. The term "carrier" includes terms such as "issuing carrier", "actual carrier", "succeeding carrier" and "contracting carrier".

"承运人"术语,包括诸如"出单承运人(issuing carrier)"、"实际承运人(actual carrier)"、"后续承运人(succeeding carrier)"和"合同承运人(contracting carrier)"等。

【解读】

这里重点解读本段c款。

实务中,与提单不同,公路、铁路或内陆水路运输单据中可能出现多个承运人。其中:

——出具承运人,将承担对运输单据上载明货物的承运责任。

——后续承运人,与前程承运人相对而言,往往是多段运输的产物,其一旦在运输单据上签署,身份便与出具承运人无异,也将承担对运输单据上载明货物的承运责任。

——合同承运人,与实际承运人相对而言,实际承运人对合同承运人负责,合同承运人将承担运输单据上载明货物的承运责任。

对于银行审单来说,只须确认签署之人为承运人或承运人的代理人即可,无须理会其中责任的分别,因为在公路、铁路或内陆水路运输单据上签署了,该承运人就必定承担连带的全部承运责任,至于多个承运人之间如何分担责任,则是承运人之间的事。

既然如此,那么,公路、铁路或内陆水路运输单据上就可能出现两个承运人。但无论如何,按理出现两个相同身份的承运人不得冲突。比如:

[案例261] R632/TA657 rev:CMR上两个具名承运人,可以接受吗?

案中的问题1,在所提交的CMR的第16栏(承运人名称)填有"Company S",在第23栏(承运人名称及签字)填有"Company C",该栏里还有签字。在第17栏(后程承运人名称)处空白。

那么,两个具名承运人,可以接受吗?

分析及结论：

国际商会在分析中引用了：R466 中认为，CMR 上显示了不同的"承运人"和"后程承运人"不视为不符点。

国际商会在结论中说：

A. CMR 显示了相互冲突的承运人，即对同样的货物和同样的运输路线，CMR 上显示了两个具名承运人。

B. CMR 第 17 栏（后程承运人名称）未填写，因此 ICC 在 R466 中的意见不适用。

点评：

运输单据上出现两个承运人没关系，没有冲突即可，如 R466。如果冲突，即本案，则不可接受。

此外，与提单不同，公路或内陆水路运输单据中也可能出现受益人自己为承运人。比如：

[案例 262] R760/TA581 rev：受益人可以作为承运人出具提单吗？

案中，受益人提交了一份卡车运单 truck waybill，以 CMR 标准格式出具，所有方面均满足 UCP 中关于公路运单的要求。但是，该卡车运单由受益人自己出具并签署。可以接受吗？

分析及结论：

国际商会说：受益人作为承运人并不常见，但 UCP 并没有禁止。可以接受。（Whilst it is not common for the carrier to be the beneficiary, it is not unusual for certain beneficiaries to utilize their own vessels, aircraft or vehicles to transport goods to their destination. None of the Articles mentioned above imply that the carrier must be a party other than the beneficiary.）

点评：

受益人作为承运人直接出具并签署公路或内陆水路运输单据，是普遍现象。因为受益人常常会备有自己的卡车或船用于运输货物。这只是意味着，交货可能有风险，但在 UCP 框架内可以接受。

第 J3/J4 段

签署与收货签字、印戳或批注

公路、铁路和内陆水路运输单据的承运人必须签署，并确认收货，形式包括收货签字、收货印戳或收货批注。这就是"收货标志"。

Para J3：

Any signature, stamp or notation of receipt of the goods is to appear to indicate that it has been made by：

收货的签字、印戳或批注，应看似表明由下列人员作出：

    a. the carrier, identified as carrier; or

    承运人，并表明承运人身份；或者

    b. a named agent acting or signing for [or on behalf of] the carrier and indicating the name

公路、铁路和内陆水路运输单据

of the carrier, identified as the carrier, on whose behalf that agent is acting or signing; or

代表承运人行事或签署的具名代理人,并注明其所代表行事或签署的承运人的名称并表明承运人身份;或者

c. a railway company or railway station of departure.

铁路公司或出发地火车站。

Para J4:

a. The term "carrier" need not appear on the signature line provided the transport document appears to be signed by the carrier or a named agent for [or on behalf of] the carrier, and the carrier is otherwise identified elsewhere in the transport document as the "carrier".

"承运人"字样无需显示在签字处,只要运输单据看似由承运人或承运人的具名代理人签署,且承运人在运输单据的其他地方表明"承运人"身份即可。

b. A rail transport document may bear a date stamp by the railway company or railway station of departure without indicating the name of the carrier or a named agent signing for [or on behalf of] the carrier.

铁路运输单据可以由铁路公司或出发地铁车站加盖日期印戳,而无需显示承运人名称或代表承运人签署的具名代理人名称。

【解读】

第 J3 段表明,公路、铁路或内陆水路运输单据显示的收货标志,必须包括三个要素:

——"收货"字样,比如 a dated reception stamp、an indication of the date of receipt,或者 a date of shipment;

——"收货"日期;

——"接收货物"的人,可以是承运人,可以是承运人的具名代理人,如果为铁路运输,还可以是铁路公司或出发地火车站。

显然,前两个要素与提单上的装船批注非常类似;而第三个要素,则与提单上的装船批注不同,因为装船批注中默认不需要特别对批注加以签署证实。为什么会有这种不同呢?我们认为,或许与不同运输方式下的实务不同有关。提单下,提单的签署与装船批注是分离的。而公路、铁路或内陆水路运输单据下,收货标志本身就是单据签署的一种形式。

第 J4 段表明,公路、铁路或内陆水路运输单据必须承运人签署。承运人还可以委托自己的代理人出具或签署公路、铁路或内陆水路运输单据。

如为铁路运单,还常常直接由铁路公司或出发地火车站盖收货印戳,不显示承运人。

显然,这一点与其他运输单据不同。为什么呢? UCP600 第 24 条 a 款第 i 项的规定给出了答案:"如果铁路运输单据没有指明承运人,可以接受铁路运输公司的任何签字或印戳作为承运人签署单据的证据"。具体而言,这主要与铁路运输所具有的特殊垄断性有关,即铁路运输公司默认就是铁路运单的承运人。而火车站往往是属于铁路运输公司经营的站点,也可能是独立的公司。不管是前者,还是后者,火车站在铁路运单上的签署或盖章,均默认为代理铁路运输公司行事。此时,可能铁路运单上连铁路公司的名称都不知道,其实,由于铁路运输经营的特殊垄断性,确认谁是该铁路运单的承运人,或者说谁是该铁路公司也不是什么难事。正

品读 **ISBP745**

是在这个意义上，由铁路公司或出发地火车站签字或加盖印戳，仅仅作为承运人签署单据的"初步证据"，而 UCP600 下，如此也足矣。

装运地和目的地

Place of shipment and place of destination

第 J5 段

地点及国别

Para J5:
　　A road, rail or inland waterway transport document is to indicate the place of shipment and place of destination stated in the credit. When a credit indicates either of these places by also stating the country in which the place is located, the name of the country need not be stated.

　　公路、铁路或内陆水路运输单据应显示信用证规定的装运地和目的地。当信用证规定这些地点，也表明这些地点的所在国时，运输单据无需显示该国别名称。

第 J6 段

地点及地理范围

Para J6:
　　When a credit indicates a geographical area or range of places of shipment or destination (for example, "China" or "Shanghai, Beijing, Guangzhou"), a road, rail or inland waterway transport document is to indicate the actual place of shipment or destination, which is to be within the geographical area or range of places. A road, rail or inland waterway transport document need not indicate the geographical area.

　　当信用证规定装运地或目的地的地理区域或地点范围（例如，"中国"或"上海、北京、广州"）时，公路、铁路或内陆水路运输单据应显示实际的装运地或目的地，且其应位于该地理区域或地点范围之内。公路、铁路或内陆水路运输单据无需显示该地理区域。

公路、铁路和内陆水路运输单据

正本联和第二联

Original and duplicate of a road, rail or inland waterway transport document

【导读】

本节规定公路、铁路或内陆水路运输单据正本的审核标准。

第J7段

正本联和第二联

公路、铁路或内陆水路运输单据的正本如何要求？又会如何提交呢？

Para J7:

　　a. A rail or inland waterway transport document is to be considered as an original whether or not it is so marked.

　　无论是否标注为正本，铁路或内陆水路运输单据都应当被视为正本。

　　b. A road transport document is to indicate that it is the original for consignor or shipper (copy for sender) or bear no marking indicating for whom the document has been prepared.

　　公路运输单据应注明为出具给发货人或托运人的正本（发送人联），或没有标注出具给何人。

　　c. Presentation of the original for consignor or shipper (copy for sender) of a road transport document or duplicate rail transport document shall suffice even when the credit requires presentation of a full set of the relevant transport document.

　　即使信用证要求提交相关的全套运输单据，提交出具给发货人或托运人的公路运输单据正本（发送人联），或铁路运输单据第二联，即满足要求。

　　d. A duplicate (often a carbon copy) of a rail transport document, authenticated by the signature or stamp of the railway company or the railway station of departure, is considered to be an original.

　　由铁路公司或出发地火车站签字或盖戳证实的铁路运输单据第二联（通常是复写联），应当被视为正本。

【修订】

　　本段规定中，涉及公路运单中增加了可以接受发送人联为正本，涉及铁路运单和内陆水路运输单据没有变化。

　　本段规定与 UCP600 第 24 条 b 款和 c 款的规定一致。

品读 ISBP745

【解读】

第一,公路运单下,涉及四种情况:

——如果信用证没有要求全套,提交正本发货人或托运人联(original for consignor or shipper),或发送人联(copy for sender)的公路运输单据,或没有标记给谁的任何一联即可;

——如果信用证要求全套,提交正本发货人或托运人联,或发送人联的公路运输单据即可;

——如果信用证要求全套,提交的是没有标记给谁的正本,但未显示出具份数,则提交的份数即为全套;

——如果提交的是没有标记给谁的正本,且显示了出具份数,则无论信用证是否要求全套,都必须按出具份数提交全套公路运单。

显然,公路运单如果作成发货人或托运人或发送人联时,与空运单最为相似;而如果作成没有任何标记给谁时,与海运单最为相似。

实务中,信用证要求发货人或托运人或发送人联,也可以提交没有标记给谁的正本。比如:

[案例 263] R649/TA656:国际货运单的 copy of shipper 是副本吗?

案中,信用证要求公路运输的"国际货运单 International Consignment Note Copy for Shipper",提交的国际货运单需要如此注明吗?

UCP600 第 24 条 b(ⅰ):公路运输单据必须看似为开给发货人或托运人的正本(the original for consignor/shipper)或没有任何标记表明单据开给何人。

分析及结论:

国际商会在分析中说:信用证要求提供国际货运单 Copy for shipper,这种要求预先假定了单据是以开给托运人 Copy for shipper 的一种复写形式的格式出具。当单据没有以这种形式出具时,也就不需要使用印有"Copy for shipper"的格式,或者要求承运人或其代理人按这种方式做出注释。

国际商会在结论中说:基于单据没有表明其是供托运人以外的一方使用或者类似功能,该单据没有注明"Copy for shipper"来表示,不构成不符点。

点评:

信用证中要求的 Copy for shipper,是正本,从而适用 UCP600 第 24 条 b 款第 ⅰ 项。所以,正确应译为"托运人联",而不是"托运人副本"。换言之,如果公路运单上显示 Copy for shipper,只要签署了,显然也是正本。

注意:

请注意,国际商会的这一意见,实际上已经改变了 R467 中的看法。R467 的分析及结论中说:信用证特别要求 copy for the consignor/shipper of road waybill CMR,提交的 CMR 没有显示给谁,这是不符点。我们比较倾向于 R649/TA656 中的最新意见。

引申:

R371 中信用证要求:Original copy for consignor/shipper of road waybill CMR,这仍然是在要求正本。

实务中,公路运单上可能不会直接标记正本。此时,其是否为正本,便需要一番判断。比如:TA781 rev 中,信用证要求公路运单。提交的公路运单由在承运人原始函头单据上出具的,标有 Duplicate,同时载有承运人手签的公路运单。国际商会在分析中说:这不是正本,所

以不可接受。(To comply with UCP600 sub-article 24（b）（i）a truck consignment note must appear to be an original for shipper or consignor or bear no marking indicating for whom the document has been prepared. Even though the truck consignment note has been issued on the letterhead of the carrier and has been manually signed by it, marking of "Duplicate" would appear to indicate that it is not intended to be considered as the original truck consignment note.) 显然，如果没有额外的信息，国际商会的看法便显得强词夺理。我们认为，此处的 duplicate 是第二联的意思，按案中描述的情形，根据第 A27 段和第 A28 段的规定，应该认定这是正本。当然，这一正本没有说明给谁。所以，可以接受。

实务中，发货人大多对应于英文 consignor，也可能对应于英文 sender 或 expeditor 等。比如：

[案例 264] R775/TA754 rev：expeditor 与 sender，consignor 一样吗？

案中，信用证要求 CMR 公路运单，并要求显示："EXPEDITOR AS BENEFICIARY"。提交的 CMR 公路运单显示栏位名称为："Sender"，并在该栏位中盖了一个受益人的印戳。

分析及结论：

国际商会说：公路运单上的 sender 栏位名称，与 expeditor 同义，无须特别显示 expeditor 栏位名称。Box 1 on a CMR, which can be generically described as the field containing the shipper details, can bear varying preprinted field labels and these include "Sender" and "Expeditor". In the context of the credit, Box 1 was to be completed with the details of the beneficiary and the CMR need not specifically mention the word "Expeditor".

点评：

遗憾的是，国际商会在分析中没有区分托运人（shipper）与发货人（consignor/sender/expiditor）。实际上，(shipper)托运人与(consignor)发货人是有明显的区别。

第二，铁路运单下，也涉及类似的四种情况：

——如果信用证没有要求全套，提交第二联(duplicate)，或没有标记给谁的任何一联即可；
——如果信用证要求全套，提交第二联即可；
——如果信用证要求全套，提交的是没有标记给谁的正本，且显示了出具份数，则并按出具份数提交全套；
——如果信用证要求全套，提交的是没有标记给谁的正本，但未显示出具份数，则提交的份数即为全套。

铁路运单虽然通常不会表明开给何人，习惯上把注明"duplicate"字样的一联给托运人。当然，这一联会由铁路公司或装运地铁路货运站签字或盖戳证实。这一点，与 UCP600 第 17 条的规定相吻合。

显然，铁路运单如果有注明"duplicate"一联时，便与空运单最为相似；而如果作成没有任何标记给谁时，与海运单最为相似。

第三，内陆水路运输单据下，如何提交呢？这里没有明说。

内陆水路运输单据，通常不会表明开给何人。我们认为，按理可以参照海运提单和海运单掌握，即不管信用证有没有要求全套，都必须提交全套，而提交的内陆水路运单或内陆水路提单必须相应注明出具份数。

然而,这一判断会与以下规定冲突:

UCP600 第 24 条 c 款:

In the absence of an indication on the transport document as to the number of originals issued, the number presented will be deemed to constitute a full set.

如运输单据上未注明出具的正本数量,提交的份数即视为全套正本。

这里表明了,公路、铁路运单可以不注明出具份数,此时提交的份数将视为全套正本。内陆水路运输单据,特别是内陆水路提单,如果不显示出具份数呢? 显然与实务不符,因为其每一份都代表相同的货权,无法等同于公路、铁路运单。未见国际商会发表过针对性的意见。

收货人、指示方和被通知人

Consignee, order party and notify party

第 J8 段

收货人

Para J8:

a. When a credit requires a road or rail transport document to evidence that goods are consigned "to order of (named entity)", it may indicate that the goods are consigned to that entity, without mentioning "to order of".

当信用证要求公路或铁路运输单据表明收货人为"凭(具名实体)指示[to order of (named entity)]"时,其可以显示该实体为收货人,而无需提及"凭×××指示(to order of)"字样。

b. When a credit requires a road or rail transport document to evidence that goods are consigned "to order" without naming the entity to whose order the goods are to be consigned, it is to indicate that goods are consigned either to the issuing bank or the applicant, without the need to mention the words "to order".

当信用证要求公路或铁路运输单据表明收货人为"凭指示(to order)",而未提及指示方的名称时,其应显示收货人为开证行或申请人,而无需提及"凭指示(to order)"字样。

c. When a credit requires an inland waterway transport document, paragraphs J8(a) and (b) will apply except when the document is issued in the form of a bill of lading. In such event, the consignee field is to be completed according to the requirements of the credit.

当信用证要求内陆水路运输单据时,第 J8 段 a 款和 b 款将适用,除非其以提单的形式出具。当内陆水路运输单据以提单形式出具时,该单据的收货人栏位应按照信用证的要求填写。

公路、铁路和内陆水路运输单据

【说明】

本段 a 款和 b 款涉及公路、铁路运单的收货人。请注意,实务中信用证可能不会要求收货人。国际商会在 R357 中说:信用证没有要求收货人,提交的 CMR 不显示收货人,不构成不符点。

本段 c 款涉及内陆水路运单和提单。前者属运单,没有"货权凭证"功能,收货人可参照公路、铁路运单相关规定掌握。后者也属提单,带有"货权凭证"功能,收货人应按照提单相关规定掌握。

第 J9 段

被通知人

Para J9:

a. When a credit stipulates the details of one or more notify parties, a road, rail or inland waterway transport document may also indicate the details of one or more additional notify parties. 当信用证规定一个或多个被通知人的细节时,公路、铁路或内陆水路运输单据也可以显示额外的一个或多个被通知人的细节。

b. ⅰ. When a credit does not stipulate the details of a notify party, a road, rail or inland waterway transport document may indicate the details of any notify party and in any manner (except as stated in paragraph J9(b)(ⅱ)).

当信用证未规定被通知人的细节时,公路、铁路或内陆水路运输单据可以任何方式(第 J9 段 b 款 ⅱ 项表明的情形除外)显示任何被通知人的细节。

ⅱ. When a credit does not stipulate the details of a notify party, but the details of the applicant appear as notify party on a road, rail or inland waterway transport document, and these details include the applicant's address and contact details, they are not to conflict with those stated in the credit.

当信用证未规定被通知人的细节,而申请人信息包括申请人地址和联络细节显示为公路、铁路或内陆水路运输单据上的被通知人时,这些内容不应与信用证规定的相关内容相矛盾。

第 J10 段

申请人与开证行名称

Para J10:

When a credit requires a road, rail or inland waterway transport document to evidence goods consigned to or to order of "issuing bank" or "applicant" or notify "applicant" or "issuing bank", a road, rail or inland waterway transport document is to indicate the name of the issuing bank or applicant, as applicable, but need not indicate their respective addresses or any contact details that may be stated in the credit. A road or rail transport document need not also indicate "to order of", as stated in paragraph J8(b).

当信用证要求公路、铁路或内陆水路运输单据表明收货人为"开证行"或"申请人",或凭"开证行"或"申请人"指示,或被通知人为"申请人"或"开证行"时,该公路、铁路或内陆水路运输单据应相应地显示开证行或申请人的名称,但无需显示信用证可能规定的其地址或任何联络细节。如同第 J8 段 b 款中提到的情形,公路或铁路运输单据也无需注明"凭×××指示"字样。

第 J11 段

申请人地址及联络细节

Para J11:
When the address and contact details of the applicant appear as part of the consignee or notify party details, they are not to conflict with those stated in the credit.

当申请人地址和联络细节显示为收货人或被通知人细节的一部分时,其不应与信用证规定的相关内容相矛盾。

转运、部分装运及多套运输单据

Transshipment, partial shipment and determining the presentation period when multiple road, rail or inland waterway transport document are presented

【导读】
本节规定了公路、铁路和内陆水路运输单据下转运和部分装运的审核标准。

第 J12 段

转　　运

什么是公路、铁路或内陆水路运输单据下的转运呢?又如何掌握转运呢?

公路、铁路和内陆水路运输单据

Para J12:
　　Transshipment is the unloading and reloading of goods from one means of conveyance to another within the same mode of transport (truck [lorry], train, barge, etc.,) during the carriage of those goods from the place of shipment, dispatch or carriage to the place of destination stated in the credit. When a road, rail or inland waterway transport document does not indicate unloading and reloading between these two places, it is not transshipment in the context of the credit and UCP600 sub-articles 24 (d) and (e).
　　转运是指从信用证规定的装运、发送或起运地到目的地之间的运输过程中,把货物从同一种运输方式项下的一个运输工具(卡车、火车、船只等)卸下再装上另一运输工具。当公路、铁路或内陆水路运输单据未显示在规定的两个地点之间卸货并重装时,则不属于信用证和 UCP600 第 24 条 d 款和 e 款下的转运。

【解读】
　　这里说一下公路、铁路或内陆水路运输单据转运的可接受性。

UCP600 第 24 条 e 款规定:
　　i . A road, rail or inland waterway transport document may indicate that the goods will or may be transshipped provided that the entire carriage is covered by one and the same transport document.
　　只要全程运输由同一运输单据涵盖,公路、铁路或内陆水运单据可以注明货物将要或可能被转运。
　　ii . A road, rail or inland waterway transport document indicating that transshipment will or may take place is acceptable, even if the credit prohibits transshipment.
　　即使信用证禁止转运,注明将要或可能发生转运的公路、铁路或内陆水运单据仍可接受。
　　简言之,公路、铁路或内陆水路运输单据下,信用证禁止转运无效。
　　为什么呢? 这仍然与公路等运输的特点有关。国际商会在 ICC 511 中说:在这种运输方式下,从发货地到目的地采用同种运输方式的过程中,货物需要间接运送。例如,有卡车将货物从一个国家运往另一个国家的过程中,进口国可能会禁止来自出口国装载货物的卡车过境,这就需要将货物卸下再装到该国的卡车上继续运输。铁路运输过程中则可能出现过境时两个国家的铁道轨距不一致,货物不得不从一火车卸下装上另一火车的情况。
　　内陆水路运输的情况应该基本相似。

第 J13 段

部分装运

　　什么是部分装运呢?

品读 ISBP745

> **Para J13:**
> Shipment on more than one means of conveyance (more than one truck [lorry], train, barge, etc.,) is a partial shipment, even when such means of conveyance leaves on the same day for the same destination.
> 以一个以上的运输工具(不止一辆卡车、一列火车或一艘船只等)进行运输系部分装运,即便该运输工具在同一天出发并前往同一目的地。

【解读】

不管是卡车、火车,还是船只,货物通过多个运输工具分别运输,都算部分装运。比如:

[案例265] R240:两套公路运单显示货物由两辆卡车经同一行程同一天运输,算全部装运吗?

案中,两套公路运单显示货物由两辆卡车运输,同一收货地前往同一目的地,同一天同一行程。这算全部装运,还是部分装运?

分析及结论:

国际商会在分析中说:"两辆独立的卡车,算不同的运输工具。(Two separate trucks are not the same means of conveyance.)"

国际商会在结论中说:"这算部分装运。"

点评:

多套公路运单是否算全部装运,首先要看是否货装单一独立的车辆。

印证:

国际商会在 R369 的分析及结论中提到:"The document 470/GE. 46 refers to a situation where the shipment consisted of three trucks, each of which was independent of the other as to the loading, actual journey and arrival circumstances, i. e. of the three trucks in that example, two could arrive, the third having been destroyed by fire or other incident."

悬疑:

如果是卡车车队运输呢?国际商会似乎更倾向于认为是部分运输,因为这是不同的运输工具。未见国际商会对此发表过直接意见。

值得注意,国际商会在 R369 中提到的同一列火车上的不同车厢,属于同一运输工具。它说:"The use of a train with wagons attached is a different set of circumstances to that in query 470/GE. 46. here we have on train with three (or more) wagons attached. On this basis, transport documents which evidence that the wagons were attached to the same train for the same journey would not constitute a partial shipment, as they are part of the same means of conveyance."

国际商会在 R478 中提到的卡车与其拖车,也属于同一运输工具。它说:"Dispatch by a truck with a trailer does not constitute a partial shipment. The truck and trailer are considered one means of conveyance."

第 J14 段

多套运输单据

Para J14:

a. When a credit prohibits partial shipment, and more than one road, rail or inland waterway transport documents are presented covering shipment from one or more places of shipment, dispatch or carriage (as specifically allowed, or within a geographical area or range of places stated in the credit), each road, rail or inland waterway transport document is to indicate that it covers the shipment, dispatch or carriage of goods on the same means of conveyance and same journey and that the goods are destined for the same place of destination.

当信用证禁止部分装运,且提交一套以上的正本公路、铁路或内陆水路运输单据,涵盖货物从一个或多个装运、发送或起运地(信用证明确允许或规定的地理区域或地点范围内)装运时,每套公路、铁路或内陆水路运输单据都应显示其涵盖的货物运输,系由同一运输工具经同一行程前往同一目的地。

b. When a credit prohibits partial shipment, and more than one raod, rail or inland waterway transport documents are presented in accordance with paragraph J14(a) and incorporate different dates of shipment, the latest of these dates is to be used for the calculation of any presentation period, and must fall on or before the latest shipment date stated in the credit.

当信用证禁止部分装运,且按照第 J14 段 a 款提交一套以上的正本公路、铁路或内陆水路运输单据含有不同的装运日期时,应以其中最迟的日期计算交单期限,且该日期必须在信用证规定的最迟装运日期之前或当日。

c. When partial shipment is allowed, and more than one road, rail or inland waterway transport documents are presented as part of a single presentation made under one covering schedule or letter and incorporate different dates of shipment, on different means of conveyances or the same conveyance for a different journey, the earliest of these dates is to be used for the calculation of any presentation period, and each of these dates must fall on or before the latest shipment date stated in the credit.

当信用证允许部分装运,且提交一套以上的正本公路、铁路或内陆水路运输单据作为同一面函项下单一交单的一部分,并含有装上不同运输工具或同一运输工具不同行程所对应的不同的装运日期时,应以其中最早的日期计算交单期限,且所有这些日期必须在信用证规定的最迟装运日期之前或当日。

品读 **ISBP745**

清洁运输单据

Clean road, rail or inland waterway transport documents

第 J15 段

不清洁条款

Para J15：
A road, rail or inland waterway transport document is not to include a clause or clauses that expressly declare a defective condition of the goods or their packaging.

公路、铁路或内陆水路运输单据不应含有明确声明货物或包装有缺陷状况的条款。

For example：

例如：

a. A clause on a road, rail or inland waterway transport document such as "packaging is not sufficient for the journey" or words of similar effect is an example of a clause expressly declaring a defective condition of the packaging.

公路、铁路或内陆水路运输单据上载有的"包装无法满足行程（packaging is not sufficient for the journey）"或类似条款，即属于明确声明包装有缺陷状况的例子。

b. A clause on a road, rail or inland waterway transport document such as "packaging may not be sufficient for the journey" or words of similar effect does not expressly declare a defective condition of the packaging.

公路、铁路或内陆水路运输单据上载有的"包装可能无法满足行程（packaging may not be sufficient for the journey）"或类似条款，并非明确声明包装有缺陷状况。

第 J16 段

"清洁"字样

Para J16：

a. It is not necessary for the word "clean" to appear on a road, rail or inland waterway transport document even when the credit requires a road, rail or inland waterway transport document to be marked "clean" or "clean on board".

"清洁（clean）"字样没有必要在公路、铁路或内陆水路运输单据上显示，即便信用证要求公路、铁路或内陆水路运输单据标明"清洁（clean）"或"清洁已装运（clean on board）"字样。

b. Deletion of the word "clean" on a road, rail or inland waterway transport document does not expressly declare a defective condition of the goods or their packaging.

删除公路、铁路或内陆水路运输单据上的"清洁（clean）"字样，并非明确声明货物或包装有缺陷状况。

货物描述

Goods description

第 J17 段

货物描述的统称

Para J17：

A goods description indicated on a road, rail or inland waterway transport document may be in general terms not in conflict with the goods description in the credit.

公路、铁路或内陆水路运输单据上的货物描述可以使用与信用证所规定的货物描述不相矛盾的统称。

更　　正

Corrections and alterations

第 J18 段

正本的更正证实

Para J18：

Any correction of data on a road, rail or inland waterway transport document is to be authenticated. Such authentication is to appear to have been made by the carrier or any one of its named agents, who may be different from the agent that may have issued or signed the transport document, provided they are identified as an agent of the carrier.

公路、铁路或内陆水路运输单据上数据的任何更正均应证实。该证实应看似由承运人或其任一具名代理人作出，该代理人可以不同于出具或签署运输单据的代理人，只要其表明作为承运人的代理人身份。

第J19段

副本与更正证实

Para J19:
Copies of a road, rail or inland waterway transport document need not include authentication of any corrections that may have been made on the original.

公路、铁路或内陆水路运输单据副本无需含有其正本上对任何更正可能作过的证实。

运费和额外费用

Freight and additional costs

【导读】
本节规定了公路、铁路或内陆水路运输单据上运费的审核标准。
这里并没有涉及额外费用。

第J20段

运　　费

公路、铁路或内陆水路运输单据上如何显示运费支付方式呢？

Para J20:
a. A statement appearing on a road, rail or inland waterway transport document indicating the payment of freight need not be identical to that stated in the credit, but is not to conflict with data in that document, any other stipulated document or the credit. For example, when a credit requires a road, rail or inland waterway transport document to be marked "freight collect", it may be marked "freight payable at destination".

公路、铁路或内陆水路运输单据显示的运费支付声明，无需与信用证规定的等同一致，但不应与该单据、任何其他规定的单据或信用证中的数据相矛盾。例如，当信用证要求公路、铁路或内陆水路运输单据标注"运费待收（freight collect）"时，其可以标注为"运费目的地支付（freight payable at destination）"。

公路、铁路和内陆水路运输单据

> b. When a credit requires a road, rail or inland waterway transport document to indicate that freight has been prepaid or freight is to be collected at destination, this will also be fulfilled by the completion of boxes marked "Franco" (freight prepaid) or "Non-Franco" (freight to be collected).
>
> 当信用证要求公路、铁路或内陆水路运输单据显示运费已预付或运费目的地待收时,通过在该运输单据上的"运费预付(Franco)"栏位或"运费待收(Non-Franco)"栏位中填写运费的方式也符合要求。

【解读】

本段 b 款,属新增规定,涉及两种运费支付方式的法语表达。这里重点解读 b 款。

公路、铁路和内陆水路运输单据上的运费支付方式栏位,可以以英文满足,也可以直接显示为常用的法语栏位中的运费金额来满足。具体而言,包括:

——"Franco"栏位:即用以填写已付运费(freight prepaid)的金额;

——"Non-Franco"栏位:即用以填写运费待收(freight to be collected)的金额。比如:

[案例 266]　R467:铁路运单上"运费预付"显示为法语,可以吗?

案中,信用证要求注明运费预付的铁路运单副本,对单据语言并无特别要求。提交的铁路运单副本上,标明 Franco De Port(目的地)。可以吗?

分析和结论:

国际商会说:各种词典均将"Franco"解释成邮费付讫、运费已付等,该单据可以接受。(As has been stated above, various dictionaries explain the meaning of "Franco" as postage paid, carriage paid, etc. In this respect, a document stating "Franco de port (place of destination)" would be acceptable under a credit requiring the transport document to evidence payment of freight.)

点评:

尽管铁路运单使用了与信用证不同的语言,只要信用证没有禁止,只要含义相同,该铁路运单仍为可接受的。

换言之,这种情况下,虽然法语不是开证行所熟悉的语言,但开证行有义务确认二者含义是否相同,有点为难。

显然,这里的规定,实际上是总则部分第 A21 段的规定的补充——"单据语言的显示"。

品读 **ISBP745**

保险单据
INSURANCE DOCUMENTS AND COVERAGE

【导读】

在信用证下"一手交单,一手付款"的单据交易对应的货物贸易结构中,货物交付如果通过第三方运输完成,绝大多数情况需要投保货物运输险。保险单据便是用以证明贸易合同中货物运输保险条款执行情况的一种单据,也是信用证交易中非常重要的又一种单据。

本部分规定了保险单据的审核标准。

本部分的解读包括:

——阐述保险单据的功能,并与运输单据功能作个对比;

——阐述保险单据的种类,包括保险单、预约保险单下的保险证明和保险声明等;

——阐述保险单据的出具和签署,包括保险人、保险公司和承保人等;

——阐述保险单据的日期;

——阐述保险金额和比例,以及共同保险下多个保险单据如何计算保险金额;

——阐述承保险别特别是"一切险"如何满足,简要介绍中国保险条款和协会保险条款;

——阐述被保险人的形式,以及如何背书;

——阐述一般性的保险条款和条件如何审核;

——阐述保费显示条款如何审核等。

保险单据的功能

保险单据具有两个功能：一是保险合同的证明，简称"合同证明"功能；二是索赔权凭证，简称"索赔凭证"功能。前者类似于运输单据的"合同证明"功能，后者类似于"货权凭证"功能。

什么是保险？

我国最新的《保险法》[①]规定：

第二条　本法所称保险，是指投保人根据合同约定，向保险人支付保险费，保险人对于合同约定的可能发生的事故因其发生所造成的财产损失承担赔偿保险金责任，或者当被保险人死亡、伤残、疾病或者达到合同约定的年龄、期限等条件时承担给付保险金责任的商业保险行为。

信用证实务中的保险，指的是货物运输保险，它以运输中的货物作为保险标的，它是一种流动的财产保险。就货物运输保险来说，保险源于财产损失的可能，损失源于事故的发生，事故源于风险的存在。究其实，保险实务基本上就是围绕着风险、可能造成的损失及费用，以及根据可能造成的损失及费用而针对性设计的险别展开。

什么是保险合同？

我国最新的《保险法》规定：

第十条　保险合同是投保人与保险人约定保险权利义务关系的协议。

投保人是指与保险人订立保险合同，并按照合同约定负有支付保险费义务的人。

保险人是指与投保人订立保险合同，并按照合同约定承担赔偿或者给付保险金责任的保险公司。

第十二条　人身保险的投保人在保险合同订立时，对被保险人应当具有保险利益。

财产保险的被保险人在保险事故发生时，对保险标的应当具有保险利益。

人身保险是以人的寿命和身体为保险标的的保险。

财产保险是以财产及其有关利益为保险标的的保险。

被保险人是指其财产或者人身受保险合同保障，享有保险金请求权的人。投保人可以为被保险人。

保险利益是指投保人或者被保险人对保险标的具有的法律上承认的利益。

第十八条　保险合同应当包括下列事项：

（一）保险人的名称和住所；

（二）投保人、被保险人的姓名或者名称、住所，以及人身保险的受益人的姓名或者名称、住所；

（三）保险标的；

（四）保险责任和责任免除；

（五）保险期间和保险责任开始时间；

（六）保险金额；

---

① 《中华人民共和国保险法》，1995年6月30日第八届全国人民代表大会常务委员会第十四次会议通过；根据2002年10月28日第九届全国人民代表大会常务委员会第三十次会议《关于修改〈中华人民共和国保险法〉的决定》修正；2009年2月28日第十一届全国人民代表大会常务委员会第七次会议修订。

（七）保险费以及支付办法；
（八）保险金赔偿或者给付办法；
（九）违约责任和争议处理；
（十）订立合同的年、月、日。
投保人和保险人可以约定与保险有关的其他事项。
受益人是指人身保险合同中由被保险人或者投保人指定的享有保险金请求权的人。投保人、被保险人可以为受益人。
保险金额是指保险人承担赔偿或者给付保险金责任的最高限额。

货物运输保险下，投保人类似于运输中的托运人，但是与托运人常常出现在运输单据上不同，投保人通常不会出现在保险单据上；而承担保险责任的保险人 insurer，类似于货物运输中承担承运责任的"承运人"，必须出现在保险单据上，通常也称"承保人"；通常在保险单据上还会显示被保险人，类似于运输中的收货人。以国际海运为例：

我国最新的《海商法》规定：
第二百一十六条 海上保险合同，是指保险人按照约定，对被保险人遭受保险事故造成保险标的的损失和产生的责任负责赔偿，而由被保险人支付保险费的合同。
前款所称保险事故，是指保险人与被保险人约定的任何海上事故，包括与海上航行有关的发生于内河或者陆上的事故。
第二百一十七条 海上保险合同的内容，主要包括下列各项：
（一）保险人名称；
（二）被保险人名称；
（三）保险标的；
（四）保险价值；
（五）保险金额；
（六）保险责任和除外责任；
（七）保险期间；
（八）保险费。

值得一提的是，国内最新的《海商法》发布于 1992 年，早于 1995 年发布、2002 年和 2009 年修订的国内最新《保险法》，后者新于前者，所以，相比之下《保险法》的措辞应该更为准确而周全。

所谓"准确"，比如：被保险人有别于投保人，而在货物运输保险中不应该出现受益人。海上保险合同的约定双方理应为承保人/保险人和投保人，而不是承保人/保险人和被保险人，因为参与保险合同签订的是有义务支付保费的投保人，而不是被保险人。举一个例子，信用证有时会要求保单显示被保险人为申请人，而投保方却为受益人，此时难道作为被保险人的申请人在持有保单之后还要向承保人支付保险费吗？显然这是否定的，实务中投保人未付保费，基本上无法取得保险单据，这一点与运输单据不同，后者可以有"预付运费"和"待收运费"两种选择。

所谓"周全"，比如：《保险法》对保险合同要素的规定比《海商法》多了三个，其中保险合同日期，基本上等同于保险单据日期，从而也基本上等同于保险的生效日期，这是 UCP 框架内的必备要素。

那么，什么是保险单据？

我国最新的《保险法》规定：

第十三条　投保人提出保险要求，经保险人同意承保，保险合同成立。保险人应当及时向投保人签发保险单或者其他保险凭证。

保险单或者其他保险凭证应当载明当事人双方约定的合同内容。当事人也可以约定采用其他书面形式载明合同内容。

依法成立的保险合同，自成立时生效。投保人和保险人可以对合同的效力约定附条件或者附期限。

我国最新的《海商法》规定：

第二百二十一条　被保险人提出保险要求，经保险人同意承保，并就海上保险合同的条款达成协议后，合同成立。保险人应当及时向被保险人签发保险单或者其他保险单证，并在保险单或者其他单证中载明当事人双方约定的合同内容。

同样的道理，《海商法》中提到的承保人/保险人出具保险单据的对象，正确地说应是投保人，而不是被保险人。

更重要的是，从《保险法》和《海商法》以上规定可以看出，它们的共同本意则在于表明了一点，即保险单据的本质功能也是保险合同的证明。这一点与运输单据的本质功能是运输合同的证明相似。此外，保险单据还是保险索赔权凭证，即与提单下必须凭单提货相似，保险单据下必须凭单索赔。保险单据背书，就是直接基于这一功能，以及由该功能所释放的"可转让性"。

请注意，UCP所涉及的保险，指货物运输保险，而与其他保险无关。比如：信用证要求："Insurance certificate or policy in 0 original and 1 copy evidencing a limit of liability in the minimum amount 2,000,000.00 Canadian or US Dollars per occurrence (including products liability insurance coverage). PLI certificate must show LC Applicant address under certificate holder."显然，这是指产品质量险，与货物运输保险无关，只须按一般单据审核即可。

UCP600 第 28 条的适用

Application of UCP600 Article 28

【导读】

本节规定了 UCP600 第 28 条的适用标准。

本节将解读保险单据的种类，包括一次性使用的保险单、可以长期使用的预约保险单、预约保险单下的保险证明和保险声明，以及比较少用的暂保单。

第 K1 段

保险单据的种类

UCP 意义上,默认可以接受的保险单据只有三种:保险单、保险证明和保险声明。

Para K1:
A requirement in a credit for the presentation of an insurance document, such as an insurance policy, insurance certificate or declaration under an open cover, means that UCP600 article 28 is to be applied in the examination of that document.

信用证要求提交保险单据,诸如保险单、预约保险项下的保险证明或保险声明,这表示 UCP600 第 28 条应适用于该单据的审核。

【解读】

第一,保险单据包括保险单(insurance policy)。

什么是保险单(insurance policy)?保险单,全面反映了投保人与保险人/承保人签订的保险合同,是用于索赔的完整独立的文件。所以,信用证要求保险单据时,保险单可以优先接受。

保险单正面通常载明保险人/承保人名称、被保险人的名称、货物名称、数量或重量、唛头、运输工具、保险的起讫地点、装运日期、承保险别、保险金额、保险日期、签署、索赔币别、索赔地点等内容。

保险单背面通常列明保险人/承保人的责任范围,承保人/保险人与被保险人各自的权利、义务等内容。这些条款基本上对应于第 K22 段所指的"一般性条款和条件"。

第二,保险单据包括预约保险项下的保险证明和保险声明。

在国际贸易运输中,进出口方为方便频繁投保,常常会在正式投保前先与保险人/承保人签订一个长期性的预约保险合同,涵盖总承保范围,并由保险人/承保人签发预约保险单(open policy)予以反映。然而,预约保险单并没有货物实际装运细节,所以,不是一个独立的文件,不可作为独立的保险单据使用,不可接受。

保险人/承保人或其代理人将预先印就带有其预先签字(pre-signature),并声明在某个 open policy 项下的保险证明/保险声明格式,交由投保人。实际出货时,投保人只须在每批货物装运前,填制装运通知,列明货物实际装运细节,并通知保险人/承保人。同时,投保人自行填写保险证明或保险声明的装运细节。预约保险项下的保险证明和保险声明,与保险单一样,均反映保险合同。

第三,如果说,保险单类似于全式提单,那么,预约保险下的保险证明或声明显然则类似于简式/背面空白提单。

换言之,保险证明和保险声明上反映的保险条款是不完整的。正如国际商会在 ICC511

中所说:"保险单是一种比保险证明或保险声明更好、更完整的保险文件。(It is recognized that an insurance policy is a better and more complete insurance document than a certificate or a declaration under an open cover.)"

UCP600 第 28 条 d 款:

An insurance policy is acceptable in lieu of an insurance certificate or a declaration under an open cover.

可以接受保险单代替预约保险项下的保险证明书或声明书。

所以,实务中优先接受保险单,即使信用证要求保险证明或保险声明。反之,如果信用证要求保险单,则不可提交保险证明书或保险声明书。

保险证明和保险声明

保险证明和保险声明,基于预约保险。
什么是预约保险(open cover)？什么是预约保险单(open policy)？

我国最新的《海商法》规定:
第二百三十一条　被保险人在一定期间分批装运或者接受货物的,可以与保险人订立预约保险合同。预约保险合同应当由保险人签发预约保险单证加以确认。

在国际贸易运输中,进出口方常常频繁投保,投保手续常常又十分繁琐。为简化投保手续,进出口方常常会在正式投保前,先与保险人/承保人签订一个长期性的预约保险合同。预约保险合同中规定的承保范围是总承保范围,由于它只是涵盖实际投保前的预约承保范围,也称预约保险。预约保险合同上规定的预约保险,具体包括货物种类、总保险限额、运输方式、运输区域、运输工具、承保险别、保险费率、保险期限、投保人与承保人的权利、义务等。相应地,预约保险合同下,保险人/承保人签发预约保险单予以反映。值得注意的是,预约保险单并没有货物实际装运细节,所以,不是一个独立的文件,不可作为独立的保险单据使用,不可接受。

什么是预约保险项下的保险证明(insurance certificate)和保险声明(insurance declaration)？

实际出货时,投保人只需在每批货物装运前,填制装运通知,列明该批装运的货物、价值、包装、数量、起讫地、运输工具名称、装运日期等细节,通知保险人/承保人签发保险证明或保险声明即可,即为预约保险下保险证明或保险声明。在投保人延迟或因疏忽而遗漏通知时,需要补办装运通知。即使补办时货物已经出险,承保人也必须负责。当然,如果货物安全抵达目的地,投保人也必须交纳保险费。"保险公司可以经常核查投保单位的账目,一旦发现漏保或未投保的货物,不论是否发生保险事故,即使货物已经安全运抵,都会要求补办投保并交纳保险费。尽管预约保险合同的定义存在不同的版本,但可以肯定被保险人青睐于预约保险的根本原因就是'货物一经起运,即自动按照预约保险单所列条件承保'"[①]

---

① 引自初北平:《海上货物预约保险合同条款的合理性阐释》,《理论界》2006.6

品读 ISBP745

我国最新的《海商法》规定：

第二百三十二条　应被保险人要求，保险人应当对依据预约保险合同分批装运的货物分别签发保险单证。

保险人分别签发的保险单证的内容与预约保险单证的内容不一致的，以分别签发的保险单证为准。

第二百三十三条　被保险人知道经预约保险合同保险的货物已经装运或者到达的情况时，应当立即通知保险人。通知的内容包括装运货物的船名、航线、货物价值和保险金额。

保险证明或保险声明由于其据以签发的预约保险单已详细列明承保人与投保人之间的权利义务关系，便不再印就完整的承保条款，而往往仅注明"承保货物按照正式保险单所载合意条款及本保险证明/声明上所有的条款办理，两者有抵触，以本保险证明/声明上的特定条款为准"。换句话说，即保险证明/保险声明与保险单具有一样的效力，出险时被保险人可据以向承保人索赔。值得注意的是，保险证明或保险声明一定是基于一份预约保险，如果提交的保险证明或保险声明并没有表明其所依据的一份特定预约保险单，则仍不可接受，因为保险证明和保险声明本身也不是独立的保险文件，尽管它们是保险合同反映的保险单据。

实务中，由于事先出具了预约保险单，保险证明与保险声明的出具流程则极为简单。通常在预约保险单出具之后，保险人/承保人或其代理人就将预先印就带有其预先签字（pre-signature），并声明在某个预约保险单项下的保险证明/保险声明格式，交由投保人。每一次装运时，投保人根据对应的运输单据，自行填写装运细节即可。

预约保险合同，可以简化手续，可以防止漏保，而且通常都享受保险费率优惠。所以，进出口方一般都与保险人/承保人签订长期的预约保险合同。相应地，对于保险人来说，预约保险合同则可以带来稳定的保费收入。

暂保单

暂保单不是 UCP 默认接受的保险单据。暂保单，类似于运输中的货代收据和货代提单。

UCP600 第 28 条 c 款：

Cover notes will not be accepted.

暂保单将不被接受。

那么，什么是 cover notes？《英汉综合大辞典》："note，[常用复]草稿、原稿。"顾名思义，cover notes，即保险草稿、原稿，俗称"暂保单"。

在保险实务中，保险经纪人（broker），接受投保人的委托后，会为投保人的利益而与保险人/承保人签订保险合同。而在签订保险合同之前，保险经纪人往往会在接受投保人委托的时候，向投保人签发暂保单。保险经纪人不是保险人/承保人，暂保单只是代投保人办理保险的投保约定，并不反映保险合同，也不约束保险人/承保人。这一种暂保单，类似于运输中的货代收据。

暂保单除了由保险经纪人出具外，还有保险公司和承保人出具的情况。有时在投保人与保险人签订保险合同之前，在还有一些条件尚未确定，比如不明确运输工具和装运日期等，或保险人需要办理复杂的内部审批手续时，投保人希望获得临时性的保障，往往会要求保险人先出具暂保单。这一种暂保单，类似于运输中的货代提单。

以日常中的车险暂保单为例[①],"平安保险公司的人士解释,中国人民银行为了解决在新车移动过程中,保险单尚未生效时发生交通事故的损险和第三者责任险。大家都知道,即便是在买车的同时就上保险,保单生效也是在车辆有了牌照号码之后。如果在此期间发生什么问题,保险公司是不负任何责任的。""'暂保单'虽然不能承担所有保险条款,但毕竟已是一大进步。"在国际贸易中的货物运输保险,也存在同样的情况。

"另外还有一种暂保单,即劳合社承保人的国外代理人在收到被保险人的投保(要约)之后,在劳合社承保人正式签发保险单接受承保之前,代表劳合社承保人接受承保(承诺)时,向被保险人签发的暂保单。这种暂保单是保险合同成立的证明,虽然在其有效期内可以约束承保人,但是倘若承保人在签发正式保险单之前,根据风险评估情况决定不予承保,则可以随时将暂保单撤销。"[②]

总之,暂保单下保险人/承保人的承保责任是不完全的或不确定的。相应地,对于被保险人来说,暂保单下的保障就不可靠。

出具、签署及正本

Issuer, signing and original of an insurance document

【导读】

保险单据默认由保险公司或承保人或其代理人出具并签署。保险单据默认必须提交正本,也默认必须提交全套正本。

本节规定了保险单据的出具、签署及正本的审核标准。

第 K2 段

保险公司、承保人和保险人

保险合同的基本当事人,包括保险人、投保人和被保险人。与提单相似,保险人包括保险公司或承保人出具并签署保险单据,是法定的义务。

我国最新的《保险法》规定:
第十三条　投保人提出保险要求,经保险人同意承保,保险合同成立。保险人应当及时向投保人签发保险单或者其他保险凭证。

这里的规定并没有明确区分保险单据的出具和签署。

---

① 引自王雨竹,《新车为什么要办理暂保单》,《交通与运输》,2007.6
② 引自程军,《UCP600对保险单据的规定》,《中国外汇管理》2007.12

品读 ISBP745

Para K2：

a. An Insurance document is to appear to have been issued and signed by an insurance company or underwriter or their agent or proxy. For example, an insurance document issued and signed by "AA Insurance Ltd" appears to have been issued by an insurance company.

保险单据应看似由保险公司或承保人或其代理人或代表出具并签署。例如，由"AA Insurance Ltd"出具并签署的保险单据即看似已由保险公司出具。

b. When an issuer is identified as "insurer" the insurance document need not indicate that it is an insurance company or underwriter.

当出具人表明"保险人(insurer)"身份时，保险单据无需显示出具人为保险公司或承保人。

【解读】

保险单据必须表明保险人，即保险公司或承保人的名称和身份，且必须由保险公司或承保人或其代理人或代表出具并签署。

保险单据与其他单据一样，通常出具与函头格式有关，而签署将体现为签字。言外之意，保险单据通常在保险公司或承保人或代理人或代表的函头格式上出具，有时也使用劳埃德统一函头格式。

什么是保险公司(insurance company)？简言之，指根据国家法律注册成立的经营保险业务的公司。在保险单据上签署时，它的身份通常可以从名字中直接识别，无须另外表明。这一点与运输单据上的承运人签署略有不同，因为承运人只是纯粹的身份，从名称上难以直接识别。当然，有时候保险公司的身份无法从显示的名称中直接识别，则必须另外表明其身份。

什么是承保人(underwriter)？主要指英国保险法下劳合社(LLOYD'S INSTITUTE)的成员，以承保人的名义经营保险业务。由于承保人通常在保险文件下方签字，在保险条款中自称underwriter，因此得名。其实，承保人，不限于英国劳合社成员，也不限于自然人，中国人保PICC的保险人身份也使用underwriter。在保险单据上签署时，承保人理应显示其身份和名称。这一点与运输单据上的承运人签署基本相同。

保险人，包括保险公司或承保人，是保险责任的主体，只有表明了保险人，投保人、被保险人或保险受益人才可据以追溯保险责任。当然，根据总则部分第A36段b款的规定，保险公司天然地包括了其分支机构。这一点与运输单据下的承运人等实体的道理相同。

如何表明保险公司或承保人呢？参照提单，一言以蔽之，按理必须在保险单据正面表明确切的保险公司或承保人的身份和名称，以及身份与名称之间的确切联系。

比如：上述规定中的例子，保险单据显示由"AA Insurance Ltd"出具并签署，便算表明了保险公司的名称和身份。

还比如：保险单据正本的小字部分显示 The underwriter，如果签署栏里有了签字，且可辨别出名称，也算表明了承保人的名称和身份。

当然，保险单据表明由保险公司或承保人的代理或代表签署，也是可以的。由代理人或代表签署时，保险单据必须清楚地表明其对应的代理人或代表的身份，比如：as agent 或 by proxy。请注意，国际商会在R232中的意见并不准确。案中，提交的保险单据显示签署：This is to certify that Company ×××Ltd, insurance brokers are authorized by underwriters… 国际商会在分析及结论中说："这可以接受。"笔者认为，保险单据签署没有表明代理人身份，构成不符点,不可接受。

当然,由于保险公司和承保人都属于保险人,保险单据上显示出具人身份为"保险人",也可以接受。

2009年最新版的伦敦协会货物运输保险条款中,不再使用"承保人"这一术语,而统一使用"保险人"称谓。本段的规定,反映了这一保险实务的变化。

英国劳合社的承保人

百度百科说:英国劳合社(Lloyd's),位于伦敦,是英国最大的保险组织,本身是个保险人社团,更确切地说是一个保险市场,与纽约证券交易所相似,但只向其成员提供交易场所和有关的服务,本身并不承保业务。

劳合社由其会员——承保人选举产生的一个理事会来管理,下设理赔、出版、签单、会计、法律等部,并在100多个国家设有办事处。该社为其所属承保人制定保险单、保险证书等标准格式,此外还出版有关海上运输、商船动态、保险海事等方面的期刊和杂志,向世界各地发行。

劳合社是一个名叫Edward Lloyd的英国商人于1688年在泰晤士河畔塔街所开设的咖啡馆演变发展而来。17世纪的资产阶级革命为英国资本主义的发展扫清了道路,英国的航运业得到了迅速发展。当时,英国伦敦的商人经常聚集在咖啡馆里,边喝咖啡边交换有关航运和贸易的消息。由于劳埃德咖啡馆邻近一些与航海有关的机构,如海关、海军部和港务局,因此这家咖啡馆就成为经营航运的船东、商人、经纪人、船长及银行高利贷者经常会晤交换信息的地方。承保人也常聚集于此,与投保人接洽保险业务。后来这些商人们联合起来,当某船出海时,投保人就在一张纸即承保条上注明投保的船舶或货物,以及投保金额,每个承保人都在承保条上注明自己承保的份额,并签上自己的名字,直至该承保条的金额被100%承保。

由于当时通讯十分落后,准确可靠的消息对于商人们来说是无价之宝。店主劳埃德先生为了招揽更多的客人到其咖啡馆来,于1696年出版了一张小报《劳埃德新闻》,每周出版三次,共发行了76期,使其成了航运消息的传播中心。约在1734年,劳埃德的女婿出版了《劳合社动态》,后易名《劳合社日报》,至今该报仍在伦敦出版。后来,咖啡馆的79名商人每人出资100英镑,于1774年租赁皇家交易所的房屋,在劳埃德咖啡馆原业务的基础上成立了劳合社。英国议会于1871年专门通过了一个法案,批准劳合社成为一个保险社团组织,劳合社通过向政府注册取得了法人资格,但劳合社的会员只能限于经营海上保险业务。直至1911年,英国议会取消了这个限制,批准劳合社成员可以经营包括水险在内的一切保险业务。

劳合社的承保人,又称真正承保人(actual underwriter)。劳合社就其组织的性质而言,它不是一个保险公司,而是一个社团组织,它不直接接受保险业务或出具保险单,所有的保险业务都通过劳合社的会员,即劳合社承保人单独进行交易。劳合社只是为其成员提供交易场所,并根据劳合社法案和劳合社委员会的严格规定对他们进行管理和控制,包括监督他们的财务状况,为他们处理赔案,签署保单,收集共同海损退还金等,并出版报刊,进行信息搜集、统计和研究工作。劳合社承保人以个人名义对劳合社保险单项下的承保责任单独负责,其责任绝对无限,会员之间没有相互牵连的关系。劳合社从成员中选出委员会,劳合社委员会在接受新会员入会之前,除了必须由劳合社会员推荐之外,还要对他们的身份及财务偿付能力进行严格审查。如劳合社要求每一会员具有一定的资产实力,并将其经营保费的一部分,一般为25%,提供给该社作为保证金,会员还须将其全部财产作为其履行承保责任的担保金。另外,每一承保人还将其每年的承保账册交呈劳合社特别审计机构,以证实其担保资金是否足以应付他所承

品读 ISBP745

担的保险责任。根据劳合社委托书，承保人所收取的保险费由劳合社代替。

在1994年以前，劳合社的承保人都是自然人，或称个人会员（individual member）。1994年以后，劳合社允许公司资本进入该市场，出现了有限责任的公司会员（corporate member）。从此以后，个人会员的数量连年递减，个人承保人和无限责任的特色逐渐淡薄，而公司会员的数量逐年递增，但这并不影响劳合社在世界保险业中的领袖地位。

劳合社的承保人按承保险种组成不同规模的组合，即承保辛迪加（underwriting syndicate）。每个组合人数不限，少则几十人，多则上千人。每个组合中都设有积极承保人（active underwriter）。积极承保人代表一个组合来接受业务，确定费率。这种组合并非合股关系，每个承保人各自承担的风险责任互不影响，没有连带关系。

劳合社作为一个商业组织，仅接受它的经纪人招揽的业务，换句话说，劳合社的积极承保人代表辛迪加，不与保险客户即投保人或被保险人直接打交道，而只接受保险经纪人提供的业务。保险经纪是技术性业务，经纪人是受过训练的专家，他们精通保险法和业务，有能力向当事人建议何种保险单最能符合其需要。保险客户不能进入劳合社的业务大厅，只能通过保险经纪人安排投保。经纪人在接受客户的保险要求以后，准备好一些投保单，上面写明被保险人的姓名、保险标的、保险金额、保险险别和保险期限等内容，保险经纪人持投保单寻找到一个合适的辛迪加，并由该辛迪加的积极承保人确定费率，认定自己承保的份额，然后签字。保险经纪人再拿着投保单找同一辛迪加内的其他会员承保剩下的份额。如果投保单上的风险未"分"完，他还可以与其他辛迪加联系，直到全部保险金额被完全承保。最后，经纪人把投保单送到劳合社的保单签印处。经查验核对，投保单换成正式保险单，劳合社盖章签字，保险手续至此全部完成。

在历史上，劳合社设计了第一张盗窃保险单，为第一辆汽车和第一架飞机出立保单，近年又是计算机、石油能源保险和卫星保险的先驱。劳合社设计的条款和保单格式在世界保险业中有广泛的影响，其制定的费率也是世界保险业的风向标。劳合社承保的业务包罗万象。

英国劳合社对世界保险业的发展，特别是对海上保险和再保险作出的杰出贡献是全球公认的。

索赔代理和查勘代理

保险人通常只做保险业务的环节，其他环节通过保险人的代理来完成。信用证审单实务中，保险人的索赔代理和查勘代理较为常见。比如：

[案例267] R772/TA746 rev：索赔代理和查勘代理，一样吗？

案中，信用证要求："保险单据显示索赔代理。Insurance document covering Institute Cargo Clauses (C) showing the appointed settling agent in Taiwan."

提交的保险证明在货描中显示："The Appointed Settling Agent in Taiwan is shown below"。同时在下方（紧邻签字栏上方）显示：

```
In case of damage apply immediately for survey to：
XX Marine Surveyors
［Address and phone number in Taiwan］
Att. Mr. YY
```

开证行拒付，理由为："保险证明未显示索赔代理。Insurance certificate does not show the appointed settling agent in Taiwan."

分析及结论：

国际商会说：尽管保险单据显示了一个具名查勘代理，但其也是保险单据提及的"下方的索赔代理"对应的唯一的一家公司。不符点不存在。（Although the insurance document indicates XX Marine Surveyors as the company to apply to for survey, they are also the only company mentioned where the document refers to "The Settling Agent in Taiwan is shown below". As no other company is named in the document, XX Marine Surveyors are deemed to also be the appointed settling agent. The document is compliant.）

点评：

显然，保险证明中对索赔代理的引用，以及单据下方只有唯一的一家公司，是本案的关键。

引申：

如果信用证要求显示索赔代理，而提交的保险单据如果只在左下方显示查勘代理及相关文句，这便不算索赔代理。

比如：中国人保PICC保险单据，经常在左下方只显示查勘代理，而无索赔代理，如下：

所保货物如发生保险单项下可能引起索赔的损失，应立即通知本公司或下述代理人查勘。	
In the event of loss or damage which may result in a claim under this policy, immediate notice must be given to the company or agent as mentioned hereunder.	
Peorce leslie surveyors and assessors Ltd. Phone：+91 484 2668362， Fax：+91 484 3012190	Underwriter： 中国人民财产保险股份有限公司 电话： 传真： 地址：

显然，这只是表明了查勘代理，而不涉及索赔代理。

第 K3 段

保险经纪人

什么是保险经纪人（insurance broker）？简单说，保险经纪人就是投保人的代理人。

我国最新的《保险法》规定：

第一百一十八条　保险经纪人是基于投保人的利益，为投保人与保险人订立保险合同提供中介服务，并依法收取佣金的机构。

与运输单据下的货代相似，保险单据下的保险经纪人在保险中扮演着非常重要的角色。

Para K3：

An insurance document may also be issued on an insurance broker's stationery, provided the insurance document has been signed by an insurance company or underwriter or their agent or proxy. An insurance broker may sign an insurance document as agent or proxy for [or on behalf of] the named insurance company or named underwriter.

品读 ISBP745

> 只要保险单据已由保险公司或承保人或其代理人或代表签署,保险单据也可以出具在保险经纪人的信笺上。保险经纪人可以作为具名保险公司或具名承保人的代理人或代表签署保险单据。

【解读】

第一,保险单据可以保险经纪人的函头格式出具,但须经保险公司或承保人或其代理人或代表签署。

实务中,大量的保险是经由保险经纪人代理投保人来完成的。保险经纪人常常也会准备自己函头格式的保险单据。保险经纪人为了简化出具手续,会预先填好自己函头格式的保险单据,交由保险公司或承保人或代理人或代表出具并签署,这是允许的。

国际商会在 R233 中说,这常常出现在共同保险中:The insurance document submitted in the query would appear to have been issued and signed by an insurance company, as leading insurer also for and on behalf of the co-insurers.

第二,保险经纪人签署保险单据时,可以作为具名保险公司或承保人的代理人。

换言之,保险经纪人可以兼着保险代理人的身份,并以该身份签署保险单据。然而,保险经纪人与保险代理人的双重身份集于一身,必定会产生利益的冲突。因为保险经纪人终归是基于投保人的利益行事,保险代理人终归是基于保险人的利益行事,而同一个保险合同下的投保人与保险人的利益总是会冲突的。

无论如何,从规定的措辞可以看出,保险经纪人签署保险单据,只限于代理人(agent)这一身份,而不会涉及代表(proxy)这一身份。比如:

[案例268] R765/TA673 rev:保险经纪人签字的保险单据。可以吗?

案中,咨询者说:现在有越来越多的保险单据是由保险经纪人签字的。除少部分银行以外,大部分银行拒绝由保险经纪人签字的保险单据,因为保险经纪人不是 UCP600 下特定的有权签署保险单据的一方。只有当保险经纪人作为(保险公司或承保人的)代理人或代表,或出现在保险单据上签字的保险经纪人是一家保险公司的员工,且该员工被正式指定为保险公司的保险经纪人时,银行才会接受此类保险单据。

分析及结论:

国际商会说:保险单据可以由保险经纪人出具并签字,只要该保险经纪人表明其系以保险公司或承保人的代理人或代表的身份行事。当一个人作为保险公司的员工并被赋予保险经纪人的头衔时,他必须代表保险公司签署。(An insurance document may be issued and/or signed by a broker provided it indicates that it is acting in the capacity of agent or proxy for an insurance company or underwriter. When an individual is an employee of an insurance company and has a title of "broker", he must sign for or on behalf of the insurance company.)单据其他方面是否满足信用证及 UCP600 第28条的要求,将取决于单据的完成方式。

点评：

案中，国际商会的意见不仅涉及保险经纪人签署时的代理人身份（as agent），还涉及代表身份（as proxy）。这一点，与第 J3 段的规定一样。

案中，国际商会还提到，实务中会出现保险公司的雇员作为个人保险经纪人的情况，此时，该个人必须以保险公司的内部代理人签署，不同于作为外部代理人的 agent 或 proxy。

引申：

如果一份保险证明带有名称 insurance certificate，且带有 Marsh USA INC 及其商号"MARSH"的函头。同时显示：

> This is to confirm that we have effected the following insurance for：
> Assured：Peter Pan Seafoods, Inc.
> Insured with and Participation：
> Lloyds' of London and ILU Companies Through Prices Forbes Ltd.：60%
> Fireman's Fund Insurance Company：40%

保险证明的右下方由 Marsh USA INC 签署，但未表明身份。

显然，以上保险证明使用了保险经纪人 Marsh USA INC 的函头，且由其签署。其在签署时，理应表明代理共同保险人所为。由于签署时缺乏代理身份，所以，不可接受。

保险证明右下方的陈述："This document is intended as evidence that insurance described hereunder has been effected for which a certificate or policy will be issued by Underwriters."或许，这里已经表明，保险经纪人本来就无意于以保险人的代理人身份签署保险证明，其初衷在于支持日后承保人签发正式的保险证明或保险单。

第 K4 段

保险代理人和代表

什么是保险代理人（insurance agent）？简单说，保险代理人就是保险人的代理人。

我国最新的《保险法》规定：

第一百一十七条　保险代理人是根据保险人的委托，向保险人收取佣金，并在保险人授权的范围内代为办理保险业务的机构或者个人。

保险公司或承保人可以委托自己的代理人出具和签署保险单据。

Para K4：

An insurance document signed by an agent or proxy is to indicate the name of the insurance company or underwriter for [or on behalf of] which the agent or proxy is signing, unless the insurance company or underwriter name has been identified elsewhere in the document. For example, when "AA Insurance Ltd" has been identified as the insurer, the document may be signed "John Doe (by proxy) on behalf of the insurer" or "John Doe (by proxy) on behalf of AA Insurance Ltd".

保险单据由代理人或代表签署时,应注明其所代理或代表签署的保险公司或承保人的名称,除非保险公司或承保人已在保险单据的其他地方表明其身份。例如,当"AA Insurance Ltd"已经表明其为保险人时,保险单据可以由"John Doe(作为代表)代表保险人[John Doe(by proxy) on behalf of the insurer]"或"John Doe(作为代表)代表 AA Insurance Ltd(John Doe (by proxy) on behalf of AA Insurance Ltd"签署。

【解读】

保险单据由代理人或代表签署时,必须显示具名代理人或代表的名称及身份,也必须显示代理指向,还必须显示保险公司或承保人的名称及身份。具体而言:

第一,保险代理人签署与提单承运人代理人签署相似。

实务中,保险人不可能到处设立机构。在国际货物运输保险中,为争揽业务,保险人常常与海外机构签订代理协议,请其从事代办签发、批改保单、调查或理赔等业务。这就产生了保险代理人(insurance agent)。百度百科说:"自保险业问世以来,保险代理人便应运而生,并成为保险业务经营不可或缺的部分。纵观西方发达国家保险业的发展史,保险代理人在其中扮演了重要的角色。目前,保险代理从业人员,在数量上,已经远远超过了保险公司人员。例如,在英、美、日等国约有80%以上的保险业务是通过保险代理人和保险经纪人招揽的。"

当然,保险代理人签署时,仍必须确保连续性。比如:

[案例269] R697/TA645 rev:保险单据代理人签署,没有显示 agent 身份,没有显示具名承保人和保险公司。可以吗?

案中,信用证要求保险证明书。提交的保险证明书显示内容:This certificate is not valid unless the Declaration be signed by[Company V]LOGISTICS CORPORATION and/or Associates and/or Subsidiaries or[Company A]LIMITED for and on behalf of THE UNDERWRITERS AT LLOYD'S OF LONDON AND INSURANCE COMPANIES. 并签署如下:The certificate was signed by"[Company V]Truck Corporation,[City G]"with a signature.

那么,这样的签署可以接受吗?

分析及结论:

国际商会说:The text of the query provides wording which is common to a Lloyds Underwriter Insurance certificate i. e.,that the insurance certificate must be signed by Company V Logistics Corporation or their associates or subsidiaries or Company A. An insurance certificate signed by Company V Truck Corporation would be acceptable provided that such company evidenced that they were an associate or subsidiary of Company V Logistics Corporation. In its present form,the insurance certificate is discrepant.

点评:

信用证要求的是V物流公司或其附属公司或A公司签署,实际提交的保险证明书由V

卡车公司签署,显然没有连续性。这不可接受。

退一步,就本案而言,即便在保险证明书表面上显示 V 卡车公司属于 V 物流公司的附属公司,理应显示 V 卡车公司是以 agent 身份表明其代理人身份代理劳合社承保人和保险公司签署。否则,仍不可接受。当然,如果保险证明书没有显示具体的劳合社承保人和保险公司名称也不可接受。

第二,保险人代表签署,与保险代理人签署相似。

什么是 proxy?《美国传统词典》说:"proxy:The written authorization to act in place of another. 委托书:代表别人做事的书面授权证明。"

保险人代表(insurance proxy),指常驻在投保人处代表保险人行事的代表,归根结底,是保险人的内部代理人。保险人代表可以代表保险人签署保险单据,签署时由于其不是外部代理人,所以,不能以 agent 身份出现。保险人代表,由于不是在保险人的营业场所签署,需要保险人的特别书面授权,即 proxy 授权书,这也是保险代表签署时显示的 proxy 身份。国际商会在 R580/TA550 中说:保险代理人身份下的责任,要大于保险人代表身份下的责任。(The brokers cannot agree with our opinion about signing "as an agent", because this would bring about a much larger liability.)

第 K5 段

副　　签

保险单据,特别是预约保险单下的保险证明和保险声明,设置副签栏,这是常有的事。

Para K5:

When an insurance document requires a countersignature by the issuer, the assured or a named entity, it must be countersigned.

当保险单据要求由出具人、被保险人或某具名实体副签时,保险单据必须副签。

【修订】

本段规定规范了保险公司的副签要求。请注意,这一点与总则部分第 A38 段不同。

【解读】

保险单据要求由出具人、被保险人或具名实体副签时,保险单据必须副签。

实务中的困惑在于如果信用证如此要求保险单据的副签,谁都可以签署吗?签署时需要显示签署人名称和身份吗?比如:保单上显示:"This document is not valid unless countersigned by the insured."这种要求指的是此保单必须由被保险人副签,按理只要有人在此处副签,即视为被保险人签署。然而,保单上并不一定会显示被保险人的名称。这种情况下,受益人作为原始的被保险人,还是必须在副签的同时显示其名称。退一步说,如果保险单据本身显示了被保险人的名称,则副签时便无须重复该名称,因为副签栏的任何签字,理应均默认为被保险人的签字,从而满足要求。

第 K6 段

保险公司商号

保险公司签署保险单据时只显示商号,可以吗?

什么是商号?百度百科说:"商号(TRADE NAME),即厂商字号,或企业名称,主要是指从事生产或经营活动的经营者在进行登记注册时用以表示自己营业名称的一部分,是工厂、商店、公司、集团等企业的特定标志和名称,依法享有专有使用权。商号作为企业特定化的标志,是企业具有法律人格的表现。商号经核准登记后,可以在牌匾、合同及商品包装等方面使用,其专有使用权不具有时间性的特点,只在所依附的厂商消亡时才随之终止。"

Para K6:

An insurance document may show only the trading name of the insurance company in the signing field, provided it is identified as the insurance company elsewhere on the document, for example, when an insurance document is issued and signed "AA" in the signing field but shows "AA Insurance Ltd" and its address and contact information elsewhere in the document.

只要保险公司在保险单据的其他地方表明其身份,该单据就也可以在签署栏中仅显示保险公司的商号,例如,当保险单据在其他地方显示"AA Insurance Ltd"及其地址和联络细节时,在签署栏中显示其由"AA"出具并签署。

【修订】

本段规定规范了保险公司的商号,属新增。

【解读】

保险单据如果以保险公司商号签署,还必须显示完整的保险公司名称。比如:保险单据由中国人保公司签署时仅显示商号 PICC 或 PICC P&C,则需要在其他地方显示完整的名称——中国人民财产保险股份有限公司(People's Insurance Company of China)。

为什么呢?或许与全球经营货物运输保险的保险公司数量繁多有关。

相似的情况,空运单据部分第 H5 段 b 款规定,航空公司作为承运人签署空运单据时,不得只显示国际航空协会(IATA)的航空公司代号。

这一规则,在提单下的承运人签署中是否可以参照适用呢?不得而知。我们倾向于认为,可以参照适用。

第K7段

共同保险人

什么是共同保险人?

百度百科说:共同保险(Co-insurance),又称"共保",指两个或两个以上保险人共同承保同一标的的同一危险、同一保险事故,保险总金额不超过保险标的的价值,并共同订立一个保险合同。这数个保险人,也称"共同保险人",可能分别签发保险单据,也可能以一个保险人——往往是牵头保险人,如劳合社辛迪加的积极承保人——的名义代理签发保险单据,每个保险人按照约定的比例承担保险责任。

Para K7:
a. An insurance document that indicates that cover is provided by more than one insurer may be signed by a single agent or proxy on behalf of all insurers or be signed by an insurer for [or on behalf of] all co-insurers. An example of the latter will be when an insurance document is issued and signed "AA Insurance Ltd, leading insurer for [or on behalf of] the co-insurers".

当保险单据表明由一个以上的保险人承保时,该保险单据可以由单一代理人或代表代所有保险人签署,或由一个保险人代所有共同保险人签署。在后一种情况下,例如,保险单据由"AA Insurance Ltd 作为牵头保险人代共同保险人[AA Insurance Ltd, leading insurer for [or on behalf of] the co-insurers]"出具并签署。

b. Notwithstanding the provisions in paragraphs K2, K3 and K4, an insurance document which indicates that cover is provided by more than one insurer need not show the names of each insurer or the percentage of cover of each insurer.

尽管第K2、K3和K4段有所规定,当保险单据表明由一个以上的保险人承保时,其无需显示每个保险人的名称或各自的承保比例。

【修订】

本段规定规范了共同保险下同一套保险单据的签署,属新增。

【解读】

第一,共同保险下,保险单据可以由各个共同保险人分头签署。

分头签署时,理应显示所有共同保险人的名称,且逐个签署。为什么呢?因为每一个共同保险人必须通过签署确认其在共同保险下的各自责任。请注意,这一点与本段b款所提到的无须显示每一个共同保险人的名称并不冲突,因为共同保险责任必须由所有共同保险人承担,这是前提。当然,根据本段b款规定,仍然无须显示每一个共同保险人各自的承保比例。比如:

顺便说一句,共同保险下如此签署实务中极为少见。

第二,共同保险下,保险单据可以由一个代理人或代表代所有共同保险人签署。

代理签署时,必须表明代理人或代表身份,同时表明所有共同保险人身份,但无须显示每一个共同保险人的名称。换言之,虽然不需要显示每一个共同保险人的名称,但按理仍然需要显示至少的其中一个共同保险人名称。比如:

[案例270] R278:保险单据代理人代所有共同保险人签署,可以吗?

案中,提交的保单显示 signed by the brokers"as agents",代理了"for and on behalf of all insurance companies participating"签署,并显示了一家保险公司的名称:ABC ltd. 可以接受吗?

分析及结论:

国际商会说:这是可以接受的。(The insurance document to which this query relates would seem to be signed by the brokers as agents of the named insurance company, ABC Ltd, as leading insurer also for and on behalf of the co-insurers, and implies their joint liability.)

点评:

案中,代理人代理牵头保险公司签署,也代理所有共同保险人签署。

案中的牵头保险人,为具名。换言之,如果牵头保险人没有显示名称,其他共同保险人也没有显示名称,可以吗?我们认为,这理应不能接受。

有人说,本段 b 款既然无须显示每一个共同保险人的名称,是不是等同于无须显示任何一个共同保险人的名称。如此,则允许不出现任何共同保险人名称,总体感觉有点怪。未见国际商会发表过针对性的意见。

第三,共同保险下,保险单据也可以由其中一个保险人或牵头保险人代共同保险人签署。

一个保险人代表签署时,必须显示该保险人的名称,显示代理身份"for"或"on behalf of",无须显示代理身份"as agent"或"by proxy";必须显示代理指向为"所有共同保险人",无须显示其他共同保险人的名称,也无须显示各自的承保比例。比如:

[案例271] TA759:保险单据只有其中一家保险公司签署可以吗?只有一家牵头保险人签署可以吗?

案中,提交的保险单显示如下信息:

> Sum insured: USD 284,311.79 (110 pct of the invoice value)
> Co-insurance: Total Sum Insured
> ABC Insurance Ltd. ,60%,USD 170,587.07
> XYZ Insurance Ltd. ,40%,USD 113,724.72
> Total,100%,USD 284,311.79

保险单只由 ABC Insurance Ltd 签署,且无其他信息。Insurance policy was signed by ABC Insurance Ltd without any other indication.

开证行拒付,理由为:"Insurance policy is not also signed by the co-insurer, XYZ Insurance Ltd."

分析及结论:

国际商会在分析中说：就本案而言，共同保险人可以分头签署，也可以由其中一个保险人签署，并代所有共同保险人。(In this particular case the insurance policy submitted indicates that the risks are covered by two different insurers. Therefore, and in order to comply with UCP600 sub-article 28 (a), the insurance policy must be signed by both the named insurers or their respective agents or proxies; or by one insurer on behalf of the other insurer, for example "ABC Insurance Ltd as leading insurer and for and on behalf of the co-insurer".)

国际商会在结论中说：In response to question a, an insurance policy signed only by ABC Insurance Ltd is not acceptable. In response to question b, an insurance document signed indicating "leading insurer" only will not be sufficient to comply with UCP600 sub-article 28 (a). The leading insurer must also identify that they are signing on behalf of the other co-insurer (s).

点评：

显然，作为共同保险单签署人的一个保险人或牵头保险人，如果仅仅作出签署，而没有其他信息，没有指向共同保险人，则只是表明其在为自己确认承保责任，但这并没有表明其他的共同保险人确认了承保责任。因此不可接受。

请注意，本规定仅涉及共同保险，而不涉及重复保险。

我国最新的《保险法》规定：

第五十六条 重复保险的投保人应当将重复保险的有关情况通知各保险人。

重复保险的各保险人赔偿保险金的总和不得超过保险价值。除合同另有约定外，各保险人按照其保险金额与保险金额总和的比例承担赔偿保险金的责任。

重复保险的投保人可以就保险金额总和超过保险价值的部分，请求各保险人按比例返还保险费。

重复保险是指投保人对同一保险标的、同一保险利益、同一保险事故分别与两个以上保险人订立保险合同，且保险金额总和超过保险价值的保险。

显然，共同保险与重复保险不同。前者只订立一个合同，每个保险人按约定比例分担保险责任。后者分头订立多个合同，每个保险人的保险责任重叠。

第K8段

全套正本

保险单据代表着索赔权，所以，信用证安排下作为进口商的申请人在付款赎单时，总是想控制全套保险单据。

品读 ISBP745

Para K8:
When a credit requires the insurance document to be issued in more than one original, or when the insurance document indicates that it has been issued in more than one original, all originals are to be presented and are to appear to have been signed.

当信用证要求保险单据出具一份以上的正本,或者保险单据显示其已经出具一份以上的正本时,所有正本都应提交并看似已经被签署。

【修订】

本段规定措辞略有变化,含义没变,与总则部分第 A29 段呼应。

【解读】

本段规定与提单部分第 E11 段 a 款关于提单必须显示正本出具份数的规定不同。

本段规定澄清了保险单据是否必须显示正本出具份数的疑问,即保险单据可以不显示正本出具份数。当信用证要求出具多份保险单据时,则必须出具多份保险单据;言外之意,如果信用证没有特别要求出具份数时,出具的保险单据可以不显示正本出具份数;无论如何,保险单据必须提交全套,而当提交的保险单据正本未显示正本出具份数时,则至少提交一份正本即可,并视提交的份数为全套。

请注意,如果信用证对保险单据正本的提交份数作出了要求,保险单据本身也显示了出具份数,则二者须同时满足。比如:

[案例 272] 保险单据必须提交信用证要求的两份,还是其显示的全套三份?

案中,信用证要求保险单一式两份(IN DUPLICATE),受益人收到的保险单上注明正本份数为三份。

咨询者问:则受益人应提交其中两份还是应当提交全套三份?

分析及结论:

显然,案中对于保单提交份数的要求,涉及两个地方:一是信用证的规定(IN DUPLICATE),一是 UCP600 第 28 条的要求(full set)。

这里的关键是:当保单注明出具份数为三份正本时,以上对于保单提交份数的要求是否有矛盾?其实,二者并无矛盾。所以两个要求均要满足,即提交全套三份正本。

印证:

国际商会就一个相似的情况,在 R359 的结论中说:如果出具一份以上的正本保险单据,根据 UCP500 第 34 条 b 款的规定,所有的正本保险单据都必须提交。为避免不必要的麻烦,如果信用证只要求提交一份正本保险单据,就应该只出具一份正本。(If the insurance document is issued in more than one original, then all the originals must be presented to comply with the provisions of sub-Article 34(b). For the avoidance of any potential problem, when the credit requires the presentation of one original insurance document then only one original should be produced.)

点评:

如果信用证没有要求,提交的保险单据可以不显示出具份数。这一点与提单不同。

日　期
DATES

【导读】

保险单据必须表明保险期间。

在货物运输保险中，通常只直接规定保险责任的起始日期，而不直接规定终止日期。保险责任终止日的确定，以保险单据显示的运输全程的目的地交货为准再加一个固定的天数计算。

本节规定了保险单据的日期的审核标准。

保险期间与运输全程

与运输单据必须表明信用证规定的运输全程相似，保险单据必须显示保险期间，而基于货物运输保险的功能性要求，该区间必须涵盖信用证规定的运输全程。

什么是保险期间？百度百科说：保险期间，即保险合同约定的时间，也称保障期，即保险人为被保险人提供保险保障的起止时间。保险合同的保险期间，通常有两种计算方法：

——用年、月计算。如财产保险一般为1年，期满后可以再续订合同。人身保险的保险期限较长，有5年、10年、20年、30年等。

——以某一事件的始末为保险期限。如货物运输保险、运输工具保险有可能以一个航程为保险期限，而建筑安装工程则以工程施工日至预约验收日为保险期限。

对于具体的起讫时间，各国法律规定不同。我国目前的保险条款通常规定保险期限为约定起保日的零时开始到约定期满日24小时止。值得一提的是，保险期限与一般合同中所规定的当事人双方履行义务的期限不同，保险人实际履行赔付义务可能不在保险期限内。

UCP600 第 28 条 f 款 iii 项：

The insurance document must indicate that risks are covered at least between the place of taking in charge or shipment and the place of discharge or final destination as stated in the credit.

保险单据须表明承保的风险区间至少涵盖从信用证规定的货物监管地或装运地开始到卸货地或最终目的地为止。

从这里可以看出：保险期间必须涵盖信用证规定的运输全程，不管是否显示运输工具和运输路线。

实务中，信用证规定的运输全程常常比较宽泛。相比之下，运输单据上显示的运输全程则具体得多。这里只是要求运输单据上显示的实际运输全程中满足信用证规定部分的货物才值得投保。至于超出信用证规定的首程运输和末程运输部分，则与信用证要求的保险单据可以没有任何关系。比如：

［案例 273］　R774/TA699 rev：保险单据显示收货地：Czech，可以吗？

案中，信用证要求公路运单和保险单据。

品读 ISBP745

提交的公路运单显示:收货地:Podebrady,CZ;

提交的保险单据显示:起运地:Kolin/Czech Republic。

开证行拒付:保险单据显示起运地与公路运单的收货地不同。

分析及结论:

国际商会说:根据 UCP600 第 28 条 f 款第 ⅲ 项,这不可接受。Given that the goods have been dispatched by truck, there appears to be no evidence that the goods were insured from the point that they left Podebrady. To apply (UCP600) sub-article 28 (f)(ⅲ) would require the insurance policy to indicate that the required risks were covered from the time the goods left Podebrady.

点评:

那么,如何显示可以接受呢?如果保险单据仅仅显示收货地:Czech,可以接受吗?

国际商会接着说:这是可以接受的,因为这涵盖了从捷克起运的各种运输路线。If the insurance policy had indicated that the goods were being dispatched from Podebrady or indicated place of departure as Podebrady or Czech Republic (thereby covering all eventualities) there would be clear evidence within the document that the risks were covered from Podebrady.

引申:

如果信用证要求提单,并规定:收货地:Beijing,装货港:Tianjin Xingang,卸货港:Hamburg。提交的保险单据上显示:收货地:Beijing,没有装货港,又显示了卸货港:Hamburg,可以接受吗?我们认为,同理可以接受。因为从收货地 Beijing 到卸货港 Hamburg 的保险期间,涵盖了经装货港天津新港海运到汉堡港的运输路线,也涵盖了未经天津新港到汉堡港其他运输路线。

而如果提单显示:装货港:厦门,卸货港:惠州。提交的保险单显示:From : Xiamen, By: Hong Kong, To : Huizhou. 可以吗?我们认为,从不矛盾的角度看,同理应该也是可以接受的。

[案例274] R679/TA610:保险单据如何表明覆盖多式运输全程?

案中,信用证要求多式运输单据,并规定:

收货地: USA;

最终目的地:Sovetskaya Gavan,Russia.

提交的多式运输单据显示:

收货地: Piscataway,NJ;

装货港: New York USA;

卸货港: Sovetskaya Gavan,Russia.

提交的保险单据显示:Insured goods shipped from New York USA to Sovetskaya Gavan,Russia.

分析及结论:

国际商会说:"The insurance document is not acceptable because it only provides coverage from New York to Sovetskaya Gavan and not from the place of receipt Piscataway,NJ."

点评:

案中的关键在于确认,多式运输单据显示的收货地和装货港之间,哪一个地点是信用证规定的收货地。

既然要求的是多式运输单据,那么,信用证所要求的运输全程就不能是从 Port of loading：New York USA 至 Port of discharge：Sovetskaya Gavan,Russia 的港至港运输区段,而还应该包括从 Place of receipt：Piscataway,NJ 至 Port of loading：New York USA 的首程运输。显然,该多式运输单据显示的收货地 Piscataway,NJ 已经被视为规定收货地,该地点同时也被用于确定装运日期。此时提交的保险单据未满足要求。

换言之,如果装货港 New York USA,被用来确定为规定收货地以及装运日期,则对应的将是港至港提单,而不会是本案例所要求的多式运输提单,这本身就是一个不符点了。

第 K9 段

索赔有效期

保险单据如果显示索赔有效期,可以吗？

Para K9：
An insurance document is not to indicate an expiry date for the presentation of any claims thereunder.
保险单据不应表明在其项下提出索赔的截止日期。

【修订】
本段规定措辞变化较大,比较简略,含义有变化。

【解读】
本段表明,不接受表明索赔有效期的保险单据。为什么？索赔有效期是法定事项,保险单据上的规定没有必要,而且会与法律规定冲突。
本段规定与旧版 ISBP681 不同：

ISBP 681 第 175 段：
An insurance document that incorporates an expiry date must clearly indicate that such expiry date relates to the latest date that loading on board or dispatch or taking in charge of the goods (as applicable) is to occur, as opposed to an expiry date for the presentation of any claims thereunder.
载有截止日期的保险单据必须清楚地表明该截止日期系指货物装船、装运或接管(视情形适用)的最迟日期,而不是在保险单据项下提出索赔的期限。

显然,旧版 ISBP681 下,保险单据显示的有效期时必须同时表明,该有效期仅用于约束装运日期。

这是否意味着,可以接受仅仅表明有效期(expiry date),而没有说明为索赔有效期(expiry date of presentation of claim)的保险单据呢？国际商会在这里没有说。比如：

品读 ISBP745

[案例 275] R234:保险单据显示了一个晚于船只实际到达时间的有效期。可以吗?

案中,保险单据显示 ICC(A),适用 1982 年版本,并显示了有效期——THE VALIDITY OF INSURANCE FROM 13.03.95 UNTIL 26.03.95。银行审单时发现保单 EXPIRED ON 26.3.95,但是直到 UP TO 29.3.95 WE ARE ADVISED THE SHIP NOT YET ARRIVED AT DESTINATION。

可以接受吗?

分析及结论:

国际商会说:可以接受。保单上显示的有效期,应该理解为最迟的装运日期。(The validity of the policy is limited in time from 13 March to 26 March 1995. In the absence of specific provision in clause a of the institute cargo clause, the despatch of the goods, at the extreme point of the insured voyage, should take place at the latest on 26 March, the validity deadline of the insurance, without having to take into account the expiry date of the guarantee at the extreme point of the end destination.)而实际上,货物运输保险的保险期间的结束日期,以法定为准,银行无须理会。

点评:

货物运输保险的保险期间的起始日期由保险合同和保险单据约定,银行必须审核,至于结束日期属于法律规定事项,银行无须审核。当然,本案中的船只到达日期,银行也无须审核,这是信用证运作的抽象性应有之义。

这一意见目前理应还适用,即保险单据如果仅仅显示了一个有效期,将视为对最迟装运日期的约束,而与索赔无关。

第 K10 段

保险日期

与运输单据必须表明运输责任的起始日期——装运日期相似,保险单据必须显示保险责任的生效日期,该日期不得晚于装运日期,因为 UCP 意义上的保险归根结底是货物运输保险,保的是运输中的货物。

Para K10:

a. An insurance document is not to indicate that cover is effective from a date later than the date of shipment.

保险单据不应显示保险生效日期晚于装运日期。

b. When an insurance document indicates a date of issuance later than the date of shipment (as defined in UCP600 articles 19—25), it is to clearly indicate by addition or note that coverage is effective from a date not later than the date of shipment.

当保险单据显示出具日期晚于(UCP600 第 19 条至第 25 条所定义的)装运日期时,其应以附注或批注的方式清楚地表明保险生效日期不晚于装运日期;

c. An insurance document that indicates coverage has been effected from "warehouse-to-warehouse" or words of similar effect, and is dated after the date of shipment, does not indicate

> that coverage was effective from a date not later than the date of shipment.
> 当保险单据显示保险基于"仓至仓(warehouse-to-warehouse)"或类似条款已经生效,且其显示的出具日期晚于装运日期时,这不表示保险生效日期不晚于装运日期。

【修订】

本段规定措辞变化较大,新增了"仓至仓保险"下保险单据日期的显示,并改变了以往国际商会的意见。

本段规定与UCP600第28条e款的规定一致——"保险单据日期不得晚于装运日期,除非保险单据表明保险责任不迟于装运日生效。"

【解读】

第一,保险单据所表明的保险责任的生效日期,不得晚于装运日期。

UCP意义上的保险,系国际货物运输保险。所以,保险责任的生效日期,必须不晚于货物装运日期。落实到保险单上,即保险单上显示的保险责任的生效时间,不得晚于运输单据显示的装运日期。否则,便会出现部分运输时段的货物并没有由保险单覆盖,一旦出险,就无法向保险人索赔的情况。比如:

[案例276] R290:保险单据显示了sailing date,是否意味着保险自该日期生效呢?

案中,运输单据显示装运日期为April 4 1997。提交的保险单据显示出具日期April 23 1997,同时显示sailing/dispatch date:4/4/97。可以吗?

分析及结论:

国际商会说:这是不符点。保险单据显示了sailing date,并不意味着保险自该日期生效。The inclusion of details of the journey for which the cover has been effected is a common feature of insurance documents. The inclusion of a "sailing date" does not provide adequate evidence that the insurance was effective as of that date, and therefore the document should be rejected.

点评:

保险单据生效日期,仍默认自出具日期起算。

引申:

没有提交运输单据正本,只提交运输单据副本或FCR的情况下,副本运输单据和FCR显示sailing/dispatch date:4/4/97,虽然不是UCP600意义上的装运日期,但保险单据的生效日期,即保险单据的出具日期April 23,1997,不得与之矛盾。

第二,保险单据的出具日期,默认即为保险单据下保险责任的生效日期,除非另有批注。"仓至仓"条款不算此类批注。

这种默认,与大部分运输单据的出具日期,默认即为运输单据下承运责任的生效日期相似。其中的例外情况,指保险单据本身以批注显示保险生效自装运日期起。这一点与运输单据上的装运批注相似。

品读 ISBP745

请注意,保险单据显示的"仓至仓保险",并不属于此类批注。这一点替代以国际商会的以往意见。比如:

[案例 277] R766/TA709 rev:仓至仓条款下保险单据的出具日期一定要早于装运日期吗?

案中,保险单据的出具日期迟于装运日期,并载明"仓至仓"条款,但对于保险责任何时生效并未提及。

分析及结论:

国际商会说:保单的审核,应该遵从 UCP600 sub-article 28(e),即:保险单据日期不得晚于装运日期。但是,如果保单表明了保险责任不迟于装运日期生效的话,则保单(出具)日期迟于装运日期也应可接受,这是对 UCP 条款理解的延展。

在保单中如果表明了承保了仓至仓条款,则保单日期迟于装运日期是可接受的。例如:保单表达了 "from Warehouse London to Warehouse Hong Kong" 或 "insurance effected warehouse to warehouse" 或类似意思,只要保单表明承保范围覆盖了货物从起运仓库到目的地仓库的全过程。此种情况下,保险责任是否早于装运日期,以及保单注明的日期就显得无关紧要了。

审单人员无需知悉具体的保险条款,如 Institute Cargo Clauses(A)是否包含了 warehouse to warehouse provisions,保单上必须清楚地注明 "warehouse to warehouse",唯其如此,保险日期迟于装运日期的保单,才不构成不符交单。

点评:

请注意,国际商会的这一意见已经被撤销。

伦敦保险协会 1982 版本的仓至仓条款,主要包括以下内容:

1. 保险期间从保险单载明的起运港(地)发货人的仓库或储存处起运时生效,到货物运达保险单载明的目的港(地)收货人的最后仓库或其他储存处所为止,包括正常的运输过程;

2. 如未抵达上述仓库或其他储存处所,则以被保险货物在最后目的港(地)全部卸离海轮后满 60 天为止;

3. 货物未经运抵收货人仓库或其他储存处所并在卸离海轮 60 天内,需转运到非保险单据载明的目的地时,以货物开始转运时终止。

说明:

国际商会 ISBP745 起草组在表决稿的说明中提到:保险单据上的仓至仓条款,只是用来确定保险单据出具日期后的未来保险起点的计算,但并没有回溯保险生效日期的功能。The inclusion of a warehouse-to-warehouse clause (known as the Transit Clause at Clause 8 of the Institute Cargo Clauses A, B and C etc.) does not provide retrospective coverage from the warehouse at the place of departure. Therefore, if the goods are shipped on 1 September and insurance is effected on 4 September, the inclusion of a warehouse-to-warehouse clause will not backdate coverage to 1 September. One of the principal functions of the warehouse-to-warehouse clause is to set the prospective time for the commencement of coverage. For example, if insurance is effected on 27 August for a shipment expected to take place on 1 September, the goods will not be covered if destroyed by a fire in the warehouse on 30 August. For cover to be retrospective, there has to be an express provision to that effect.

第 K11 段

副签日期

保险单据如果未显示出具日期,也未显示生效日期呢?

> **Para K11**:
> In the absence of any other date stated to be the issuance date or effective date of insurance coverage, a counter signature date will be deemed to be evidence of the effective date of the insurance coverage.
>
> 在保险单据没有注明其他任何日期作为出具日期和保险生效日期的情况下,副签日期将被视为保险生效日期的证明。

【修订】

本段规定属新增,与总则部分第 A11 段的规定相呼应。

【解读】

保险单据上的副签日期,在没有出具日期和生效日期的情况下,将视同生效日期。无论如何,保险单据必须显示日期。

为什么呢?保险副签常常用于触发保险生效。那么,保单已正确副签的日期自然就是证明保险生效的日期了。比如:

[案例 278] R767/TA732 rev:保险单据只有副签日期,可以吗?

案中,信用证要求保单。提交的保险单据显示:"Not valid unless countersigned by the insured or the insurance company" 和 "Countersigned at...(blank)Date:13/10/2009."保险单据有副签日期,但既无出具日期,也无生效日期。可以吗?

分析及结论:

国际商会在分析中说:"保险日期,指的是保险出具日期或保险生效的日期。(The reference to "date" in sub-article 28 (e) and ISBP publication 681 paragraph 13 is not confined merely to the issuance date of a document but can also include a date upon which a document becomes effective or valid.)"

国际商会在结论中说:"保险单据没有不符点。如果没有其他日期,保险单据的副签日期,将用于证明保险生效日期。(Absent any other date that is stated to be an issuance date or effective date of insurance, the countersignature date serves as evidence of the effective date of the insurance coverage.)"

点评:

请注意,保险单据中的副签日期用于证明保险生效日期的前提是,保险单据没有显示出具日期和生效日期。换言之,如果保险单据还显示了出具日期或生效日期,则优先以该日期为保险日期。

品读 ISBP745

实际上，保险单据中的副签日期所对应的副签，默认即是用来激发保险单据生效的事件，所以，副签日期默认即为保险单据的生效日期。

保险金额

Amount of cover and percentage

【导读】

保险单据必须显示保险金额。什么是保险金额呢？我国最新的《保险法》第十八条说："保险金额是指保险人承担赔偿或者给付保险金责任的最高限额。"在实务中，保险金额，也称为"承保金额"或"投保金额"。

本节规定了保险单据的保险金额及其比例的审核标准。

第 K12 段

保险金额的币种和比例

保险金额由两部分构成：币种和数值。

Para K12：

When a credit does not indicate an amount to be insured, an insurance document is to be issued in the currency of and, as a minimum, for the amount indicated under UCP600 sub-article 28(f)(ii). There is no maximum percentage of insurance coverage.

当信用证未规定保险金额时，保险单据应以信用证的币别，最低按照 UCP600 第 28 条 f 款 ii 项规定的金额出具。对保险金额的最高比例没有限制。

【解读】

第一，保险单据显示的保险金额币种，默认必须是信用证的币种。

与商业发票的规定相似，保险单据上保险金额，必须与信用证金额的币种一致，这主要出于索赔时规避汇率风险考虑，因为实务中默认以保险金额显示的币种进行赔付。

换言之，即使保险金额的币种与信用证一致，但显示将以另一种币种赔付则仍不可接受。而如果保险金额的币种为其他币种，同时显示了信用证规定的币种赔付，也不可接受，因为这仍然涉及赔付时的币别转换，从而存在汇率风险。

而如果信用证要求保险单据显示 CLAIMS IF ANY PAYABLE IN ITALY IN THE CURRENCY OF THE CREDIT。提交的保险单据显示了与信用证相同的保险币种，但没有相应显示该赔付币种，显然也是可以接受的。因为默认如此。

实务中，偶尔会出现保险单据的保险金额没有显示币种的情况，这可以吗？是否默认即为保险单据上显示的货物价值对应的币种呢？国际商会没有就此发表过意见。我们认为，理应不可接受。

第二，保险单据显示保险金额的数值，必须是信用证规定的数值或 UCP600 规定的数值。

货物运输保险的目的主要在于补偿出险时的货物价值。所以，货物价值是保险价值的计算基础，从而也是确定保险金额的计算基础。

UCP600 第 28 条 f 款 ii 项：

如果信用证对投保金额未作规定，投保金额须至少为货物的 CIF 或 CIP 价格的 110%。

当然，信用证规定的保险比例，可能低于 110%，也可能高于 110%，仍须满足。

国内最新的《保险法》规定：

第四十条 保险标的的保险价值，可以由投保人和保险人约定并在合同中载明，也可以按照保险事故发生时保险标的的实际价值确定。

保险金额不得超过保险价值；超过保险价值的，超过的部分无效。

保险金额低于保险价值的，除合同另有约定外，保险人按照保险金额与保险价值的比例承担赔偿责任。

在国际贸易运输保险下，运输途中的货物就是保险标的。但是，保险价值不仅仅是货物价值。对于买方来说，保险价值必须基于货物的成本，同时还得考虑该基础上买方出售货物的预期利润。前者即为货物的 CIF 或 CIP 价值。后者，即"投保加成"，通常至少为货物 CIF 或 CIP 价值的 10%。如此，一旦出险，买方凭单索赔的金额将和未出险时正常销售的平均利润水平一样，从而便能更好地保护买方的利益。

实务中，偶尔会出现没有直接显示保险金额的情况，如提交的保险单照抄了信用证规定的文句——"Full set of insurance policy/certificate for 110 PCT of CIF or CIP value of the shipped goods."同时显示了发票货物描述、数量、单价和贸易条件如下：

Commodity：transmission		
Commodity	quantity	Unit price
TD61—1179	1 set	USD87100
Air freight	1 set	USD2000
Price term：CIF Shanghai P. R. China		

这可以吗？我们认为，理应不可接受。因为银行无须数学计算，且这种计算不仅仅是分项保险金额的汇总计算。

第三，保险单据的保险金额没有上限。

如果信用证规定了一个保险比例，而提交的保险单据显示了一个比它更大的投保比例，这

品读 ISBP745

意味着,被保险人可以在出险时从保险人处获得比预想更多的赔偿,这对作为买方的申请人有什么不好呢?从不伤害买方利益的角度来看,显然这是可以接受的。

第 K13 段

保险金额的小数位

保险金额的数值,需要保留几位小数呢?

> **Para K13:**
> There is no requirement for insurance coverage to be calculated to more than two decimal places.
> 保险金额不要求计算至两位以上的小数。

【修订】

本段规定属新增。

本段规定是总则部分第 A22 段的补充——"数学计算的判断"。

【解读】

保险单据上保险金额的数值,不要求保留两位以上小数。

换言之,保险金额必须作数学计算,不管有多复杂,以确定是否满足信用证或 UCP 的规定。保险金额计算后可以保留 2 位小数,1 位小数,或没有小数。而按理,如果保险金额保留了 3 位小数,也是可以接受的;但如果保留到 10 位小数,则不可接受。

显然,保险金额数学计算时,必定会涉及四舍五入或全舍或全入,如此则可能与信用证或 UCP 规定的比例冲突。比如:

[案例 279] R768/TA687 rev:保险金额小数点,必须适用四舍五入吗?

案中,信用证金额以两位小数表示,且信用证的条款和条件未对保险金额的计算方法作出规定。

1. 号码为 xxx 的保险证明书显示保险金额为 102 762.02 美元低于发票金额 93 420.02 美元的 110%的最低保额要求。正确的保险金额应该至少为 102 762.022 美元,且该保险金额不能从 3 位小数四舍五入(为两位小数)。

2. 号码为 yyy 的保险证明书显示保险金额为 18 880.32 美元低于发票金额 17 163.93 美元的 110%的最低保额的要求。正确的保险金额应该至少为 18 880.323 美元,且该保险金额不能从 3 位小数四舍五入(为两位小数),请参考 UCP600 第 28 条 f 款和国际商会 R468 号意见。

分析及结论:

国际商会分析说:尽管国际商会 468 号意见得出结论为保险单据投保金额须至少为货物的 CIF 或 CIP 价格的 110%,但是它没有就开证行提出的拒付问题给出解释,即是否应该计算到小数点后三位。保险单据上最多显示两位小数的做法是保险行业的行业习惯。这种行业习惯认识到如果一项向保险公司或者其代理索赔的(金额)货币单位直到小数点后3位,那么保险公司或者其代理将无法作出付款。

本案例中最小保险金额的计算应该为:

发票金额 93 420.02 美元＋发票金额的 10％即 9 342.00 美元＝102 762.02 美元

发票金额 17 163.93 美元＋发票金额的 10％即 1 716.39 美元＝18 880.32 美元

最终结论:两次交单都没有不符点。

点评:

事实上,保险单据显示保险金额时,通常不会同时显示其具体的计算过程和详细的计算规则。换言之,实务中,只要存在一种可能的计算过程或计算规则,能确保实际显示的保险金额,没有超过规定的保险金额,即可接受,不得拒付。

就本案而言,当然也可以解释为实际保险金额的计算规则是:全舍,保留两位小数。如此,仍满足要求。

第K14段

免赔率或免赔额

对于易破碎和易短量的货物损失,保险人往往会提高投保门槛,以确保保险利润。如何提高投保门槛呢? 保险人往往规定微量损害达不到一定比例或金额时不予赔偿,限制频繁的小额索赔,避免得不偿失。前者即为规定免赔率,后者即为规定免赔额。显然,注明受免赔率或免赔额约束的保险单据,是对被保险人索赔权利的一种限制。

那么,实务中如何掌握保险单据的免赔率/免赔额呢?

Para K14:

An insurance document may indicate that cover is subject to a franchise or excess (deductible). However, when a credit requires the insurance cover to be irrespective of percentage, the insurance document is not to contain a clause stating that the insurance cover is subject to a franchise or an excess (deductible). An insurance document need not state "irrespective of percentage".

保险单据可以表明保险受相对免赔额/率(franchise)或绝对免赔额/率[excess (deductible)]约束。然而,当信用证要求保险不计免赔率(irrespective of percentage)时,保险单据不应表明保险受相对免赔额/率(franchise)或绝对免赔额/率[excess (deductible)]约束。保险单据无需表明"不计免赔率(irrespective of percentage)"。

【解读】

本段规定对应于ISBP681第177段:"如果信用证要求保险责任不计比例,则保险单据不得含有表明保险责任受免赔率或免赔额约束的条款。"含义理应不变,但措辞略有不同:

一、原规定只有一句话,但留下一个疑问,即:尽管信用证要求不计"免赔率",保险单据仍可以不显示不计"免赔率"吗?

二、新规定包括三句话,按理第三句话是承着第二句话的意思,澄清了上述疑问,即:此时,保险单据仍可以不显示不计"免赔率"。

信用证没有规定时，默认接受注明受免赔率或免赔额约束的保险单据；信用证禁止免赔率和免赔额时，不得接受注明受免赔率或免赔额约束的保险单据，但可以接受没有如此注明的保险单据。

所谓"免赔率/额"，指货物遭受损失的程度超过规定的百分比时保险人才予赔偿。这个百分比就是免赔率/额。货物损失超过免赔率/额后，保险人赔偿全部损失的，称为相对免赔率/额（franchise）；货物损失超过免赔率/额后，保险人只赔偿超过免赔率/额部分的损失者，称为绝对免赔率/额（excess）。

反之，实务中，保险单据也会显示"不计免赔（irrespective of percentage）"条款，简称 I.O.P. 译为"不论损失百分比均须赔偿"，这既涉及免赔率，也涉及免赔额。值得注意的是，免赔率、免赔额条款和 I.O.P 条款，不是独立的险别，而是某些险别赔偿的补充。

第 K15 段

保险金额的计算基础

保险金额的计算基础是什么呢？

Para K15:
When it is apparent from the credit or from the presentation that the amount demanded only represents a certain part of the gross value of the goods (for example, due to discounts, pre-payments or the like, or because part of the value of the goods is to be paid at a later date), the calculation of insurance cover is to be based on the full gross value of the goods as shown on the invoice or the credit, and subject to the requirements of UCP600 sub-article 28 (f)(ii).

当信用证或交单清楚地表明所要求支款的金额仅是货物总价值的一部分（例如，由于折扣、预付款或类似情形，或部分货款延付）时，保险金额的计算应当以发票或信用证所显示的货物总价值为基础，并符合 UCP600 第 28 条 f 款 ii 项的要求。

【修订】

本段规定没有变化。

本段规定与 UCP600 第 28 条 f 款第 ii 项的规定相一致——"如果从单据中不能确定 CIF 或者 CIP 价格，保险金额必须基于要求承付或议付的金额，或者基于发票上显示的货物总值来计算，两者之中取金额较高者。"

【解读】

保险单据显示的保险金额，必须以货物价值作为计算基础，而如果有扣减时，实际支款的金额可能只是货物价值的一部分。

那么，什么是货物总价值呢？《美国传统辞典（双解）》："gross, Exclusive of deductions; total. 总的，不从中扣除的；总的。"显然，这是指发票上未作扣减之前的货物价值。

值得注意的是，由货物总价值到发票金额的计算过程中，可能既有扣减，又有加计，此时需详加甄别后确定保险金额。比如：

[案例 280] R769/TA720 rev：保险金额为形式发票金额的110%，意味着什么？

案中涉及的第一个信用证下，进口铁矿石，规定了货描、价格条件和价格调整规则：UNIT PRICE：USD565.00/DMT CIF[PORT X, COUNTRY C]ON BASIS OF CR2O3 38PCT WITH PREMIUM OF USD 14.87/DMT FOR EACH 1PCT UNIT OF CR2O3 ABOVE 38PCT AND BELOW 39PCT, AND PENALTY OF USD 14.87/DMT FOR EACH 1PCT UNIT OF CR2O3 BELOW 38PCT AND ABOVE 36PCT, FRACTIONS PRORATE MIN 36PCT。

信用证要求了 provisional invoice，同时规定 95% of the Contract value will be settled at sight，还要求保险单据覆盖的保险金额为 110 percent of the provisional invoice value。

提交的发票货描显示如下：

> Applicable Penalty：USD 14.87 per percent CR2O3 Fractions Pro-rata
> Net Weight：1100.00MT
> Dry Weight：1095.16DMT (Company K Ref.：50451/18489-B/CR/KAR/EB)
> Cr2O3 Content：37.75% (Company K Ref.：50450/18489-A/CR/KAR/EB)
> Packing：Packed in Bulk in Containers
>
> Price Calculations：
> Price per DMT less penalty (565.00－(0.25×14.87))：USD 561.28 per DMT
> Price：USD 561.28×1095.16 DMT ＝ 614,691.40
> 95% value for provisional invoice：＝ 583,956.83
> Rounding off ＝ 583,956.83

开证行拒付，其中一个不符点为：短保。

分析及结论：

国际商会在分析中说：由于信用证清楚地表明保险的金额为 provisional invoice value 的110pct，而 provisional invoice value 为 USD583,956.83，货物价值为 USD614,691.40，相应地保险金额为 USD642,352.51，与信用证相符。

国际商会在结论中说：该意见取决于该证中关于保险金额的计算基础所采用的措辞，不是对 UCP 600 art 28 (f)(ii) 条款的更改。(The conclusions given in respect of discrepancy 1 for LC1 and LC2 is based upon the wording that has been stated in the credit, in relation to the insurance coverage requirements, and is not to be seen to amend the requirements of sub-article 28 (f)(ii).)

品读 ISBP745

点评：

简言之，如果信用证规定保险金额的计算以发票金额为基础，而发票金额仅是货物价值的95％，那么，到底应该是以货物价值计算，还是以发票金额计算呢？

显然，如果直接依据UCP600第28条f款ⅱ项和本规则第J14段的规定，可能会说，理应以货物价值为计算基础。

然而国际商会在本案中认为，理应优先适用信用证规定。换句话说，UCP600第28条f款ⅱ项和本规则第J14段规定的适用，须以信用证没有相反规定为前提。

引申：

显然，发票金额的判断极其重要。如果提交的发票显示货物价值：FOB GUANGZHOU PORT USD10 000。同时照抄了信用证47场规定的付款比例，显示如下：

> Payment：
> 90 percent of the FOB value which is USD9000, shall be paid against the presentation of the complying shipping documents. The remaining i. e., 10 percent of the FOB value which is USD1000, shall be paid after 12 months from the latest shipment date.

那么，发票金额到底是USD10 000，还是本次付款的USD9 000呢？这会直接影响到保险金额的计算基础。

我们认为，发票金额理应是FOB价值USD10 000。至于该金额如何支付的描述，则是属于对该金额的修饰和补充。

当然，如果发票换一种方式显示金额，则将出现另一种结论。如下：

> TTL amount：FOB GUANGZHOU PORT USD10 000
> Deduction：USD1 000
> NET amount：USD9 000

此时的发票金额，理应是USD9 000。而货物价值一直就是USD10 000，没有变化。

第K16段

共同保险下多套保险单据

共同保险下，可能由共同保险人统一签发一套保险单据，也可能分别签发保险单据，每个保险人按照约定的比例承担保险责任。

Para K16：

Insurance covering the same risk for the same shipment is to be covered under one document unless more than one insurance document is presented indicating partial cover and each document clearly reflects, by percentage or otherwise：

同一运输的同一险别应由同一套保险单据所承保，除非提交的一套以上的保险单据表明部分承保，且每套保险单据都以百分比或其他方式明确地表明：

a. the value of each insurer's cover；

每一保险人承保的金额；

b. that each insurer will bear its share of the liability severally and without pre-conditions relating to any other insurance cover that may have been effected for that shipment; and

每一保险人将分别承担各自的保险责任份额,且不受在该次运输项下可能已承保的任何其他保险的影响;并且

c. the respective coverage of the document, when totaled, equals at least the insured amount required by the credit or UCP600 sub-article 28(f)(ii). 每一套保险单据各自的承保金额经加总后,至少为信用证或者UCP600第28条f款ii项所要求的保险金额。

【解读】

共同保险下多套保险单据,如果涉及同一运输的同一险别,必须满足以下条件方可接受:

——明确的保险金额:多套保险单据必须通过百分比或其他方式明确反映每一个保险人的保险金额。显然,这样被保险人才能向对应的保险人索赔。

——独立的保险责任:多套保险单据必须反映每一个保险人就对应的保险金额分别承担各自的保险责任,且互不影响。显然,这样被保险人才能向对应的保险人独立索赔。

——保险单据汇总的保险金额满足要求:显然,这一规定与本部分K12段的规定相呼应。

国际商会在TA759的分析中说:共同保险下可能统一出一套保险单据,也可能分头出多套保险单据。如果是多套保险单据,则必须满足非常严格的条件方可接受。(When an insurance document indicates that the risks are covered by two or more insurers, the insurance document must be signed by all the insurers or one insurer on behalf of other co-insurers. Alternatively, separate insurance documents may be presented signed by each co-insurer indicating by percentage or otherwise the value of their cover and stating that each insurer will bear its share of the liability severally without any pre-conditions relating to any other insurance cover arranged for the same shipment.) 比如:

[案例281] 共同保险下两套保险单据显示互为赔付条件,可以吗?

案中,提交了两套保险证明,占保险金额的比例分别是67.391%和32.609%。保险证明上显示了这样一句话:"This Certificate is only in respect of 67.391 per cent of the insured value of the interest declared hereunder and in the event of a claim should be presented in conjunction with its counterpart certificate."

开证行拒付,理由为两套保险单据显示互为赔付条件。

交单行反驳,申辩说:既然两套保险单据合计金额满足要求,且同时提交了,便已经满足了要求。(BOTH INSURANCE WAS PRESENTED I.E FOR 67.391PCT AND 32.609 PCT. THEREFORE IF BOTH INSURANCE ARE PRESENTED IT SHOULD BE COMPLIED AND MEET THE REQUIREMENT OF ISBP681 PARA 174.)

分析及结论:

根据本段的规定,共同保险下多套保险单据必须同时提交,且必须互相独立,互不影响。所以,案中的两套保险证明不可接受。

为什么呢?因为一旦出险,保险人赔付后便自动获得货物的代位权。如果涉及多个共同

保险人，则必然涉及货物代位权的分割。而在同一保险单据下，这个分割默认是由共同保险人在向被保险人统一赔付后内部自行分割。但是在多套保险单据下，这个分割实际上已经成为向被保险人分头赔付的条件，所以，国际商会并不鼓励这一实务。

这一点，与同一货物凭多套提单放货的情况好像相似，其实不同。多套提单下同一货物对应的承运人为同一人，而在多套保险单据下分别对应于不同的保险人。换言之，如果两套保险单据由同一保险人出具，则理应可以接受，因为已经不存在不同保险单据对应的不同保险人之间对货物代位权的分割问题。只是未见国际商会发表过针对性的意见。

值得一提的是，这里没有涉及不同运输不同险别的情况。换言之，不同运输不同险别下涉及的已经不是共同保险人，如果使用多套保险单据，理应可以接受，并不适用于本段规定。

承保险别

Risks to be covered

【导读】

在国际货物运输保险中，险别是针对不同的运输方式、不同的风险，以及不同风险可能造成的不同损失而设计的。相应地，对于保险人而言，保险人将根据不同的险别对被保险人承担保险责任，赔偿损失。对于被保险人而言，也只有在险别范围内产生的损失才能索赔。于是，买卖双方如何确定险别就显得极其重要。

本节规定了保险单据的险别及除外条款的审核标准。

风险、损失及费用

国际货物运输路途长、环节多，运输过程中会遇到各种风险而造成货物损失。进出口商人通过投保货物运输险，将不定的损失变为固定的费用投保后，万一货物在运输过程中发生约定范围内的损失，可从保险公司得到经济上的补偿。货物在运输过程中可能遭受的风险和损失是多种多样的。为了明确责任，保险公司在其保险险别条款中，对不同险别所承保的风险和损失都作了规定。[①]

在国际货物贸易中，海上运输占了特别重要的比重。这里的介绍，主要以海上货物运输及海上货物运输保险为例。

什么是风险？《美国传统辞典（双解）》："risk, The possibility of suffering harm or loss; danger. 危险，风险，遭受损害或损失的可能性。"风险是造成损失的原因，但却未必一定会造成损失，它仅仅是造成损失的可能性。

保险业把海上货物运输的风险分成海上风险和外来风险。

——海上风险。海上风险包括自然灾害和意外事故。自然灾害，仅指恶劣气候、雷电、洪水、流冰、地震、海啸以及其他人力不可抗拒的灾害，而不是指一般自然力所造成的灾害。意外

[①] 引自《中国制造网》http://cn.made-in-china.com

事故，主要包括船舶搁浅、触礁、沉没、碰撞、失火、爆炸以及失踪等具有明显海洋特征的重大意外事故。

——外来风险。外来风险是指海上风险以外的各种风险，分为一般外来风险和特殊外来风险。一般外来风险，指偷窃、破碎、渗漏、玷污、受潮受热、串味、生锈、钩损、短量、淡水雨淋等。特殊外来风险，主要是指由于军事、政治及行政法令等原因造成的风险，从而引起货物损失。如战争、罢工、交货不到、拒收等。

海上风险可能造成的损失有哪些？仍以海上货物运输为例，海上货物运输的损失又称海损（average，sea damage），指货物在海运过程中由于海上风险而造成的损失，海损也包括与海运相连的陆运和内河运输过程中的货物损失。

海上损失按损失的程度可以分成全部损失和部分损失。

——全部损失（total loss），又称全损，指被保险货物的全部遭受损失，有实际全损和推定全损之分。实际全损（actual loss），是指货物全部灭失或全部变质而不再有任何商业价值。推定全损（constructive total loss），是指货物遭受风险后受损，尽管未达实际全损的程度，但实际全损已不可避免，或者为避免实际全损所支付的费用和继续将货物运抵目的地的费用之和超过了保险价值。推定全损需经保险人核查后认定。

——部分损失（partial loss）。不属于实际全损和推定全损的损失，为部分损失。按照造成损失的原因可分为共同海损和单独海损。共同海损（general average），指在海洋运输途中，船舶、货物或其他财产遭遇共同危险，为了解除共同危险，有意采取合理的救难措施所直接造成的特殊牺牲和支付的特殊费用。在船舶发生共同海损后，凡属共同海损范围内的牺牲和费用，均可通过共同海损清算，由有关获救受益方（即船方、货方和运费收入方）根据获救价值按比例分摊，然后再向各自的保险人索赔。共同海损分摊涉及的因素比较复杂，一般均由专门的海损理算机构进行理算（adjustment）。单独海损（particular average），指不具有共同海损性质，尚未达到全损程度的损失，该损失仅涉及船舶或货物所有人单方面的利益损失。

按照保险条例，不论担保何种险种，由于海上风险而造成的全部损失和共同海损均属保险人的承保范围。对于推定全损的情况，由于货物并未全部灭失，被保险人可以选择按全损或按部分损失索赔。倘若按全损处理，则被保险人应向保险人提交"委付通知"，即把残余标的物的所有权交付保险人，经保险人接受后，可按全损得到赔偿。

海上风险形成相关规避费用。海上风险还会造成费用支出，主要有施救费用和救助费用。所谓施救费用是指被保险货物在遭受承保责任范围内的灾害事故时，被保险人或其代理人或保险单受让人，为了避免或减少损失，采取各种措施而支出的合理费用。所谓救助费用是指保险人或被保险人以外的第三者采取了有效的救助措施之后，由被救方付给的报酬。保险人对上述费用都负责赔偿，但以总和不超过保险金额为限。

外来风险可能造成的损失，又有哪些？外来风险可能造成的损失，指除海上风险以外的其他风险所造成的损失。这类损失，不按损失的程度区分成全损和部分损失，而是按造成损失的原因分类作为保险公司承保的依据，具体分成一般外来风险所造成的损失和特殊外来风险所造成的损失。

协会货物条款（ICC）

在国际保险市场上，各国保险组织都制定有自己的保险条款。目前在世界保险界和贸易界最为普遍接受的是，英国伦敦保险业协会所制定的 Institute Cargo Clause，即协会货物条款,简称 ICC。

请注意,2009 年伦敦协会货运险条款有了最新版本。

该协会 1965 年制定的海上货物运输保险条款,包含三个基本险别,即平安险、水渍险和一切险,与中国保险条款(CIC)的基本险别名称相似。请注意,这里的"一切险",并不表示承担一切风险造成损失的责任范围,为了避免误会,1982 年 1 月 1 日修订公布了最新的协会海上货物运输保险条款,包括三个基本险别:

——协会货物条款(A)[institute cargo clauses (A),简称 ICC(A)];

——协会货物条款(B)[institute cargo clauses (B),简称 ICC(B)];

——协会货物条款(C)[institute cargo clauses (C),简称 ICC(C)]。

其中,(A)险相当于中国保险条款中的一切险,其责任范围更为广泛,故采用承保"除外责任"之外的一切风险的方式表明其承保范围。(B)险大体上相当于水渍险。(C)险相当于平安险,但承保范围较小些。(B)险和(C)险都采用列明风险的方式表示其承保范围。

在航空运输下,基本险别则包括协会货物保险航空险[institute cargo clauses (air)(excluding sending by post)]。

在陆上运输下,基本险别则包括协会货物保险陆上险[institute cargo clauses (land)]。

在邮件寄送下,基本险别则包括协会货物邮包险[institute cargo clauses (post)]。

除了几种不同运输或运输经营方式对应的基本险外,协会货物运输保险条款还包括附加险。与中国保险条款一样,附加险分为一般附加险和特殊附加险,具体包括:

——协会战争险条款(货物)(institute war clause—cargo);

——协会罢工险条款(货物)(institute strikes clause—cargo);

——恶意损坏险条款(malicious damage clause)。

其中,恶意损坏险是新增的险种,属于一般附加险,不能单独投保。战争险和罢工险,属于特殊附加险,必要时,在征得保险人同意后,也可作为独立的险别进行投保。

中国保险条款(CIC)

我国现行的货物运输保险条款是中国人民保险公司(THE PEOPLE'S INSURANCE COMPANY OF CHINA,简称 PICC),于 1981 年 1 月 1 日修订的货物运输保险条款,即中国保险条款,简称 CIC。中国保险条款的国际货物运输保险险别,包括基本险和附加险。

基本险可以单独投保,被保险人投保时,必须选择也只需选择一种基本险投保。在不同的运输方式或运输经营方式下,有不同的基本险。

附加险不能单独投保,可在投保一种基本险的基础上,根据货运需要加保其中的一种或若干种。投保了一切险后,因一切险中已包括了所有一般附加险的责任范围,所以只需在特殊附加险中选择加保。与基本险不同,同一附加险适用于不同的运输方式或运输经营方式。

第一,海上运输基本险(ocean marine cargo clauses),包括:平安险、水渍险和一切险。

——平安险(free from particular average,即 F. P. A.)。平安险系惯常说法,并不是这一险别负责货物平安到达目的地。与其他基本险相比,它的责任范围最小。平安险的承保范围,包括除了由自然灾害造成的单独海损以外的海上风险所造成的一切损失和费用,并因而得名。具体包括:(1)在运输过程中,由于自然灾害造成被保险货物的实际全损或推定全损。(2)由于运输工具遭遇搁浅、触礁、沉没、互撞与流冰或其他物体碰撞以及失火、爆炸等意外事故造成被保险货物的全部或部分损失。(3)只要运输工具曾经发生搁浅、触礁、沉没、焚毁等意外事故，不论这意外事故发生之前或者以后曾在海上遭遇恶劣气候、雷电、海啸等自然灾害造成的被保险货物的部分损失。(4)在装卸转船过程中，被保险货物一件或数件、整件落海所造成的全部损失或部分损失。(5)被保险人对遭受承保责任内危险的货物采取抢救、防止或减少货损措施支付的合理费用，但以不超过该批被救货物的保险金额为限。(6)运输工具遭遇自然灾害或者意外事故，需要在中途的港口或者在避难港口停靠，因而引起的卸货、装货、存仓以及运送货物所产生的特别费用。(7)共同海损的牺牲、分摊和救助费用。(8)运输契约订有"船舶互撞责任"条款，按该条款规定应由货方偿还船方的损失。

——水渍险(with particular average,即 W. P. A. 或 with average,即 W. A.)。水渍险的承保范围，包括海上风险所造成的一切损失和费用。水渍险，是在平安险的基础上，加上自然灾害造成的单独海损，并因而得名。此种损失主要由海水入舱浸泡货物，货物上有水渍而造成。

——一切险(all risks,即 A. R.)。一切险的承保范围，包括水渍险的所有责任，还包括由一般外来风险所造成的损失。目前国际海上货物运输一般都投保一切险。

仓至仓条款(warehouse to warehouse clause)。根据保险条款规定，上述基本险承保责任的起讫，采用国际保险业通用的"仓至仓条款"。该条款规定，保险人的保险责任自被保险货物运离保险单据所载明的起运地仓库或储存处所开始运输时生效，直到该项货物到达保险单据所载明目的地收货人的最后仓库或储存处所或被保险人用作分配、分派或非正常运输的其他储存处为止。如未抵达上述目的地，则在货物于最后卸载港全部卸离海轮后60天为止。在上述60天内如再需转运，则开始转运时保险责任终止。

基本险的除外责任(exclusions)。上述基本险还规定了下列除外责任：(1)被保险人的故意行为或过失所造成的损失；(2)属于发货人责任引起的损失；(3)在保险责任开始前，被保险货物已存在的品质不良或数量短差所造成的损失；(4)被保险货物的自然损耗、本质缺陷、特性以及市价跌落、运输延迟所造成的损失和费用；(5)属于海洋运输货物战争险条款和货物运输罢工险条款规定的责任范围和除外责任。

第二，航空运输基本险，包括：

——航空运输险(air transportation risks)。该险别与海上运输基本险的水渍险责任范围相当。

——航空运输一切险(air transportation all risks)。该险别与海上运输基本险的一切险责任范围相当。

第三，陆上运输基本险，包括：

——陆上运输险(overland transportation risks)。该险别与海上运输基本险的水渍险责任范围相当。

——陆上运输一切险(overland transportation all risks)。该险别与海上运输基本险的一切险责任范围相当。

第四，邮包保险基本险，包括：

——邮包险(parcel post risks)。该险别与海上运输基本险的水渍险责任范围相当。

——邮包一切险(parcel post all risks)。该险别与海上运输基本险的一切险责任范围相当。

第五,附加险(additional risk)。

附加险承保由外来风险所造成的损失,可分成一般附加险和特殊附加险(包括特定附加险),分别对应于一般外来风险和特殊外来风险。

——一般附加险(general additional risk),包括:偷窃提货不着险(theft, pilferage and non-delivery,简称 TPND)、淡水雨淋险(rain fresh water damage,简称 RFWD)、渗漏险(risk of leakage)、短量险(shortage)、钩损险(hook damage)、破碎碰损险(risk of clashing and breakage)、锈损险(risk of rusting)、混杂玷污险(intermixture and contamination)、串味险(risk of odour)、受潮受热险(damage caused by sweating and/or heating)、包装破裂险(loss and/or damage caused by breakage of packing)等 11 种。

——特殊附加险(special additional risk),包括特定附加险(specific additional risk),主要有战争险(war risk)、民变险(risk of strike, riots and civil commotions,简称 S.R.C.C.)、舱面险(on deck)、拒收险(rejection)、交货不到险(failure to deliver)、黄曲霉素险(aflatoxin)、进口关税险(import duty)以及货物出口到港澳地区的存仓火险责任扩展条款(fire risk extention clause)等 8 种。

其中,特定附加险只包括战争险和民变险两种。加保战争险,保险人要加收保费,已保战争险后另加保民变险不另收费,如单保民变险,仍按战争险费率加收保费。战争险、民变险的费率视某一地区战争、民变形势的变化随时调整,且保险人对战争、民变高风险国家或地区可能不予承保。战争险、民变险的责任起讫不是"仓至仓责任",保险人只负水面责任。

第 K17 段

险别及除外责任

那么,如何确定险别呢?

Para K17:

a. An insurance document is to cover the risks required by the credit.
保险单据应承保信用证所要求的险别。

b. Even though a credit may be explicit with regard to risks to be covered, there may be a reference to exclusion clauses in the insurance document.
即使信用证可能明确规定应承保的险别,保险单据也可以援引除外条款。

【解读】

第一,保险单据必须涵盖信用证规定的险别。具体包括:

——必须确定险别适用的版本,如适用中国保险条款,还是适用协会保险条款,还是美国保险条款。不同的保险规则下,同一险别之间的承保责任大体相当,但还是略有不同。

比如:信用证没有要求保险适用的版本,则可不显示适用版本,也可以显示任何一个版本。

还比如:信用证要求 ICC(A)条款,保险单据不得显示为 all risks subject to CIC clauses。反之,亦然。但不能同时显示为 ICC(A)条款和 all risks subject to CIC clauses,因为二者会冲突。

——必须确定在不同的运输方式下不同的基本险和附加险:不管适用哪一个版本,不管是哪一种运输方式,险别均包括两个部分——基本险和附加险。

比如:信用证要求 insurance policy covering all risks/W. A/F. A. 显然,这是对基本险的规定,但究竟需要投保哪些基本险,显然不太明确,从措辞来看,"/"只是三者选一的含义。换句话说,上述三种基本险别,选择任何一种加以投保均可接受。如此看来,这与没有规定又有什么区别呢?因为基本险是必须单独投保。

但是,无论如何,保险单据必须显示确切的险别。否则,与没有投保又有何异?比如:保险单据上照抄信用证规定显示了 covering all risks/W. A/F. A 则不可接受。因为这是不确切的险别。

第二,保险单据默认可以援引任何除外责任条款(exclusion clauses)。

这里只涉及险别中的除外责任条款。

为什么呢?保险实务中,基本险和附加险几乎毫无例外都包含除外责任条款。国际商会在 R532/TA576 中说:保险险别带除外责任条款,这是行业惯例。(It should also be borne in mind that insurance documents showing exclusion clauses such as Institute Classification Clause,Cargo ISM Endorsement Clause,Institute Radioactive Contamination,Chemical,Biological,Biochemical and Electromagnetic Weapons Exclusion Clause,Institute Cyber Attack Exclusion Clause and Termination of Transit Clause (Terrorism)are now insurance industry standard requirements and are acceptable.)请注意,国际商会的这一意见,已经替代了 R360 中的意见。比如:

[案例 282] R724/TA731:保险单据显示保险范围,但其他保险单据覆盖的风险除外。可以吗?

案中,保单在签署区域印就以下条款:本保单没有覆盖火险或其他保单涉及的财产损失/伤害,超出火险或其他保单赔付金额的除外。(This insurance does not cover any loss or damage to the property which at the time of happening of such loss or damage is insured by or would,but for the existence of this Policy,be insured by any fire or other insurance policy or policies,except in respect of any excess beyond the amount which would have been payable under the fire or other insurance policy or policies had this insurance not been effected.)

这会构成不符点吗?

分析及结论:

国际商会说:"没有提交保险单据所提及的其他保险单据,并无理由拒付。"

点评:

案中,如果提交了其他保险单据,需要审核吗?可以接受吗?我们认为,这属于未规定单据,银行不予审核,也谈不上接受和不接受。

案中涉及的是重复保险下有关责任分割的除外责任条款。这可以接受。

然而，实务中有时信用证会禁止保险单据显示除外条款。比如：信用证规定：ANY EXCLUSION CLAUSE WITHOUT OUR PRIOR CONSENT IS NOT ACCEPTABLE。而提交的保险单据恰恰承保了信用证禁止的除外条款，如下：(1)Institute Cyber Attack Exclusion Clause；(2)Unattended Vehicle Exclusion Clause。这可以接受吗？我们认为，这按理不可以接受，因为与信用证规定冲突。

第K18段

一切险

一切险涵盖一切风险吗？答案是否定的。在中国保险条款和早期的协会货物条款中，"一切险"是基本险的一个险别。"一切险"下所承保的范围并不能想当然认为是一切风险。以海上运输为例，其实，它仅仅涵盖海上风险和一般外来风险所造成的损失和费用，却并不涉及如战争、罢工、管制等特殊风险引发的损失和费用。换句话说，一切险只是在平安险、水渍险的基础上增加了一般附加险而已，而与如战争险、民变险等特殊附加险无关。

所以，平日所言的"一切险"，名实并不完全相符。以中国保险条款为例，其在责任范围部分第一（三）点规定："一切险，除包括上列平安险和水渍险的各项责任外，本保险还负责被保险货物在运输途中由于外来原因所致的全部或部分损失。"同时，在除外责任部分，还详细规定了一系列除外责任。为此，最新的协会货物条款中，干脆舍弃"一切险"这一术语不用，代之以ICC(A)，显得更为贴切。

Para K18：

When a credit requires "all risks" coverage, this is satisfied by the presentation of an insurance document evidencing any "all risks" clause or notation, whether or not it bears the heading "all risks", even when it is indicated that certain risks are excluded. An insurance document indicating that covers Institute Cargo Clauses (A) or Institute Cargo Clauses (Air), when dispatch is effected by air satisfies a condition in a credit calling for an "all risks" clause or notation.

当信用证要求承保"一切险(all risks)"时，无论保险单据是否载有"一切险"标题，即便其表明特定险别除外时，提交表明任何"一切险(all risks)"条款或批注的保险单据即符合要求。保险单据表明其承保"伦敦保险协会货物运输保险条款(A)[Institute Cargo Clauses (A)]"，或者，在空运项下表明其承保"伦敦保险协会货物运输保险条款(空运)[Institute Cargo Clauses (Air)]"，即满足信用证要求"一切险(all risks)"条款或批注的条件。

【解读】

信用证要求的"一切险"，指保险单据上的保险条款必须载有"一切险"条款或批注。

比如：在海上运输下，ICC(A)的内容中包含了"一切险"的内容。其中的承保范围部分的第1点说："This insurance covers all risks of loss or damage to the subject matter-insured except as provided in Claused 4,5,6 and 7 below."显然，这一内容，与中国保险条款all risks极其相似，即均有all risks字样，同时声明特定风险除外。

还比如：在航空运输下，ICC(Air)的内容中也包含了"一切险"的内容，所以，也算一切险。与此相似的是，在陆上运输下，协会货物保险陆上险(institute cargo clauses (land))，按理可以参照适用。在邮件寄送下，协会货物邮包险(institute cargo clauses (post))，按理仍可以参照适用。

实务中，有时候会出现反常的情况。比如：信用证规定空运的条件下，同时要求保险单据covering institute cargo clauses（A），提交的保险单据显示institute cargo clauses（AIR）1/1/82.可以吗？我们认为，按理是可以的。虽然二者都包含了一切险内容，但是，前者适用于海运，后者适用于空运，互相矛盾，只是因为这属于信用证规定引发，申请人和开证行风险自担。

被保险人和背书

Insured party and endorsement

【导读】

法律意义上，货物运输保险单据具有与生俱来的可转让性，其转让由保险合同和保险单据的一个当事人——被保险人背书实现。

本节规定了保险单据的被保险人和背书的审核标准。

第 K19 段

背　书

实务中，信用证大都规定了保险单据的被保险人，如何满足？

Para K19:
An insurance document is to be in the form required by the credit and, where necessary, be endorsed by the entity to whose order or in whose favor claims are payable.
保险单据应做成信用证所要求的形式，如有必要，还应当由有权索赔的实体背书。

【解读】

保险单据的被保险人必须作成信用证要求的形式，并加上必要的背书。

为什么呢？作为保险合同的证明的保险单据，包括记名抬头，默认都可以转让。这一点与提单不同。

我国最新的《海商法》规定：

第二百二十九条　海上货物运输保险合同可以由被保险人背书或者以其他方式转让，合同的权利、义务随之转移。合同转让时尚未支付保险费的，被保险人和合同受让人负连带支付责任。

品读 ISBP745

当然,保险单据的转让,按理必须与提单同步。因为提单所对应的货物,是保险单据的标的。

比如:信用证规定被保险人作成受益人,则须受益人背书。

比如:信用证要求保险单据作成 to ABC co.,Ltd.,则提交的保险单据可以作成 to ABC co.,Ltd.,并由 ABC 公司加上必要的背书。

比如:信用证规定被保险人作成申请人,则无须受益人背书。与此同理,信用证直接规定 insurance policy made out to applicant and blank endorsed,需要背书吗? 我们认为,理应不需要,尽管信用证要求空白背书。因为只要申请人在信用证下赎单,申请人随时可以背书,而如果申请人没有赎单也就无须背书。

比如:信用证规定 Loss,if any,pay to ××× co.,ltd 时,这指的还是记名被保险人,须视情况加以必要的背书。严格地说,这里的赔付对象指的是保险受益人,而与被保险人不同。但在货物运输保险中,被保险人与保险受益人已经混同了,所以,赔付对象可以视同保险受益人。

比如:信用证要求保单显示"CLAIM IF ANY PAYABLE TO THE ORDER OF HBTF",提交的保单在 INSURED 栏位显示"TO THE ORDER OF HBTF"。开证行拒付,理由为:"INSURANCE POLICY NOT SHOWING CLAIMS IF ANY ARE PAYABLE TO THE HBTF."不符点成立吗? 我们认为不成立。因为保单既然在被保险人栏位显示了:"TO THE ORDER OF HBTF",那么,该保单在赔付的对象就是"TO THE ORDER OF HBTF",效果相同。

比如:信用证要求保险单据作成 to order,则提交的保险单据可以作成 to order,此时无须背书。

还比如:

[案例283]   R778/TA688 rev:不同抬头的保险单据,如何背书?

案中,包括以下问题:

Case 1:信用证要求保险单据 blank endorsed,提交的保险单据显示被保险人 To bearer,没有背书。

Case 2:信用证要求保险单据 blank endorsed,提交的保险单据显示被保险人 ABC Exporting Co. Ltd. To bearer,没有背书。

Case 3:信用证要求保险单据 blank endorsed,提交的保险单据显示被保险人 To order,没有背书。

Case 4:信用证要求保险单据 blank endorsed,提交的保险单据显示被保险人 ABC Exporting Co. Ltd. to order,没有背书。

Case 5:信用证要求保险单据 to order of XYZ Bank Ltd.,提交的保险单据显示被保险人 To order of XYZ Bank Ltd.,没有背书。

Case 6:信用证要求保险单据 to order of XYZ Bank Ltd.,提交的保险单据显示被保险人 ABC Exporting Co. Ltd. To order of XYZ Bank Ltd.,没有背书。

分析及结论:

国际商会说:

Case 1 可以接受。

Case 2 不可接受。保险单据作成 to ABC Exporting Co. Ltd. To bearer,与作成 to ABC Exporting Co. Ltd. 没有区别,必须由 ABC 公司背书。The insurance document requires endorsement by ABC Exporting Co. Ltd. which would remove the contradiction between ABC Exporting Co. Ltd. and "To Bearer". The addition of "To bearer" does not change the fact that the assured is stated to be ABC Exporting Co. Ltd.

Case 3 可以接受。

Case 4 不可接受。保险单据作成 to ABC Exporting Co. Ltd. To order,与作成 to ABC Exporting Co. Ltd. 没有区别,必须由 ABC 公司背书。The insurance document requires endorsement by ABC Exporting Co. Ltd. The addition of "To order" does not change the fact that the assured is stated to be ABC Exporting Co. Ltd.

Case 5 可以接受。

Case 6 不可接受。保险单据作成 to ABC Exporting Co. Ltd. To order of XYZ Bank Ltd. ,与作成 to ABC Exporting Co. Ltd. 没有区别,必须由 ABC 公司背书。The insurance document requires endorsement by ABC Exporting Co. Ltd. The addition of "To order of XYZ Bank Ltd." does not change the fact that the assured is stated to be ABC Exporting Co. Ltd.

点评:

我们猜测,Case 5 和 Case 6 中所指的 XYZ Bank Ltd. 理应都是开证行。

Case 5 下,提交的保险单据作成 to order of XYZ Bank Ltd. ,理应由 XYZ 银行背书,而无须由受益人背书。而 XYZ 银行作为开证行,一旦接受单据,可以随时背书,所以可以接受。这一点,与提单相似。

Case 6 下,提交的保险单据作成 to ABC Exporting Co. Ltd. To order of XYZ Bank Ltd. ,相当于被保险人作成 to ABC Exporting Co. Ltd. ,再由 ABC 公司背书转给 XYZ 银行,理应由 ABC 公司背书和 XYZ 银行背书。XYZ 银行作为开证行可以在接受单据后背书,所以,受益人交单时,只须 ABC 公司背书即可。

第 K20 段

规定被保险人

实务中,信用证规定了保险单据作成来人抬头和指示抬头,如何满足?

Para K20:

a. A credit should not require an insurance document to be issued "to bearer", or "to order". A credit should indicate the name of an insured party.

信用证不应要求保险单据出具成"来人(to bearer)"或"凭指示(to order)"抬头。信用证应显示被保险人的名称。

b. When a credit requires an insurance document to be issued "to order of (named entity)" the document need not indicate "to order" provided that the named entity is shown as the insured party or claims are payable to it, and assignment by endorsement is not expressly prohibited.

当信用证要求保险单据出具成"凭(具名实体)指示[to order of (named entity)]"时,保险单据无需显示"凭指示(to order)",只要其表明该具名实体为被保险人,或者表明将赔付给该具名实体且没有明确禁止背书转让即可。

品读 ISBP745

【解读】

第一，本段 a 款规定下，信用证应当显示被保险人的名称。信用证要求保险单据的被保险人作成来人抬头或空白指示抬头时，理应劝阻。但仍然如此要求时，则视同没有要求。

比如：信用证要求被保险人作成具名实体，显然，提交的保险单据必须把被保险人作成该具名实体。

比如：信用证要求被保险人作成 to order。提交的保险单据可以作成 to order，无须背书；也可以作成 to bearer，无须背书，反之亦然；还可以作成 to ABC co.,Ltd.，如果 ABC 公司是受益人则需由受益人背书，如果 ABC 公司是申请人则无需背书。为什么呢？效果相同。R322 分析及结论中说："A document issued to 'bearer' has the same effect as transfer of title by endorsement as the holder (presenter of the document to the claims settling agent would be classified as the assured party)."

第二，本段 b 款规定下，信用证要求记名指示抬头时，可以直接作成该实体的记名抬头即可，加上必要的背书；也可以作成其他抬头，并背书给该实体。

比如：信用证要求被保险人作成凭受益人指示，提交的保险单据可以作成凭受益人指示；也可以直接作成受益人，并由受益人背书。二者的可转让性一样。当然，还可以作成 to order 无须背书，还可以作成申请人或申请人的指示人，仍然无须受益人背书。

总之，只要该实体获得保险单据下的索赔权，如何显示被保险人就显得不重要了。

显然，该实体获得保险单据下的索赔权，最终必定要转化为申请人或开证行获得索赔权，此时被保险人的显示就可以不拘泥于形式了。

第 K21 段

未规定被保险人

实务中，信用证没有规定被保险人，又如何满足呢？

Para K21:

a. When a credit is silent as to the insured party, an insurance document is not to evidence that claims are payable to the order of, or in favor of, the beneficiary or any entity other than the issuing bank or applicant, unless it is endorsed by the beneficiary or that entity in blank or in favour of the issuing bank or applicant.

当信用证对被保险人未做规定时，该保险单据不应表明将赔付给受益人或根据受益人指示赔付，也不应表明将赔付给除开证行或申请人以外的任何实体或根据任何实体指示赔付，除非保险单据由受益人或者由该实体作了空白背书，或背书给开证行或申请人。

b. An insurance document is to be issued or endorsed so that the right to receive payment under it passes upon, or prior to, the release of the documents.

保险单据的出具或背书应当使其项下获得付款的权利在释放单据之时或之前得以转让。

【修订】

本段规定为新增。

【解读】

同样地,信用证没有要求被保险人,则提交的保险单据可以作成任何形式,只要申请人或开证行可以获得索赔权即可。

比如:信用证没有要求时,提交的保险单据可以作成受益人,加以背书;也可以作成 to order,无须背书;还可以作成申请人或开证行,仍然无须受益人背书。

又比如:

[案例284] R417:议付行议付了单据,是否有必要对保险单据进行背书?

案中,议付行议付了单据,其中包括保险单据。

分析及结论:

国际商会说:"只有保险单据在出具时把被保险人作成议付行,或者受益人的背书给了议付行,这才需要议付行背书保险单据。(A negotiation bank would only need to endorse the insurance document if they were made the insured party by way of issuance of the document or by virtue of the endorsement of the beneficiary.)"

点评:

为什么呢?因为如果被保险人作成议付行,而议付行没有背书,保险单据的索赔权便无法流转。

实务中的问题是,如果作为被保险人的议付行,漏了背书,这是谁的责任?会构成不符点吗?我们认为,既然保险单据的被保险人作成了议付行,受益人就有责任获得议付行的背书,并确保相符。换言之,如果漏了背书,或者背书不合格,开证行仍然可以主张不符点,予以拒付。未见国际商会发表过针对性的意见。

[案例285] 保险单据下的投保人与被保险人一样吗?

案中,信用证要求保单作成 blank endorsed,而信用证受益人为 RIO TINTO MINERALS。提交的保险证明中未直接明确 INSURED,只陈述如下:"This is to certify that U. S. Borax Inc. and/or Borax Europe limited and/or Borax Argentina S. A. have insured the undermentioned risk with this company under marine insurance policy…",显然,这是一个集团性质的被保险人,包括 U. S. Borax Inc.。实际上,提交的保险证明已经由 U. S. Borax Inc. 作了空白背书。这样的保险证明可以接受吗?

分析:

保险单据在本质上系保险合同的证明。保险人、投保人和被保险人均为保险合同的当事人。

什么是"insure"?《美国传统辞典(双解)》说:"insure,To cover with insurance. 为……保险;或 To make sure, certain, or secure. 保证,肯定或确定;或 To buy or sell insurance. 买卖或卖保险。"通俗地说,insure 一词既有保险之义,又有投保之义。

就本案而言,结合上下文的语境来看,保险单据显示的文句表明的"have insured"之前的公司应为投保人。

然而,在货物运输保险中,保险单据上通常不出现投保人的名称,而只显示被保险人。所以,保险实务中,投保人默认即为被保险人。换言之,投保人(applicant)在保险合同生效后即成为被保险人(insured)。

结论:

案中,保险证明的陈述明确了 U.S. Borax Inc. 等作为投保人向保险人投保了所列明的险别,便意味着 U.S. Borax Inc. 等即为被保险人。这样,U.S. Borax Inc. 的空白背书已经实现了保险证明下的索赔权得以转让。

因此,上述保单是可接受的。

保险条款

General Terms and Conditions of an Insurance Document

【导读】

保险单据上的保险条款,包括一般性条款和条件,还包括一些当事人之间特别约定的条款。本节规定了保险单据上的一般性条款和条件的审核。

第 K22 段

保险单据的一般条款和条件

银行如何审核保险单据的一般条款和条件?

Para K22:
Banks do not examine general terms and conditions in an insurance document.
银行不审核保险单据的一般条款和条件。

【修订】

本段规定为新增。

【解读】

与银行无须审核运输单据上的一般承运条款和条件相似,银行也无须审核保险单据上的一般条款和条件。言外之意,如果是当事人特别约定的条款,则必须审核。

实务中的困难在于,如何判断保险单据上的条款属于一般条款还是特别约定的条款。比如:

[案例 286] R724/TA731:保险单据载明了保险单据生效的条件,是否可以接受?

案中,问题 3 的保险单据的签署区域载有以下条款:"当且仅当运输船只具备了有效的

ISM CERTIFICATE AND CLASSIFICATION CERTIFICATE 时,保险才生效。(The cover will be valid, if and only if, the transporting vessel(s) have a valid ISM Certificate and Classification Certificate (according to Institute Classification Clause 01. 01. 2001) during the transport.)"

问题 4 的保险单据的签署区域载有以下条款:

> CAUTION:
> THIS POLICY IS SUBJECT TO THE FOLLOWING MENTIONED CONDITIONS AND WARRANTIES:
> 1. THE VESSEL SHOULD BE FULLY CLASSED AND CLASS MAINTAINED WITH CLASS SOCIETY MEMBER OF IACS (INCLUDING TURK LLOYD) AS PER INSTITUTE CLASSIFICATION CLAUSE 01. 01. 2001 AS PER STIPULATION STATED THEREOF.
> 2. VESSEL SHOULD ALSO BE A MEMBER OF A RESPECTED P & I (PROTECTION AND INDEMNITY) CLUB MEMBER OF INTERNATIONAL GROUP.
> 3. VESSEL SHOULD ALSO BE COMPLIED WITH THE ISM REQUIREMENTS.
> 4. A VESSEL WHICH DOES NOT HAVE ABOVE MENTIONED QUALIFICATIONS AND ARE AGED OVER 35 AND TANKER AGED OVER 15 WILL NOT BE COVERED.

提交的保险单据中无任何数据支持上述条款,请问是否构成不符?

分析及结论:

国际商会说:保险单据可以接受。根据 UCP600 第 14 条 a 款,银行只作表面审核;而根据第 14 条 d 款,银行作表面审核时,单据上的数据不得矛盾;根据第 28 条 i 款,保险单据允许显示除外责任条款。"仅基于单据本身判断,提交的保险单据上的数据,与其他单据不矛盾,提交的保险单据并未构成不符。(Absent any conflicting data on the other stipulated documents, the wording does not create any conflict, and on the basis of the documents alone the insurance document will be considered compliant.)"

点评:

在国际商会眼里,案中的此类条款,属于特别约定的条款,而不是一般性条款或条件,所以,银行必须审核,以表面上"不得矛盾"为限。

保　费

Insurance premium

【导读】

本节规定了保险单据上保费的审核标准。

第 K23 段

保费支付与保险生效

保险单据显示保费未付,会影响到保险生效吗?

Para K23:
Any indication on an insurance document regarding payment of an insurance premium is to be disregarded unless the insurance document indicates that it is not valid unless the premium has been paid and there is an indication that the premium has not been paid.

保险单据上有关保费支付的任何标示,银行均不予理会,除非保险单据表明保险单据无效,除非保费已付,且显示保费未付。

【修订】
本段规定为新增。

【解读】
保险单据一旦签发,默认生效,不管保费是否已付。所以,银行无须理会保险单据上的任何保费支付的条款,包括可能显示保费未付,除非保险单据显示"保险单据无效,除非保费已付"的同时,还显示了保费未付。换言之,银行只须关心保险单据是否生效,而无须关心保费是否支付。

为什么呢?

我国最新的《保险法》规定:
第五十条 货物运输保险合同和运输工具航程保险合同,保险责任开始后,合同当事人不得解除合同。

或许,这是货物运输保险的实务使然。比如:

[案例287] R764/TA730:保险单据上保费及额外费用支付条款需要审核吗?
案中,信用证的保险单据规定:
CLAUSE 1:除非另有协定,保险人的义务始于保费缴付之时,而不管保单是否交付给被保险人……
提交的保单上并未注明保费已付。
CLAUSE 2:鉴于被保险人保费已经缴付,我公司对被保险人的损失、伤害承担保险义务。
提交的保单上并未注明保费已付。
CLAUSE 3:对于该保单项下的赔付,被保险人同意支付由于赔付日与保单出具日的汇率变化而产生的额外差额。

分析及结论：

国际商会说：以上条款均可接受。

CLAUSE 1：UCP600 ART 28 并未涉及保费支付的问题。UCP600 的规定基于一个保险实务，即：如果保费尚未支付，那么保险公司、承保人或代理人是不会出具保单的。银行的审单人员并无义务关注保单事先印就的文句，即便这些文句可能被作为判断单证相符的因素。(It is not the responsibility of banks to review pre-printed text on an insurance document that may be considered to be terms and conditions to determine compliance.)

CLAUSE 2：保单上印就的条款应被考虑作为判断单证相符的条件，但这些语句并未注明保费尚未支付。

CLAUSE 3：保单上印就的条款应被考虑作为判断单证相符的条件，但这些语句并未表明 ADDITIONAL PREMIUM 就要支付。UCP600 ART 28（j）允许保单显示 FRANCHISE OR EXCESS，而关于 ADDITIONAL PREMIUM 的条款亦有异曲同工之效吧。

品读 **ISBP745**

原产地证明
CERTIFICATE OF ORIGIN

【导读】

实务中,原产地证明,也称原产地证明书,简称"原产地证"。

本部分规定了原产地证明的审核标准。

本部分的解读,可为随后的装箱单、重量单、受益人证明和检验证明等其他单据相同或相似段落的解读提供直接或间接的参考。

本部分的解读包括:

——阐述原产地证明的功能、特征及格式;

——阐述原产地证明的出具人、收货人、发货人及发票号码等的审核标准;

——阐述原产地证明的货描和货物原产地的审核标准。

基本要求
Basic requirement and fulfilling its function

【导读】

本节规定了原产地证明的功能、特征和格式的审核标准。

什么是货物原产地?

百度百科说:"进出口商品的原产地是指作为商品而进入国际贸易流通的货物的来源,即商品的产生地、生产地、制造或产生实质改变的加工地。"

原产地是货物的国籍。货物原产地关乎不同国家、行业的贸易利益。货物的原产地,依原产地规则确定。

我国最新的《原产地条例》[①]:

第二条 本条例适用于实施最惠国待遇、反倾销和反补贴、保障措施、原产地标记管理、国别数量限制、关税配额等非优惠性贸易措施以及进行政府采购、贸易统计等活动对进出口货物原产地的确定。

---

① 《中华人民共和国进出口货物原产地条例》,自2005年1月1日起施行。

实施优惠性贸易措施对进出口货物原产地的确定,不适用本条例。具体办法依照中华人民共和国缔结或者参加的国际条约、协定的有关规定另行制定。

实务中,请注意以下两种情况:

第一,货物原产地不能与货物描述混为一谈。

有时,货物描述中会夹杂国别信息,该信息在许多情况下可能只是一种品牌。比如:

[案例288] R320:货物显示"Sudan Raw Cotton",这是在表明原产地吗?

案中,信用证要求了一份原产地证明。提交的原产地证明显示货物描述为"Sudan Raw Cotton",而没有显示货物原产地。这可以接受吗?

国际商会在分析及结论中说:原产地证明没有清楚表明原产地。The issue is whether or not the description"Sudan Raw Cotton"is sufficient to describe that the goods are of Sudanese origin without specific reference to that effect. The description"Sudan Raw Cotton"could, indeed, be a brand or trade name for a particular product. Banks are not expected to have any prior or present knowledge to that effect.

点评:

单据的货物描述归货物描述。货物描述中显示的国别信息,一定是货物原产地吗?可能是也可能不是。

第二,货物原产地与货物制造地并不完全等同。比如:

[案例289] TA772:货物原产地显示"Produced by Company ABC,Switzerland",可以吗?

案中,信用证要求提交商会出具的原产地证明,受益人 Company ABC 提交的原产地证明由商会签署,并在"country of origin"栏位显示:"see below",在"observations"栏位显示:"Produced by Company ABC,Switzerland。"

咨询者认为:原产地证明构成不符。在原产地证明最重要的栏位"country of origin"留空,单据本身明不满足其功能需求。即使"country of origin"栏位显示"see below"和"Produced by Company ABC,Switzerland",这种货物原产地的描述也是不到位的。因为该陈述只明确货物的生产者,并未明确产地国,原产地证明最核心的功能就是明确货物原产地。

受益人的意见相反,认为原产地证明满足了要求,原因如下:原产地证明清晰地陈述了货物由 Company ABC 生产,这足以明确货物的产地。原产地证明的出具符合瑞士法规"Ordinance on the Certification of the Non-Preferential Origin of Goods"。原产地证明经商会盖章并签署,表明了其为有效文件,满足单据的功能要求。

分析:

国际商会说:所提交的原产地证明在"country of origin"栏位显示"see below",在"observation"栏位显示:"Produced by Company ABC,Switzerland",该栏位传递了出具者试图表达货物产地的意图。但是,该栏位内容只说明了货物生产者是谁。生产者的国别可能是建立货物产地的一种标准,但并不等同于产地国。

品读 ISBP745

结论：

国际商会说：原产地证明上对货物产地的标识不明确，未满足原产地证明的功能。该证明作为"原产地证明"不可接受。

引申：

如果信用证要求 description of goods：IC，origin is China，而提交的发票显示 description of goods：IC，made in China。显然，这一发票不可接受。

如果信用证要求发票显示货物原产地，提交的发票显示：country of origin made in China。这到底是在表明货物原产地，还是在表明货物制造地？根据国际商会在 TA772 中的意见，这仍然只是表明了货物制造地，而没有表明货物原产地，理应不可接受。

再引申：

实务中，中国贸促会出具的原产地证明，显示出口商声明制造地及原产地规则——"The undersigned hereby declares that the above details and statements are correct, that all the goods were produced in China and that they comply with the Rules of Origin of the People's Republic of China."这算表明货物原产地吗？是表明了货物制造地，还是表明了货物原产地？这可以接受吗？如果按照国际商会在 TA772 中的分析及结论，从上下文的语法来看，这恐怕有风险。未见国际商会发表过针对性的意见。

为什么呢？货物制造地可以为两个以上国家（地区），但是在特定的原产地规则下货物原产地是唯一的。

我国最新的《原产地条例》：

第三条　完全在一个国家（地区）获得的货物，以该国（地区）为原产地；两个以上国家（地区）参与生产的货物，以最后完成实质性改变的国家（地区）为原产地。

第四条　本条例第三条所称完全在一个国家（地区）获得的货物，是指：

（一）在该国（地区）出生并饲养的活的动物；

（二）在该国（地区）野外捕捉、捕捞、搜集的动物；

（三）从该国（地区）的活的动物获得的未经加工的物品；

（四）在该国（地区）收获的植物和植物产品；

（五）在该国（地区）采掘的矿物；

（六）在该国（地区）获得的除本条第（一）项至第（五）项范围之外的其他天然生成的物品；

（七）在该国（地区）生产过程中产生的只能弃置或者回收用作材料的废碎料；

（八）在该国（地区）收集的不能修复或者修理的物品，或者从该物品中回收的零件或者材料；

（九）由合法悬挂该国旗帜的船舶从其领海以外海域获得的海洋捕捞物和其他物品；

（十）在合法悬挂该国旗帜的加工船上加工本条第（九）项所列物品获得的产品；

（十一）从该国领海以外享有专有开采权的海床或者海床底土获得的物品；

（十二）在该国（地区）完全从本条第（一）项至第（十一）项所列物品中生产的产品。

显然，确定货物原产地的依据不完全是工业制造，还包括了生产或获得。

第 L1 段

原产地证明的特征

什么是原产地证明？

Para L1：

When a credit requires a presentation of a certificate of origin, this will be satisfied by the presentation of a signed document that appears to relate to the invoiced goods and certifies their origin.

当信用证要求提交原产地证明时，提交看似与所开发票的货物相关联、证实货物原产地，并经签署的单据即符合要求。

【修订】

本段规定放弃了旧版 ISBP 下对原产地证明出具日期的要求，其他含义没变。

【解读】

当信用证要求原产地证明书时，提交的原产地证明必须具有以下特征：

——单据必须签署。原产地证明，首先是证明书。证明书的性质决定了，必须由证明人以签署的方式证实确认内容。

——单据必须显示与装运的货物相关联。原产地证明，证明的是货物原产地，所以，必须与装运的货物相关联。

——单据必须显示货物原产地。原产地证明，只有证明的是货物原产地，才成其为原产地证明。

请注意，原产地证明只涉及货物，而与服务和履约行为无关。

第 L2 段

原产地证明的格式

实务中的原产地证明，常常以特定格式出具。

Para L2：

When a credit requires the presentation of a specific form of certificate of origin such as a GSP Form A, only a document in that specific form is to be presented.

当信用证要求提交特定格式的原产地证明，诸如普惠制原产地证明书格式 A（GSP Form A）时，应仅提交该特定格式的单据。

【修订】

本段规定属新增。

品读 ISBP745

【解读】

信用证要求特定格式的原产地证明时,则必须提交对应格式的原产地证明。言外之意,如果信用证没有要求特定格式,则提交任何格式的原产地证明,均满足要求。

为什么呢?

最新的《进出口商品检验法实施条例》:

第四十三条　出入境检验检疫机构依照有关法律、行政法规的规定,签发出口货物普惠制原产地证明、区域性优惠原产地证明、专用原产地证明。办理原产地证明的申请人应当依法取得出入境检验检疫机构的注册登记。

出口货物一般原产地证明的签发,依照有关法律、行政法规的规定执行。

百度百科说,原产地证明书,根据签发对象不同,包括以下三大类:

第一类,普通产地证,用以证明货物的原产地国别,进口国海关凭以核定应征收的税率。在我国,普通产地证可由出口商自行签发,或由进出口商品检验局签发,或由中国国际贸易促进委员会签发。实际业务中,应根据买卖合同或信用证的规定,提交相应的产地证。在缮制产地证时,应按《中华人民共和国原产地规则》及其他规定办理。

第二类,普惠制产地证。目前给予我国普惠制待遇的有澳大利亚、新西兰、日本、加拿大、挪威、瑞士、俄罗斯及欧盟 15 国,以及部分东欧国家。凡是向给惠国出口受惠商品,均须提供普惠制产地证,才能享受关税减免的优惠,所以不管对方是否要求提供这种产地证,出口商均应主动提交。普惠制产地证的书面格式名称为格式 A(Form A)。但对新西兰还须提供格式 59A(Form 59A),对澳大利亚不用任何格式,只须在商业发票上加注有关声明文句。

第三类,纺织品产地证等专业类原产地证明。

对欧盟国家出口纺织品,需提交纺织品产地证。该证是进口国海关控制配额的依据。在我国,该证由地方外经贸委(厅)颁发。GSP 产地证是取得关税优惠的证明,而纺织品产地证是取得配额的证明。对欧盟出口有关产品时,需同时提交两种产地证。

对美国出口的配额商品,如纺织品等,应由出口商填写原产地声明书。具体有三种格式:

——格式 A:单一国家声明书(Single Country Declaration),声明商品产地只有一个国家;

——格式 B:多国家产地声明书(Multiple Country Declaration),声明商品的原材料是由两个或两个以上国家生产的;

——格式 C:非多种纤维纺织品声明书,亦称否定声明书(Negative Declaration),凡纺织品的主要价值或主要重量属于麻或丝的原料或含羊毛量不超过 17%,则可填用此格式,以说明该类商品为非配额产品。

按理,不同格式的原产地证明格式不同,盖章也有所区别。但实务中,会出现反常的情况。比如:

[案例 290]　原产地证明以 Form B 格式出具,盖 Form A 章。可以吗?

实务中,国内同一机构,如商检局,在出具不同格式的原产地证明时,常常使用不同的章,如 Form A 格式的原产地证明上盖 Form A 章,Form B 格式的原产地证明上盖 Form B 章。但许多地方的商检局并没有刻 Form B 的章,所以在出具 Form B 格式的原产地证明时,常常也将就盖 Form A 章。

这可以吗？

分析及结论：

我们认为，这理应不可接受。

为什么呢？因为中国法下盖章即签字，而每一个章都有其特定的授权使用范围。百度百科说："公司公章是公司处理内外部事务的印鉴，公司对外的正式信函、文件、报告使用公章，盖了公章的文件具有法律效力。公章由公司的法定代表人执掌，法定代表人如果把法定代表人章与公章一同使用就代表公司行为。若公司没有合同专用章应使用公章。公司公章的样式尺寸、使用管理、使用流程都有一定的规定。"

比如：通常公司对公章使用范围会有类似规定如下：

1. 凡属以公司名义对外发文、开具介绍信、报送报表等一律加盖公司公章；
2. 凡属部门业务范围内的加盖部门章；
3. 凡属合同类的用合同专用章；
4. 凡属财务会计业务的用财务专用章。

还比如：银行合同章，只能用于对外签订合同；银行结算章，只能用于结算凭证和结算协议上；转讫章，只能用于转账凭证上；现金收讫章，只能用于确认收妥现金的凭证上；现金付讫章，只能用于确认已付现金的凭证上。而商检局的 Form A 章，按理只获得了出具 Form A 格式原产地证明的授权，只能盖在 Form A 格式的原产地证明上。如果在 Form B 格式的原产地证明上盖了 Form A 章，自然让人怀疑其盖章证实的有效性。

引申：

同样，普通格式的原产地证明上，理应不得盖 Form A 章。但反过来，Form A 格式的原产地证明上，可以盖通用的原产地证明专用章。

出具人

Issuer of a certificate of origin

【导读】

本节规定了原产地证明的出具人的审核标准。

第 L3 段

出具人

如何掌握原产地证明的出具人呢？

Para L3：

a. A certificate of origin is to be issued by the entity stated in the credit.
原产地证明应由信用证规定的实体出具。

b. When a credit does not indicate the name of an issuer, any entity may issue a certificate of origin.

当信用证未规定出具人名称时,原产地证明可以由任何实体出具。

c. ⅰ. When a credit requires the presentation of a certificate of origin issued by the beneficiary, the exporter or the manufacturer, this condition will also be satisfied by the presentation of a certificate of origin issued by a Chamber of Commerce or the like, such as, but not limited to, Chamber of Industry, Association of Industry, Economic Chamber, Customs Authorities and Department of Trade or the like, provided it indicates the beneficiary, the exporter or the manufacturer as the case may be.

当信用证要求提交由受益人、出口商或制造商出具的原产地证明时,只要原产地证明相应地注明受益人、出口商或制造商,提交由商会(Chamber of Commerce)或类似机构,诸如但不限于行会(Chamber of Industry)、行业协会(Association of Industry)、经济协会(Economic Chamber)、海关(Customs Authorities)和贸易部门(Department of Trade)等类似机构出具的原产地证明也符合要求。

ⅱ. When a credit requires the presentation of a certificate of origin issued by a Chamber of Commerce, this condition will also be satisfied by the presentation of a certificate of origin issued by a Chamber of Industry, Association of Industry, Economic Chamber, Customs Authorities and Department of Trade or the like.

当信用证要求提交由商会(Chamber of Commerce)出具的原产地证明时,提交由行会(Chamber of Industry)、行业协会(Association of Industry)、经济协会(Economic Chamber)、海关(Customs Authorities)和贸易部门(Department of Trade)等类似机构出具的原产地证明也符合要求。

【修订】

本段规定包括三款:
——a 款:没有变化;
——b 款:属新增;
——c 款:扩展了商会类出具人的范围。

【解读】

第一,信用证规定出具人时,原则上原产地证明必须由该人出具。

信用证对原产地证明的出具人作出了要求,意味着申请人对该出具人的一种信任。所以,必须按照要求满足。比如:信用证规定原产地证明由受益人出具,则必须提交由受益人出具的原产地证明;规定原产地证明由制造商出具,则必须提交由制造商出具的原产地证明,当然,显示出具人时,须注明制造商身份。

第二,信用证未规定出具人时,则可以由任何人出具,包括受益人。

当然,对于受益人来说,其出具原产地证明,仍需遵循当地的原产地规则,即:在当地原产地规则下有权出具,才可以出具。

比如：Case 228 案中，信用证要求 FORM A 产地证，没有规定出具人。受益人提交的 FORM A 产地证由官方机构出具在受益人的函头纸上。可以吗？国际商会说：根据 UCP，对于发票、运输单据及保险单据以外的单据的出具人及内容，信用证要做出规定，否则任何人出具都是可以的。但本案例中如此提交单据的空间很小，因为 FORM A 产地证为官方单据，有印就的官方格式，提交出具在受益人公司函头纸上的这类单据是不正确的。（Since the documents referred to are probably administrative documents for which pre-printed official forms exist, presentation on letter-headed paper would not be correct.）

第三，信用证规定受益人、出口商或制造商为出具人时，提交的原产地证明可以是规定的一方，也可以由商会或类似机构出具。

如果由商会出具，须相应地注明受益人、出口商或厂商。当然，原产地证明上须同时注明作为出具人的商会或类似机构身份。为什么呢？由商会等类似机构出具的原产地证明的公信力，默认要高于受益人等。

请注意，新版 ISBP 已经确认了，此类规则同样适用于商会类似机构，如行会、行业协会、经济协会、海关和贸易部门等。换言之，这些商会类似机构，可以替换满足。比如：信用证要求商会出具的原产地证明，可以由行会或经济协会出具。反之亦然。

当然，中国贸易促进会（CCPIT）和出入境检验检疫局也算类似机构。但中国商检集团公司理应不算。比如：

[案例 291] R405：信用证要求由商会签署的原产地证明由贸易会签署，可以接受吗？

案中，进口来证下要求中国商会签署，但由于我国并没有一个对应实体——中国商会。此时，由贸促会签署时必须带"中国贸促会即中国商会"的说明。

信用证要求原产地证明由商会出具：a certificate of origin issued by "Country C Chamber of Commerce"。提交的原产地证明由贸促会"Country C Council for the Promotion of International Trade"出具并盖章，并显示声明："Country C Council for the Promotion of International Trade is Country C Chamber of Commerce."可以接受吗？

分析及结论：

国际商会说："可以接受。（It is not for banks to investigate the authority under which a specific document(s) was issued, merely that on its face the document complies with the requirements in the credit. From the text of the credit requirement and the manner in which the document was issued, it would be acceptable under the credit terms.）"

点评：

显然，在新版下已经不需要特别显示"贸促会即商会"了。

无论如何，这里只涉及原产地证明的出具，不直接涉及签署。如同其他单据一样，单据的出具与单据的签署不是一回事。比如：

[案例 292] R448：原产地证由 CCPIT 出具与由 CCPIT 签署证实一样吗？

案中，信用证规定产地证由 CCPIT 出具。受益人提交的是使用受益人名称格式，由 CCPIT 签章的产地证。可以接受吗？

回答是否定的,即该产地证不可接受。

分析及结论:

国际商会说:"Where a credit requires that a certificate of origin be issued by a chamber of commerce, the following criteria will apply:

1. The condition is satisfied if the document is issued by a chamber of commerce, i. e., on its letterhead or specified form—even though the detail(s) may have been completed by the beneficiary and the chamber merely signs.

2. Another acceptable alternative to this would be where the document is 'neutral', i. e., it is not on headed paper, but within the body there is evidence of completion and/or signature of a chamber of commerce.

3. A document issued on the letterhead of the beneficiary or any other party (one that is not a chamber of commerce) would not be seen to comply with a requirement of 'issued' by a chamber of commerce."

点评:

归根结底,原产地证明的出具与签署不一样。中国国际商会在 ICCCR025 中说:"当信用证要求产地证由商会出具,而实际提交的单据仅由商会证实,此时如单据的内容不真实,而根据适用的法律证实人不对单据内容真实性负最终责任时,开证申请人将得不到其原本因信任商会而要求商会作为出具人出具单据的预期保护,这对申请人是不合理的。"

内　　容

Content of a certificate of origin

【导读】

本节规定了原产地证明的货物描述、收货人、发货人、货物原产地、发票号码及发票日期、运输路线的审核标准。

第 L4 段

货物描述

原产地证明如何显示货物描述呢? 可以没有货物描述吗?

Para L4:

A certificate of origin is to appear to relate to the invoiced goods, for example, by:

原产地证明应看似与所开发票的货物相关联,例如,通过下列方式:

a. a goods description that correspondents to that in the credit or a description shown in general terms not in conflict with the goods description in the credit; or

与信用证规定相符的货物描述,或与信用证所规定的货物描述不相矛盾的统称;或者

b. referring to a good description appearing in another stipulated document or in a document that is attached to, and forming an integral part of, the certificate of origin.

援引其他规定单据或作为原产地证明不可分割的附件上的货物描述。

【解读】

原产地证明必须显示与装运货物相关联,包括:

——可以直接显示货物描述的全称或统称;

——也可以没有货物描述但引用了其他规定的单据或装箱单的附件上的货物描述。

比如:R473 中,提交的原产地证明显示内容如下:

(name and address of manufacturer)
Certificate of Origin
(LC number)
(date)
To whom it may concern:
We hereby certify that the goods supplied are manufactured in 1999 and pure of U. S. A. origin.
(Signature)

国际商会在结论中说:信用证实务要求原产地证明必须显示货描或与货描的某种关联,才足以确认其在 UCP 中的可接受性。

又比如:

[案例 293] R727/TA747 rev:产地证没有货描,可以吗?

案中,信用证要求了原产地证明,但没有要求其内容和由谁出具。受益人交单中,包含了一份单据,没有函头和名称,只显示了证明文句:"We certify that the goods are of French origin",并由受益人 Company AB 签署。

结果,开证行拒付,理由为:"产地证没有显示任何与信用证和对应交易的'联系'。(The certificate of origin shows no linkage to the LC or the transaction.)"

分析及结论:

国际商会说:UCP600 第 14 条 f 款要求提交的单据必须满足功能。同时,ISBP 对原产地证如何显示货物描述作了特别的要求。(However, international standard banking practice for the completion and examination of a Certificate of Origin, as reflected in ISBP Publication 681 Paragraph 183, highlights a specific requirement "The certificate of origin must appear to relate to the invoiced goods. The goods description in the certificate of origin may be shown in general terms not in conflict with that stated in the credit or by any other reference indicating a relation to the goods in a required document.)这意味着产地证必须显示与货物相关联。

包括几种形式：(There must be an indication of the goods to which the Certificate of Origin relates. This can be achieved in a number of ways, including：)

——a goods description that corresponds to that stated in the credit；

——a goods description shown "in general terms" not conflicting with the description stated in the credit； or

——by any other reference indicating a relationship to the goods that are described in a stipulated document such as by reference to the invoice number, or data contained in the transport or delivery document presented under the credit such as a bill of lading number, air waybill number, etc.

提交的产地证并没有显示与装运的货物相关联，从而没有满足功能。(There was no relationship to the invoiced goods and therefore the document does not satisfy the requirements of international standard banking practice by fulfilling the function of the document as required by UCP600 sub-article 14(f).)

点评：

换言之，原产地证明上货物的特别"关联"，是原产地证明的功能性要求，必须予以满足。

请注意，这里的装运货物，包括了货物本身、包装材料或附件等。比如：

[案例294] 产地证未显示发票上显示的免费附件，可以吗？

案中，信用证要求货物和其免费的附件，而产地证只提到货物，没提到免费附件，是不符点吗？

分析及结论：

这涉及免费附件的原产地问题，按理会构成货描不全的不符点，或者说没有显示附件原产地的不符点。

我国最新的《原产地条例》：

第八条　随所装货物进出口的包装、包装材料和容器，在《中华人民共和国进出口税则》中与该货物一并归类的，该包装、包装材料和容器的原产地不影响所装货物原产地的确定；对该包装、包装材料和容器的原产地不再单独确定，所装货物的原产地即为该包装、包装材料和容器的原产地。

随所装货物进出口的包装、包装材料和容器，在《中华人民共和国进出口税则》中与该货物不一并归类的，依照本条例的规定确定该包装、包装材料和容器的原产地。

第九条　按正常配备的种类和数量随货物进出口的附件、备件、工具和介绍说明性资料，在《中华人民共和国进出口税则》中与该货物一并归类的，该附件、备件、工具和介绍说明性资料的原产地不影响该货物原产地的确定；对该附件、备件、工具和介绍说明性资料的原产地不再单独确定，该货物的原产地即为该附件、备件、工具和介绍说明性资料的原产地。

随货物进出口的附件、备件、工具和介绍说明性资料在《中华人民共和国进出口税则》中虽与该货物一并归类，但超出正常配备的种类和数量的，以及在《中华人民共和国进出口税则》中与该货物不一并归类的，依照本条例的规定确定该附件、备件、工具和介绍说明性资料的原产地。

显然，案中的免费附件由于单列出来，属于非正常配备，需要单独归类。所以，原产地证明只提到货物而没提到免费附件，已经构成了不符点。

第 L5 段

收货人

原产地证明上如何显示收货人呢？

Para L5：
Consignee information, when shown, is not to conflict with the consignee information in the transport document. However, when a credit requires a transport document to be issued "to order", "to the order of shipper", "to order of issuing bank", "to order of nominated bank (or negotiating bank)" or "consigned to issuing bank", a certificate of origin may show the consignee as any entity named in the credit except the beneficiary. When a credit has been transferred, the first beneficiary may be stated to be the consignee.

当原产地证明显示收货人信息时，其不应与运输单据中收货人的信息相矛盾。但是，当信用证要求运输单据出具成"凭指示"、"凭托运人指示"、"凭开证行指示"、"凭指定银行（或议付行）指示"或"收货人：开证行"时，原产地证明可以显示收货人为信用证中除受益人以外的任何一个具名实体。当信用证已经转让时，原产地证明可以显示收货人为第一受益人。

【修订】
本段规定措辞略有变化，增加了运输单据的特定收货人下作成"凭指定银行（或议付行）指示"的情况，并排除原产地证明显示收货人为受益人的情况。

【解读】
原产地证明显示的收货人信息，只需与运输单据中的收货人信息不矛盾即可，而无需一模一样，虽然二者都是收货人信息。比如：
——原产地证明可以不显示收货人，即留空或打上"＊＊＊"。
——原产地证明也可以显示中性收货人，如 to whom it may concern。
——原产地证明还可以显示为运输单据上的收货人。比如：R234 中商会说这可以接受。为什么呢？实务中，原产地证明由进口国海关使用，且需要与进口入境的运输单据匹配。
——而在运输单据上的收货人为五种特定收货人：即空白指示、凭托运人指示、凭开证行指示、凭指定银行（或议付行）指示或开证行为收货人时，原产地证明还可以显示为信用证中除受益人以外的任何具名人。

国际商会在 R276 中说："A certificate of origin requires the insertion of a consignee within the body of the document. In circumstances where the credit requires a bill of lading to be issued to order and blank endorsed, it is not unreasonable to expect that the consignee would be shown as the applicant of the letter of credit or any other name shown in the credit as the ultimate receiver of the goods."显然,按理这个人是最终收货人。

上述五种特定收货人中,新增了"凭指定银行(或议付行)指示",这是一种操作便利。如此,可以避免陷入无法操作的尴尬。因为谁都不会事先知道指定银行或议付行是否会履行指定,特别是针对议付行来说。类似情况,也会出现在信用证要求汇票由议付行背书、提单作成议付行为收货人或由其背书时,理应可以参照理解并适用。

请注意,如果提交的原产地证明显示收货人为信用证受益人,可以吗?根据第 K5 段的规定,则不可以接受。因为受益人实际上不可能是最终收货人。而如果第三方检验机构出具的检验证出具给受益人,可以吗?虽然受益人常常是直接向第三方检验机构申请检验证的一方,然而,根据第 K5 段和检验证明部分第 Q9 段的规定,这是不可接受的。

实务中,常常问到一个相似的问题。比如:

[案例 295] 产地证收货人显示为提单上的被通知人,可以吗?
案中,信用证要求原产地证明,也要求了提单收货人为 to order,但没有要求被通知人。
提交的提单显示了收货人 to order,被通知人 ABC co., Ltd. 而原产地证的收货人显示为 ABC co., Ltd. 可以接受吗?

分析及结论:
如果作为提单被通知人的 ABC co., Ltd. 是信用证上具名的一方,包括申请人、开证行等,根据第 K5 段的规定,则均可以接受;否则,便不可接受。

点评:
如果信用证要求了提单的被通知人必须作成 ABC co., Ltd.,这已经算在信用证中具名了,默认可以接受。

还请注意,在极特殊的情况下——信用证已经转让,仍可显示为第一受益人,但不能显示为第二受益人。

第 L6 段

发货人或出口商

原产地证明上如何显示发货人或出口商呢?

Para L6:
A certificate of origin may indicate as the consignor or exporter an entity other than the beneficiary of the credit or the shipper as shown on any other stipulated document.
原产地证明可以显示信用证受益人或其他规定单据上所显示的托运人以外的实体作为发货人或出口商。

【解读】
原产地证明显示的发货人或出口方,可以与信用证受益人或其他规定单据上的托运人不同。

为什么呢?其实信用证受益人、出口方、卖方、发货人或托运人,本来就是不同的身份。这些身份,可以集于一人,也可以由多人分担。但是,无论如何,同一身份之下出现在不同单据或同一单据的不同地方,则必须不得矛盾。比如:提单显示发货人为 ABC 公司,而原产地证明显示发货人为 DEF 公司,则不可接受。因为二者矛盾。

第 L7 段

货物原产地

有时,信用证只规定货物原产地,而没有要求提交原产地证明。如何满足呢?

Para L7:
When a credit indicates the origin of the goods without stipulating a requirement for the presentation of a certificate of origin, any reference to the origin on a stipulated document is not to conflict with the stated origin. For example, when a credit indicates "origin of the goods: Germany" without requiring the presentation of a certificate of origin, a statement on any stipulated document indicating a different origin of the goods is to be considered a conflict of data.

当信用证规定货物原产地而未要求提交原产地证明时,规定单据上对货物原产地的任何援引不应与规定的货物原产地相矛盾。例如,当信用证规定"货物原产地:德国"而未要求提交原产地证明时,任何规定单据上显示的不同的货物原产地,将被视为数据矛盾。

【修订】
本段规定与总则部分第 A26 段关于"非单据化条件"的规定相呼应。

【解读】
根据总则部分第 A26 段的规定,信用证没有规定单据与之相符的货物原产地,且没有要求原产地证明,则将视之为"非单据化条件",不予理会。

换言之,如果信用证要求了原产地证明,则原产地证明必须显示规定的货物原产地,因为这是原产地证明的功能性要求;而如果规定的其他单据上显示了货物原产地信息,则不得与之矛盾,当然可以不显示。

第 L8 段

发票号码及日期、运输路线

原产地证明常常需要显示发票号码及日期、运输路线等。

品读 ISBP745

Para L8：
A certificate of origin may indicate a different invoice number, invoice date and shipment routing to that indicated on one or more other stipulated documents, provided the exporter or consignor shown on the certificate of origin is not the beneficiary.

只要原产地证明显示的出口商或发货人不是受益人，其就可以显示不同于其他一种或多种规定单据上注明的发票号码、发票日期和运输路线。

【修订】

本段规定与装箱单部分第 M4 段关于"包装数据"的规定相似，但略有不同。因为货物原产地信息具有唯一性，而货物包装数据具有多样性。

【解读】

原产地证明上的出口商或发货人，如为提交的发票出具人，则其显示的发票号码、发票日期和运输路线，必须与对应的发票、运输单据等一致；而如与提交的发票出具人不同，则可以不一致。

为什么？原产地证明的出具，按理与原始的发票和原始的运输单据的出具同步，并互相引用，互相支持。但是，原产地证明可能随货物经过多手转卖和转运。这么一来，在原产地证明提交的时候，可能对应的不是原始的发票和原始的运输单据，很自然地，就会出现不同的发票号码、发票日期和运输路线。比如：

[案例 296] R705/TA585 rev:原产地证明上发票号码不同,可以拒付吗？

案中，咨询者问：

问题 1：一份原产地证明显示了另一方的发票号码和日期，该号码和日期不同于信用证受益人提交的发票的号码和日期。在这种情况下，我们认为单据与提交的其他单据并不矛盾，因而将不构成不符。此外，除了发票的号码和日期外，与另一方相关的任何其他援引（如另一方的合同号等等）将不构成单据不符。你们是否同意我方的观点？

问题 2：一份原产地证明显示货物的发货人为信用证的受益人。该单据的其他细节均与信用证相符，内容也与信用证受益人提交的其他单据一致，但原产地证明显示的发票号码与所提交发票的号码不一致。我们认为该单据因此而不符。你们是否同意我方的观点？

分析及结论：

ISBP645 第 200 段规定："原产地证明可以显示信用证受益人或运输单据上的托运人之外的另外一人为发货人或出口商。"

国际商会说：ISBP645 第 200 段的措辞，不仅代表了国际标准银行惯例，也代表了银行委员会以前作答有关原产地证明显示的发货人不同于运输单据上发货人的问题所持的观点。

问题 1：如果显示的发货人不同于受益人，没有理由不接受注明的发票号码和日期与受益人提交的发票的号码和日期不一致的原产地证明，只要其他内容与信用证和其他单据的内容相一致。你方观点正确。

问题 2：原产地证明上所显示的发货人为受益人时，那就不是 ISBP645 第 200 段所指的情况了。提交的发票号码不同于受益人提交的发票的号码将构成不一致和不符。你方观点正确。

原产地证明

点评：

显然，本规则第 L8 段——"发票号码及日期、运输路线"的规定，与第 L6 段"发货人或出口方"的规定相呼应。

显然，这个判断是多方参照解读的结果，既参照了信用证上的受益人信息和原产地证明上的发货人信息，又参照了第三方装运下可能出现的不同于受益人出具发票的号码的国际标准银行实务。

请注意，这里的规定基于一个前提，即原产地证明显示的出口商或发货人不是信用证下的发票出具人。换言之，如果原产地证明显示的出口商或发货人是受益人，则必须不得矛盾。比如：运输单据显示运输路线：Port of loading：Shanghai Port，Port of discharge：Hamburg。那么：

——如果提交的原产地证明显示运输路线：Port of loading：Shanghai Port，Port of discharge：Rotterdam。可以吗？按理不可接受，这是矛盾。

——而如果提交的原产地证明显示运输路线：Port of loading：Shanghai Port，Port of discharge：Rotterdam，Final destination：Hamburg. 可以吗？按理也不可接受，这还是矛盾。

——而如果提交的原产地证明显示运输路线：Port of loading：Shanghai Port，Port of discharge：Hamburg，Final destination：Warsaw. 可以吗？按理可以接受，因为多出来的末程运输没有矛盾。

品读 **ISBP745**

装箱单
PACKING LIST, NOTE or SLIP

【导读】

本部分属新增,规定了装箱单的审核标准。

本部分重点解读装箱单的功能和特征、包装数据和货物数量等的审核标准。其他如装箱单出具人、发票号码及日期、运输路线等,可参见原产地证明部分。请注意,与原产地证明不同,装箱单无须显示与装运货物相关联。

基本要求
Basic requirement and fulfilling its function

【导读】

本节规定了装箱单的特征及功能的审核标准。

什么是货物包装?

中国国家标准 GB/T4122.1—1996 中规定:货物包装,"是为在流通过程中保护产品、方便储运、促进销售,按一定技术方法而采用的容器、材料及辅助物等的总体名称。也指为了达到上述目的而采用容器、材料和辅助物的过程中施加一定技术方法等的操作活动。"其他国家或组织对包装的含义有不同的表述和理解,但基本意思是一致的,都以包装功能和作用为其核心内容。一般而言,货物包装有两重含义:

——盛装商品的容器、材料及辅助物品,即包装物;

——实施盛装和封缄、包扎等的技术活动。

百度百科说:"包装要素,有包装对象、材料、造型、结构、防护技术、视觉传达等。一般来说,商品包装应该包括商标或品牌、形状、颜色、图案和材料等要素。"具体如下:

1. 商标或品牌:商标或品牌是包装中最主要的构成要素,应在包装整体上占据突出的位置。

2. 包装形状:适宜的包装形状有利于储运和陈列,也有利于产品销售,因此,形状是包装中不可缺少的组合要素。

3. 包装颜色：颜色是包装中最具刺激销售作用的构成元素。突出商品特性的色调组合，不仅能够加强品牌特征，而且对顾客有强烈的感召力。

4. 包装图案：图案在包装中如同广告中的画面，其重要性、不可或缺性不言而喻。

5. 包装材料：包装材料的选择不仅影响包装成本，而且也影响商品的市场竞争力。

6. 产品标签：在标签上一般都印有包装内容和产品所包含的主要成分、品牌标志、产品质量等级、产品厂家、生产日期和有效期、使用方法。

信用证实务中所涉及的包装数据，指的是任何与货物包装状况有关的信息。比如：装箱单显示 100 bags，这是包装信息，是包装数量和包装单位；如果显示 In export packing condition，这也是包装信息，是泛泛地按产品经营方式来划分的出口包装；如果显示 in bulk，这也是包装信息，即裸装。又比如：装箱单显示的电子计算器的商标"KLT"，这没有明确地表明其在包装材料上也会显示商标"KLT"，理应不算包装信息；而如果显示唛头为"KLT"，则理应也不算包装信息，因为如果是裸装的话，唛头会直接标记在货物本身上，而不会在包装物上。

第 M1 段

装箱单的特征

什么是装箱单？

Para M1：
When a credit requires the presentation of a packing list, this will be satisfied by the presentation of a document titled as called for in the credit, or bearing a similar title or untitled, that fulfils its function by containing any information as to the packing of the goods.

当信用证要求提交装箱单时，提交的单据表明信用证规定的名称，或相似名称，或没有名称，并通过包含与货物包装有关的任何信息以满足其功能，即符合要求。

【解读】
当信用证要求提交装箱单时，提交的装箱单必须具有以下特征：
——单据可以使用信用证规定的名称，也可以使用相似名称，也可以不使用名称。这一点，与总则部分第 A39 段的规定相呼应——"单据的名称、内容与功能"。
——单据必须显示与其功能对应的任何货物包装信息。装箱单，只有显示了与其功能对应的货物包装信息，才成其为装箱单。
请注意，装箱单只涉及发送、运输过程中的货物和包装，而与货物以外的服务、费用无关。因为只有货物和包装物才能发送，才需要运输。比如：

[案例 297] 装箱单的货物描述是大理石，还包括安装费吗？
实务中，有时，商业发票的货物描述，可能是货物、服务和履约行为的混合描述。比如：信用证规定和商业发票上显示的货物描述为 granite stones 10 pcs，USD10 000.00，processing fees 300m^2，USD1 500.00。前者是大理石，后者是大理石安装服务或安装服务费。

品读ISBP745

问题：

那么，如果信用证要求 granite stones 10 pcs，USD10 000.00，setting fees 300m^2，USD 1 500.00，而提交的装箱单 packing list 显示货物描述仅为 granite stones 10pcs。可以吗？

分析：

显然，这里的关键在于确认 setting fees 是作为货物描述一部分的货物本身，还是作为货物描述一部分的服务本身，还是一种费用。

《简明英汉词典》："setting, n. 安置、安装、(太阳)落山、(固定东西的)框架、底座。"单纯从字义表面上看，似乎无法判断 setting fees 的性质，即它可能是一种货物——大理石框架或底座的费用，也可能是一种服务——大理石安装服务的费用，也可能是一种费用——发票金额以外的服务。如果是第一种情况，该装箱单不可接受，因为装箱单理应表明大理石本身的装箱情况，还要表明大理石框架或底座的装箱情况；如果是第二、三种情况，该装箱单可接受，因为不管是服务本身或服务费用，均为无形的，并不需要装箱，也不可能装箱。

《百度词典》："fee，1.(付给律师、医生等的)酬金，服务费；2.费(如学费、会费、入场费等)；3.赏金，小费。"如果结合这一解释，我们将会发现，setting fee 的唯一可能解释是服务费或安装服务费。

结论：

显然，该箱单可以接受，而且与所谓的货描"统称"无关。

点评：

实务中，重量单和尺码单的特征，理应与此相似。

出具人

Issuer of a packing list

第 M2/M3 段

出具人

Para M2：

A packing list is to be issued by the entity stated in the credit. 装箱单应由信用证规定的实体出具。

Para M3：

When a credit does not indicate the name of an issuer, any entity may issue a packing list. 当信用证未规定出具人名称时，装箱单可以由任何实体出具。

内 容

Content of a packing list

【导读】

本节规定了装箱单的包装信息、发票号码及发票日期、运输路线、货物数量的审核标准。

第 M4 段

包装要求

包装信息是装箱单的功能性要求。那么,装箱单如何显示包装信息呢?

Para M4:

When a credit indicates specific packing requirements, without stipulating the document to indicate compliance with these requirements, any data regarding the packing of the goods mentioned on a packing list, if presented, are not to conflict with those requirements.

当信用证规定明确的包装要求,但未规定与其相符的单据时,如果提交装箱单,则装箱单上所提及的有关货物包装的任何数据不应与该要求相矛盾。

【解读】

根据总则部分第 A26 段的规定,信用证没有规定单据与之相符的货物包装要求时,将视之为"非单据化条件",不予理会。

换言之,提交的任何单据,包括装箱单,都可以不显示满足该要求的包装信息,而显示了只要不矛盾即可。显然,这一点与原产地证明不同。因为作为装箱单的功能性要求的货物包装信息,可以多种多样,不具有唯一性。比如:

[案例 298] R743/TA689:信用证 47A 的 export standard packing,必须显示在装箱单上吗?

案中,信用证 47A 要求:Goods must be shipped in export standard packing and clearly marked country of origin and shipping marks in each and every package/carton/bag/container。

开证行拒付说,47A 这一要求未满足,"姜是易腐烂品,但受益人以干柜装运。Ginger is perishable goods but beneficiary has shipped the goods by dry container."

虽然案例中没有提到信用证同时要求装箱单,但从分析过程可以猜得出,信用证应该要求了这么一份装箱单。

分析及结论:

国际商会说:"根据 UCP600 第 14 条 h 款,这一条件属非单据化条件。"接着说:"Provided the

beneficiary did not insert data on one or more of the stipulated documents that conflicted with this requirement, the documents would be compliant in this respect. See ICC Opinion TA 644."

点评：

当然，如果信用证 45A 中规定货描的同时，还规定 Goods must be shipped in export standard packing。这还是非单据化条件吗？答案应该是否定的。既然是否定的，那么，应该如何满足呢？信用证 45A 中的 Goods must be shipped in export standard packing 与 47A 不同，此时，它虽然不是货描本身，却理应视同货描掌握，必须显示在发票上。

当然，如果信用证对装箱单直接要求了装箱条件，则必须予以满足。比如：

[案例 299] 信用证要求箱单必须显示特定的包装条件，如何满足呢？

案中，信用证规定 Packing list in triplicate mentioning：
A) CBM of every carton and total CBM of the item(s) shipped.
B) full details showing contents of each carton, gross weight and net weight in KGS.
C) packing is export standard.
D) that the cartons containing the spares are marked separately evidencing the carton number(s) which the FOC spare parts are loaded.

分析及结论：

提交的装箱单上显示了 A 和 B 两项要求的事项，并照抄了 C 和 D 两项对应的文句。可以吗？我们认为，装箱单涉及的 A、B、C 三项已经满足了要求。至于 D 项，理应显示免费部件对应的箱数和箱号，如：

Description		Ctn NO.	Qty (Pcs)	Pcs/Ctn	Qty (ctns)	GW/Ctn (kgs)	GW (kgs)	NW/Ctn (kgs)	NW (kgs)	Meas/Ctn (M3)	Meas/Ctn (M3)
FOC spare parts	Hose Assy	4—5	20	10	2	5.50	11.00	4.45	8.90	0.05	0.10
	Gift Box	6	3	3	1	5.45	5.45	5.00	5.00	0.03	0.03

否则，便构成不符点。

第 M5 段

发票号码及日期、运输路线

装箱单与原产地证明相似，常常也需要显示发票号码及日期、运输路线等。

Para M5：

A packing list may indicate a different invoice number, invoice date and shipment routing to that indicated on one or more other stipulated documents, provided the issuer of the packing list is not the beneficiary.

只要装箱单显示的出具人不是受益人，其就可以显示不同于其他一种或多种规定单据上注明的发票号码、发票日期和运输路线。

【解读】

装箱单上的出具人如果不是受益人,则其显示的发票号码、发票日期和运输路线,可以与对应的发票、运输单据等不同。换言之,如果是受益人时,则默认必须一致。

显然,装箱单如此规定与原产地证的前提不同:前者看装箱单的出具人是否为受益人,后者则看原产地证明显示的发货人或出口商是否为受益人。

第 M6 段

货物数量

装箱单上的货物数量,如何把握呢?

Para M6:
Banks only examine total values, including but not limited to, total quantities, total weights, total measurements or total packages, to ensure that the applicable total does not conflict with a total shown in the credit and on any other stipulated document.

银行仅审核总量,包括但不限于总数量、总重量、总尺寸或总包装件数,以确定相关的总量与信用证和任何其他规定单据上显示的总量不相矛盾。

【解读】

银行只审核装箱单上的总量,以确保总数量、总重量、总尺寸或总包装件数等与信用证和任何其他规定单据上显示的相关总量没有矛盾。

这一规定与总则部分第 A22 段相呼应——"当提交的单据显示数学计算时,银行只须确定如金额、数量、重量或包装件数等的总量,与信用证及其他规定的单据不矛盾即可。"

比如:提交的发票显示货物 computer card and computer desk 的数量 1 080PCS,而箱单显示 computer card and computer desk 的数量为 1 080PCS 和 1 080PCS,共 2 160PCS。这是不符点吗?表面上看,好像发票显示的货物是 computer card and computer desk 作为一个组合,共 1 080PCS;而箱单显示的是 computer card 和 computer desk 分开的数量各自 1 080PCS。但是,由于提交箱单没有明确把两种货物分开,必然会误解为两次 1 080PCS 组合,从而与发票矛盾。如此,则理应不可接受。换言之,如箱单明确显示 computer card 的数量 1 080PCS 和 computer desk 的数量 1 080PCS,则理应可以接受。

那么,如果装箱单显示的总量与装箱单内部的细节数据矛盾呢?比如:

[案例 300] 银行需要确认装箱单上的总箱数与分箱情况是否匹配吗?

案中,信用证下石材出口,提交的装箱单显示了箱数 13 crates,同时还在装箱单上显示了明细的各箱的装箱情况,并标有箱号 Crate No. 1, Crate No. 2 … Crate No. 12, Crate No. 13, Crate No. 14。

那么,这构成不符点吗?

分析及结论:

品读 ISBP745

显然,如果银行有义务核对箱数和箱号,且进行了核对,将会很容易就发现,这是不符点,箱数和箱号不符。而如果银行无义务核对,则不构成不符点。

我们认为,银行是有义务核对的,因为这是装箱单的内部数据的明显错误。未见国际商会发表过针对性的意见。

重量单
WEIGHT LIST, NOTE or SLIP

【导读】

本部分属新增,规定了重量单的审核标准。

本部分重点解读什么是重量信息。其他如重量单的功能和特征、出具人、重量数据、货物关联、发票号码及日期、运输路线等,可主要参见装箱单部分,并附带参见原产地证明部分。

基本要求
Basic requirement and fulfilling its function

【导读】

本节规定了重量单的特征及功能的审核标准。

什么是货物重量?

实务中,最常见的货物重量包括两组概念:

第一,毛重、净重和皮重。对应的毛重=对应的净重+对应的皮重。

毛重:是指货物本身的重量加皮重,即货物重量加外包装材料重量。

净重:是指货物的实际重量,不包括皮重。

皮重:百度百科说:"仅指商品外包装材料的重量(即运输包装的重量),不包括内包装材料和衬垫物的重量。"计算皮重的方法有:

(1)实际皮重,即各种商品的包装材料逐件过磅所得的重量总和。

(2)平均皮重,从全体成交商品中抽出其中若干件包装材料重量的平均数。

(3)习惯皮重,指某些商品的包装方式和包装材料在习惯上已有一定的标准,只要将习惯上已认定的皮重乘以该商品的总件数,即得这批商品的皮重。

(4)推定皮重,指买卖双方预先商定以某种重量作为每件商品的皮重,或由同类装运的货物推定其皮重。推定出的皮重乘以总件数,即得这批商品的皮重。

(5)装运皮重,又称"卖方皮重",即卖方于装运时将过磅所得的皮重记载于商业发票上,并

品读 ISBP745

由买方予以承认的皮重。

（6）接受皮重，指本应采用"实际皮重"或"平均皮重"计算皮重，但因卖方寄来的重量单中所列皮重合理，买方临时决定接受卖方所开示的皮重。

在国际贸易中，以重量计算的货物，大部分都是按净重计价。净重的计算方法是货物的毛重减去皮重（即外包装材料重量）。

实务中，由于不同状态下的外包装可能不一样，将出现不同的皮重。比如：集装箱运输下的皮重可能指的是集装箱本身的重量。而货物皮重指的是箱内货物的实际外包装的重量。还比如：卡车运煤过地磅，皮重指的是卡车本身的重量，而毛重则指的是载煤卡车过磅的重量。

在国际贸易中，偶尔有些货物包装本身价值差不多，如卷筒新闻纸等，或因包装材料与货物本身价值差不多，如粮食、饲料等，常常采用按毛重计价，在国际贸易中称为"以毛作净"。一般在合同中这样的规定："中国东北玉米，500 吨，单层新麻袋包装，每袋 100 公斤，以毛作净。"

第二，公定重量、干重和湿重。公定重量、干重和湿重，都属于货物净重。

我国最新的《进出口商品数量重量检验鉴定管理办法》[①]：

第三十二条　本办法下列用语的含义：

公量，是指商品在衡重和化验水分含量后，折算到规定回潮率（标准回潮率）或者规定含水率时的净重（以公量结算的商品主要有棉花、羊毛、生丝和化纤等，这些商品容易吸潮，价格高）。

干量，是指商品的干态重量，商品实际计得的湿态重量扣去按照实测含水率计得的水分后得到的即商品的干态重量（以干量结算的商品主要有贵重的矿产品等）。

实务中，公量（conditioned weight），全称"公定重量"，它是与实际重量相对而言。公量有时也称（commercial weight）。

实务中，干量（dry weight），也称"干重"，即扣除水分后的货物净重。与干重相对的是"湿重（wet weight）"，即实际含水状态下的货物净重。

所谓回潮率，是水分与干量之比。标准回潮率是交易双方约定的货物中的水分与干量之比。货物中的实际水分与干量之比称为实际回潮率。其计算公式有下列两种：

（1）公量＝干重×（1＋标准回潮率）

（2）公量＝实际重量/（1＋实际回潮率）×（1＋标准回潮率）

第 N1 段

重量单的特征

Para N1：

When a credit requires the presentation of a weight list, this will be satisfied by the presentation of a document titled as called for in the credit, or bearing a similar title or untitled,

---

[①] 《进出口商品数量重量检验鉴定管理办法》，2007 年 7 月 24 日国家质量监督检验检疫总局局务会议审议通过，自 2007 年 10 月 1 日起施行。

that fulfils its function by containing any information as to the weight of the goods.

当信用证要求提交重量单时，提交的单据表明信用证规定的名称，或相似名称，或没有名称，并通过包含与货物重量有关的任何信息以满足其功能，即符合要求。

出具人
Issuer of a weight list

第 N2/N3 段
出具人

Para N2:
A weight list is to be issued by the entity stated in the credit.
重量单应由信用证规定的实体出具。

Para N3:
When a credit does not indicate the name of an issuer, any entity may issue a weight list.
当信用证未规定出具人名称时，重量单可以由任何实体出具。

内　容
Content of a weight list

第 M4 段
重量信息

Para N4:
When a credit indicates specific weight requirements, withoutstipulating the document to indicate compliance with these requirements, any data regarding the weight of the goods mentioned on a weight list, if presented, are not to conflict with those requirements.

当信用证规定明确的重量要求，但未规定与其相符的单据时，如果提交重量单，则重量单上所提及的有关货物重量的任何数据不应与该要求相矛盾。

【说明】

与装箱单相似,本段表明信用证上显示了不针对重量单的特定重量要求,并不意味着重量单必须满足,即重量单可以显示,也可以不显示,不矛盾即可。因为信用证上泛泛规定的重量要求,是第 A26 段中的"非单据化条件"。

但是,如果信用证 45A 中规定货描的同时,还规定了 1 000kgs。此时,它虽然不是货描本身,却理应视同货描掌握,必须显示在发票上。

第 N5 段

发票号码及日期、运输路线

Para N5:

A weight list may indicate a different invoice number, invoice date and shipment routing to that indicated on one or more other stipulated documents, provided that the issuer of the weight list is not the beneficiary.

只要重量单显示的出具人不是受益人,其就可以显示不同于其他一种或多种规定单据上注明的发票号码、发票日期和运输路线。

第 N6 段

货物数量

Para N6:

Banks only examine total values, including but not limited to, total quantities, total weights, total measurements or total packages, to ensure that the applicable total does not conflict with a total shown in the credit and on any other stipulated document.

银行仅审核总量,包括但不限于总数量、总重量、总尺寸或总包装件数,以确定相关的总量与信用证和任何其他规定单据上显示的总量不相矛盾。

受益人证明
BENEFICIARY CERTIFICATE

【导读】

本部分属新增,规定了受益人证明的审核标准。

受益人证明是从单据出具人及签署人的角度来命名的,其涉及的证明内容没有限制,可以包括货物原产地、副本单据寄送、货物数量、货物质量等,从而与原产地证明、数量证明、质量证明等交叉。此时,受益人证明在满足本部分要求外,还必须满足证明内容所对应的特定证明的功能性要求。

基本要求
Basic requirement and fulfilling its function

【导读】

本节规定了受益人证明的功能及特征的审核标准。

第 P1 段

受益人证明的特征

什么是受益人证明?

Para P1:
When a credit requires the presentation of a beneficiary's certificate, this will be satisfied by the presentation of a signed document titled as called for in the credit, or bearing a title reflecting the type of certification that has been requested or untitled, that fulfils its function by containing the data and certification required by the credit.

当信用证要求提交受益人证明时,提交的经签署的单据表明信用证规定的名称,或载有反映所要求证明类型的名称,或没有名称,并通过包含信用证所要求的数据和证明文句以满足其功能,即符合要求。

品读 ISBP745

【解读】

本段规定涉及的受益人证明名称与装箱单部分第 M1 段规定相似,但略有不同。相同之处在于,都可以表明信用证规定的名称或没有名称。不同之处在于,装箱单可以是与信用证规定相似的名称;而受益人证明不仅可以是相似名称,还可以是反映所要求证明类型的完全不同的名称。

当信用证要求提交受益人证明时,提交的受益人证明必须具有以下特征:

——单据必须签署,且必须为受益人或其授权人签署。受益人证明,顾名思义,即由受益人出具或代理出具及签署或代理签署的证明书。

——单据可以使用信用证规定的名称,也可以标明反映其证明类型的名称,也可以不使用名称。这一点,与总则部分第 A39 段的规定相呼应——"单据的名称、内容与功能",但略有不同。这种不同与受益人证明可能涵盖各种证明内容有关。

——单据必须显示信用证要求的数据或证明文句以满足功能。受益人证明必须显示信用证要求的数据或证明文句。换言之,信用证在要求受益人证明时,按理必须同时要求显示的数据或证明文句。

这里重点解读一下受益人证明的名称。

实务中,很多由受益人加以证明的单据,是根据其内容来命名的。比如:信用证要求了一份受益人证明内容为:"Shipping advice faxed to the applicant within 3 days after shipment and beneficiary's certificate to this effect must be also presented."那么,提交的受益人证明名称,可以为 beneficiary's certificate,也可以是 beneficiary's declaration,可以是 beneficiary certificate 或 beneficiary declaration 或 beneficiary guarantee,这是与受益人证明相似的名称;也可以是反映其证明类型的 fax certificate,还可以是 fax report。

但是无论如何命名,单据名称必须反映其证明内容对应的证明类型。比如:

[案例 301] TA668/TA594:受益人证明 vs. 受益人证实的传真副本,装船确认书 vs. 装船同意书

案中,信用证要求:一份装船确认书(a 'shipment confirmation' without indication as to the content)和受益人证实的传真/电传副本(beneficiary's certified copy of fax/telex)。

受益人未提交装船确认书,但提交了装船同意书(approval of shipment),其内容包括了(information to the extent that the shipment approved and confirmed)。也未提交受益人证实的传真/电传副本,但提交了受益人证明,其内容涵盖了信用证要求的传真副本的所有信息,即表明了受益人证实的传真/电传副本已经在装运日期后三个工作日内发送给了申请人,通知了信用证号、船名、装运日期、货物的名称、数量、重量和价值。

开证行拒付,理由:单据的名称不同。

分析及结论:

国际商会认为:装船同意书可以接受。质疑中陈述的意见表明,提交的单据,即装船同意书,表明货物装运是由出单人同意、认可并确认的。信用证要求一份"装船确认书"而没有指明其内容,单据的审核适用于 UCP500 第 21 条,该单据提供了装船是被认可和确认的信息,而且不符点的措辞也未指出该单据与规定的其他单据或信用证条款不一致的内容,单据内容看来满足了信用证关于装运确认的要求。

但是,受益人证明非信用证要求的单据。信用证要求提交受益人证实的传真/电传副本。

提交的单据为受益人证明,表明信用证要求的通知装运细节的传真已经发送。受益人证明并不是信用证所要求的单据,因此开证行的拒付是正确的。

印证:

R203 中,信用证要求:Beneficiary's certified copy of fax/telex dispatched to the accountees within 24 hours after shipment advising name of the vessel, date, quantity, weight and value of shipment. 实际提交了一份 beneficiary certificate,证明内容:We hereby certify that we have sent full set of non-negotiable shipping documents directly to (applicant's name) by courier service and fax whtin 24 hours after shipment. 国际商会说,这构成了不符点,因为提交的单据不是信用证要求的。

点评:

单据的名称与信用证要求不完全一样,这一点不重要,关键在于提交的单据上的内容已经满足了信用证要求的单据所应该具备的功能。单据名称不完全相同到足以引起歧义时便不可接受,即使受益人证明的内容已经证明了这一内容——已经通过传真通知装船细节。

深究其中原因,理应与受益人证明的性质和证明内容的冲突有关。受益人证明本身在证明一个事实已经发生,即装运细节已经传真/电传通知了对方,但这是不可能的,因为同时作为传真/电传副本的受益人证明,一定是在其诞生之后才会被传真或电传的。

签 署

Signing of a beneficiary certificate

【导读】

本节的规定涉及受益人证明的签署,实际上,也涉及了受益人证明的出具。

第 P2 段

受益人签署

受益人证明,由谁出具? 又由谁签署呢?

Para P2:

A beneficiary's certificate is to be signed by, or for [or on behalf of], the beneficiary. 受益人证明应由受益人或受益人代表签署。

【解读】

受益人证明,顾名思义,必须由受益人签署。否则,便不成其为受益人证明。

请注意两点:

第一,这里还允许受益人证明由受益人的授权人签署。这个授权人只显示"for[or on behalf of]"身份即可,无需特别显示为 as agent。这一点与提单部分第 E13 段 b 款的规定相似。

第二,这里表面上看只涉及受益人证明的签署,不直接涉及出具。显然,受益人证明默认由受益人出具并签署。这意味着也允许由受益人的代理人代理出具并代理签署。

内 容
Content of a beneficiary certificate

【导读】

本节规定了受益人证明上货物描述、数据和证明文句的审核标准。

第 P3 段

数 据

受益人证明上常显示非信用证要求的数据。

Para P3:
Data mentioned on a beneficiary's certificate are not to conflict with the requirements of the credit.
受益人证明提及的数据,不应与信用证要求相矛盾。

【解读】

受益人证明上的数据,不得与信用证的要求相矛盾。

当然,受益人证明上的数据,也不得显示与单据本身的数据、其他要求的单据或信用证中其他的数据相矛盾。

准确地说,这里的受益人证明上的数据,指的是信用证未要求的数据。因为受益人证明上的数据,可能是信用证要求的,也可能不是信用证要求的。如果是前者,理应与信用证要求一致,这适用于本部分第 P4 段,而不仅仅是不得矛盾。

第 P4 段

货描、数据、证明文句

受益人证明上如何显示信用证要求的数据或证明文句?是否需要显示货物描述呢?

Para P4:

The data or certification mentioned on a beneficiary's certificate：受益人证明上提及的数据或证明文句：

a. need not be identical to that required by the credit, but are to clearly indicate that the requirement prescribed by the credit has been fulfilled；

无需与信用证要求的等同一致，但应清楚表明信用证规定的要求已经满足；

b. need not include a goods description or any other reference to the credit or another stipulated document.

无需包含货物描述，或对信用证或其他规定单据的任何其他援引。

【解读】

第一，受益人证明上显示信用证要求的数据或证明文句时，无须等同一致，但必须清楚表明信用证要求已满足。这是 a 款的规定。

比如：当信用证要求提交一份受益人证明以证明受益人已经在装运日后 7 个工作日内寄送一套副本单据给申请人。如果提交的受益人证明显示了"要求的措辞"，那么，该证明书无须加注日期。因为证明书的措辞已经满足了信用证对事件发生日期的要求。而如果所提交的受益人证明仅仅显示了"要求的措辞"的一部分——"受益人已经在装运日后寄送一套副本单据给申请人"，或者"受益人已经寄送一套副本单据给申请人"，那么，该证明书必须加注日期，以证明寄送事件确实发生在"装运日后 7 个工作日内"。

比如：信用证要求受益人证明 certifying that one set of copy of shipping documents have been couriered "by beneficiary" to the applicant. 如果提交的受益人证明内容中少了"by beneficiary"字样，则仍然可以接受。因为既然是受益人证明，自然默认由受益人快递。

又比如：

[案例 302] R592/TA531：受益人证明内容，可以照抄信用证要求吗？

案中，信用证 46A 场的单据要求第 3 项规定：Country of origin including details of merchandise must be printed on every skid/ package/ carton/ container. A certificate to this effect must accompany the original shipping documents.

结果，提交的受益人证明原文照抄了信用证中的措辞，包括"must be"等字样。

开证行拒付，不符点为：Beneficiary's certificate…does not certify that the origin has been printed on every skid/…

分析及结论：

国际商会说："这是不符点。因为证明书没有表明确切的证明文句。（The certificate originally presented by the beneficiary replicated the text that was given in the credit without providing a definitive certification as to the printing on the skids, packages, cartons or containers. The requirement in such cases is for the issuer to provide a statement that meets the requirements expressed in the credit and not necessarily a straight transposition of that information into such a document. This would be a valid discrepancy.)"

点评：

开证行在信用证中的要求，准确地说，是证明一个确切的已经发生的事件，而不是对未来事件发生的一种保证或承诺。

引申：

比如：信用证要求受益人证明 certifying that the goods shipped in non-wood packaging or not。那么，提交的受益人证明内容，要么显示非木质包装，要么显示木质包装，但不得显示照抄信用证要求的文句——"The goods shipped in non-wood packaging or not"，这一文句模棱两可，如此显示则相当于没有证明。

又比如：信用证要求受益人证明，以证实副本单据已经 to be couriered or faxed to applicant. 那么，受益人证明还可以照抄信用证要求的文句吗？我们认为是可以的。因为信用证的用意在于强调副本单据"已经传送"的事实本身，而不在乎"传送方式"是什么。换言之，只要表明副本单据"已经传送"这一事实就可以，使用快递方式或传真方式，则均可接受。

再引申：

比如：信用证要求船公司证明，以证明货物运输船只的船级为 LLOYD classification AAA or its equivalent. 提交的船公司证明照抄了该要求。这可以吗？我们认为是可以的。因为信用证的用意在于强调船只的船级达到了 AAA 级，至于是劳埃德评级，还是其他的同等评级则不重要。

[案例 303]　受益人没有提交要求的信用证修改接受声明，可以吗？

案中，信用证 46 场规定：In case of amendment(s) under this L/C, beneficiary's statement declaring acceptance or refusal of said amendment(s) must be presented among other documents. 事后信用证发生了 2 次修改，但受益人未提交对应的声明。可以吗？

规定：

UCP600 第 10 条 c 款规定："在受益人告知通知修改的银行其接受该修改之前，原信用证（或含有先前被接受的修改的信用证）的条款对受益人仍然有效。受益人应提供接受或拒绝修改的通知。如受益人未能给予通知，当交单与信用证以及尚未表示接受的修改的要求一致时，即视为受益人已作出接受修改的通知，并且从此时起，该信用证被修改。"

事实：

按照修改之后的信用证来看，受益人提交的单据已经相符，除了未提交修改接受声明。

拒付：

结果，开证行拒付，理由为："Beneficiary's statement for acceptance of amendments is missing."

反驳：

交单行在反驳中说：开证行没有严格按照 UCP600 的规定行事，因为根据 UCP600 第 10 条 c 款的规定，当所提交的单据与信用证以及尚未表示接受的修改的要求一致时，即视为受益人已经作出接受修改的通知，并且从此时起，该信用证被修改。

交单行还认为：对于信用证下的修改接受与否，UCP600 已经表述得非常清楚，开证行在其信用证中明确表明遵循 UCP600，那么，就必须照国际惯例行事。至于开证行所要求提交的"修改接受证明"只是其一厢情愿，不符合信用证国际惯例。

分析：

从信用证规定来看，"修改接受证明"是信用证要求的单据，理应必须提交。

从实际的效果来看,"修改接受证明"提交与否,可能会影响到本次交单相符与否的判断,还可能会影响到信用证日后的继续使用。

结论:

我们比较倾向于从实际的效果角度考虑,如果"修改接受证明"提交与否,实际上并不会影响本次交单相符与否的判断,也不会影响信用证的使用,如除未提交该证明外,本次交单相符且信用证余额为零,那么,不应以"未提交信用证规定的修改接受证明"作为不符点加以拒付。当然,这需要具体情况具体分析。

未见国际商会发表过针对性的意见。

引申:

信用证 46A 场规定:BENEFICIARY STATEMENT AUTHORIZING,OR NOT,THE CANCELLATION OF THE REMAINING BALANCE,IF ANY.

开证行拒付,说:BENE. 'S STATEMENT NOT PRESENTED.

从语法上分析,上述文句本意应要求提交一个单据,至于是否授权则是单据的内容,而不是单据提交的条件。所以,我们认为,从实施的效果来看,由于信用证尚有未使用的余额,不符点成立。

[案例304] R404:备用证下的受益人违约声明显示"all terms had been complied with",可以吗?

案中,备用信用证要求受益人提交违约声明 evidencing that a drawing had been made under the secured Standby L/C and that the applicant of the secured Standby L/C had not fulfilled their obligations in connection with the same. 结果提交的违约声明 confirming all terms had been complied with.

分析及结论:

国际商会说:"受益人声明的内容,没有满足信用证的要求。(A confirmation that all terms have been complied with does not convey the same meaning as a statement that a drawing has been made under a local standby and that the applicant has not fulfilled its obligations in connection with the local standby.)"

点评:

案中的受益人违约声明的内容只是泛泛而谈,所以不可接受。

正是在这个意义上,URDG758 第 15 条规定:"保函项下的索赔,应由保函所指明的其他单据所支持,并且在任何情况下均应辅之以一份受益人声明,表明申请人在哪些方面违反基础关系项下的义务。"换言之,我们认为,UCP600 下备用证没有对受益人违约声明的内容作出规定,理应也参照适用,以满足备用证要求。

第二,受益人证明无须显示货物描述或指向其他规定单据的任何其他援引。这是对以往国际商会意见的澄清和确认。这是 b 款的规定。

在 UCP400、UCP500 早期,国际商会在 R51、R251、R364 中多次阐述到,"单据必须明显地与同一笔交易相关联",并列举了多种关联的方式,比如:货物描述、货物型号、数量、发票号码等。

国际商会在 R364 的结论中说:"对商业发票以外的其他单据并无必须显示货物描述的特别要求。对于没有货物描述的单据,只要单据及其内容与同一交易有关联即可。受益人证明

品读 ISBP745

包含了发票号码足以表明与其他单据的联系。（There is no specific requirement for a goods description to appear on any document other than the commercial invoice, a bank faced with a document with no description of goods, should be satisfied that the documents and its content ralate the transaction in hand. The inclusion of the invoice number on the beneficiary certificate would be sufficient information to relate this to the other documents.）"

除此之外，还有没有别的关联方式呢？难以穷尽。或许是实在难以穷尽，容易引发争议，到了UCP500晚期的ISBP645时，国际商会的意见出现了一个趋势，即不再泛泛提这种"关联"的形式，同时把特定的"关联"直接限定于原产地证明上。

UCP600和ISBP681则继承了原产地证明必须显示与装运货物相"关联"。这是一种特定的"关联"。

实务中的疑惑是：UCP600时期对单据内容必须"关联"信用证交易的要求，还存在吗？这里的规定表明，只要受益人证明满足了功能，没有必要显示特定的"关联"，如货物描述、援引信用证或其他单据的参号等等。比如：

[案例305] 受益人证明与其他单据没有"关联"，可以吗？

案中，信用证要求：beneficiary's certificate certifying that one set of copy documents have been faxed to the applicant。受益人提交了单独的受益人证明。

开证行拒付，理由为：受益人证明未显示与信用证或其他单据之间有联系。

分析及结论：

UCP500时期的R556/TA525中，国际商会认为这一不符点成立。然而，根据第P4段b款的规定，案中的受益人是无须特别显示与信用证或其他单据的援引的，包括货描或参号等。

这已经改变了以往的国际商会意见。

点评：

如前所述，受益人证明仅仅从出具人和签署人的角度来命名单据，而原产地证明、装箱证明、重量证明和检验证明，则是从内容的角度来命名单据。实务中，这两个角度的证明常常会重合。比如：受益人原产地证明，则需要既满足受益人证明的要求，还要满足原产地证明对货物描述，或者援引所装运的货物描述信息的要求，以示与装运货物相"关联"。

引申：

如果信用证要求：Beneficiary's certificate certifying that one set of copy documents have been faxed to the applicant, and fax report to this effect must be also presented. 实际提交的fax report只显示传真号码、传真日期，但没有货物描述或相关参号等，这可以吗？显然，这已经满足了信用证要求的传真报告的功能。没有不符点。

再引申：

实务中，有人问：船公司证明上没有提单号，也没有船名？算不符点吗？我们要问，船公司证明没有提单号，也没有船名，还是船公司证明吗？如果不是船公司证明，就谈不上"满足功能"的要求，从而当然是不符点。未见国际商会发表针对性的意见。

检验证明
ANALYSIS, INSPECTION, HEALTH, PHYTOSANITARY, QUANTITY, QUALITY AND ANY OTHER CERTIFICATES

【导读】

　　实务中,分析证明、检验证明、健康证明、植物检疫证明、消毒/熏蒸/热处理证明、数量证明和质量证明等,统称为"检验类证明",仍简称"检验证明"或"检验证"。

　　本部分属新增,规定了检验证明的审核标准。

　　本部分重点解读：

　　——检验证明的功能和特征；

　　——装船前检验和检验地点；

　　——独立出具人；

　　——检验对象、检验要求和检验结果等的审核标准。

　　其他如检验证明的收货人、发货人或出口方、发票号码及日期、运输路线等内容参见原产地证明部分。

　　请注意,与原产地证明不同,检验证明无须显示与装运货物相关联。

基本要求
Basic requirement and fulfilling its function

【导读】

　　本节规定了检验证明的功能及特征的审核标准。

品读ISBP745

检验证明的功能

什么是货物的检验？《高级汉语大词典》说："检验，[test/examine/inspect]检查并验证，检验产品。"验证，相对于特定的标准而言，如无标准就无所谓验证。通俗地说，检验证理应用于证明货物的安全、卫生、健康、品质、数量、质量、包装等方面在一定标准下通过或未通过验证的情况。

我国最新的《进出口商品检验法》：

第七条　列入目录的进出口商品，按照国家技术规范的强制性要求进行检验；尚未制定国家技术规范的强制性要求的，应当依法及时制定，未制定之前，可以参照国家商检部门指定的国外有关标准进行检验。

我国最新的《进出口商品检验法实施条例》：

第七条　法定检验的进出口商品，由出入境检验检疫机构依照商检法第七条规定实施检验。

国家质检总局根据进出口商品检验工作的实际需要和国际标准，可以制定进出口商品检验方法的技术规范和标准。

进出口商品检验依照或者参照的技术规范、标准以及检验方法的技术规范和标准，应当至少在实施之日6个月前公布；在紧急情况下，应当不迟于实施之日公布。

第九条　出入境检验检疫机构对进出口商品实施检验的内容，包括是否符合安全、卫生、健康、环境保护、防止欺诈等要求以及相关的品质、数量、重量等项目。

实务中，一份检验证明的内容起码必须包括检验对象和检验结果。具体而言，检验结果的显示主要有以下三种情况：

——检验结果可以是一段描述。这些描述可能包括货物状态，也可能包含货物缺陷信息。比如：药品有毒、药品腐烂、箱包有破损、钢材有锈蚀、玻璃有裂痕、二手货、次品等等。

——检验结果也可以是一个结论。这些结论可能是确切的，也可能是不确切的，可能通过也可能没有通过。比如：

"兹证明货物质量符合第111号合同的规定。（We hereby certify that the quality of the goods is in conformity with contract No.111.）"

"兹证明货物已经随机抽检，同意出货。该证明并不解除供应商出货必须完全符合订单的责任，并不解除买方在货物缺陷下事后索赔的权利。（We hereby certify that the goods have been random checked by us and approval for shipment. This inspection does not relieve the supplier of his responsibility of fully comply with the terms and conditions of the order and will not hold you free from any claims if arise later from buyer.）"

"兹证明货物已经检验。（We hereby certify that the goods have been inspected.）"等等。

——检验结果也可以是一组数据。如果单纯从检验证内容来看，这是一些中性的信息。该数据是否满足信用证要求，则须对照来看。比如：

> 煤炭规格：
> moisture(水分)9.74％ ash(灰分)7.18％
> volatile matter(挥发物)29.52％ sulphur(含硫量)0.63％
> calorific value(发热量)7073Kcal/kg size(粒度)0～50mm 100％

当信用证对货物规格的最高值和最低值作出规定时，只有检验证上实际显示的规格在信用证规定的范围之内时，才可接受。超过此范围，则不可接受。个别情况下，在规定规格最高值和最低值时，还会规定规格的拒绝值。此外，还常常见到规定依实际规格进行价格调整的条款或予以罚款等。显然，当信用证并未对货物规格作出规定时，则默认任何检验结果中的规格均可接受。

第 Q1 段

检验证明的特征

什么是检验证明？

Para Q1：
When a credit requires the presentation of such a certificate, this will be satisfied by the presentation of a signed document titled as called for in the credit, or bearing a similar title or untitled, that fulfills its function by certifying the outcome of the required action for example, the results of the analysis, inspection, health, phytosanitary, quantity or quality assessment.

当信用证要求提交此类证明时，提交的经签署的单据表明信用证规定的名称，或相似名称，或没有名称，并通过证实所要求行为的结果，例如，分析、检验、健康、植物检疫、数量或质量的评估结果以满足其功能，即符合要求。

【解读】
当信用证要求提交检验类证明时，提交的分析、检验或质量证明必须具有以下特征：
——单据可以使用信用证规定的名称，也可以使用相似名称，还可以不使用名称。这一点，与总则部分第 A39 段的规定相呼应——"单据的名称、内容与功能"。比如：信用证要求 CERTIFICATE OF QUALITY，可以提交 CERTIFICATE OF INSPECTION，只要显示所检验的质量内容即可。我们认为，还可以提交 CERT OF ANALYSIS，因为分析证明所检验的内容是货物的物理或化学成分，本身就是货物质量的一种。
——单据必须签署。检验类证明首先是证明书。证明书的性质决定了必须由证明人以签署的方式证实确认内容。
——单据必须显示与其功能对应的检验评估结果。检验类证明必须显示与其功能相对应的检验结果，包括成分分析、健康、检验、检疫、数量和质量结论，才成其为检验类证明。比如：信用证要求检验证，提交的检验证的检验结果仅仅显示："兹证明货物已经检验。(We hereby certify that the goods have been inspected.)"我们认为，这没有表明检验评估结果，从

品读 ISBP745

而不可接受。

植物检疫证明

动植物检疫、卫生检疫和商品检验,是国际通行的出入境检验检疫的三个部分。报检实务中这三个部分的职能早期分属三个不同的部门负责,即原卫生部卫生检疫局负责出入境卫生检疫,原农业部动植物检疫局负责动植物检疫,原国家进出口商品检验局负责商品检验。1998年经过"三检合一",2001年再经过出入境检验检疫和质量技术监督合并,组建目前国家质检总局,负责全面的质量技术监督和出入境检验检疫。

实务中的检验证、检验证明,指的就是商品检验证明,它对应于商品检验。卫生检疫证明比较少见。除此之外,常见的就是与动植物检疫有关的证明了,包括兽医证明、植物检疫证明、熏蒸证明、热处理证明、消毒证明等。这里主要涉及与植物检疫有关的证明(phytosanitary certificate),熏蒸证明(fumigation certificate)/热处理证明(heat-treatment certificate)。

什么是植物检疫(phytosanitary)?《简明英汉词典》:"(phytosanitary),植物检疫的,控制植物(尤指农作物)病害的。"植物检疫,也译为(plant quarantine)。《高级汉语大词典》:"检疫,[quarantine]为防止传染病蔓延,对可能成为传染源的人员、交通工具、物资等采取的隔离观察、检查、消毒等措施。"

在植物检疫实务中,植物检疫证明属检疫类证明,而熏蒸证明和热处理证明属于检疫处理类证明。

熏蒸证明或热处理证明,都是针对植物检疫过程中的针对性防疫或除害处理而出具并签署。以熏蒸证明为例,必须带有以下类似内容:"装船前,上述货物已经用溴化甲烷熏蒸剂在密封条件下熏蒸48小时。(Prior shipment, the above mentioned goods have been fumigated by the fumigant of bromomethane under the condition of closing for 48 hours.)"

熏蒸证明不同于热处理证明。熏蒸指的是化学药物将虫子杀死,热处理指的是高温加热处理将虫子杀死,二者并不相同。这也仅仅是防疫或除害处理的两种最常用方法。除此之外,防疫或除害处理方法还包括冷处理——低温辐射处理等。熏蒸处理木质包装,虽可杀死松材线虫的传播媒介天牛,但不能完全杀死松材线虫。而热处理则既可杀死媒介天牛,也可全部杀灭松材线虫。热处理还可以将木材的含水率降下来,熏蒸不行。很多国际知名公司(MOTO)也明确规定不允许用熏蒸处理。

植物检疫证明也不完全等同于熏蒸证明和热处理证明。一般来说,只要通过了植物检疫,即未发现规定的病虫害、杂草籽,商检部门便可出具并签署植物检疫证明,而不管是否经过了防疫或除害处理,比如熏蒸或热处理。实务中,植物检疫证明必须带有以下类似内容:"兹证明上述植物、植物部分、植物产品或其代表样品,经本所于××××××周密检查,未发现植检植保协定、贸易合同中规定的病、虫、杂草籽。(This is to certify that the plants, parts of plants or plant products described above or the representative samples of them were thoroughly examined on ×××××× by this service and were found to be substantially free from disease, insect pests and weed seeds as stipulated in the agreement or plant quarantine and plant protection and trade contract.)"值得一提的是,植物检疫证明往往也会有专门的内容表明货物或包装物已经经过了熏蒸或热处理,有时也没有。

所以,由于不同内容所反映的功能不同,如果信用证要求植物检疫证明,提交熏蒸证明或热处理证明理应不能接受;反之,如果要求熏蒸证明或热处理证明时,提交植物检疫证明，而无熏蒸或热处理方法的说明内容也不能接受，有对应的熏蒸或热处理方法的说明内容方可接受。

比如：信用证要求熏蒸证明。提交的是 SH wood co.，Ltd.签发的 fumigation/disinfection certificate（熏蒸/消毒合格证），在证明中显示：杀虫和/或灭菌处理（disinfestation and/or disinfection treatment；heatment treatment）。这是热处理的内容。显然，不可接受。

请注意，不管是熏蒸，还是热处理，按理均可以在装船前处理，也可以在装船后处理。比如：FUMIGATION CERTIFICATE SHOWS AS FUMIGATION/ DISINFECTION TREATMENT DATE AUG.19,2010 AND ON BOARD DATE ON B/L IS AUG.12,2010。开证行拒付说，熏蒸日期晚于装船日期，这是不可能的，所以不可接受。实际上，据不完全了解，大宗农产品常常在船舱里熏蒸。何况，根据 UCP600 第 34 条规定，银行对任何单据的有效性免责。所以，我们认为，按理可以接受。

第 Q2 段

装船前检验

按检验时间来分，装船前检验与装船后检验不同。

Para Q2:

When a credit requires the presentation of a certificate that relates to an action required to take place on or prior to the date of shipment, the certificate is to indicate:

当信用证要求提交的证明与装运当日或之前所要求发生的行为相关联时，该证明应当：

a. an issuance date that is no later than the date of shipment; or

显示不晚于装运日期的出具日期；或者

b. wording to the effect that the action took place prior to, or on the date of, shipment, in which event, when an issuance date is also indicated, it may be subsequent to the shipment date but no later than the date of presentation of the certificate; or

表明行为发生在装运当日或之前的措辞，在此情况下，如也显示出具日期时，该出具日期可以晚于装运日期，但不应晚于该证明的交单日期；或

c. a title indicating the event, for example, "Pre-shipment Inspection Certificate".

表明事件的单据名称，例如，"装船前检验证明（Pre-shipment Inspection Certificate）"。

【解读】

本段规定与总则部分第 A12 段 b 款的规定相吻合——"当信用证要求一份单据证实装运前发生的事件（例如，'装运前检验证明'）时，该单据必须通过名称或内容或出具日期来表明该事件（例如，'检验'）发生在装运日之前或装运日当天。"详细解读参见总则部分第 A12 段——"单据日期与装运日期"。

实务中，信用证会要求检验证的出具日期，常常还会要求出具地点。比如：

[案例 306] TA766：检验证名称显示 certificate of quality（SHANGHAI Port），这是指出具地点吗？

案中，信用证要求：

(a)Certificate of Weight issued by PT[G Company]at load port.

(b)Certificate of Sampling & Analysis issued by PT[G Company]at load port.

提交的单据如下：

1. Certificate of Sampling & Analysis 显示：This certificate is issued at loading port.

2. Certificate of Weight 没有显示"ISSUED AT LOADING PORT"，但是函头显示出具人地址为"BANDUNG, INDONESIA"（提单的装货港：MUARA SABAK ANCHORAGE, JAMBI, INDONESIA），并显示："This is to certify that the weight Coal of Indonesia Origin in Bulk (Indonesian Steam（Non-Coking）Coal) loaded on Board the vessel as determined by draft survey at loading port is：XX Metric Tons."

那么，重量证明可以接受吗？

分析及结论：

国际商会在分析中说：Certificate of Weight 签署人的地址不在装货港，但是，重量证明显示水尺记重是在装货港执行的，重量证明的功能就是为了证明在装货港的重量，既然重量证明的内容已经表明货物重量在装货港称过了，因此，提交的证明满足了该单据的功能要求。

国际商会在结论中说：案中，重量证明即使没有显示"ISSUED AT LOADING PORT"，也没有不符点。

点评：

"实质重于形式"，检验证尽管并没有直接显示出具地点，显然，这是形式，并不重要，重要的是检验地点，这是实质。

引申：

比如，信用证要求了质量证的出具地点：certificate of quality indicating it is issued at the port of loading。提交的提单显示装货港：SHANGHAI Port，提交的质量证明显示 certificate of quality（SHANGHAI Port）。可以吗？同理，信用证要求了检验证的出具地点，本意在于要求在该地点检验，并出具检验证。我们认为，提交的检验证，可以理解为既在上海港检验，又在上海港出具检验证，符合申请人的初衷，可以接受。

出具人

Issuer of a Certificate

【导读】

本节规定了检验证明的出具人的审核标准。

第 Q3/Q4 段

出具人

检验证明可以由哪些出具人出具呢?

Para Q3:
A certificate is to be issued by the entity stated in the credit.
证明应由信用证规定的实体出具。

Para Q4:
When a credit does not indicate the name of an issuer, any entity including the beneficiary may issue a certificate.
当信用证未规定出具人的名称时,证明可以由包括受益人在内的任何实体出具。

【解读】

这里重点解读,检验证出具人的责任。比如:

[案例307] 检验证明的检验内容必须由谁完成?

案中,检验证由 AIG INC. 签发,并显示:It was reported to me that the following merchandise had been inspected by the manufacturers and found by them (or him) to be in accordance with the specifications of the contract(s). 这表明了检验是由制造商完成的。

同时显示:This inspection certificate was issued merely for a formality according to the information from the manufacturers and does not in any way relieve the manufacturers of their responsibility in respect of the quality, packing, marking, etc. of the merchandise for which they may be liable in the execution of the contract(s).

可以接受吗?

分析及结论:

法律上,检验证的出具人必须对检验证所表明的检验行为负责。

至于检验证中所表明的制造商完成检验,这只是检验证出具人与制造商之间的约定,与检验证的使用方无关。

所以案中的检验证仍可以接受。

[案例308] R450:检验证出具人对检验内容免责。可以吗?

案中,检验证上显示了检验人对 any responsibility or liability in respect of the inspection report 免责。

分析及结论:

国际商会说:The fact that the report included a "waiver" clause is of no concern to the banks, as no prohibition of such wording was stipulated in the credit.

点评：

检验证显示了检验人免责条款，这只是意味着检验人对货物的实际情况，如缺陷免责，按理这并不意味着对检验证内容的真实性免责，所以，检验证上的这一条款可以接受。如果货物有缺陷，本就不是检验人的责任；而货物有缺陷但没有检验出来，则是检验人的法定责任，否则将失去出具检验证的意义了。

印证：

在 R725/TA749 中提到，船公司证明（船级证明、适航证明或船龄证明）中偶尔会载有以下免责条款：

Example 1：

> This certificate does not form part of the contract of carriage and no reliance can be placed upon its contents in support of or as evidenced in the bill of lading No. xxxx. The ship owner's obligations are restricted to the duty to exercise due diligence at the beginning of the voyage to make the vessel seaworthy.

Example 2：

> This certificate does not form part of the contract of carriage and no reliance can be placed upon its contents in support of or as evidence in any dispute or claim under the terms of the contract of carriage as evidenced in the bill of lading No. xxxx.

国际商会在分析及结论中说：免责条款可以接受。因为这些条款并没有导致与证明上的其他数据矛盾。(By inserting the "disclaimer text" the issuer separates the content of the certificate from their contract of carriage. Neither this action nor the wording of the disclaimer will create a conflict with the data that is required to appear in the certificate.)

第 Q5 段

独立出具人

单据的出具人不同，其内容的可信度与权威性可能不一样，从而会影响单据使用人对单据背后所涉及的单据有效性的信任。为了确保交易安全，申请人可能会要求开证行在信用证中对出具人的资格作出一些特殊要求。

信用证如果要求检验证明由独立出具人出具，如何满足呢？

Para Q5：

> When a credit makes reference to an issuer of a certificate in the context of its being "independent", "official", "qualified" or words of similar effect, a certificate may be issued by any entity except the beneficiary.

当信用证在其文本中使用"独立的（independent）"、"正式的（official）"、"合格的（qualified）"或类似词语提及证明的出具人时，该证明可以由除受益人以外的任何实体出具。

【解读】

本段规定与 UCP600 第 3 条的规定相吻合——Terms such as "first class", "well known", "qualified", "independent", "official", "competent" or "local" used to describe the issuer of a document allow any issuer except the beneficiary to issue that document. 用诸如"第一流"、"著名的"、"合格的"、"独立的"、"正式的"、"有资格的"、"本地的"等词语描述单据出具人时,允许除受益人之外的任何人出具该单据。

本段表明:

第一,单据出具人有哪些模糊用语?

对单据出具人资格的特殊要求,常常包括使用诸如"第一流"、"著名的"、"合格的"、"独立的"、"正式的"、"有资格的"、"本地的"等词语描述单据出具人。实务中,常见的类似词语还有 public, authorized, recognized。

比如:信用证规定 certificate of weight must be issued by a well-known surveyor. 受益人可能认为自己已经足够"著名(well-known)"了,开证行与申请人却可能持相反的看法。

第二,单据出具人模糊用语下,单据应由受益人以外的任何实体出具。

上述类似用语含义并不清楚,但有一点似乎还是明确的,即在普遍承认的意义上,此类用语往往不包括受益人。

这里以原产地证明为例。比如:

[案例 309]　R626/TA652rev:要求原产地证由本地商会出具?

案中,信用证要求产地证由本地(LOCAL)商会出具:Cert of origin issued by local chamber of commerce or other local official authority, showing…

那么,本地商会的"本地"是指受益人所在地还是商品的原产地呢?

分析及结论:

国际商会说:"此问题的答案就在 UCP600 的第 3 条之中。就本咨询而言,任何商会都可以出具产地证。"

引申:

实务中大量见到的是,信用证要求 certificate of origin issued by authority。显然,同样根据 UCP600 第 3 条的规定,除受益人以外的任何人出具原产地证均可接受。

实务中还会见到,信用证要求 certificate of origin issued by government authority。此时,则必须确认是政府部门出具的原产地证,而不能是任何人了,包括也不可接受商会出具的原产地证。

品读 ISBP745

内　　容

Content of a Certificate

【导读】
　　本节规定了检验证明的检验对象、检验要求、检验结果、发货人、收货人、发票号码及发票日期、运输路线的审核标准。

第 Q6 段

检验对象

检验证明如何显示检验对象呢？可以没有货物描述吗？

> **Para Q6：**
> A certificate may indicate：
> 证明可以显示：
> a. that only a sample of the required goods has been tested, analyzed or inspected；
> 仅测试、分析或检验所要求货物的样品；
> b. a quantity that is greater than that stated in the credit or on any other stipulated document; or
> 数量多于信用证或任何其他规定单据上所显示的数量；或者
> c. more hold, compartment or tank numbers than that stated on the bill of lading or charter party bill of lading.
> 货舱（hold）、厢柜（compartment）或罐桶（tank）数目多于提单或租船提单上所显示的数目。

【解读】
　　本段规定与本部分第 Q1 段的规定相呼应——"检验证明的特征"。按理，这里涉及的货物描述，正确地应该理解为："货物、服务或履约行为描述"。
　　本段表明：
　　第一，检验证上可以显示仅检验了样品。这属于抽样检验。显然，如此一来，检验证上显示了数据将少于实际装运数量。请注意，这基于一个前提，即检验证上必须显示抽检了所装运货物的"样品"。
　　第二，检验证上显示的数据可以多于实际装运数量，包括运输单据上可能显示的货舱、货间或货罐数目。因为检验证表明多检验并不会影响实际装运，理应不影响检验证的可接受性。比如：

检验证明

[案例 310] 检验证上显示的货物数量,是否必须与发票等同一样?

案中,提交的发票显示货物 IC, quantity:100PCS,提交的检验证显示货物 IC, quantity 110PCS。

那么,这样的检验证可以接受吗?

显然,检验证上显示的货物数量与发票并非等同一样。提请注意,在 UCP600 框架内,检验证上显示的货物数量也无须与发票等同一样,而只要不矛盾即可。

于是,关键是确认两个数量之间是否矛盾?

分析:

就发票的功能来看,发票上显示的货物数量理应是货物装运的数量。就检验证的功能来看,检验证上显示的货物数量理应是货物通过检验的数量。就本案而言,检验证显示的货物通过检验的数量 110PCS,超过了发票显示的实际装运的数量 100PCS。这意味着什么呢?货物实际装运的部分 100PCS,都已经通过检验。而另有已经通过检验的货物数量 10PCS,只不过不在此发货数量之列。在国际标准银行实务中,银行关心的只是发货数量是否已经通过检验,而完全可以不去过问这 10 个 PCS 是否已经通过检验。

结论:

所以,检验证显示的货物数量大于发票数量,虽然不是等同一样(identical),却是不矛盾(not conflict),所以,应该仍可以接受。

植物证的货物描述

UCP600 第 14 条 e 款的规定:"除商业发票外,其他单据中的货物、服务或履约行为的描述,如果有的话,可使用与信用证中的描述不矛盾的概括性用语。"显然,这也同样适用于检验证。比如:

[案例 311] R728/TA685 rev:健康证明没有显示货物描述中的规格和等级。可以吗?

案中,信用证规定了货物描述:Fresh Frozen Chicken Wing (Rose, A-Grade),并要求提交健康证明。

实际提交的健康证明,其中一份只显示了货物描述 Fresh Frozen Chicken Wing,而没有显示(Rose, A-Grade)。开证行拒付。

分析及结论:

国际商会说:健康证明无需显示货物描述及规格或等级。(There is no requirement in UCP for the Certificate of Health to bear a description of the goods that corresponds with that given in the credit, or for any goods description that is shown to contain details such as grading, specifications or quality.)

当然,检验证如果显示了货物描述,仍应满足"不得矛盾"原则。比如:

[案例 312] 检验证上的货物描述内容 complements JUG kettle,多了"complements"字样。可以吗?

案中,信用证和发票上显示货物描述:JUG kettle。检验证上显示货物描述:complements

品读 ISBP745

JUG kettle。

这样的检验证可以接受吗？

分析及结论：

《美国传统词典（双解）》："complements, Something that completes, makes up a whole, or brings to perfection. 补充物：补充、补足或使完美。"

案中，检验证上多出来的货物描述信息"complements"，放在信用证、发票的上下文语境中解读，完全会被解读为"kettle"的补足物、附属物。

这样，"complements JUG kettle"的语义，将与"kettle"大相径庭，所以，我们认为，该货物描述理应不可接受。

实务中，特定的检验证类型可能会对应于特定的检验对象，此时，可能检验对象会比货物描述所涉及范围要宽，或者有所不同，须视情况而定。比如：

[案例 313] 植检证的货描，是货物本身，还是包装物？

案中，提交的发票显示货物描述：ceramics tiles。而提交的植物检疫证明显示货描 Description of Goods：wooden pallet。可以吗？

分析：

植物检疫证明描述的货物，理应是检疫的对象。银行人员常常不清楚一种货物进出口，需要检疫的是货物本身，还是货物的包装物。

从报检实务来看，二者应该都有可能。

我国最新的《进出境动植物检疫法实施条例》：

第二十二条　检疫人员应当按照下列规定实施现场检疫：

（二）动物产品：……对易滋生植物害虫或者混藏杂草种子的动物产品，同时实施植物检疫。

（三）植物、植物产品：检查货物和包装物有无病虫害，并按照规定采取样品。发现病虫害并有扩散可能时，及时对该批货物、运摘工具和装卸现场采取必要的防疫措施。对来自动物传染病疫区或者易带动物传染病和寄生虫病原体并用作动物饲料的植物产品，同时实施动物检疫。

（四）动植物性包装物、铺垫材料：检查是否携带病虫害、混藏杂草种子、沾带土坡，并按照规定采取样品。

（五）其他检疫物：检查包装是否完好及是否被病虫害污染。发现破损或者被病虫害污染时，作除害处理。

在信用证下审单实务来看，如果仅仅要求植物检疫证明（phytosanitary certificate）时，到底应该是检验货物本身，还是货物的包装物——比如木箱（crates）呢？我们认为，得具体问题具体分析。换言之，如果信用证没有另外要求，只要货物、包装物是植物，便须相应地接受并通过植物检疫。

结论：

就本案而言，信用证规定的货描瓷砖（ceramics tiles），不是动植物，不需要检疫；而包装物（wooden pallet）属木质包装，则需要检疫。所以，我们认为，提交的植物检疫证明如此显示货物描述，可以接受。

换言之,植物检疫证明上所谓的"货物描述",准确地说,指检验对象的描述,可能与信用证规定的货物描述不完全一样。

第 Q7 段

检验要求

检验结果是检验证的功能性要求。那么,检验证如何显示检验信息呢?

Para Q7:
When a credit indicates specific requirements with respect to analysis, inspection, health, phytosanitary, quantity or quality assessment or the like, with or without stipulating the document to indicate compliance with these requirements, the data regarding the analysis, inspection, health, phytosanitary, quantity or quality assessment or the like mentioned on the certificate or any other stipulated document are not to conflict with those requirements.

当信用证规定关于分析、检验、健康、植物检疫、数量或质量的评估或类似方面的明确要求时,无论是否规定与其相符的单据,该证明或任何其他规定单据上所提及的有关分析、检验、健康、植物检疫、数量或质量的评估或类似方面的数据不应与该要求相矛盾。

【解读】
根据总则部分第 A26 段的规定,信用证没有规定单据与之相符的货物检验要求时,将视之为"非单据化条件",不予理会。

换言之,与装箱单相似,提交了任何单据,包括检验证,都可以不显示满足该要求的检验信息,而显示了只要不矛盾即可。因为作为检验证的功能性要求的货物检验评估结果,可以多种多样,不具有唯一性。

第 Q8 段

检验结果

检验证明必须显示分析、检验结果或质量结论。

检验证的检验结果中显示货物"不适合于人类消费"、"化学成分可能无法满足需要",算货物缺陷吗?可以接受吗?国际商会在新版 ISBP 中首次作了明确回答。

Para Q8:
When a credit is silent as to the specific content to appear on a certificate, including, but not limited to, any required standard for determining the results of the analysis, inspection or quality assessment, the certificate may include statements such as "not fit for human consumption", "chemical composition may not meet required needs" or words of similar effect, provided such statements do not conflict with the credit, any other stipulated document or UCP600.

品读 ISBP745

> 当信用证未规定证明上应显示的明确内容,包括但不限于确定分析、检验或质量的评估结果所依据的任何要求的标准时,该证明可以含有诸如"不适合人类消费(not fit for human consumption)"、"化学成分可能无法满足需要(chemical composition may not meet required needs)"或类似声明,只要其与信用证、任何其他规定的单据或UCP600不相矛盾。

【解读】

本段规定澄清了以往的误解。只要信用证没有要求检验标准等特定内容,检验证明可以显示货物"不适合于人类消费"、"化学成分可能无法满足需要"或类似措辞。当然,如果信用证要求了特定内容,则以不矛盾为原则。

规定中提到的检验证上表明货物"不适合人类消费",对应于R390案例。案中,信用证下进口肉制品,提交的品质证明批注了"不适合人类消费(The goods are not fit for human consumption)"。国际商会在分析及结论中说:"It is not clear from the text of the query whether the documentary requirement for the certificate of quality was anything other than a stipulation calling for that document, i. e. no specific detail as to the content. On this basis, the checking of the document would fall under the auspices of Article 21 (text as shown in Analysis)and a statement 'The goods are not fit for human consumption' would not be a reason to reject. Also refer to the content of Article 4 shown above."

为什么呢?我们认为,检验证上显示的检验结果含有货物"不适合于人类消费"的类似措辞,只是表明了货物的一种状态,并不确切地表明货物有缺陷,所以,默认可以接受。养宠物是一种社会风气,实际上,贸易中的许多食品可能就是用于宠物消费。换言之,如果检验证上显示的检验结果为药品有毒,这是货物的一种状态,默认可以接受,所谓"是药三分毒"嘛!但如果显示药品发霉,这是货物缺陷。我们认为,则不可接受。

至于规定中提到的检验证上表明"化学成分可能无法满足需要",则是一种对货物检验结论的不确切信息,或者说是货物缺陷的不确切信息,可以参照第E20段b款中"清洁提单"的规定——"提单上载有的'包装可能无法满足海运航程'或类似措辞的条款,并没有明确声明包装状况有缺陷",不予理会。换言之,如果检验证上表明"化学成分无法满足需要",则是一种对货物检验结论的确切信息,这意味着货物缺陷。我们认为,理应参照第E20段a款中"清洁提单"的规定——"提单上载有的'包装无法满足海运航程'或类似措辞的条款,即属于明确声明包装状况有缺陷的例子",认定为不符点,不可接受。

总之,这一点与发票部分第C5段涉及的货物中的额外信息,可能改变货物的性质、分类和等级没有冲突,也与提单部分第E20段的"清洁提单"的要求没有冲突。

货物缺陷

检验证的检验结果默认不得显示货物缺陷信息,但偶尔还是会看到。比如:信用证要求提交品质证明而没有进一步的要求,受益人提交的品质证明显示"部分货物质量存在缺陷",无其他检验结果。那么,可以接受吗?

业内普遍认为,根据UCP600第14条f款的规定,单据内容"满足功能"即可,该检验证已经显示了检验结果,信用证对检验结论又没有进一步的要求,所以,可以接受,并认为这是UCP600的一大进步。

深究其渊源，或许与对国际商会在 UCP500 时期的 R339 的分析和结论中的意见的误解有直接关系。它说："交货证明中包含货物状态不良的文字本身并不构成拒付理由，除非信用证规定交货凭证的内容或规定这种质量是不可接受的。应按照第 21 条审核单据，这就意味着除非与信用证对其要求载明的内容不符，银行应予接受此单据。（The fact that DA (Delivery Acceptance Report) in corporate words that indicate a poor condition of the goods would not, in itself, be grounds for refusal unless the credit provided the text of the DA or indicated that such qualification would not be acceptable. The document would be accepted as presented other than for the terms (or wording) which the credit has indicated must appear thereon.）"

我们认为，这里误解了 UCP600 所要求的单据内容必须"满足功能"的含义。

检验证的功能到底是什么？理应默认货物无缺陷或类似情况。换言之，如果检验证告诉申请人货物有缺陷，显然属于反常，需要开证行的特别授权方可接受。退一步说，如果银行默认必须接受检验证显示货物有缺陷，那岂不等于要求每一个信用证在要求检验证的时候都加上一句"检验证不得显示货物质量缺陷或类似信息"？我们认为，这与实务不符，因为信用证要求检验证是常态，而检验证显示货物质量缺陷是偶发状态。所以，检验证结果显示了"部分货物质量存在缺陷"，不可接受。比如：

[案例 314]　TA756：检验结果显示"二手货"。可以吗？

案中，国际商会在分析中说：发票货描显示未规定的"二手"字样可以拒付。（The requirement of (UCP600) sub-article 18(c) is quite clear, i.e., that the description of the goods must correspond with that in the credit. The addition of the words "second hand" is not part of the description of the goods in the credit. The words "second hand" indicate a different category of classification of the goods, which is not apparent in the goods description in the credit. The addition of the words "second" is grounds for refusal on the basis that the goods description in the invoice does not correspond with that in the credit.）

国际商会接着说：由于同样的原因，装箱单和质量证的货物描述显示"二手"二字，也不可接受。（For the same reason, the description appearing in the packing list and certificate of quality, whilst only required to appear in general terms, conflicts with the description in the credit.）

点评：

TA756 中所涉及的是发票、装箱单和检验证的"货物描述"。进一步，检验证结论中的"部分货物质量存在缺陷"，也可以适用吗？我们建议稍换一个思路来考虑，先不急着直接回答问题。假定信用证规定货描：chair，试着判断以下三种情况是否构成不符点：

1. 提交的发票显示货描：second hand chair，无其他额外信息。可以接受吗？
2. 提交的检验证显示货描：second hand chair，无其他额外信息。可以接受吗？
3. 提交的检验证显示货描：chair，结果为 The goods are second hand。可以接受吗？

直觉告诉我们，以上三种情况的答案理应是一样的。因为对于申请人来说，货物缺陷信息显示在哪里，是在货描中，还是在检验结果中，伤害一样，没有区别。换言之，如果这三个问题的答案不同，那才真是不可思议。

印证：

在 R235 中有类似结论可以印证。案中，信用证货物描述为 PAKISTANESE BLUE

品读 ISBP745

POPPYSEED(巴基斯坦蓝色罂粟种子),提交的检验证中货物描述显示 PAKISTANESE BLUE (COLOURED)POPPYSEED(巴基斯坦蓝色(上色的)罂粟种子)。国际商会认为:添加的"coloured(上色的)"字样使得单据中的货物描述与信用证的货物描述有抵触。显然,coloured 一词有被修饰被人为染色的含义。《美国传统辞典(双解)》:"color,To impart color to or change the color of. 上色,给……上色或变色。""上色"的罂粟种子,怎么会与默认的正常罂粟种子一样呢?

与此相似,实务中,如果信用证要求检验证书(CERTIFICATE QUALITY)。结果受益人出具的检验证书上面注明:"IT IS HEREBY THAT THE QUALITY OF THE PRODUCT IN THIS SHIPMENT IS OFF GRADE."开证行能否依据检验证书显示"OFF GRADE"而拒付呢? 我们认为,如果不能拒付,仍然说不过去。百度百科说:等外品,又称次品、处理品,行话为超差利用品,即指虽不符合现有产品质量标准,但仍可使用的产品,也可以说是非正品但可以使用的产品,这种产品投放市场的前提是使用它不会造成安全问题。又说:"处理品"、"等外品"从我国现阶段国情来看,由于这类商品仍有一定的使用价值,价格也比较低廉,是允许在市场上销售的。它不同于"假冒伪劣"商品。但是,在销售"处理品"、"等外品"时,经营者应该要打上标有"处理品"、"等外品"的标记,或者应该公开、明确地向消费者说明实情,使消费者能够在购买时就知道该产品的质量状况。如经营者销售"处理品"、"等外品"时未作说明,或谎称正品的应承担责任。经营者在销售"处理品"、"等外品"时,未标明印有"处理品"、"等外品"的标记,或者也未向消费者明确说明是"处理品"、"等外品"的,依照《中华人民共和国产品质量法》第 28 条第(一)项规定:"不具备产品应当具备的使用性能而事先未作说明的",消费者可以向经营者提出要求负责修理、更换、退货,给消费者造成损失的,经营者还应当赔偿损失。如果经营者在销售"处理品"、"等外品"时,谎称是正品的,那么就构成了欺诈行为。对于这种欺诈行为,除了由工商行政管理机关依照《中华人民共和国消费者权益保护法》第 50 条规定进行行政处罚外,消费者还可以要求经营者增加赔偿其受到的损失,增加赔偿的金额为消费者购买该商品的价款的一倍。

有时候,检验证明上显示的货物缺陷信息与货物状态信息的界限可能是模糊的,其可接受性需视情况而定。比如:

[案例 315] DOCDEX No.254:检验证显示 Material was atmospherically rusty,wet before shipment。可以接受吗?

案中,信用证要求货描:热扎粗钢(HOT ROLLED EQUAL STEEL ANGLES),并要求质量:3 SP/PS ACCORDING TO GOST EQUIVALENT。案中,信用证还要求检验证证明货物质量符合形式发票、信用证及修改的规定。实际提交的检验证显示了要求的证明内容,还额外显示了:"货物在装运前有锈蚀。(Material was atmospherically rusty,wet before shipment.)"这可以接受吗?

开证行拒付,其中一个不符点为:"检验证显示的货物质量与信用证规定的不符。(IN INSPECTION CERTIFICATE THE QLTY OF GOODS IS NOT IN COMPLIANCE WITH L/C TERMS AND THE CONDITION MENTIONED THERE,IS NOT ACCEPTABLE TO THE BUYER.)"

分析及结论:

国际商会专家组的多数意见认为:信用证规定的检验证必须显示的内容均已满足。至于提交的检验证上额外显示的文句——"货物在装运前有锈蚀",并没有改变相符声明的有效性,因为这只是说明了货物的一种状态,可以接受。(In this context it is intended to be a notice concerning the condition of the commodity.)

点评:

当然,案中国际商会专家组的看法仅限于信用证要求的货物是裸装的热扎粗钢,而粗钢有点锈蚀属于正常状态,并不代表货物有缺陷,这是货物状态信息。换言之,如果信用证要求的是精密车床,检验证还如此显示检验结果——"货物在装运前有锈蚀",也可以接受吗?我们认为,不可以,这是货物缺陷信息。因为默认的状态不同,即精密车床有点锈蚀,属于不正常状态。

检验结论

如果单纯从检验证内容来看,检验结论可能是通过,也可能是不通过,但我们认为,默认是"通过检验",这还是一种功能性的要求,否则,检验证不可接受。比如:检验结论(result):失败(fail),便不可接受。而检验结论(result):通过(pass)/已同意(approved)/已接受(accepted),便可接受。未见国际商会发表过直接的意见。

当然,检验结论的措辞,可以不完全一样,但必须有等同的效果。比如:信用证要求质量同意书(LETTER OF APPROVAL OF QUALITY)或已通过检验报告。提交了检验报告并无直接表明"质量同意(APPROVAL OF QUALITY)"或"通过检验(PASSED)",可以吗?我们认为,提交的检验报告 INSPECTION REPORT 已经很明显表明了"货物可以放行(THE GOODS CAN BE RELEASED)"字样,这与"质量同意(APPOVAL OF QUALITY)"或"通过检验 PASSED"具有等同意义。所以不符点不存在,可以接受。

实务中检验证的检验结论为"通过检验(pass)"时,可能还会带货物缺陷信息,这还是可以接受。因为如果检验证明不允许出现货物质量缺陷信息,将可能无意中排除了贸易合同中正常允许如陶瓷、玻璃交易等一定破损率的情况存在。其实检验证的检验结论是"通过检验(pass)",便满足了检验证固有的功能。至于检验证上有无质量缺陷信息,有无破损率,已经无足轻重。在这个意义上,国际商会在 R339 中对标注了"部分货物未处于良好状态(a part of the goods was not in good condition)"的交货证明(DA(Delivery Acceptance Report))的接受,准确地可以理解为,交货证明的标题或其他信息已经告诉我们,货物已经"接受(acceptance)"。而 DOCDEX No.254 案中,可能会有人说,根据 UCP600 第 5 条的规定,银行只管单据本身,不管单据背后的货物。换言之,银行可能无法对什么货物的检验结果显示锈蚀可以接受,什么货物又不可以接受作出判断。在这个意义上,我们认为,本案更重要的或许是检验结果已经按照信用证还要求显示了:货物质量符合形式发票、信用证及修改的规定。

同样地,检验证的检验结论为"通过检验(pass)"时,可能还会带有可能不符合其他标准的额外结论,这还是可以接受。比如:

[案例 316] 相符证明带有可能不相符的结论,可以吗?

案中,信用证要求了一份相符证明(Certificate of conformance)。提交的证明显示检验结果:兹证明所有产品符合订单要求的技术规格,但是,设备可能无法完全符合 MIL-PRF-38534 号文件的要求。(I hereby certify that all products described in the certificate have been manufactured, processed and tested to meet all of the requirements and/or applicable technical specifications and/or drawing listed or referenced in the P. O. but devices may not be in full compliance with all the requirements of MIL-PRF-38534.)

问题：

该相符证明可以接受吗？

分析：

由于信用证仅要求相符证明，但却未规定证明内容如何显示相符，需要一番判断。相符证明需要证明的是与贸易合同相符，是与买方标准相符，还是与卖方标准相符？与国家标准相符，还是与国际标准相符？不得而知。但是，无论如何不应该出现"确切"的不符合某种要求、标准的信息。一旦出现，即足以让银行担忧，此时银行可以根据 UCP600 第 14 条 d 款单据上数据"不得矛盾"的要求视为不符点予以拒付。

结论：

案中的检验信息虽然显示货物符合订单要求，但同时显示了设备可能无法完全符合 MIL-PRF-38534 号文件的要求。这是一种不太确定的语气，仅仅是一种可能。所以，我们认为，可以参照不清洁运输单据的认定，不予理会。可以接受。

退一步说，即便案中检验信息的语气是确切的，如"but devices is not in full compliance with all the requirements of MIL-PRF-38534"，理应仍可以接受。因为所谓的 MIL-PRF-38534 这一标准的要求，并不是信用证本身的要求。换言之，如此显示与信用证规定并不矛盾。

显然，在这个意义上，第 Q8 段的规定中提到的"化学成分可能无法满足需要"，与此同理。

检验数据

信用证要求了规格，而提交的发票、检验证等显示的规格超标，足以构成不符点。比如：

[案例 317] R583/TA200：检验结果低于最低规定可以接受吗？

案中，进口商从巴西进口大豆粉，并规定规格：

> Profat: min 45/46 per cent
> Rejectable if below 43 per cent protein.

提交的检验证和发票显示：The documents that were presented (invoice and SGS Certificate) show the "actual" percentages in relation to the goods shipped. The figure for Profat was shown as 45.56 per cent, which is above the minimum of 45/46 per cent, 45 per cent being the true minimum. The Protein figure is 43.60 per cent, which again is above the rejectable level of 43 per cent.

国际商会认为，两个指标均在规定的最低规格之上，可以接受。

点评：

显然，信用证对货物规格的规定中所提到的"min"和"Rejectable"，均属一条硬性的规定。换言之，一旦越过此硬性规定，则构成不符点，可以拒付。

检验证明

大宗商品贸易中往往会见到超标减价的情况。比如：信用证 45A 要求水分含量：最高 12%，同时规定：如水分含量超过 12%，基础单价将按每超过 1% 下降 USD0.5。实际提交的发票显示：水分含量（moisture）为 15%，单价按规则相应下降。

让人困惑的是：银行是否可以以水分含量超过 12% 为不符点拒付呢？我们认为，这是不符点，当然可以拒付。极端情况下，比如煤炭的水分含量为 99%，货物价值可能接近于 0，对买卖双方而言，已经没有交易意义了，如果不能拒付，后果将非常严重，必定显失公平。

相应地，信用证超标减价规则的准确含义，理应指：在存在超标这一不符点下，如果开证行接受单据放弃不符点愿意付款，则可自动减价后对外付款，默认受益人自动接受该条件，不得反悔。

信用证的迟装罚款条款与此相似。香港来证往往在 44C 中规定最迟装运日期的同时，带有明细的迟装罚款条款，比如：迟装一周按货物金额 2% 罚款，两周以上按货物金额 3% 罚款，并自动从货款中扣收。现在的问题是，如提交的单据过 44C 的最迟装期，是否构成不符点呢？我们认为，当然是不符点。理由如下：假如不是不符点，那么，44C 规定最迟装运日期还有什么意义呢？难道仅仅为了用于计算罚款金额吗？显然不是。这是其一。其二，往极端方面想一想，假如不是不符点，过装期一天、两天不是不符点，过一周不是不符点，过两周不是不符点，好像似是而非，难以定论，那么，过一个月、两个月、一年、两年理应也不是不符点吧!？但是，这已经明显不符合常理了。因为过装期一两个月、一两年之后，市场早已昨是而今非，要求申请人必须付款赎单，而货物可能早已物非所值，从而必然会对申请人造成难以想象的严重伤害。至于在过装期是不符点的判断下，又该如何理解信用证的迟装罚款规定呢？准确地说，这是指如存在过装期不符点，银行接受单据的条件。因为不符点下，虽然开证行有权拒付，但并不意味着其必然拒付。只是如果开证行愿意付款，则可自动扣收罚款后付出，默认受益人自动接受该条件，不得反悔。

实务中，信用证对货物规格常常仅作出软性的规定，如"expected"、"target"、"normal"。请注意，如果实际提交的检验证明显示规格高于软性规定或低于软性规定，则均不足以认定不符点。比如：

[案例 318]　青岛铁矿石规格低于 BASIS。可以拒付吗？

2011 年，青岛铁矿石进口案中，信用证规定了一种规格 BASIS:64，同时规定了：如规格高于基点则相应调增单价，如低于基点则相应调减单价。

现在的问题是：

如果提交的发票显示规格：63，可以接受吗？

如果提交的发票显示规格：65，也可以接受吗？

如果提交的发票显示规格：1，可以接受吗？0，可以接受吗？

分析及结论：

《柯林斯高阶英汉双解学习词典》说："basis：基础；起点。The basis of something is its starting point or an important part of it from which it can be further developed."

从贸易实务来看，规格含量理应有一个最低值。低于最低值的情况下，以铁矿石交易，可能已经没有实际意义。然而，最低值是多少呢？由于信用证中只是规定了规格的基点，却没有规定最低值，银行在从表面审核信用证下单据之时，无从知晓，也无须考虑。

点评：

品读 ISBP745

在这个意义上,如果交货真出了问题,谁需要为此承担责任呢?恐怕申请人难辞其咎。这正应了一句俗语:"自食其果"。

正因为"basis"一词仅为对货物规格的软性规定,为了避免争议,实务中的信用证多数会同时加入类似于"min"和"Rejectable"的硬性规定。比如:

[案例319] R769/TA720 Rev:信用证规定货物规格"38PCT BASIS,36PCT MIN REJECTION BELOW 36PCT"。这意味着什么?

案中,信用证的货描规定:

Goods Description
LC1:
CONTRACT NO. ABC123456
COMMODITY:LUMPY CHROMEORE OF[COUNTRY P]ORIGIN
PACKING:BULK IN CONTAINER
QUANTITY:1,000 MT(+/-10PCT ON SELLER'S OPTION)
SPECIFICATIONS (ON DRY BASIS)
CR2O3:38PCT BASIS,36PCT MIN REJECTION BELOW 36PCT
SIO2:14PCT MAX
AL2O3:18PCT MAX
P:0.007PCT MAX
S:0.03PCT MAX
MGO:21PCT MAX
CR:FE RATIO:2.3:1 MIN
SIZE:10MM-300MM 70PCT MIN BELOW 10MM 30PCT MAX
UNIT PRICE:USD565.00/DMT CIF[PORT X,COUNTRY C]ON BASIS OF CR2O3 38PCT WITH PREMIUM OF USD 14.87/DMT FOR EACH 1PCT UNIT OF CR2O3 ABOVE 38PCT AND BELOW 39PCT,AND PENALTY OF USD 14.87/DMT FOR EACH 1PCT UNIT OF CR2O3 BELOW 38PCT AND ABOVE 36PCT,FRACTIONS PRORATE MIN 36PCT.
THE ISSUING BANK HAS RIGHT TO REJECT THE DOCUMENTS IF THE CR2O3 AT THE LOADING/DISCHARGING PORT ANALYSIS IS BELOW 36PCT OR THE RATIO OF CR:FE IS BELOW 2.3:1.

点评:

信用证规定货物规格"38PCT BASIS,36PCT MIN REJECTION BELOW 36PCT",其中所涉及的"38PCT BASIS",只是用来计算罚款金额,并没有拒付的意义;所涉及的"36PCT MIN"、"REJECTION BELOW 36PCT",才用于判断不符点,支持拒付。

实务中,如果信用证货物规格的规定中仅仅使用"38PCT BASIS",而没有"36PCT MIN"、"REJECTION BELOW 36PCT",在判断不符点的意义上,其含义可能模糊不清。如果因此导致出乎申请人意料的结果,根据先期事项部分第V段的规定,申请人风险自负。

与此相似但实际不同的是以下两种情况：

第一种情况，信用证46场规定了提单显示货代——EMBASSY FREIGHT，并要求显示47场规定：In case B/L does not evidence name of forwarder as EMBASSY FREIGHT, a penalty fee of EUR 50 will be deducted from settlement. 显然，如果提交的提单没有显示货代名称——EMBASSY FREIGHT，则不是不符点。因为信用证并没有明确要求必须显示货代名称——EMBASSY FREIGHT。当然，如果不显示会被扣除相应的罚款。换言之，这种情况下，罚款的判断与不符点的判断、拒付的判断是分开的。

第二种情况，早期的不符点扣费条款也曾引发类似的争议，即，针对不符单据收取不符点费的行为是否意味着排除了开证行拒付的权利？当然是否定的。后来的此类条款大多打上了相应的补丁，"若交单不符，且被接受，仍将扣除不符点费"。实际上，这种情况下，不符点费扣款的判断与不符点的判断、拒付的判断仍是分开的。

第 Q9 段

收货人

Para Q9：

Consignee information, when shown, is not to conflict with the consignee information in the transport document. However, when a credit requires a transport document to be issued "to order", "to the order of shipper", "to order of issuing bank", "to order of nominated bank (or negotiating bank)" or "consigned to issuing bank", a certificate may show the consignee as any entity named in the credit except the beneficiary. When a credit has been transferred, the first beneficiary may be stated to be the consignee.

当证明显示收货人信息时，其不应与运输单据中收货人的信息相矛盾。但是当信用证要求运输单据收货人出具"凭指示"、"凭托运人指示"、"凭开证行指示"、"凭指定银行（或议付行）指示"或"收货人：开证行"时，该证明可以显示收货人为信用证中受益人以外的任何一个具名实体。当信用证已经转让时，该证明可以显示收货人为第一受益人。

第 Q10 段

发货人或出口方

Para Q10：

A certificate may indicate as the consignor or exporter an entity other than the beneficiary of the credit or the shipper as shown on any other stipulated document.

证明可以显示信用证受益人或其他规定单据上所显示的托运人以外的实体作为发货人或出口商。

第 Q11 段

发票号码及日期、运输路线

Para Q11:

A certificate may indicate a different invoice number, invoice date and shipment routing to that indicated on one or more other stipulated documents, provided the exporter or consignor shown on the certificate is not the beneficiary.

只要证明显示的出口商或发货人不是受益人,其就可以显示不同于其他一种或多种规定单据上注明的发票号码、发票日期和运输路线。

附录一：附文

【导读】

如前所述，ISBP不管是作为出版物，还是作为动态实务，关注的是不符点是否存在，而与不符点是否成立无关。

那么，如何辨析不符点存在与不符点成立之不同呢？这里附了三篇国内法院经典判例的点评文章：

——第一篇，《评日本松本光春不符点提法不足案》。

案中，开证行拒付所凭依的客观存在的不符点，由于提法不足，导致不符点不成立。最终法院判决拒付失效。

——第二篇，《评中国新时代不符点止付案》。

案中，开证行在拒付存在不符点的单据之前，收到止付令，结果只对外发送止付通知，但未对外发送拒付通知，从而也就没有提出不符点，相当于不符点不存在。而议付行事先实施了"凭担保"议付，由于不符点不存在，相当于无不符点议付，从而已获得善意第三人的地位。最终法院判决，撤销止付令。

——第三篇，《评青岛凯扬不符点付款案》。

案中，开证行在单据存在不符点情况下未向申请人提示不符点，申请人确认付款赎单，开证行对外付款。事后发现涉嫌欺诈。一审法院判决：开证行胜诉，其无义务向申请人提示不符点。二审法院判决：开证行败诉，其有义务向申请人提示不符点。最高院再审判决：开证行和申请人均有义务审单。造成本案损失的直接主要原因是受益人涉嫌欺诈，而信用证存在不符点仅仅是在付款过程中的一个拒付理由，不能从根本上阻止受益人实施欺诈。因此，开证行承担1/4责任，申请人承担3/4责任。

第一篇

评日本松本光春不符点提法不足案[①]

[信用证主要关系人]

申请人:绍兴市盛源纸业有限公司(以下简称"盛源纸业")
开证行及被告:交通银行股份有限公司绍兴分行(以下简称"交通银行绍兴分行")
受益人及原告:株式会社松本光春商店(以下简称"松本光春")
通知行、指定银行及寄单行:三菱东京 UFJ 银行

[案情简介]

一、信用证概况

2008 年 10 月 7 日,应申请人——盛源纸业的要求,开证行——交通银行绍兴分行开立不可撤销跟单信用证,适用 UCP600,受益人:松本光春,货物:日本废纸,信用证号码:LCB4100200800247,信用证金额:美元 210 000 元,增减幅度为 10%。

信用证规定的货物描述为:

日本废纸 OCC(№11)

备注:水分百分比不超过 12%

数量:1 000 吨

单价:USD210.00/吨

贸易条件:包括 D-THC 和 EBS CIF 中国宁波

金额:USD210 000.00

包装:标准出口包装

信用证要求的单据有:

1. 签署的商业发票 3 份正本;

2. 2/3 套清洁已装船正本提单,做成以信用证申请人为抬头,注明"运费预付",被通知方为申请人;

3. 保险单/证明,2 份;

4. 装箱单/重量单,3 份正本;

5. 受益人出具的质量/重量证明 3 份;

6. 受益人在装运后 2 个工作日内发给申请人的经核实的传真副本;

7. 受益人的证明,证实在装运后 2 个工作日内,1/3 套正本提单、1 份商业发票、1 份装箱单/重量备忘录、1 份保险单、1 份正本 JCIC 证明、1 份无木质包装材料的证明、1 份不低于 15 天免箱

[①] 原文发表于《中国外汇》2010 年 6 月下半月刊,作者林建煌。有改动。

期的证明已经直接寄送给申请人。

二、交单及拒付概况

2008年11月7日,受益人松本光春按照信用证要求向指定银行三菱东京UFJ银行交单,同一面函下两套单据,合计金额:美元213 910.20元。分别为:

第一套:发票号码SHENGYUAN080925-1及提单号码OOLU3040573 130下金额美元155 076.60元;

第二套:发票号码SHENGYUAN080925-2及提单号码HASLCCNCDB8A001下金额美元58 833.60元;

随后,指定银行三菱东京UFJ银行,将单据转递给开证行交通银行绍兴分行。

2008年11月12日,开证行交通银行绍兴分行拒付,理由为单据存在着两个不符点:

1. "Description of goods differs from that in the credit. 货物描述与信用证规定不同";

2. "Carrier's name on B/L not identified. 提单上没有注明承运人名称"。

之后,受益人松本光春多次通过寄单行三菱东京UFJ银行,向开证行交通银行绍兴分行交涉,无果,于2009年诉诸国内法院。

2011年2月绍兴中院一审判决:开证行拒付无效,日方胜诉。开证行没有上诉。

[问题]

双方争议的焦点是,开证行凭以拒付的两个不符点是否成立。具体而言,相应地需要分析并确认以下两个问题:

1. "Description of goods differs from that in the credit. 货物描述与信用证规定不同"。这一不符点是否描述到位呢?

2. "Carrier's name on B/L not identified. 提单上没有注明承运人名称"。提单上是否没有注明承运人名称呢?

之后,受益人日本B公司多次通过寄单行向开证行交涉,无果。

[原告专家意见书分析与结论]

一、关于问题1

"Description of goods differs from that in the credit. 货物描述与信用证规定不同"。这一不符点表述是否明确到位了呢?

回答:

1. 不符点表述是否明确到位,将最终决定不符点是否成立。

国际商会作为《跟单信用证统一惯例》的制定、维护的唯一机构和专业解释的权威机构,曾经在多个场合一再强调"不符点表述是否明确到位将最终决定不符点是否成立",其精神在包括UCP500和UCP600的多个版本中前后一致,没有变化。这一观点在国际商会第697号出版物中的R672(即TA605 rev)和R699(即TA607)号意见中再次强调。

其中,国际商会在R672号意见中提到了《跟单信用证统一惯例》国际商会第500号出版物下的一个例子,并在分析和结论中说:"UCP500第14条d款ii项要求,银行拒付通知中必须表明凭以拒付的所有不符点。一个银行拒付通知中以类似'提交的原产地证明书显示的内容,与其他单据不一致'的措辞描述不符点是不可接受的。因为,该措辞中既未说明'具体不一致之处',也未说明对应的'不一致之处的具体单据名称'。(The requirement under (UCP500) sub-article 14(d)(ii) is for a refusal notice to indicate all discrepancy(ies) for which the bank is refusing the presention. A notice describing discrepancies in a manner such as 'Certificate of origin Form A presented and shows content inconsistent with other documents' does not specifically indicate the context in which the documents are inconsistent, nor does it give the title of the other document(s) to which the inconsistency issue relates. It is not in a form that is acceptable in a refusal notice.)"

而国际商会在 R699 号意见中也提到了《跟单信用证统一惯例》国际商会第 600 号出版物下的另一个例子,并在分析和结论中说:"开证行在拒付通知书中提出的不符点'单据表面上与提交的其他单据不一致',不是一个有效的不符点,因为它没有明确说明单据的'具体不一致之处'。(The discrepancy, 'The documents which appear on their face to be inconsistent with one another were presented', cited by the issuing bank in its refusal notice, is not a valid discrepancy in that it does not specifically indicate the inconsistency(ies) for which the documents have been found discrepant.)"

2. 那么,对不符点的表述,怎样算是明确到位呢?

国际商会也多次强调,不符点的表述必须以是否能使受益人或交单人立即识别不符点,并判断能否更正不符点作为衡量标准。

在 DOCDEX(即跟单业务纠纷处理,类似于跟单信用证/托收下纠纷国际仲裁)的第 248 号意见中,开证行提出了一个不符点——"卖方放货授权书上的产品描述(即信用证实务中所说的"货物描述")与信用证和发票不同。(Product description on seller's authorization for release of product differ from L/C and invoice)"。针对此,国际商会分析说:

"这一不符点表明:(a)卖方放货授权书上的产品描述与信用证不符;(b)卖方放货授权书上的产品描述与发票不一致。(The cited discrepancy suggests (a) that the product description in the seller's authorization does not comply with the product description in the L/C and (b) that the product description in the seller's authorization is inconsistent with the product description in the commercial invoice.)"

"首先,信用证在 45 场的产品描述,包括了许多要素:品名(汽油)、数量(26,000 BBL +/- 10%(quantity)、贸易条件(CFR AYN[sic]port(s)in South Korea)。(First, the L/C product description as stated in field 45A, description of goods and or services, is composed of a number of elements indicating generic commodity (gas oil), quantity (26,000 BBL +/- 10% (quantity) and trade terms (CFR AYN[sic]port(s)in South Korea).)"

"考虑到产品描述中有这么多的复杂的组成要素,显然,以上不符点表述是不够完整和明确的。该拒付通知书的措辞中,没有进一步明确不符点,显然,未能满足《跟单信用证统一惯例》国际商会第 500 号出版物第 14 条 d 款 ii 项要求拒付通知书必须'表明所有不符点'的规定。支持这一规定的实务背景是什么? 或者说,判断的标准是什么呢? 一句话,让有权知道遭拒付原因的受益人或交单人,有能力识别,并改掉或修正被提出的不符点。案例中对不符点的表述过于笼统,且未说明支持拒付主张的'具体不同之处',而使用'不同'一词来描述不符点本来就模糊不清。从上下文来看,'不同'是指数据内容不对应,或者不一致,或者不一样,不得而知。(Given these various elements of product description, the discrepancy statement is not complete and precise. Without further specificity, the statement fails to satisfy the UCP500 sub-article 14(d)(ii) requirement to "state all discrepancies". The standard underlying this requirement is that the beneficiary/presenter is entitled to know the reason(s) for refusal in such a way that it may be able to identify and cure or correct the cited discrepancy. This statement alone is too general and does not cite the difference(s) which lead to this assertion. In this connection, use of the word "differ" to describe the discrepancy is itself ambiguous. In this context, is the claim that the data does not correspond, or that it is inconsistent, or that it is different, i. e. , not the same?)"

就该案例，国际商会最终决定：该不符点不成立。

显然，不管是这里的 DOCDEX No.248 中的不符点——"卖方放货授权书上的产品描述与信用证和发票不同（Product description on seller's authorization for release of product differ from L/C and invoice）"，还是前面 R672 所提到的不符点——"提交的原产地证明书显示的内容，与其他单据不一致"之未说明"具体不一致之处"和对应的"不一致之处的具体单据名称"，还是 R699 所提到的不符点——"单据表面上与提交的其他单据不一致"之未说明"具体不一致之处"，其实也未说明"具体单据名称"，它们都是因为无法使受益人或交单人立即识别不符点，并判断能否更正不符点，而被认定为不符点提法不足，不够明确到位，从而判定不符点无效。

3. 本案例中的不符点——"Description of goods differs from that in the credit.（货物描述与信用证规定不同）"。这一表述明确到位了吗？

显然没有，因为受益人无法据此立即识别不符点，从而尽快更正不符点。

首先，该案例中信用证规定的货物描述，与 DOCDEX No.248 意见中提到的信用证相比，包括了更多更复杂的要素：品名（Japanese waste paper OCC (No. 11)）、含水量（notice：Moisture percentage not more than 12 PCT）、数量（1000MTS）、单价（USD210.00/MT）、贸易条件（including D-THC and EBS CIF Ningbo, China）、包装条件（In standard export packing）。而在 DOCDEX No. 248 的货物描述相对简单的信用证下，开证行所提不符点——"卖方放货授权书上的产品描述，与信用证和发票不同"，已经被国际商会认定为不符点提法不足了呢。显然，复杂的货物描述下，是特别需要具体的不符点描述的，否则便更会影响受益人对不符点的识别和判断，从而便更有理由认定为不符点提法不足。

其次，值得特别注意的是，该案例中不符点的表述，与 DOCDEX No. 248 意见中的不符点描述——"卖方放货授权书上的产品描述，与信用证和发票不同"相比，由于没有具体到特定的单据，"未说明对应的'不一致之处的具体单据名称'"，便显得更笼统，更不完整，更不明确了，从而在另一个角度看，也更有理由认定不符点不成立。试问一下：到底是发票上的货物描述与信用证规定不同，还是装箱单/重量单上的货物描述与信用证规定不同？到底是提单上的货物描述与信用证规定不同，还是保单上的货物描述与信用证规定不同？到底是装船通知上的货物描述与信用证规定不同，还是质量证明/重量证明上的货物描述与信用证规定不同？更或是受益人证明上的货物描述与信用证规定不同？所有这些都需要一番漫长而复杂的审单和判断。

再次，退一步说，就当受益人根据开证行所提的这一既未明确，也未到位的不符点的暗示，费尽九牛二虎之力，经过了漫长而复杂的审单和判断，终于定位并找到了具体哪一个或哪几个单据上的货物描述与信用证规定不同，也不是这一不同都构成不符点，而绝大多情况下恰恰相反都不是不符点。

UCP600 Article 14(e)：

In documents other than the commercial invoice, the description of the goods, services or performance, if stated, may be in general terms not conflicting with their description in the credit.

品读 ISBP745

除商业发票外，其他单据中的货物、服务或履约行为的描述，如果有的话，可使用与信用证中的描述不矛盾的概括性用语。

比如：包括提单、保单在内的大多数单据的货物描述，根据 UCP600 第 14 条 e 款，本来就可以使用货物的概括性用语，无须使用货物全称；也可以描述得比信用证规定的更详尽，只要不矛盾即可。

还比如：即便是发票，国际商会多次说过，货物描述也可以比信用证规定的更详尽，只要不矛盾即可。

所有这些，也印证了上文提到的国际商会在 DOCDEX No. 248 意见中观点的精辟和深刻："而使用'不同'一词来描述不符点本来就模糊不清。从上下文来看，'不同'到底是指数据内容不对应，或者不一致，还是不一样？不得而知。(In this connection, use of the word "differ" to describe the discrepancy is itself ambiguous. In this context, is the claim that the data does not correspond, or that it is inconsistent, or that it is different, i. e., not the same?)"

4. 总而言之，从上面三点的递进分析来看，问题 1 中的不符点不成立。

该不符点的提法，是既不明确，也不到位，谈不上受益人据以立即准确识别不符点，更谈不上尽快更正不符点了，它未能满足《跟单信用证统一惯例》国际商会第 600 号出版物第 16 条 c 款 ii 项要求拒付通知书必须"表明每一个凭以拒付的不符点"的规定。

二、关于问题 2

"Carrier's name on B/L not identified. 提单上没有注明承运人名称"。提单上是否没有注明承运人名称呢？

回答：

1. 经核实，第一套单据下提单（号码：OOLU3040573130）签署栏中显示"ORIENT OVERSEAS CONTAINER LINES LIMITED, AS CARRIER"，这已经清楚地表明了承运人名称和身份。不符点不存在。

2. 经核实，第二套单据下提单（号码：HASLCCNCDB8A001）签署栏中文字呈现以三个层次先后完成：

（1）预先印就文字：

signature

Heung-A Shipping Co., Ltd.

By(空格)

As Carrier

显然，这已经清楚地表明了承运人名称和身份。

（2）打印机打上的文字：

AS THE CARRIER.

这只是在强调第一个层次中的 Heung-A Shipping Co., Ltd. 是承运人。

（3）印戳上的文字及手签：

NIPPON EXPRESS CO., LTD. TOKUSHIMA BRANCH, AS AGENT

这已经清楚地表明，NIPPON EXPRESS CO., LTD. TOKUSHIMA BRANCH 以代理人身份在签署，代理谁呢？代理指向的是预先印就文字中清楚表明，并由打印机打上的文字加以强调的承运人 Heung-A Shipping Co., Ltd.

整体看过去,此份提单签署栏的布局和文字呈现先后层次已经清楚地表明了 Heung-A Shipping Co.,Ltd. 是承运人。不符点也不存在。

3. 请注意:本案例涉及的交单,是属于同一面函下两套独立的单据,理应分开审核,分开描述不符点,分开拒付。遗憾的是,开证行又一次犯了不符点提法不足的错误。退一步来看,即便问题 2 中的不符点在某一套单据中确实存在,由于两套单据下提单显示承运人名称和身份的文字呈现方式略有不同,开证行的拒付通知中也必须有针对性地表述不符点,才算满足不符点表述明确到位。

国际商会在 R670 中说:"当多套单据在同一个面函下提交时,开证行和保兑行只能针对存在不符点的单据提出不符点,从而凭以拒付。……但是,这并不否定开证行和保兑行对相符交单部分的承付责任。(Where more than one complete presentation of documents is made under one cover letter or schedule for the full amount of the presentations, the presenter should be advised of the discrepancies in respect of the presentation(s) that do not comply. … This does not negate the issuing or confirming bank's obligation to honour the presentation(s) of documents that do comply.)"

简言之,此时,银行必须将一个面函下的多套单据,区别对待。其中的不符点单据,银行予以拒付并通知不符点;而相符交单的部分,银行将要求并在交单人确认同意单独处理后,相应地有责任予以承付。

为什么呢?

国际商会继续说:"每一套单据之间相互独立的特性,早在 R473 中就曾经强调过——'信用证下的每一次付款行为相互独立'。(The independent nature of each complete presentation of documents has been covered by ICC in Opinion R473 which included the following statement in the conclusion thereto 'Each drawing under a credit is considered to be independent of any other'.)"

4. 总之,问题 2 中的不符点不成立,不仅该不符点事实上不存在,而且不符点提法也未满足国际商会《跟单信用证统一惯例》第 600 号出版物第 16 条 c 款 ii 项"明确到位"的要求。

三、本案例的总体结论:两个不符点均不成立。

[被告专家意见书分析与结论]

Ⅳ. 意见说明

1. 发票中货物的描述与信用证中货物的描述不一致

(14)我的专业意见是,根据信用证的条款、UCP600 以及 ISBP,原告所提交的发票对货物的描述的确存在不符点。虽然被告在其拒付通知书所提出的理由并不够具体,但并不表示不符点不存在。

(15)被告所出具并受 UCP600 所约束的信用证,在其中 45A "DESCRIPTION OF GOODS &/OR SERVICES"(货物和/或服务描述)一栏如此规定:

"JAPANESE WASTE PAPER OCC (NO. 11)

NOTICE: MOISTURE PERCENTAGE NOT MORE THAN 12 PCT

QUANTITY:1000MT

UNIT PRICE:USD210.00/MT

INCLUDING D-THC AND EBS CIFNINGBO,CHINA
PACKING IN STANDARD EXPORT PACKING"

(16)信用证第 45A 一栏是对货物、服务或履约行为的描述。

(17)UCP600 第 14(e)条注明:"除商业发票外,其他单据中的货物、服务或履约行为的描述,如果有的话,可使用与信用证中的描述不矛盾的概括性用语。"

这里很清楚地强调信用证所要求提交的发票,对货物的描述不能使用概括性的用语。这一点,在 UCP600 第 18(c)条清楚地说明。

UCP600 第 18(c)条注明:

"商业发票上的货物、服务或履约行为的描述应该与信用证中的描述一致。"

ISBP 第 58 段也有类似的说明:

"发票中的货物、服务或履约行为的描述必须与信用证中的一致,但并不要求如镜像般一致。例如,货物细节可以在发票中若干处显示,合并一起时与信用证中的一致即可。"

(18)既然"NOTICE:MOISTURE PERCENTAGE NOT MORE THAN 12 PCT(注意:湿度百分比不超过 12%)"是信用证中货物描述的一部分,则发票必须显示信用证中货物描述的这一部分,即"MOISTURE PERCENTAGE NOT MORE THAN 12 PCT"。这里并不要求发票中货物的描述和信用证中货物的描述如镜像般一致,货物的细节可以在发票的若干处显示,但合并一起时仍然必须与信用证中的货物描述一致。

其他的单据,对货物的描述可以使用概括性的用语。但发票就不可以。

原告所提交的发票,对货物的描述没有注明信用证中货物描述的一部分,即"MOISTURE PERCENTAGE NOT MORE THAN 12 PCT"。这构成发票中的货物描述与信用证中的货物描述不一致。

(19)UCP600 第 16(c)条说明:

"当按照指定行事的指定银行,保兑行(如有的话)或开证行决定拒绝承付或议付时,必须给予交单人一份单独的拒付通知。

该通知必须声明:

ⅰ.银行拒绝承付或议付;及

ⅱ.银行拒绝承付或议付所依据的每一个不符点;及

ⅲ.

a)银行留存单据听候交单人进一步指示;或者

b)开证行留存单据直到其从申请人处接到放弃不符点的通知并同意接受该放弃,或者其同意接受对不符点的放弃之前从交单人处收到其进一步指示;或者

c)银行将退回单据;或者

d)银行将按照之前从交单人处获得的指示处理。"

在此,第 16(c)(ⅱ)条所规定的就是银行在拒绝承付或议付时,在其拒付通知书里必须注明其拒绝承付或者议付所依据的每一个不符点。拒付通知书所声明的不符点清单必须是完整的,且据以认定的不符点必须是具体的。如信用证要求提交空运单,而受益人提交的是海运单据,具体的不符点就是"空运单据没有提交"或者"提交的是海运单据而非信用证所规定的空运单据"。如果拒付通知书只是声明不符点为"提交海运单据",就不够具体。且海运单据并非信用证所要求的单据,银行应不予理会。如果拒付通知书没有说明具体的不符点,则不被接受为有效的通知。

在《UCP600 评论》，《即国际商会出版物编号 680》一书中，身为起草人之一，我们很清楚地在评论第 16 条时指出，"(c)款(ⅱ)规定，通知必须还要表明据以拒付的每一个不符点。需要注意的是，该款表述为'每一个不符点'。如果发现不止一个不符点，却仅列出一个不符点或部分不符点是不够的。列出的不符点必须完整，被视为不符点的原因必须具体。诸如'发票与信用证不符'或'单据之间内容矛盾'等不符点都将不被视为拒付的具体原因。"

类似的意见，国际商会在其出版的《2005—2008 意见总汇》(国际商会出版物 697 号)内容编号 R672(TA605 rev)的意见也清楚地如是表述。[可参阅其中文译本(由中国国际商会/国际商会中国国家委员会组织翻译，中国民主法制出版社出版)]。在其结论内容就提到开证行拒付通知提出的两个不符点，即(1)所提交的普惠制产地证书内容与其他单据不一致；(2)单据间显示的毛重不一致。在其结论中，认为不符点(1)没有具体表明单据间的哪些内容不一致，所以该拒付通知的形式不可接受。但不符点(2)的表述是足够具体的，即表明了毛重在单据之间是不同的，拒付通知这样的措辞是可以接受的。

(20)在被告的拒付通知书中，被告拒付的理由之一是"DESCRIPTION OF GOODS DIFFER FROM THAT IN THE CREDIT(货物的描述与信用证的不符)"。虽然没有指出是哪一份单据中的货物描述与信用证的不符，但很明显的其是指原告所提交的单据。该拒付通知表明了单据内容的货物描述与信用证内容的货物描述不一样。而发票是其中的一份单据。

(21)在前面第 18 段我已提到，其他的单据对货物的描述可以使用概括性的用语，如提单、保险单、包装单和检验证书等，没有注明"MOISTURE PERCENTAGE NOT MORE THAN 12 PCT"并不构成不符点。但发票中货物的描述就不可以使用概括性的用语，它必须在货物描述的内容中表明"MOISTURE PERCENTAGE NOT MORE THAN 12 PCT"。因为这是信用证内容货物描述的一部分。

(22)我的意见是原告通过交单行所提交的发票，其货物的描述与信用证的不一致，因此不符合信用证条款、UCP600 的相关适用条文以及 ISBP 的规定，构成不符点。

2. 提单没有标明承运人的名称

(23)我的专业意见是，根据信用证的条款、UCP600 以及信用证交易的 ISBP，原告所提交的 HASLCCNCDB8A001 号提单，并没有清楚地表明承运人身份。这构成原告所提交的 HASLCCNCDB8A001 号提单不符合 UCP600 第 20(a)(ⅰ)的规定。

(24)UCP600 第 20(a)(ⅰ)说明：

"a. 提单，无论名称如何，必须看似：

ⅰ. 表明承运人名称，并由下列人员签署：

承运人或其具名代理人，或者

船长或其具名代理人。

承运人、船长或代理人的任何签字必须表明其承运人、船长或代理人的身份。

代理人的任何签字必须标明其系代表承运人还是船长签字。

原告所提交的 HASLCCNCDB8A001 号提单，使用的是抬头"HUANG-A SHIPPING CO.，LTD."的提单，签字的一方是"NIPPON EXPRESS CO.，LTD. TOKUSHIMA BRANCH，AS AGENT，AS THE CARRIER"。在签字一栏中虽已印好"Huang-A Shipping Co.，Ltd.，as carrier"的字样，但签字一方却为"NIPPON EXPRESS CO.，LTD. TOKUSHIMA BRANCH，AS AGENT，AS THE CARRIER"。到底承运人是"HUANG-A SHIPPING

CO.,LTD."还是"NIPPON EXPRESS CO.,LTD. TOKUSHIMA BRANCH"？而"NIPPON EXPRESS CO.,LTD. TOKUSHIMA BRANCH"是代理人还是承运人？其身份不清楚。即使"NIPPON EXPRESS CO.,LTD. TOKUSHIMA BRANCH"是代理人身份，它的签字并没有标明其系代表承运人还是船长签字。

(25)基于上述24段所述的理由，我的专业意见是，由于原告所提交的HASLCCNC-DB8A001号提单，没有清楚地标明签字人的身份，因此不符合UCP600第20(a)(ⅰ)的规定，不符点成立。

Ⅴ. 结论

(26)经过我慎重的分析和考虑，我的意见是被告所指出的不符点，虽不很具体，但并不含糊。原告已收到被告所发出的拒付通知，不可能不明白被告所拒付的理由。

[原告专家意见书分析与结论，补充]

这里主要针对被告专家意见中有关第一个不符点进行分析，涉及内容包括对方意见的第Ⅳ(1)部分意见说明(第14～22段)和第Ⅴ部分结论(第26段)。具体如下：

1. 对方专家意见、我方专家意见，都认同国际商会出版物第680号出版物中的意见，都认为："拒付通知书所据以认定的不符点必须是具体的"，"如果拒付通知书没有说明具体的不符点，则不被接受为有效的通知。"(第19段第2小段)换句话说，即便不符点客观存在，只要拒付通知书不符点没有描述到位，即描述不具体，则仍不被视为有效的拒付通知。

2. 对方专家意见中说，"我的意见是原告通过交单行所提交的发票，其货物的描述与信用证的不一致，因此不符合信用证条款、UCP600的相关适用条文以及ISBP的规定，构成不符点。"(第22段)我方专家意见认同这一看法。请注意，这只是表明我方专家和对方专家均确认不符点的客观存在，但是并没有涉及拒付通知书对不符点如何描述。

3. 对方专家意见中又说，"经过我慎重的分析和考虑，我的意见是被告所指出的不符点，是不很具体，但并不含糊。"对方专家接着说，原因为"原告已收到被告所发出的拒付通知，不可能不明白被告所拒付的理由。"(第26段)废话少说，在这里对方专家意见才真正涉及拒付通知书中"不符点描述"是否到位的关键问题。这一结论，我方并不认同。详细分解评析如下：

(1)对方专家意见中的论证逻辑链条是，因为原告对拒付理由"不可能不明白"，所以被告所提不符点"并不含糊"。我方专家琢磨半天，没有搞明白这是什么推理。想了半天，这一句话与另一句话非常相似——因为"并不含糊"，所以"不可能不明白"。显然，这是形式逻辑里的"循环论证"！按照逻辑学的常识，"循环论证"到底论证了什么？其实，什么都没有论证！不知道，这是否也算分析和考虑之"慎重"？（这一句可以口头说与法官听，不要写在书面资料中。）

(2)即便如此，对方专家意见里单方面地认为"不可能不明白"，也是一种主观的臆测。须知道，"明白不明白"，是原告公司的工作人员意识里对于拒付通知书中基于"非银行专业人员"的一种"主观"判断，对方专家怎么会凭空妄加猜测和断言呢？（这一句，如果写，好处在于，法官可以马上向原告求证。法官如果往深里想，到底怎样算"明白不明白"，就会引导到我方专家意见书里引用国际商会意见所表明的"相对标准"。）

(3)即便如此，我方专家意见想强调的是，原告"根本就不明白"是事实。而这个事实确是由于被告拒付通知书中把不符点描述为——"货物的描述与信用证的不符"所致。原告怎么会一眼就知道该"货物的描述"是对应于发票呢？这涉及一个问题：即发票以外的其他单据，有没有可能也存在"货物的描述与信用证的不符"呢？比如：

①提单把废纸"OCC"打成了 CCC，或 OOO，或 OOCC；

②提单把废纸型号由"NO.11"，打成了 NO.10，或 NO.12，或 NO.110，或 111；

③检验证把废纸规格由"质量：水分不大于 12%"，打成"质量：水分大于 12%"，或"质量：水分小于 12%"，或"质量：水分不大于 13%"等等。

既然如此，怎么会让"非银行专业人员"的原告一下子就明白"货物的描述与信用证的不符"便是指发票的货物描述呢？既然如此，对方的专家意见怎么会一味猜测原告在接到拒付通知书之时"不会不明白"呢？其实，就算是"银行专业人员"，都不会有此"一下子就明白"的本事。

[绍兴中院判决书[①]意见]

本案的主要争议焦点在于被告所提出的 DESCRIPTION OF GOODS DIFFERS FROM THAT IN THE CREDIT(货物描述与信用证不符)和 CARRIER'S NAME ON B/L NOT IDENTIFIED(提单上承运人的名称无法识别)两个不符点是否成立，对此评析如下：

第一，"DESCRIPTION OF GOODS DIFFERS FROM THAT IN THE CREDIT(货物描述与信用证不符)"的不符点不能成立，理由如下：(1)该不符点的描述不具体，不符合 UCP600 的要求。UCP600 第 16 条(c)(ⅱ)规定，按照指定行事的指定银行、保兑行或者开证行决定拒绝承兑或议付时，必须给予交单人一份单独的拒付通知，该通知必须声明银行拒绝承付或议付所依据的每一个不符点。该款表述为"每一个不符点"，从该表述来看，银行列出的不符点的原因必须具体，之所以要求不符点的表述必须具体是因为一个笼统的不符点可能会涵盖多个不符点，比如使用"单据与信用证条款不一致"、"单据之间不一致"等不符点表述方式几乎可以涵盖所有的不符点，但该笼统的表达方式会导致银行的随意拒付，且受益人无法修改单据，最终破坏信用证交易制度。本案被告作为开证行，提出"DESCRIPTION OF GOODS DIFFERS FROM THAT IN THE CREDIT(货物描述与信用证不符)"的不符点，该不符点不具体处表现在：

1.被告并未指出哪一份单据的货物描述与信用证不符，原告通过通知行向被告提交的单据中有 14 种涉及货物描述，对货物描述的记载亦不相同，信用证中关于货物描述的记载有 7 项，在 14 种有货物描述的单据中，没有一份完整记载了该 7 项内容，故原告无法识别哪份或哪些单据是原告所提不符点中所涉及的单据，无法识别不符点所提及的单据，原告也就不可能改掉或修正被提出的不符点。被告提出不符点中涉及的单据应当是发票，理由是发票对货物描述的要求更高。UCP600 第 14(e)款规定，除商业发票外，其他单据中的货物描述，如果有的话，可使用与信用证描述不矛盾的概括性用语。第 18 条(c)规定，商业发票上的货物、服务或履约行为的描述应该与信用证中的描述一致，根据上述规定，商业发票的审单标准更加严格，其他单据相对宽松，但并不能说明其他单据不需要审核。如果其他单据使用的非概括性用语或数据内容与信用证规定的不符，银行同样可以以此为由提出不符点，该类不符点在实践中也可能是成立的，所以被告认为其所提不符点中未明确的单据就是商业发票的意见不能成立。(2)被告并未指出哪一项货物描述与信用证规定不符。本案信用证中关于货物描述的有 7 项，涉及品名、备注、数量、单价、贸易条件、金额、包装，该 7 项内容在 14 份涉及货物描述的单据中

---

① 日本株式会社松本光春商店诉交通银行绍兴分行案判决书，(2009)浙绍商外初字第 00025 号。

均有部分记载,而由于本案属于分批装运,比如数量等要素要审查两份以上单据才能得出结论,被告对货物描述指向不具体,造成原告无法识别不符点并修改单据。(3)被告未明确"differ"的含义。"differ(不同、不符、有区别)"一词外延很难确定,是单据记载事项与信用证相矛盾还是单据记载使用的用语或数据与信用证不一致,抑或是单据漏记相关事项呢?如果将其理解为"单据记载事项与信用证相矛盾",即使被告明确不符的单据为商业发票,但因商业发票在货物描述时并未使用与信用证相矛盾的用语或数据,被告所提的该不符点也不能成立。总之,被告的该种措辞方式增加了原告识别不符点的难度。

2. 被告在庭审中对不符点的具体化解释不能成为法院判断其不符点成立的理由。被告在庭审过程中明确 DESCRIPTION OF GOODS DIFFERS FROM THAT IN THE CREDIT(货物描述与信用证不符)是指"发票中没有显示'湿度百分比不超过 20%'的信用证货物描述部分",但因其在拒付通知中未予明确,即使其庭审中提出的不符点能够成立,但其之前的拒付并不能构成有效拒付,因为被告剥夺了原告方根据被告所提不符点修改单据使之与信用证规定相符的权利。

第二,"CARRIER'S NAME ON B/L NOT IDENTIFIED(提单上承运人的名称无法识别)"的不符点不成立,理由如下:(1)该不符点的描述不具体。在分析第一个不符点中,已经阐述了不符点描述的具体化要求,本案有两份提单,被告在庭审中明确 OOLU3040573130 号提单不存在不符点,拒付通知中的提单指 HASLCCNCDB8A001 号提单,但其在拒付通知中并未将提单具体化。(2)关于提单,UCP600 第 20 条第 a 款(ⅰ)规定:"提单,无论名称如何,必须看似:表明承运人名称,并由下列人员签署:承运人或其具名代理人,或者船长或其具名代理人。船长或其代理人的任何签字都必须表明其系代表承运人还是船长签字。"根据上述规定,OOLU3040573130 号提单签署栏中显示"OOCL (JAPAN) LTD AS AGENT FOR ORIENT OVERSEAS CONTAINER LINES LIMITED, AS CARRIER",表明承运人为"ORIENT OVERSEAS CONTAINER LINES LIMITED",承运人的代理人为"OOCL (JAPAN) LTD"。被告也认同该份提单的承运人识别方面不存在问题。HASLCCNCDB8A001 号提单为格式提单,绿色字体明显为预先印制的字体,该右下角绿色字体显示"Signature Heung-A Shipping Co., Ltd. By(空格)as Carrier",该文字表明"Heung-A Shipping Co., Ltd."是承运人。在绿色字体"by"后的空白处有黑色较大字体"NIPPON EXPRESS CO., LTD. TOKUSHIMA BRANCH AS AGENT",该黑色较大字体紧密相连,构成一个整体,且与周围字体明显相区别,表明 NIPPON EXPRESS CO., LTD. TOKUSHIMA BRANCH 的代理人身份,提单上只出现 Heung-A Shipping Co., Ltd. 作为承运人的描述,故 NIPPON EXPRESS CO., LTD. TOKUSHIMA BRANCH 应为承运人 Heung-A Shipping Co., Ltd. 的代理人。至于"NIPPON EXPRESS CO., LTD. TOKUSHIMA BRANCH AS AGENT"下方的较小黑色打印字体"AS THE CARRIER(作为承运人)",与其他黑色打印字体相同,明显有别于代理人打印的字体,并不会混淆承运人代理人 NIPPON EXPRESS CO., LTD. TOKUSHIMA BRANCH 的身份。因此,被告提出的第二个不符点也不能成立。

综上,被告在拒付通知所提出的两个不符点均不能成立。

[案例启示]

此案已于 2011 年 2 月份由绍兴中院判决,日方企业胜诉。判决书的内容几乎与日方企业的专家意见书内容一样。开证行绍兴交行放弃上诉,目前已经结案。

此案的判决开了国内信用证下不符点提法不足，导致拒付失效的先例，教训无疑是深刻的，前车之鉴，值得业内实务操作人员深思。信用证下审单需要积累，更需要常识。积累来源于长期的历练和用心的思索，常识则在于潜移默化中的熏陶。

首先是第二个不符点判断会稍微复杂，需要在专业知识上，也需要在长期、系统、有效的经验积累下练就一双火眼金睛，并经过一系列理性的判断得出结论。第一个不符点则简单多了。第一个不符点无疑是存在的。银行拒付的提法需明确、充足、到位，是个业内人所共知的常识，但是，稍有不慎则可能导致不成立，从而事与愿违。

其次是2/3提单的风险。案中，开证行的拒付，实出于无奈。在申请人已经无力付款下，如不拒付则将造成被动垫款。有心的朋友可能会问：垫款就垫了吧，不是还可以通过变卖货物抵偿吗？请注意，本案中的正本提单是2/3提单。那么，另外的1/3提单去哪了？由受益人直寄申请人，申请人拿去提货了。显然，这意味着很大的风险。如果案中使用全套正本提单，那么，情况可能完全不同。不管对于可能被迫垫款的开证行，还是对于最终被拒付的受益人，全套提单都是一道防患未然、规避风险的有效屏障。

第二篇

评中国新时代不符点止付案[①]

信用证下单据不符点"存在"与"成立"一样吗？信用证下单据，可以"神秘"地从交单人处收到吗？前者涉及信用证下申请人和不同银行的审单责任，后者涉及信用证下交单人的交单责任和银行的确认接收交单责任。二者不仅将影响信用证结算，还将影响信用证融资。

这里对2008年的中国新时代案进行点评，同时试着回答上述两个问题。

案情简介

案中，中银香港应中国新时代公司（China New Era International Ltd.）的需求，对外开立一份商业信用证，金额USD1 547 840，适用UCP600，要求单据包括一份货物收据，并规定交单时货物收据由申请人直寄指定议付行。该货物收据由申请人签字并盖章（证正文中），其签字和盖章须与所附样本一样（通知指示中，申请人盖章为繁体中文）。

之后，受益人交单，同一套单据三次提交指定议付行。具体情况如下：

第一次提交：货物收据由申请人直寄指定议付行，但因显示货描为"STN"而不是规定的"TFT"，被指定议付行退回修改。

第二次提交：替换原货物收据，货物收据显示货描仍不符，指定议付行凭担保予以"议付"，同时货物收据被退回修改。

第三次提交：替换原货物收据，货物收据由指定议付行"神秘"地从申请人处收到，与前2次不同，寄单的DHL快递收据上无申请人账号。货物收据上的申请人盖章为"简体中文"，而不是信用证通知所附样本中的"繁体中文"。

[①] 原文发表于《中国外汇》2012年10月下半月刊，林建煌。有改动。

指定议付行照转递单据给开证行后,开证行未拒付,但收到法院止付令,并相应通知止付,理由为受益人涉嫌欺诈,"货物收据伪造"。

于是,本案的焦点转化为确认:欺诈下,指定议付行是否善意议付了受益人交单?

香港高等法院原审法庭在[2009]HCA1290/[2009]HCCL24号判决书中判决认为:指定议付行没有议付,永久止付,开证行没有义务偿付指定议付行。因为单据经三次提交完整,但一直有不符点,根据UCP600第2条"议付"的定义,指定议付行不可能议付。

香港高等法院上诉法庭在[2010]CACV 8号判决书中判决认为:指定议付行"确实"议付了,收回止付令,开证行必须偿付指定议付行。因为单据虽然一直有不符点,但开证行并没有拒付过,即便单据存在不符点,根据UCP600第16条f款,5个工作日未拒付,开证行也无权宣称交单不符。

那么,指定议付行到底"议付"了吗?指定议付行的议付算"善意"议付吗?

指定议付行"议付"了吗?

的确,指定议付行在受益人换单后的第二次提交时叙做了融资。该融资是否构成议付,则需要一番判断。

这得从议付的定义说起。什么是议付?国际商会在UCP600第2条中定义道:"议付,指指定银行在相符交单下,在其应获偿付的银行工作日当天或之前向受益人预付或者同意预付款项,从而购买汇票(其付款人为指定银行以外的其他银行)及/或单据的行为。"

就本案而言,指定银行议付与否涉及两点:一为相符交单,二为付出对价。控辩双方的分歧在于,指定议付行叙做融资付出对价之时,交单是否相符。

原审判决认为受益人单据在提交过程中一直存在不符点:

第一次提交单据:单据有不符点,货物收据货描不符,指定议付行未议付,等待换单;

第二次提交单据:单据有不符点,货物收据货描不符,指定议付行凭担保"议付"后等待换单;

第三次提交单据:单据有不符点,货物收据申请人盖章与信用证所附印鉴不符,指定议付行照转开证行。

上诉判决认为,受益人单据虽然一直存在不符点,但由于开证行收到止付令后只是通知被止付而没有拒付,所以,"视同"不符点不存在。

无疑地,两审判决结论南辕北辙。让人好奇的是,两审判决的推理矛盾吗?我们认为没有。与其说"视同"不符点不存在,不如说不符点不成立。因为不符点的存在与不符点的成立,绝不相同。前者是客观的存在,不以受益人和指定议付行意志为转移,也不以申请人和开证行的意见为转移,其认定的标准便是国际标准银行实务。后者是主观的决定,不仅与关系人是否发现不符点有关,也与关系人决定是否拒付有关,还与关系人如何表达拒付有关。比如:如果审单过程中没有发现不符点,就无法拒付;如果发现了不符点,但拒付电中对不符点的表述不够明确,不够到位便属提法不足,或者拒付电中未表明"拒付"字样,未表明拒付之后的单据处置方式,表明了退单未及时退单等,都将导致拒付失败。那么,根据UCP600第16条f款的规定——"如果开证行或保兑行未能按照本条行事,将无权宣称交单不符。""无权宣称交单不符",只是意味着不符点存在但不成立,没有发现便"视同"不存在。不符点不成立和"视同"不存在,但终归无法否定不符点的客观存在。

显然,本案的原审判决立足于不符点存在与否,认为受益人提交单据上的不符点一直存在,所以,指定议付行不可能议付。而上诉判决则立足于不符点成立与否,认为受益人提交单据未被开证行拒付过,不符点不成立,所以,指定议付行"确实"议付了。

换言之,实务中"相符交单"有两个层面的意义,一是不符点存在与否,二是不符点成立与否。信用证审单只针对前者,比如 ISBP 下的不符点认定,而信用证运作则针对后者,比如议付,比如银行拒付,比如申请人赎单等。遗憾的是,业内人员常常混为一谈。

指定议付行的议付算"善意"吗?

如前所述,在不符点成立与否的意义上看相符交单,案中指定银行确实是议付了。然而,议付并不必然意味着"善意"。我们知道,指定银行只有"善意"议付了,才会获得法律的豁免,享受"'善意'前提下,欺诈例外的'例外'"原则的保护。

那么,什么是善意议付呢?善意的另一个说法是诚信,善意和诚信的对称是欺诈。国际商会在 R370/R373 中说过:"善意议付包括四个要素——不知情、未参与、尽了合理谨慎之责、且已付出合理对价。"

就本案而言,指定议付行在受益人第二次交单时凭担保议付之时,已经满足了"已付出合理对价"这一点,控辩双方也未纠缠于是否"不知情"和"未参与"这两点。

剩下我们需要回答,指定议付行议付时是否"尽了合理谨慎之责"呢?如果愿意,其实很容易就发现,指定议付行的议付并不够"合理谨慎",甚至说有重大过失也并不过分。请特别注意一下本案交单的特殊之处。案中的货物收据,信用证规定好了交单之时由申请人直寄指定议付行,而实际上在第三次提交的单据中,指定议付行是"神秘"地从申请人处收到了货物收据。与前两次不同,指定议付行收到货物收据之时寄单的 DHL 快递收据上并没有申请人账号。换言之,指定议付行作为收单行来说,无法确认第三次提交的货物收据,就是从申请人处收到,或者说,无法确认货物收据就是申请人出具的。而如今的止付正是基于申请人所主张的第三次提交的货物收据系伪造,涉嫌欺诈。

这意味着什么呢?指定银行的收单起码是不够谨慎的,从而也说明了指定议付行的议付是不够谨慎的,相应地,也就谈不上"尽了合理谨慎之责",也就谈不上"善意"。因为对于任何一家银行的收单而言,确认交单人身份的表面真实性,是默认的,也是应尽的责任。

遗憾的是,法庭审理过程不管是控辩双方,还是律师和法官,并未展开辩论。

与此类似,一家银行收到电文,也有责任去确认电文来源的表面真实性。比如:信用证下的通知行,根据 UCP600 第 9 条 b 款的规定——"通知行通知信用证或修改的行为表示其已确信信用证或修改的表面真实性,而且其通知准确地反映了其收到的信用证或修改的条款。"换言之,如果一家银行通知了一个没有确认其表面真实性的信用证,事后受益人执行了该信用证而导致货款两空,那么,通知行对此有着不可推卸的赔付责任。

在这个意义上,我们发觉,信用证在 UCP 框架内的运作,虽然 UCP600 本身并没有明文规定当事人必须"诚信"和"善意"作为,不得欺诈,但随时随地首先受商法的第一法则——"诚信"原则的约束。

在这个意义上,我们发觉,信用证在法律框架内的运作,无时无刻,无一例外地遵循着以下三个原则:

——"诚信"前提下,独立抽象性原则;

——"欺诈"前提下,欺诈例外原则;

——"善意"前提下,欺诈例外的"例外"原则。

品读 ISBP745

启示

UCP 没有说的并不等于不需要，比如"诚信"和"善意"，比如"合理谨慎"。不符点存在并不等于不符点成立，比如申请人印章与信用证所附印鉴不符，但开证行没有拒付。

第三篇

评青岛凯扬不符点付款案[①]

信用证，归根结底，是一纸开证行凭单付款的承诺。开证行付款的依据是相符交单，这基于对交单的审核，以确认所交单据是否符合银行事先在信用证中承诺的内容。

实务中，对于进口到单的审核，每个国家和地区不尽相同。据不完全了解，从大中华地区来看，存在着三种不同的操作模式：中国香港的银行，每单必审；中国台湾的银行，几乎每单都不审，只要申请人愿意赎单就直接放单，只有在申请人想拒付或申请人资信恶化的情况下才会真正审核；中国内地的银行，介于香港与台湾之间，只审其大体，只有在申请人想拒付的情况下才会细审。近年来，中国内地这种经久不变的惯常做法，遭受一起案件法庭判决的挑战。

一石激起滔天波澜。我们来看一下，2004 年青岛凯扬进出口集团公司诉华夏银行青岛分行开立信用证合同赔偿损失纠纷案复杂而有趣的审理过程。

案情始末

本案中，应青岛凯扬公司的申请，2004 年华夏银行青岛分行对外开立信用证，从韩国进口冻鳕鱼，金额超过 47 万美元。开证行收到受益人交单后向申请人发送信用证进口到单通知书。申请人收到进口到单通知书后，签收整套单据并在所附付款委托书中确认："兹收到贵行寄来的信用证单据一套，我公司已审核完毕各项单据，请贵行按下列标有'√'的内容办理：'√'我公司同意付款。"申请人同时向开证行申请办理了进口押汇。开证行按要求办理对外付款。

事后，进口商声称一直未收到货物，一纸诉状将开证行告上法庭，认为单据本身明明有不符点，开证行在进口到单通知书中却"未提示不符点"，要求赔偿损失。

法院查明单据确实存在不符点。于是，双方争执的焦点集中在：开证行未提示不符点经申请人同意后对外付款，是否存在过错，并是否需要因此为申请人的损失承担责任？

申请人认为，在受益人提交单据与信用证条款存在严重不符点的情况下，开证行进行了付款，自身也向开证行支付了信用证款项，但最终没有收到信用证项下货物，遭受了严重损失。

青岛中院一审判决，开证行胜诉。理由：开证行是否应当承担赔偿责任，应当以信用证开证合同为依据。根据最新的最高法司法解释第七条第一款、第二款的规定，独立审单是开证行的权利，也是开证行的义务。但是，在开证行审单过程中，是否联系申请人参与审单，开证行是否根据申请人的决定做出接受或拒绝接受单据的决定，可以由开证行和申请人协商做出约定。

[①] 原文发表于《中国外汇》2011 年 3 月下半月刊，林建煌。有改动。

本案中,根据双方当事人签订的信用证开证合同中有关约定,申请人是参与审单的,且申请人也的确收到了开证行的《信用证单据通知书》并审核了单据⋯⋯实际上,申请人在审单完毕后向被告出具了同意付款的委托书,按照信用证开证合同中有关"甲方如因单证不符之外而拟请求乙方拒绝付款/拒绝承兑/拒绝确认迟期付款时,应在进口信用证付款/承兑通知书规定的期限内,向乙方提出书面拒付请求及理由,一次列明所有不符点,同时将乙方交给甲方的资料全部退回华夏银行"的约定,应当对其未按约定履行的行为承担法律后果。

针对此,申请人不服提起上诉。理由为:

1. 审查信用证项下单据是且仅是华夏银行的义务,凯扬公司没有义务也没有能力审单,实际上也并未审核单据。根据华夏银行出具的《信用证单据通知书》上没有提示不符点的情况,凯扬公司只需据此发出是否付款/承兑的通知,出具付款委托书指示付款,而无需审查单据。该付款委托书系华夏银行提供的格式文本,其中"我公司已审核完毕各项单据"的字样系格式条款,与实际情况不符。

2. 凯扬公司出具的《同意付款委托书》,系在华夏银行审单义务履行不当、未提示不符点的情况下做出的。华夏银行违约在先,华夏银行的违约行为与凯扬公司做出的同意付款的决定之间存在直接的因果关系,造成的损失理应由华夏银行赔偿。

山东高院二审判决,开证行败诉。理由为:凯扬公司虽然在付款委托书上签署了审核单据的意见,但因开证合同未约定凯扬公司具有审单义务而不能依据付款委托书认定凯扬公司具有审单义务。华夏银行未合理小心地审核信用证规定的单据,没有适当履行独立审单义务,应承担由此给凯扬公司造成的信用证款项及利息损失。

华夏银行不服山东高院做出的二审判决,向山东高检院提出申诉。高检院提出抗诉认为:

1. 依据我国民法"法无禁止即允许"的原则和最新的最高法司法解释第七条第二款的规定,华夏银行与凯扬公司可以就有关审单和付款方面的权利义务进行约定。

2. 凯扬公司的审单行为无论是作为其权利,还是作为其义务,其均应对依照指示对外付款的后果承担相应责任。

(1)根据约定,华夏银行享有独立审单的义务和决定是否付款的权利。凯扬公司也按约享有审单和指示是否付款的权利,但对于凯扬公司的审单结论和是否付款的指示,华夏银行可以自行决定是否采纳。凯扬公司对其审单和指示付款的权利,可以选择按约行使,也可以选择放弃。

但是,一旦凯扬公司行使了审单和指示付款的权利,并且华夏银行决定采纳其审单结论和付款指示予以付款,则凯扬公司就应当为其审单和指示付款的行为承担法律后果。凯扬公司已行使其审单权利,并向华夏银行发出付款指示,华夏银行依照凯扬公司的指示对外付款,符合合同约定和法律规定,并无不当。

(2)独立审单是华夏银行的权利和义务,但在华夏银行审单的过程中,是否联系凯扬公司参与审单,是否根据凯扬公司的决定做出接受或拒绝接受单据的决定,可以由双方当事人进行约定。根据信用证开证合同的约定,凯扬公司在《信用证单据通知书》规定的期限内向华夏银行发出是否付款的书面指示是其合同义务。凯扬公司实际上也参与审单,并向华夏银行发出了付款的书面指示,其审单和指示付款直接证明凯扬公司存在并履行了参与审单的约定义务。凯扬公司审单后未提出不符点,并指示华夏银行付款,理应承担相应责任。

(3)双方的审单行为各自独立,相互之间并不具有法定和约定的因果关系,华夏银行的审单结论并不构成凯扬公司审单结论的依据,不能成为凯扬公司免除责任的理由。

3.华夏银行处理的是单据,不应该承担因买卖合同而产生的商业风险。信用证业务属单据业务,不涉及货物贸易本身,华夏银行未提示不符点与凯扬公司未收到货物并不存在直接的因果关系,即审单不严并不直接导致收货不成,因而不应承担赔偿责任。凯扬公司最终能否实际取得该批货物,取决于凯扬公司供货方买卖合同的履行以及承运方海运合同的履行,与华夏银行依凯扬公司指示付款的行为是两个法律关系。

最高院再审判决:对于本案的损失,凯扬公司承担主要责任即 3/4 的责任,华夏银行承担次要责任即 1/4 的责任。理由:华夏银行和凯扬公司,均有审单义务。造成本案损失的直接主要原因是涉嫌受益人欺诈。信用证存在不符点仅仅是在付款过程中的一个拒付理由,不能从根本上阻止受益人实施欺诈。

综观审理过程,前后颇为曲折。静下心来思量,其中,自始至终贯穿着一个基本的逻辑:损失直接来源于欺诈,间接来源于付款,付款依赖于审单,而谁有审单义务谁就理应对损失负责。

一审判决认为,开证行有法定的审单义务,但不是强制性的,可以通过与申请人的约定变更或解除,所以损失由申请人全部承担。二审判决则认为,开证行有法定的强制审单义务,不能通过约定变更或解除,所以损失由开证行全部承担。显然,最高院的再审判决,是一个基于一审和二审基础上的折中判决,认为开证行和申请人均有审单义务,所以各有责任,只是损失直接起因于基础合同下的欺诈,相应地,以申请人承担为主。

欺诈下开证行审单免责

直觉告诉我们,开证行承担损失有点冤。到底冤在哪呢?踏破铁鞋无觅处,一切尽在判决书之中。我们完全可以循着法院判决的思路走,看一看会有什么样的意想不到的结果。

最高院认定,损失的直接原因是欺诈,准确地说,是来自受益人的欺诈。欺诈已经发生,只要已经付款,必定有人为此承担损失。在本案中,已经付款是事实,承担损失的要么是申请人,要么就是开证行。那么,开证行需要为此承担损失吗?

我们认为大可不必,首要的理由为开证行对欺诈免责。众所周知,真正意义上的信用证欺诈,指受益人在基础合同下欺诈,并通过申请人的开证申请书和受益人的信用证下交单,最终传导到开证行。而信用证欺诈的实质,归根结底,是"单货无法对应",是破坏了单据与货物的对应关系,是单据所显示内容严重偏离实际发货情况,破坏了单据的有效性。开证申请书和 UCP600 第 34 条,均规定了开证行对"单据有效性免责",这自然包括对"单货无法对应"的信用证欺诈免责。

至于为什么开证行对欺诈免责呢?开证行在信用证下无疑是有审单义务的,只是开证行审单的标准,可以在申请书中与申请人约定。但是,无论如何,开证行审单,只会审出不符点,审不出欺诈。根据 UCP600 第 4 条"信用证独立性"和第 5 条"信用证抽象性"的规定和 UCP600 第 14 条 a 款"审单的表面相符原则"的规定,信用证独立于基础合同,开证行处理单据而不处理单据对应的基础合同下的货物,开证行对单据只作表面审核,不审单据背后的货物,而欺诈总是起因于基础合同下的货物。开证行没有对照实际交付的货物,怎么能审出欺诈呢?既然在信用证下审不出欺诈,顺理成章地,开证行自然对欺诈免责,这是开证申请书和 UCP600 第 34 条"单据有效性免责",包括开证行对单据有效性免责的应有之义。

既然开证行对欺诈免责,那么,谁应该对欺诈负责呢?信用证欺诈起因于货物交易,起因于基础合同。事实上,申请人在基础合同下本就承担着必须为着自己的利益审查货物交易真实性的不可推卸的责任,而不仅仅是审核开证行转交的单据。换言之,申请人不仅有义务,也有能力审核基础合同下的货物交易,不仅有义务在开证申请书下审核单据,也有义务在基础合同下审单,更有义务在基础合同下审核单据显示内容是否严重偏离实际发货情况,从而导致的信用证欺诈。显然,申请人理应对欺诈负责。

那么,开证行在欺诈下付款,有过错吗?我们认为,开证行在欺诈下付款没有过错,因为开证行付款是在默认无欺诈下而做出的。欺诈的发现,只能是基于基础合同的审核。开证行无义务也无能力审核基础合同,从而也就无法直接了解到受益人的欺诈事实。开证行之所以向受益人开立信用证,归根结底,是因为申请人与受益人签订了货物交易的基础合同,且申请人同意承担欺诈风险。开证行在信用证下付款,完全是基于对申请人的信任,准确地说,是对申请人选择和判断交易对手能力的信任。

我们认为,开证行在欺诈下付款有过错的是申请人。开证行在把《信用证单据通知书》连同单据,交给申请人签收、审核确认时,确实未提示不符点,但这不能免除申请人审核欺诈的责任。然而,申请人一直就在梦中,没有意识到自己是在和骗子做买卖,这才和往常一样,有模有样地确认"我公司已审核完毕各项单据",并郑重其事地向开证行签署了《同意付款委托书》。反之,申请人如果头脑清醒,意识到欺诈的可能,怎么会向开证行签署《同意付款委托书》呢?这无异于自找麻烦、搬起石头砸自己的脚,这不合常理。大凡申请人只要意识到一丝欺诈的可能,都会去认真审核单据中的蛛丝马迹,阻止付款。哪怕自己找不出单据中的不符点,也会提请开证行再三仔细审核确认。哪怕自己和开证行都找不出不符点,不是还可以寻求当地法院止付令的保护吗?怎么会如此草率行事,确认付款呢?

申请人一方面选择与骗子交易,另一方面向开证行确认已审单完毕,并发出《同意付款委托书》,显然,这是对自己的不负责任。而申请人在开证行据此付款之后,还要起诉开证行要求其承担因自己的失误造成的损失,这不是明摆着在害开证行?退一步说,假如没有欺诈,开证行即便对不符点单据付款,即便没有得到申请人授权,通常仍可以控制货物,这是人所共知的信用证控货功能的应有之义,即便万一控制不了货物,也仍可以向实际提货人行使债权,事态绝不会发展到欺诈导致的竹篮打水一场空的如此失控的地步。

事实上,受益人的欺诈,是通过基础合同传导给了申请人。既然开证行审单审不出欺诈,申请人又没有识破欺诈,怎么能寄希望于开证行付款过程中避免欺诈的发生呢?

总而言之,我们发现,欺诈导致申请人的损失,实际上与审单无关,与开证行在信用证下的审单义务无关,只与基础合同有关,只与申请人选错交易对手有关,只与申请人在付款前一直就没有识别出、没有意识到交易对手是骗子,涉嫌欺诈有关。申请人基于自己的过错,要求开证行与其分担损失,显然有失公平。在这个意义上,最高院的再审判决,值得商榷。

无欺诈下开证行审单还免责吗?

到这里为止,表面上看,业界的朋友们操作之时忐忑不安的心总可以放下来了吧?其实不然。本案的结论有其特殊性,那就是:在认定开证行审单责任的时候,欺诈发生了。而实务中,业界更多的是困惑于一个相似却更具普遍性的问题:如果不涉及欺诈,上述的推论还会成立吗?开证行还需要为自己未提示不符点而申请人同意付款而承担责任吗?

毫无疑问,开证行在信用证和申请书下,均有审单义务,以审核单据是否有不符点。申请人也有审单义务,这个义务,既存在于申请书中,也存在于合同之中,但二者明显不同。申请人在申请书下的审单义务与开证行重叠,在合同下的审单义务,则由于合同下对单据要求的规定

品读 ISBP745

相对简单而被简化。除此之外,申请人在合同下还有验货义务。申请人在合同下的义务,包括审单义务和验货义务,以确认是否构成根本违约或实质性违约,包括是否发生欺诈。请注意:这里不严格区分"根本违约"和"实质性违约"。

实务中,进口到单下申请人和开证行约定申请人必须审单,并显示审单结果和表态付款意见,有着深层的原因。因为只要不发生欺诈,只要不发生实质性违约,那么,便适用"短路原则",申请人在合同下仍然负有责任对受益人付款,不管单据是否存在不符点,也不管开证行是否审核单据。而欺诈和实质性违约的判断,便构成了申请人在基础合同下审核单据和审核贸易背景的不可推卸的责任。

开证行不是基础合同的当事人,便无此能力,也无此义务。而一旦申请人根据基础合同审核单据确认付款,便意味着这一关已过,开证行无须理会。如果开证行愿意付款则将省却审核单据的繁琐操作。显然,这一在实务中形成的简化流程达成了申请人与开证行之间长年的默契,大大加快了放单速度和提货效率。

事实上,这种申请人和开证行自行约定双方审单义务的做法,是国际国内通行的实务,在《最高人民法院关于审理信用证纠纷案件若干问题的规定》2005年版第7条和《美国统一商法典信用证篇》1995年版第5—108条"开证人的权利与义务"中均有直接的反映。只是如果有一般性违约的时候会发生索赔,而有不符点下索赔可以先行拒付再由买卖双方商量直接抵扣,但无不符点下索赔须在基础合同下另行启动,无法直接抵扣而已。事实上,申请人审单后表态的付款意见,已经意味着,一旦索赔将自动放弃在信用证付款中直接抵扣的权利。

就本案而言,我们认为,银行审单是为了自己的付款安全,不是为了申请人。而银行审单之所以为自己,归根结底,是有信用证承诺在先。对比一下,与信用证同为跟单结算的托收,银行基本就没有审单,为什么呢?托收下银行无类似的信用证承诺,便自然无类似的审单义务。相应地,信用证下银行审单结果提示给申请人,只是供申请人参考,申请人据以行事后果自担。因为申请人不仅是申请书下的当事人,更重要的也是基础合同下的当事人,其审单的标准比开证行在信用证下相对要宽,且更具实质性。所以,既然申请人接受了单据,愿意付款,不管有没有不符点,开证行付款都无可厚非。

总之,我们认为,开证行和受益人对审单义务的约定适用于信用证本身和UCP规则,而开证行和申请人对审单义务的约定适用于开证申请书。开证行在信用证下对单据审核,是基于自身的利益而进行,据以判断是否在信用证下拒付或付款或承兑;而开证行在开证申请书下对单据审核,也是基于自身的利益而进行,据以判断是否有权利从申请人处获得偿付。申请人在开证申请书下对单据审核,仍然是基于自身的利益而进行,据以判断在开证申请书下是否有义务向开证行偿付。如今申请人已经偿付了开证行,自然意味着申请人接受了单据,自然也意味着放弃了单据上可能存在的不符点。换言之,申请人在开证申请书下接受单据和确认付款的终局性,理由与开证行在信用证下接受单据确认付款的终局性是一样的。否则,开证行的风险一直就会处于暴露状态,无法完全抵补。这有悖信用证的运作原理。

无论如何,华夏银行案的判决结果,并不是开证行的初衷。当然了,毕竟有判例在先,开证行为了避免重蹈覆辙,完全可以在开证申请书或信用证开证合同中把自己的审单义务约定得更明了,比如:"开证行审单结果仅供申请人判断参考,申请人有依据国际惯例审单的义务,并据以独立判断。只要申请人同意付款,不管单据有没有不符点,开证行审单是否有疏忽,开证行有权独立决定对外付款,并因此免责。"

思想碰撞

（提问专家嘉宾：阎之大先生）

阎之大：不考虑申请人与开证行之间订立的开证申请书等协议，也不考虑法院如何判决，仅从UCP600规定的角度看，申请人是否有审单的责任？换句话说，UCP600所反映的审单责任或权利是否仅仅是针对银行的？

林建煌：是的，如果不考虑开证申请书或信用证开立合同，UCP600下规定的审单责任和权利仅针对相关银行，不适用申请人。因为申请人不是信用证下的当事人，只是关系人。

阎之大：开证行因为没有向申请人提示不符点，或者开证行因为申请人同意接受单据而没有审单，在这种情况下恰好出现欺诈致申请人损失而引起纠纷，此种案例并不常见。实务中更常见的是开证行没有审核出单据中的不符点，导致申请人受到损失而不是欺诈的发生，比如货物或单据不符合信用证的规定等，从UCP600及法律两个角度看，开证行对申请人应该各承担什么责任？

林建煌：在没有欺诈的情况下，开证行未审出也未提示不符点却对外付款从而导致损失，只要申请人同意付款且无保留权利，则开证行免责。但是，如果申请人未同意付款，或同意付款时明示保留权利，开证行须根据开证申请书和信用证开立合同约定的审单责任承担部分或全部损失。这一点，符合UCP600第37条"关于被指示方行为免责"的规定，也符合法律上"委托代理下代理人行为适当即免责"的精神。为什么呢？信用证，归根结底是一份代理下的合同。这是信用证法律定性的主流看法。

阎之大：如果出口信用证项下被指定银行因为审单与受益人发生了纠纷，是否可以援引《最高人民法院关于审理信用证纠纷案件若干问题的规定》的条款加以处理？换句话说，该司法解释是否适用出口信用证业务？

林建煌：该司法解释当然适用于出口信用证业务，包括指定银行与受益人之间可能发生的审单纠纷。司法解释第1条明确指出："本规定所指的信用证纠纷案件，是指在信用证开立、通知、修改、撤销、保兑、议付、偿付等环节产生的纠纷。"其中，议付便属于出口信用证业务的一个典型环节。

阎之大：换个角度考虑，在出口信用证项下，是否只有银行才有依据UCP600审核单据的权利或义务？换言之，如果出口单据因议付行没有审核出的不符点而被开证行拒付，议付行是否应向受益人承担责任？

林建煌：UCP600关于审单权利或义务的规定，集中在开证行、保兑行和按指定行事的指定银行，但并未禁止其他银行或银行以外的一方也据此审单。至于"议付行"没有审出不符点而被拒付，只要不符点确实成立，此时的议付已经不是真正的"议付"，议付行也不是真正的"议付行"。此时的"议付行"是否应向受益人承担责任，完全依赖于其与受益人之间关于"议付"追索权的约定。实务中，"议付行"理应不会主动放弃追索权。

附录二：ISBP745 主要变化对照分析表

序号	新版 ISBP745 变化	性质	分　析
概况	ISBP745 包括 16 个部分，共 141 项变化。其中，11 个旧部分，共 122 项变化；5 个新部分，共 19 项变化。		
预先考虑事项部分：共 3 项变化			
适用范围			
1	第 I 段阐明了，本出版物应结合 UCP600 进行解读，不应孤立使用。	新增	本段澄清了 ISBP745 与 UCP600 的关系，即 ISBP745 必须结合 UCP600 进行解读。如此，也澄清了集装箱运输下信用证规定"一切单据必须显示唛头"时第 A34 段 a 款的适用，也澄清了信用证规定了明确的目的地/港交货代理人的地址及联络细节时第 D27 段、E23 段和 F21 段的适用。
2	第 II 段阐明：本出版物仅仅在描述实务，解释在该实务没有被信用证明确修改或排除下 UCP600 条款的适用。	新增	本段澄清了 ISBP745 与 UCP600 和信用证的关系，即 ISBP745 是在补充和解释 UCP600，而不管是 ISBP745 还是 UCP600 都仅适用于信用证没有明确修改或排除的范围之内。本段确认了 ISBP745 只是在描述实务，从而回答了 ISBP745 的生效问题，即如起草专家组组长 GARY 先生所言，实际已于 2007 年 7 月 1 日 UCP600 实施之日起同步生效。
信用证和修改的申请、信用证开立及任何相关修改			
3	第 V 段重申了，开证行在补充和细化申请人的模糊不清指示时，必须基于申请人没有明确表示相反意见的情况；确认了信用证下开证行必须对信用证的不清晰条款和互相矛盾条款承担责任。	修改	本段确立了开证行的操作程序，即：一、如果信用证或修改书的条款存在模糊不清或互相矛盾，开证行必须以某种方式向申请人提示；二、如果开证行决定补充或细化该指示，之前必须先以某种方式与申请人沟通；三、如果开证行没有收到申请人的反馈，即视为申请人没有明确表示相反意见。本段所涉及的开证行对信用证的模糊不清条款和互相矛盾条款的责任，通常是由于申请人指示中的固有问题，所以该责任会相应转移到申请人身上。

附录二：ISBP745 主要变化对照分析表

续表

序号	新版 ISBP745 变化	性质	分析
总则部分：共 43 项变化			
缩略语			
4	第 A1 段确认了，单据上可以使用普遍承认的缩略语代替全称，反之亦然；信用证文本中使用普遍承认的缩略语时，单据上可以照用，也可以使用具有相同含义的其他缩略语，还可以使用全称，反之亦然。	修改	本段规定细化了原规定，并澄清了一个疑问，即：信用证文本中使用缩略语，并不意味着单据上也必须使用该缩略语。
5	第 A2 段 a 款修改了信用证文本和单据中使用的"斜线"的默认含义，即：如果使用了斜线而上下文含义不明，那么，这意味着允许使用其中的一个或多个选项。例如，信用证规定"红色/黑色/蓝色（Red/Black/Blue）"，且未做进一步澄清，这意味着颜色可以只是红色或黑色或蓝色，或是它们的任意组合。	修改	本款改变了"斜线"的默认含义，旧版中如上下文含义不明，则无此默认。显然，新版的规定便利于实务运用。
6	第 A2 段 b 款增加了信用证文本中使用的"逗号"用于表示数据范围时的默认含义，与上述 a 款中规定的斜线的默认含义相同。	新增	本款新增了"逗号"的默认含义，与上述 a 款中规定的"斜线"的默认含义相同，但使用范围不同： 一、"逗号"默认含义仅限于信用证文本中使用，不适用于单据中使用。"斜线"默认含义信用证文本中和单据中均可使用； 二、"逗号"默认含义仅限于表示数据范围，而斜线无此限制。
证明书、证明、申明和声明			
7	第 A3 段关于证明书或证明文句的涉及范围，从"certificate——证明书、certification——证明、declaration——申明书和申明"明确扩大到"statement——声明书或声明"。	扩展	本段对证明书和证明文句的适用范围，不限于明文规定的"证明书（certificate）、证明（certification）、申明（declaration）或声明（statement）"，还包括没有规定的"收据（receipt）"和"确认或确认书（confirmation）"，理应还包括"报告（report）"等。
8	第 A4 段增加了关于证明书或证明文句是否需要注明日期的两种情况的举例：信用证要求提交由船公司证明以证实船龄不超过 25 年时，该证明书可以显示如下： 一、船舶建造日期或年份，且该日期或年份在装运日期或装运所发生年份之前不超过 25 年，此时没有必要显示出具日期； 二、照抄信用证规定的措辞，此时要求显示出具日期，以证实至证明书出具之日船龄不超过 25 年。	细化	本段的举例在于阐述证明书或证明文句加注日期的一个判断原则：即当证明日期会影响到证明事实是否满足要求的判断时，则必须加注日期；否则，无需加注日期。

续表

序号	新版 ISBP745 变化	性质	分　析
UCP600 第 19 条至第 25 条涵盖的运输单据的副本			
9	第 A6 段细化了副本运输单据的审核标准，即： 一、内容满足功能； 二、数据不得矛盾； 三、交单期的规定必须明示，且直接关联副本运输单据上的日期。	细化	本段的细化规定将便利于实务操作。
更正与更改（统称"更正"）			
10	第 A7 段 a 款确认了由受益人出具的单据上的更正，默认无需证实。例外有两个： 一是汇票； 二是单据已经合法化、签证或证明等。	细化	本款的规定留下一个疑问，即：由受益人出具的单据并由受益人证明，是否算例外？其更正是否需要受益人证实？实务中，看法不一，宜慎重把握。 本款规定确立了，由受益人出具的单据，且已经由多人签证或证明等，其更正只需要由其中一个签证或证明人证实即可，但必须由签证或证明人亲自证实，不得代理。
11	第 A7 段 b 款确认了由受益人以外的一方出具的单据上的更正，默认必须证实。如果该单据加了合法化、签证或证明时，还需要加上签证或证明人证实。	细化	本款规定确立了，受益人以外一方对单据更正作证实时，还可以由其代理人作出，代理人身份不限于 agent/proxy，还可以是 for/on behalf of 等。 本款规定澄清了，受益人以外一方出具的单据，如果加了签证或证明等是否还需要由签证或证明证实的问题，即还需要加上签证或证明人证实。
12	第 A7 段 c 款确认了副本单据上的数据更正无需证实。	新增	本款的规定有一个例外，即：信用证要求的是第 A29 段 d 款 iv 项的"已签署发票的复印件（photocopy of a signed invoice）"时，通过该复印件应当可以看到对应正本上的数据更正及证实。
寄送单据、通知等的快递收据、邮政收据或邮寄证明			
13	第 A10 段确认了寄送单据、通知等的快递收据、邮政收据或邮寄证明，不是 UCP600 第 25 条下的运输单据。	新增	本段的规定确立了识别和审核非运输单据的快递收据标准：以寄送标的来区分，如为信用证 45 场规定的货物，即适用 UCP600 第 25 条下的运输单据审核。否则，便不是运输单据，适用 UCP600 第 14 条 f 款审核。
日期			
14	第 A11 段 a 款明确了，什么是保险单据和运输单据的日期。前者指保险单据出具日期或保险生效日期；后者可以是运输单据出具日期，也可以是装船批注日期、装运日期、收妥待运日期、发送或运送日期、接管日期、取件日期或收件日期。	细化	本款的规定澄清了保险单据和运输单据是否必须显示出具日期的问题，即只要有了保险生效日期或装运日期等就行。

附录二：ISBP745 主要变化对照分析表

续表

序号	新版 ISBP745 变化	性质	分析
15	第 A11 段 b 款明确了，如果信用证要求汇票、保险单据和正本运输单据以外的单据注明日期，可以使用以下三种方式： 一、单据的出具日期； 二、单据上援引同一交单下其他单据的日期； 三、单据上显示一个事件发生的日期。 以上第三种方式为新增。	修改	本款的规定增加了第三种方式来显示其他单据的日期。 请注意，该方式仅适用于单据所涉及的事件发生日期，对应于单据的功能性要求所对应的事件。例如：检验证明显示了检验日期，但没有注明出具日期可以接受。换言之，如果单据上显示的不是功能性要求所对应的事件日期，理应不适用。
16	第 A12 段 b 款明确了，如果信用证要求单据证实一个装运前发生的事件，可以使用以下三种方式： 一、单据的名称； 二、单据的内容； 三、单据的出具日期来表明该事件发生在装运日之前或当日。 以上第三种方式为新增。	修改	本款的规定增加了第三种方式来证实装运前事件。 请注意，这里仅提及装运前事件。其他事件，理应可以参照适用。
17	第 A14 段 b 款明确了与"within"关联使用的日期短语的含义： 一、例如，"(within 2 days of (date or event))"，指 5 天期间，开始于一个日期或事件发生前的 2 天，直至该日期或事件发生后的 2 天。 二、例如，(presentation to be made within 14 May)，指 5 月 14 日是允许交单的最后一天，只要 5 月 14 日是银行工作日。	细化	本款的规定，以举例的方式，澄清了与"within"关联使用的日期短语的含义。
18	第 A15 段明确了，"从……起(from)"和"在……之后(after)"这两个词语，当用于确定装运日期、事件日期或单据日期之后的一个到期日或交单期时，将不包括该日期。 例如，当装运日期是 5 月 4 日时，装运日之后 10 天或从装运日起 10 天，均指 5 月 14 日。	新增	本段的规定澄清了，UCP600 第 3 条中"从……起(from)"和"在……之后(after)"这两个词语，所适用的到期日，不限于付款到期日。 本段的规定还扩展了其适用的范围，至交单期。
单据中的方框、栏位或空格填写的必要性			
19	第 A17 段规定了，单据上留有填写数据的方框、栏位或空格的事实，并不表示该方框、栏位或空格中应填写内容。	新增	本段的规定确认了单据上的空格等默认无需填写。 请注意，如果填写必须充分关注其合理性。例如：空运单上承运人名称印戳，需确保盖在承运人签署栏，而不是托运人签署栏。如果盖章错位，可能会构成不符点。
UCP600 运输条款不适用的单据			

续表

序号	新版 ISBP745 变化	性质	分析
20	第 A18 段细化了提货单(delivery order)和货物收据(Cargo receipt)等与运输相关的非运输单据的审核标准，并明确了此类单据下交单期的规定明细程度。例如，信用证要求提交货物收据时，需规定"单据应不晚于货物收据日期后 10 天提交"。	细化	显然，第 A6 段的副本运输单据下，信用证规定交单期时，可参照操作。
UCP600 未定义的用语			
21	第 A19 段 a 款修改了"装运单据(shipping documents)"的定义，即指信用证要求的所有单据，但不包括汇票、电讯传送报告、证实寄送单据的快递收据、邮政收据或邮寄证明。其中，例外的单据中提到的电讯传送报告等系新增内容。	修改	本款的规定避免了一种无法操作的逻辑困境，即：实务中信用证要求全套副本装运单据传真或寄送给申请人，并要求提交对应的传真报告或快递收据时，传真报告如为装运单据的一种便需要一并传真，而实际上传真报告只能等传真之后才能产生；或者，快递收据如为装运单据的一种便需要一并寄送，而实际上快递收据只能等寄送之后才能产生。
22	第 A19 段 b 款修改了"过期单据可接受(stale documents acceptable)"的定义，即指单据提交不晚于信用证有效日期即可，无需理会交单期，包括： 一、UCP600 下默认的 21 天交单期； 二、信用证明确规定的交单期限。 其中，第二种情况属于新增。	修改	本款的规定迎合了实务，因为大量的信用证都有明确规定交单期限的信用证。
23	第 A19 段 c 款修改了"第三方单据可接受(third party documents acceptable)"的定义，即指所有单据都可以由受益人以外的具名个人或实体出具。例外是： 一、信用证或 UCP600 规定了单据出具人； 二、汇票。 第一个例外情况属于新增。	修改	本款的规定澄清了实务中信用证或 UCP600 规定了单据出具人时，是否适用信用证同时规定的条款——"第三方单据可接受(third party documents acceptable)"，即不适用。
24	第 A19 段 d 款新增了"第三方单据不可接受(third party documents not acceptable)"的含义，即其没有任何含义，将不予理会。	新增	本款的规定避免了一种可能的误会，即从本段 c 款中"第三方单据可接受(third party documents acceptable)"所作的定义出发，可能直观以为"第三方单据不可接受(third party documents not acceptable)"指非受益人出具的单据。但其实不是。这或许是考虑到，实务中几乎不可能出现所有的单据都由受益人出具的情况。
25	第 A19 段 f 款新增了"船公司(shipping company)"的定义，即其作为船公司证明的出具人时，指： 一、有权签署相关运输单据的任何一方； 二、不限于实际签署或实际出具相关运输单据的一方。	新增	本款的规定明确了"船公司证明"中船公司所指的范围。

附录二：ISBP745 主要变化对照分析表

续表

序号	新版 ISBP745 变化	性质	分　析
26	第 A19 段 g 款新增了"所交单据可接受（documents acceptable as presented）"的定义，即必须满足以下条件： 一、交单至少包括一种规定的单据，无论是正本还是副本； 二、交单在信用证的有效日期之内； 三、交单在信用证的可兑用金额之内。	新增	本款的规定澄清了"所交单据可接受（documents acceptable as presented）"的含义，即交单并不是如字面意思可以随意提交，而是有三个严格的限定条件。
语言			
27	第 A21 段 a 款明确了，当信用证规定了提交的单据所应使用的语言时，信用证或 UCP600 要求的数据应以该语言显示。	新增	本款的规定确认了，信用证"规定语言"的情况下，信用证或 UCP600 的"要求数据"必须以规定语言显示。言外之意，"要求数据"可以"规定语言"和"非规定语言"同时显示，但起码必须以"规定语言"显示；而"非要求数据"，可以"规定语言"和"非规定语言"同时显示，也可以只以"非规定语言"显示。 请注意，本款的规定下存在一个例外，即本段 e 款所提到的"要求数据"中的个人或实体名称、印戳、合法化、背书，以及单据上预先印就的文字等"特定数据"，仍可以只使用"非规定语言"显示。
28	第 A21 段 b 款明确了，当信用证对提交的单据所应使用的语言未作规定时，单据上的数据可以任何语言显示。	修改	本款的规定对应于 ISBP681 第 23 段的第一句话："受益人出具的单据建议使用信用证所使用的语言。"原规定属于建议性的规定。 本款的规定确认了，信用证未"规定语言"的情况下，单据上的所有数据都可以以任何语言显示。言外之意，所有单据包括受益人出具的单据和非受益人出具的单据，其上"要求数据"和"非要求数据"，都可以任何语言显示。
29	第 A21 段 c 款明确了，当信用证允许单据上的数据以多种语言显示时，保兑行或按指定行事的指定银行可以"限定语言"。如"限定语言"，提交的单据应该以"限定语言"显示，"限定语言"即为可接受语言；如"未限定语言"，提交的单据可以任何语言显示，任何语言即为可接受语言。保兑行或按指定行事的银行，必须审核所有以可接受语言显示的数据。	细化	本款的规定属于对 ISBP681 第 23 段的第二句话的规定的细化。 本款的规定确认了，保兑行和按指定行事的银行对单据显示语言的审核责任。 按理，开证行对单据显示语言的审核责任，可以参照适用，即必须审核所有数据，包括"要求数据"和"非要求数据"。

品读 ISBP745

续表

序号	新版 ISBP745 变化	性质	分析
30	第 A21 段 d 款明确了,银行不审核以信用证要求或允许以外的"其他语言"填写的数据。	新增	本款的规定间接确立了,银行对单据显示语言的审核原则,即银行不审核信用证要求或允许以外的"其他语言"填写的数据,包括"要求数据"和"非要求数据"。换言之,银行必须审核所有以"可接受语言"显示的数据,包括"要求数据"和"非要求数据"。 请注意: 一、这里的银行,应该是指开证行、保兑行和按指定行事的银行,按理可以参照适用。 二、这里的"其他语言",指信用证要求或允许以外的语言。言外之意,如果使用信用证要求或允许的语言显示的数据,则必须审核。参照本段 c 款的说法,即必须审核所有以可接受语言显示的数据。遗憾的是,本款的措辞没有直接如此阐明。 三、这里的数据,指填写的(inserted)数据,简称"填写数据"。实务中,让人纳闷的是,什么是"填写数据"? 是与印就文字相对而言吗? 应该是。换言之,如果是"非填写数据",即印就文字使用了"其他语言",则仍然必须审核。如此规定和理解,显然与本段 f 款互相呼应。遗憾的是,这里没有明说。 这表示推翻了国际商会在 R771 中关于"中英文双语的标签副本,译文含义相反"的意见。该案中,信用证用英语开立,要求提交单据——"中英文双语的标签副本"。结果,提交中英文双语标签副本,英文显示:"每件 2 公斤以下",但中文译文显示:"每件 2 公斤以上"。国际商会在当时认为:"单据没有不符点。信用证以英语开立,英语是开证行和指定银行都接受的语言。中文是开证行接受和理解的语言,而不是指定银行得以判定单据相符与否的可接受和理解的语言。要求用双语出具标签的副本,指定银行和开证行审核所依据的基本语言应该是英语——信用证的语言。只要该单据被提交了,那么指定银行就有权接受该中文译文而不需要关注其是否被正确地翻译。当一份信用证被用一种以上的语言出具时,指定银行应当通知开证行用于确定单证一致的语种。"
31	第 A21 段 e 款明确了:"尽管第 A21 段 a 款和 d 款有所规定,个人或实体的名称、任何印戳、合法化、背书或类似数据,以及单据上预先印就的文字,诸如但不限于栏位名称,仍然可以信用证要求以外的语言显示。"	新增	本款的规定确立了单据语言显示和审核的一个例外,即: 一、个人或实体名称、印戳、合法化、背书和预先印就文字等"特定数据",不管其是"要求数据"还是"非要求数据",都可以信用证要求或允许以外的"其他语言"显示; 二、此时,显示"特定数据"的"其他语言",也是可接受语言,银行必须审核。因为必须审核所有以"可接受语言"显示的数据。这一点,与本段 c 款和 d 款的规定呼应。

附录二：ISBP745 主要变化对照分析表

续表

序号	新版 ISBP745 变化	性质	分　析
数学计算			
32	第 A22 段明确了："当提交的单据显示数学计算时，银行仅确定如金额、数量、重量或包装件数的总量，与信用证及其他规定的单据不相矛盾即可。"	修改	本段的规定对应于原 ISBP681 第 24 段："银行不检查单据中的详细数学计算，而只负责将总量与信用证及其他要求的单据相核对。" 本段的规定，实际上删除了原规定中"详细数学计算（Detailed mathematical calculations）"中的"详细"字样。因为实务中，难以准确把握数学计算的"详细"程度。 请注意以下两点： 一、本段的规定，应该仍然意味着银行必须谨慎审核单据上"明显"的计算错误； 二、本段的规定，言外之意，当信用证规定了数学计算细节，如矿石信用证中常常规定的数量和价格调整的数学计算细节时，银行按理必须审核数学计算。
非单据化条件和数据矛盾			
33	第 A26 段重申了："当信用证包含一项条件但未规定表明该条件得以满足的单据（'非单据化条件'）时，无需在任何规定单据上证实以满足该条件。然而，规定单据上所显示的数据不应与非单据化条件相矛盾。"	新增	本段规定重申了 UCP600 第 14 条 h 款的规定。其中举例极为典型，即："当信用证规定'以木箱包装（packing in wooden cases）'，而没有要求该数据应显示在规定单据上时，任何规定单据上显示了不同包装类型将被视为数据矛盾。"言外之意，即信用证如此规定下，任何装箱单都可能不显示规定的包装类型。 这一例与 M4 段的规定相呼应，澄清了信用证泛泛地要求"包装条件"的审核标准，即：装箱单可以不显示，显示的话则不矛盾即可。
正本和副本			
34	第 A27 段明确了："一份单据带有出具人的看似原始的签字、标记、印戳或标签将被视为正本，除非其自身声明为副本。银行无需确定出具人相应的签字、标记、印戳或标签是否采用手写方式或摹样方式，因此，显示了该证实方式的任何单据均满足 UCP600 第 17 条的要求。"	新增	本段规定细化了 UCP600 第 17 条 b 款的规定："银行应将任何带有看似出单人的原始签名、标记、印戳或标签的单据时视为正本单据，除非单据本身表明其非正本。"略有不同的是：对例外情况的规定，UCP600 强调单据本身表明其非正本；而本段规定强调单据本身未表明其为副本。实务理应没有变化。 本段规定意味着： 一、确认了单据带有出具人的原始证实方式，默认都意味正本。 二、这些证实方式，包括签字、标记、印戳和标签。如果结合第 A35 段 a 款规定的单据签字的定义，应该是上述标记、印戳和标签中，都含有签字或类似签字的证实信息。 三、这些证实方式，可以是手写方式，也可以是摹样方式。这一规定，与第 A35 段 a 款的规定不完全一样，但互相呼应。

679

续表

序号	新版ISBP745变化	性质	分析
35	第A29段b款规定了:"当运输单据或保险单据注明已出具的正本数量时,该单据注明的正本数量均应提交,除非第H12段和第J7段c款另有规定。"	修改	本段规定修改了ISBP681第29段的规定:"提交单据的正本数量必须至少为信用证或UCP600要求的数量,或当单据自身表明了已出具的正本数量时,至少为该单据表明的数量。" 新旧规定不同之处包括: 一、适用范围上,新规定仅适用于运输单据(不含第H2段的空运单据和第J7段c款的公路和铁路运输单据)和保险单据。旧规定无此限制。原规定所涉及的其他单据下,提交份数与出具份数的关系,见仁见智,所以,新规定缩小了适用范围; 二、提交份数上,新规定直接要求单据注明的所有出具份数,均应提交。原规定则要求提交份数至少为单据注明的出具份数。原规定下不可能提交超过注明的出具份数的单据,所以新规定作了修改。 三、信用证或UCP600所要求的份数上,新规定不再提及。前者因为信用证的规定优于ISBP745的规定;后者,则因为ISBP745本就是UCP600的补充,所以UCP600的规定必须优先满足。
36	第A29段c款规定了:"当信用证要求提交少于全套的正本运输单据,(例如,'2/3正本提单(2/3 original bills of lading)'),但没有对剩余份数的正本运输单据的任何处置指示时,交单可以包括3/3正本提单。"	新增	本款的规定澄清了以往对实务的一种误会。此时,多交的一份正本提单对申请人并没有伤害。
37	第A29段d款ⅲ项规定了:"要求'发票复印件(photocopy of invoice)'或'发票副本(copy of invoice)',提交一份发票复印件或一份副本发票,或在未禁止时,提交一份正本发票即满足要求。"	修改	本项的规定实际上确认了,信用证要求发票复印件,提交其他形式的发票副本,如传真副本、复写副本、扫描副本等,均可接受。反之亦然。当然,如果要求副本,可以提交正本。
38	第A29段d款ⅳ项规定了:"要求'已签署发票的复印件(photocopy of a signed invoice)',提交一份看似已签署的正本发票的复印件或副本,或在未禁止时,提交一份已签署的正本发票即满足要求。"	新增	本项的规定确认了一种特殊的副本——"已签署发票的复印件",指的是其对应的正本必须看似已经签署。言外之意,其对应的正本必须按照正本单据来审核。同样,从正本制作出来的副本形式没有限制。
39	第A31段确认了,单据副本无需注明日期。	修改	本段新增了单据副本无需注明日期的规定。或许因为单据副本没有独立的证据效力,所以,有没有日期不太重要。
唛头			
40	第A32段明确了,单据唛头中的数据顺序,无需与信用证或其他规定单据上的相同。	修改	本段的规定迎合了实务,因为单据上显示的唛头,仅仅是实际唛头的一种描述。同一唛头会有不同的描述方法,包括唛头信息中的数据顺序同,但这不影响它们指向同一唛头。

附录二：ISBP745 主要变化对照分析表

续表

序号	新版 ISBP745 变化	性质	分析
41	第 A34 段 a 款规定了："在集装箱运输下，运输单据经常在'唛头'栏或类似栏目中仅仅显示带有或不带有铅封号的集装箱号，而其他单据显示了更加详尽的唛头细节，如此不构成矛盾。"	修改	本款的规定增加了铅封号的信息，确认了集装箱运输下运输单据"唛头"栏只显示集箱号，而其他单据上显示详尽的唛头细节如此并不矛盾。请注意，这只与集装箱号有关，而与铅封号无关。 当然，如果信用证规定：一切单据必须显示唛头，那么，提交的所有单据都必须显示唛头，包装集装箱运输下的运输单据不能只显示集装箱号。
签字			
42	第 A35 段 a 款增加了单据的摹样签字的举例，包括预先印就签字和扫描签字等。	修改	本款的规定实际上通过举例的方式，比较直观地阐述了什么是摹样签字。 实务中的摹样签字，常见有包括以下两种： 一、预先印就签字，如电子回单上的电子回单章； 二、扫描签字，即通过扫描的方式盖上去的章。请注意，扫描签字不同于扫描件中的签字。扫描签字是原始签字，具有唯一性，只是签字方式与手写、印戳、印章符号等不同，其对应的单据具有正本的证据效力。而扫描件的签字不是原始签字，其对应的扫描件只具有副本的证据效力。
43	第 A35 段 c 款和 d 款阐述了什么是签字的电子证实方式，如下： c.单据上声明诸如"本单据已经电子证实（This document has been electronically authenticated）"或"本单据以电子方式缮制且无需签字（This document has been produced by electronic means and requires no signature）"或类似措辞，根据 UCP600 第 3 条的签字要求，其本身不表示一种电子证实方式。 d.单据上声明证实可以通过明确提及的网址（URL）核实或获得，根据 UCP600 第 3 条的签字要求，这是一种电子证实方式。银行将不访问该网址以核实或获得该证实。	新增	这两款的规定明确了，签字的电子证实方式在纸质交单下如何显示。同时，还规定了银行无需通过访问电子网址加以核实。
44	第 A36 段 b 款规定："当单据的签署人表明其代表出具人的分支机构签署时，该签字视同由出具人作出。"	新增	本款的规定确认了，单据出具人的分支机构签署，视同出具人签署。因为二者是同一法人，法律上的最终责任是同一法人下的责任。 实务中，请注意两点： 一、这里的规定仅限于出具人的分支机构，不涉及出具人的母子公司； 二、这里的规定仅限于出具人的分支机构签署。背书时，理应可以参照把握。

681

续表

序号	新版 ISBP745 变化	性质	分析
单据名称及联合单据			
45	第 A40 段规定:"信用证要求的单据(Documents required by a credit)应分别提交。然而,例如,信用证要求一份正本装箱单和一份正本重量单,那么可提交两份正本装箱与重量联合单据,只要该单据同时表明了包装和重量细节,也满足要求。"	修改	本段的规定对应于 ISBP681 第 42 段。不同之处在于新规定指向"信用证要求的单据(Documents required by a credit)",而原规定指向"信用证列明的单据(Documents listed in a credit)"。 在原规定下,实务中难以把握什么是"列明(listed)",所以,在新规定下使用"要求(required)"一词,便澄清了这一争论。
46	第 A41 段规定:"如果信用证要求单据涵盖不止一项功能,那么,提交看似满足每项功能的单一单据,或提交看似满足每项功能的分开单据均可。例如,信用证要求提交质量和数量证明时,提交单一的质量和数量证明,或提交分开的质量证明和数量证明均可满足要求,只要每种单据看似满足其功能,且提交了信用证所要求的正本与副本份数即可。"	新增	本段的规定确立了信用证要求单据涵盖多项功能时如何满足,包括两种方式: 一、涵盖所有功能的单一单据; 二、涵盖一项功能的分开单据。 二者均基于一个共同的前提,信用证要求的多项功能均需得以满足。
汇票部分:共 11 项变化			
基本要求			
47	第 B1 段规定:"信用证要求汇票的情况下,汇票付款人应做成信用证中规定的银行。"	修改	本段的规定对应于 ISBP681 第 52 段:"汇票付款人必须为信用证规定的人。"相比之下,本段的规定把汇票付款人限定为银行。 本段如此规定,间接确立了信用证要求的汇票默认为信用证下的兑用付款工具,而作为兑用付款工具的汇票,其付款人应做成信用证规定的银行。 本段规定的背后含义,实际上在修订第 3 稿中有直接体现,从第 4 稿起进行模糊化处理,理应含义不变。
48	第 B2 段规定:"银行仅在第 B2 段至第 B17 段描述的范围内审核汇票。"	新增	本段规定确立了信用证下作为兑用付款工具的汇票的审核范围。 请注意,本段的规定对汇票的审核仍然进行了模糊处理,其并没有提到据此审核的结果是否会构成不符点。实际上在修订第 3 稿中有直接将审核结果与不符点相联系,但因各方争议较大,从第 4 稿起进行模糊化处理,理应是已经放弃了不符点的说法。如此,则与中外法院过去的多个法庭判例的精神间接吻合。
付款期限			

附录二：ISBP745 主要变化对照分析表

续表

序号	新版 ISBP745 变化	性质	分 析
49	第 B3 段 e 款第 I 项和第 II 项对一套提单多批注下如何确定付款期限的情况，作了细化规定，即：当多批注对应于多港口转船时，默认以最早的装船日期来计算付款到期日；当多批注对应于多港口分装时，默认以最迟的装船日期来计算付款到期日。	修改	本款 I 项规定对应于 ISBP681 第 43 段 e 款，并明确了其仅限于多批注对应于多港口转船。 本款 II 项规定为新增，澄清了原规定中适用多批注对应于多港口分装时，如何计算付款到期日。
出票和签署			
50	第 B8 段 b 款规定了："当受益人或第二受益人已变更了名称，而信用证提到的是之前的名称时，只要汇票注明了该实体'原名称为（受益人或第二受益人的名称）(formerly known as(name of the beneficiary or second beneficiary))'或类似措辞，其就可以新实体的名称出具。	新增	本款规定与发票部分第 C2 段 b 款的规定相似。本款规定解决了受益人或第二受益人名称变更的问题。实务中，由于受益人或第二受益人并购，而出现信用证关系的法定继承，是常有的事。 如此规定，便利了实务操作。
51	第 B9 段规定了，信用证中以银行的 SWIFT 代码表示汇票付款人，其可以显示为相同的 SWIFT 代码或该银行的全名。	新增	本款的规定考虑到了信用证下汇票实务的特殊性。因为信用证中经常以银行的 SWIFT 代码表示各种银行，且具有唯一性。反之，需要追溯汇票上的付款银行责任时，完全可以根据 SWIFT 代码找到对应的银行的全名。
52	第 B10 段规定了，议付信用证下汇票付款人，应做成指定银行以外的一家银行。	新增	本段的规定与 UCP600 第 2 条对议付的定义相吻合："议付，指指定银行在相符交单下，在其应获偿付的银行工作日当天或之前向受益人预付或者同意预付款项，从而购买汇票（其付款人为指定银行以外的其他银行）及/或单据的行为。" 因为如果汇票付款人为指定银行时，信用证的兑用付款方式应该是即期付款、延期付款或承兑付款。
53	第 B11 段规定了，承兑付款信用证下汇票付款人，应做成同意承兑汇票并愿意按指定行事的银行。	新增	本段规定与第 B12 段相呼应。因为承兑信用证的汇票付款人做成不同意承兑汇票且不愿意按指定行事的银行时，该汇票不会进入使用，所以，没有意义。
54	第 B12 段规定了： 一、指定银行承兑付款的信用证下，指定银行（非保兑行）不同意承兑汇票时，可选择以理 3 个方案之一处理： 1、单据改交其他指定银行，并带以该其他指定银行为付款人的汇票； 2、单据改交保兑行，带或不带以保兑行为付款人的汇票； 3、单据改交开证行，带或不带以开证行为付款人的汇票。 二、保兑行承兑付款的信用证下，保兑行不同意承兑汇票时，可以参照以上第 3 个方案执行。	新增	本段规定与第 B11 段相呼应，规定了当信用证规定的汇票付款人不同意承兑汇票时，单据和汇票如何处理。

683

续表

序号	新版 ISBP745 变化	性质	分析
金额			
55	第 B13 段规定了:"汇票金额应当为交单下要求支款的金额。"	修改	本段规定对应于 ISBP681 第 51 段:"汇票金额必须与发票一致,除非出现 UC600 第 18(b)条规定的情况。"实务中,汇票金额代表的是支款金额,因为汇票是信用证下的兑用付款工具,即支款工具。而发票金额代表的是信用证下交付的标的对应的金额。由于存在多次支款和部分支款的情况,汇票金额与发票金额并不等同。新规定下的汇票金额直接指向支款金额,比较直截了当。
56	第 B14 段规定了:"如果汇票同时显示大小写金额,那么大写金额应准确反映小写金额,且应注明信用证规定的币别。大小写金额矛盾时,大写金额将作为支款金额予以审核。"	修改	本段规定包括两句,第一句没变,第二句为新增,即汇票大小写金额矛盾时,以大写为准。
以申请人为付款人的汇票			
57	第 B18 段 b 款规定了:"当信用证要求以申请人为付款人的汇票作为一种规定单据提交时,该汇票应只在信用证明确规定的范围内予以审核,其他方面将按照 UCP600 第 14 条 f 款的规定审核。"	新增	本款的规定新增了以申请人为付款人的汇票的审核标准,即视为信用证要求的一般单据审核。
发票部分:共 10 项变化			
发票名称			
58	第 C1 段 b 款规定:"当信用证要求提交'商业发票(commercial invoice)'时,提交名称为'发票(invoice)'的单据也满足要求,即便该单据含有供税务使用的声明。"	修改	本款规定包括两个半句,前半句没变,后半句为新增。言外之意,实务中发票的结构和功能大多与商业发票相同,但可能带额外的信息,如供税务使用。此时,它既是商业发票,也是税务发票。
发票出具人			
59	第 C2 段 b 款规定:"当受益人或第二受益人已变更了名称,而信用证提及的是之前的名称时,只要发票注明了该实体'原名称为(受益人或第二受益人的名称)(formerly known as(name of the beneficiary or the second beneficiary))'或类似措辞,其就可以新实体的名称出具。"	新增	本款规定与汇票部分第 B8 段 b 款的规定相似。本款规定解决了受益人或第二受益人名称变更的问题。实务中,由于受益人或第二受益人并购,而出现信用证关系的法定继承,是常有的事。如此规定,便利了实务操作。
货物、服务或履约行为的描述及发票的其他一般性事项			

附录二：ISBP745 主要变化对照分析表

续表

序号	新版 ISBP745 变化	性质	分析
60	第 C5 段规定了，发票的货物描述可以显示额外的数据，但以不改变货物、服务或履约行为的不同性质、等级或类别为限。并举例如下：当信用证要求装运"绒面革鞋子（Suede Shoes）"，但是发票将货物描述为"仿造绒面革鞋子（Imitation Suede Shoes）"；或当信用证要求"液压钻机（Hydraulic Drilling Rig）"，但是发票将货物描述为"二手液压钻机（Second Hand Hydraulic Drilling Rig）"时，这些描述表示货物的性质、等级或类别出现了变化。	新增	本段的规定澄清了发票上货物描述的额外信息的可接受性问题，即如果会改变货物的性质、等级或类别则不可接受，如果不会改变则可接受。请注意，本段的规定适用于发票，其他单据理应可以参照适用。
61	第 C8 段增加了对贸易术语的版本出处如何显示的举例："当信用证规定贸易术语为'CIF Singapore'或'CIF Singapore Incoterms'时，发票也可以显示贸易术语为'CIF Singapore Incoterms 2010'或任何其他版本。"	改变	本段的新增举例，澄清了一种误会，即确认：发票上额外显示贸易术语的出处是可以接受的。实务中常见一种情况，即当信用证要求"CIF Singapore Incoterms"时，发票如何显示？按理可显示以下几种：一、"CIF Singapore Incoterms"；二、"CIF Singapore Incoterms 2010"或任何其他版本。请注意，不能仅显示为"CIF Singapore"。
62	第 C9 段规定："诸如与单据、运费、保险费相关的额外费用和成本，应包含在发票上显示的贸易术语所对应的价值之内。"	修改	本段规定细化了发票可以显示的额外费用和成本范围，即包括与单据、运费和保险费等的相关费用。实务运用时，请注意贸易术语与单价或发票金额的对应关系。如果贸易术语与单价对应，那么，单价以内的成本和费用都可以接受；单价以外的费用都算额外费用和成本，由于超出贸易术语的范围，从而都不可接受。如果贸易术语与发票金额对应，那么发票金额以内的成本和费用按理都可以接受；否则，都不可接受。实务中的困难在于，常见到贸易术语既不与单价直接对应，也不与发票金额直接对应。
63	第 C11 段规定："Any total quantity of goods and their weight or measurement shown on the invoice is not to conflict with the same data appearing on other documents. 发票显示的货物的任何总数量和其重量或尺寸，不应与其他单据显示的同一数据相矛盾。"	修改	本段规定对应于 ISBP681 第 63 段："The quantity of merchandise, weights and measurements shown on the invoice must not conflict with the same quantities appearing on other documents. 发票显示的货物数量、重量和尺寸不得与其他单据显示的相应数值相矛盾。"新规定涉及货物的是"任何总数量"，原规定涉及的是"数量"。含义理应没有差别。

685

续表

序号	新版 ISBP745 变化	性质	分　　析
64	第 C12 段 b 款规定："信用证未规定的货物、服务及履约行为。发票包含了信用证规定货物、服务或履约行为的额外数量，或者样品和广告材料，即便注明为免费，这仍然适用。"	修改	本款规定细化了原规定，特别澄清了以下两种情况仍属于未规定货物，从而不可接受： 一、发票包含了信用证规定货物、服务或履约行为的额外数量注明为免费； 二、发票包含了样品和广告材料，即便注明为免费。
分期支款或装运			
65	第 C15 段 a 款 i 项明确了什么是 UCP600 第 32 条下分期时间表，即"特定期间（given periods），指确定每期开始日期和结束日期的一组日期或时间序列。"并举例如下："信用证要求 3 月份装运 100 辆汽车和 4 月份装运 100 辆汽车，这就表示分两期装运，一期开始于 3 月 1 日结束于 3 月 31 日，另一期开始于 4 月 1 日结束于 4 月 30 日。"	修改	本项规定与第 C15 段 b 款 i 项的特定相呼应。本项规定限定了分期时间表对应的规定期间，即每一期都有开始日期和结束日期。
66	第 C15 段 a 款 ii 项特定了："如信用证允许部分支款或装运，则每期之内允许任意次数的支款或装运。"	新增	本项规定意味着，与分期装运表同时规定的部分装运，默认适用于每一期之内的部分装运。
67	第 C15 段 b 款 i 项明确了，信用证中仅以一些最迟日期规定的支款或装运的时间表，不是第 C15 段 a 款 i 项所涉及的规定期间（given periods），不适用 UCP600 第 32 条，但该时间表仍必须满足。	新增	本项规定与第 C15 段 a 款 i 项的规定相呼应。本项规定再次确认了，如果信用证规定了一个时间表，但只对应于一组最迟日期，则不算 UCP600 第 32 条的分期时间表。本项规定确认了，此时，交单仍应满足信用证中时间表的要求，即虽然不会因为一次没有按时间表装运或支款会导致信用证，但仍必须按信用证中的时间表装运或支款。
多式运输单据部分：共 2 项变化。注：其他变化与提单部分相似，可参照掌握。			
UCP600 第 19 条的适用			
68	第 D1 段 c 款规定："当信用证要求提交多式或联合运输单据以外的运输单据，且信用证规定的货物运输路线清楚地表明应使用一种以上的运输方式，例如，信用证显示了内陆收货地或最终目的地，或者信用证的装货港或卸货港栏位填写了一个地点，而该地点事实上是一个内陆地点而不是一个港口时，该单据的审核应适用 UCP600 第 19 条。"	新增	本款规定，实际上改变了国际商会以往发表的意见。 在 R749 关于"捷克无港口"一案中，信用证规定：44F 卸货港：any port in Czech，并要求港至港提单。受益人发现捷克无港口，要求改证，但开证行未改证。出单时提交多式运输单据，显示最终目的地：XXX，Czech，卸货港：汉堡。国际商会在当时认为："既然捷克无港口，那么，申请人便应该提供新的运输路线的指示，而受益人不能擅自决定。通知行知道后仅告知开证行从捷克港口是不可能的，这并不充分，它还应该寻求改证来更正这种异常情况，并通知受益人等待改证。受益人由于不可能实现按照信用证规定的路线运输货物，必须因此承担被拒付的风险。"

附录二:ISBP745 主要变化对照分析表

续表

序号	新版 ISBP745 变化	性质	分 析
装船批注、装运日期、收货、发送或接管地、装货港或出发地机场			
69	第 D7 段规定了,信用证要求首程为海运时,多式运输单据应显示装船批注;还规定了,其装船批注的审核也适用于提单部分第 E6 段 b 款至 d 款的规定。	新增	本段规定涉及多式运输单据的装船批注。完整地说,实务中,多式运输单据的装船批注包括两种: 一是信用证要求首程海运; 二是信用证直接要求装船批注。 至于装船批注的审核标准,直接适用提单部分的相关规定。
提单部分:共 19 项变化。			
UCP600 第 20 条的适用			
70	第 E1 段 a 款规定:"信用证要求提交只涵盖港至港运输的运输单据,即信用证没有提及收货地、接管地或最终目的地,无论其如何命名,这意味着该单据应适用 UCP600 第 20 条来审核。"	修改	本款规定与多式运输单据部分第 D1 段 a 款和 c 款的规定相呼应。 本段规定细化了港至港运输的描述,即信用证没有提及收货地、接管地或最终目的地。反之,如果信用证要求提单,而同时又提及收货地、接管地或最终目的地,则适用于多式运输单据部分第 D1 段 c 款的规定,并按多式运输单据来审核。
71	第 E1 段 b 款规定:"提单不应包含第 G2 段 a 款和 b 款所描述的任何租船合同事项。"	新增	本款规定与租船提单部分的第 G1 段相呼应。因为如果提单含有租船合同事项,就成为租船提单了,而不是普通的班轮提单。
提单的出具、承运人、承运人身份的识别及签署			
72	第 E3 段 b 款规定了,信用证规定"货代提单可接受"下,提单可以以出具人签署,且不必注明其签署身份或承运人名称。	修改	本款规定对应于 ISBP681 第 95 段:"如果信用证规定'货代提单可接受'或使用了类似用语,则提单可由货运代理人以该身份签署,而无须注明其为承运人或具名承运人的代理人。在此情况下,不必显示承运人名称。" 与原规定不同,本款规定放弃了就货代签署提单时对签署人身份显示的要求,只要由出具人签署即可。言外之意,即不可代理签署。
73	第 E4 段规定:"信用证规定'货运代理人提单不可接受(Freight Forwarder's Bill of Ladings are not acceptable)',或'运输行提单不可接受(House Bill of Ladings are not acceptable)',或类似措辞,在提单的名称、格式、内容或签署方面没有任何含义,除非信用证对如何出具和签署作出明确要求。没有这些要求时,该规定将不予理会,提交的提单应按照 UCP600 第 20 条的要求予以审核。"	新增	本段规定与第 E3 段 b 款的规定相呼应,其用意在于避免从第 E3 段 b 款出发望文生义,误读信用证所规定的"货运代理人提单不可接受"条款的含义。 本段规定确认了,信用证所规定的"货运代理人提单不可接受"条款,默认没有任何含义。

687

续表

序号	新版 ISBP745 变化	性质	分　　析
74	第 E5 段 b 款规定:"当提单由承运人的具名分支机构签署时,该签字视同由承运人作出。"	新增	本款规定与总则部分第 36 段 b 款的规定相呼应。 本款规定提单承运人分支机构的签署,视同承运人签署,所以,无需特别显示承运人身份。
装船批注、装运日期、前程运输、收货地及装货港				
75	第 E6 段 a 款规定了,提单的"装船批注日期也可以显示在指定栏位或方框中。"	新增	本款的规定补充了装船批注显示的一种形式。完整地说,提单上装船批注包括以下两种: 一、"装船"字样为批注,日期也为批注,常见于货描栏附近; 二、"装船"字样为印就,日期为批注,可以是在指定栏位或方框中,有时也会在其邻近的空白处。
76	第 E6 段 b 款规定了,如果提单上没有显示前程运输工具,不管是否显示收货地,也不管收货地是否与装货港相同,那么: 一、"已装船"提单无需额外的装船批注,其出具日期将视为装运日期; 二、"收妥待运"提单需要装船批注,批注中无需显示装货港和船名,其批注日期将视为装运日期。	新增	本款规定吸收了国际商会所发布的"装船批注"推荐书的内容。 本款规定与第 E6 段 c 款相呼应。
77	第 E6 段 c 款规定了,如果提单上显示了前程运输工具,不管是否还显示收货地,也不管收货地是否装货港相同,那么,无论是"已装船"提单还是"收妥待运"提单,都需要装船批注,批注中需要显示装货港和船名,其批注日期将视为装运日期。	新增	本款规定吸收了国际商会所发布的"装船批注"推荐书的内容。 本款规定与第 E6 段 b 款相呼应。
78	第 E6 段 d 款规定了,"当提单显示'如收货地栏位载有信息,则提单上任何'已装船'、'已装载船上'或类似批注,将被视为货物已装载到从收货地至装货港的前程运输工具上(When the place of receipt box has been completed, any notation on this bill of lading of 'on board', 'loaded on board' or words of similar effect shall be deemed to be on board the means of transportation performing the carriage from the place of receipt to the port of loading)'或类似措辞,且收货地栏位如还另外载有信息时,那么该提单应载有注明日期,并带有装货港和船名的装船批注。"	新增	本款规定吸收了国际商会所发布的"装船批注"推荐书的内容。 信用证或 UCP600 规定的 on board 要求,默认指在提单显示的装货港已装船。 本款规定中的提单本身表明"已装船"指向提单上的收货地对应的前程运输,这是一个例外。 本款规定,此时,如果收货地栏位带有信息,不管该信息显示为收货地还是前程运输工具,则都需要装船批注,批注中显示装货港和船名,其批注日期将视为装运日期。这是对上述例外的纠正。

续表

序号	新版 ISBP745 变化	性质	分析
79	第 E6 段 f 款规定了,"当信用证规定了装货港,也表明了装货港的所在国时,提单上无需注明该国别名称。"	新增	本款规定基于一个考虑,即从提单显示的装货港是可以确定特定的国名。 当然,如果存在重名港口,提单还是应该注意国别名称,以免混淆。 第 E9 段涉及的卸货港国别名称,可参照掌握。
80	第 E6 段 h 款规定了,"当提单显示了一个以上的装货港时,该提单应表明装船批注并载有每个装货港所对应的装船日期。"并举例如下: 提单显示从布里斯班港和阿德莱德港装运时,便要求一个装船批注,批注中需分别注明关于布里斯班港和阿德莱德港的日期。	新增	本款规定与汇票部分第 B2 段 e 款第 I 项和第 II 项的规定相呼应。 本款所描述的一套提单多批注,可能对应于多港口转船,也可能对应于多港口分装,无论何种情形,均需分别注明多个港口的日期。
收货人、指示方、托运人和背书、被通知人			
81	第 E12 段规定了,信用证要求记名提单时,不得提交指示提单。指示提单的形式有以下几种: 一、"收货人:凭指示(to order)"或"收货人:凭(具名实体)指示(to order of (named entity))"; 二、在该具名实体前含有"凭指示(to order)"或"凭 XXX 指示(to order of)"字样,也不应在该具名实体后注明"或凭指示(or order)"字样; 三、无论该字样是打印还是预先印就。	修改	本段规定细化了几种指示提单的形式。
82	第 E14 段 a 款规定了,当信用证规定了一个或多个被通知人的细节时,提单也可以显示额外的一个或多个被通知人的细节。	新增	本款规定确认了,提单可以在满足信用证要求的基础上,额外显示被通知人,只要不矛盾即可。
83	第 E14 段 b 款规定: i. 当信用证未规定被通知人的细节时,提单可以任何方式(第 E14 段 b 款 ii 项表明的情形除外)显示任何被通知人的细节。 ii. 当信用证未规定被通知人的细节,而提单的被通知人显示申请人信息包括了申请人地址和联络细节时,这些内容不应与信用证规定的申请人地址和联络细节相矛盾。	修改	本款规定是对 ISBP681 第 103 段的细化,且吻合了 UCP600 第 14 条 J 款的规定。
84	第 E15 段规定:当信用证要求提单表明"收货人:'开证行'或'申请人'",或"收货人:凭'开证行'或'申请人'指示",或"被通知人:'申请人'或'开证行'"时,该提单应显示开证行或申请人的名称,但无需显示信用证可能规定的各自地址或任何联络细节。	新增	本段的规定确认了,信用证的此类要求,只涉及开证行或申请人的名称,但不涉及其具体的细节。 无论如何,提单必须相应地显示开证行或申请人的名称,而不能只显示其身份"Issuing bank"或"Applicant"。

品读 ISBP745

续表

序号	新版 ISBP745 变化	性质	分 析
85	第 E16 段规定:"当申请人地址和联络细节显示为收货人或被通知人细节的一部分时,其不应与信用证规定的申请人地址和联络细节相矛盾。"	新增	本款规定吻合了 UCP600 第 14 条 J 款的规定。
卸货港交货代理人的名称与地址			
86	第 E23 段规定:"当信用证要求提单显示卸货港的交货代理人或类似措辞的名称、地址和联络细节时,其地址无需位于卸货港,也无需位于卸货港所在的同一国之内。"	新增	本段规定可能会出乎许多人的意料。本段规定的例外是:当信用证明确规定交货代理人的名称、地址和联络细节时,则必须符合信用证的明确规定。
运费和额外费用			
87	第 E26 段规定:提单显示的运费支付声明,无需与信用证规定的等同一致,但不应与该单据、任何其他规定的单据或信用证中的数据相矛盾。例如,当信用证要求提单标注"运费目的地支付(freight payable at destination)"时,其可以标明为"运费待收(freight collect)"。	修改	本段规定对应于 ISBP681 第 111 段:"如果信用证要求提单显示运费已付或到目的地支付,则提单必须有相应标注"。原规定在于强调,信用证怎么规定,提单必须相应显示。新规定在于强调,信用证怎么规定,提单必须显示,而显示时无需等同一致,但不得矛盾。请注意,实务中,提单标注"运费目的地支付(freight payable at destination)"与标注"运费待收(freight collect)",不完全一样,但都未表明"运费已付",所以,可以互相替换。
凭多套提单放货			
88	第 E28 段 b 款举例:提单显示"提单号 YYY 和 ZZZ 涵盖集装箱号 XXXX 项下的货物,只能被释放给出示了拥有全部提单的单一商人",即视为明确声明,只有在该提单与其所提及的集装箱或包装单位相关的其他一套或多套提单一并提交的情况下,才能释放货物。	新增	本款规定通过举例的方式确认了,什么是凭多套提单一并放货。实务中的困难在于判断,提单显示"CFS/CY"是否也算声明必须凭多套提单一并放货。
不可转让海运单部分,属于新增部分:共 1 项变化。注:其他变化主要与提单部分相似,少量与空运单据部分相似,可参照掌握。			
UCP600 第 21 条的适用			
89	第 F1 段 a 款规定:"信用证要求提交只涵盖港至港运输的不可转让海运单,即信用证没有提及收货、接管地或最终目的地,这意味着该单据应适用 UCP600 第 21 条来审核。"	新增	本款规定与提单部分第 E1 段 a 款几乎相同,唯一不同在于:不可转让海运单下不适用"无论其如何命名"。因为不可转让海运单的名称直接决定了其与提单不同的功能。
租船提单部分:共 4 项变化。注:其他变化主要与提单部分相似,可参照掌握。			
UCP600 第 22 条的适用			

续表

序号	新版 ISBP745 变化	性质	分 析
90	第 G2 段 b 款规定了，运输单据注明"运费根据租船合同支付"，即为租船提单。	新增	实务中，租船提单的标记，通常包括以下三种： 一、声明受租船合同约束； 二、名称为"租船提单"； 三、注明"运费根据租船合同支付"。
91	第 G3 段规定了，"康金提单（Congenbill）"或者"油轮提单（Tanker Bill of Lading）"，这名称本身并不意味着其为租船提单。	新增	实务中，"康金提单（Congenbill）"和"油轮提单（Tanker Bill of Lading）"的名称，常常与租船提单关联，但这并不必然意味着其为租船提单。换言之，如果信用证直接要求"康金提单（Congenbill）"和"油轮提单（Tanker Bill of Lading）"，那么，理应提交对应名称的班轮提单，而不是对应名称的租船提单。
货物描述			
92	第 G21 段规定了，租船提单以"未隔离（without segregation）"或"混合地（commingled）"等措辞，表明货物只是已装载具名船只上的大宗货物（larger consignment）的一部分时，这是可以接受的。	新增	本段规定与租船提单所装载货物的特性有关。租船提单往往对应于大宗商品运输，而大宗商品常常是同一品质货物混合装载。提货时，不同收货人之间关心的是数量多少，所以，不影响收货人的实际提货。
租船合同			
93	第 G27 段规定："除非信用证特别排除适用 UCP600 第 22 条 b 款，且明确规定了需要审核的数据和范围，银行不审核租船合同的任何内容，即便信用证要求将该租船合同作为规定的单据。"	新增	本段规定细化了 UCP600 第 22 条 b 款的规定："银行将不审核租船合同，即使信用证要求提交租船合同。" 本段的言外之意，如果信用证要求了租船合同，且明确规定了需要审核的数据和范围，则必须相应审核。否则，便不需要审核。
空运单据部分：共 4 项变化。注：其他变化主要与提单部分相似，可参照掌握。			
空运单据的出具、承运人、承运人的身份识别及签署			
94	第 H5 段 c 款规定："空运单据的承运人应表明其名称，而不是其国际航空协会 IATA 的航空公司代码，例如，应显示英国航空（British Airways）而非 BA，汉莎航空（Lufthansa Airways）而非 LH。"	新增	本款规定确认了，空运单据应表明承运人的名称，而不是 IATA 代码。 与此相似，按理其他运输单据也需显示承运人的名称，而不是商号或代码。 本款规定与保险单据部分第 K6 段关于保险公司名称的规定相似。 本款关于承运人的规定与第 H10 段下关于机场的规定不同。
接受待运、装运日期和对实际发送日期的要求			
95	第 H8 段 b 款规定了，在判断装运日期时，空运单据上的"仅供承运人使用（For Carrier Use Only）"、"要求的航班日期（Required Flight Date）"或"路线和目的地（Routing and Destination）"栏位中，显示的与装运日期相关的任何信息，不予理会。	修改	本款细化了 ISBP681 中的规定："空运单据上显示的其他任何有关航班号和日期的信息将不被用以确定装运日期。" 新旧规定略有不同：原规定在于强调此类信息不用于确定装运日期，新规定在于强调此类规定不予理会。因为这些信息属于承运人内部信息，对外不发生效力。

续表

序号	新版 ISBP745 变化	性质	分 析
出发地机场和目的地机场			
96	第 H10 段规定:"出发地机场和目的地机场也可以显示为国际航空协会 IATA 代码,以代替机场全名(例如,以 LAX 代替洛杉矶机场(Los angels))。"	新增	本段规定确认了,空运单据上的机场可以显示名称,也可以显示 IATA 代码。本段关于机场的规定与第 H5 段 c 款下承运人的规定不同。
收货人、指示方和被通知人			
97	第 H13 段 b 款规定了,信用证要求空运单据表明收货人为"凭指示(to order)",而未提及指示方的名称时,其应显示开证行或申请人为收货人,无需注明"凭指示(to order)"字样。	修改	本款的规定下,如果信用证要求空运单据表明收货人为空白指示抬头,那么,可以做成以下两种: 一、开证行。这一种抬头,对买卖双方来说,比较公平; 二、申请人。这一种抬头,卖方在收款之前已经转移货权,不利于卖方。
公路、铁路和内陆水路运输单据部分:共 1 项变化。注:其他变化主要与空运单据部分相似,可参照掌握。			
收货人、指示方和被通知人			
98	第 J8 段 c 款规定:"当信用证要求内陆水路运输单据时,第 J8 段 a 款和 b 款将适用,除非其以提单的形式出具。当信用证要求内陆水路运输单据以提单形式出具时,该内陆水路运输单据的收货人栏位应按照信用证要求填写。"	新增	本款确认了,内陆水路运输单据,可能是以运单形式出具,也可能与提单形式出具。如果以运单形式出具,其抬头需参照空运单据掌握;如果是以提单形式出具,其抬头需参照提单掌握。
保险单据部分:共 18 项变化			
保险单据的出具人、签署及正本保险单据			
99	第 K2 段 a 款重申了,保险单据应看似由保险公司或承保人或其代理人或代表出具并签署。 并增加举例:由"AA Insurance Ltd"出具并签署的保险单据即看似已由保险公司出具。	修改	本款的举例表明了,保险公司的身份常常就直接体现在保险公司的名称中。
100	第 K2 段 b 款规定了,保险单据如果没有显示出具人的"保险公司"或"承保人"身份时,也可以表明为"保险人(insurer)"身份。	新增	2009 年最新版的伦敦协会货物运输保险条款和中国人民保险条款中,不再使用"承保人"这一术语,而统一使用"保险人"称谓。本段的规定,反映了这一保险实务的变化。
101	第 K4 段规定了,保险单据由代理人或代表签署时,应注明其所代理或代表签署的保险公司或承保人的名称,除非保险单据的其他地方已经表明了保险公司或承保人。 并举例如下: 当"AA Insurance Ltd"已经表明其为保险人时,保险单据可以由"John Doe(作为代表)代表保险人(John Doe (by proxy) on behalf of the insurer)"或"John Doe (作为代表)代表 AA Insurance Ltd(John Doe (by proxy) on behalf of AA Insurance Ltd)"签署。	新增	本段规定澄清并确立了保险单据由代理人或代表如何签署,即确认了与运输单据相似的五个要素,如下: 一、代理人或代表名称; 二、代理人或代表身份; 三、代理或代表指向; 四、保险公司或承保人身份; 五、保险公司或承保人名称。

附录二:ISBP745 主要变化对照分析表

续表

序号	新版 ISBP745 变化	性质	分　析
102	第 K5 段规定了,当保险单据要求由出具人、被保险人或某具名实体副签时,保险单据必须副签。	修改	本段细化了 ISBP681 第 171 段的规定:"如保险单据或信用证条款要求,所有正本必须看似已被副签。" 本段的规定与原规定一样,均适用于正本保险单据。 请注意,保险单据副签时,必须在必要的情况下相应地显示所要求的副签人的身份,以方便识别。
103	第 K6 段规定了,保险单据只要在其他地方表明了保险公司的身份,那么,在签署栏中也可以仅显示保险公司的商号。 并举例如下: 当保险单据在签署栏中显示由"AA"出具并签署时,在其他地方显示"AA Insurance Ltd"及其地址和联络细节,则可以接受。	新增	本段规定与空运单据下第 H5 段 c 款关于承运人的 IATA 代码相似。
104	第 K7 段 a 款规定了,当保险单据表明由一个以上的保险人承保时,该保险单据可以由单一代理人或代表代所有保险人签署,或由其中的一个保险人代所有共同保险人签署。 并就后一种情况举例如下: 保险单据由"AA Insurance Ltd,作为牵头保险人,代共同保险人(AA Insurance Ltd,leading insurer for [or on behalf of] the co-insurers)"出具并签署。	新增	本款规定确立了,共同保险下联合出具同一保险单据可以由以下两种签署方式: 一、由单一代理人或代表代所有共同保险人签署; 二、由其中的一个保险人代所有共同保险人签署。 前者须显示代理(agent)或代表(proxy)身份,后者只须显示"for[or on behalf of]"即可。二者签署均须指向"所有共同保险人(the co-insurers 或 all co-insurers)。"
105	第 K7 段 b 款规定了,尽管第 K2、K3 和 K4 段有所规定,当保险单据表明由一个以上的保险人承保时,其无需显示每个保险人的名称或各自的承保比例。	新增	本款规定简化了操作。因为共同保险下联合出具同一保险单据时,所有共同保险人之间还有一份共同保险分摊协议,协议中会有所有共同保险人的名称及签署,以及各自认领的保险责任份额。
106	第 K8 段规定了:"当信用证要求保险单据出具一份以上的正本,或者保险单据显示其已经出具了一份以上的正本时,所有正本都应提交并看似已经签署。"	新增	本段规定与 UCP600 第 28 条 b 款的规定相吻合:"如果保险单据表明其以多份正本出具,所有正本均须提交。" 本段规定澄清了保险单据是否必须显示正本出具份数的疑问,即保险单据可以不显示正本出具份数。 本段规定与提单部分第 E11 段 a 款关于提单必须显示正本出具份数的规定不同。
日期			
107	第 K10 段 c 款规定了,保险单据显示保险基于"仓至仓(warehouse-to-warehouse)"或类似条款已经生效,而其显示的出具日期晚于装运日期,这并不表示保险生效日期不晚于装运日期。	新增	本款推翻了国际商会以往曾经发表过的意见。国际商会以往曾经认为,保险单据上的"仓至仓"条款,具有追溯保险生效日期的效果。 本款规定的言外之意,保险单据上的"仓至仓"条款,没有追溯保险生效日期的效果。

续表

序号	新版 ISBP745 变化	性质	分　析
108	第 K11 段规定:"在保险单据没有注明出具日期和保险生效日期的情况下,副签日期将被视为证实了保险生效日期。"	新增	本段的前提是,保险单据没有注明出具日期和保险生效日期。换言之,如果保险单据注明了出具日期,则以出具日期判断保险生效日期,如果还注明了保险生效日期,则以保险生效日期来确定保险生效。
保险金额和比例			
109	第 K13 段规定:"保险金额不要求保留两位以上的小数。"	新增	本段确立了,保险金额不要求保留两位以上的小数。言外之意,视情况可以保留两位以上的小数,也可以只保留两位小数,还可以保留一位小数,还可以没有保留小数。
110	第 K14 段规定:"保险单据可以表明保险受免赔率或免赔额(扣减额)约束。然而,当信用证要求保险不计免赔率(irrespective of percentage)时,保险单据不应含有表明保险责任受免赔率或免赔额(扣减额)约束的条款。保险单据无需注明'不计免赔率(irrespective of percentage)'字样。"	修改	本段规定对应于 ISBP681 第 177 段:"如果信用证要求保险责任不计比例,则保险单据不得含有表明保险责任受免赔率或免赔额约束的条款。"含义理应不变,但措辞略有不同: 一、原规定只有一句话,但留下一个疑问,即:尽管信用证要求不计"免赔率",保险单据仍可以不显示不计"免赔率"吗? 二、新规定包括三句话,按理第三句话是承着第二句话的意思,澄清了上述疑问,即:此时,保险单据仍可以不显示不计"免赔率"。
承保险别			
111	第 K18 段规定了,保险单据表明 ICC(A),或者,在空运项下其承保 ICC(Air),即满足信用证"一切险"的要求。	修改	本段规定了满足信用证"一切险"要求的两种情况: 一、保险单据表明 ICC(A); 二、保险单据表明 ICC(Air)。 其中,以上第二种为新增。言外之意,如果是陆运,保险单据相应地显示 ICC(Road)或 ICC(Railway)也满足要求。
被保险人和背书			
112	第 K20 段 a 款规定了,信用证不应要求保险单据出具成"凭来人(to bearer)"或"凭指示(to order)"抬头。信用证应显示被保险人的名称。	修改	本段改变了 ISBP681 第 179 段的规定:"……如果信用证要求空白背书式的保险单据,则保险单据也可开立成来人式,反之亦然。" 本段的规定要求保险单据显示被保险人名称,而不推荐信用证开立和保险单据显示"凭来人"和"凭指示"抬头。
113	第 K20 段 b 款规定:当信用证要求保险单据出具成"(to order of(named entity))"抬头时,保险单据抬头无需显示"凭指示(to order)"字样,只要保险单据表明该具名实体为被保险人,或者表明将赔付给该具名实体且没有明确禁止背书转让即可。	新增	本段规定确认了,信用证要求"凭具名人指示"时,提交的保险单据可以有以下几种: 一、保险单据显示"凭具名人指示"; 二、保险单据显示"具名实体"为被保险人; 三、保险单据没有禁止背书的情况下,显示将赔付给"具名实体"且加以背书。

附录二：ISBP745 主要变化对照分析表

续表

序号	新版 ISBP745 变化	性质	分 析
114	第 K21 段 a 款规定：当信用证对被保险人未做规定时，除非保险单据已经由受益人或者由开证行和申请人以外的其他实体作了空白背书，或作了记名背书给开证行或申请人，该保险单据不应表明将赔付给受益人或其他实体或他们指示的一方。	修改	本段规定细化并改变了 ISBP681 第 180 段的规定："如果信用证对被保险人未做规定，则表明保险金的赔付将按托运人或受益人指示的保险单据不可接受，除非经过背书。……" 本段规定确认了，信用证对被保险人未做规定时，提交的保险单据可以有以下几种： 一、保险单据的被保险人做成受益人或表明将赔付给受益人，并由受益人背书： 1. 可以是空白背书； 2. 也可以是记名背书给开证行或申请人。 二、保险单据的被保险人做成开证行或申请人以外的其他实体，或将赔付给其他实体，并由其背书： 1. 可以是空白背书； 2. 也可以是记名背书给开证行或申请人。 三、保险单据的被保险人做成开证行，无需背书； 四、保险单据的被保险人做成申请人，无需背书。
保险单据的一般性条款和条件			
115	第 K22 段规定："银行不审核保险单据的一般性条款和条件。"	新增	第 K22 段的规定与 UCP600 下银行不审核运输单据的承运条款相似。
保费			
116	第 K23 段规定：保险单据上任何有关保费支付的事项，银行均不予理会，除非保险单据注明"保险单据无效，除非保费已付(it is not valid unless the premium has been paid)"，且显示保费未付。	新增	第 K23 段的规定明确了银行对保险单据上的保费支付事项的审核标准。
原产地证明部分：共 7 项变化			
基本要求和功能满足			
117	第 L1 段规定："当信用证要求提交原产地证明时，提交的经签署的单据看似与所开发票的货物相关联，并证实了货物原产地，即满足要求。"	修改	本段规定放弃了原规定中原产地证明对出具日期的要求。
118	第 L2 段规定："当信用证要求提交特定格式的原产地证明，诸如普惠制原产地证明书格式 A(GSP Form A)时，应仅提交该特定格式的单据。"	新增	本段规定确认了，如果信用证要求特定格式的原产地证明，则必须提交相应格式的原产地证明。 实务中，信用证要求格式 A，则只能提交格式 A，不能提交格式 E。反之亦然。 请注意，提交原产地证明格式 E，按理不能盖格式 A 的专用章。

695

品读 ISBP745

续表

序号	新版 ISBP745 变化	性质	分析
原产地证明的出具人			
119	第 L3 段 c 款规定了：不管是否信用证直接要求，商会（Chamber of Commerce）出具的原产地证明，可以由类似机构，如行会（Chamber of Industry）、行业协会（Association of Industry）、经济协会（Economic Chamber）、海关（Customs Authorities）和贸易部门（Department of Trade）等出具。反之亦然。	修改	本款规定，符合贸易实务趋势，便利了实务操作。 显然，中国贸易促进会（CCPIT）和出入境检验检疫局也算类似机构。但中国商检集团公司理应不算。
原产地证明的内容			
120	第 L4 段规定了，原产地证明应看似与所开发票的货物相关联，包括以下两种方式： 一、显示货物描述的全称或统称； 二、援引其他规定单据或原产地证明不可分割的附件上的货物描述。	修改	本段规定对应于 ISBP681 第 183 段的规定："原产地证明必须看似与发票所指货物相关联。原产地证明中的货物描述可以使用与信用证所载不相矛盾的统称，或通过其他援引表明其与要求的单据中的货物相关联。" 显然，本段规定中对货物描述的要求，比较明确。
121	第 L5 段规定了，信用证常常要求运输单据的收货人做成以下五种特殊形式： 一、"凭指示（to order）"； 二、"凭托运人指示（to the order of shipper）"； 三、"凭开证行指示（to order of issuing bank）"； 四、"凭指定银行（或议付行）指示（to order of nominated bank（or negotiating bank））"； 五、"收货人：开证行（consigned to issuing bank）"。 此时，原产地证明可以显示收货人为信用证中受益人以外的任何一个具名实体。当信用证已经转让时，原产地证明可以显示收货人为第一受益人。	修改	本段规定对应于 ISBP681 第 183 段。信用证所要求运输单据的收货人的五种特殊形式中，其中，第四种为新增。 新旧规定一样，此时原产地证明可以显示收货人为信用证中的任何一个具名实体。 不同的是，新规定对受益人作了排除。而在极特殊的情况下——信用证已经转让，仍可显示为第一受益人。
122	第 L7 段规定："当信用证规定货物原产地而没有要求提交原产地证明时，规定单据上对货物原产地的任何援引不应与规定的货物原产地相矛盾。" 并举例如下： 当信用证规定"货物原产地：德国（origin of the goods：Germany）"而没有要求提交原产地证明时，任何规定单据显示了不同的货物原产地，将被视为数据矛盾。	新增	本段规定与总则部分第 A26 段关于"非单据化条件"的规定相呼应。 本段规定与装箱单部分第 M4 段关于"包装数据"的规定相似，但略有不同。因为货物原产地信息具有唯一性，而货物包装数据具有多样性。

续表

序号	新版 ISBP745 变化	性质	分 析
123	第 L8 段规定了:假如原产地证明显示的出口商或发货人不是受益人,该单据就可以显示不同于其他一种或多种规定单据上注明的发票号码、发票日期和运输路线。	新增	本段规定了原产地证明不是由受益人直接申请的情况,吻合了贸易实务。换言之,如果原产地证明的出口商或发货人是受益人时,所有单据上的发票号码、发票日期和运输路线必须保持一致。
装箱单部分,属于新增部分:共 4 项变化			
基本要求和功能满足			
124	第 M1 段规定:"当信用证要求提交装箱单时,提交的单据表明了信用证规定的名称,或相似名称,或没有名称,并以包含与货物包装有关的任何信息来满足其功能,即符合要求。"	新增	本段规定了装箱单的名称,并强调了功能满足,即:以任何包装信息来满足其功能。
装箱单的内容			
125	第 M4 段规定:"当信用证规定了明确的包装要求,但没有规定与其相符的单据时,如果提交了装箱单,则装箱单上提及的有关货物包装的任何数据不应与该要求矛盾。"	新增	本段规定与总则部分第 A26 段关于"非单据化条件"的规定相呼应。本段规定与原产地证明部分第 L7 段关于"原产地证信息"的规定相似,但略有不同。因为货物原产地信息具有唯一性,而货物包装数据具有多样性。
126	第 M5 段规定:"假如装箱单显示的出具人不是受益人,该单据就可以显示不同于其他一种或多种规定单据上注明的发票号码、发票日期和运输路线。"	新增	本段规定与原产地证明部分第 L8 段相似,不同在于前提: 一、原产地证明中,出口商或发货人不是受益人; 二、装箱单中,出具人不是受益人。
127	第 M6 段规定:"银行只审核总量,包括但不限于总数量、总重量、总尺寸或总包装件数,以确定相关的总量与信用证中和任何其他规定单据上显示的总量没有矛盾。"	新增	本段规定与总则部分第 A22 段的规定相呼应:"当提交的单据显示数学计算时,银行仅确定如金额、数量、重量或包装件数的总量,与信用证及其他规定的单据不相矛盾即可。"
重量单部分,属于新增部分:共 1 项变化。注:所有变化与装箱单部分一一对应,且相似,可参照掌握。			
基本要求和功能满足			
128	第 N1 段规定:"当信用证要求提交重量单时,提交的单据表明了信用证规定的名称,或相似名称,或没有名称,并以包含与货物重量有关的任何信息来满足其功能,即符合要求。"	新增	本段规定了重量单的名称,并强调了功能满足,即:以任何重量信息来满足其功能。
受益人证明部分,属于新增部分:共 4 项变化			
基本要求和功能满足			
129	第 P1 段规定:"当信用证要求提交受益人证明时,提交的经签署的单据表明了信用证规定的名称,或载有反映所要求证明类型的名称,或没有名称,并以包含信用证所要求的数据和证明文句来满足其功能,即符合要求。"	新增	本段规定涉及的受益人证明名称与装箱单部分第 M1 段规定相似,但略有不同。相同之处在于,都可以表明信用证规定的名称或没有名称。不同之处在于,装箱单可以是与信用证规定相似的名称;而受益人证明不仅可以是相似名称,还可以是反映所要求证明类型的完全不同的名称。

续表

序号	新版 ISBP745 变化	性质	分析
受益人证明的签署			
130	第 P2 段规定："受益人证明应由受益人，或是为或代表（for[or on behalf of]）受益人签署。"	新增	本段规定确认了，受益人证明不仅可以由受益人直接签署，还可以委托受益人以外的一方代为签署，代理身份可以显示为："为或代表（for[or on behalf of]）"。
受益人证明的内容			
131	第 P4 段 a 款规定了，受益人证明上提及的数据或证明文句，无需与信用证要求的等同一致，但应清楚表明信用证规定的要求已经获得满足。	新增	本段规定澄清了实务中的一个疑问：受益人证明上的数据及证明文句，是否需要与信用证要求等同一致？答案是不需要。请注意，即便等同一致，有时也未必会符合信用证的要求。
132	第 P4 段 b 款规定了，受益人证明无需包含货物描述，或对信用证或其他规定单据的任何其他援引。	新增	本段规定澄清了实务中的另一个疑问：受益人证明是否需要包含与信用证或其他规定单据的援引，如发票号、信用证号等？答案还是不需要。
检验证明部分，属于新增部分：共 9 项变化			
基本要求和功能满足			
133	第 Q1 段规定："当信用证要求提交此类证明时，提交的经签署的单据表明了信用证规定的名称，或相似名称，或没有名称，并通过证实所要求行为的结果来满足其功能，诸如证实了分析、检验、健康、植物检疫、数量或质量的评估结果，即符合要求。"	新增	本段规定涉及的检验证明名称与装箱单相似。本段规定涉及的检验证明的功能，指证实所要求行为的结果来满足其功能，诸如证实了分析、检验、健康、植物检疫、数量或质量的评估结果。相应地，具体的检验证明，包括了分析证明、检验证明、健康证明、植物检疫证明、数量证明和质量证明等。
134	第 Q2 段规定了，信用证要求提交的证明与装运当日或之前所要求发生的行为相关联时，该证明满足的方式可以有以下三种： 一、显示不晚于装运日期的出具日期； 二、表明行为发生于装运当日或之前的措辞； 三、表明事件的单据名称，例如，"装船前检验证明（Pre-shipment Inspection Certificate）"。	新增	本段规定与总则部分第 A12 段 b 款关于"单据显示一个装运前发生的事件"的规定相呼应。
证明的出具人			
135	第 Q5 段规定了，当信用证在其文本中使用了"独立的（independent）"、"正式的（official）"、"合格的（qualified）"或类似词语描述证明的出具人时，该证明可以由除受益人以外的任何实体出具。	新增	本段规定与 UCP600 第 3 条的解释相吻合。
证明的内容			
136	第 Q6 段 a 款规定了，检验证明可以显示"仅测试、分析或检验了所要求货物的样品"。	新增	本款规定吻合了抽样检验的实务，当然可以接受。请注意，检验证明所提到的样品，必须是所要求化物的样品。

续表

序号	新版 ISBP745 变化	性质	分析
137	第 Q6 段 b 款和 c 款规定了,检验证明可以显示 一、多于信用证中或任何其他规定单据上显示的数量; 二、超出提单或租船提单上显示的货舱(hold)、厢柜(compartment)或罐桶(tank)数目。	新增	这两款规定表明了,信用证下货物可以多检验,少装运。因为如此并不会伤害申请人的利益,申请人只需关心装运的部分是否通过检验,无需理会非装运的部分。
138	第 Q7 段规定:当信用证规定了关于分析、检验、健康、植物检疫、数量或质量的评估或类似方面的明确要求时,无论是否规定与其相符的单据,该证明或任何其他规定单据上提及的有关分析、检验、健康、植物检疫、数量或质量的评估或类似方面的数据不应与该要求矛盾。	新增	本段规定与总则部分第 A26 段关于"非单据化条件"的规定相呼应。 本段规定与原产地证明部分第 M4 段关于"包装数据"的规定几乎完全相同,可参照掌握。
139	第 Q8 段规定了,检验证明可以显示以下声明: 一、"不适合人类消费(not fit for human consumption)"; 二、"化学成分可能无法满足需要(chemical composition may not meet required needs)"。	新增	本段的规定可能会出乎业内的预料,但实际上与贸易实务相吻合。因为: 一、"不适合人类消费",只是意味着货物的用途受到了限制,但并没有说明货物有缺陷; 二、"化学成分可能无法满足需要",只是意味着一种货物存在缺陷的可能。换言之,如果检验证明显示"化学成分无法满足需要",则是一种货物存在缺陷的事实,按理不能接受。
140	第 Q9 段规定了: 当证明显示收货人信息时,其不应与运输单据中的收货人信息相矛盾。但是当信用证要求运输单据收货人出具成"凭指示(to order)"、"凭托运人指示(to the order of shipper)"、"凭开证行指示(to order of issuing bank)"、"凭指定银行(或议付行)指示(to order of nominated bank (or negotiating bank)"或"收货人:开证行(consigned to issuing bank)"时,该证明可以显示收货人为信用证中受益人以外的任何一个具名实体。当信用证已经转让时,该证明可以显示收货人为第一受益人。	新增	本段规定与原产地证明部分第 L5 段几乎相同,可参照掌握。
141	第 Q11 段规定:"假如证明显示的出口商或发货人不是受益人,该单据就可以显示不同于其他一种或多种规定单据上注明的发票号码、发票日期和运输路线。"	新增	本段规定与原产地证明部分第 L8 段几乎相同,可参照掌握。

品读 **ISBP745**

后 记

　　弹指一挥间。9 年前，2004 年的金秋时节，有幸慕名追随知名国际结算专家阎之大先生来到兴业银行，我正式踏上国际业务专业研究的路。在阎之大先生的言传身教下，我学习搜集资料、分析案例、提炼观点，接触国内行家，得以登堂入室。

　　2005 年的国庆前后，阎之大先生高就招商银行，我一时失去依靠，顿感茫然和失落。痛定思痛，3 个月之后的当年底，我萌生了一个想法：要不也学着写本书试试。经过 3 年的白天上班，晚上挑灯夜战，2008 年 7 月终于完成了第一本专著——《品读 UCP600》。之后，2009 年 4 月份有幸获得兴业银行推荐进入国际商会中国国家委员会信用证专家组，5 月份进入国际商会国际结算纠纷裁决专家组，8 月份受邀主讲第一场公开课。2010 年 1 月受邀在《中国外汇》杂志上公开发表第一篇专业文章。这期间，2008 年中，我受托组建并带领兴业银行兼职单证研究团队。

　　2008 年的元旦前后，第一本专著即将杀青的时候，我就一直在思考下一步研究什么。UCP600 涉及信用证技术，或者说国际结算技术。但是，技术影响的范围和层次有天生的局限。UCP600 的生命周期是 10 年左右，那么，10 年之后呢？20 年之后呢？30 年之后呢？实际上，当前中国银行业上上下下方方面面更加欢迎的是贸易融资产品及其一系列令人眼花缭乱的组合，因为这带来的存款、中间业务收入、业务费，立竿见影。更重要的是，贸易融资具有百年的生命力，因为凡有贸易就有贸易融资，而且贸易融资产品常变常新，中国银行业市场已呈现星火燎原般的流贷贸易融资化趋势。我的这一看法，在北京与国际业务专家杨士华先生的第一次见面中，得到高度认同。他说，把贸易融资产品串成供应链融资方案，这是他几十年来的一桩未了的夙愿。当年底，我就启动了贸易融资课题的研究，2011 年 7 月出版了第二本专著——《品读信用证融资原理》，并于当年 1 月创作了第一个连载式评论——《跨境人民币融资专题每日连载》，当年 10 月创作了第二个连载式评论——《国内信用证融资专题每周连载》。同时，在刚刚过去的 2011 年和 2012 年的两年时间里，我集中精力主讲了一系列贸易融资公开课，并在《中国外汇》杂志上发表了一系列贸易融资文章。这期间，兴业银行于 2011 年初将国际业务专业研究纳入总行支付结算部"五年规划"，同步我开始半专职从事国际业务研究，2012 年开始全专职从事国际业务研究。自此，我也开始筹划建立一个跨银行、跨部门、松散型的贸易金融研究团队。

　　《品读 ISBP745》一书，是贸易融资研究方向上的一个插曲，自 2011 年的国庆前后开始创作，历时一年半完成。这首先源于我的好友、中信银行国际（中国）有限公司副行长兼北京分行行长、ICC DOCDEX—国际商会国际结算纠纷裁决专家、ICC—国际商会 ISBP745 修订起草组中国专家查忠民先生的极力倡议。查忠民先生无私贡献了许多宝贵的独到观点和内部资料，在百忙之中还倾注大量时间和精力审核了部分书稿。这期间，我还很高兴与查忠民先生合译同步出版了《ISBP745 中文本》。

后 记

回顾全书,细细品味,虽非尽善尽美,但还是让我看到了自身在国际业务专业研究道路上的些微突破,特别是对国际商会意见的继承性吸收和批判性点评。

诚然,UCP 和 ISBP 的版本在更新,但百年来信用证实务的发展一直遵循判例法的传统,在与时俱进中一脉相承。换言之,无论时间更迭,国际商会的意见只要没有被信用证实务所抛弃,便可以继续引用。

诚然,国际商会的意见是各国各领域专家集体智慧的结晶,堪称权威,但毕竟是人为的看法,从而难免偏离客观的信用证实务,所以不可一味迷信盲从。那么,什么是真正的信用证实务呢?大诗人陆游说过:"汝果欲学诗,功夫在诗外。"《品读 ISBP745》一书,立足于 UCP 框架解读新版 ISBP745 所描述的信用证审单实务。然而,信用证实务的源头往往在 UCP 框架外的贸易、结算、运输、保险和法律实务,乃至社会或文化习惯之中。换言之,如果就信用证实务论信用证实务,结果常常是盲人摸象,以偏概全,拣了芝麻,丢了西瓜。而如果从信用证实务以外去把握信用证实务,则不仅可以把握住信用证实务的全貌,还可以从信用证实务的历史把握住可能的未来走向。这也是我在《品读 ISBP745》一书的创作过程中所孜孜以求的。

在本书的创作和出版过程中,许多领导、同事、朋友给予了大力的鼓励或支持或无私帮助或许多便利,在此一并致谢! 包括:

——兴业银行董事长高建平先生、总行行长李仁杰先生、总行副行长陈德康先生、总行副行长林章毅先生、总行副行长薛鹤峰先生;

——兴业银行总行支付结算部总经理赵朝清先生,总行福州马江作业中心主任李丹华女士、副主任洪莹女士,总行成都作业中心主任黄密云先生,总行办公室副总经理张水泉先生,总行办公室陈航先生,亦师亦友的总行法律合规部陈永珍女士,总行成都作业中心王会军先生;亦师亦友的中国银行福建省分行副行长王晓先生,中国银行总行公司金融总部(国际结算)助理总经理黄黎阳先生;

——我的学术导师、中国 SWIFT 用户协会主席、中国银行执行委员会委员、中国银行运营服务委员会副主席、首席运营官杨士华先生,亦师亦友的 ICC DOCDEX—国际商会国际结算纠纷裁决专家、ICC CHINA—中国国际商会信用证和保函双料专家、招商银行特聘国际业务专家阎之大先生,ICC—国际商会银行委员会咨询委员会委员、ICC DOCDEX—国际商会国际结算纠纷裁决专家、中国银行总行公司金融总部(国际结算)总经理程军先生,FCI—国际保理商联合会副主席、中国银行总行公司金融总部(国际结算)产品总监姜煦先生,ICC DOCDEX—国际商会国际结算纠纷裁决专家、ICC CHINA—中国国际商会信用证专家组组长、中国银行总行公司金融总部(国际结算)资深产品经理马申女士,ICC DOCDEX—国际商会国际结算纠纷裁决专家、ICC CHINA—中国国际商会信用证专家、民生银行首席信用证专家、民生银行总行贸易金融事业部单证管理中心总经理李永宏先生;

——ICC CHINA-国际商会中国国家委员会/中国国际商会秘书长林舜杰先生、副秘书长张屹女士,处长喻敏女士、张洲女士及其他工作人员;

——《中国外汇》杂志社执行主编荣蓉女士,运营总监徐一冰先生,市场发展部主任罗红女士,编辑部副主任韩英彤女士及其他工作人员;

——北京华丰同创管理咨询有限公司经理魏华先生及其他工作人员;

——"国贸人网"站长、江西财经大学副教授王善论先生及各位网友,"汇天国际结算网"站长、中国银行福建省分行林杰先生及各位网友;

——厦门大学出版社经管编辑吴兴友先生及其他工作人员。

在这里，特别感谢兴业银行总行支付结算部总经理赵朝清先生。正是他的直接关心、耐心指导和无尽支持，才给了我在国际业务专业研究道路上勤勉向前的毅力和不断探索的勇气。

兴业银行总分行的各级领导、同事们，行内外、国内外的专业朋友们给予了许多帮助，在本书的创作、出版和发行过程中，还得到了我的家人的大力支持，借此机会一并致谢！

本书由国际贸易实务专家、ICC CHINA—中国国际商会 INCOTERMS 专家、江西财经大学副教授王善论先生给予了认真细致的全文初审，他还提供了大量的宝贵的国际国内法院判例及国际商会意见原文资料，并加以校对核实。本书由北京银行杭州分行王栋涛先生，兆丰国际商业银行总行王雯女士，兴业银行总行支付结算部单证研究团队赵廷彬先生、涂启明先生及全体成员，进行全文校对。

谨以此书献给我一直热爱着、并正在供职的兴业银行。

兴业银行　林建煌
2013 年 5 月 4 日

图书在版编目(CIP)数据

品读 ISBP745/林建煌著. —厦门：厦门大学出版社，2013.8
ISBN 978-7-5615-4670-3

Ⅰ.①品… Ⅱ.①林… Ⅲ.①国际贸易-信用证-原始凭证-国际标准-自学参考资料
Ⅳ.①F830.73-65

中国版本图书馆 CIP 数据核字(2013)第 126481 号

厦门大学出版社出版发行
(地址：厦门市软件园二期望海路 39 号　邮编：361008)
http://www.xmupress.com
xmup @ xmupress.com

厦门集大印刷厂印刷

2013 年 8 月第 1 版　2013 年 8 月第 1 次印刷
开本：889×1194　1/16　印张：46　插页：2
字数：1180 千字　印数：1～5 000 册
定价：128.00 元

本书如有印装质量问题请直接寄承印厂调换